粤港澳大湾区城市群年鉴

2020

粤港澳大湾区城市群年鉴编纂委员会　编

方志出版社
Publishing House of Local Records

图书在版编目（CIP）数据

粤港澳大湾区城市群年鉴. 2020 / 粤港澳大湾区城市群年鉴编纂委员会编. —北京：方志出版社，2021.12

ISBN 978-7-5144-5144-3

Ⅰ. ①粤…　Ⅱ. ①粤…　Ⅲ. ①城市群—广东、香港、澳门—2020—年鉴　Ⅳ. ①Z526.5

中国版本图书馆 CIP 数据核字（2021）第 278459 号

粤港澳大湾区城市群年鉴（2020）

编　　者：粤港澳大湾区城市群年鉴编纂委员会
责任编辑：王　娜

出 版 者：方志出版社
地　址　北京市朝阳区潘家园东里 9 号（国家方志馆 4 层）
邮　编　100021
网　址　http://www.zgfzcb.cn
发　　行：方志出版社图书营销中心
电话（010）67110500
经　　销：各地新华书店
印　　刷：广州市人民印刷厂股份有限公司

开　　本：787mm×1092mm　1/16
印　　张：32
字　　数：795 千字
版　　次：2021 年 12 月第 1 版　2021 年 12 月第 1 次印刷
印　　数：0001~2000 册

ISBN 978-7-5144-5144-3　　定价：200.00 元

粤港澳大湾区城市群年鉴编纂委员会

粤港澳大湾区城市群年鉴编写组

（按姓氏笔画排序）

粤港澳大湾区城市群年鉴编辑部

（按姓氏笔画排序）

编辑说明

1.《粤港澳大湾区城市群年鉴》以马克思列宁主义、毛泽东思想、邓小平理论、“三个代表”重要思想、科学发展观、习近平新时代中国特色社会主义思想为指导，全面准确贯彻“一国两制”方针，坚持辩证唯物主义和历史唯物主义的立场、观点和方法，客观、全面、翔实记述粤港澳大湾区城市群发展状况，重点记述粤港澳大湾区建设的进程和主要成就，为建设粤港澳大湾区和社会各界了解粤港澳大湾区提供综合信息和地情资料。为对应书名，珠江三角洲九市统称为粤港澳大湾区内地九市。

2.《粤港澳大湾区城市群年鉴2020》着重反映2019年粤港澳大湾区的基本情况，卷前设图照彩页，随文插入图照、表格；正文设12个类目，包括大湾区总述、年度关注、大事记、国际科技创新中心建设、基础设施互联互通、现代产业体系构建、生态文明建设、宜居宜业宜游优质生活圈建设、共同参与“一带一路”建设、粤港澳合作发展平台共建、统计资料、文献选录。结构采用纲目体，分设类目、分目、次分目、条目4个层次。条目是全书内容记述的主体。

3. 全书资料和数据由广东省统计局和粤港澳大湾区各城市提供。因香港特别行政区、澳门特别行政区统计口径不同，部分类目仅收录粤港澳大湾区内地九市数据。文中如有数据与“统计资料”类目的数据有出入，以“统计资料”数据为准。

4. 全书数字书写按GB/T 15835—2011《出版物上数字用法的规定》执行；标点符号按GB/T 15834—2011《标点符号用法》执行。

5. 全书设双重检索系统，书前刊有目录，书后附有索引。

目　录

CONTENTS

图片专辑

大湾区总述

年度关注

大事记

国际科技创新中心建设

■综述

■区域协同创新共同体

• 科技创新合作

• 创新基础能力建设

• 产学研深度融合

■水资源安全保障

• 水利基础设施完善

• 水利防灾减灾体系建设

现代产业体系构建

■综述

■先进制造业

• 制造业核心竞争力增强

• 制造业布局优化

• 制造业结构调整

■战略性新兴产业

• 战略性新兴产业集群打造

• 新支柱产业推动

• 重点领域重大产业项目培育

• 战略性新兴产业重大工程

• 数字经济和共享经济发展

■现代服务业

• 国际金融枢纽建设

生态文明建设

■休闲湾区构筑

• 多元旅游发展

• 国家全域旅游示范区建设

■就业创业空间拓展

• 区域公共就业服务体系建设

• 便利港澳居民在珠三角就业生活政策措施

• 港澳青年和中小微企业内地发展

共同参与"一带一路"建设

综述

营商环境打造

• 放管服改革深化

• 法治化营商环境建设

• 创新政务服务与社会信用体系建设

市场一体化建设

• 投资便利化

• 贸易自由化

• 人员货物往来便利化

■开放合作

• 全面参与国际经济合作

• 国际市场开拓

粤港澳合作发展平台共建

■综述

■深圳前海深港现代服务业合作区

■广州南沙粤港澳全面合作示范区

■珠海横琴粤港澳深度合作示范区

■特色合作平台

• 深港科技创新合作区

统计资料

文献选录

主题索引

粤港澳大湾区数字·2019

土地面积
5.6 万平方千米

年末总人口
7266.93 万人

粤港澳大湾区内地九市数字

年末常住人口
6446.89 万人

城镇人口
5562.26 万人

年末就业人口
4872.39 万人

地区生产总值
86899.05 亿元

人均地区生产总值
136335 元

规模以上工业增加值
27962.44 亿元

社会消费品零售总额
33237.60 亿元

出口总额
41173.44 亿元

进口总额
27108.47 亿元

实际外商直接投资
1459.98 亿元

地方一般公共预算收入
8277.11 亿元

地方一般公共预算支出
11637.61 亿元

金融机构本外币存款
205988.39 亿元

金融机构本外币贷款
151816.93 亿元

全体居民人均可支配收入
52213.7 元

香港特别行政区数字

陆地总面积
1106.8 平方千米

年底人口临时数
750.07 万人

本地生产总值
28682 亿港元

人均本地生产总值
382046 港元

澳门特别行政区数字

陆地总面积
32.9 平方千米

年底人口数
67.96 万人

本地生产总值
4346.7 亿澳门元

人均本地生产总值
64.5 万澳门元

▲ 2019 年，港珠澳大桥九洲航道桥景象

（李建東 摄）

▲ 2019 年 4 月 2 日，建设中的深中通道

（李嘉豪 摄）

▲ 2019 年 4 月 2 日，南沙大桥建成通车

（冯珠仔 摄）

▲ 2019 年，连接惠州与东莞的东平东江大桥建成通车

（东莞市交通局供稿）

▲ 2019 年 5 月 26 日，香港通往内地的另一条道路香园围公路通车

（香港特区政府新闻处供稿）

▲ 2019 年 7 月，建设中的广佛肇高速二期（肇庆段）沙沥互通式立交

（梁小明 摄）

▲ 2019 年 8 月 25 日，南沙港铁路跨洪奇沥特大桥钢桁梁合龙

（中山市人民政府地方志办公室供稿）

▲ 2019 年 8 月 28 日，惠州机场新建的 T2 航站楼启用

（惠州市港口航空铁路事务中心供稿）

2019 年 10 月 18 日，广佛江珠高速与广佛肇高速交汇处的里水立交

（霍广良 摄）

2019 年 12 月 15 日，穗深城际铁路开通运营

（南方日报社供稿）

2019 年 12 月 31 日，中开高速白沙互通至凤山互通段建成通车

（江门市交通运输局供稿）

▲ 2019 年 12 月，东莞虎门港综合保税区通过国家验收

（南方日报社供稿）

▲ 2019 年，深圳机场旅客吞吐量突破 5000 万人次，跻身全球最繁忙大型机场行列

（谢联士 摄）

▲ 2019年2月16日，“广佛肇量子安全通信时频网络建设及关键技术研究项目启动仪式暨首届粤港澳大湾区量子密码与信息安全高峰论坛”在肇庆高新区举行

（中国联通肇庆分公司供稿）

▲ 2019年2月21日，中广核广东太平岭核电厂一期工程建设动员会在惠州举行

（惠州市能源和重点项目局供稿）

▲ 2019 年 3 月 1—3 日，“明日生活 X 创科大湾——粤港澳大湾区创新科技 X 传统行业升级展览”在香港举行，展出一系列高科技智能生活用品

（香港特区政府新闻处供稿）

▲ 2019 年 3 月 12 日，珠海横琴新区出台《横琴新区支持粤澳合作中医药科技产业园发展的专项措施》，图为粤澳合作中医药科技产业园

（李建束 摄）

▲ 2019 年 3 月 18 日，广州专利代办处中山服务站挂牌仪式暨新形势下海外知识产权保护新思考讲座在中山举行

（中山市人民政府地方志办公室供稿）

◀ 2019 年 3 月 29 日，“凤舞鹏城 逐梦湾区”——2019“深圳创新 + 顺德智造”招商推介会上，第一批项目签约

（佛山市顺德区供稿）

2019 年 5 月 6 日至 10 月 16 日，第八届中国创新创业大赛（广东·江门赛区）在江门举行 ▶

（江门市科技局供稿）

▲ 2019 年 5 月 16—19 日，第十八届全国大学生机器人大赛 RoboMaster 2019 机甲大师南部分区赛在佛山举行

（佛山市教育局供稿）

2019 年 5 月 27 日，横琴澳门青年创业谷获评“港澳青年创新创业基地” ▶

（李建东 摄）

◀ 2019 年 5 月 30 日，香港市民通过佛山市南海区铺设在香港的自助服务终端，在港远程成功办理首张内地营业执照

（戴嘉信 摄）

▲ 2019 年 7 月 1 日，肇庆市“粤港澳大湾区人工智能创新走廊”在广东工商职业技术大学落成

（广东工商职业技术大学供稿）

▲ 2019 年 7 月 31 日，广州超视堺 10.5 代全生态产业园首片 65 英寸产品点灯成功

（广州市增城经济技术开发区供稿）

▲ 2019 年 7 月，建设中的 TCL 惠州华星光电厂区

（惠州市工业和信息化局供稿）

◀ 2019 年 8 月 4 日，第三届粤港澳大湾区机器人大赛在深圳举行

（深圳市科协供稿）

2019 年 8 月 12 日，中山市工业设计大赛暨智能制造设计大赛在中山职业技术学院启动 ▶

（中山市工业和信息化局供稿）

▲ 2019 年 8 月 19 日，“粤港澳大湾区西岸科技创新和人才培养合作联盟”成立仪式暨首届联盟科技合作论坛在澳门大学举行

（江门市科技局供稿）

◀ 2019 年 8 月 30 日，第七届深圳国际低碳论坛龙岗分会场活动在深圳国际低碳城启幕

（张臻斐 摄）

2019 年 11 月，建设中的广州琶洲互联网创新集聚区 ▶

（广州市琶洲管委会供稿）

▲ 2019 年，位于东莞松山湖的中国散裂中子源

（张顺祥 摄）

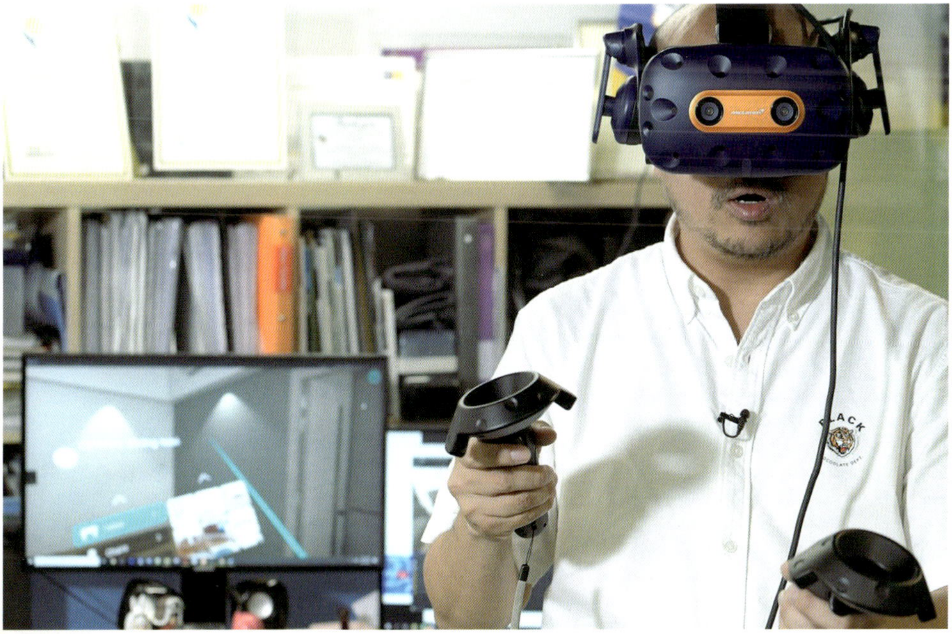

▲ 2019 年，香港数码港在荃湾设立 Smart-Space 8 共享工作空间，进驻的初创公司孕育虚拟实境设计应用程式等创新产品

（香港特区政府新闻处供稿）

▲ 2019 年 2 月 24 日，第九届广府庙会民俗文化巡演在广州举行，来自香港、珠海、中山等地的代表带来当地的特色文化表演

（姜立松 摄）

2019 年 3 月 29 日，第三届“同心耀中华”深港澳台青年文化交流艺术季在深圳市少年宫开幕 ▶

（深圳团市委供稿）

◀ 2019 年 5 月 8 日至 13 日，2019 年全国体操锦标赛暨世锦赛选拔赛在肇庆新区体育馆举行

（肇庆市文化广电旅游体育局供稿）

▲ 2019 年 6 月 21 日（夏至日），北回归线上的绿洲现“立竿无影”，拉开了首届粤港澳大湾区文化艺术节肇庆分会场系列活动帷幕

（曹笑 摄）

▲ 2019 年 6 月 28 日，首届粤港澳大湾区文化艺术节暨 2019 世界文化遗产嘉年华晚会在江门开平举行

（关炳辉 摄）

◀ 2019 年 8 月 31 日至 9 月 8 日，2019 年国际篮联篮球世界杯（广州赛区）在广州举行

（黄晋文 摄）

2019 年 8 月 31 日至 9 月 8 日，2019 年国际篮联篮球世界杯（佛山赛区）在佛山举行。图为 9 月 8 日小组赛第二阶段阿根廷对阵波兰的比赛现场 ▶

（佛山市文化广电旅游体育局供稿）

2019 年 7 月 6 日，“湾区花正开”——首届粤港澳大湾区文化艺术节中山分会场系列活动现场

（中山市人民政府地方志办公室供稿）

19 年 9 月 1 日至 12 日，2019 国际篮联篮球世界杯（东莞赛 在东莞举行

莞市文化广电旅游体育局供稿）

2019 年 9 月 1 日至 9 月 9 日，2019 年国际篮联篮球世界杯（深圳赛区）在深圳举行。图为 9 月 9 日小组赛第二阶段美国对巴西的比赛现场

（黎启元 摄）

2019 年 9 月 21 日，粤港澳大湾区帆船赛暨粤港澳帆船友谊赛在珠海香炉湾海域举行

（珠海市文化广电旅游体育局供稿）

2019 年 10 月 31 日至 11 月 4 日，佛山市举行 2019 广东（佛山）非遗周暨佛山秋色巡游活动。图为非遗周非物质文化遗产活化展示活动中的“佛山狮头”展示

（佛山市文化广电旅游体育局供稿）

2019 年 12 月 8 日，2019 第二届环粤港澳大湾区城市自行车挑战赛（东莞麻涌站）在东莞举行

（东莞市发展改革局供稿）

▲ 2019 年 12 月 8 日，澳门国际幻彩大巡游在澳门举行，来自“一带一路”沿线国家和地区的艺术团体与澳门的艺术家们共同参与，庆祝澳门回归祖国 20 周年

（郑蔼芳 摄）

◀ 2019 年 12 月 21 日，第 22 届广东省体育舞蹈锦标赛在惠州体育馆举行

（黎启元 摄）

◀ 2019 年，香港星光大道完成优化，重新开放

（香港特区政府新闻处供稿）

▲ 澳门，北邻广东省，西与珠海市的湾仔和横琴对望，东与香港隔海相望，南临南中国海

▲ 蓝天白云　塔耀新城（广州）

（南方日报社供稿）

（郑蔼芳 摄）

▲ 山环水润 魅力龙岗（深圳）

（邓飞 摄）

▲ 2019 年，东莞大道三元立交

（东莞市人民政府地方志办公室供稿）

▲ 惠州市白盆珠水库

（惠州市白盆珠水库工程管理局供稿）

▲ 2019 年，中山市推进生态宜居美丽乡村建设的“隆平样本”

（中山市人民政府地方志办公室供稿）

▲ 2019 年，肇庆新区砚阳湖公园落成

（肇庆新区管委会供稿）

▲ 2019 年，江门市江海区釜山人行天桥建成并通行，图为釜山人行天桥俯视江门演艺中心、体育公园夜景

（江门市江海区人民政府地方志办公室供稿）

◀ 2019 年，珠海十字门会展中心与澳门隔河相望

（李建東 摄）

▼ 2019 年，佛山市顺德区顺峰山公园亮化、灯光秀夜景

（佛山市顺德区中心城区建设指挥部供稿）

▲ 城门水塘位处香港大帽山山脚，其溢流口犹如偌大的眼睛，与游人对视

（香港特区政府新闻处供稿）

大湾区总述

大湾区基本情况

【概况】 粤港澳大湾区位于中国华南地区，在珠江入南海海口附近的广东省中部、珠江三角洲区域，包括由香港特别行政区、澳门特别行政区和广东省广州市、深圳市、珠海市、佛山市、惠州市、东莞市、中山市、江门市、肇庆市形成的城市群，是中国建设世界级城市群和参与全球竞争的重要空间载体，拥有世界最大的海港群和空港群，是中国开放程度最高、经济活力最强的区域之一，在国家发展大局中具有重要战略地位。总面积 5.6 万平方千米，2019 年末总人口 7266.93 万人。

2019 年 2 月 18 日，中共中央、国务院发布《粤港澳大湾区发展规划纲要》。广东省制定贯彻落实《粤港澳大湾区发展规划纲要》的实施意见和三年行动计划，实施民生“湾区通”工程，加强粤港澳三地规则衔接，境外高端紧缺人才个人所得税优惠政策全面落实，首期 200 亿元的粤澳合作发展基金运作顺利，建筑、旅游、医疗等职业资格认可取得新进展。推进粤港澳大湾区国际科技创新中心建设，深港科技创新合作区获批实施先行先试政策，港澳高校和科研机构参与广东省科技计划项目，首次实现广东省财政科研资金跨境港澳使用。民生领域加强合作，港澳创业者纳入内地创业补贴扶持范围，启动建设香港科技大学（广州）。举办首届粤港澳大湾区媒体峰会、文化艺术节、华侨华人粤港澳大湾区大会等重大活动。（广东省发展改革委）

【粤港澳要素流动便利化】 2019 年，广东省深化投资贸易开放。完善港澳企业在法律、会计、建筑等领域投资营商享受国民待遇的措施。开展贸易投资便利化试点，跨境人民币使用规模 13.7 万亿元，跨境付汇时间缩短至 5 分钟以内，试点运行广东自贸区复制自由贸易账户（FT 账户）体系。新增 18 家广东公司赴港上市，首发募资 201.48 亿港元。加快商事登记制度改革，企业开办时间压缩至 3 个工作日以内，港澳企业商事登记服务实现“一网通办”。

深化专业服务合作。推进职业资格互认，允许符合条件的港澳律师在大湾区内地城市从事一定范围的法律服务。支持港澳旅游业人才在珠海横琴培训认证后换证执业，允许港澳工程咨询企业和专业人士在横琴新区提供服务。深化知识产权合作，在大湾区建成 3 个国家级知识产权运营交易平台。

开展标准衔接。推动与国家标准委员会共建粤港澳大湾区标准化研究中心，推进食品安全标准衔接，对港澳原产食品实施直通放行模式，推动 245 个“菜篮子”生产基地产品直供港澳。推进往来马匹及运输工具在公路关口通道免予机检查验，实现 3397 批次马匹“无感通关”。

【大湾区国际科技创新中心建设】 2019 年，广东省加快建设重大科技基础设施。中国散裂中子源正式投入运行，中国科学院惠州“强流重离子加速器”大科学装置开工建设。在新材料、人工智能、生物医药等领域与港澳合作新建联合实验室 10 个。完成 3 批 10 个省级实验室布局，研发投入超 60 亿元，聚集国内外院士近 200 名，香港科研机构 8 个、港澳科学家 41 名。支持港澳高校和科研机构参与广东省财政科技计划。简化研发用品跨境使用进出口手续，特殊物品审批时限压缩到 10 个工作日以内，大型科研设备实施 24 小时预约、“即报即放、到厂检验”通关模式。国家超算广州中心服务港澳用户近 200 家，中国散裂中子源对港澳开放共享，建成科技资源共享服务平台，汇聚 8354 台（套）大型科学仪器向港澳高校、科研院所开放。

【大湾区一小时生活圈形成】 2019 年，广东省加快交通基础设施“硬联通”。4 月 2 日，跨珠江口通道南沙大桥建成通车，深中通道海底隧道开建，黄茅海通道等项目前期工作推进。广湛铁路开工建设，穗莞深城际建成通车。横琴口岸旅检大楼建成、皇岗口岸重建工程启动。深圳机场卫星厅、珠海机场改扩建项目开工，推进广州白云国际机场、深圳机场跑道扩建和新建珠三角枢纽（广州新）机场等项目前期工作。珠江三角洲水资源配置工程开工建设，对澳门第四供水管道工程正式通水。

携手港澳推进机制“软联通”。推动已有粤港两地牌车辆免加签通行港珠澳大桥，新增大桥口岸粤港小汽车指标5500个。建成跨界车辆信息管理综合服务平台，实现车辆通行“网上办”“协同办”。横琴口岸实施“合作查验、一次放行”，与香港的“跨境一锁”覆盖珠三角九市，启动与澳门“跨境一锁”合作磋商。

【大湾区民生领域合作】 2019年，广东省推进便利港澳居民来粤发展政策措施落地见效。吸引港澳人才来粤创业就业。粤港澳大湾区个人所得税优惠政策全面落地。推进内地事业单位公开招聘港澳居民，将港澳创业者纳入内地补贴扶持范围，共建青年创新创业基地13个，有港澳青年在广东的创业团队近600个、从业人员超过4000人。港澳居民可通过“粤省事”平台便利办理政务和公共服务事项177项。对港澳居民在大湾区内地城市购房所需证明及税收、社保条件等予以豁免。引进港澳优质教育资源。香港科技大学（广州）动工建设，肇庆与香港公开大学签订合作办学框架协议，全省可招收港澳学生高校54所，在读港澳大学生近万人，其中2019学年在广东省就读的香港大学生比上年同期增长21%。加强与港澳职业教育合作，允许广东高校招收香港副学位毕业生升读本科，推进三地学历学位互认。推动港澳医疗养老服务延伸。优化来粤办医审批流程，港澳资医疗机构落地35个。允许港澳人士选定数家定点医疗机构，使用港澳医保直接支付医疗费用。支持港澳服务提供者在广东按规定兴办养老机构，同等享受境内民办养老机构待遇。

【大湾区重大平台建设】 2019年，广东省推动自贸试验区先行先试。至年底，累计形成制度创新成果456项，在全省范围复制推广改革创新经验122项，推出制度创新案例143个。南沙片区办理全国首例不动产跨境抵押登记，打造全球首个香港+保税港区飞机跨境转租赁项目。前海蛇口片区新推出制度创新成果81项，推动跨境双向股权投资、跨境资产转让、跨境人民币贷款等先行先试政策落地实施。横琴片区设立首家内地与港澳合作联营律师事务所和首家内地与港澳联营设计顾问机构。

建设南沙国际金融岛、中科院明珠科学园。在前海成立香港保险业大湾区服务中心，汇丰前海、东亚前海两家粤港合资证券公司获批。建设粤澳跨境金融合作示范区，澳门大西洋银行横琴分行等3家企业入驻。粤澳合作中医药科技产业园累计注册澳门企业39家。

推进广州南沙粤港深度合作园、中新广州知识城、广州人工智能与数字经济试验区、东莞滨海湾新区建设发展，编制佛山三龙湾高端创新集聚区发展规划，推进肇庆新区建设。

（广东省大湾区办）

大湾区城市

【香港特别行政区】 香港特别行政区地处中国南部、珠江口东，与深圳市毗邻，濒临南海。中华人民共和国于1997年7月1日恢复对香港行使主权，成立香港特别行政区，实施“一国两制”、“港人治港”、高度自治。香港由香港岛、九龙和新界（包括262个离岛）组成，海岸线曲折漫长，山多平地少，最高山峰为新界中部海拔957米的大帽山。香港岛和九龙之间的维多利亚港是著名的深水海港。香港有500多平方千米的土地被划为受保护地区，包括郊野公园、特别地区及自然保育地带。米埔沼泽及内后海湾一带是国际重要湿地，占地面积1500公顷，是野生动物保育地点之一。香港有550多种鸟类、55种陆栖哺乳动物、25种两栖动物、90种爬行动物、187种淡水鱼、245种蝴蝶和128种蜻蜓，卢氏小树蛙、香港双足蜥、赛芳闽春蜓和香港纤春蜓是特有品种。香港海洋生物物种繁多，西面水域珠江口有中华白海豚栖息。

香港地区有史籍可考的建置始于秦汉，最早载入中国古籍的香港地名是位于新界的屯门。秦汉以来先后属番禺县、宝安县、东莞县、新安县管辖。从明万历元年（1573年）起，到清道光二十一年（1841年）英国开始占领香港地区为止，该地区一直属广州府新安县管辖。新安县的管辖范围大致相当于今天的深圳和香港。宋朝时期，香港因水运方便，吸引中原氏族南迁定居。中原氏族陆续入迁，子孙不断繁衍，逐渐改变香港近世的历史面貌。香港新界地区还保留大量宗祠、庙宇、私塾等历史建筑。中国传统民间习俗，如祖先崇拜、天后崇拜、太平清醮、围村盆菜宴等，在香港流传至今。2019年，香港陆地总面积1106.8平方千米，包括香港岛80.7平方千米、九龙46.9平方千米、新界979.1平方千米。至年底，香港人口临时数字为750.07万人，人口密度为每平方千米6777人。

2019年5月16日，香港特别行政区行政长官林郑月娥在广州出席粤港合作联席会议第21次会议，就落实《粤港澳大湾区发展规划纲要》和进一步深化粤港两地合作进行交流。会上粤港两地共同签署《实施〈粤港合作框架协议〉2019年重点工作》，内容涵盖跨界基础设施建设，通关便利化，共建国际科技创新中心，促进现代服务业合作，推进教育、人才和青年合作，建设国际化营商环境，共建优质生活圈，携手参与“一带一路”建设，推进重点合作平台建设和机制安排9个方面。

经济建设 2019年，香港本地生产总值28682亿港元，比上年下降1.2%，是自2009年以来首次下降。本地居民总收入（包括本地生产总值和对外初次收入流量净值）30140亿港元，比同期本地生产总值高5.2%，有关差额显示对外初次收入出现净流入。2018—2019年，香港税收总额3414亿港元，比上年增长3.9%。其中，利得税收入1666亿港元，薪俸税收入601亿港元，印花税收入800亿港元。至年底，香港有劳动人口385万人，法定最低工资每小时37.5港元，雇员每月工资中位数1.71万港元，设有薪酬保障科、破产欠薪保障基金、通知金及遣散费制度，保障基层劳工的权益。

政治和司法制度 香港回归祖国以后，中央人民政府和香港特别行政区政府根据《中华人民共和国香港特别行政区基本法》（简称基本法）和全国人大常委会的决定，推进香港的民主发展。香港特别行政区行政长官是香港特别行政区的首长，负责领导香港特别行政区政府，执行基本法和依照基本法适用于香港特别行政区的其他法律、签署立法会通过的法案和财政预算案，决定政府政策和发布行政命令等。行政会议协助行政长官作出重要决策，并在提交法案及制定附属法例时向行政长官提供意见。立法会是香港特别行政区的立法机关，除立法职能外，立法会还对有关公众利益问题进行辩论，审核和通过财政预算案，听取行政长官的施政报告并进行辩论，以及同意终审法院法官和高等法院首席法官的任免等工作。基本法保证香港继续实行普通法制度。司法机构独立于政府的立法和行政机关。2019年，香港有民事个案申请12922件，批出法援证书5406个；刑事个案申请3152件，批出法援证书2328个。香港市民可通过法律援助署和当值律师服务获得由公款资助的法律援助。

文化建设 2019年，香港特别行政区政府预留47.4亿港元用于资助艺术教育、推广和行政费用（不包括基本工程开支），其中3.66亿港元资助中英剧团、城市当代舞蹈团、香港芭蕾舞团、香港中乐团、香港舞蹈团、香港管弦乐团、香港话剧团、香港小交响乐团和进念二十面体9个艺术团。是年，粤剧发展基金拨款1980万港元资助在油麻地戏院、元朗剧院和沙田大会堂推行的场地伙伴计划等粤剧计划；艺术发展基金拨款520万港元资助文化交流计划103个；卫奕信勋爵文物信托为社区组织及个人提供资助，信托拨款419万港元，资助项目15个；香港赛马会音乐及舞蹈信托基金为修读音乐或舞蹈深造课程和接受相关训练者提供奖学金，年内颁发奖学金15项656万港元；民政局设立8亿港元的艺术发展配对资助计划，支持艺术团体，鼓励社会文艺发展，为符合资格艺术团体筹得的私人捐款和赞助提供配对资助。西九文化区占地40公顷，位于九龙维多利亚港海滨，年内进入营运阶段。1月，西九文化区戏曲中心开幕，主要传承和发扬戏曲艺术；6月，西九文化区自由空间启用，是香港展现当代表演艺术的新枢纽和演出的创意空间。

医疗卫生　2019年，香港特别行政区政府在医疗卫生方面的经常拨款806亿港元，比上年增长13%。全年医疗卫生的经常开支占政府经常开支的18%。4月，全面推行自愿医保计划，规范个人偿款住院保险，以便消费者在有需要时使用私营医疗服务，减轻公营医疗系统压力。9月，香港首个地区康健中心在葵青区投入服务。该中心由政府出资，由非政府机构营运，主要针对第一、第二及第三层预防，提供健康推广、健康评估、慢性疾病管理和社区复康服务。发展香港中医药行业。香港特别行政区政府年内推出5亿港元的中医药发展基金，用于培养人才、推动研究工作，加强市民对中医药的认识。医管局营运的73所普通科门诊诊所（包括社区健康中心），专门服务长者、低收入家庭和长期病患者，全年服务病人165万人，就诊人数633万人次。至年底，香港公立医院有病床29417张，其中普通科病床23049张、疗养科病床2041张、精神科病床3647张、智障科病床680张；私家医院有病床5056张，其中住院病床4652张、日间病床404张；护养院有病床6127张；惩教署辖下院所有住院病床874张。每1000人拥有病床5.5张。2018—2019年，公立医院提供住院服务开支429亿港元，全年有188万名住院病人及日间住院病人出院；医管局辖下专科诊所提供医疗服务开支124亿港元，全年就诊人数800万人次。

房屋援助　至2019年底，香港有房屋单位285.33万个，其中公共租住单位83.46万个、资助出售单位41.96万个、私人楼宇单位159.91万个。香港人口有30%居住公共租住单位，有15%居住资助出售单位。2018—2019年，香港房屋委员会在房屋方面的修订开支预算为320亿港元，占公共开支总额的5.6%。香港特别行政区政府推出长远房屋策略，以供应为主导，采取灵活变通的方式，解决供求失衡的问题。3个策略方向包括：提供更多公共租住房屋（公屋）单位，确保合理运用现有资源；提供更多资助出售单位，进一步丰富资助自置居所的形式，促进现有单位的市场流转；通过稳定的土地供应和需求管理措施，稳定住宅市场，在私人住宅物业销售和租务上推动良好做法。12月，香港特别行政区政府公布10年期总房屋供应目标为43万个单位，并把公私营房屋新供应比例维持在70∶30。是年建成住宅单位2.96万个，其中私人住宅单位（不包括村屋）1.36万个，公营房屋单位（包括公屋和资助出售单位）1.6万个。

社会福利　2019年，香港特别行政区政府宣布措施，提高最高豁免计算入息上限和增加租金津贴，改善综援计划。连续领取综援至少1年的长者，如到广东或福建养老，可根据综援长者广东或福建养老计划继续领取综援金。至年底，有综援个案22.02万宗，受助人311339名，综援计划开支总额218亿港元，比上年下降5%；领取公共福利金100.05万人，公共福利金计划开支总额340亿港元，下降9%。在职家庭津贴计划收到申请10.21万宗，申请获批7.86万宗，发放津贴金额10.39亿港元，超过5.24万个住户和17.61万人受惠。8月再公布一系列纾困措施，再次向综援受助人发放额外1个月标准金额，向领取公共福利金、职津及个人交津的人士发放额外1个月津贴。香港劳工及福利局社会福利署设立乐龄及康复创科应用基金，全年批出3700万港元资助超过210个服务单位购置或租用870件科技产品；3月，设立残疾人士艺术发展基金，第一批申请批出2500万港元，资助21个机构推行30个艺术项目。

教育事业　香港通过公营学校为所有儿童和青少年提供12年免费教育。截至9月，就读于455所公营小学的学生有30.11万人，就读于392所公营中学的学生有25.61万人。有可颁授学位的本地专上教育院校22所，其中8所通过香港大学教育资助委员会获公帑资助。是年，香港民政事务局与故宫博物院、卧龙自然保护区、中国科学院、敦煌研究院合作举办专题实习计划4个，加深香港青年对相关专业领域的认识，了解国家的发展。

社会治安　至2019年底，警队编制约有警务人员31200名和文职人员4600名；有香港辅助警察4500名，由志愿人士组成，负责支援正规警队。上半年接获罪案举报25295件，比上年同期减少1255件，下降4.7%。整体罪案数是自1977年有半年统计以来最低。全年有罪案59225件，比上年增长9.2%，每10万人口的罪案数789件，增长8.4%；暴力罪案9690件，增长9.1%；抢劫案210件，增长42.9%；爆窃案2394件，增长52%；盗窃案20761件，下降2.6%。在接获的罪案举报中，有21965件被侦破（破案率37.1%），28058人被捕。

（香港历史研究基金会）

【澳门特别行政区】　澳门特别行政区地处珠江口，毗邻广东省，与香港相距约60千米，范围包括澳门半岛、氹仔岛和路环岛。澳门总面积因沿岸填海不断扩大，至2019年，陆地总面积32.9平方千米（其中澳门半岛9.3平方千米、氹仔岛7.9平方千米、路环岛7.6平方千米、路氹填海区6.0平方千米、新城A区及港珠澳大桥澳门口岸管理区2.1平方千米），海岸线全长76.7千米。至年底，澳门人口67.96万人，人口密度为每平方千米2.04万人。2019年是澳门特别行政区成立20周年，澳门继续推进城市建设，促进经济平稳发展，优化各项民生政策措施，澳门特区五年规划相关工作完成90%，在五年规划的基础上编制附件，把建设粤港澳大湾区纳入五年发展规划，落实与国家总体规划对接，并细化到年度施政。粤港澳三地政府先后在澳门、香港地区和日本共同举办《粤港澳大湾区发展规划纲要》宣讲会和粤港澳大湾区推介会。根据《粤澳合作框架协议》年度重点工作安排，在跨界基础设施建设和通关便利化、促进现代服务业合作、共建优质生活圈、推进教育和青年交流等领域加强合作。推进在横琴建设粤澳特别合作区，推动与深圳、广州、中山、江门等地的合作。支持企业和居民参与粤港澳大湾区建设发展，推出粤港澳大湾区内地九市商事登记便利服务。优化澳门贸易投资促进局广州代表处服务功能，争取更多优质企业落户澳门。

12月20日，在澳门东亚运动会体育馆举行庆祝澳门回归祖国20周年大会暨澳门特别行政区第五届政府就职典礼，澳门特别行政区第五任行政长官贺一诚及特别行政区政府主要官员、行政会委员先后宣誓就职。

经济建设　2019年，澳门本地生产总值4346.7亿澳门元，实质收缩4.7%，人均本地生产总值为64.54万澳门元。全年就业稳定，失业率保持1.7%，总体就业人口月工作收入中位数1.7万澳门元，按年增加1000元；本地居民月工作收入2万澳门元。澳门特别行政区政府强化博彩业规范管理，批准2家博彩企业的博彩经营批给及转批给合同延长2年，所有博彩经营批给期限届满日期统一至2022年。完善法制建设，严格控制赌台数目。8月，推出规范，要求博彩中介人必须在交易单据和博彩场所内显示识别资料。促进博彩与非博彩联动发展，推动以旅游休闲为主轴的旅游发展模式，利用综合度假设施和国际级娱乐及节日盛事，深化建设创意城市美食之都。利用码头设施拓展海上新航线，推出“澳门海上游”线路。培育新兴产业多元化。是年，澳门特别行政区政府培育会展、文化创意、中医药、特色金融等行业成长。推动会展业提质发展，优化会展竞投及支援一站式服务、会展业扶助计划等措施，发挥“会议大使”的网络优势，引进更多大型优质会议落户澳门。推进粤澳合作中医药科技产业园建设。产学研一体化平台全面运作，建立企业研发、总部、贸易等孵化基地，累计注册企业159家、签约入驻企业76家。其中，通过产业园平台培育的澳门企业39家。入选国家孵化器重点培育单位，作为产学研技术和产品转化应用载体之一的大健康板块示范项目进入完工和验收阶段。GMP中试生产线通过内地和欧盟GMP认证。5月，技术研发团队和科研服务团队基本完成搭建，协助澳门企业研发新产品和升级已上市产品的质量。在粤澳、川澳、闽澳中医药合作的基础上，同吉林、贵州等地开展合作。在葡萄牙和莫桑比克两国建设国际青年中医生交流基地。培育文化创意产业，推出专项资助计划为文创企业提供工作空间、商务培训、组织参展及商业对接等支援服务。文化产业基金资助项目82个，批出资助总额1.47亿澳门元，投资总额5.23亿澳门元。推出文创企业成长发展专项资助计划，扶助微型文创企业新增营运设备、生产及制作、开展推广活动和知识产权登记，选出项目49个，资助总额928万澳门元。完成融资租赁公司法律制度和融资租赁税务优惠制度立法，研究修订企业融资贷款利息补贴制度；优化营商环境，争取大型融资租赁公司落户澳门。推进建设中葡人民币清算中心。7月4日，人民币国债首次在澳门发行，中国—葡语国家中央银行及金融家会议首次在澳门举行。签署《粤澳金融纠纷调解合作框架协议》，加强大湾区金融软基建对接，推动中葡金融服务平台建设。扶持中小企业发展，鼓励青年创新创业在特区。推广中小企业应用信息技术，加强与内地电商业界合作，开拓葡语国家电商市场。推进澳门特色老店品牌重塑扶助计划，评定“澳门特色老店”12间。推出中小企巨灾财产保险、中小企巨灾财产保险资助计划和出口信用保险制度。推进横琴粤澳合作产业园新一轮招商工作。落实青年创业援助计划，优化青年创业孵化中心功能。组织澳门青年到大湾区考察交流，扩大中葡青年创新创业交流计划的参与对象。是年，举办青年与澳门经济财政司司长或各部门局长的真情对话，走访青年社团活动，强化与青年的交流沟通机制。

宜居城市建设 2019年，澳门特别行政区政府继续推行非强制性中央公积金制度，全年有195名雇主加入制度，5万多名居民参与个人计划。年内，向每名符合资格的澳门居民的非强制中央公积金个人账户注入预算盈余特别分配7000澳门元，37.7万人受惠。1月，将养老金及残疾金升至每月3630澳门元，比上年增长5.2%，其他给付按比例作出调整。推出非强制性中央公积金制度自动提款登记新措施，免除长者逐年办理提款手续。建立社会工作者专业资格制度，以提升社工人员专业化水平。实施“澳门妇女发展目标”规划（2019—2025年），推进妇女发展目标专责小组的工作。逐步调整托儿所全日班和半日班比例，满足2岁幼儿的入托需要。长者十年行动计划的中期措施（2018—2020年）完成91项。引入家居护养服务，为独居、体弱与患有失智症等长者及其照顾者提供无缝式支援服务。氹仔区新增护养院1所，澳门长者院舍宿位名额增加到2400个。支持17所受资助的长者院舍和日间护理中心购买、租用和试用具创新性的乐龄科技设备。康复服务十年规划的中期措施（2018—2020年）开展120项。推出支持残疾人士购置辅具先导计划和辅具资源服务及家居无障碍设施改善计划。完成修订社会房屋法律制度，订立社会房屋恒常申请机制，在年底开展新一期经济房屋申请。连续5年豁免符合资格社会房屋租户的全年租金。开展公共房屋分配，至年底，有12268个家团租住社会房屋，185个租户退回租赁单位。利用新城填海区和现有土地增加房屋尤其是公共房屋的供应，兴建公共设施。年内，完成新城填海A区、E1区的填海工程，A区首期4个经济房屋地段和1个社会房屋地段开展设计；重启望厦社会房屋工程；伟龙公屋项目实施性研究完成，计划开展地段平整工程。调整出租房屋税率，促进不动产租赁市场增加供应。收回闲置土地，增加土地储备，至是年9月，根据相关法律被宣告批给失效的土地77处，涉及土地面积超67万平方米；正式收回土地23处，面积超23万平方米。推进城市总体规划编制的初步方案，成立都市更新股份有限公司，重点推进都市更新的相关工作。依法开展符合法定条件申请购买置换房屋人士登记工作。

健康城市建设　2019年，澳门遵循“预防优先，妥善医疗”的施政方针，加强健康城市建设，提升居民健康水平。加大资源投入优化初级卫生保健网络，与非营利及私人医疗合作互补，保障居民医疗服务。建立成熟稳健的公共卫生应急和传染病防治机制，中国国际应急医疗队（澳门）通过世界卫生组织评估认证。严格执行各项预防传染病感染的措施，为特定人群接种季节性流感疫苗，免费接种范围覆盖全体澳门居民；开展麻疹疫苗接种，为符合资格的居民补种德国麻疹疫苗。成立医学专科学院和颁授院士，推进修订《医疗人员专业资格和执业注册法律制度》。委托学术机构开展全民医疗保险的可行性研究。健康基础建设方面，离岛医疗综合体主体建造工程（含综合医院、辅助设施大楼、综合服务行政大楼）10月动工；10月17日，护理学院建造工程完工；九澳康复医院投入使用；下环街和石排湾的卫生中心有序兴建。医疗保健服务方面，扩大专科外展医疗服务，落实各项妇女和儿童保健等措施。中长期的疾病预防方面，扩大大肠癌筛查的年龄层，开展肺癌高危人群检查。落实娱乐场室内范围全面禁烟，启动烟草使用调查；建立酒精使用的监测数据，开展立法规管青少年酒精使用的公开咨询，深化健康城市建设。应对跨境医疗服务的新需求。在横琴筹建卫生站，服务居住在当地的澳门居民。协助居住在横琴并持内地居住证的澳门居民加入珠海市基本医疗保险，向符合资格的儿童、中小学学生、长者补贴全部个人自付的医疗保险金额。加强与珠海、中山和江门等地区的互动交流，提升居民在大湾区的医疗福祉。

安全城市建设　6月，澳门特别行政区政府公布网络安全法并于12月22日生效。在澳门各区设置全澳城市电子监察系统。6月10日，民防纲要法获立法会一般性通过，进入细则性讨论阶段。法案建议对澳门民防体制进行改革，保障居民和旅客的生命安全。完善应急保障机制和设施，提升防灾减灾能力水平。完成部门应急预案修订，完善应急指挥应用平台各个子系统的功能。澳门设有避险中心17个、集合点4个和紧急疏散停留点1个。开展内港北雨水泵站箱涵渠建造工程，在挡潮墙上加装退水拍门；开展内港挡潮闸项目，总体规划可行性研究启动环评第一阶段公示。推进粤澳第三条输电通道建设，至年底，完成六成以上的电缆铺设；优化变电站，改善低洼地区供电设施；启用珠海对澳门第四条原水管道；加快建造石排湾净水厂；开展九澳水库扩容工程。公布并实施《澳门特别行政区防灾减灾十年规划（2019—2028年）》，确定约束性和期望性指标37项，提高突发事件应急管理体系和综合应急能力，保障居民的生命财产安全。

智慧城市建设　2019年，澳门云计算中心投入运作，为发展安全稳定的智慧城市提供基础；推进电信网络及服务汇流制度立法工作，开展5G网络的前期工作。智慧政务方面，推出“澳门公共服务一户通”账户和手机应用程序，将公共服务流程优化及电子化。推动移动支付普及，全年移动支付交易金额大幅增长。优化发展智慧旅游，提升人群流量实时统计和预测的精确度。推进智慧交通，应用软硬件技术提升交通效率。医疗服务方面，开发电子健康记录互通系统第二期。　　（摘自《2020澳门年鉴》）

【广州市】　广州市是广东省省会城市，地处中国大陆南部，广东省的中南部，珠江三角洲的北缘，接近珠江流域下游入海口。其范围是北纬22°26′~23°56′，东经112°57′~114°03′。东连惠州市博罗、龙门两县，西邻佛山市的三水、南海和顺德区，北靠清远市的市区和佛冈县及韶关市的新丰县，南接东莞市和中山市，与香港特别行政区、澳门特别行政区隔海相望。珠江口岛屿众多，水道密布，有虎门、蕉门、洪奇门等水道出海，使广州成为中国远洋航运的优良海港和珠江流域的进出口岸。广州又是京广、广深、广茂、广梅汕铁路和贵广、南广、武广、广深港、广珠城际铁路的交会点和华南民用航空交通中心，与全国各地的联系极为密切。广州有中国“南大门”之称。2019年，广州市总面积7434.40平方千米，占全省陆地面积的4.21%。2019年末常住人口1530.59万人，城镇化率86.46%。年末户籍人口953.72万人；户籍出生人口13.98万人，出生率14.86‰；死亡人口4.83万人，死亡率5.14‰；自然增长人口9.15万人，自然增长率9.72‰。户籍迁入人口21.05万人，迁出人口4.30万人，机械增长人口16.75万人。

2019年，广州市深入贯彻落实习近平总书记对广东重要讲话和重要指示批示精神，抓住粤港澳大湾区建设和支持深圳建设中国特色社会主义先行示范区的重大历史机遇，围绕实现老城市新活力、“四个出新出彩”，统筹做好稳增长、促改革、调结构、惠民生、防风险、保稳定各项工作，保持经济社会持续健康发展。全年地区生产总值23628.60亿元，比上年增长6.8%。固定资产投资6920.21亿元，比上年增长16.5%，其中基础设施投资2193.47亿元，增长24.5%；市重点建设项目完成投资3334亿元。社会消费品零售总额9551.57亿元，比上年增长7.8%，其中限额以上实物商品网上零售额增长12.9%。外贸进出口总值10006.6亿元，比上年增长2%，其中进口增长12.8%、出口下降6.1%。一般公共预算收入1699.04亿元，比上年增长4%，累计新增减税621.7亿元。新增就业33.73万人，城镇登记失业率2.15%。城市和农村常住居民人均可支配收入分别比上年增长8.5%、10.9%。

新兴产业链建设　2019年，广州市战略性新兴产业和高技术制造业得到较快增长。新能源汽车产量比上年增长1.1倍，累计建成充电桩超2.3万个；乐金显示OLED、LG化学偏光片项目建成投产，维信诺AMOLED模组生产线、花果山超高清视频产业特色小镇启动建设；粤芯芯片12英寸晶圆项目投产，成为广东省首个量产生产线；生物医药产业构建“政产学研用”融一体的产业生态圈，形成现代中药和化学药、干细胞与再生医学、体外诊断产品及检验服务等特色优势；实施推动轨道交通产业发展三年行动计划，建成城市轨道交通系统安全与运维保障国家工程实验室。中科院广州明珠科学园启动建设，3家省实验室挂牌，新增国家级企业技术中心5个、国家地方联合工程研究中心4个、省工程实验室14个；高新技术企业总数突破1.2万家，国家科技型中小企业备案入库9283家，数量连续2年居全国城市第一位。全年技术合同成交额、专利授权量分别比上年增长77%、16.7%，牵头完成的9个项目获2019年度国家科学技术奖。

重点领域改革深化　2019年，广州市推行国资国企领域职业经理人制度试点，组建首家国有资本投资公司，完成2家上市公司收购，市属国企研发费用102.8亿元，比上年增长53.7%，累计出清重组604家国有“僵尸企业”。实施市“民营经济20条”修订版，建成广州市中小企业服务站100家，投入市级专项资金9500万元，民间投资比上年增长27.8%。民营经济市场主体219.8万家，比上年增长13.5%。南沙自贸试验区累计42项制度创新成果在全国复制推广，超800项政务服务事项“零跑动”、505项“即刻办”。自贸试验区FT账户体系正式落地，国际金融论坛（IFF）永久会址开工建设，新能源汽车第三代半导体创新中心挂牌，中交汇通中心等28个产业项目落户明珠湾起步区。中新广州知识城加快芯片、生物医药等新兴产业布局，54个重大产业项目全面铺开建设，6.27平方千米的南起步区开发完成，集聚180多个知识产权机构。举办2019广东21世纪海上丝绸之路博览会等活动，对“一带一路”沿线国家进出口额2409.3亿元，占全市进出口总额的24.1%；中欧班列出口总额28.76亿元。对“一带一路”沿线国家投资占全市对外投资的24.6%。

生态民生稳步改善　2019年，广州市$PM_{2.5}$年均浓度为30微克/立方米，新建污水管网4169千米，147条黑臭水体消除黑臭，新增污水处理能力100万吨/日，劣V类水体控制比例比

上年减少23.1个百分点，越秀山—麓湖—白云山联通工程主体完工。新建绿道60千米、碧道113千米、碳汇造林3466.7公顷。实施《关于加强广州生活垃圾分类处理工作的实施意见》及三年行动计划，新增垃圾焚烧处理能力4500吨/天，生化处理能力累计超4000吨/天，垃圾无害化处理率100%。出台实施乡村振兴战略规划，农业增加值比上年增长3.7%，7个现代农业产业园列入省级创建名单，实施“粤菜师傅”工程，新建改造“四好农村路”260千米，农村生活污水治理率达73%，新改建乡村公厕925座。新增公办幼儿园学位5.88万个，普惠性幼儿园在园幼儿占比82.6%，新增公办中小学学位1.36万个，华南理工大学广州国际校区一期启用；广州医科大学附属第一医院、市妇女儿童医疗中心分别入选部省共建国家呼吸医学中心、国家儿童区域医疗中心。市民就医实现“一码通行”，市内异地定点医疗机构扩大至197个。资助困难群众参加医保19.3万人。新建改造足球场26个，45个公共体育场馆以及上线“群体通”的社会场馆惠民人数超1000万人次。制定“1+1+3”迁入户政策，174个街镇推进“家政+养老”融合发展，长者饭堂增加至1036个，城乡低保标准提高至1010元，低收入困难家庭认定标准提高到1515元，基本建成棚户区改造住房17686套，累计建成加装电梯4639台。发放9次价格临时补贴9385万元，惠及群众108万人次。新建及改造粮食储备仓容86.5万吨，全面完成储备粮轮换任务98.1万吨。全年拨付财政资金30亿元用于扶贫协作、对口支援和帮扶。全年发生各类事故总量比上年下降8.1%。

参与粤港澳大湾区建设　2019年，广州市制定交通强国建设纲要实施意见，加快建设白云国际机场三期扩建工程，南沙港区四期等项目开工，广州港集团与佛山、中山、云浮等城市签订战略合作框架协议。广汕铁路、广湛高铁全线开工，南沙大桥、穗莞深城际铁路建成通车。工业互联网标识解析国家顶级节点（广州）完成软硬件性能升级，华南地区唯一的国际IPv6根服务器及配套产业园项目投入试运营。建成5G基站1.6万个，形成130多个“5G+行业应用”。广东省水上公交有限公司获批准建造2艘199客位高速客船，从事广州至深圳旅客运输业务。支持东莞、深圳等港口发展，广州港全年引航到港船舶1.74万艘次，调度进出港船舶5.28万艘次。广州市与肇庆市签署《广州市人民政府肇庆市人民政府战略合作框架协议》，推动肇庆市港口码头整合升级扩容；与云浮市人民政府签订战略合作框架协议，推进对云浮市属港口企业的增资扩股控股资本合作工作和云浮港都骑码头扩建工程的规划建设；广州港集团与茂名滨海新区签署《深化茂名港博贺新港区港口合作框架协议》，茂名港博贺新港区通用码头建成投产。

深化“一区三城十三节点”布局，共建广深港澳科技创新走廊。打造综合性国家科学中心主要承载区，与中科院合作建设南沙科学城、明珠科学园。新型地球物理考察船、天然气水合物钻采船（大洋钻探船）建设进展顺利。冷泉生态系统大科学装置、人类细胞谱系大科学研究设施启动预研。开放科技设施和资金，实现首笔3800万元财政科研资金跨境拨付。与港澳共建科技创新合作平台33个，开展合作项目177个。国家超算广州中心新建前海、珠海等分中心，覆盖大湾区11个城市，服务超过200个港澳及海外科研团队。

率先印发实施与港澳规则衔接事项清单72项。推动与港澳职业资格互认或单方认可，认可港澳22项工种职业资格（含6项建筑领域资格实现互认），在南沙自贸片区试点借鉴香港工程建设管理模式。落实白云机场144小时个人过境免签政策等措施，实现南沙、黄埔等口岸进出口货物全年24小时通关。采用“跨境一锁”推动穗港开展“空陆跨境联运”和“卡车航班”运输服务。

印发实施发挥广州国家中心城市优势作用支持港澳青年来穗发展行动计划。全市建成港澳青年创新创业基地32个，入驻项目团队近300个，TIMETABLE等5个基地被广东省人民政府、香港和澳门特别行政区政府评为粤港、粤澳青年创新创业示范基地。香港科技大学（广州）开工建设，广州医科大学与澳门镜湖护理学院开展本科护理专业人才联合培养项目。新增缔结穗港澳姊妹学校34对，与香港共建国际技能人才培训基地6个。近7000名港澳人员在参加养老保险、失业保险等方面享受同等社会保险待遇，2万多名港澳学生参加广州市城乡居民社会医疗保险。大湾区"菜篮子"平台投入运营。

是年，广州人工智能与数字经济试验区、广州科学城成为省级重大合作平台。年内推进穗港澳国际健康产业城、穗港智造特别合作区、南沙国际化人才特区、跨境电商枢纽港等重大平台实施方案编制和上报工作。

（广州市人民政府地方志办公室）

【深圳市】 深圳市地处广东省中南部沿海区，东临大亚湾，南与香港新界接壤，西接珠江口，北连东莞、惠州两市。陆地地理坐标北纬22°26′59″~22°51′49″，东经113°45′42″~114°37′21″。深圳濒临南海，陆域平面形状呈东西宽、南北窄的狭长形。境内地形复杂，地貌类型多样，属于以丘陵为主，低山、丘陵、台地、阶地、平原相结合的综合地貌区。2019年末，全市面积1997.47平方千米。常住人口1343.88万人，比上年增加41.22万人，增长3.16%，其中常住户籍人口494.78万人，增长8.81%，占常住人口比重36.8%；常住非户籍人口849.10万人，增长0.13%，占比重63.2%。常住人口中户籍与非户籍人口比重由2015年的1∶2提升至1∶1.72。人口年龄结构和素质结构持续优化，常住人口平均年龄32.5岁（2017年），户籍人口中大专以上学历人口超过40%。森林覆盖率稳定在40%以上。

产业核心竞争力提升 2019年，深圳市瞄准高端高新向上突围，产业核心竞争力持续提升。大力培育发展新动能，制定5G、集成电路、生物医药、8K超高清视频、工业互联网等新兴产业发展政策，成为全国首批5G试点城市，新型显示器件、人工智能和智能制造装备三个产业入选国家战略性新兴产业集群发展工程，获批创建国家人工智能创新应用先导区，规划布局建设鲲鹏生态体系，推动鲲鹏源头创新中心正式启动运作。深圳国家高新区实现扩区，新增国家级高新技术企业2700家以上，累计超1.7万家。战略性新兴产业增加值1.02万亿元。制造业创新能力提升，未来通信高端器件、石墨烯省级制造业创新中心挂牌成立，小分子新药、高性能医疗器械省级制造业创新中心获批组建。先进制造业增加值占规模以上工业增加值比重超70%。金融业保持增长，制定国内首个促进供应链金融发展政策，"绿色金融服务实体经济实验室"落户，在全球金融中心指数排名跃升至第九位。新引进金融持牌机构14个。金融机构本外币存、贷款余额分别比上年增长15.7%、13.2%，规模居全国第三位。金融风险有效防范化解，率先制定问题私募基金良性退出指引，在营P2P网贷机构数、借贷余额、出借人数均下降90%以上。双港物流稳步发展。新开通罗马、特拉维夫等国际客运通航城市15个，机场口岸实现外国人144小时过境免签，旅客吞吐量5293万人次。港口集装箱吞吐量2577万标准箱。生产性服务业加快发展，制定促进时尚产业、工业设计发展的政策，新增国家级工业设计中心2个。第三届中国质量（深圳）大会召开。举办全球招商大会，现场签约项目128个，总投资5624亿元，推动西门子、物美、小米等一批重点项目落户。

创新驱动 2019年，深圳市实施创新驱动发展战略，全过程创新生态链加快完善。创建综合性国家科学中心。制定支持深港科技创新合作区和光明科学城规划建设的若干意见。深港科技创新合作区建设取得新进展，推进首批5条先行先试政策，金砖国家未来网络研究院中方分院等一批重大项目加快建设。加快推进光明科学城建设，完成土地整备近10平方千米，开工建设脑解析与脑模拟、合成生物研究等重大科技基础设施。设立自然科学基金，全年市本级财政科技研发资金的30%以上投向基础研究和应用基础研究。西丽湖国际科教城上升为部省市共建平台，

鹏城实验室石壁龙园区开工建设。建成无线通信接入技术、肿瘤化学基因组学等6个国家重点实验室，新获批筹建人工智能与数字经济、岭南农业实验室深圳分中心等广东省实验室，全年新增各类创新载体386个，累计2258个。开展关键核心技术攻坚。聚焦核心电子器件、高端通用芯片、基础软件产品等领域的“卡脖子”技术，试行产学研用协同创新机制，实施关键核心技术攻关项目50个。全年国内有效发明专利拥有量13.8万件，比上年增长16.5%。优化综合创新生态。创新人才加速集聚，新引进人才28.4万人，新增全职院士9名，认定的高层次人才累计1.54万人。实施深圳经济特区知识产权保护条例，知识产权“一站式”协同保护综合服务平台启动运行。天使投资母基金累计决策出资子基金38只、投资项目超过70个。举办第二十一届高交会、全球青年创新集训营、国际BT领袖大会、IT领袖峰会、创新创业大赛第三届国际赛、第二届中国（深圳）智慧零售大会等活动。

改革攻坚　2019年，深圳市在重点领域和关键环节改革取得新突破。优化营商环境，弘扬企业家精神，设立全国首个法定“企业家日”，在全国营商环境评价中成绩名列前茅。制定工业用地供应管理、工业区转型升级、产业用地节约集约利用、产业用房稳租金等政策，推进促进民营经济发展“四个千亿”措施，落实更大规模的减税降费，全年为企业新增减免税费超1100亿元。企业办理业务便利度持续提升。企业注销业务办理时限压缩到1个工作日内，深港通、深澳通“注册易”开通。政府投资工程建设项目审批时间从90个工作日缩减至41个工作日以内，水电气接入办理时间平均压缩70%，小微企业实现“极速报装”。推进口岸通关两步申报、提前申报等通关制度改革。数字政府加快建设。“i深圳”持续完善，新推广“秒批”服务和“不见面审批”事项各200项，98%的行政审批事项实现网上办理，94%的行政许可事项实现“零跑动”，在全国率先推行区块链电子发票。科技管理体制改革不断深化。实施科技计划管理创新举措22条，实现科研资金跨境使用，设立主动布局、悬赏制项目，推广实施“主审制”。建立完善房地产市场发展长效机制。制定人才住房、安居型商品房、公共租赁住房等三大配套政策，开展住房租赁市场发展试点，完善“1+3+N”住房制度体系。深化国资国企改革。区域性国资国企综合改革试验实施方案获国务院批复，深圳成为率先试点改革的两个城市之一，投控、特建发等5家“双百企业”改革取得阶段性成效。

开放合作　2019年，深圳市推进新一轮高水平开放发展，全面深化前海改革开放。推动面向港澳的全面服务贸易自由化，自由贸易账户体系获批。新推出制度创新成果102项，在全国复制推广50项。前海深港基金小镇投入使用，深港设计创意产业园竣工。每年提供2亿元资金支持港澳青年在前海创业发展，前海深港青年梦工场新孵化创业团队61个。新增注册企业1.2万家，累计超18万家。参与“一带一路”建设；在“一带一路”沿线国家投资项目81个，新增中方协议投资13.2亿美

2019年，深圳建设前海深港青年梦工场　（南方日报社供稿）

元，比上年增长5倍。举办2019中国海洋经济博览会。推进深汕特别合作区建设，推进合作区总体规划纲要编制，制订合作区高质量发展三年行动计划。新引进三宝机器人等产业项目20个，小漠湾文旅小镇一期工程开工建设，深汕科技生态园加快施工。安排财政帮扶资金超36亿元，助力对口地区30余万名贫困人口脱贫。建成喀什深圳产业园三期、西藏非物质文化遗产博物馆、林芝华侨城国际汽车营地等一批项目。牵头推进粤桂东西部扶贫协作，实现对百色、河池未脱贫的贫困村结对全覆盖。帮助深河、深汕12个共建产业园引进落地超亿元项目61个。深圳（哈尔滨）产业园区开工建设。

城市功能品质提升　2019年，深圳市加强城市规划建设管理，提升城市功能和品质。推动城市均衡协调发展。制定推进区域协调发展战略实施方案，实施"东进、西协、南联、北拓、中优"战略。高质量开发建设重点区域，实施重点区域开发建设导则，推行总设计师制、建筑师负责制，深圳湾超级总部基地、宝安中心区、北站商务区、笋岗—清水河片区、大运新城、光明中心区、坪山中心区等一批"城市新客厅"效果初现。推进国土空间提质增效，制定城中村综合整治总体规划，累计完成城中村综合治理1200个，拆除消化各类违法建筑超过2800万平方米。完善交通基础设施。深圳市入选第一批国家交通强国试点城市，南坪三期、坂银通道主体工程完工，滨海大道总部基地段交通综合改造工程、石清大道二期等项目开工建设。16个在建轨道交通项目建设提速，在建项目287千米，地铁5号线、9号线延长线开通，地铁运营里程超300千米。推进智慧城市建设。加快建设新型智慧基础设施，发布国内首个多功能智能杆地方标准，完成侨香路项目试点建设，累计建成5G通信基站1.5万个。全面推广智能灯控、停车无感支付等智慧便民举措。

民生事业进步　2019年，深圳市保障改善民生，更多发展成果惠及市民群众。实施推进教育高质量发展的意见，新增幼儿园学位2.1万个、公办义务教育学位5万个、普通公办高中学位2400个。全市705所学校提供午餐、午休服务，占义务教育阶段学校数的96%。高考本科上线率76.25%，再创新高。推进深圳大学、南方科技大学等高水平大学建设，深圳技术大学独立招收首批本科生。举办全国职业教育高质量发展现场会，建设职业教育公共实训基地30个。香港名医诊疗中心落户，北大深圳医院获批省高水平医院，新增省高水平临床重点专科建设24个，新引进高层次医学团队20个。宝安纯中医治疗医院、光明区妇幼保健院开业，平湖医院、口腔医院门诊试运营，吉华医院、质子肿瘤治疗中心开工建设，新增三级医院4所、床位约3800张、执业医师3994人。新增治疗乳腺癌、非小细胞肺癌等6种高额自费药品纳入重疾险范围，药品集中采购使用试点累计减少药品采购费用4.1亿元，25个集中采购试点药品平均降价52%，市外省内以及跨省异地就医实现医保"一站式"结算。九大类民生支出超3000亿元，比上年增长9%，全面完成40项民生实事和9000余件民生微实事。新增养老床位超过1000张，高龄老人津贴标准提高，新建老年人日间照料中心10个，建成长者饭堂和助餐点近150个。最低生活保障标准上调至每月1160元，居全国首位。启动6次社会救助和保障与物价上涨挂钩联动机制，发放价格临时补贴困难群众29万人次。新开工建设及筹集人才住房和保障性住房超过9万套、供应3.4万套。发展文体旅游事业。加快推进"新时代十大文化设施""十大特色文化街区"规划建设，开工建设深圳美术馆新馆、深圳科学技术馆。国际会展中心建成运营。推出城市文化菜单，举办第十五届文博会、"一带一路"国际音乐季、WTA年终总决赛、深圳设计周暨环球设计大奖等大型文体活动。加快创建国家全域旅游示范区，打造海上看深圳、鹏城八月欢乐游购等优质旅游消费产品，全年接待游客突破1.5亿人次。

生态文明建设　2019年，深圳市生态文明建设水平进一步提升。全力打赢水污染治理攻坚战。投入1200亿元治水，159个黑臭水体全面消除黑臭，1467个小微黑臭水体完成整治，五大河流考核断面全部达到地表水V类及以上标准，深圳市入选全国黑臭水体治理示范城市。新改扩建水质净化厂23座，新增污水处理能力82万吨/日，完成4500个小区和城中村“正本清源”改造。实施“深圳蓝”行动。全面推广国VI标准车用燃油，淘汰老旧车辆7万辆，新推广新能源汽车近7万辆，完成全部燃气电厂降氮脱硝改造。推动绿色低碳循环发展。入选国家“无废城市”建设试点，生活垃圾回收利用率超30%。三大能源生态园投入运行，新增垃圾焚烧处理能力1.1万吨/日。提升城市品质和环境。新建公园117个，建成大沙河生态长廊、诗园、礼园等精品公园，提前1年实现“千园之城”目标。高标准建设提升淘金山、龙华环城等60千米绿道，建成梅林山郊野径示范段。

（深圳市人民政府地方志办公室）

【珠海市】 珠海市是全国最早的经济特区之一，是珠江口西岸核心城市、粤港澳大湾区重要节点城市。港珠澳大桥通车后，成为内地唯一与香港、澳门陆路相连的城市。珠海陆地面积1736平方千米，领海基线以内海域面积6050平方千米，海岸线224.5千米。2019年常住人口202.37万人，新增常住人口13.26万人，实现地区生产总值3435.89亿元，比上年增长6.8%；规模以上工业增加值1206.38亿元，增长4%；固定资产投资1971.88亿元，增长6.1%；社会消费品零售总额996.30亿元，增长6.3%；全体居民人均可支配收入5.25万元，增长9.1%。在中国可持续发展城市综合排名中保持第一位，入列2019中国十佳宜居城市排行榜首位。

支持澳门产业多元发展取得新成效　2019年，珠海市全面深化对澳合作，与澳门特区政府签署加快建设大湾区澳珠极点合作备忘录。除公共设施和产业平台外，暂缓横琴非涉澳项目用地审批，收回未开工和进度缓慢的项目用地0.81平方千米。粤澳合作中医药科技产业园新引进广药国际等企业60家，获批准成为国家级科技企业孵化器。横琴澳门青年创业谷新增孵化澳门创业项目33个，获评“港澳青年创新创业基地”。澳门4所国家重点实验室在横琴设立分部，澳门大学、澳门科技大学在横琴设立产学研示范基地。横琴国际休闲旅游岛、粤澳跨境金融合作（珠海）示范区、中药材现货交易中心陆续落地，大昌行物流中心、励骏庞都广场等项目开业运营。澳资企业加快进入横琴，新增澳资企业833家、累计2232家。横琴旅游业纳入15%企业所得税优惠目录，FT自由贸易账户、合格境外有限合伙人（QFLP）政策试点在横琴实施。首创跨境办公政策，开通横琴—澳门跨境通勤专线，免费接送澳资企业员工和澳门居民超11万人次。单向认可港澳执业资格，港澳导游及领队、建筑领域专业人士可在横琴直接执业。新横琴口岸旅检大楼基本建成并具备通关条件。对澳输电第三通道珠海段竣工，第四条对澳供水管道通水。横琴医院建成启用，3723名澳门居民在珠海参加社保。澳门街坊联合总会横琴综合服务中心揭牌，全国首个跨境服务APP“琴澳通”发布，跨境信用平台“信易得”获评全国优秀信用案例。

重点领域和关键环节改革　珠海横琴自贸区新落地57项制度创新成果，1项入选全国自贸区最佳实践案例，5项入选广东自贸区四周年最佳案例。完成政府机构改革，推进综合行政执法和经济功能区体制机制改革，建立高质量发展综合绩效评价体系。高新区综合排名升至全国第22位，比上年排名上升4位。开展工程建设项目审批制度改革，政府和社会投资项目审批时间分别压缩至90个、50个工作日以内。推行政务服务事项标准化，全市依申请事项5063个，1302个事项“全城通办”，520个事项“免证办”。优化拓展在线办理功能，超70%税费办理事项实现“一次不用跑”，公共资源交易实现“零跑动、零门槛、零收费”。商事登记平均用时缩短至0.32天，新登记商事主体5.58万户、总数35.68万户。

开放合作取得新成果　完善招商引资政策体

系，签订重点招商项目 134 个，投资总额 1009.38 亿元。全面实施外商投资准入前国民待遇加负面清单管理制度，实际吸收外资 24.2 亿美元。外商投资股权投资企业试点工作取得突破，引进外资总规模 37 亿美元。强化境外投资管理和服务，新增对外投资备案项目 40 个，实际对外投资 1.35 亿美元。持续优化国际贸易“单一窗口”，进出口货物整体通关时间分别压缩至 9.42 小时和 0.75 小时。推动外贸新业态发展，西域码头“珠港澳货栈”开通，跨境电商零售进出口总货值比上年增长 4.4 倍，服务外包执行金额 12.81 亿美元、增长 1.28 倍。新增国际友好城市 5 个，举办首届澳珠企业家峰会、第三届“21 世纪海上丝绸之路”国际传播论坛、第二十二次中韩日佛教友好交流会等多项城市活动。

实体经济稳中有进　2019 年，珠海市出台进一步支持实体经济高质量发展的政策措施，实施重大项目投资贴息、技改投资奖补、“小升规”奖励等举措，完成工业投资 291.68 亿元，比上年增长 15.5%，新增规模以上工业企业超 180 家。格力电器进入世界 500 强企业排名。纳思达智能制造产业园、利安隆新材料等 13 个 10 亿元以上项目开工建设，英诺赛科、晨新科技、中兴汽车等 16 个重点项目竣工投产，新引进亿元以上先进装备制造业项目 50 个。先进制造业、装备制造业、高技术制造业增加值占规上工业增加值比重分别为 55.5%、37%、29.6%。308 家规模以上工业企业完成技术改造，9 个项目获评省级智能制造示范项目。新增国家级、省级中小企业公共服务示范平台各 1 个。加强土地集约利用，清理闲置用地 309.58 公顷。落实减税降费政策，减负超 110 亿元。支持企业利用资本市场做大做强，新增上市挂牌公司 1 家。

现代服务业加快发展　2019 年，珠海市服务业完成投资 1679.54 亿元，比上年增长 4.6%。金融产业增加值 369.16 亿元，增长 15.8%，占本地生产总值比重首次突破 10%，金融机构本外币存款和贷款余额分别为 9047.24 亿元和 6358.61 亿元，分别增长 19.9%和 21.4%。港珠澳合作创新（珠海）基地、高新区宝龙城等一批商业综合体动工，高栏港文德广场等投入运营。成功创建首个省级文化产业示范园区，建成市级文化产业园区 3 个、市级文化产业特色基地 4 个。全年举办各类展览 23 场、千人以上大型会议 100 场，中国国际办公设备及耗材展览会、中国集成电路产业高峰论坛、中国医院院长论坛等高层次会展活动在珠海聚集。创建国家全域旅游示范区，长隆剧院、丽新横琴创新方、横琴富华紫檀博物馆开业运营，全年接待游客 4618.21 万人次，比上年增长 7.1%，实现旅游总收入 541.53 亿元，增长 16.2%。

科技创新能力增强　2019 年，珠海市 PCT 国际专利申请量 561 件，每万人口发明专利拥有量 78.58 件、居全省第二位，科技创新发展指数进入全国十强，获批准成为“国家知识产权示范城市”。培育创新主体，高新技术企业总数 2204 家，累计 71 家企业进入独角兽企业培育库，1347 家企业通过科技型中小企业评价，4 家企业获国家科学技术进步奖和国家技术发明奖，2 家企业获广东省政府质量奖。加快建设创新平台，新增 1 个国家级、21 个省级企业技术中心，2 个国家级孵化器，5 个省级新型研发机构，规模以上工业企业研发机构覆盖率 45%。横琴先进智能计算平台、中国先进半导体一站式芯片 IP 及量产中心、中科先进技术研究院创新科技园落户珠海，新能源汽车国家质检中心开工建设，南方海洋科学与工程省实验室（珠海）海洋学科楼群封顶，国内首个无人船研发测试基地、“天琴计划”山顶观测平台交付使用。加大金融对科技创新支持力度，设立 5 亿元规模的科技创业天使风险投资基金，新增科技信贷总额 2.29 亿元。

交通网络完善　2019 年，港珠澳大桥运营管理水平不断提升，至年底，大桥口岸出入境 1617.3 万人次、93.9 万车次。珠海机场全年旅客吞吐量 1228.3 万人次，比上年增长 9.5%，机场改扩建项目航站楼工程动工。建成莲洲通用机场一期，开通广东省首条跨省和省内短途运输航线。高铁通达城市 64 个，乘坐高铁和城轨出行人数 2497 万人次，比上年增长 7.8%。广珠城轨延长线拱北至横琴段基本建成，7 个车站完工。高栏港区 15 万吨级主航道竣工验收，珠海港完成集装箱吞吐量 256 万标准箱、比上年增长 10.8%。湾仔轮渡客运口岸恢复通关，青茂口岸封顶。港珠澳大桥珠海公路口岸获中国建设工程鲁班奖，是全球首个 5G 试点口岸。拱北口岸全年出入境人数 1.45 亿人次、比上年增长 8%，连续 7 年居全国首位。

城市品质提高　2019 年，珠海市建成香山湖公园一期等 6 个市政特色公园和后环公园等 25 个城乡社区公园，黄杨河湿地公园开园，城市阳台动工建设。新增健康步道 20 千米、林荫道 40 千米、碧道 27 千米，天沐河及芒洲湿地段纳入省级碧道试点。实施道路提升和景观亮化工程，海滨路、九洲大道等 50 条道路完成升级改造，情侣路、珠海大道等一批道路完成绿化提升，日月贝、富华里、横琴临澳界面等区域完成灯光美化。香洲渔港顺利搬迁，新海燕桥建成开放，情侣路沿线沙滩岸线整治修复工程完工。用好土地储备专项债券，收储土地 57.01 公顷。新增“三旧”改造 277.18 公顷、完成 175.66 公顷。建成 5G 基站 720 个，珠海入选全国首批 5G 商用城市和 5G 网络优先覆盖城市。建成珠海大数据中心，珠海入选广东省大数据综合试验区。完成海绵城市建设项目 125 个，通过国家海绵城市专家考核组现场绩效考核。继续推进中欧低碳生态城市综合试点工作。

乡村振兴推进　2019 年，珠海市培育农业龙头企业 41 家，其中国家级 3 家、省级 13 家。动工建设港珠澳现代农业示范园，创建斗门区白蕉海鲈、高栏港区现代水果花卉园区等现代农业园 4 个。完成 18 个粤港澳大湾区“菜篮子”生产基地认证工作，获评中国“海鲈之都”“黄立鱼之乡”“黄沙蚬之乡”。斗门区获评中国最美休闲度假旅游名区，万山镇获评首批省级旅游风情小镇，金湾区三板村等 4 个村获评省级美丽乡村特色村，高新区古道名村寻踪等 4 条线路获评省乡村旅游精品线路。394 个自然村全部完成“三清三拆三整治”，农村垃圾治理实现保洁覆盖面、生活垃圾收运、无害化处理率“三个 100%”，斗门区“厕所革命”经验获评全国九大范例之一，召开全省农村人居环境整治现场推进会。基本完成农村集体产权制度改革试点工作，改革经验被省推广。斗门区莲洲镇、虾山村和金湾区三板村获评为全国乡村治理示范镇和示范村。

海岛开发建设提速　2019 年，珠海市建成东澳岛客运大楼、桂山岛防波堤码头等 8 个项目，推进外伶仃岛流水坑水库改造等 18 个项目，动工建设桂山岛陆岛补给码头等 30 个项目。桂山岛、万山岛和东澳岛用电历史性实现与市区同网同价，有线电视网络与市区联网。建成全国首个 5G 智慧医院海岛基地。打造海洋婚典、美食节、音乐节、民俗文化节，海岛接待游客 62.4 万人次，比上年增长 23.6%，旅游综合收入 4.4 亿元，增长 35.3%。

2019 年，珠海大剧院临海景象　（李建东　摄）

生态文明建设加强　2019 年，珠海市持续巩固提升空气质量，深化工业源治理，发展绿色交通，$PM_{2.5}$ 年均浓度降至 25 微克 / 立方米，总体空气质量位居全国 168 个重点城市前列。全面落实河长制、湖长制，开展河湖“五清”专项行动，16 条黑臭水体整治初见成效，9 个主要集中式饮用水水源水质达标率 100%，前山河流域国考断面水质实现达标。推进污水厂网一体化改革，提升市政排水管网设施管理养护标准。新建改建污水管网 620 千米，清淤排水管网 741 千米。完成 8 家水质净化厂提标改造工程，开工建设 4 家水质净化厂、2 家工业污水处理厂。

民生保障与社会事业进步　2019 年，珠海市持续加大民生投入，9 项民生支出 436.1 亿元，占一般公共预算支出的 70.8%。加大稳企稳岗稳就业力度，实施“促进就业十条”，建立就业困难人员托底帮扶制度，推进“粤菜师傅”“南粤家政”“乡村工匠”工程，建成珠港澳粤菜研究院。建成长者饭堂 80 家。新增公租房 1140 套、棚改安置住房 3831 套。启动市图书馆、文化馆总分馆制建设，成立珠海传媒集团、演艺集团，建成航空新城公共文化中心。举办 2019 珠海 WTA 超级精英赛、第六届中国国际马戏节、第二届横琴马拉松等文体赛事活动。新建改建华中师范大学珠海附属中学等学校 22 所，新增公办幼儿园学位 2460 个、中小学学位 1.62 万个，97.4%的公办小学开展校内课后服务。设立北京师范大学珠海校区。缔结珠澳姊妹学校 23 所。高水平医院建设取得突破，珠海市人民医院入选全省 30 家高水平医院重点建设医院。获评为年度健康城市建设示范市。城市医联体建设国家试点、公立医院薪酬制度改革省级试点深入推进，疾病预防控制信息化建设入选国家第一批试点单位。“健康珠海”APP 正式发布，实施“互联网 + 护理服务”，为市民提供健康智慧化服务。开展患者安全管理年活动，启动实施新一轮改善医疗服务行动计划。举办中国老年健康国际论坛，探索以老年慢病专科医联体为基础的新型老年慢病医疗保健服务体系。推进与港澳地区在卫生健康领域的 18 项合作项目，加快健康湾区建设。　(苏亚兵)

【佛山市】　佛山市位于广东省中南部，珠江三角洲腹地。东倚广州，西靠肇庆，南邻江门、中山，北接清远，邻近深圳和香港、澳门，陆运、水运、空运交通基础设施齐备，交通便捷。全境位于北纬 22°38′~23°34′，东经 112°23′~113°24′之间。2019 年，佛山市辖禅城区、南海区、顺德区、高明区、三水区，全市有 21 个镇、11 个街道。辖区土地面积 3797.72 平方千米。年末户籍人口 461.28 万人，比上年增长 5.56%，其中城镇人口 430.03 万人、乡村人口 31.25 万人；登记在册的外来人口 531.22 万人，增长 3.33%。佛山属于亚热带季风气候区，温暖、多雨、湿润，夏长冬短。四季气候特点为夏少酷热，冬无冰雪，春常阴雨，秋高气爽。佛山市地处华南褶皱系西南部之粤中坳陷，成矿条件良好，重要的矿产资源有银、铅、锌、锰、稀土、岩盐、石膏、水泥用灰岩、建筑用花岗岩、砖瓦用页岩等，矿产种类有能源矿产、金属矿产、非金属矿产和水气矿产，查明有资源储量的矿产 40 种。佛山市地处珠江三角洲中部河网区，西江、北江分流的各水道贯穿其中，是广东著名的旅游胜地，中国优秀旅游城市。全市有对外开放的旅游景区（点）128 个，其中国家 5A 级旅游景区 2 个（指西樵山风景名胜区、长鹿旅游休博园）。土特产有石湾公仔、佛山香云纱、大塘黑皮冬瓜、乐平雪梨瓜、合水粉葛、顺德国兰、陈村年桔、顺德鳗鱼等国家地理标志保护产品，以及盲公饼、酝扎猪蹄、石湾米酒、西樵大饼、平洲福肉饼、九江煎堆、大良双皮奶、伦教糕、南乳肉等。佛山历史悠久，文化底蕴深厚，是国家历史文化名城，素有南方铸造中心、广纱中心、陶艺之乡、岭南成药之乡、粤剧之乡、武术之乡、民间艺术之乡等美誉称号。顺德区作为世界八大美食之都之一，素有“厨出凤城”的美誉。

制造业品质提升　2019 年，佛山市创建“全国质量强市示范城市”，实施工业产品质量提升三年行动计划，工业产品质量监督抽查综合合格率 95.1%；2 家企业获评 2019 年省政府质量奖，总数 13 家，居全省第一位；细分行业龙头企业累计 128 家。加快推进标准化改革创新，全市主导或参与制定修订的国家和行业标准 120 项，制定发布团体标准 80 项、联盟标准 74 项，18 项企业标准获评 2019 年全国企业标准“领跑者”，连续 2 年居全国地级市第一名。培育成立佛山氢能产业标准联盟，推动完成 6 项联盟标准制定，填补国内标准空白。在全国首推区域商标管理使用标准及评定，累计有中国驰名商标 162 件，居全国地级市首位。

创新驱动　2019 年，佛山市加快创新政策体系建设，印发实施《佛山市全面建设国家创新型城市促进科技创新推动高质量发展若干政策措施》，制定《佛山市建设国家创新型城市实施方案》，加快探索具有佛山特色的创新发展路径。推动财政科技投入 98.16 亿元，科技投入资金比上年增长 79.6%。加快创新平台载体建设，编制《佛山市一环创新圈战略规划》《佛山三龙湾高端创新集聚区综合规划》，高标准规划建设三龙湾高端创新集聚区，整合全市创新资源打造具有国际影响力的科技创新圈。提质建设佛山高新技术开发区，佛山市人才驿站、高层次人才产业园挂牌成立。季华实验室一期实验楼封顶，获国家和省重大科研项目的数量、经费均居省实验室前列。获批准建设先进能源科学与技术广东省实验室佛山分中心，佛山仙湖实验室挂牌成立，华南高等研究院（佛山）、中国科学院苏州纳米技术与纳米仿生研究所广东（佛山）研究院等一批平台落户，累计与大院大所合作组建创新载体 93 个。深入推进高新技术企业树标提质行动，确定第二批标杆高新技术 50 强企业，新增国家高新技术企业 885 家、总数 4834 家。强化核心技术攻关，市级财政投入扶持资金 1 亿元，围绕智能制造与高端装备、新型电子信息、新材料、新能源、生物与新医药五大领域立项支持 27 个项目。支持技术研发，专利授权总量 5.87 万件，比上年增长 15.2%；有效发明专利量 2.3 万件，增长 18.2%。规模以上工业企业研发机构建有率 55.6%，建有科技企业孵化器 105 个、众创空间 74 个。优化创新创业环境，推进全市孵化育成体系建设，获中央湾区办批复同意设立“佛山港澳青年创业孵化基地”，工合空间佛山站被认定为广东 10 个粤港青年创新创业基地之一。推进产教融合、校企结合，合作共建东北大学研究生院、华南师范大学南海校区，以优秀等次通过全省首批现代职业教育综合改革示范市验收，顺德职业技术学院成为中国特色高水平高职学校建设单位。创造更具竞争力的引才环境，全职院士实现零的突破，新引进省创新创业团队 4 个，新增高技能人才 13052 人。

现代化基础设施建设　2019 年，推进佛山市珠三角枢纽（广州新）机场前期工作，正式上报选址报告。广湛高铁前期工作推进顺利，佛山地铁 2 号线一期、佛山地铁 3 号线，以及广州地铁 7 号线西延顺德段等轨道交通项目建设加快，高明氢能源有轨电车上线。佛山“一环”高速化改造主线接入全省高速公路网、辅道基本贯通，“一环”西拓北环段基本完工，新打通“断头路”20 条。新建公交站场 15 个，中心城区公交专用道达 157.2 千米，清洁能源公交车占比实现 100%。累计建成充电站 157 个、充电桩 5266 个、加氢站 15 个。新建 5G 基站 1701 个，完成重点民生水利工程 20 项，重点电网工程建成投产 17 项。

营商环境优化　2019 年，佛山市以深化“放管服”（简政放权、放管结合、优化服务）改革为抓手推动营商环境不断优化。全面加大营商环境改革力度，创新性提出“1 + 7 + N”（“1”是指 1 个顶层设计，即《佛山市深化营商环境综合改革实施方案》；“7”为 7 项企业关切和群众关注的重点改革举措，分别为深化商事制度改革、推进工程建设项目审批制度改革、不动产登记制度改革、推进政务服务“一网、一门、一次”改革、优化纳税营商环境、推进跨境贸易便利化、加强信用监管；“N”为围绕营商环境相关的 N 项优化措施，分别为获得用水用电用气便利化改革，公共资源交易制度改革，知识产权创造、保护与运用，获得信贷，劳动力市场监管等方面），优化营商环境工作体系，在首届

(2019) 珠三角地区营商环境发展水平评估中居第三位。建立公平竞争审查制度，健全以信用为基础的新型监管机制，形成以法治为核心的公正有序透明的市场环境。在全国首创实体窗口、自助终端机、微信端、电脑端“四位一体”商事登记服务体系，入选中国“互联网+政务服务”50强优秀实践案例，被国家市场监管总局确定为“企业开办全程网上办”改革试点城市，“证照主题联办”获省复制推广。推进工程建设项目审批制度改革，搭建“1+3+X”一体化平台（指工程建设项目联合审批系统、“多规合一”业务协同平台、施工图联合审图系统、工程建设效能监督系统等4个管理系统，以及统一身份认证、电子签章、电子表单、电子预档案等14个支撑系统），实现全市工程建设项目“一个平台”（佛山市工程建设项目审批管理平台）全程管控，审批速度领先全省。深化外资准入改革，推进国际贸易“单一窗口”平台建设，对外开放水平提升，便利友好的国际化营商环境加快形成。

公共服务供给优化 2019年，佛山市实施积极就业创业政策，全市城镇新增就业8.7万人，城镇登记失业率控制在2.3%的较低水平。教育事业稳步发展，新（改、扩）建幼儿园51所，新增学位2.04万个，普惠性幼儿园占比78.4%；改（扩、新）建义务教育学校30所，新增学位3.7万个。卫生强市建设提速，获选成为全省建立健全现代医院管理制度的2个试点城市之一。推进“文化佛山”建设，成功创建国家公共文化服务体系示范区，已有以及在建博物馆、美术馆、艺术馆216家，举办或承办国际篮球世界杯、中央电视台贺岁杯狮王争霸赛、大湾区功夫电影周等赛事活动。推进公共法律服务体系建设，建成公共法律服务平台802个，办理公共法律服务业务18.3万件。

环境治理取得成效 2019年，佛山市大气环境质量继续改善，细颗粒物（$PM_{2.5}$）达到历年最低值，二氧化硫浓度首次降为个位数。水环境质量稳步提升，饮用水源水质达标率100%，8条建成区黑臭水体（河涌）消除黑臭，12个国控及省控考核断面地表水水质优良比例83.3%、劣V类水体比例为0，达到省考核目标。土壤污染防治工作稳步推进，新建危险废物收集贮存试点单位8个，新增危险废物年处理处置能力24万吨。实施自然生态文明建设专项规划，新增绿化面积1933.33公顷（2.9万亩），建成区绿化覆盖率45.1%。

民生保障体系完善 2019年，佛山市民生支持力度增强，全年全市财政民生支出670.76亿元，比上年增长9.5%。民生保障标准稳步提高，低保标准提高到每人每月1060元，孤儿养育最低标准提高至每人每月2200元，特困人员供养标准提高至每人每月2023元。养老服务体系不断完善，企业职工退休人员基本养老金、城乡居民养老保险基础养老金分别提高到每人每月3360元、260元，全市养老机构增至75个，社区养老设施增至395处。医疗保障水平提升，居民医疗保险补助标准提高到每人每年1283元，大病保险起付线以上部分报销比例提高至90%，推出商业补充保险“平安佛医保”。租赁住房试点稳步推进，新增租赁住房1.71万套，发放租赁补贴1099户。启动低收入群众临时价格补贴与物价上涨联动机制，发放临时价格补贴。

供给侧结构性改革 2019年，佛山市围绕供给侧结构性改革持续发力，重点在“巩固、增强、提升、畅通”上下功夫，推动全市经济发展质量变革、效率变革、动力变革。贯彻国家、省减税降费部署，推动《佛山市降低制造业企业成本支持实体经济发展若干政策措施》及修订版落实到位，全年为企业减负459.19亿元。深入实施基础设施供给侧结构性改革，持续加大基础设施补短板稳投资力度，基础设施投资增长21.4%。全面落实国家、省促进民营经济高质量发展的各项政策，全市主营业务收入超1000亿元企业2家，超100亿元企业22家，入围中国民营企业500强企业7家。打造“2+2+4”先进制造业产业集群（指装备制造、泛家居2个规模超1万亿元的产业集群，汽车及新能源、军民

融合及电子信息等2个规模超5000亿元的产业集群，智能制造装备及机器人、新材料、食品饮料、生物医药及大健康等4个规模超3000亿元的产业集群），规模以上先进制造业、装备制造业增加值占规模以上工业增加值比重分别为49.5%、30.6%。实施工业企业技术改造三年行动计划，工业技术改造投资规模位居全省首位，工业产品质量监督抽查综合合格率95.2%。实施科技专项资金体制改革，财政科技资金和科技项目全流程管理规范完善。畅通金融服务实体经济渠道，获批准成为全国首批深化民营和小微企业金融服务综合改革试点城市。坚持健全人才发展管理体制机制，推动《佛山市人才发展体制机制改革实施意见》中提出的23条人才政策落地见效。（佛山年鉴社）

【惠州市】 惠州市位于广东省东南部、粤港澳大湾区东部。2019年，辖惠城区、惠阳区、惠东县、博罗县、龙门县，另设惠州环大亚湾新区、仲恺高新技术产业开发区、惠州大亚湾经济技术开发区。土地面积1.13万平方千米（其中市区面积2697平方千米）。年末户籍人口389.74万人；常住人口488.00万人，其中城镇人口351.95万人。

惠州耕地面积14.95万公顷，粮食播种面积11.02万公顷，粮食产量58.61万吨。林地面积68.81万公顷，森林覆盖率61.71%，活立木蓄积量3830.07万立方米。已探明矿产38种，其中铌、钽、石灰石、水晶、汞等矿产储量居广东省前列。有水深20米以内的浅海面积857平方千米，可供养殖面积140平方千米。海域内有鱼、贝、甲、刺皮、藻类800多种。海岸线可建万吨以上泊位76个。土特产有惠州梅菜、东江糯米酒，博罗酥糖、罗浮山百草油、酥醪菜，龙门竹笋、年桔，惠东马铃薯、高潭明姜等。是全国首批国家电子信息产业制造基地，国家火炬计划“数码视听产业基地”，世界最大的吉他、电池生产基地，中国最大的石油炼化基地。主要旅游景区（点）有罗浮山、惠州西湖、南昆山、巽寮湾、双月湾、龙门温泉系列基地、惠东港口海龟国家级自然保护区、象头山国家级自然保护区、白盆湖国家级水利生态风景区、惠东古田自然保护区、平海古城、邓演达纪念园、叶挺纪念园、高潭革命老区等。

经济回稳向好　2019年，惠州市推进“六稳”工作，全市254个重点项目完成投资746亿元，带动固定资产投资比上年增长15.4%；城乡消费持续畅旺，社会消费品零售总额增长8.2%；实际利用外资65.9亿元，增长3.8%。外贸结构不断优化，一般贸易进出口占比升至34.5%。金融机构本外币存贷款余额分别比上年增长6.3%、19.7%；新登记企业4.4万户，增长19.3%。新增城镇就业7.2万人，城镇登记失业率2.3%。盘整存量产业用地793.3公顷，新增建设用地指标74.7%用于工业项目。试行工业用地带方案出让，推行项目“报批承诺制”“容缺受理”，新动工工业项目207宗，比上年增长88%；推动历史遗留问题解决，2014—2018年已供地工业项目开工率90.5%。工业投资自上半年起扭转连续25个月负增长态势，全年比上年增长21.1%。高新技术企业1322家，比上年增加217家；R&D投入占比提高到2.4%。规模以上企业比上年增加450家。

重大项目开工　2019年，惠州太平岭核电2×120万千瓦一期工程开工，推进重件码头等配套工程。中科院“两大科学装置”主装置区场平工程完成80%，强流重离子加速器主装置动工建设；先进能源科学与技术省实验室获省政府授牌正式运作，总部科研大楼动工。埃克森美孚乙烯项目成功纳入国家石化产业布局规划，一期工程获得核准和填海许可，填海工程完成50%。中海壳牌三期乙烯项目列入国家规划储备类项目。西气东输三线闽粤支干线（惠州段）贯通，惠东LNG接收站项目基本完成核准前准备工作。惠东新材料产业园规划、征地、招商等工作启动。慧聪慧湾新一代信息技术产业港等项目动工建设，伯恩（淡水）生产基地、TCL电子智能显示终端项目一期等项目投产，全市4K电视机产量占全国三分之一以上。

城市发展格局优化　2019年，惠州市落实广东省“一核一带一区”区域发展新战略，实施差异化高质量发展综合绩效评价。规划“丰”字交通主框架，勾画惠州陆海互济、东西畅达、南北贯通的城市开放发展新格局。谋划建设金山新城，先行动工建设治水清污工程和省级试点碧道。完成惠州机场扩容扩建工程，T2航站楼启用；旅客吞吐量255.4万人次，比上年增长36%。赣深高铁、广汕高铁惠州段建设全面铺开，惠州北站动工建设。汕湛高速惠清段、河惠莞高速惠州段分别完成总工程量的80%、61%。建成跨东江大桥3座，四环路南段、古塘坳立交等中心城区11条（座）市政路桥通车，连接仲恺、通往深莞方向的交通明显改善。推动城市形象革新，全市统一开展打击“两违”行动，拆除“两违”建筑2248万平方米，是过去5年总量的2.45倍。综合整治铁路、公路、江河沿线、高速公路出入口景观环境，多措并举治理火车站、汽车站、机场等交通站场秩序混乱顽疾，城市窗口面貌明显改善。探索开展“惠民空间”老旧社区微改造，完成4个示范点改造。推动市区“拆挡见绿”，拆除户外违规广告牌2580个（处）。建成5G基站456个，5G商用启动。建成综合交通网络运行指挥中心，开工建设智慧共享停车楼（库）10座。

市场活力持续释放　2019年，惠州市完成市县行政机构改革，实现机构、职责优化整合，构建简约高效管理体制，加强基层工作力量。市县（区）领导与企业代表面对面协商解决企业诉求574宗，解决企业困难的“直通车”活动做法在全省推广。实施减税降费政策，为企业新增减负101亿元。出台扶持民营经济、实体经济发展的政策，民间投资比上年增长10.9%，民营经济增加值增长10%。推行建设工程项目“信用快审”承诺制改革，获评“2019年新华信用杯”全国优秀信用案例奖。推进“数字政府”政务服务标准化，在线政务服务平台发布实施事项59636项，全城通办服务事项70余项，31项“粤省事”高频事项实现“指尖办理”，无人干预“智惠批”事项上线15项。改革市、区财政管理体制，建立鼓励县（区）发展实体经济的财政机制，开展涉农资金统筹整合改革。推进供排污一体化改革，移交市水务集团涉水事务性工作34项。扩大与“一带一路”沿线国家合作，新备案外商直接投资项目390个。中韩（惠州）产业园打造对外开放重要载体，推进智慧大道等基础设施，引进项目63个、开工30个。

三大攻坚战取得标志性进展　2019年，惠州市46个省级贫困村全部出列，34668名相对贫困人口实现脱贫。完成首批144个示范村村庄规划编制，启动农村“一户一宅”、农房简约报建、农房风貌管控改革试点。纵深推进“四好农村路”建设，完成镇通行政村公路拓宽623千米、村道路面硬化236千米。新增国家农产品地理标志3个、省级现代农业产业园2个。创新全民治水新举措，江河水质出现全面向好“拐点”。9个地表水国省考断面、6个入海河流国考断面水质全面好转，沙河水质年均值达到Ⅲ类，吉隆河、潼湖水质年均值达到Ⅴ类，淡水河、淡澳河第四季度实现达标。劣Ⅴ类河涌动工整治54条、消除33条。27条城市建成区黑臭水体整治全部达到“初见成效”标准。新建成金山污水处理厂二期等7座污水处理厂，新增污水日处理能力32万吨；提标升级30座，新增截污管网885千米。惠州市生态环境园焚烧发电厂一期建成运行，新增垃圾日处理能力1600吨。完成造林与生态修复6000余公顷。市区环境空气优良率95.3%，$PM_{2.5}$年均浓度下降到25微克/立方米，为“十三五”时期以来最优水平。防范化解风险，加强金融领域风险排查处置。严格财政风险管理，有效化解债务241亿元。落实因城施策要求，优化商品房价格备案机制，房地产市场保持平稳健康发展。

百姓获得感持续增强　2019年，惠州市推进就业服务，促进就业困难人员再就业3200人，新转移农村富余劳动力8224人，分流安置企业外迁失岗员工8332人。设立“粤菜（东江菜）”

师傅技能人才培训点23个，带动就业创业近6000人。推进学前教育与义务教育，新增幼儿园61所、学前教育学位2万个，新建、改建中小学校35所，新增公办义务教育学位2.5万个。惠州工程职业学院三期投入使用，惠州开放大学挂牌。举办2019广东旅游文化节暨第十届东坡文化节，罗浮山冲虚古观、龙门鹤湖围入选全国重点文物保护单位。博罗、龙门创建省级全域旅游示范区，南昆山入选省级旅游度假区。举办5项国家级以上赛事，惠州市运动员获世界大赛金牌11枚。建成新时代文明实践中心（所、站）1000多个，组织开展"中国梦·乡村美"男子篮球联赛。注册志愿者人数超过100万人。医疗能力建设取得新进展，惠州市中心人民医院成功入列全省第三批高水平医院重点建设单位，依托惠州中医医院与广州中医药大学共建惠州医院。县级公立医院强基升级项目投入使用3个，属于首批省医疗卫生强基项目的多祝、杨村卫生院基本完成升级建设。推进医疗救助结算"一站式"服务，救助困难群众8.55万人次。发挥长者智慧资源，发动107名长者支医支教。推出长者服务卡，建立社区老年人日间照料示范中心7个，开展长者"大助餐"服务，提升对长者服务的精准性和便利性。

公共安全形势总体稳定　2019年，惠州市推进扫黑除恶专项斗争，全市刑事、治安警情分别比上年下降28.2%、26.8%。"一村（居）一警"覆盖率100%，"两抢"零发案天数251天。惠阳入选国家首批乡村治理体系建设试点。做深做细公众沟通，有效防范重大项目"邻避"效应。落实安全生产责任制，严格管控石化领域安全风险，强力治理超限超载，提升消防基础设施建设水平，抓严抓实森林防灭火，生产安全事故宗数、死亡人数分别比上年下降17.7%、16.3%。

（惠州市人民政府地方志办公室）

【东莞市】　东莞市位于广东省中南部。2019年土地面积2460.1平方千米。年末户籍人口251.06万人，常住人口1045.50万人。粮食播种面积0.12万公顷，粮食产量0.59万吨。森林覆盖率36.87%，森林蓄积量342.97万立方米。矿产24种，查明资源储量的矿产16种。海域面积82.57平方千米，海岸线长112.20千米，海岛面积25.86平方千米。建有国家一类口岸——东莞港。东莞海域有鱼类88种。土特产有莞香、荔枝、麻涌香蕉、东莞腊肠、虎门麻虾、白沙油鸭、万江腐竹、道滘裹蒸粽、石龙麦芽糖柚皮等。

东莞是广东省历史文化名城，获评中国曲艺之乡、中国民间艺术之乡、龙狮之乡、举重之乡、游泳之乡、龙舟之乡。主要旅游景点有林则徐销烟池、威远炮台、沙角炮台等鸦片战争遗址和鸦片战争博物馆、海战博物馆等爱国主义教育基地，明代的迎恩门楼、金鳌洲塔、榴花塔、袁崇焕故居、南社古村落、明清时期的燕岭摩崖石刻、清代广东四大名园之一的可园和蒋光鼐故居、东江纵队抗日纪念馆等人文景点；有广东观音山国家森林公园、松山湖景区、水濂山森林公园、东莞植物园、长安莲花山以及虎英郊野公园等自然景观。

2019年，东莞市获"2019社会治理创新典范城市"、2019年度"中国十佳绿色城市"等称号，首次跻身"中国综合经济竞争力城市榜"前十强，被评为中国外贸百强城市。

参与粤港澳大湾区建设　2019年，东莞市编制贯彻落实《粤港澳大湾区发展规划纲要》实施方案、三年行动计划和年度工作要点。全面对接和支持深圳先行示范区建设，持续推进各领域合作，打造深莞"深度融合、一体联动"发展格局。与广州市签署深化重点领域合作协议，支持广州市实现老城市新活力和"四个出新出彩"。获批准在全域范围建设广东省制造业供给侧结构性改革创新实验区，被中共广东省委赋予"当好探路先锋"的使命。推动与大湾区各城市特别是广州市、深圳市、惠州市在各领域的深度合作，南沙大桥、莞番高速公路一期、从莞高速公路三期建成通车，穗深城际铁路开通，新增莞穗、莞深跨市公交线路6条。深化莞港产业合作，多次赴香港开展现代服务业定向招商，以"东莞制造

+香港服务”推动先进制造业与现代服务业融合发展。落实港澳居民在莞教育、购房、社保、个人所得税等政策，吸引港澳同胞来莞创新创业就业，松山湖港澳青年创新创业基地成为首批10个“粤港青年创新创业基地”之一。对接大湾区重大平台建设加快推进，滨海湾新区发展总体规划由省发改委印发，OPPO智能制造中心、正中创新综合体等项目动工建设，虎门港综合保税区完成一期建设并通过国家验收；水乡功能区高标准编制功能区统筹概念规划和产业协同发展规划，水乡新城土地整备和启动区项目建设加快推进；银瓶合作创新区深莞合作创新示范园项目加快建设。对外友好交往取得新进展，与俄罗斯杜布纳市、以色列霍隆市、汤加哈派地区结为友好城市，与西班牙奥萨尔内斯城市联盟建立友好合作交流关系。

城市品质提升　2019年，东莞市实施城市品质三年提升计划，推进第二批340个项目建设，成立中心城区“一心两轴三片区”（“一心”即行政文化中心区；“两轴”即鸿福路山水文化轴线、东莞大道时代发展轴线；“三片区”即国际商务区、黄旗南生态科创区、“三江六岸”历史文化区）建设总指挥部及现场指挥部，国际商务区完成规划方案并启动全球招商，首批10个入驻项目意向投资410亿元，三江六岸〔指以东江南支流（含东莞水道）、中堂水道、汾溪河3条水系为依托的70千米岸线的主城区城市滨水空间〕、两轴三节点〔“两轴”包括东莞大道—东城中路（东纵路至三元路段）、鸿福路（石竹路至银树路段）。“三节点”包括地铁轨道2号线东城站周边地区、旗峰公园站周边地区和鸿福路站周边地区。〕、黄旗南片区建设进展顺利，中心城区景观全面提升，全市新增湿地公园5个。坚决打赢水污染治理攻坚战，7个国省考断面水质总体改善，茅洲河、石马河流域国考断面消除劣Ⅴ类、实现达标。实施蓝天保卫战36项措施，完成公交纯电动100%目标任务，$PM_{2.5}$平均浓度比上年下降3%，达到国家二级标准。构建“大交通”管理格局，完成3批68个拥堵节点整治，实施中心城区停车综合治理三年行动计划，提升道路通行效率。以创建全省唯一的地级农村人居环境示范市为契机，全域推进城乡环境综合整治，推进厕所革命，推动农田窝棚整治，美丽乡村建设成效显著。治理“两违”（指违法用地、违法建设）2858万平方米，超额完成省住建厅下达的年度任务。深化城市精细化管理考核，开展“洁净城市”专项行动。

广东省制造业供给侧结构性改革创新实验区　7月31日，广东省委全面深化改革委员会批复同意东莞市围绕制造业供给侧结构性改革主题，在全域范围建设广东省改革创新实验区。东莞市是广东省唯一地级市全域建设实验区，也是广东省唯一一个以制造业供给侧结构性改革创新为主题的实验区。东莞市围绕土地、技术、资金、人才等关键要素制约问题进行改革攻坚。2019年，东莞市实现地区生产总值9474.43亿元。在全国大中城市排名中，东莞市地区生产总值排名由上年的第21位跃升至第19位。规模以上先进制造业实现工业增加值2241.94亿元；规模以上高技术制造业实现工业增加值1667.52亿元。全市国家高新技术企业总数超6200家，科技型中小企业1957家，稳居全省地级市第一位。

社会治理创新典范城市　12月28日，由法制日报社、法治周末报社和中国政法大学法治政府研究所共同举办的“礼赞祖国·社会治理创新典范暨第五届加强和创新社会治理成果交流会”在北京举行，东莞市获“2019社会治理创新典范城市”称号，中共东莞市委政法委获“2019加强和创新社会治理优秀单位”称号。2016年2月，东莞市决定全面实施社会服务管理“智网工程”。截至2019年，东莞市辖区被划分为2894个基础网格，整合基层出租屋管理员、治安员、消防协管员等工作力量，组建9889人的专职专业网格管理员队伍，开发使用统一的“智网工程”信息系统，形成以市网格指挥调度系统为中心、各入格部门业务系统为节点的网格化作业体系。在“智网工程”助力下，2019年“两抢”案件（指抢夺、抢劫）立案数比上年下降55%；

火灾事故下降 26.7%，安全生产事故下降 45.8%。2019 年，“智网工程”先后获评为全国政法智能化建设优秀创新案例、“粤治——治理现代化”政府治理创新优秀案例。

中国十佳绿色城市　12 月 8 日，在第八届中国绿色发展高层论坛上，东莞市获 2019 年度“中国十佳绿色城市”称号。东莞市保护生态环境，构建以绿色发展为导向的评价考核体系，推动形成绿色生活、生产方式。2019 年，东莞市累计投入超过 550 亿元，推进茅洲河、石马河、东引运河—寒溪河、东江三角洲河网 4 个重点流域综合整治。全市新建截污次支管网 1543 千米，完成管网验收 1950 千米、移交通水 2071 千米，新建微支管网 2736 千米，均提前超额完成年度目标任务。全市空气质量优良天数比例（AQI 达标率）78.2%，$PM_{2.5}$ 平均浓度 31 微克 / 立方米。创建成为国家森林城市，森林覆盖率 36.87%，建成区绿化覆盖率 35.86%。划定生态保护线，建立 43 座森林公园、湿地公园以及 1200 多座城市公园。全市有 503 个村（社区）创建成为市级生态村（社区），逐步构建“林在城中、城在林中、人在绿中”的优美人居环境。

政商关系健康总指数和亲近指数　10 月 30 日，中国人民大学国家发展与战略研究院发布《中国城市政商关系排行榜（2018）》，对全国 292 个地级以上城市的政商关系进行全面评价，东莞市政商关系健康指数连续 2 年排全国第一名，其中的亲近指数排名居首位。2012 年，东莞市推动商事制度改革以来，推出一系列便利化改革措施，在全国首创多项“微创式”普惠制改革措施，多项改革经验在全国制度设计中得到吸收，打造商事制度改革东莞模式。从 2012 年到 2019 年，市场主体从 54.13 万户增长到 123.86 万户，企业生命周期在 5 年以上的占 40%以上，初次来莞创业者每年净增超 10 万人。至 2019 年，东莞市工商登记注册户数 123.86 万户，比上年增长 8.0%；其中民营经济登记注册户数 121.30 万户，增长 8.2%；个体工商户 67.75 万户，增长 5.2%。

市民服务中心建成使用　10 月 8 日，东莞市民服务中心对外试运行。该中心分为政务大厅区域及配套商业服务区域。政务大厅设窗口服务区 8 个、窗口 270 个，其中综合窗口 151 个，另设 24 小时自助服务区 3 个。进驻的依申请政务服务事项超 2000 项，其中行政许可事项 1433 项；“最多跑一次”事项比例 98.41%，即来即办事项 626 项、不见面审批（零跑动）事项 543 项。建设智慧城市运营中心（IOC），以“强基础、广汇聚、深治理、重服务”为架构建设“政务数据大脑”，为政务服务流程改造全面赋能，将标准化政务服务流程固化至一体化政务服务平台，打造以市民服务中心政务大厅为引领，以一体化政务服务平台为调度中枢的政务服务体系，推进实现全市通办、一窗办、一网办。政务大厅全国首创公安业务一窗通办，全国首创联通全市的智能化“云叫号”系统，全国首创“结构精简化”梳理方法，“互联网 + 不动产登记”全流程电子化在全国领先，建设工程项目审批改革居全省前列。市民服务中心公共区域设有市民讲堂、“光影 40 年”东莞改革开放史等文化展览区域。

（东莞市人民政府地方志办公室）

【中山市】　中山市位于广东省中南部。2019 年辖 6 个街道、18 个镇，设有 1 个国家级火炬高技术产业开发区和 1 个经济协作区——翠亨新区。行政管辖面积 1783.67 平方千米（其中市区面积 134 平方千米）。常住人口 338 万人，其中户籍人口 182.89 万人，户籍男性人口 89.34 万人，户籍女性人口 93.54 万人。中山地处珠江口西岸，地形以平原为主。主要土特产有神湾禾虫、神湾菠萝、沙溪凉茶、沙溪扣肉、中山五桂山沉香、坦洲番石榴、中山杏仁饼、石岐乳鸽、小榄菊花肉和茶薇酒、东升脆肉鲩、三乡濑粉、黄圃腊味等。中山是全国五金制品产业基地、健康科技产业基地、装备制造产业基地、休闲服装名镇、中国灯饰之都、红木雕刻艺术之乡。主要旅游景点有孙中山故居、孙文纪念公园、中山温泉、詹园、泉林山庄、长江水上乐园、孙文西路文化旅游步行街、金钟水库绿道、树木园、岐江夜景和黄圃海蚀遗址等。2019年，中山市实现地区生产总值3101.1亿元，比上年增长1.2%；人均地区生产总值9.27万元，下降0.6%。民营经济增加值1746.48亿元，比上年增长1.5%，占全社会生产总值的56.3%。

经济转型发展　2019年，中山市推动经济转型，调整产业结构。制造业高端化步伐加快。重点培育新一代信息技术、健康医药、高端装备制造等战略性新兴产业，加大优势传统产业智能化改造、品牌培育力度，先进制造业、优势传统产业增加值占规上工业增加值比重分别为45.5%、32.7%。服务业发展水平提升。推进国家服务业综合改革试点，促进现代服务业集聚区提质增效，服务业增加值占生产总值比重提高至48.9%，现代服务业增加值占服务业增加值比重的61.8%。现代农业稳步发展。创建东升镇脆肉鲩和横栏镇花木2个省级现代农业产业园，新增广东农业公园2家、广东文化和旅游特色村2个、市级示范家庭农场13家。优化投资结构，推动基础设施补短板成效初显。基础设施投资占总投资比重提高至23.8%，自2009年以来首次突破20%。房地产开发投资占总投资比重的57.2%，比上年减少5.2个百分点。消费市场稳中有升。科学规划全市商圈，编制商业发展规划，制订加快商贸新业态发展行动计划，社会消费品零售总额比上年增长3%。外贸结构持续优化。一般贸易进出口比上年增长8.9%，占进出口总额比重提高至44%。推进国家市场采购贸易方式试点建设，市场采购出口116.9亿元，占出口总额比重提升至6.1%。南头镇获批准国家外贸转型升级基地。改善创新环境。出台促进科技创新推动高质量发展的若干政策措施，全面落实科研经费和科技项目管理、人才引进、成果转化收益分配等改革举措。全市财政性科技投入33亿元，科技贷款风险准备金3亿元，科技贷款超75亿元。创新载体不断完善。推动光子科学中心、超大低温智能制冷装备项目等重大科学装置项目建设。中国科学院大学（中山）创新中心、中山复旦联合创新中心和智能移动机器人（中山）研究院、香港科技大学—中山联合创新中心等创新平台建设加快。自主创新能力提升。实施高企树标提质行动，高新技术企业数量超2500家。集中力量开展“卡脖子”关键技术攻关，专利授权量3.01万件。强化柔性引才举措，累计认定高层次人才717人。

合作交流　2019年，中山市推动合作交流。推进粤港澳大湾区建设，加快搭建重大战略平台。高标准规划翠亨科学城，开展翠亨新区马鞍岛片区、岐江新城等规划设计及调整，翠亨新区起步区入园企业增至125家，总部经济区基础设施建设全面启动，民众创新园累计引入重大投资项目16个，投资总额222.3亿元。加快基础设施互联互通。深中通道、广中江高速公路、中开高速公路、西环高速公路、东部外环高速公路等加快建设，黄圃快线Ⅰ标实现通车，北二环（沙港公路）实现主线贯通，长江路、博爱路完成快速化改造。中山港马鞍港区新客运码头主体工程完工。区域合作交流不断深化。支持深圳建设中

中山红博城（2019）　　（林家骏　摄）

国特色社会主义先行示范区，主动对接广深港澳科技创新走廊。加强与港澳合作，推进香港大学与广东药科大学共建生物医药技术国家重点实验室分中心，与澳门签署建设粤澳青年创新创业基地（中山）合作框架协议。“一带一路”建设稳步推进。经贸往来逐步深入。落实国家和省稳外贸政策措施，支持企业开拓国际市场，与全球213个国家和地区保持贸易往来，“一带一路”沿线国家和地区出口额444.2亿元，增长13.5%。组织赴日本、越南、泰国等国家开展境外园区、展销平台系列对接活动，推动企业参加中国广东（越南）进出口商品交易会、非洲国际灯饰照明展等国际会展。人文交流不断深化。扩大友城友协交往，与日本长崎、秘鲁切彭市等国际友好关系城市开展多领域交流活动，与美国奥克兰市签订友好合作备忘录。举办2019中国文化行——“一带一路”完美广东冬令营活动。

重点领域改革　2019年，中山市推动重点改革，发展内生动力逐步增强。“放管服”改革继续深化。简政放权力度加大。优化调整下放火炬开发区、翠亨新区市级经济管理权限事项276项。推进小榄镇行政管理体制改革试点，承接省赋予县级行政职权325项。行政审批制度改革不断深化。全面推进“一窗通办、集成服务”，70%以上事项实现“一窗”分类受理。投资审批时限压缩70%以上，社会类工程建设项目审批时间缩减至60个工作日内。推进商事制度改革。开展企业开办全程网上办改革全国试点，推行企业开办“一网通办、一窗受理、并行办理”，企业设立、印章制作、申领发票可100%网上办理。全面实施第一批全国“证照分离”改革，加快建设商事登记全程电子化智能申报审批平台和涉企信息统一归集公示平台，同步开发智慧联动监管系统。营商环境改革力度加大。市场竞争环境更加公平高效。落实市场准入负面清单制度，推行公平竞争审查制度，全面清理妨碍统一市场和公平竞争的政策措施。加快建设省信用联合奖惩试点城市，联合奖惩系统嵌入政务服务网，实现“信用奖惩、一键搞定”便捷模式，推动跨部门与跨领域联合奖惩应用。落实各项税费减免政策，为企业减负109.7亿元。金融服务实体经济能力增强。发放“助保贷”5.3亿元，办理过桥融资贷款170.1亿元。新增上市公司和新三板挂牌企业4家，通过多层次资本市场累计直接融资额832.2亿元。实施重点领域改革。价格改革力度加大。落实省降电价政策，减轻一般工商业企业电费负担5.82亿元。建立合理的水价形成机制和动态调整机制。完善非居民管道天然气价格联动动态调整机制。出台缓解生猪市场价格周期性波动调控预案实施办法。国资国企改革加快。推动金投创业公司等多家市属企业混合所有制改革。完善市属国有企业现代企业制度，在全省率先实施国有企业经济效益和劳动生产率挂钩的工资薪酬管理办法。农村综合改革深化。全面实施乡村振兴战略，建立健全城乡融合发展体制机制。推进全国农村集体产权改革试点，实施农村集体产权制度改革配套政策，推动股权继承和流转规范化。

城市功能品质　2019年，中山市补齐发展短板，城市功能品质稳步改善。土地集约利用水平不断改善。土地规划管理机制不断健全。启动国土空间总体规划编制，开展国土规划专项整治，制定25项管理办法和规定，创新容积率调整、新型产业用地政策，实施国土规划全流程再造。存量低效用地加快盘活。修订闲置土地处置细则，处置闲置土地面积487万平方米。实施国有建设用地供应管理办法，系统强化用地全流程联动管理，盘活批而未供用地389.8万平方米。推动城市更新，实施旧厂房、旧村庄改造系列政策，完成改造项目96个、面积182.9万平方米。强化国土空间用途管控。编制工业用地保护线划定规划，保障工业项目用地需求。统筹安排新增建设用地指标，重点保障翠亨新区、岐江新城、市级产业平台用地以及公益配套用地。城市功能品质不断提高。信息基础设施加快建设。新增光纤接入用户14.7万户，光纤用户累计173.7万户，入户率152.1%，居全省第二位。新增4G基站2370个，5G基站基础设施建设加快。市政公用设施加快完善。新建、改造污水管网长度316千米，提标改造生活污水处理厂13座。中心组团、北部组团垃圾处理基地扩容工程投入试运行，启动南部组团综合处理基地垃圾焚烧发电厂扩容工程（二期）建设。金字山公园、金钟湖公园完工并对市民开放，古香林公园、市儿童公园建设加快。成功创建广东省首批公交示范城市，完成市汽车总站交通设施改造。能源保障能力提升。粤电中山三角电厂3×390兆瓦9F级燃气热电冷多联供工程、国电民众热电联产工程建成投用，新建太阳能光伏发电项目总装机容量20.1兆瓦。绿色发展水平稳步提升。污染防治取得阶段成效。完善大气环境网格化监管系统，建成并投用200个大气微观站，累计完成生物质锅炉专用炉整治634台，空气质量达标率78.9%。中心城区10条黑臭水体整治提升工程全面动工，安装完成182个河涌水质自动监测站，清理河流长度1765千米，清理水域面积39平方千米，国考断面水质改善幅度居全省前列。完成2756个“散乱污”工业企业综合整治。森林城市建设扎实推进。翠亨国家湿地公园建成开放，中山国家森林公园启动建设，中山香山自然保护区获批准建立，新增5个省级森林小镇，中山市成为全省首个获得国家气候标志中国气候宜居市的地级市。

民生福祉改善　2019年，中山市改善民生福祉，人民群众获得感不断提高。保障水平稳步提升。就业水平保持平稳。发放就业创业补贴6751万元，城镇新增就业5.7万人，城镇失业人员再就业1.07万人，城镇登记失业率2.32%，“零就业家庭”动态归零。新增省级“粤菜师傅”培训基地、大师工作室各2个。社会保障体系日趋完善。城乡居民基本养老保险基础养老金最低标准提高至每人每月170元，五大险种总参保达957万人次。推进第三代社保卡加载金融功能，发出全省首张第三代社保卡。强化民生兜底保障。低保标准提高至每人每月1050元，发放低保金4796万元。实施特困人员救助供养暂行办法，特困人员基本生活标准提高至每人每月1680元。改造困难家庭住房138套，实现“双低”家庭住房全改造。帮扶困难群众1.31万人次，发放救助金14544万元。社会事业提质发展。新增公办幼儿园6所、普惠民办幼儿园15所，新增幼儿园规范化学位5185个。完成新建扩建公办中小学校15所，增加公办学位8568个。组建市一中教育集团，与西区初级中学、铁城初级中学开展集团化办学试点。加快实施健康城市三年行动计划，推进健康村镇建设，扩大健康城市细胞工程建设试点。推广小榄镇医改经验，推进古镇、三乡医共体建设试点。镇级医疗卫生机构诊疗量占比达76.8%。启动家庭医生签约管理信息化系统应用。中山纪念图书馆开馆，图书馆、文化馆总分馆服务体系加快完善，建成“e启阅”数字资源平台。小榄、南区、三乡成功创建广东省第二批公共文化服务体系示范区（项目）。建成社区体育公园9个，镇区全民健身站点增至411个。举办第二届亚洲杯女子棒球锦标赛、2019中山国际马拉松赛等系列赛事。开展扫黑除恶专项斗争，推进平安中山建设，成立警企联创中心。推进智慧城管平台建设，加强对违建、违停、扬尘污染等违法行为的智能监管。基层治理机制不断创新。完善村（居）特别委员工作制度，开展社区社会组织发展试点。健全政府民主科学立法体系，推进公众参与政府立法规范化、常态化。健全社会矛盾纠纷多元化解机制，建立特色品牌调解工作室，火炬开发区被评为全国模范劳动关系和谐工业园区。发展成果惠及更多群众。为进城务工人员随迁子女购买民办学位2.86万个，提供积分入学指标2.23万个。

（中山市人民政府地方志办公室）

【江门市】　江门市位于广东省中南部，东联香港、珠海、澳门，北接广州和佛山，西通粤西及西南诸省，面向南海，处于粤港澳大湾区联通北部湾和大西南地区的“承东启西”关键位置，与广佛都市圈、深港经济圈的陆路距离均在100千米左右，构成粤港澳大湾区的“黄金三角地带”。江门是著名的“中国侨都”，拥有得天独厚的侨务资源、侨乡优势，通过创新开展的“邑门式”

行政服务，在全国首创“1+3+N”的开放型清单体系，率先实现离岸智能办税、“多证合一”登记制度等“放管服”改革，推动营商环境优化，新兴产业进驻发展。

交通建设　2019年，江门市实施交通大会战完成投资193亿元，比上年增长13.46%，其中交通运输体系44个重点建设项目完成投资141.23亿元，完成年度计划的128.16%，增长33.99%。高快速公路投资完成投资111.2亿元，比上年增长47.9%，创历史新高。高恩高速公路、佛开南改扩建工程提前建成通车，缓解江门市交通压力。银洲湖高速公路先行段工程龙头枢纽立交启动建设。推进中开高速公路、开阳高速公路扩建、开春高速公路、江门大道南等项目加快建设，黄茅海跨海通道、江鹤高速公路扩建、中江高速公路扩建、南海至新会高速公路、广台高速公路开平至台山段前期工作。

招商引资　2019年，江门市实施“招商引资项目落实年”行动，建立“市政府主要领导联系跨国公司直通车机制”。兑现“招商引资激励政策12条”的“特企特策”奖励1000万元。全年实际利用外资54.5亿元，比上年增长14.9%。应对中美贸易摩擦，制定《江门市落实〈广东省稳外贸若干政策措施〉实施方案》，实施2019年江门市重点境外展览计划，组织企业参加“一带一路”国家和新兴市场国家展览会。制定《江门市外经贸发展资金实施细则》。与中国国际电子商务中心合作，搭建覆盖全球200个国家和地区商务大数据的“江门国贸数据平台2.0”，帮助企业开拓国际市场。制定《江门市扩大进口促进对外贸易平衡发展的实施方案》，帮助26家企业获得广东省进口贴息资金908万元，组织发动企业参加第二届中国国际进口博览会、广东21世纪海上丝绸之路国际博览会，鼓励企业扩大关系民生的产品进口，促进江门市对外贸易平衡发展。

推动“三区并进”　江门市在编制城市总体规划和国土空间规划时，突破行政区划局限，以功能区为引领，推动都市核心区、大广海湾区、生态发展区“三区并进”，规划深化“三区”在空间划分、功能定位、交通组织、基础设施等方面的内容，落实都市核心区深度一体化、大广海湾区发展、生态发展区绿色发展等内容，并提出相应的政策建议和近期行动计划，让“三区”各尽所能、各展所长，助力江门建设粤港澳大湾区新的增长极。

重大产业平台打造　2019年，江门市推进五大万亩园区建设，各园区定位清晰，产业各有侧重，重点谋划打造以汽车制造、海洋工程装备、新材料新能源装备、智能制造、大数据五大主导产业。组织编制《江门市重点产业园区发展“十三五”规划》《关于进一步提升工业园区产业集聚发展水平的工作方案》等规划和措施。国际科创城项目签约落户江门，对标美国硅谷，打造粤港澳大湾区江门国际科创城，引入国内外知名高校、科研机构，通过“科技+金融+智能制造”的发展新模式，打造为国际科技和产业落地的创新中心、粤港澳大湾区科技合作新平台；与港澳工业设计机构进行对接，推动江港澳工业设计开展合作，促成江门创新设计院与香港低碳设计协会、澳门文化创意产业人才发展协

2019年，珠西枢纽新城夜景　（莫振光　摄）

会共同签署江港澳设计组织合作备忘录，承接大湾区生产服务溢出。

侨乡文化品牌建设 2019 年，江门市推进侨务强市建设，开展全市侨情调查工作、举办海外青年社团领袖研习班，打造中国（江门）侨乡华人嘉年华、世界江门青年大会等侨务工作品牌，推进中国（江门）“侨梦苑”华侨华人创新产业聚集区建设，建设江门华侨华人特色小镇（高新产业新城）。（江门市人民政府地方志办公室）

【肇庆市】 肇庆市位于广东省中西部，粤港澳大湾区的西北部。2019 年末，肇庆市户籍总人口 453.86 万人，比上年末增加 3.71 万人，其中城镇人口 173.55 万人，增加 2.72 万人；乡村人口 280.31 万人，增加 9847 人；城镇化率 38.24%。全市土地面积 149 万公顷，占粤港澳大湾区总面积的 26.65%。2019 年，肇庆坚持稳中求进，贯彻新发展理念和高质量发展要求，深化供给侧结构性改革，以建设粤港澳大湾区连接大西南枢纽门户城市为目标，推进“三大工程”（工业发展“366”工程指到 2021 年，培育发展新能源汽车、先进装备制造和节能环保 3 个产值超千亿元产业集群，引育 6 家年主营业务收入超百亿元工业企业，新增 600 家年主营业务收入超亿元工业企业；创新驱动发展“1133”工程指到 2021 年，力争实现高新技术企业总量突破 1000 家，确保建成 10 家本科高等院校、30 家新型研发机构、30 家高水平的科技企业孵化器及众创空间；现代农业发展“611”工程指到 2022 年，力争打造粮食、水果、蔬菜、畜禽、水产、南药等 6 个百亿农业产业集群，创建 12 个以上省级现代农业产业园，新增 100 家市级以上农业龙头企业）、“三大振兴”（产业振兴、乡村振兴、旅游振兴）和“三大创建”（创建全国文明城市、创建国家创新型城市、创建国家生态文明建设示范市），推动全市经济社会保持平稳健康发展。

经济发展 2019 年，肇庆市地区生产总值 2248.80 亿元，比上年增长 6.3%。其中，第一产业增加值 386.02 亿元，比上年增长 3.9%；第二产业增加值 925.45 亿元，增长 6.5%；第三产业增加值 937.33 亿元，增长 7.0%。人均地区生产总值 53936 元，比上年增长 5.3%；社会消费品零售总额 1107.52 亿元，增长 6.8%；固定资产投资完成 1488.46 亿元，增长 10.8%；外贸进出口总额 404.43 亿元，增长 3.7%；实际吸收外资 9.41 亿元，下降 0.4%；一般公共预算收入 114.20 亿元，增长 7.7%；金融机构本外币各项存款、贷款余额分别为 2642.47 亿元和 2156.79 亿元，分别增长 5.9%和 18.1%；居民消费价格指数增长 3.3%。

2019 年，肇庆市农林牧渔业增加值 393.99 亿元，比上年增长 5%。推进现代农业发展“611”工程，新增封开杏花鸡、四会沙糖桔、德庆南药、怀集蔬菜 4 个省级现代农业产业园，总量居全省第五位；德庆、广宁农业科技园被认定为省级农业科技园区。“一村一品、一镇一业”实施进度居全省第三位。创建省级专业村 66 个、认定专业镇 7 个，德庆县德庆贡柑广东省特色农产品优势区、封开县封开杏花鸡广东省特色农产品优势区、怀集县谭脉西瓜广东省特色农产品优势区入选第一批省特色农产品优势区。广东华红农牧集团股份有限公司成为国家级重点农业龙头企业；四会市正牧饲料有限公司、封开县威利邦木业有限公司、大亚木业（肇庆）有限公司、广东华辰玫瑰现代农业科技发展有限公司、广宁县宁丰家禽水产有限公司、四会市西江花木有限公司成为省级农业龙头企业，新增市级重点农业龙头企业 15 家。

社会民生 2019 年，肇庆市财政投入民生类支出占比 70.8%。新增幼儿园公办学位 1835 个、义务教育学位 1.73 万个。通过“国家卫生城市”复评，肇庆市第一人民医院被列为省高水平医院重点建设单位，广宁县第二人民医院、怀集县第二人民医院、四会市第二人民医院、封开县第二人民医院建成开业，新增医疗机构床位 5600 张。城乡居民基本养老保险、医疗保险参保率分别达 99.9%、99.3%。低保、孤儿养育、“两残”补贴工作提标水平均高于省标准，特困

2019年1月26日，肇庆市端州城区桥北路（大桥路）新建工程建成通车 （梁亮 摄）

工作深度融合、与经济社会发展深度融合、与部门本职工作深度融合、与群众满意度深度融合“四个融合”，助推创文工作常态化、制度化。市四套班子成员分别挂钩街道或乡镇，定期到基层指导创文；机构改革后，及时调整市直单位与端州、高要、鼎湖的社区结对共建方案72个。市委、市政府把创文督导列入年度督导重要事项，列入年终考核综合评价。启动创文“十大提升计划”［日常工作与创文工作深度融合计划、社区标准化建设计划、乡村净化计划、街头小景建设计划、未成年人思想道德建设品牌计划、农贸（集贸）市场提升计划、老旧社区加装电梯试点计划、交通秩序整治提升计划、废弃建筑物拆除计划等］，规范市容秩序，便利群众生活，提升城市整体形象。开展群众性精神文明创建活动，下半年在全市铺开群众性精神文明创建活动近2000场。开展群众满意度“九个一”活动，组织开展“创文之星”评选和“我为创文献一策”有奖征集活动；以“我们都是肇庆人，我们都是文明人”为主题，在主要媒体推出宣传专版、相关报道稿件513篇；完善社区“15分钟生活圈”必要元素。开展铁路沿线周边环境综合整治和出租汽车行业文明服务提升2项行动，6月，投入资金480万元，完成整治问题点位298处；编制《肇庆市出租汽车行业开展“文明服务九大提升行动”实施方案》，开展出租车驾驶员文明城市“宣传员”“解说员”“服务员”培训。

人员供养标准达到省要求。建成棚户区改造住房424套，完成农村危房改造1673户，新建或改建城市公厕103座。市粤运汽车总站由原址搬迁至肇庆火车站综合体运营，公交电动化比率达80%。推进扫黑除恶专项斗争，打掉黑社会性质组织9个；智感安防区建设成为省示范点，刑事案件立案数下降7.6%。

乡村振兴战略　2019年，肇庆市加快推进乡村振兴战略，省际边界美丽乡村示范带建设总体项目策划及风貌提升规划基本编制完成，完成“三清三拆三整治”。实现“一县一场”“一镇一站”和“一村一点”农村生活垃圾无害化处理设施建设布局，97.7%以上农村生活垃圾得到有效处理，分类减量比例达53%；建成村级污水处理设施1610座。推进农村“厕所革命”，无害化户厕普及率100%。深涌小水电自供区、鱼藤二级小水电自供区、丽洞小水电自供区、泽联小水电自供区、扶落口小水电自供区完成电网升级改造。德庆、怀集、广宁3个县的示范片核心村建成美丽宜居村。推进“四好农村路”（指建好、管好、护好、运营好）建设，完成“畅返不畅”路面改造687千米。

全国文明城市创建　2019年，肇庆市推动创建全国文明城市（简称创文）与落实上级部署

（肇庆市人民政府地方志办公室）

责任编辑：何文倩

年度关注

广州以创新为动力助推粤港澳大湾区建设

2019年，广州市把握粤港澳大湾区全面合作战略契机，以创新为主要动力，着力提升枢纽门户功能，增强广州现代服务业发展能级，构建高水平开放平台，创新发展与合作，加快推进粤港澳大湾区建设。

一、加快国际综合交通枢纽建设，提升枢纽门户功能

2019年，广州市高标准推进国土空间规划建设，有序开展国土空间总体规划编制报批，完成广州交通发展战略规划和新一轮轨道交通线网规划编制；做好广深科技创新走廊广州段提升规划成果，完成广佛高质量发展融合试验区规划纲要，在国土空间规划中落实粤港澳大湾区发展规划纲要部署，助推粤港澳大湾区和深圳先行示范区建设。是年，广州加快国际综合交通枢纽建设。白云机场旅客吞吐量7338.6万人次，比上年增长5.2%，新开通国际航线21条，机场综合保税区（二期）通过国家验收。广州港货物吞吐量6.27亿吨，比上年增长12.6%；集装箱吞吐量2323.6万标准箱，增长6.1%，净增国际集装箱班轮航线8条，南沙国际邮轮母港投入运营。轨道上的广州都市圈建设提速，3个国铁、7个城际、13个地铁、6个综合交通枢纽项目加快建设，广汕铁路全线开工建设，广湛高铁先行段开工建设，地铁运营里程达515千米。工业互联网标识解析国家顶级节点（广州）接入二级节点和企业数量在全国5个顶级节点中领先；华南唯一的国际IPv6根服务器及配套产业园项目投入试运营；建成5G基站1.6万个。

二、提升信息与科技服务业核心竞争力，共建国际科技创新中心

2019年，广州市科技服务体系建设针对科技成果转化、技术市场发展的难点和关键点，引进高水平科研院所共建高端科技服务集聚区，加快省市区共建的技术市场运营，建设技术市场服务人才体系，引导科技服务市场健康自律发展，科技服务业转入高能级发展阶段。广州市政府与中国科学院在北京签订《中国科学院　广州市人民政府共同建设广州南沙科学城合作协议》和《中国科学院　广州市人民政府共同建设中科院明珠科学园合作协议》。编制综合性国家科学中心（南沙科学城）相关发展规划和《广州市建设国家科技成果转移转化示范区实施方案》，制定推动科技成果转化的系统性举措。全年在广州市科技业务管理阳光政务平台登记的科技成果870项，包括应用技术成果596项、基础理论成果227项、软科学成果47项，其中由国家、省、市科技计划项目及基金项目产生的成果613项，占比70.5%。制定政府投资基金支持科技型中小企业发展的若干意见，安排9.56亿元支持新兴产业项目建设。研究修订《广州市加快生物医药产业发展若干规定》，推动广州生物医药基金及引导基金子基金加快落地投资；推进半导体及集成电路产业、人工智能产业发展，推动粤芯、高新芯等集成电路产业重大项目建设。

三、完善现代金融服务体系，推进粤港澳大湾区国际金融枢纽建设

2019年，广州市围绕服务实体经济、深化改革、防控风险三大任务，完善现代金融服务体系，推进粤港澳大湾区国际金融枢纽建设。年内，银行业机构发挥融资主力军作用，全市本外币存贷款余额突破10万亿元，本外币贷款增速居五大城市第一位。多层次资本市场完成战略性布局，新增上市公司20家，数量创历史新高。上海证券交易所等全国性资本市场均在广州设立机构。全市保费收入突破1400亿元，保持全国保险第三城位置。绿色金融改革各项指标在全国各试验区中均排名第一位。金融风险防控工作成效明显，是全国唯一全年未发生P2P行业爆雷和大规模群体性上访的重点城市。

是年，金融合作与科技创新获得新发展。广州地区银行机构绿色贷款余额3000多亿元，全市累计获批准发行各类绿色债券638亿元，新增绿色保费收入487.79亿元，广州碳排放权交易所碳配额现货交易量累计成交突破1.36亿吨，排名全国首位。中新联合研究院建设污染控制与环境修复等6个研发平台，启动产业化项目44个，孵化企业9家，研发新产品新工艺44项。中以生物产业孵化基地二期基本建成，中以生物产业合作平台引进10家企业落户，广州中以生物产业投资基金首期投资4个项目。中乌巴顿焊接研究院被国家外国专家局授予“国家引才引智示范基地”称号。中国创新创业成果交易会汇聚国内外知名企业、高校、科研院所1200多个成果项目参展，99个项目达成合作意向，金额1.7亿元。

四、实施新一轮商事制度改革，创新商事登记模式

2019年，广州市推动“人工智能+机器人”全程电子化商事登记全业务、全流程、全区域覆盖，全面提升开办企业时效，推动企业“准入”“准营”同步提速。推进“多证合一”改革工作，积极落实市场准入便利措施，实现开办企业“线上办理一网一界面、线下办理一窗一表单”全流程1天办结，个体商事登记办理全程不受时间空间限制，商事登记从“人工核准”向智能确认转变，构建更开放透明的市场准入管理模式。是年，广州开发区获评全国经济开发区营商环境综合指数第一位，全国首推“区块链+AI”商事服务、首推“秒批”政务服务事项清单，企业开办实现“一天办、一键办、免费办”，投资建设项目审批时间从110个工作日压减至15个工作日。年内，广州市39个职能部门和驻穗机构形成《关于对知识产权领域严重失信主体及其有关人员开展联合惩戒的合作备忘录》，实施32项联合惩戒措施，广州市成为全国第一个落实国家《关于对知识产权（专利）领域严重失信主体开展联合惩戒的合作备忘录》的地区。中新国际知识产权创新服务中心投入试运行。

五、构建高水平开放平台，实施更加开放的人才政策

2019年，广州市推进实施“1+1+3”迁入户籍政策，形成广州市“以引进人才入户为主，以积分制入户和政策性入户为有效补充”的迁入户政策体系。实施人才优先发展战略，进一步放宽人才入户条件，加快对国际一流高等院校的引进落地，加快建设华南理工大学广州国际校区，推动香港科技大学（广州）获准并于9月26日开工建设。南沙自贸区新增62项制度创新成果，其中6项在全国复制推广，14项在全省复制推广，“智能化地方金融风险监测防控平台”入选商务部“自贸区最佳实践案例”；在全国率先上线应用商事多元调解平台APP，在全国率先建立虚假诉讼失信人制度，在全国首创“属实申述”“社会服务令”改革举措，成立全国首个驻口岸知识产权纠纷调处中心。高标准建设国家临空经济示范区，航空运输产业稳步发展，美国联邦快递在示范区注册独立法人公司，全球两大飞机制造商波音和空客投资“客改货”项目落户；6月，广州白云机场综合保税区二期验收通过，9月，相继开通“穗港”“穗澳”直升机摆渡服务。

六、传承历史文脉，深化大湾区文化交流合作

2019年，广州市以创新为动力，传承历史文脉，汇聚湾区同心，让岭南文化活起来。在加强岭南历史文化保护利用、加强非物质文化遗产保护利用的同时，深化大湾区文化交流合作。建立粤港澳大湾区文化旅游协作机制，成立推进粤港澳大湾区建设文化旅游一体化发展专项小组，定期开展穗港澳文化部门高层互访。与大湾区其他城市共同举办粤港澳大湾区文化艺术节，推进粤港澳文化旅游共享共建，开展“穗港澳青少年文化交流季”活动，发起成立粤港澳大湾区公共图书馆联盟、动漫游戏产业联盟和文化旅游融媒体传播联盟。2018—2019年，举办19场“广州文化周”活动，上演46次“广州时刻”，吸引21个国家和地区超过200万名海外友人共赏广州艺术、共享岭南文化。

（广州市人民政府地方志办公室）

粤港澳大湾区和深圳先行示范区建设推进

2019年，深圳市实施贯彻落实中央先行示范区意见六年行动方案和三年重点工作计划，实施推进粤港澳大湾区建设三年行动方案，统筹谋划推进一批重大平台、重大改革、重大项目。年内，深圳海关推进“10+6”重点攻坚项目。首创免税进口科研设备流动监管模式，解决高校和科研机构减免税问题。海陆空全面发力，实施“同船运输”等机制，创新“惠盐组合港”模式，推进“线上车管”，建设“快邮件监管中心”“离港空运服务中心”，支持深圳机场国际客货运航线扩线，释放大湾区要素资源高效便捷流动活力。拓展跨境合作、跨部门合作，与深圳市卫健委、台办、司法局等部门签订多项合作备忘录，“双区”建设合力增强，经济社会平稳健康发展。全年实现地区生产总值26927.09亿元，比上年增长6.7%。其中，第一产业增加值25.20亿元，增长5.2%；第二产业增加值10495.84亿元，增长4.9%；第三产业增加值16406.06亿元，增长8.1%。人均地区生产总值203489元，增长3.0%，按2019年平均汇率折算为29498美元。四大支柱产业中，金融业增加值3667.63亿元，比上年增长9.1%；物流业增加值2739.82亿元，增长7.5%；文化及相关产业（规模以上）增加值1849.05亿元，增长18.5%；高新技术产业增加值9230.85亿元，增长11.3%。全年战略性新兴产业增加值合计10155.51亿元，比上年增长8.8%，占地区生产总值比重37.7%。全年全部工业增加值9587.94亿元，比上年增长4.4%。高技术制造业增加值比上年增长5.9%，先进制造业增加值增长5.5%，占规模以上工业增加值比重分别为66.6%和71.9%。全年规模以上工业销售产值比上年增长3.6%。全年规模以上工业企业营业收入35801.84亿元，比上年增长2.8%；实现利润总额2420.67亿元，增长17.6%。全年港口货物吞吐量25785.32万吨，比上年增长2.6%；集装箱吞吐量2576.92万标准箱，增长0.1%。全年机场旅客吞吐量5293.20万人次，比上年增长7.3%。年末，国际客运航线通航城市60个，通航国家29个；全市民用汽车拥有量348.2万辆；完成邮电业务总量4039.03亿元，比上年增长45.2%；固定电话用户430.80万户，移动电话用户2896.50万户，固定互联网宽带接入用户533.10万户，移动互联网用户2517.50万户。全年证券市场总成交金额1007862.50亿元，比上年增长37.0%。总成交股数72832.14亿股，增长62.6%。年末上市公司市价总值237414.87亿元，比上年增长43.5%；流通市值182206.74亿元，增长50.5%。年末深圳证券交易所上市公司2205家，比上年增加71家。上市股票2242只，增加70只。全年保险机构原保险保费收入1384.47亿元，比上年增长16.2%。

是年，建立健全前海推进落实粤港澳大湾区建设工作领导小组、深圳市前海中国特色社会主义法治建设示范区推进工作领导小组、前海科创咨询委员会等领导体制和工作机制。制定《深圳证监局支持深圳建设中国特色社会主义先行示范区工作方案》，着力优化资本市场供给，引导各方主体积极抓住重大历史机遇，在更高起点、更高层次、更高目标上提升整体实力，助力“双区”建设。年内，深圳市继续发挥作为特区、全国性经济中心城市和国家创新型城市的引领作用，进一步密切与港澳合作，助力打造国际一流湾区和世界级城市群。粤港澳大湾区建设持续推进。全面准确贯彻“一国两制”方针，依托港澳、对接港澳、服务港澳，实施利港惠港“万千百十”工程，推出深港合作专项行动计划等11项政策，研究制定《进一步便利港澳居民在深发展的若干措施》，探索实行在深学习、就业、创业、生活的港澳居民特别是港澳青年享有“市民待遇”等举措。年内，深圳市深化粤港澳大湾区科技合作，深圳市国际科技创新中心建设加速，深港科技创新合作区建设系统推进。发挥辐射带动作用，推动深莞惠联动发展，助力河源、汕尾融入大湾区建设。深化粤港澳大湾区科技合作。推动大批科研资金成功过港。扩大“深港创新圈”计划项目类别。推动市属国资国企参与粤港澳大湾区建设，完成《深圳市属国企参与粤港澳大湾区建设策略研究》，制定《深圳市属国资国企推进粤港澳大湾区建设三年行动方案（2019—2021年）》，明确市属国企参与粤港澳大湾区建设的总体要求和发展目标，提出空间格局优化、科创中心建设等“8大行动、29项任务、92条具体举措、122个重点项目”，推动市属国资国企主动融入粤港澳大湾区建设。以“深化深港合作”“推进粤港澳大湾区建设”为纲，成立前海推进粤港澳大湾区建设工作领导小组，印发落实《粤港澳大湾区发展规划纲要》系列方案和年度工作要点；推动印发《前海落实〈粤港澳大湾区发展规划纲要〉法治建设行动方案（2019—2022年）》《前海贯彻落实“粤港澳大湾区建设领导小组会议关于惠及港澳居民的政策措施”行动计划》。前海粤港澳大湾区研究院揭牌，中央广播电视总台粤港澳大湾区中心落户前海，前海深港青年梦工场纳入香港特区政府首批“粤港澳大湾区香港青年创新创业基地”，梦工场二期基本建成，深港设计创意产业园二元桥项目建成运营并入驻港资文创企业50家。制定支持港澳青年在前海发展的若干措施及实施细则，首批资助个人和单位83个、金额1655万元。发布便利港澳居民在前海购房等惠及港澳居民的政策措施12项。会同澳门经济局联合举办2019“招商杯”前海粤港澳青年创新创业大赛。2019年10月31日，中国人民政治协商会议深圳市委员会常务副主席刘润华主持召开粤港澳大湾区城市政协交流合作会议，广州、深圳、珠海、佛山、惠州、东莞、中山、江门、肇庆九市政协领导及有关人员参加。会议签署《粤港澳大湾区城市政协交流合作备忘录》，讨论通过九市政协合作机制和共同推进事项。年内，举办大湾区（深圳）教育文化发展论坛，召开第二届粤港澳大湾区卫生与健康合作大会。

一、可持续发展议程创新示范区建设

2019年，深圳市推进可持续发展议程创新示范区建设。加强科技支撑，设立“可持续发展科技专项”，通过集成应用污水处理、废弃物综合利用、生态修复、人工智能等技术，破解困扰深圳市资源环境承载力和社会治理支撑力相对不足等问题；注重顶层设计，开展可持续发展立法调研，充分利用深圳特区立法权，研究制定可持续发展促进条例，推动落实2030年可持续发展议程地方实践；推进组建可持续发展研究院，引进国内外高水平专家团队，开展可持续发展重大理论、政策研究、战略支撑和专家讲座等工作，为深圳可持续发展提供智力支撑；举办“落实2030年可持续发展议程论坛（中国·深圳）”及全球青年创新集训营（UNLEASH2019）盛会。

二、先行示范区建设行动方案

7月24日，中央全面深化改革委员会第九次会议审议通过关于支持深圳建设中国特色社会主义先行示范区的意见（简称意见）；8月9日，意见以中共中央、国务院文件最高规格印发实施。11月29日，中共深圳市委、深圳市人民政府发布深圳市建设中国特色社会主义先行示范区的行动方案（2019—2025年）（简称行动方案）。该行动方案是深圳市委、市政府围绕落实中共中央、国务院关于支持深圳建设中国特色社会主义先行示范区的意见的战略定位、阶段发展目标和重点任务，为全市下一阶段的工作画出的“施工图”，制定的“任务书”。行动方案分为3个部分、共127项具体工作举措，把意见每一项任务逐一细化、分解、落实，充分衔接2025年“建成现代化国际化创新型城市”的第一阶段发展目标，对标全球最高最好最优，分阶段推动未来6年先行示范区各项重点工作，体现在中央和广东省的全力支持下，深圳发挥核心引擎和先行示范作用，充分释放“双区驱动”效应。意见为深圳建设先行示范区画出“三步走”蓝图，到21世纪中叶，成为“竞争力、创新力、影响力卓著的全球标杆城市”。其中，发展目标指出到2025年，深圳经济实力、发展质量跻身全球城市前列，研发投入强度、产业创新能力世界一流，文化软实力大幅提升，公共服务水平和生态环境质量达到国际先进水平，建成现代化国际化创新型城市。行动方案的127项具体举措，包括事关全局、长远发展的重大工作部署和未来6年的具体工作目标。

三、前海推进先行示范区建设

2019年，前海合作区党工委贯彻落实《意见》，以开放度最高、自由度最广、引领性最强、创新力最佳、辐射力最优、联动性最好“六个最”为行动指引，对接国际贸易投资新规则，建设开放型经济体系，探索最佳对外开放模式，以重溯初心使命、重新顶层设计、重构发展空间、重振开放能级、重塑体制机制、重铸集聚效应“六个重”为实现路径，勇当先行示范区建设“尖兵中的尖兵”。印发《前海深港现代服务业合作区贯彻落实〈中共中央　国务院关于支持深圳建设中国特色社会主义先行示范区的意见〉行动方案》，举行新使命新征程新标杆——前海推进中国特色社会主义先行示范区建设工作成果发布会。

四、先行示范区建设宣传报道

2019年，深圳市进行深圳建设中国特色社会主义先行示范区宣传报道，推出《〈意见〉十九讲》《深视特评》《勇担新使命　奋进新征程》等专栏，携手海内外专家、评论员参与分析；推出《民生一诺》等特别策划，详细介绍落实建设先行示范区要求、在多个民生领域推出的新举措。（深圳市规划和自然资源局）

开拓澳珠深度合作新空间

2019年是澳门回归祖国20周年，4月15日，中共珠海市委、市人民政府印发《珠海市迎接澳门回归20周年工作方案》。截至年底，方案中105项任务完成66项（包括重大项目32项、政策创新7项、重大活动27项），其余大部分完成进度超80%。

一、推动澳门社会关注度高、民生需求迫切的重点项目落地

2019年，珠海市落实“澳门新街坊”、对澳门输电第三通道（珠海段）、第四条对澳门供水管道、澳门居民在珠海参加医保、开通跨境巴士5个民生项目。“澳门新街坊”项目前期工作准备就绪，由澳门都市更新委员会启动建设；对澳门输电第三通道（珠海段）于2019年6月竣工，第四条对澳门供水管道于10月通水；澳门居民可在横琴购买医保的政策自7月1日实施，截至年底，有392名澳门居民参保；3月1日起开通横琴往返澳门免费跨境巴士，每天24个班次，至年底接送澳资企业员工和澳门居民超10.9万人次。

落实4个交通项目，包括广江珠澳高铁、广中珠澳高铁、广珠城轨延长线和广州地铁18号线。广珠城轨延长线拱北至横琴段基本建成，并于11月25日试运行。其他3个项目谋划推进。

建设3个口岸，包括横琴口岸及综合交通枢纽、青茂口岸和湾仔口岸。截至2019年底，横琴口岸旅检大楼完成95%，横琴侧交通枢纽完成90%，莲花大桥桥身完成90%，已具备通关条件；青茂口岸由南粤集团负责实施，联检楼主体结构完成80%，连接通道主体结构完成70%；湾仔口岸重建工作基本完成。

落实鸭涌河综合整治项目和澳门内港海傍区挡潮闸排涝工程项目2个环保项目。鸭涌河综合整治项目管线保护工程和垂直防渗系统工程完成；澳门内港海傍区挡潮闸排涝工程项目可行性研究报告由国务院港澳办征求新一轮意见。

建设景观项目环澳夜景亮化工程。12月20日前，横琴码头、横琴大桥、横琴二桥等区域均完成施工，大昌行物流中心、创新方、横琴岛剧院、励骏庞都广场等6个项目建成开业，横琴国际科技创新中心、富华紫檀文化创意园、横琴国际商务服务中心等项目待运营；截至2019年底，粤澳合作中医药科技产业园累计注册企业167

家，其中澳门企业61家；科技创新方面，与中国科学院共建横琴超算中心，完成第一期项目；引进澳门4所国家重点实验室在横琴设立分部；珠海澳大科技研究院获国家自然科学基金资助科研项目42项；与澳门科技大学签订战略合作协议，在医疗、文化、教育等方面开展合作。

二、推动重大政策和制度创新取得新突破，共同打造粤港澳大湾区澳珠极点

2019年，珠海市落实“一区一岛一会一政策”。“一区”指共建粤澳特别合作区，2019年10月底，澳门特区政府将两任特首提出的方案一并报请中央粤港澳大湾区领导小组办公室研究。“一岛”指共建国际休闲旅游岛。3月，国务院批复《横琴国际休闲旅游岛建设方案》，将旅游业纳入15%企业所得税优惠目录。“一会”指共同打造中国国际高品质消费博览会，博览会方案已征求澳门意见，澳门就项目用地、投资资金、合作主体等问题进行深入研究。“一政策”指一揽子涉及横琴的惠澳政策。9—10月，中央湾区办和国务院港澳办分别牵头就惠澳政策征求意见，包括优化“分线管理”、推动基础设施互联互通、建设珠江西岸科创基地、促进金融开放等，珠海提出的惠澳建议全部纳入上述范畴。

创新横琴口岸通关模式。10月26日，全国人大常委会第十四次会议审议通过《全国人民代表大会常务委员会关于授权澳门特别行政区对横琴口岸澳方口岸区及相关延伸区实施管辖的决定》，同意将澳门莲花口岸整体搬迁至横琴口岸，采取“合作查验、一次放行”新模式。推动与澳门相关制度衔接，在横琴实行“澳人澳税”政策，在横琴设立全国首家内地与港澳合伙联营的律师事务所、全国首家内地与港澳三地联营的建筑设计和工程咨询公司，港澳导游及领队、建筑领域专业人士可在横琴便利执业，加快营造趋同港澳的营商环境。制定《关于进一步支持澳门青年在横琴创新创业的暂行办法》，为港澳青年创新创业提供资金扶持与服务保障。

三、举办系列庆祝活动，促进珠澳交流，提升爱国情怀

2019年10月21日，珠海举办2019澳珠企业家峰会，20个澳珠重点合作项目现场签约，总投资额达198亿元，粤澳跨境金融合作（珠海）示范区、澳门旅游学院粤港澳大湾区旅游教育合作中心同时揭牌成立。11月30日和12月1日，在横琴新口岸广场举办“逐梦大湾区·珠澳正青春”主题快闪活动，约800名珠澳两地青年参与表演；12月8日晚，在珠海大剧院举办“筑梦二十载·圆梦新时代”珠澳学生庆祝澳门回归祖国20周年文艺晚会；12月22日晚在珠澳两地水域举办庆祝澳门回归祖国20周年澳珠烟花汇演；拍摄纪录片《珠澳情缘》为庆祝澳门回归祖国20周年献礼。服务青少年，落实“2019年粤港澳大湾区澳门青年（珠海）实习计划”，举办澳门大学生横琴实习活动。9月11日，举办“追梦湾区，展翅澳翔”首届澳门大学生就业实习双选会，吸引澳门大学生1.2万人次参加，近5000人竞争2000个就业实习岗位。组织珠澳青少年国防教育、珠港澳青少年交流音乐会、珠港澳大学生先锋交流营等活动，提升珠澳青年的爱国情怀和民族自豪感。组织开展珠澳群众喜闻乐见、关注度高的文体活动，包括“中国心·粤澳情”交流活动、粤港澳大湾区高价值专利培育布局大赛等活动；联合澳门举办足球冠军联赛、“九洲杯”港珠澳帆船赛等体育比赛。

（曾示男）

佛山高起点高质量推进粤港澳大湾区建设

2019年，佛山市高度重视粤港澳大湾区建设，高起点高质量推进重点项目和各项工作落实落细落地。出台《佛山市关于贯彻落实〈粤港澳大湾区发展规划纲要〉的实施方案》《佛山市推进粤港澳大湾区建设2019年工作要点》《佛山市推进粤港澳大湾区建设重点项目》《佛山市推进粤港澳大湾区建设重大平台》等文件，401个重点项目总体推进，完成投资1100多亿元，达到年度投资计划的108%。

一、广佛携手打造湾区极点迈上新台阶

广州、佛山两市共同签署《共建广佛高质量发展融合试验区备忘录》，围绕197千米边界线，谋划打造“1 + 4”（“1”指广州南站—佛山三龙湾片区；“4”指五眼桥—滘口、大岗—五沙、白云—南海、花都—三水片区）广佛高质量发展融合试验区新格局。加快推进广佛环线、广州地铁7号线西延顺德段、海华大桥、番海大桥等一批跨市重大基础设施建设项目，加快构建广佛一体化交通网络。广州、佛山两市共同研究合作共建先进装备、汽车、新一代信息技术、生物医药与健康4个产业集群，产业协作更加紧密。截至2019年底，广佛装备制造业产业集群实现工业总产值1.2万亿元，总体规模率先突破万亿元。两市环境污染联防联控取得新突破，广佛跨界河流水质首次实现全面达标。两市各区之间合作持续深化，佛山市南海区与广州市白云区签署合作框架协议。

二、推进大湾区建设国际科技创新中心取得新成效

2019年，佛山市各级财政科技投入98.16亿元，比上年增长79.6%。创新平台建设成效明显，佛山三龙湾高端创新集聚区、佛山高新区两大区域创新平台的管理体制机制进一步优化；季华实验室获得的国家和省重大科研项目数量、经费额度在广东省实验室中排在首位，并引进全市首位全职院士；仙湖实验室、华南高等研究院等一批研发机构平台落户，全市引进研究院、研究所合作组建的创新载体93个。企业创新主体地位持续加强，新增国家高新技术企业890家，总数达4834家。科技创新成果丰富，获国家科技进步奖2项、省科技奖17项，获省科技奖数量居全省地级市首位。

三、打造具有国际竞争力的产业体系步伐加快

2019年，佛山市稳步推进国家制造业转型升级综合改革试点，部署实施推动制造业高质量发展“六大工程”（强核工程、立柱工程、强链工程、优化布局工程、品质工程、培土工程），规模以上工业增加值保持在全国城市第六位、湾区城市第二位。修订《佛山市推动机器人应用及产业发展扶持方案（2018—2020年）》，加大力度扶持引导企业广泛应用机器人及智能装备、开展机器人本体制造及系统集成，对全市362个机器人应用及产业发展项目给予支持。举办珠江西岸装备制造业洽谈会、中国安全产业大会等重大产业展会活动，新签约投资超亿元项目478个，包括腾讯工业互联网粤港澳大湾区基地、中国中药健康产业园等一批龙头企业项目，计划总投资3370.6亿元。美的库卡智能制造产业基地、东丽

佛山市南海区大沥广佛智城夜景（2019年） （佛山市南海区供稿）

无纺布等重大产业项目投产，引领带动“2+2+4”（力争到2020年培育装备制造和泛家居2个超万亿的先进制造业产业集群，到2025年再培育2个超5000亿元、4个超3000亿元的先进制造业产业集群）先进制造业产业集群加快发展。全年先进制造业完成工业增加值2423.7亿元，比上年增长8.7%。发展智能制造，引导1300多家工业企业开展技术改造，新增应用机器人3020台，新认定5家市级机器人应用示范企业。现代服务业提质增效，千灯湖创投小镇开园并引进私募基金类机构602个，募集与投资资金726亿元；新增3个国家级、17个省级工业设计中心。

四、开放合作水平持续提升

2019年，佛山市出台《关于支持深圳建设中国特色社会主义先行示范区的行动方案》，谋划推动与深圳全方位合作对接。加强与港澳合作，与香港理工大学签署合作办学框架协议。出台“外资十条”（《佛山市进一步扩大对外开放实现利用外资高质量发展若干政策措施》），获批设立中国（佛山）跨境电商综合试验区，投资贸易便利化水平进一步提升，实际利用外资51.13亿元，比上年增长11.8%。参与“一带一路”建设，对沿线国家和地区进出口金额比上年增长10.9%；在中国与吉尔吉斯斯坦两国领导人共同见证下，与奥什市缔结为国际友好城市。

五、现代化基础设施体系加快构建

佛山市重要交通枢纽设施建设有新进展，珠三角枢纽（广州新）机场前期工作有序推进，完成选址报告并按程序上报审批；佛山西站直达香港西九龙的高铁列车开通。推动交通基础设施互联互通，地铁2号线一期、3号线建设加快推进，高明氢能源有轨电车上线；“一环”高速化改造主线接入广东省高速公路网、辅道基本拉通，“一环”西拓北环段建设基本完工。信息基础设施优化提升，新建5G基站1701个，智慧交通、智慧社区等加快探索发展应用，助力大湾区建设智慧城市群。

六、宜居宜业宜创新的城市环境不断优化

佛山市完成城市治理三年行动计划，实施中心城区形态提升三年专项行动，整治提升村级工业园，城乡面貌进一步改善。多措并举推动污染防治和生态保护，6项空气环境污染物中有4项达到国家空气质量二级标准，其中细颗粒物（$PM_{2.5}$）为历年最低；12个国控、省控河流考核断面全面消除劣V类水质，8条建成区黑臭水体（河涌）消除黑臭；新增绿化面积1933.33公顷，建成区绿化覆盖率45.1%。加快建设粤港澳高端服务示范区，成立佛港澳青年三大交流合作基地，为港澳青年创新创业提供良好条件。谋划建设粤港澳大湾区影视产业合作试验区，启动粤菜师傅“1+5”（“1”指粤菜师傅工程；“5”指“厨出佛山”粤菜师傅培育工程、“寻味佛山”粤菜美食体验工程、“佛味鲜生”优质粤菜食材建设工程、“佛味秀世界”粤菜粤厨走出去工程、“佛游味劲”文旅餐饮融合发展工程等五大工程）系列工程，协同建设文化湾区、休闲湾区迈出新步伐。

（赵冬竹）

惠州推进粤港澳大湾区建设

2019年，惠州市利用国家建设粤港澳大湾区和支持深圳建设中国特色社会主义先行示范区的“双区驱动”效应和广东省构建“一核一带一区”区域发展新格局的有利时机，围绕建设珠江东岸新增长极、粤港澳大湾区高质量发展重要地区和国内一流城市的目标，落实中央、省委推进粤港澳大湾区建设各项决策部署，举全市之力推进大湾区建设。

一、开展“大学习、深调研、真落实”活动

2019年，惠州市深入学习领会习近平总书记关于粤港澳大湾区建设的重要论述和对广东重要指示批示精神，全面贯彻落实《粤港澳大湾区发展规划纲要》和省的实施意见、三年行动计划。联合香港智团开展惠州市推进大湾区建设定位战略和实施策略研究。通过开展“大学习、深调研、真落实”活动，为惠州市明确推进大湾区建设的定位和思路，制定推进大湾区建设的政策文件，高质量建设国内一流城市奠定基础。

二、参与国际科技创新中心建设

2019年，惠州市实施创新驱动发展战略，贯彻落实广东省《印发关于进一步促进科技创新若干政策措施的通知》，对接广深港澳科技创新走廊，制定《惠州市对接广深港澳科技创新走廊实施方案（2019—2023年）》《关于进一步促进科技创新的若干政策措施》等政策文件，优化完善惠州市科技创新政策体系。中国科学院“两大科学装置”（含强流重离子加速器装置HIAF、加速器驱动嬗变研究装置CiADS）及配套工程按计划顺利推进，总部区开工建设。由惠州市政府牵头主建，中科院近代物理研究所牵头承建的先进能源科学与技术广东省实验室进入全面建设阶段。新一代工业互联网创新研究院建设加快推进，成立以院士谢胜利、刘经南领衔的专家委员会，提交发明专利申请7件，软件著作权4件。创新载体快速增长，全市有高新技术企业1322家、孵化器43个，新增国家级孵化器2个。高端人才加快聚集，引进国内外院士7名、高水平创新团队51个、领军人才109名。

三、推进交通基础设施互联互通

2019年，惠州市“两港”建设顺利推进，惠州机场扩容扩建项目如期完成，通航国内30个主要城市，可满足年旅客吞吐量500万人次；惠州港国际集装箱码头建成投产，惠州港打造亿吨大港。轨道交通建设加快推进，赣深铁路、广汕铁路惠州段建设进展顺利，惠州北站、惠城南站等高铁枢纽站场建设加快开展征地、可研、设计等前期工作，深惠城际、莞惠城际北延线项目完成预可研究，开展工可研究，配合深圳扎实推进深汕高铁前期规划工作。高速公路建设进展顺利，从莞高速公路建成通车，汕湛高速公路惠州至清远段、河惠莞高速公路河源紫金至惠州段、惠州平潭至潼湖段等项目建设顺利推进，惠龙高速动工建设，全市高速公路总里程达755.2千米，居全省第二位。高水平规划建设“丰”字交通主框架，规划建设总里程约485千米，惠州市“丰”字交通主框架暨1号公路（南北轴线）动工建设；在惠州市区“两环八射”快速进出城路网体系基础上，构建全市域“五横五纵”骨干快速路网，总里程约747千米。通过规划建设“丰”字交通主框架，惠州交通实现陆海互济、东西畅达、南北贯通，深度融入粤港澳大湾区建设和全省“一核一带一区”大格局中。

四、强化能源保障能力

2019年，惠州市加快推进能源科技岛建设，编制《稔平半岛发展规划》初稿。能源重大项目建设加快推进，中广核太平岭核电项目一期2台机组获国家发展改革委核准，启动核电首台机组核岛第一罐混凝土浇灌（FCD）。惠州港口一海上风电场项目和惠州港口二PA、PB海上风电场项目均取得核准文件，各项前期工作加快推进。惠州LNG接收站项目纳入埃克森美孚高层协调机制，加紧推进核准前相关工作。能源基础设施体系不断完善，西气东输三线闽粤支干线惠州段和深圳LNG应急调峰站外输管道惠州段等2条天然气主干管道按照年底前建成通气目标加快推进，500千伏福园至博罗线路工程等5项工程投产，500千伏太平岭核电厂一期接入系统工程、赣深铁路（惠州段）惠州北博罗北牵引站接入系统工程、惠州港口海上风电场项目送出工程等3项工程的系统接入方案获批复。

五、“2＋1”现代产业体系建设亮点突出

2019年，世界级绿色石化产业基地建设取得新突破，埃克森美孚乙烯项目成功纳入国家石化产业布局规划，一期工程获得核准和填海许可，填海工程完成过半。中海壳牌三期乙烯项目列入国家规划储备类，加紧方案报批等前期工作；惠东白花新材料产业园规划建设扎实推进，征拆工作及基础设施配套工程有序开展。惠州作为全国重要电子信息产业基地的地位进一步巩固，TCL模组整机一体化项目一期、旭硝子显示玻璃二期、华星光电高世代模组等高端项目顺利投产，投资约150亿元的慧聪集团总部项目动工建设，高清视频产业和5G产业加快发展。生命健康产业发展壮大，罗浮山国药、新峰药业、九惠制药等一批知名中医药品牌企业发展良好，成功引进中国医学科学院药用植物研究所南药种植基地、平安集团葛洪中医院以及平安津村等一批国内外中医药研发项目。

六、持续优化生态环境质量

2019年，惠州市空气优良率95.3%，$PM_{2.5}$年均浓度下降到25微克/立方米，为“十三五”时期以来最优水平。水环境质量总体保持稳定，东江干流惠州段水质符合Ⅱ类标准，西枝江水质良好，县级以上集中式饮用水源水质达标率100%，9个国考、省考断面水质优良率66.7%，14个主要湖库水质均达到功能目标要求，近海海域水质稳定优良。全市27条黑臭水体整治项目主体工程基本完工，全部达到“初见成效”标准。河湖长制得到落实，建立市、县、镇、村、村小组5级河湖长体系，设立各级河湖长8454人，累计发现问题2363个，整改问题2174个。推动区域联合执法，严厉打击包含非法倾倒固体废物行为在内的各类环境违法行为，查处各类违法倾倒案件84件。

七、宜居宜业宜游优质生活圈建设

2019年，惠州市谋划建设金山新城，围绕“新生态、新中心、新引擎”着力打造大湾区生态立城的门户标杆、一流城市核心样板和湾区东岸战略性新兴产业及科技创新中枢，进一步提升城市人居品质。港澳人士来惠就业扶持政策有效落地，《惠州仲恺港澳青年创业基地建设实施方案》《惠州市实施粤港澳大湾区个人所得税优惠政策财政补贴管理暂行办法》印发实施，惠州仲恺港澳青年创业基地揭牌运营，符合条件的企业可拎包入驻，在惠州市工作生活并符合条件的港澳居民子女与内地居民同等享受接受义务教育和高中阶段教育的权利。与港澳交流合作频繁，第二届环粤港澳大湾区城市自行车挑战赛（罗浮山站）、2019广东旅游文化节暨第十届（惠州）东坡文化节在惠州市圆满举行；惠州粤港澳绿色农产品生产供应基地建设前期工作扎实推进，粤港澳大湾区农产品标准互认工作稳步推进；参与粤港澳大湾区青年实习计划、港澳青少年国防教育体验营、青年同心圆计划、港澳青少年国学夏令营、粤港澳青年文化之旅等系列活动。

八、重大平台建设加快推进

2019年，潼湖生态智慧区以规划为引领，以推进基础设施建设、项目招商落地为主线，协调推动、突出实效，取得良好成绩。编制完成国际合作产业园中区及西区、东升片区、潼侨镇西北片区、创新与总部经济区等5个近期重点建设片区的控制性详细规划。基础设施建设加快推进，国际合作产业园片区“两纵两横”4条主干道及5条支路网同步进行清表和动工建设，创新与总部经济区片区首期6条道路年底前全部完成，大数据产业园片区第二批市政道路智慧东路南沿线、智能科技聚集园片区滨河大道、纵二路、红岗新河综合整治工程以及潼湖湿地公园等项目建设顺利推进。招商引资情况良好，引进各类项目30个，计划总投资超170亿元，首批10个项目集中动工。总投资100亿元的创新小镇以及总投资100亿元的思科潼湖科学城等一批在建项目建设进展顺利。

九、营商环境持续优化

2019年，惠州市制定《惠州市促进外资发展若干政策措施》《惠州市促进民营经济高质量发展的十条政策措施》《惠州市进一步降低制造业企业成本支持实体经济发展的十条政策措施》等扶持政策；坚决落实国家、省减费降税政策，减轻企业负担100多亿元。政务环境更便捷高效，全面深化建设工程项目审批制度改革，推行信用快审、联合审验、分类快审、否决申诉救济制度等举措，实施新型产业用地（M0）政策，优化企业建设工程项目投资环境，大幅提高项目落地建设效率；探索工业用地出让及规划报建审批改革，实行“标准地”带方案出让、工业用地带项目出让，推动项目落地建设提速；压缩开办企业环节，企业开办时间压缩至3个工作日内。创新服务企业方式，常态化开通解决企业困难“直通车”，形成解决企业困难“快速通道”，有效提振企业信心，激发经济新活力，夯实发展基础。全市举办11期、76场“直通车”活动，收到企业诉求699宗，办结551宗，办结率79%。创新海关监管方式，打破场所壁垒，打造“惠盐组合港”（指惠州港和盐田港），提高惠州港的货运通关效率，为企业节约物流成本。

十、支持深圳建设中国特色社会主义先行示范区务实推进

2019年，惠州市以实际行动全力支持深圳建设中国特色社会主义先行示范区，专题研究涉及深圳的东江水源工程管理、从白盆珠水库引水到深汕特别合作区、龙淡河深惠交界段防洪整治、支持上洋污泥处理厂建设、深惠城际铁路建设、深汕高铁建设以及深圳至深汕合作区第二高速公路建设等问题，形成加快推进落实动议。

（惠州市人民政府地方志办公室）

“三区”叠加助推东莞高质量发展

2019年，东莞市把参与粤港澳大湾区建设作为新时代改革开放的“纲”，把握建设粤港澳大湾区、深圳市建设先行示范区、获批建设广东省制造业供给侧结构性改革创新实验区的“三区”叠加机遇，推动“湾区都市、品质东莞”建设。松山湖科学城纳入综合性国家科学中心先行启动区建设，滨海湾新区发展总体规划获广东省政府批准，大湾区大学和香港城市大学东莞校区加快筹建，南方先进光源研究测试平台动工兴建，虎门港综合保税区一期通过国家验收。全面对接和支持深圳先行示范区建设，持续推进各领域合作，打造深莞“深度融合、一体联动”发展格局。与广州市签署深化重点领域合作协议，全力支持广州市实现老城市新活力和“四个出新出彩”（广州市推动综合城市功能、城市文化综合实力、现代服务业、现代化国际化营商环境出新出彩）。建设省改革创新实验区28个请省支持事项获得通过。

一、统筹推进和政策研究强化

2019年，东莞市召开推进大湾区建设工作会议、市委十四届九次全会和市领导小组全体会议，研究部署推进大湾区建设工作。出台贯彻落实《粤港澳大湾区发展规划纲要》实施方案、三年行动计划、2019年工作要点，研究制定《关于推进粤港澳大湾区建设的若干措施》，制定支持和对接深圳市建设先行示范区配套政策措施。组织开展集中宣讲《粤港澳大湾区发展规划纲要》，举办粤港澳大湾区东莞发展新机遇论坛、“台商一起来融入大湾区”等活动，形成抢抓大湾区机遇、建设“湾区都市、品质东莞”高度共识和浓厚氛围。推动设立东莞市湾区创新发展研究院，开展临深片区对接深圳市建设先行示范区等课题研究。围绕滨海湾新区、科技成果转移转化、制造业高质量发展、5G示范区、港澳企业就地转型升级、深化科技创新体制机制改革试点等方面开展政策创新研究，形成初步成果。

二、松山湖科学城建设取得进展

2019年，松山湖科学城纳入综合性国家科学中心先行启动区，实现更名、扩容，范围扩至90.52平方千米。基本完成松山湖科学城发展总体规划、科学功能规划、国土空间专项规划和规划实施行动纲要编制。开工建设松山湖材料实验室、南方先进光源研究测试平台等重大科创平台，引进香港城市大学合作办学。与香港城市大学共建粤港中子散射科学技术联合实验室，获批准成为首批粤港澳联合实验室。散裂中子源向港澳用户开放，吸引香港大学、香港科技大学、香港中文大学、澳门大学等科研团队开展尖端科学研究，完成超过100项课题。松山湖材料实验室引进含香港城市大学在内的18个科研团队、10名院士、443名科研人才。举办2019年粤港澳大湾区院士峰会暨第五届广东院士高峰年会等活动。

三、制造业高质量发展推进

2019年，东莞市创建成为广东省制造业供给侧结构性改革创新实验区，获批准成为国家知识产权运营服务体系建设重点城市。新增松山湖高新区（电子信息）和横沥镇（模具）为国家外贸转型升级基地。实施企业规模与效益倍增计划，以华为公司为代表的电子信息制造业比上年增长21.1%，增速比规模以上工业快12.6个百分点；全市73家企业入围广东制造业500强；全市规模以上工业企业超1万家，排广东省第一位。出台加快5G产业发展行动计划和推进传统制造业转型升级实施方案等文件，全方位支持民营和台港澳企业扎根发展。举办“湾区都市、品质东莞”投资促进交流会等推介活动，引进120亿元创智汇项目、60亿元华勤项目等一批优质产业项目。成立广东省智能终端工业设计研究院，被认定为省级工业设计研究院。

四、滨海湾新区等重大平台进入全面开发建设阶段

2019年，滨海湾新区发展总体规划经广东省政府同意印发，成为《粤港澳大湾区发展规划纲要》公布后首个获批准的省级平台规划。滨海湾新区湾区1号政务服务中心投入使用，虎门港综合保税区完成一期建设并通过国家验收。正中创新、欧菲光电等重点产业项目以及滨海湾大道等一批重要基础设施全面开工建设，大湾区大学筹建加快推进。东莞国际商务区首宗地块成功出让，与华润、嘉里、新鸿基等10家知名企业签订意向投资410亿元，拆迁安置工作加快推进。水乡功能区与广州开发区签署深化重点领域合作协议，统筹概念规划编制基本完成，中洪路、望沙路升级改造等一批项目动工，首期启动区签约重点项目11个、协议投资455.5亿元。银瓶合作创新区固定资产投资比上年增长67.8%，总投资169亿元的15个省市重大项目加快建设。借鉴深汕特别合作区等发展模式，探索推动深莞打造电子信息等战略性新产业高质量发展特别合作试验区。

五、重大项目落地建设取得突破

2019年，东莞市开展4批推进粤港澳大湾区建设重大项目集中开工活动，完成年度投资756.7亿元；全年累计实现包括地铁1号线、华为团泊洼8号地块和OPPO智能制造中心在内的125个重大项目开工建设，京东“东莞亚洲一号”、巨正源科技、生益电子等74个项目投产，均创历年新高。组织推荐11个项目申报粤港澳大湾区建设专项中央预算内投资计划，总投资239.3亿元，申请中央资金31.3亿元。其中，松山湖材料实验室一期工程（第一批）获批准中央预算内投资2.3亿元，为广东省唯一入选项目。

六、交通基础设施互联互通水平提升

2019年，赣深高铁东莞段加快建设，东莞南站地下共构工程全面开工。广深港高铁虎门站站房改扩建工程完成前期工作，佛莞城际铁路建设稳步推进。穗深城际铁路开通运营，东莞市到广州市、深圳市实现城轨“公交化”出行。地铁1号线动工，规划地铁线路各6处与广州市、深圳市相连。南沙大桥建成通车，成为《粤港澳大湾区发展规划纲要》发布后首个投入使用的重点工程。东平东江大桥、莞番高速一期、从莞高速三期投入使用，穗莞惠三市交通对接进一步强化。新开通6条跨市公交线路和澳门水上客运航线，与周边城市互联互通水平持续提升。

七、港澳居民来莞交流交往更加密切

2019年，东莞市加强与港澳地区各方面交流。教育交流方面，27所东莞市学校与香港地区学校缔结姊妹学校，接待多批香港师生团来莞参观。人文交流方面，举办2019粤港澳大湾区公共文化和旅游产品采购会，成立粤港澳大湾区非遗墟市城际联盟。创新创业方面，松山湖港澳青年创新创业基地开园，与香港科学园达成iDM2——“硬件开发加速计划”，吸引超过50个港澳青年创业项目落地。制定港澳青年创新创业基地建设实施方案和松山湖港澳人才创新创业实施办法，实行一站式服务。对个人创业提供最高20万元创业启动经费、100平方米办公场地租金补贴，并可申请“拎包入住”政府提供的人才公寓。民生合作方面，建成启用市民服务中心；率先与中国法律服务（香港）公司签订《莞港商事登记合作框架协议》，深化莞港两地商事登记合作；凭港澳通行证或居住证可在莞办理港澳人员养老保险，港澳居民与内地居民同等享受教育权利；简化港澳居民在莞购房政策，出台境外高端人才和紧缺人才个人所得税财政补贴暂行办法。

八、城市品质内涵持续提升

2019 年，东莞市的中心城区、松山湖高新区、滨海湾新区“三位一体”都市核心区初步构建，“一心两轴三片区”（“一心”即行政文化中心区；“两轴”即鸿福路山水文化轴线、东莞大道时代发展轴线；“三片区”即国际商务区、黄旗南生态科创区、“三江六岸”历史文化区）建设加快推进。城市景观全面提升，推进“洁净城市”“行走东莞”专项行动，以“绣花”功夫加强城市精细化管理，全域推动魅力小城、美丽幸福村居建设。实施大兵团作战，“全河段、全流域、全时段”推进茅洲河、石马河、东引运河、东江下游片区 4 个重点流域整治。新建截污次支管网 1567 千米。4 个国考断面水质整体改善，城市建成区 22 条黑臭水体基本消除黑臭，水污染治理取得阶段性成效。持续推进大气污染防治，关停沙角 B 电厂。加快推进海心沙资源循环利用、立沙岛危险废物综合处置等项目建设。（东莞市人民政府地方志办公室）

“孙中山文化粤港澳行”新成果

2019 年 2 月 18 日，中共中央、国务院公开发布《粤港澳大湾区发展规划纲要》，提出“共建人文湾区”，并明确“支持中山深度挖掘和弘扬孙中山文化资源”。2019 年 1 月 29 日，中山市实施《关于建立中山市孙中山文化交流合作机制的实施意见》，以“五个一”，即建一个孙中山文化合作交流平台，制订一项孙中山文化交流计划，完善一张孙中山文化交流网络，落地一批孙中山文化工程项目，探索试办一个翠亨新区“文创示范区”，加快推动孙中山文化交流合作。5 月 16 日，由政协中山市委员会、香港大公文汇传媒集团联合主办，中山日报社、中山广播电视台共同协办的“孙中山文化粤港澳行”活动在中山市南朗镇翠亨村孙中山故居启动，活动历时近 2 个月，由专家学者、香港大公报和多家省市媒体组成采访组，走访珠三角各市和香港、澳门，挖掘粤港澳三地孙中山文化资源，推进人文湾区建设。7 月 21 日，在香港大公文汇传媒集团总部举行成果结题会暨《中山路——“孙中山文化粤港澳行”文萃》首发仪式。

一、服务人文湾区建设大局

“孙中山文化粤港澳行”是《粤港澳大湾区发展规划纲要》颁布后第一个走遍香港、澳门和珠三角九市的大型人文活动，也是第一个由香港媒体与粤港澳大湾区城市联手举办的大型采访活动。活动紧扣粤港澳大湾区国家战略大局，以“共建人文湾区”及“深度挖掘和弘扬孙中山文化资源”为切入点，结合广东省政府推动的南粤古驿道保护利用工作，以新闻采访报道与政协人文交流为手段和载体，在 11 个地区和城市的孙中山史迹中，着眼海上丝绸之路和陆上丝绸之路的重要足迹点，深度挖掘和弘扬孙中山文化资源，在继承和弘扬中华优秀传统文化、连接“一带一路”、加强与世界各国优秀文化交流互鉴、推动南粤古驿道保护利用工作和落实《粤港澳大湾区发展规划纲要》的战略部署等方面发挥独特的人文力量。

二、推介宣传中山在粤港澳大湾区中的城市形象

“孙中山文化粤港澳行”采访组由粤港两地记者、中山市专家和中山市政协通讯员组成，深入香港、澳门、广州、深圳、珠海、东莞等 11 个粤港澳大湾区城市开展交流采访，既挖掘孙中山与 11 个城市的史迹，弘扬孙中山文化的现实意义，更讴歌粤港澳大湾区的腾飞，以史颂今。联合采访组的 10 名骨干记者以中山市翠亨村孙中山故居为起点，走访香港、澳门以及珠三角九市，深入挖掘和报道孙中山的历史足迹和文化影响力。香港《大公报》、《中山日报》和中山广播电视台3家媒体均以全媒体的形式采写、刊发系列报道文章。其中，香港《大公报》先后推出13个整版的系列报道，中山广播电视台播发报道25篇，《中山日报》刊发报道15篇；广东广播电视台、《人民政协报》、《南方日报》和《台湾旺报》跟进报道；深圳、珠海、江门、东莞、肇庆等地报刊、电视、网站以及微信公众号刊发推送、转载系列报道。

三、深入挖掘和弘扬孙中山文化资源

促进“孙中山文化粤港澳行”成果活化利用，中山市政协联合香港《大公报》将报道文章及相关数据编辑成册，由香港大公报出版有限公司出版第一部描写孙中山与粤港澳大湾区城市群渊源关系的著作《中山路——“孙中山文化粤港澳行”文萃》（简称《中山路》）。《中山路》以孙中山走过的路或与他有关史迹为“形”，展示孙中山的思想、理论、革命之路，进而联系各个城市的发展之路，讴歌新时代中国的现代化建设之路；呈现粤港澳大湾区内孙中山及其相关史迹，重点表现孙中山文化与粤港澳大湾区11个地区、城市的关系和历史影响，探讨在粤港澳大湾区背景下，各城市活化孙中山文化，与当地名人文化、岭南文化相结合，开展人文交流合作的丰硕成果，增强文化认同和情感认同。《中山路》一书由3个部分组成。第一部分“现场”，是“孙中山文化粤港澳行”的报道文章；第二部分“探索”，是孙中山文化概念提出后，有关孙中山文化的活动、报道、研究等资料汇集；第三部分“渊源”，展现孙中山与大公报关系的相关报道资料。同时，发布“孙中山文化粤港澳行”重要成果——“孙中山文化圈”图，全面标注出孙中山文化在全球不同领域、不同族群、不同国家和地区的分布和影响。

四、推进文化交流合作渠道

“孙中山文化粤港澳行”是第一个由香港媒体联手地方政协推出的服务人文湾区建设的大型人文采访活动，第一个由香港媒体联合珠三角九市媒体完成对大湾区孙中山史迹径的全域采访报道。活动借助香港大公文汇传媒集团的资源、渠道和载体，发挥珠三角各地政协联系广泛、智慧密集的工作特色，融合港澳和内地媒体全媒体宣传推广的手段，走出一条“政协联系、粤港联合、媒体联动、各地联手”大湾区城市间文化交流合作的新路子，为深度挖掘和弘扬孙中山文化资源、共建人文湾区，促进大湾区人文融通、人心相通作出积极探索。（政协中山市委员会）

江门全面参与粤港澳大湾区建设

2019年，《粤港澳大湾区发展规划纲要》提出支持江门建设粤港澳大湾区华侨华人文化交流合作重要平台，推进中国（江门）“侨梦苑”华侨华人创新产业聚集区建设等。江门抢抓“双区驱动”机遇，加快珠江口西岸高端产业集聚发展区、江门人才岛等重大平台建设，把大湾区建设摆在五项重点任务之首，打造珠江西岸新增长极和沿海经济带上的江海门户。

一、交通设施建设取得新突破

2019年，江门市“交通大会战”完成交通投资193亿元，落实《江门市综合交通一体化规划（2018—2035年）》，交通规划布局进一步优化。珠西综合交通枢纽江门站主站房和配套工程顺利推进，完成深茂铁路深圳至江门段可研批复前置工作。成功争取珠江肇高铁、深南高铁项目调整为近期实施项目。高恩高速和佛开南改扩建工程提前建成通车，中开高速、开春高速、开阳高速改扩建工程加快建设，银洲湖高速动工建设，黄茅海跨海通道和江鹤扩建等项目前期工作加速推进。完成开平环城公路东环段、国道G325鹤山大雁山至桃源段改线工程建设，江门大道南、五邑路改造等项目进展顺利。

二、科技创新引领作用显现

2019年，江门高新区在国家级高新区综合排名提升至57位，连续5年实现争先进位。全市高新技术企业超1500家。国家级科研平台增至6个；省级科研平台增至394个，其中省级工程技术研究中心342个，居全省第五位。全市规模以上工业企业研发机构覆盖率60%，主营业务收入5亿元以上工业企业研发机构实现全覆盖。在德国新设“联络五邑”海外服务工作站，新增博士后创新实践基地5个，新引进在站博士后38人，建立省内首家外国人才驿站。对接广深港、广珠澳科技创新走廊，全面与中国科学院合作，江门中微子实验站、“数字光芯片联合实验室”、“再生医学大动物实验研究联合基地”等项目进展顺利；依托五邑大学，与港澳高校共建纺织材料粤港联合实验室、粤港澳大湾区西岸科技创新和人才培养合作联盟。

三、重大平台谋划建设取得新进展

2019年，江门市依托大广海湾经济区，结合黄茅海跨海通道规划，与珠海、中山谋划建设珠江口西岸高端产业集聚发展区，作为大湾区重要产业平台纳入省委、省政府工作部署。加快银湖湾滨海新区开发，进一步完善管理体制，完成启动区控规编制工作，总投资168亿元的首批项目启动建设。江门人才岛建设加快推进，引入腾讯、华为等龙头企业。举办华侨华人文化交流合作暨粤港澳青年文化创意发展大会，印发《关于中国（江门）“侨梦苑”华侨华人创新产业聚集区“一苑多园”建设工作方案》，推进“侨梦苑”提质扩容工作。推进粤港澳大湾区高质量农业合作发展平台，举行2019年江港绿色农产品供需对接会、粤港澳大湾区（江门）名特优新农产品推介暨重大农业项目签约活动，签约总金额超60亿元。

四、体制机制创新扎实推进

2019年，江门市深化商事登记跨境“离岸受理”，有60家港澳资企业通过“离岸受理”方式落户江门。首创粤港澳大湾区税务通，港澳居民可以在“家门口”办理江门25项涉税（费）业务。印发《江门市实施粤港澳大湾区个人所得税优惠政策财政补贴暂行办法》。健全以居住证为主要依据的港澳居民随迁子女入学政策。打造“乐业五邑”品牌，出台《江门市关于加强港澳青年创新创业基地建设实施方案》，建立港澳青年创业创新服务中心，举办“2019澳台青年大湾区（江门）体验实习之旅”。与香港安老协会开展养老护理培养项目试点工作。推动家政服务类粤澳“一试两证”技能人才评价。落实港澳人员与本地职工、居民享受同等基本医疗保险待遇有关政策，港澳居民就业参保约7000人。推进卫生医疗合作，3个合作项目入选《粤港澳大湾区卫生健康合作共识》。江澳金融合作进一步深化，新增引入澳门资金超730亿元，为省推动粤澳金融深度合作提供经验。

五、加快构建现代产业体系

2019年，江门市新引进五大新兴产业超亿元项目91个、总投资388.5亿元，占全市引进超亿元制造业项目总投资的67.6%。中车广东公司完成股权调整工作。落实省珠西产业带聚焦攻坚行动计划（2018—2020年），分别新引进、新开工、新投产超亿元装备制造业项目38个、53个、32个。推动企业开展新一轮技术改造，安排技改奖励金超5亿元，全市新增技术改造项目400个，投资额在全省排第六位。落实机器人应用扶持政策，全市新增机器人应用1105台。雅图仕智能印刷工厂建设示范项目成为2019年省智能制造试点示范项目，江门市五金电器智能装备技术公共服务平台、五金制品生产工艺专业技术创新平台被评为广东省智能制造公共技术支撑平台。制定5G产业规划和发展行动方案，在全省地级市率先实现镇镇通5G信号。开展五大万亩园区基础配套设施建设，处置空置厂房19万平方米，新引入亿元以上项目87个，计划投资总额超700亿元。江门产业转移工业园完成管理架构调整，江海区产业转移工业园获评为全省唯一的泛珠三角区域工业和信息化合作创新发展示范试点园区，台山、开平、恩平园区升级为独立的省级产业转移工业园，实现省级产业转移工业园三区四市全覆盖。成功申报蓬江、江海、鹤山3个省级产业集聚地。

六、放管服改革持续深化

2019年，江门市“开办企业1天办结”示范点工作正式启动，到5月上旬，全市全面实现“开办企业1天办结”；5月15日，江门市首个“交地即动工”项目在开平产生；6月3日，江门市在全省率先推出商事登记“微信+智能化审批”服务改革；11月15日，江门市在全省首创商事登记“变更智能办”；年底，江门市“多证合一”“证照分离”改革项目入围全国法治政府建设示范创建候选项目，成为广东省入围的五个地区（项目）之一。

七、江门人才岛建设提速

2019年8月30日和9月5日，蓬江区先后与腾讯、华为等企业签约共建江门人才岛；10月30日，项目公司与农发行就第一期项目贷款24亿元签订协议；11月1日，江门人才岛同时启动科创中心、科技产业园、智慧城市、人才公寓等4个项目建设，从“建造环境”阶段进入“建造环境+筑巢引凤”新阶段。

（江门市人民政府地方志办公室）

肇庆全面参与粤港澳大湾区建设

2019年，肇庆市举全市之力全方位参与粤港澳大湾区建设，推动粤港澳大湾区建设各项任务落地落实。印发《中共肇庆市委、肇庆市人民政府关于支持深圳建设中国特色社会主义先行示范区的行动方案》《中共肇庆市委、肇庆市人民政府关于支持广州市推动“四个出新出彩”的行动方案》。成立电力营商环境专项小组、教育专项小组，全面对接和参与省各领域专项规划、方案编制工作。

一、重大合作发展平台建设

2019年，肇庆市坚持以肇庆新区为引领，加快建设全方位参与粤港澳大湾区建设的重大平台。肇庆新区完成投资400亿元，引进华侨城、环球易购、京东盛甲等32个投资总额超1200亿元的产业优质项目。推进肇庆新区建设粤港澳大湾区（肇庆）特别合作试验区，开展总体方案编制，把特别合作试验区打造成为大湾区引领性和标杆性合作平台。新区引进肇庆奥士康科技产业园、肇庆本田金属汽车精密零部件生产基地、平谦国际（肇庆）现代产业园（首期和二期）等11个合同投资总额456.23亿元的优质项目。其中，平谦国际（肇庆）现代产业园、肇庆奥士康科技产业园项目实现当年引进、当年动工。推动香港公开大学（肇庆）、“肇庆香港城”项目建设，香港城项目首批供地17.73公顷于12月20日公开挂牌出让，将“肇庆香港城”打造成为大健康产业标杆示范港式社区、港澳居民“第二居所”。推动肇庆（怀集）绿色农副产品集散基地规划建设，完成《粤港澳大湾区肇庆（怀集）绿色农副产品集散基地规划（2019—2035）（征求意见稿）》编制；7月，举办粤港澳大湾区肇庆（怀集）绿色农副产品集散基地投资环境推介暨农业项目签约系列活动，28个项目签约落户肇庆，投资总额381.4亿元。

二、粤港澳大湾区国际科技创新中心建设

2019年，肇庆市加速建设重大科技创新平台。“岭南现代农业科学与技术广东省实验室肇庆分中心”获省批准授牌建设；广佛肇量子安全通信视频网络建设及关键技术研究项目有序实施。肇庆高新区与国家发改委国际合作中心、深圳国家高技术产业创新中心、中科院创新孵化投资公司签订四方共建“粤港澳大湾区协同创新基地”战略合作协议，探索建立肇庆高新区科技创新成果转化基地，助力建设粤港澳大湾区科技创新协同发展示范园区。肇庆新区港澳青年创新创业基地挂牌，组建独角兽牧场（肇庆）、启迪大湾区国际科创中心（肇庆）、大湾区VR/AI产业创新中心、华育昌（肇庆）智能制造研究院4家科技创新平台并实现运营。

三、粤港澳大湾区“1小时交通圈”构建

2019年，肇庆市加快高速公路建设，汕湛高速肇庆段建成通车，广佛肇高速二期肇庆段加快建设；基本完成广湛高铁肇庆段项目前期工作，项目先行段于9月30日开工；7月10日，开通肇庆东至香港西九龙高铁直通车及怀集至深圳动车。与招商局集团合作建设肇庆港，促进肇庆港口发展和园区开发建设；规划建设粤港澳大湾区江海联运枢纽和辐射西南地区的水运集散中心；重点推进肇庆新港物流园、粤港澳大湾区肇庆（四会）国际多式联运物流园等规划建设。配合做好珠三角枢纽（广州新）机场前期工作。

四、肇庆特色现代化产业体系构建

2019年，肇庆市加快打造新能源汽车产业链及零部件产业链、电子信息产业链、生物医药和数字经济产业集群等。举办各类重大经贸活动，引进合同项目184个，计划投资总额1795.2亿元，其中超100亿元项目4个、超10亿元项目41个。数字经济发展加快，京东云华南总部等大数据项目开工，肇庆大数据云服务产业园进入试运行阶段。引进心里程区域总部、华伦生产研发总部等新兴产业项目。加强与港澳地区的产业合作，8月在肇庆新区举办2019肇庆港资项目集中签约及投资推介活动，签约项目32个、投资总额482亿元。10月在香港举办“2019肇港携手共建粤港澳大湾区交流会”，签下总投资58亿元的项目10个。设立规模10亿元产业投资引导基金，发展股权投资企业。全市有7只产业投资基金，规模合计37.9亿元。支持辖内符合条件的优质企业在境内外资本市场上市挂牌，有A股上市企业7家、香港上市企业1家、区域股权市场展示挂牌企业119家。

五、宜居宜业宜游优质生活圈打造

2019年，肇庆市加大引进港澳高校合作办学力度。分别与香港公开大学、香港城市大学动物医学院磋商合作办学事宜，与香港公开大学签订合作办学备忘录。打造粤港澳大湾区应用型高等教育基地，广东华商学院、华南农业大学珠江学院、广东公共卫生与健康医学院、广东华航航空学院4所本科院校正加快建设；广州大学松田学院项目完成签约，将整体搬迁至肇庆新区。启动粤港澳大湾区健康湾区和休闲湾区重大项目建设，推动广宁县绥江文旅项目和高端医疗康养产业园、德庆县粤港澳大湾区南药健康产业园、鼎湖区康养旅游基地、鼎湖森林小镇等建设。德庆县粤港澳大湾区南药健康产业园与广州香雪制药股份有限公司签订7.5亿元投资协议。

六、粤港澳大湾区一流营商环境建设

2019年，《肇庆市建设粤港澳大湾区一流营商环境若干措施》出台，深化“放管服”改革，持续推进商事制度、投资项目审批、政务服务、行政审批和税收征管等体制机制改革，压减办事手续和时间。抓好“数字政府”改革建设，打造“数字化平台+放管服改革”深度融合的“数字政府”。《南方都市报》发布的2019年度珠三角城市营商环境企业调查成果显示，企业对肇庆营商环境满意度为82.4%，居珠三角城市第二位。启用网上往来港澳商务签注备案系统，运用大数据、“互联网+”与人工智能整合各类数据资源，为企业提供网上自助办理商务签注备案登记的一站式服务。

七、支持深圳先行示范区和广州新活力建设

2019年，肇庆市开展招商引资合作，引进来自深圳的合同项目33个，计划投资总额730.7亿元，包括湾区西部华侨城、广东赢合控股总部及OLED驱动芯片和测试设备研发生产基地、中集智谷总部研发基地等项目。广东金叶投资控股集团与深圳市创新投资集团有限公司合作成立肇庆市红土引导基金投资管理有限公司。8月15日，《肇庆市人民政府与深圳文化产权交易所〈中国古建大观园〉项目合作框架协议》签署，深圳文交所将把中国古建民居资产托管交易平台落地肇庆。7月，与广州签署战略合作框架协议，双方将加强产业发展、科技创新、交通互联互通、生态联防联建、基本公共服务、干部交流等多方面的合作，支持广州“四个出新出彩”实现老城市新活力。

（肇庆市人民政府地方志办公室）

大事记

大事记

1月

2日 粤港澳大湾区总部经济发展论坛在广州举行。

△肇庆市召开推进粤港澳大湾区建设领导小组第一次全体会议。

3日 是日至4日，中国共产党广东省第十二届委员会第六次全体会议在广州召开，省委书记李希代表省委常委会作工作报告，省委副书记、省长马兴瑞就经济工作作专题讲话。会议审议通过落实粤港澳大湾区重大战略的实施意见。以推动规则相互衔接为重点，举全省之力推进粤港澳大湾区建设列入2019年经济工作重点。

5日 中共广东省委书记李希走进广州基层一线社区、乡村和环保治理项目现场，就认真学习贯彻习近平总书记对广东重要讲话和重要指示批示精神，推动省委十二届六次全会精神落地落实进行调研。

7日 广东省政府印发《关于进一步促进科技创新若干政策措施》，突破体制机制障碍，构建更加灵活高效的粤港澳科技合作机制，在推进创新人才高地建设、加快建设省实验室和新型研发机构等方面，提出系列具有改革性、开放性和普惠性的政策措施。

△以“金融改革开放合作共融的新机遇”为主题的首届粤港澳大湾区金融发展论坛在广东金融高新区举行。

8日 中共东莞市委十四届八次会议召开，审议通过《中共东莞市委 东莞市人民政府关于贯彻落实〈粤港澳大湾区发展规划纲要〉的实施方案(送审稿)》。

10日 2019年度深澳合作会议在澳门召开。深澳双方签署《深圳市人民政府、澳门特别行政区政府法律合作安排》《澳门青年到深圳实习及就业项目合作框架备忘录》《文化创意产业合作备忘录》。

△中共深圳市委推进粤港澳大湾区建设领导小组办公室成立，与深圳市政府港澳事务办公室合署办公。

11日 是日至12日，中共广东省委书记李希到江门市，走进农村、企业、民生保障点和生态保护区，就学习贯彻习近平总书记对广东重要讲话和重要指示批示精神，推动省委十二届六次全会精神落地落实进行调研。

15日 中共广东省委书记李希、省长马兴瑞在广州会见香港特别行政区行政长官林郑月娥，交流粤港澳大湾区建设工作。

16日 广东省科技厅、财政厅印发《香港特别行政区、澳门特别行政区高等院校和科研机构参与广东省财政科技计划（专项、基金等）组织实施的若干规定（试行)》。

△第十八届粤港澳深四地保险监管联席会议在香港召开，四地保险监管部门就积极推动内地与港澳保险业合作创新、推动巨灾保险发展，防范风险区域合作开展讨论交流。

17日 拱北海关“跨境快速通关”模式与香港海关“多模式联运转运货物便利计划”在港珠澳

大桥成功对接，首票货物在港珠澳大桥海关快捷验放。

18 日　中山市推进粤港澳大湾区建设领导小组办公室挂牌。

19 日　2019 大湾区森林旅游系列活动暨第一届大湾区梅花科技旅游文化节在惠州市惠东县梁化镇广东梁化国家森林公园开幕。

21 日　中共广东省委宣传部、中央人民政府驻香港特别行政区联络办公室、中央人民政府驻澳门特别行政区联络办公室在深圳召开粤港澳大湾区文化交流重点工作对接会，研究推进《广东省推进“粤港澳大湾区文化圈”建设三年行动计划(2019—2020)》、粤港澳大湾区媒体峰会、粤港澳大湾区文化艺术节有关工作。

23 日　粤港澳大湾区教育合作发展推进会在北京召开。

27 日　东莞市东城体育公园至广州市新塘白江地铁站跨市公交线路开通，线路全长 24 千米，与东莞轨道交通 2 号线、广州地铁 13 号线连通。

28 日　广东省省长马兴瑞在广东省第十三届人民代表大会第二次会议上作政府工作报告，指出 2019 年的重点工作之一是举全省之力推进粤港澳大湾区建设，在更高水平上扩大开放。

2 月

3 日　广东省人民政府印发《广东省优化口岸营商环境促进跨境贸易便利化措施的通知》，提出 10 项措施推动粤港澳大湾区口岸通关管理模式改革创新。

11 日　中共广东省委书记李希到广州市、东莞市，走进高校、建设工地、创新基地等，就贯彻落实习近平总书记对广东重要讲话和重要指示批示精神、推进粤港澳大湾区建设工作进行专题调研。

12 日　中共中央政治局常委、国务院副总理韩正到国家发展和改革委员会调研并主持召开座谈会，贯彻落实中央经济工作会议精神，研究部署下一阶段发展改革工作。指出要明确目标和重点任务，推动粤港澳大湾区建设，加快推进国际科技创新中心建设。

△是日至 13 日，中共广东省委书记李希到珠海市，走进农村、企业、项目施工现场，就学习贯彻习近平总书记对广东重要讲话和重要指示批示精神，落实省委十二届六次全会工作部署、推进粤港澳大湾区建设进行调研。

13 日　中共深圳市委推进粤港澳大湾区建设领导小组第三次全体会议召开。

15 日　中共广东省委书记李希在深圳市深港科技创新合作区、粤港澳青年创新创业工场、口岸项目建设现场等地，就推进粤港澳大湾区建设进行专题调研。

16 日　广东省推进粤港澳大湾区建设领导小组第三次全体会议在广州召开，研究部署广东省推进粤港澳大湾区建设工作。审议省推进粤港澳大湾区建设 2019 年工作要点、规范以粤港澳大湾区名义开展活动的意见等文件。

18 日　中共中央、国务院公开发布《粤港澳大湾区发展规划纲要》。

19 日　广东省委理论学习中心组举行专题学习会，深入学习贯彻习近平总书记对广东重要讲话和重要指示批示精神，专题学习《粤港澳大湾区发展规划纲要》。

△广东省省长马兴瑞到广东自贸试验区南沙片区调研，研究加快推进深圳前海、广州南沙、珠海横琴等重大平台开发建设，引领带动粤港澳全面合作。

△广州市推进粤港澳大湾区建设领导小组召开第三次全体会议。

20日 中共广东省委书记李希、省长马兴瑞在广州会见香港中华总商会代表团。

△由广东省推进粤港澳大湾区建设领导小组办公室主办、南方新闻网承办的广东省粤港澳大湾区门户网上线。

△佛山全球创新技术应用转化中心（香港分中心）与粤港澳大湾区创新技术应用转化中心签约揭牌。两中心为全市企业对接创新技术提供服务。

21日 广东省人民政府、香港特别行政区政府、澳门特别行政区政府在香港共同举办《粤港澳大湾区发展规划纲要》宣讲会。

△深圳国际仲裁院举行香港理事聘书颁发仪式暨粤港澳大湾区国际仲裁核心引擎建设新闻发布会，发布《关于增强核心引擎功能推动粤港澳大湾区建设的十大措施》《粤港澳仲裁调解联盟争议解决规则》，同时启用2019年仲裁规则和仲裁员名册。

△是日至22日，广东省省长马兴瑞前往惠州市、汕尾市调研重大项目建设、科技创新、乡村振兴等情况，要求两市深入贯彻习近平总书记关于粤港澳大湾区建设重要论述精神和对广东重要讲话、重要指示批示精神，落实好省委“1+1+9”工作部署和省政府工作报告确定的目标任务，紧紧抓住粤港澳大湾区建设重大机遇，积极参与构建“一核一带一区”区域发展格局，深化改革、扩大开放，全力推动重大项目建设，深入实施创新驱动发展战略，保持绿色发展定力，奋力实现高质量发展。

22日 广东省人大常委会党组书记、主任李玉妹主持召开省人大常委会党组会议，传达学习习近平总书记关于粤港澳大湾区建设的重要论述和《中国共产党政法工作条例》等。

23日 粤港澳大湾区仲裁联盟在广州召开首次工作会议。粤港澳大湾区“9+2”城市仲裁机构代表共同签署《粤港澳大湾区仲裁联盟合作备忘录》。

25日 第二届粤港澳大湾区卫生与健康合作大会在深圳召开，大会主题为“推动粤港澳大湾区卫生健康高质量发展”。广东省卫生健康委员会、香港特别行政区政府食物及卫生局、澳门特别行政区政府卫生局共同签署《粤港澳大湾区卫生健康合作共识》。

27日 广东省推进粤港澳大湾区建设工作会议在广州召开，学习贯彻习近平总书记关于粤港澳大湾区建设重要论述和对广东重要讲话、重要指示批示精神，对深入学习贯彻《粤港澳大湾区发展规划纲要》进行全面部署。省委书记李希出席会议并讲话，省长马兴瑞主持会议。

28日 国务院新闻办公室在北京举行新闻发布会，介绍《粤港澳大湾区发展规划纲要》有关情况，并答记者问。

3月

1日 中共中央政治局常委、国务院副总理韩正在北京人民大会堂主持召开粤港澳大湾区建设领导小组会议，深入学习贯彻习近平总书记关于粤港澳大湾区建设的重要指示精神，全面贯彻落实《粤港澳大湾区发展规划纲要》，研究部署2019年重点工作和重大政策举措。

△上海证券交易所南方中心揭牌落户广州。

△国内首条跨境通勤专线“横琴—澳门跨境

通勤专线”开通运营。

2日 中央广播电视总台与广东省人民政府在北京举行深化战略合作框架协议签约仪式。

△广东省推进粤港澳大湾区建设新闻发布会在广州举行。介绍广东省推进粤港澳大湾区建设的工作进展和下一步工作思路。

4日 中共广东省委书记李希、省长马兴瑞在北京会见澳门特别行政区行政长官崔世安。双方就加强沟通协调，共同做好规划纲要学习宣传贯彻工作，充分发挥粤澳合作联席会议机制，有效促进澳门经济适度多元发展等方面交换意见。

5日 国务院总理李克强在十三届全国人大二次会议上作政府工作报告，指出支持港澳抓住共建“一带一路”和粤港澳大湾区建设的重大机遇，更好发挥自身优势，全面深化与内地互利合作。

7日 全国首单绿色企业债券“2019年第一期深圳能源集团股份有限公司绿色债券”在深圳证券交易所上市。

16日 财政部、国家税务总局发布《关于粤港澳大湾区个人所得税优惠政策的通知》。广东省、深圳市按内地与香港个人所得税税负差额，对在大湾区工作的境外（含港澳台）高端人才和紧缺人才给予补贴，该补贴免征个人所得税。

18日 南方电网公司在北京会同71家单位联合发起服务粤港澳大湾区电力合作共同倡议，并发布服务粤港澳大湾区发展的26条重点举措。

19日 是日至20日，由市场监管总局反垄断局指导、广东省市场监督管理局主办的粤港澳大湾区竞争政策高级研讨会暨三地竞争执法部门磋商会议在广州南沙召开。

20日 经人民银行总行指导，中国银行广东省分行与中国银行（香港）有限公司在粤港澳大湾区合作推出香港代理见证开立内地银行账户试点。香港居民可直接在香港本地通过中银香港营业网点代理见证方式，申请开立内地银行个人Ⅱ、Ⅲ银行结算账户。

21日 中共广东省委常委会在广州召开会议，传达学习贯彻习近平总书记在中央政治局第十三次集体学习时的重要讲话精神，研究全省贯彻落实意见。传达学习《国务院关于印发粤港澳大湾区国际科技创新中心建设方案的通知》。省委书记李希主持会议。

22日 人力资源社会和保障部与广东省人民政府在广州签署《深化人力资源社会保障合作 推进粤港澳大湾区建设战略合作协议》。

△广东省市场监督管理局与澳门贸易投资促进局在澳门联合举办“粤澳跨境商事登记便利服务”宣讲会，向有意在大湾区内地九市开业投资的澳门企业介绍广东省商事登记便利化改革动态及商事登记主要手续流程，并启动此项服务。

△中国联通、香港电讯、澳门电讯合作推出粤港澳大湾区精品网，粤港澳首次实现固网宽带互联互通。

23日 由香港赛马会与广州市从化区人民政府合作举办的首场纯演示性速度马术比赛在从化马场举行。

△中共广东省委常委、广州市委书记张硕辅率广州市代表团访问香港，应邀出席香港广州社团总会成立四周年会庆、香港广州社团总会义工团第二届执委会就职仪式暨广州海外联谊会、广州市工商业联合会（广州市总商会）2019年穗港春茗联谊活动。

25日 在北京举行的中国发展高层论坛2019年会举行以“全球经济中的粤港澳大湾区”为主题

的单元活动。广东省省长马兴瑞、香港特别行政区行政长官林郑月娥、澳门特别行政区行政长官崔世安出席活动并作主旨演讲。

△广东省推进粤港澳大湾区建设领导小组办公室公布《关于规范以粤港澳大湾区名义开展有关活动的意见》，针对反映问题较为集中的企业登记注册、社会组织管理、展会论坛举办、网络媒体传播、平台载体建设等五个方面提出规范要求。

26 日 全国首个跨境办公试点楼宇——珠海横琴总部大厦挂牌设立，首批 10 家澳门企业入驻。

27 日 加强基础与应用基础研究，服务大湾区国际科技创新中心建设，广东省成立基础与应用基础研究基金委员会并在广东省科技厅举行启动活动。

△粤港澳大湾区税务通服务向澳门市民开出首张完税证明，江门市成为粤港澳大湾区内地城市中率先实现离岸智能办税的城市。

△是日至 29 日，2019 江门（香港澳门）“奋进新时代、共建大湾区”对接会分别在澳门、香港两地举行。签约 12 个投资类项目，总金额约 300 亿元，其间江港、江澳签订一系列合作协议。

28 日 由中共中山市委、中山市人民政府主办，以“改革开放再出发，共建活力大湾区”为主题的粤港澳大湾区中山发展论坛在中山举行。

29 日 《内地与澳门加强科技创新合作备忘录》及《关于建设粤澳青年创新创业基地（中山）的合作框架协议》在澳门签署。

30 日 肇庆市市场监督管理局与澳门商业协商合作会签署《商事登记直通车服务合作协议》，为澳门特别行政区的投资者到肇庆投资创业提供商事登记代办服务。

4 月

1 日 中国政府网发布《国务院关于横琴国际休闲旅游岛建设方案的批复》。

△是日起，中华人民共和国普通护照、往来港澳通行证、往来台湾通行证等出入境证件实行“全国通办”。

△是日至 14 日，海关总署广东分署牵头省内直属海关与港澳海关开展保护知识产权联合执法行动，首次将以往的粤港、粤澳双方海关知识产权保护联合行动提升为粤港澳三方联合行动。

2 日 2019 年深港合作会议在深圳召开。

△肇庆市召开推进粤港澳大湾区建设领导小组第二次会议。

△粤港澳大湾区 11 个城市的民政部门负责人在广州签署《粤港澳大湾区城市民政事业协同发展合作框架协议》。

△南沙大桥正式通车。

△中国科学院药物创新研究院华南分院落户中山。

△首届珠三角地区营商环境专题论坛在广州举办，发布《首届（2019）珠三角地区营商环境发展水平评估报告》，佛山市禅城区营商环境在珠三角 26 个区县中排第一位。

4 日 东莞市召开科技创新暨全面推进国家创新型城市建设工作大会。东莞市制定出台《东莞市人民政府关于贯彻落实粤港澳大湾区发展战略全面建设国家创新型城市的实施意见》及第一批 11 个项目配套政策。

6 日 珠海拱北口岸出入境客流量 46.61 万人次，再次刷新全国口岸单日客流量纪录。

8 日 中共广东省委书记李希到深圳前海，就深入学习贯彻习近平总书记对前海开发建设重要指示精神，推进粤港澳大湾区建设进行专题调研。

△由中共广东省委组织部、广东省人民政府港澳事务办公室联合主办的广东省粤港澳大湾区建设与对接专题研讨班是日在中山大学开班。学员于4月12—18日先后赴澳门、香港有关学校学习研讨，与港澳特区政府相关部门对接交流。

9日　粤港澳三地政府联合在日本东京举办粤港澳大湾区推介会，粤港澳三地和日本政商界1000多名代表出席会议。

△深圳证券交易所联合工业和信息化部发布粤港澳大湾区创新100指数。

10日　深圳市市场监督管理局与多家深港两地银行联合宣布推出“深港通注册易”服务。

△中山召开市推进粤港澳大湾区建设领导小组第三次全体会议。

△广州、佛山两市人社部门签订《广州市人力资源和社会保障局　佛山市人力资源和社会保障局深化广佛同城化战略合作框架协议（2019—2022年）》，两地把握粤港澳大湾区建设战略机遇，在就业创业、人力资源、技能人才培养、社会保险、政务服务、劳动关系等方面深化同城化合作，力争在人力资源社会保障领域打造广佛同城化合作标杆，助推广佛同城化迈向更高水平。

11日　中山市推进粤港澳大湾区建设领导小组印发《关于成立市推进粤港澳大湾区建设领导小组建设大湾区高水平大学等七个重点工作小组的通知》，决定成立市推进粤港澳大湾区建设领导小组建设大湾区高水平大学、争取自贸区扩区试点、大湾区西翼国际医疗中心、人才合作示范、孙中山文化、粤澳全面合作示范区、建设生物医药科技国际合作创新区等七个重点工作小组。

12日　中山市保税物流中心完成跨境快速通关实车测试。至此，广东省“跨境一锁”适用范围覆盖到粤港澳大湾区内地九市。

15日　广东自贸试验区工作领导小组在广州召开第八次会议，深入贯彻习近平总书记对广东重要讲话和重要指示批示精神，按照中央和省委的部署要求，抢抓粤港澳大湾区重大机遇，推动自贸试验区进一步创新发展。

△惠州市人民政府印发《惠州市加快推进珠三角（惠州）国家自主创新示范区建设实施方案》。

16日　中共广东省委书记李希到广州南沙，就深入学习贯彻习近平总书记关于粤港澳大湾区建设、自贸试验区建设重要指示精神，推动南沙自贸片区建设进行专题调研。

18日　国家发展改革委员会印发实施《横琴国际休闲旅游岛建设方案》，明确横琴“促进澳门经济适度多元发展新载体”“国际一流休闲旅游基地”“国家全域旅游示范区”三大发展定位。

22日　广州市人民政府办公厅印发《粤港澳大湾区“菜篮子”建设实施方案》。

23日　首届粤港澳“共读半小时”阅读活动在大湾区内的“4＋N”个会场同时举行。

24日　粤港澳大湾区青年职业发展5A行动在广州启动。该行动由穗港澳三地发起，以粤港澳大湾区11个城市为实施地，加强对粤港澳青年在大湾区学习、实习、交流、就业、创业5个方面支持，以帮助青年人更好实现职业发展。

25日　横琴新区管理委员会与中国科学院计算技术研究所在广州签订合作协议，合作实施横琴先进智能计算中心项目。

26日　广东省推进粤港澳大湾区建设领导小组第四次全体会议在广州召开。会议听取广东省推进粤港澳大湾区建设情况汇报，研究部署下阶段重点工作，审议通过《中新广州知识城总体发展规划（2019—2035年）》《广州南沙粤港深度合作园建设实施方案（2019—2035年）》《发挥广州国家中心城市优势作用支持港澳青年来穗发展行动计划》等文件。

28日 中共广东省委书记李希到佛山市制造企业、新型研发机构和工业园区，就认真学习贯彻习近平总书记对广东重要讲话和重要指示批示精神，抓住粤港澳大湾区建设重大历史机遇、推动高质量发展进行专题调研。

30日 广东省河长制办公室印发《万里碧道省级试点名单及建设指引》，确定1个大湾区碧道和10个粤东粤西粤北地区碧道11个（“1+10”）碧道工程为省级试点。

是月 广东省政府于18日、24日、28日，分别在广州、深圳、中山召开广州、深圳、珠三角片区（七市）工作现场会，研究解决各地发展中遇到的问题，并对需要省支持协调的重大事项作现场回应。省长马兴瑞出席会议并讲话。

5月

1日 是日起，广东实施外国人144小时过境免签政策，符合条件的外国人过境免签时间由原来的72小时延长至144小时。

△“国际汇税通”项目在广东省电子税务局正式上线。项目以“数字广东”+广东省电子税务局为信息化支撑，为企业所发生的跨境交易、对外付汇业务提供一站式涉税涉汇事项办理。

5日 2019年东莞市人民政府“一号文”《关于拓展优化城市发展空间加快推动高质量发展的若干意见》发布，确定将拓展与优化城市发展空间作为东莞市参与粤港澳大湾区建设的战略支撑、东莞市实现高质量发展的突出任务。

6日 珠江三角洲水资源配置工程建设大会在广州市南沙区举行。

7日 由广东省人民政府、香港特别行政区政府、澳门特别行政区政府联合主办的2019粤港澳经济技术贸易合作交流会在香港举行。

8日 广东省人民政府印发《关于加强港澳青年创新创业基地建设实施方案》。

9日 由工业和信息化部、国家广播电视总局、中央广播电视总台、广东省人民政府共同主办，以“超清视界，点亮湾区”为主题的2019世界超高清视频（4K/8K）产业发展大会在广州召开。

△粤港澳大湾区“菜篮子”建设启动大会在广州召开。

13日 由广东省人民政府、瑞士苏黎世州政府共同主办的广东省—苏黎世州金融圆桌会议在广州举行。会议旨在以粤港澳大湾区建设及两省州结好5周年为契机，进一步加强金融合作，实现互利共赢。

△广佛同城化党政联席会议在广州召开，双方签署《共建广佛高质量发展融合试验区备忘录》《广州市白云区与佛山市南海区共建广佛同城化合作示范区框架协议》。

△广州市召开推进粤港澳大湾区建设领导小组第四次全体会议。

△东莞市召开推进粤港澳大湾区建设领导小组第三次全体会议。

15日 中共广东省委书记李希到珠海横琴税务服务机构、项目建设现场和青年创新创业园区，就深入学习贯彻习近平总书记关于横琴开发开放重要指示精神、推动横琴开发开放进行调研。

△广东省人民政府印发《关于复制推广中国（广东）自由贸易试验区第五批改革创新经验的

通知》，对广东自贸试验区在投资便利化、贸易便利化、政府职能转变、法治建设等领域总结形成的20项改革创新经验在全省复制推广。

△东莞市召开全市推进大湾区建设工作会议，印发《东莞市推进粤港澳大湾区建设三年行动计划（2018—2020年）》《东莞市推进粤港澳大湾区建设2019年工作要点》。

16日　粤港合作联席会议第二十一次会议在广州召开。广东省省长马兴瑞、香港特别行政区行政长官林郑月娥共同主持会议并作主题发言。马兴瑞、林郑月娥共同签署《实施〈粤港合作框架协议〉2019年重点工作》，并为10个粤港青年创新创业基地授牌。

△是日至18日　香港特别行政区行政长官林郑月娥率团访问佛山、肇庆和江门3市。

△是日至20日　第十五届中国（深圳）国际文化产业博览交易会在深圳举行。2312个政府组团、企业和机构参展，首次设立“粤港澳大湾区文化产业馆”。

19日　由南方报业传媒集团主办、香港大公文汇传媒集团与澳门日报社协办的首届粤港澳大湾区媒体峰会在广州举行。峰会以“一流湾区、媒体担当——媒连粤港澳，触通大湾区”为主题，300多名嘉宾代表围绕开展创新与协同合作、推进媒体融合、助推大湾区建设等议题展开交流。

20日　广东省自然资源厅印发《贯彻落实〈广东省推进粤港澳大湾区建设三年行动计划（2018—2020年）〉具体措施的通知》。

△2019年粤港澳大湾区消防救援队伍水域洪涝灾害跨区域救援实战演练举行。演练主战场设在东莞立沙岛，分战场设在粤东片区（潮州）、粤北片区（韶关）、粤西片区（湛江）。

21日　中共广东省委书记李希到东莞市生态湿地、城市新区、高新技术企业、研发机构和产业园区，就深入学习贯彻习近平总书记对广东重要讲话和重要指示批示精神，推动东莞抓住粤港澳大湾区建设重大历史机遇、加快实现高质量发展进行调研。

24日　中共广东省委常委会召开会议，传达学习贯彻习近平总书记在第二届“一带一路”国际合作高峰论坛上的重要讲话精神，研究贯彻落实意见。强调要聚焦重点任务，高质量参与“一带一路”建设，深入推动粤港澳大湾区建设与“一带一路”建设的战略对接，携手港澳做好大湾区推介工作，积极开拓沿线市场，不断拓展和深化教育、文化、体育、旅游、卫生等领域合作。

△中山市召开推进粤港澳大湾区建设工作会议。

25日　大湾区（深圳）教育文化发展论坛在深圳举办。

27日　2019年粤澳合作联席会议在澳门召开。粤澳双方共同签署《实施〈粤澳合作框架协议〉2019年重点工作》《关于促进横琴支持澳门经济适度多元发展加快建设大湾区澳珠极点的合作备忘录》《关于开展联合资助两地合作研发项目的工作计划》《进一步加强粤澳林业合作意向书》《粤澳卫生健康合作备忘录》《关于加强粤澳青少年交流合作的协议》《广东省统计局与澳门特别行政区政府统计暨普查局关于2020年在粤澳门居民人口普查登记的合作协议》《澳门内港挡潮闸项目合作框架协议》《粤澳知识产权合作协议（2019—2020年）》等9份合作协议，确定加强6个方面合作。会后，粤澳双方共同举行粤澳青年创新创业基地宣传推介会。

△珠海市人民政府与澳门科技大学在澳门签署框架合作协议，共同推进大湾区科技创新发展，打造澳珠优质教育和创新科技中心。

29日　广东省人民政府通过财政部深圳证券交易所政府债券发行系统成功招标发行470.13亿

元地方债，其中发行粤港澳大湾区相关专项债券175.14亿元，主要用于佛山、江门、惠州、肇庆、中山等大湾区城市的土地储备、基础设施互联互通建设等方面。

30日　香港市民在香港首次远程办出佛山南海企业营业执照，这是香港首次与内地实现政务服务跨城通办。同日，佛山南海与澳门也实现政务湾区通办。

△广州市推进粤港澳大湾区建设领导小组公布《发挥广州国家中心城市优势作用支持港澳青年来穗发展行动计划》。

31日　2019年粤港澳大湾区消费·维权论坛在珠海举行。来自港澳地区以及大湾内地九市消费者委员会代表等150人出席，广东省消费者委员会与香港消费者委员会、澳门消费者委员会分别签署粤港、粤澳消费维权合作协议，开通“粤港澳大湾区消费投诉转办平台”。

6月

1日　是日起，公安部规定对在内地（大陆）工作、生活的港澳台居民，可以持港澳台居民居住证在全国范围内“一证通考”，在任一地市直接申领小型汽车驾驶证，无需提交住宿登记证明等证明、凭证。

3日　是日至5日　由国务院台湾事务办公室经济局、商务部台港澳司、广东省台办、广东省政协港澳台委员会联合主办的“台商一起来　融入大湾区”主题活动在广东举行。

5日　2019年中国—加州经贸论坛在美国西部城市洛杉矶举行，广东省作为主宾省重点推介粤港澳大湾区。

△广东税务局印发《国家税务总局广东省税务局推进粤港澳大湾区建设实施方案》。

△广东省财政厅、省审计厅印发《省级财政科研项目资金的管理监督办法》，明确省财政科研项拨付至港澳特区高校、科研机构和省内单位。

△港澳流动渔民工作协调小组第一次全体成员会议在珠海召开。农业农村部、公安部、财政部、自然资源部、交通运输部、海关总署、国家移民局、香港中联办、澳门中联办，广西自治区人民政府、海南省人民政府等协调小组成员单位代表出席会议。

△惠州市人民政府召开推进粤港澳大湾区建设工作会议。

△肇庆市金融局会同市商务局、市外事局与澳门金融管理局、澳门贸易投资促进局在肇庆联合举办“认识澳门营商优势：中国与葡语国家商机及特色金融推介会”。

△《广州、深圳、佛山、东莞四地检察机关保护珠江生态环境和自然资源公益诉讼协作机制》会签仪式在广州市举行，广州、深圳、佛山、东莞等四地检察机关建立“保护珠江生态环境公益诉讼检察联盟”。

△是日至8日　广东省生态环境厅、香港环保署联合组织各沿海城市在“6·5”世界环境日及“6·8”世界海洋日期间，开展以“关爱海洋，还海滩一片清洁”为主题的海滩清洁宣传活动。

6日　中山市人民政府发布《关于加强港澳青年创新创业基地建设工作方案》。

11日　深圳市人民政府发布《加强港澳青年创新创业基地建设工作方案》。

△肇庆市人民政府印发《肇庆新区港澳青年创新创业基地建设实施方案》。

△江西对接粤港澳大湾区投资合作推介会在深圳举行，签约项目85个，涉及总金额1119.84亿元。

12日　莲塘（香园围）口岸粤港商务车指标申领工作启动。口岸开通前发放2000个香港入出内地商务车配额和200个内地入出香港商务车配额。

17日　广东省财政厅、广东省税务局联合印发《关于贯彻落实粤港澳大湾区个人所得税优惠政策的通知》。在中央政策的基础上，进一步明确个人所得税差额补贴的标准和范围、人才认定的原则和范围，并充分考虑珠三角九市的实际需要，由各市实施制定高端人才和紧缺人才的具体认定标准和操作办法，赋予各市充分的自主权。

18日　是日至20日　广东省人民政府成功发行地方政府债券611.1亿元。其中，特别选取广州、佛山优质的专项债券项目，试点柜台发行粤港澳大湾区生态环保建设专项债券22.5亿元。

19日　是日至20日　广东省文化和旅游厅、香港特区政府民政事务局、澳门特区政府文化局在澳门共同举办粤港澳文化合作第二十次会议。三方参会代表就推进"人文湾区"建设在艺术、图书资讯、文博、非遗、文化创意等文化领域达成合作成果50多项。

△惠州市人民政府印发《惠州仲恺港澳青年创业基地建设实施方案》。

21日　广东省发展和改革委员会印发《东莞滨海湾新区发展总体规划（2019—2035年）》。

△珠海市人民政府印发《关于常住横琴的澳门居民参加珠海市基本医疗保险试点有关问题的通知》。

24日　"湾区花正开"——首届粤港澳大湾区文化艺术节开幕仪式和开幕式晚会在广州举行。艺术节主会场设在广州，香港、澳门及珠三角各市均设分会场。

25日　粤港澳大湾区首个专业媒体联盟——粤港澳大湾区广电联盟在广州成立。联盟由广东广播电视台发起，联合粤港澳三地21个广电机构组建成立。

△以"绿色湾区连接自然"为主题的首届粤港澳自然教育讲坛在广州举行。

△肇庆召开推进粤港澳大湾区建设领导小组第三次会议。

26日　粤港澳大湾区美术作品展在广州开幕。

△肇庆市消费者委员会与香港消费者委员会签订《肇庆、香港消费者组织合作协议》。

27日　横琴大昌行物流中心在珠海横琴新区启用。这是首批由澳门特区政府推荐进驻横琴粤澳合作产业园的项目之一。

28日　内地直飞香港直升机跨境航线首航仪式在深圳宝安国际机场基地举行。

△深圳皇岗口岸重建工作启动，临时旅检场地建设工程率先动工。

△全国首个大湾区国际人才一站式服务窗口在南沙政务服务中心揭牌成立。

30日　首届粤港澳大湾区高价值专利培育布局大赛在珠海举行。

7月

1日　广东省体育局与香港赛马会共同签署《广东省体育局与香港赛马会大湾区体育项目合作备忘录》《广东省体育总会与香港赛马会有关黄村体育训练中心合作备忘录》《2019—2024广东省马术协会马术与马文化培训发展计划之赞助协议》《香港赛马会与广东省网球协会关于2019—2023大湾区青少年体育发展计划—网球运动系列活动之赞助协议》《广东省体育彩票中心与北京香港马会技术开发有限公司大湾区体育彩票合作备忘录》，深化双方在马术、足球、橄榄球、网球等体育项目及广东省体育彩票等方面的合作。

2日　珠海市人民政府发布《关于加强珠海市港澳青年创新创业基地建设的实施方案》。

4日　中共广东省委印发《关于深入学习贯彻习近平总书记视察广东重要讲话精神奋力开创新时代广东改革开放新局面的决定》，提出举全省之力推进粤港澳大湾区建设。携手港澳、面向世界，着力推动由商品和要素流动型开放向规则等制度型开放转变，加快形成全面开放新格局，把广东打造成为联通国际国内、双向开放的门户枢纽。

△广东省林业局发布《推进粤港澳大湾区建设林业三年行动计划（2018—2020年）》。

△深中通道伶仃洋大桥东索塔上游侧钢吊箱成功下放，标志深中通道项目超级工程建设进入又一重大新节点。

5日　中共广东省委、省政府公布《中共广东省委　广东省人民政府关于贯彻落实〈粤港澳大湾区发展规划纲要〉的实施意见》。

△广东省推进粤港澳大湾区建设领导小组公布《广东省推进粤港澳大湾区建设三年行动计划（2018—2020年）》。

6日　粤港澳大湾区文学联盟在广州成立。

10日　肇庆直达香港高铁开通。

△肇庆新区港澳青年创新创业基地授牌仪式在肇庆举行。

11日　中共广东省委全面深化改革委员会第四次会议在广州召开，传达学习贯彻习近平总书记在中央全面深化改革委员会第八次会议上的重要讲话精神，研究部署全面深化改革工作。会议审议《广州市推动现代化国际化营商环境出新出彩行动方案》等改革文件，听取了有关创建改革创新实验区和建立健全信用联合奖惩机制、营商环境改革创新实验区建设、营商环境综合改革工作落实等改革情况汇报。

12日　广州互联网发布《广州互联网法院关于建设粤港澳大湾区互联网司法引擎的五年规划（2019—2023）》。

15日　惠州市发布《惠州市推进粤港澳大湾区建设近期重点工作及2019年工作要点》。

17日　广东省发展改革委员会印发《广东省进一步深化营商环境改革2019年工作要点》，结合粤港澳大湾区建设工作，围绕三地“规则对接”，在商事制度改革、社会信用体系建设、口岸通关便利化等方面，提出先行探索借鉴和对接港澳先进营商制度规则的改革事项，为广东营造稳定公平透明、可预期的营商环境提供基础。

△由广东省足球协会、广东省青年联合会、香港广东青年总会主办的2019年粤港澳大湾区青年足球交流活动在广州开幕。

△首届中国创新食品大会暨粤港澳大湾区食品创新品牌博览会在东莞市举行，博览会布展面积突破2万平方米。300多家企业参展，上千款年度新品集中亮相。

18日　2019年广东省参事决策咨询会在广州召开，主题为“关于举全省之力推进粤港澳大湾区建设的对策建议”。

19日　中共广东省委、广东省人民政府印发《关于构建“一核一带一区”区域发展新格局促进全省区域协调发展的意见》。

22日　广东省气象局、香港天文台和澳门地球物理暨气象局联合编制的《2018年粤港澳大湾区气候监测公报》发布，是粤港澳三地气象部门首次联合制作并发布的气候监测公报。

23日　广东省税务局、深圳市税务局联合印发

《国家税务总局广东省税务 国家税务总局深圳市税务局进一步密切税收合作、服务粤港澳大湾区建设工作方案》，围绕资源共享、服务联合、征管互助、执法协同的合作目标，明确广东税务与深圳税务31项合作事项。

△广州、肇庆市政府签署战略合作框架协议，深化在产业发展、科技创新、交通互联互通、生态联防联建、基本公共服务、干部交流等方面合作。

24日 中央全面深化改革委员会第九次会议审议通过包括《关于支持深圳建设中国特色社会主义先行示范区的意见》在内的共11个意见、方案。会议强调，支持深圳建设中国特色社会主义先行示范区，要牢记党中央创办经济特区的战略意图，坚定不移走中国特色社会主义道路，坚持改革开放，践行高质量发展要求，深入实施创新驱动发展战略，抓住粤港澳大湾区建设重要机遇，努力创建社会主义现代化国家的城市范例。

△广东省文化和旅游厅、香港特区政府民政事务局、澳门特区政府高等教育局联合举办的2019年粤港澳青年文化之旅活动在江门举行总结联欢会。

25日 人民银行广州分行指导广州金融纠纷调处中心、深圳市银行业消费者权益保护促进会以及珠海、佛山、惠州、东莞、中山、江门、肇庆等大湾区内地9个城市的金融纠纷调解机构与澳门世界贸易中心仲裁中心共同签署《粤澳地区金融纠纷调解合作框架协议》，开展建立调解合作联络机制、建立金融纠纷调解合作机制，建立金融纠纷调解合作研究机制等合作。

26日 珠海市市场监督管理局、澳门贸易投资促进局、粤澳工商联合会三方在澳门签订商事服务“珠澳通注册易”合作框架协议，启动“深澳通注册易”商事服务。

△是日至27日，中国共产党广东省第十二届委员会第七次全体会议在广州召开，总结分析广东省推进大湾区建设工作情况和面临的形势，研究部署推进大湾区建设工作。会议听取省委书记李希代表省委常委会所作的报告和省长马兴瑞关于粤港澳大湾区建设的具体部署，讨论推进大湾区建设的有关措施。

27日 广东省农业农村厅、广州海关、广东省商务厅、广东省市场监督管理局签订《粤港澳大湾区肇庆（怀集）绿色农副产品集散基地农副产品安全合作框架协议》。

29日 海关总署广东分署公布，粤港、粤澳海关完成年度第二次保护知识产权联合执法行动任务，对819批次、6.43万件、236.6万元货物采取知识产权保护执法措施。

30日 香港科技大学承担的省级科研项目财政资金316.96万元顺利拨付香港，成功实现粤港澳大湾区科研资金跨境自由流动。

8月

1日 《广东省司法厅关于香港特别行政区和澳门特别行政区律师事务所与内地律师事务所在广东省实行合伙联营试行办法（2019年修订）》开始实施。

△中国太平保险集团作为总部设在粤港澳大湾区的金融央企，签出澳门特区第一单中小企业巨灾保险，由工商业发展基金为合格中小企业提供保费资助，以提高商户投保意愿。

2日 财政部、国家税务总局发布《关于横琴新区企业所得税优惠目录增列旅游产业项目的通知》。

6日 《中国（广东）自由贸易试验区深圳前海蛇口片区暨前海深港现代服务业合作区2019年

营商环境改革行动方案》发布，围绕企业生命周期全流程推动营商环境再造，推出49条措施。

8日 香港消费者委员会与深圳市消费者委员会在深圳签署《港·深消费者组织合作协议》。

△惠州市召开推进粤港澳大湾区建设领导小组第一次会议。

△肇庆市人民政府与建设银行广东省分行在肇庆签署《乡村振兴战略合作协议》《支持与服务肇庆市全面落实粤港澳大湾区建设规划战略合作框架协议》，建行广东省分行向肇庆提供超1000亿元意向性授信，支持乡村振兴和粤港澳大湾区建设。

9日 《中共中央 国务院关于支持深圳建设中国特色社会主义先行示范区的意见》印发。

△中共广州市委十一届八次全会召开。全会审议通过广州市推进粤港澳大湾区建设的42条政策措施。

12日 广东省省长马兴瑞率团出席在澳门举行的“粤港澳大湾区发展建设的文化使命”国际论坛开幕式。

△广东海事局发布公告，经交通运输部海事局授权，广东海事局与澳门海事及水务局在粤澳水上交通安全及航道管理第四次联合会议上联合签署《中国（广东）自由贸易试验区粤澳游艇自由行海事实施细则》。

14日 广东省人民政府门户网站发布《广东省人民政府办公厅关于成立广东省推进粤港澳大湾区国际科技创新中心建设领导小组的通知》。小组组长为马兴瑞。

15日 中共广东省委书记李希到中山市企业、社区、服务窗口和项目建设现场，就学习贯彻习近平总书记对广东重要讲话和重要指示批示精神,深入开展“不忘初心、牢记使命”主题教育，贯彻落实省委十二届七次全会精神进行调研。

16日 中共广东省委常委会在广州召开会议，传达学习贯彻《中共中央 国务院关于支持深圳建设中国特色社会主义先行示范区的意见》，研究广东省贯彻落实工作意见。

△中共肇庆市委十二届九次全会召开，提出举全市之力全方位参与粤港澳大湾区建设，开创建设粤港澳大湾区连接大西南枢纽门户城市新局面。

△中山市财政局、中山市科学技术局、中山市人力资源和社会保障局、国家税务总局中山市税务局印发《关于印发〈中山市实施粤港澳大湾区个人所得税优惠政策财政补贴暂行办法〉的通知》。

19日 由澳门大学、北京师范大学—香港浸会大学联合国际学院、五邑大学共同发起，17所大湾区高校参与的“粤港澳大湾区西岸科技创新和人才培养合作联盟”成立。联盟逐步拓展联动科研院所和企业单位，整合大湾区西岸的科技和教育资源，共同打造大湾区西岸科技创新中心和人才培养基地。

20日 2019肇庆港资项目集中签约活动在肇庆新区举行，签约项目32个，计划投资总额482亿元。

23日 中共广东省委、广东省人民政府发布《关于认真学习宣传贯彻〈中共中央 国务院关于支持深圳建设中国特色社会主义先行示范区的意见〉的通知》。

△2019广东21世纪海上丝绸之路国际博览会、第27届广州博览会在广州举行，展会首设粤港澳大湾区城市展区。

25日 广州南沙港铁路跨洪奇沥特大桥钢桁梁完成合龙，成为国内最大跨度钢桁梁柔性拱桥。

27日 “创新升级·香港论坛”在广州举行，主题为“科技创新 环球联系”。论坛由香港贸易发展局、广东省推进粤港澳大湾区建设领导小组办公室、广东省工业和信息化厅、广东省商务厅、广东省人民政府港澳事务办公室及广东省工商联合会共同主办。

△2019 中国工业互联网大会暨粤港澳大湾区数字经济大会在广州召开，发布《粤港澳合作共同推进大湾区数字经济融合创新发展倡议书》。

28 日　惠州机场新建的 T2 航站楼启用。

29 日　广东省实验室（第三批）建设启动会在广州举行。中共广东省委书记李希、省长马兴瑞出席并为岭南现代农业科学与技术、先进能源科学与技术、人工智能与数字经济 3 个省实验室授牌。肇庆市获授牌筹建岭南现代农业科学与技术广东省实验室肇庆分中心，实现该市重大科技基础设施布局建设“零”的突破。

△广东省税务局印发《关于支持中国（广东）自由贸易试验区深化税收改革创新意见》，把支持广东自贸区建设与支持大湾区建设一体部署、一起研究、一同推进，明确 22 条任务措施，赋予广州南沙、珠海横琴自贸区税务部门改革自主权，支持其大胆试、大胆闯、自主改、创新推出与国际接轨的税收服务举措，为广东深化改革创新提供更多税务经验。

△粤港澳大湾区标准地图在自然资源部网站正式上线。

△广东省人力资源和社会保障厅与广州市天河区人民政府签署合作协议，共建粤港澳大湾区（广东）创新创业孵化基地，打造“国家级、国际化、示范性”的创新创业孵化平台。

△粤港澳大湾区协同创新研究院在广州高新区揭牌。

△2019 绿色发展城市高峰论坛暨第七届深圳国际低碳城论坛在深圳开幕，来自多个国家和地区的业界精英、专家学者围绕“粤港澳大湾区绿色发展　新机遇　新挑战　新动能”主题展开对话。

30 日　由江门市人民政府、中车青岛四方机车车辆股份有限公司、中车南京浦镇车辆有限公司、广东省铁路建设投资集团有限公司等单位举办的“湾区新枢纽　轨道产业城”2019 广东（江门）轨道交通装备产业发展大会在江门市举行。

9 月

1 日　中央广播电视总台粤港澳大湾区之声正式开播。这是首个专门面向粤港澳大湾区播出的国家级电台频率。

2 日　由国家互联网信息办公室网络新闻信息传播局指导，广东省互联网信息办公室联合广东省推进粤港澳大湾区建设领导小组办公室等单位举办的“活力湾区世界共享”东南亚主流网络媒体湾区行联合采访活动在广州启动。

△惠州市人民政府印发《惠州市对接广深港澳科技创新走廊实施方案（2019—2023 年）》。

5 日　是日至 6 日，中共广东省委书记李希到深圳市，结合开展“不忘初心、牢记使命”主题教育，就深入学习贯彻习近平总书记对广东、深圳重要讲话和重要指示批示精神，推动《中共中央国务院关于支持深圳建设中国特色社会主义先行示范区的意见》落地落实进行调研。

△广东省人力资源和社会保障厅、省文化和旅游厅印发《香港、澳门导游及领队在珠海市横琴新区执业实施方案（试行）》。

△中共深圳市委书记王伟中、市长陈如桂率深圳市党政代表团到广州考察。中共广州市委书记张硕辅、市长温国辉陪同考察并座谈。两市签订深化战略合作框架协议。

6 日　2019 年泛珠三角区域合作行政首长联席会议在广西南宁召开，议题之一为“利用泛珠三角平台加强对接粤港澳大湾区建设”。泛珠三角内地九省（区）省长（主席）和香港、澳门特别行政区相关官员出席会议。

7日 由广东省总工会、香港工会联合会、澳门工会联合总会联合主办的大湾区职工庆祝中华人民共和国成立70周年暨澳门特别行政区成立20周年文艺汇演在广州中山纪念堂上演。

8日 珠海市涉港澳纠纷人民调解委员会及珠海市新的社会阶层人士联合会人民调解委员会成立。

9日 海关总署印发《〈粤港澳大湾区发展规划纲要〉海关分工方案》。

10日 中共肇庆市委办公室、市人民政府办公室印发《肇庆市建设粤港澳大湾区一流营商环境若干措施》。

11日 粤港科技创新合作专责小组第十六次会议在广州召开，总结2018—2019年度粤港科技合作工作，达成提升粤港两地科技创新的国际竞争力等重点工作共识。

17日 是日至18日，广东省政协第十二届广东省委员会常务委员会第八次会议在广州召开，围绕“强化知识产权保护与运用，优化粤港澳大湾区创新发展环境”开展专题议政。

18日 全国首批港澳籍劳动人事争议仲裁员在广州南沙举办聘任仪式，7名港澳籍仲裁员获聘。

△2019年穗澳合作专责小组会议在广州召开，穗澳双方签署《穗澳科技产业战略合作框架协议》《广州市统计局与澳门特别行政区统计暨普查局合作协议》《关于共建葡语系国家（地区）商品展销中心（广州南沙）合作协议》。

19日 教育部批准广州大学与香港科技大学筹备设立香港科技大学（广州），成为《粤港澳大湾区发展规划纲要》实施以来首家获批准筹设的内地与港澳合作举办的大学。

△是日至21日 由广东省体育局、香港特别行政区民政事务局、澳门特别行政区政府体育局联合主办的第二十届广东国际体育用品博览会暨第十六届粤港澳大湾区体育博览会在广州举行。

△肇庆市与广东省商务厅联合在上海国际会议中心举行2019粤港澳大湾区（肇庆）—上海投资环境推介会。

20日 是日起，为方便境外人员入境驾车出行，公安部推出6条临时入境车辆人员出行便利措施，其中包括延长临时驾驶许可使用期限、简化临时入境机动车牌证办理程序等。

△五邑大学与香港岭南大学在香港签署合作框架协议，合作共建“五邑大学—岭南大学居家养老联合研究创新中心”“智能居家养老示范实验室”。

21日 是日至22日 由广东省青年联合会、粤港澳大湾区青年总会主办的“我和我的祖国”庆祝中华人民共和国成立70周年暨粤港澳大湾区青年节交流活动在广东广州、佛山、江门举办。

24日 香港特别行政区政府发展局与广州南沙开发区管委会签订《中国（广东）自贸试验区广州南沙新区片区管委会—香港特别行政区政府发展局合作协议书》。

△广州市和东莞市签订《广州市人民政府东莞市人民政府深化重点领域合作协议》《广州经济技术开发区和东莞水乡特色发展经济区管理委员会战略合作框架协议》，明确交通互联、民生共享、平台对接、机制构建等合作事项。

△珠海市海上搜救中心万山分中心揭牌成立，标志粤港澳大湾区首个海岛海上搜救中心投入运行。

26 日　广州南沙粤港澳全面合作示范区重点项目建设动员会在广州市举行，启动建设香港科技大学（广州）项目、中国科学院明珠科学园首批项目。

△2019 年湾区城市交通大会在深圳召开。

△“穗港跨境直升机服务”在广州白云国际机场商务航空服务基地启动。

△是日至 27 日，广东省卫生健康委员会、香港特别行政区政府卫生署、澳门卫生局在香港联合举办第十九次粤港澳防治传染病联席会议暨“神盾行动”联合应急演练。大湾区内地九市共同参与，三地就共同加强和完善突发公共卫生事件合作、传染病联防联控、传染病科研合作与数据共享及完善通报机制等方面达成共识。

27 日　广东省金融科技学会、广州市标准化促进会、深圳市标准化协会联合发布《金融自助设备运维服务规范》。

△珠海市第九届人民代表大会常务委员会第二十三次会议审议通过《珠海经济特区横琴新区港澳建筑及相关工程咨询企业资质和专业人士执业资格认可规定》。

28 日　粤港澳大湾区“菜篮子”平台在广州启用。

△由教育部、广东省、广州市、华南理工大学四方共建的华南理工大学国际校区举行首届新生开学典礼。

29 日　“港珠澳大桥网上展览馆”上线。

30 日　中山市人民政府印发《关于促进科技创新推动高质量发展若干政策措施的通知》。

10 月

2 日　是日至 5 日，中共中央政治局委员、国务院副总理胡春华在广东省调研自贸试验区建设工作。胡春华强调要深入贯彻习近平总书记重要指示精神，按照党中央、国务院决策部署，高标准、高质量推进广东自贸试验区建设，进一步深化改革扩大开放，加快打造成为粤港澳大湾区合作示范区。

6 日　国家主席习近平给澳门街坊总会颐骏中心长者义工组的 30 位老人回信，向他们表示亲切问候和勉励，并祝全国的老人们健康长寿、生活幸福。习近平表示，希望老人们坚持老有所为、继续发光发热，多向澳门青年讲一讲回归前后的故事，鼓励他们把爱国爱澳精神传承好，积极参与粤港澳大湾区建设，携手把澳门建设得更加美丽。

8 日　中共广东省委全面深化改革委员会印发《广州市推动“四个出新出彩”行动方案的通知》。

△是日至 11 日，肇庆市在香港举办 2019 肇港携手共建粤港澳大湾区交流会，加强肇港对接合作。

9 日　由孙中山基金会、广东省青年联合会、香港友好协进会、台湾海峡两岸经贸文化交流协会、台湾青年菁英协会、澳门青年企业家协会共同主办的“天下为公·中华情”——2019 粤港澳台青年企业家交流会在广州开幕。

10 日　是日至 12 日　中共中央政治局委员、国务院副总理孙春兰在广东调研。孙春兰强调要深入贯彻习近平总书记关于发展粤港澳大湾区的重要指示精神，认真落实《粤港澳大湾区发展规划纲要》，深化教育、卫生健康、文化旅游、体育等领域改革和开放合作，增加优质公共产品和服务供给，为推进粤港澳大湾区发展提供支撑和保障。

△内地与澳门科技合作委员第十三次会议在澳门举行，总结内地与澳门科技合作工作，部署

2019—2020 年度的重点工作，加强内地与澳门科技合作与协同创新。

11 日 虎门港澳客运码头开通东莞虎门至澳门的水上客运航线。

12 日 肇庆市人民政府、香港公开大学、肇庆学院在香港签署合作办学备忘录，三方在肇庆共同筹办具有独立法人资格的本科及以上层次的香港公开大学（肇庆）。

△以“深澳合作·双创双赢”为主题的第三届“深澳创意周”开幕式及系列文化交流活动举行。

15 日 粤港澳海洋合作发展论坛在深圳举行。

16 日 是日至 18 日，“数创岭南·共建湾区”2019 年粤港澳大湾区职工大数据应用技能大赛决赛在佛山市举行。大湾区内 11 个城市代表队参加比赛，来自深圳市的汤杨和广州队分别获得个人赛一等奖和团队赛城市金奖。

17 日 从广东珠海到澳门的第四条对澳供水管道工程正式通水。

18 日 上海保险交易所股份有限公司和广州航运交易有限公司签署合作协议，在南沙设立航运保险要素交易平台。这是国内首个航运保险要素交易平台。

21 日 以“携手发展新兴产业　同心共筑湾区梦想”为主题的 2019 澳珠企业家峰会在珠海举行。会上，粤澳跨境金融合作（珠海）示范区揭牌成立。

23 日 港珠澳大桥开通一周年，珠海公路口岸累计验放出入境旅客超 1400 万人次，日均客流量达 4 万人次；累计验放出入境车辆超 70 万辆次。

24 日 中共广东省委书记李希、省长马兴瑞在广州会见香港广东社团总会访问团。

△香港特别行政区政府和外交部驻港特派员公署在香港共同主办主题为“粤港澳大湾区：改革开放新探索，‘一国两制’新实践，互利共赢新平台”国际论坛。

△广东省公安厅交通管理局发布消息，经粤港双方磋商，粤港之间新增 5500 个经港珠澳大桥口岸通行的两地车指标，11 月 18 日起可重新申请。

25 日 澳门大学珠海澳大科技研究院启用仪式举行，推动澳门重大科技成果在珠海落地转化。

26 日 第十三届全国人民代表大会常务委员会第十四次会议表决通过《全国人民代表大会常务委员会关于授权澳门特别行政区对横琴口岸澳方口岸区及相关延伸区实施管辖的决定》。

△第十七届“粤澳杯”足球赛第二回合在澳门运动场举行，广东队以 1∶0 比分胜澳门队，以总比分 5∶1 夺得粤澳杯。

△由澳门特别行政区政府教育暨青年局主办的“青年与社会文化司司长真情对话”活动在江门开平举行。

29 日 广东省庆祝中华人民共和国成立 70 周年大会在广州举行。中共广东省委书记李希出席并讲话，省长马兴瑞主持大会。

30 日 广东省基础与应用基础研究基金委员会发布通知，设立广东省基础与应用基础研究基金联合基金，包括粤穗、粤深、粤佛、粤莞、温氏等联合基金。

31 日 中国共产党第十九届中央委员会第四次全体会议通过《中共中央关于坚持和完善中国特色社会主义制度推进国家治理体系和治理能力现代化若干重大问题的决定》，决定提出完善香港、澳门融入国家发展大局、同内地优势互补、协同发展机制，推进粤港澳大湾区建设，支持香港、澳门发展经济、改善民生，着力解决影响社会稳定和长远发展的深层次矛盾和问题。

△广州市召开推进粤港澳大湾区建设领导小组第五次全体会议。

△惠州市发布《惠州市实施粤港澳大湾区个人所得税优惠政策财政补贴管理暂行办法》。

11月

2日 “同心筑梦”——粤港澳大湾区书画联展开幕式在广东美术馆举行。

5日 广东省人力资源和社会保障厅、教育厅、民政厅、司法厅、财政厅、住房和城乡建设厅、文化和旅游厅、卫生健康委员会、市场监督管理局九部门联合印发《关于推进粤港澳大湾区职称评价和职业资格认可的实施方案》。

△是日至6日，“一带一路”国家知识产权意识提升国际研讨会在珠海市召开，研讨会由中国国家知识产权局和世界知识产权组织（WIPO）共同主办、广东省市场监督管理局（知识产权局）和珠海市人民政府协办。

△广东省立中山图书馆、广州图书馆、惠州慈云图书馆等12家公共图书馆和文献机构共同发起的粤港澳大湾区公共图书馆联盟启动仪式在广州大剧院举行。

6日 中共中央政治局常委、国务院副总理韩正在钓鱼台国宾馆主持召开粤港澳大湾区建设领导小组会议，学习贯彻党的十九届四中全会精神，学习贯彻习近平总书记关于粤港澳大湾区建设的重要指示精神，研究推出一批惠港、惠澳政策措施，部署下阶段大湾区建设重点工作。

△由广东省人民政府主办，广东省商务厅承办的粤港澳大湾区经贸合作推介暨湾区经贸合作发展座谈会在上海举行，广东省商务厅与旧金山湾区委员会签署合作协议。

7日 中央广播电视总台粤港澳大湾区中心在深圳启用，大湾区之声手机新媒体平台同步上线。

△广东省人民政府颁布《港珠澳大桥广东水域通航安全管理办法》，规范管理港珠澳大桥广东水域的船舶航行、停泊、作业以及影响水上交通安全的活动，办法于2020年1月1日起施行。

8日 澳门街坊会联合总会广东办事处横琴综合服务中心揭牌成立。

12日 由广东省人民政府、国务院侨务办公室联合主办的首届华侨华人粤港澳大湾区大会在广州开幕。来自110多个国家和地区的440多位海外华侨华人代表出席。中共广东省委书记李希和中央统战部副部长、国务院侨办主任许又声致辞，李玉妹，王荣、傅华、黄宁生、郑雁雄、王衍诗、袁宝成出席大会。

△是日至14日，由广东省市场监督管理局（知识产权局）、广州市人民政府、香港特区政府知识产权署、澳门特区政府经济局联合主办的2019粤港澳大湾区知识产权交易博览会在广州举行，促成知识产权合作意向金额101.47亿元，实现专利和商标交易金额14.86亿元。

13日 以“共建活力湾区、携手开放创新”为主题的第二十一届中国国际高新技术成果交易会在深圳开幕。

△由广东省市场监督管理局（知识产权局）、中国知识产权报社主办，深圳市市场监督管理局（知识产权局）承办的粤港澳大湾区知识产权人才发展大会暨知识产权人才供需对接会在深圳举行。

△广东省农业农村厅与香港特别行政区政府渔农自然护理署签订《粤港农业合作框架协议》，双方加深在粤港澳大湾区菜篮子建设、信誉农场创建培育、动物疫病防控、渔业、水生生物资源养护、农业科技创新等领域合作。

14日 中共广东省委书记李希到东莞市高新园区、科技企业、研发机构，就认真学习贯彻党的十九届四中全会精神，深入开展“不忘初心、牢记使命”主题教育，推进粤港澳大湾区建设进行调研。

△中共广东省委办公厅、省人民政府办公厅发布《关于加强新时代专业技术人才队伍建设的通知》，提出推动港澳专业技术人才职称评审和职业资格认可，推进粤港澳大湾区专技人才创新创业，加快粤港澳大湾区专技人才协同发展。

△由江门市人民政府，广东省侨办，省文化和旅游厅，省人民政府港澳事务办公室，省归国华侨联合会联合主办的华侨华人文化交流合作暨粤港澳青年文化创意发展大会在江门开幕，启用位于江门市的粤港澳大湾区青年文创基地。

15日 工业和信息化部、广东省工业和信息化厅、香港特区政府资讯科技总监办公室、澳门特区政府邮电局电子业务厅在深圳成立粤港澳大湾区电子签名证书互认工作组，召开第一次工作组会议，研究通过《粤港澳大湾区电子签名证书互认工作组和秘书处成员名单》《粤港澳大湾区电子签名证书互认工作机制》《粤港澳大湾区电子签名证书互认工作目标和计划》。

17日 2019（第二届）环粤港澳大湾区城市自行车挑战赛德庆站在德庆县举行。

18日 广东—新加坡合作理事会第十次会议在广州举行。中共广东省委书记李希、省长马兴瑞会见新加坡教育部部长、理事会新方联合主席王乙康。双方围绕粤港澳大湾区发展优势展望、探索智慧城市之路等议题进行充分交流，共同签署《广东—新加坡合作理事会深化合作备忘录》，见证双方签署20项合作协议。当天举行第七届中新知识论坛。

△礼达联马（珠海）股权投资管理有限公司在珠海横琴新区开业。这是全国首家澳门特别行政投资者全资设立的境内基金管理公司。

△惠州市发布《惠州市中小学校招收和培养国际学生与港澳台学生管理办法》。

20日 澳门与内地《关于修订〈CEPA服务贸易协议〉的协议》在澳门签署。

△珠海大横琴投资有限公司同步在香港和澳门发行40亿元债券，是为粤港澳大湾区首支双币种国际绿色债券。

△惠州、河源、东莞三地检察机关在惠州市人民检察院举行关于东江流域生态环境和自然资源公益保护的协作机制会签仪式。

21日 关于修订《〈内地与香港关于建立更紧密经贸关系的安排〉服务贸易协议》的协议签署仪式在香港举行。

△是日至22日，2019广东经济发展国际咨询会在广州召开，主题为“把握粤港澳大湾区建设机遇，推动广东高水平对外开放”。

22日 深港科技创新合作区深圳园区项目举行集中开工仪式，园区及周边配套项目总投资超过615亿元。

24日 国际金融论坛（IFF）永久会址在广州南沙国际金融岛启动建设。

△由国务院发展研究中心金融研究所与广东省地方金融监督管理局联合主办，以“金融推动大湾区高质量发展”为主题的第二届粤港澳大湾区金融发展论坛在珠海举行。

25日 是日至26日，中国共产党广东省第十二届委员会第八次全体会议在广州召开。中共广东省委书记李希代表省委常委会作报告，省长马兴瑞部署支持深圳建设中国特色社会主义先行示范区工作，审议通过《关于支持深圳建设中国特色社会主义先行示范区的若干重大措施》。

26日 是日至29日，首届大湾区工博会在深圳国际会展中心开幕，1700多家参展商展示最新技术产品。

27日　中国农业银行广东省分行获准介入自由账户贸易（简称“FT账户”）分账核算业务系统，标志FT账户体系正式在广东落地。

△珠海对澳供气管道正式贯通，投入使用后可满足澳门半岛约10万户家庭（35万人）的用气需求。

△是日至29日，2019粤港澳大湾区院士峰会暨第五届广东院士高峰年会在东莞市举行，峰会主题为“智领新时代　智汇大湾区”，超100名来自国内外的院士、专家出席，助力粤港澳大湾区国际科技创新中心建设。

28日　2019粤商大会在广州举行，现场签约21个粤商投资项目，总金额约585亿元，其间举行粤港澳大湾区工商合作高峰论坛。

△广东省人力资源和社会保障厅与澳门特别行政区社会保障基金签订《关于拓展养老金受益人合作范围和优化双方在生证明协查表送交方式备忘录》，自2020年1月1日起执行，优化双方协查认证资料送交方式，拓展养老金受益人合作范围。

29日　人力资源和社会保障部、国家医疗保障局公布《香港澳门台湾居民在内地（大陆）参加社会保险暂行办法》，保障在内地（大陆）就业、居住和就读的港澳台居民依法参加社会保险并享受社会保险待遇的合法权益。

△由广东省农业农村厅、广东省人民政府港澳事务办公室、香港渔农自然护理署、澳门市政署共同主办的第十届广东现代农业博览会暨2019粤港澳大湾区国际农产品采购商峰会在广东东西部扶贫协作产品交易市场开幕。

△深圳皇岗口岸重建项目拆除工程启动仪式在深圳市皇岗口岸旧查验场地举行。

△2019年深港科技界交流年会暨首届深港澳科技联盟年会在深圳举行。

△珠海横琴新区管委会与澳门科技大学在横琴签署合作协议，共建横琴·澳门科技大学产学研示范基地。

△是日起，珠海对澳门单牌车发放电子临时入境机动车牌证，不再发放纸质牌证，车牌的有效期从原来的3个月延长至1年，有效期内可多次入出横琴。

12月

1日　是日至2日，中共广东省委书记李希到珠海市，就学习贯彻党的十九届四中全会精神、贯彻落实省委十二届八次全会精神、推进粤港澳大湾区建设、推动制造业高质量发展进行调研。

△是日起，取得香港、澳门建筑及相关工程咨询资质的企业和执业资格的专业人士，具备规定条件并经合法备案，可以在横琴新区范围内为市场主体直接提供服务。

△在澳门回归祖国20周年、南方电网对澳门供电35周年之际，南方电网向澳门送电累计突破500亿千瓦时。2019年送电澳门电量约50亿千瓦时，是回归之初的25倍，占澳门年用电量约85%。

2日　粤澳新通道（青茂口岸）澳门（南）联检大楼完成结构封顶，标志该口岸主体结构工程顺利完工。

3日　是日至4日，首届粤港澳大湾区保险产业创新前沿发展大会在佛山市禅城区举行，以“连接共生，智造未来”为主题，围绕“保险创新，科技赋能，大湾区发展，粤港澳互联”展开深入讨论。7个保险中介机构和科技机构落户禅城区。

4日　中共广东省委在广州召开“关于推进《粤港澳大湾区发展规划纲要》落地实施”系列提案办理情况汇报会。

△由广东省商务厅、香港贸易发展局、澳门投资促进局共同建立的粤港澳经贸合作信息平台在香港启动。

5 日　是日至 6 日，第二届粤港澳大湾区中医药传承创新发展大会在珠海召开。广东省中医药局、香港特区政府食物及卫生局、澳门特区政府卫生局签署《粤港澳大湾区中医药合作备忘录》。

6 日　由国家文物局、广东省人民政府主办，深圳市人民政府、广东省文化和旅游厅（广东省文物局）承办的粤港澳大湾区文化遗产合作研讨会在深圳市召开。

△广东省地方金融监督管理局与香港品质保证局在广东省加快发展绿色金融工作推进会上签署战略合作备忘录，共同开展课题研究，通过引入认证机构甄别绿色企业、绿色项目并核查绿色融资效果，在大湾区大力推广绿色信贷和绿色债券。

△是日至 8 日，第二届粤港澳大湾区三人篮球赛在东莞市常平镇举行，来自珠三角九市以及香港、澳门的 60 支队伍同场竞技。

7 日　新机遇·新成果·新未来——2019 前海成果发布会举行，发布《前海贯彻落实“粤港澳大湾区建设领导小组会议关于惠及港澳居民的政策措施”行动计划》。该行动计划涵盖 12 项惠及港澳居民的政策措施。

9 日　首届粤港澳大湾区创新合作交流会在广州市南沙区举行。

10 日　建筑业科技创新暨 2018—2019 年度中国建设工程鲁班奖（国家优质工程）表彰大会在北京举行。港珠澳大桥珠海口岸工程（Ⅰ、Ⅱ、Ⅳ、Ⅴ标段）获“鲁班奖”，是唯一获奖的口岸类工程项目。

△由中央网信办网络新闻信息传播局、中共广东省委宣传部指导，省委网信办主办的“粤澳同心　逐梦湾区”庆祝澳门回归祖国 20 周年网络主题采访活动在珠海启动。

△粤港澳大湾区劳动争议联合调解中心暨珠海（横琴）速调快裁服务站揭牌仪式在珠海举行。

12 日　教育部、广东省人民政府在北京召开 2019 年深化教育体制综合改革联席会议，研究推进广东教育体制机制改革，加快粤港澳大湾区教育合作发展，支持深圳建设中国特色社会主义先行示范区，加快推进教育现代化。

△港澳建筑及相关工程咨询企业备案许可书、港澳专业人士备案许可书的颁授仪式在珠海横琴新区综合服务中心举行。首批 3 位港澳建筑专业人士、2 家港澳企业获颁备案许可书，可在横琴持证执业。

13 日　广东省人民政府与中国建设银行股份有限公司在广州签署《支持与服务粤港澳大湾区建设战略合作协议》。

△首单非澳门企业澳门莲花债在澳门成功发行，由光大银行广州分行作为唯一境内财务顾问，光银国际作为联席主承销商，共同助力为珠海华发集团落地该笔创新业务，是粤港澳三地联合开展金融创新的重要成果。

△是日至 16 日，2019 年粤港澳大湾区（江门）名特优新农产品推介在江门举行。

14 日　惠州仲恺港澳青年创业基地在惠州市仲恺高新技术开发区揭牌成立。

15 日　穗深城际铁路开通运营，成为沟通广州、东莞、深圳三市的快速轨道交通通道。全长 744 米，设计时速 140 千米。

16 日　广东省推进粤港澳大湾区建设领导小组第五次全体会议在广州召开，深入学习贯彻习近平总书记关于粤港澳大湾区建设重要指示精神和粤港澳大湾区建设领导小组第三次会议精神，研究广东省贯彻落实意见和下一阶段重点工作。

△广东省庆祝澳门回归祖国20周年音乐会在广州星海音乐厅举办。

△中山市推进粤港澳大湾区建设领导小组印发《关于印发〈中山市推进粤港澳大湾区建设基础设施互联互通（2019—2022年）实施方案〉的通知》。

17日　是日起，港澳人士在广州各区购房，仅需提供港澳身份证和通行证，并满足境内无房的条件，即可购买且只能购买一套住宅。

△澳门4个国家级重点实验室分部落户珠海横琴，珠海成为内地首个与澳门高校共建国家重点实验室分部的城市。

△佛莞城际铁路狮子洋隧道贯通。通车后，从东莞市到广州市番禺区最快15分钟可到达。

△是日至21日，2019中国（佛山）大湾区功夫电影周在佛山市举行，电影周分为开幕式、闭幕式、影展活动、论坛活动四大主题活动，集合佛山地域文化特色，举行飞鸿馆启用仪式、第六届咏春拳大赛等9项特色活动。其间，举行粤港澳大湾区影视产业合作交流大会暨项目签约仪式。

19日　国家主席习近平出席澳门特别行政区政府欢迎晚宴并发表重要讲话。习近平指出，澳门融入国家发展大局积极主动。特别行政区政府和社会各界人士深明，伟大祖国是澳门发展的坚强后盾，紧紧把握共建“一带一路”和粤港澳大湾区建设等国家战略实施的重大机遇，充分用好中央支持政策，把“国家所需、澳门所长”和“澳门所需、国家所长”有机结合起来，为澳门发展拓展新空间、注入新动力。

△广东省人力资源和社会保障厅、中共广东省委组织部、省财政厅、国家税务总局广东省税务局印发《关于进一步完善我省港澳台居民养老保险措施的意见》。

△广东省基础与应用基础研究重大项目系列启动会在广州举行。首批10个粤港澳联合实验室授牌，布局人工智能、新一代信息技术、新材料、先进制作、生物医药、环境科技等重点领域，建设期为3年。

20日　国家主席习近平在庆祝澳门回归祖国20周年大会暨澳门特别行政区第五届政府就职典礼上发表讲话。习近平指出，要积极对接国家战略，把握共建“一带一路”和粤港澳大湾区建设的机遇，更好发挥自身所长，增强竞争优势。当前，特别要做好珠澳合作开发横琴这篇文章，为澳门长远发展开辟广阔空间、注入新动力。

22日　庆祝澳门回归祖国20周年澳珠烟花汇演举行。该次汇演由澳门特区政府与内地首次联合举办。

23日　中共广东省委书记李希、省长马兴瑞在广州会见来粤访问的澳门特别行政区行政长官贺一诚。

24日　广州南沙自贸区法院、深圳前海合作区法院、珠海横琴新区法院联合签署《关于中国香港籍、中国澳门籍共享特邀调解员的工作规程（试行）》《关于中国香港籍、中国澳门籍特邀调解员资源共享和调解互认工作协议》《关于构建跨域立案、跨域调解、跨域庭审和共享司法资源等诉讼服务机制的协议》。

△广州海关发布《广州海关关于推进进出境游艇自由行的公告》，明确中国（广东）自由贸易试验区广州南沙新区片区进出境游艇试行监管办法，支持粤港澳大湾区游艇自由行落地实施。

△澳门特别行政区行政长官贺一诚率澳门特别行政区政府代表团考察珠海市。

25日　广东省省长马兴瑞到惠州市作专题调研，贯彻落实习近平总书记在中央经济工作会议上的重要讲话和中央经济工作会议精神，研究解决企业发展中遇到的困难和问题，压实和强化“六稳”举措，全面贯彻新发展理念，推动高质量发展。

26日 中国科学院强流重离子加速器装置和加速器驱动嬗变研究装置（CiADS）总部区工程在惠州市开工建设。

27日 由江门市人民政府和羊城晚报报业集团主办，以“大湾区智慧城市群的规划和建设”主题的第三届中国（江门）大湾区智慧城市大会在江门举行。

29日 中共广东省委常委会召开会议，传达学习习近平总书记出席庆祝澳门回归祖国20周年大会暨澳门特别行政区第五届政府就职典礼并视察澳门重要讲话精神，研究广东省贯彻落实意见。

30日 粤港澳大湾区“菜篮子”全国行起步、城际合作签约暨配送中心集中开业仪式在广州举行，大湾区“菜篮子”8个配送中心（分中心）开业，再添28个合作城市和667个销售点。

△粤港澳大湾区住房公积金信息共享平台启动仪式在广州举行。珠三角九个城市住房公积金管理中心共同签订《粤港澳大湾区住房公积金信息共享公约》。

△广州市召开推进粤港澳大湾区建设领导小组第六次全体会议。

31日 中共广东省委全面深化改革委员会第六次会议在广州召开。会议强调要坚持用好改革开放“关键一招”，充分发挥粤港澳大湾区建设、支持深圳建设中国特色社会主义先行示范区利好叠加的“双区驱动效应”和广州深圳“双核联动、比翼双飞”作用，强化创造型引领型改革的突破带动作用，鼓励基层改革探索，着眼制度集成，加强改革经验总结提炼和复制推广，推动制度和治理体系的完善和发展。

△珠海市印发《关于贯彻落实香港澳门台湾居民在珠海市参加基本医疗保险有关问题的通知》。

是月 《深圳市建设中国特色社会主义先行示范区的行动方案（2019—2025年）》正式印发。

·责任编辑　董泽国·

国际科技创新中心建设

综　述

【概况】　2019年是粤港澳大湾区国际科技创新中心建设的开局之年。建设具有全球影响力的国际科技创新中心是粤港澳大湾区的五大战略定位之一。广东省人民政府印发《广东省推进粤港澳大湾区国际科技创新中心建设实施方案》，明确“两点”（指深港河套、珠海横琴）和“两廊”（指广深港、广珠澳）的建设空间布局，提出“四梁八柱”重点任务。围绕《粤港澳大湾区发展规划纲要》、大湾区国际科创中心建设方案、大湾区国际科创中心建设实施方案等要求，实施创新驱动发展战略，聚焦原始创新能力提升、关键核心技术攻关、产业技术创新、开放创新体系建设、创新创业生态营造等重点工作，推动国际科技创新中心建设。珠三角各地级以上市、省直有关部门制定方案，实施政策，落地一批重大项目。在2019年中国区域创新能力评价中，广东在创新环境、企业创新、创新绩效等3个一级指标排名全国第一位，全省区域创新综合能力连续3年保持全国首位。

是年，广东省实施《关于进一步促进科技创新的若干政策措施》（简称“科创十二条”），区域创新综合能力不断提升。在基础与应用基础研究方面，全年研发经费支出2800亿元，占地区生产总值比重2.8%。实施“粤港科技创新联合资助计划”等，累计支持项目174个，支持总金额1.74亿元（广东省资助）。有效发明专利量、PCT国际专利申请量居全国首位，50项重大科技成果获国家科学技术奖，获中国专利金奖9项。在关键核心技术攻关方面，推进九大重点领域4批研发计划项目，基于国产8K技术标准的媒体终端芯片实现全球行业领先，人工智能领域研发出首款双核深度计算SOC芯片。加强基础研究平台建设，在材料科学、信息科学等领域启动首批基础研究重大项目13个。完成布局3批10个省级实验室，在人工智能、网络技术、新材料、生命科学等领域汇聚一批顶尖科学家和创新团队。增强企业创新主体地位，新增省级制造业创新中心5个、技术创新中心2个，新型研发机构53个，规模以上工业企业研发机构覆盖率40%。培育引进创新和高技能人才，实施重大人才工程，引进海外青年博士后550名，全职在粤工作两院院士89人。

（广东省科技厅　《广东年鉴2020》）

【综合性国家科学中心科技基础设施建设】2019年，广东省推动散裂中子源、强流重离子加速器、加速器驱动嬗变研究装置、合成生物研究装置、脑解析与脑模拟装置等重大科技基础设施建设，推动散裂中子源二期、南方先进光源、人类细胞谱系、冷泉生态系统、精准医学影像等一批新的重大科技基础设施预研和前期工作。散裂中子源自投入运行以来完成三轮开放运行，完成英国剑桥大学、香港大学、中山大学等单位的159项用户课题研究；东莞理工学院依托散裂中子源与香港城市大学、澳门大学开展共建应用谱仪等合作事项。国家超算广州中心发起成立粤港澳超算联盟，并通过南沙分中心、珠海分中心分别开通与香港科技园和澳门间的网络专线，服务港澳地区用户近200家。深圳国家基因库发起设立“一带一路”生命科技促进联盟，发展联盟成员36家，其中香港地区成员5家。编制形成综合性国家科学中心先行启动区建设方案并上报国家发展改革委。

【重大科技创新平台体系建设】　至2019年底，广东省启动建设3批10个省级实验室，其中再生医学与健康、材料科学与技术、网络空间科学与技术等9个省实验室位于大湾区；研发投入超60亿元，聚集国内外院士近200名，以及8个香港科研机构、41位港澳科学家。获批准建设全国首个中医类国家重点实验室。新建教育部重点实验室9个、省重点实验室16个。围绕新材料、人工智能、生物医药、环境科技等领域，与香港大学、香港科技大学等7所港澳知名高校共建第一批 10 个粤港澳联合实验室。

【发挥企业创新主体作用】 2019 年，广东省新认定高新技术企业 1.6 万家，总数超 5 万家，继续位居全国首位。新增国家地方联合创新工程研究中心 10 个、国家企业技术中心 8 个。推进工业技改三年行动计划，超过 9000 家企业实现“小升规”（即小微企业规范升级为规模以上企业）。全省规模以上工业企业研发机构覆盖率 40%，比上年增加 2 个百分点。加快培育新兴产业集群，国家数字经济创新发展试验区获批准设立，编制实施 5G、超高清视频、集成电路与芯片、氢燃料电池汽车、机器人等重点产业发展政策方案，推动乐金显示、华星光电 11 代线、粤芯 12 英寸晶圆等重大项目建成投产。

【高水平创新载体建设】 2019 年，广东省实施高等教育“冲一流、补短板、强特色”提升计划，至年底，全省 15 所高校 77 个学科入选 ESI（基本科学指标数据库）世界排行，入选学科数在全国省市排第四名，比上年同期新增 8 个。香港科技大学（广州）获教育部批准并启动建设，华南理工大学广州国际校区正式开学，中山大学深圳校区加快建设，中国科学院深圳理工大学等加快筹建。加强与中国科学院等大院大所合作，中国科学院南沙明珠科学园启动建设，推动中国科学院南海生态环境工程创新研究院、中科院沈阳自动化所智能无人系统研究院、中科院计算所广东琴智科技研究院等 15 个与国内大院大所合作共建项目在大湾区启动建设。

【高端创新人才队伍培育引进】 2019 年，广东省实施《广东省人才发展促进条例》。优化提升重大人才工程，引进第八批“珠江人才计划”44 个创新创业团队和 276 名高层次人才。贯彻落实粤港澳大湾区个人所得税优惠政策，实施人才“优粤卡”制度，人才“优粤卡”申领人数 3804 人，经审核符合条件 2293 人。继续落实公安部支持广东 16 项出入境政策，实施 12 项移民出入境便利政策措施，为符合相关政策的外国人签发签证证件 7 万多人次，受理外国人永久居留申请 180 人。全省持有效的“外国人工作许可证”的外国人 4.74 万人。

【创新体制机制改革深化】 2019 年，广东省实施“科创十二条”，围绕建设粤港澳大湾区国际科技创新中心等 12 个方面提出一批政策举措。系统修订《广东省自主创新促进条例》。完成全面创新改革试验改革事项 117 项，7 项改革经验纳入国务院复制推广范围。出台关于港澳高等院校和科研机构参与广东省财政科技计划（专项、基金等）的若干规定，率先实现省财政科研资金直接拨付港澳机构使用。全年港澳科研机构牵头承担广东省级各类科技项目 52 项，从省财政直接过境港澳资金 1741 万元。简化研发设备、样本样品跨境使用进出口手续，生物样品等特殊物

2019 年 3 月 31 日，深圳市政协举行主题为“增强核心引擎功能携手共建大湾区国际科技创新中心”的委员议事厅活动 （深圳市政协供稿）

品审批时限压缩到 10 个工作日以内，大型科研设备实施 24 小时预约、“即报即放、到厂检验”通关模式。建成广东省科技资源共享服务平台（粤科汇），汇聚全省大型科学仪器 10053 台（套），向香港大学等多所港澳高校院所提供科研仪器设施共享服务。推动深港河套、珠澳横琴、广州等三大创新合作区开展体制机制先行先试，深港科技创新合作区首批 5 项先行先试政策获国家批复实施。（广东省发展改革委）

区域协同创新共同体

科技创新合作

【概况】 2019 年，广东省开展粤港、粤澳联合资助计划。重点领域研发计划、省自然科学基金计划指南和粤港澳科技创新合作专题逐步向港澳高校、科研机构开放申报，全省实现财政科研资金过境拨付港澳项目承担单位总额超 1 亿元。继续组织实施粤港联合创新资助项目，新增粤澳联合创新资助项目、港澳科技成果来粤转化、粤港澳青年创新创业培训交流项目。2019—2020 年度粤港、粤澳联合创新资助项目完成入库项目 106 个，港澳科技成果来粤转化、粤港澳青年创新创业培训交流项目财政支持资金 750 万元。开展“钱过境、人往来、税平衡”等政策创新，推动重大科技基础设施向港澳开放，建立国家超算广州中心南沙分中心、珠海分中心，分别开通与香港科技园和澳门间的网络专线，服务港澳地区用户超 200 家。中国（东莞）散裂中子源向香港开放，推动能量分辨中子成像和微小角中子散射 2 台谱仪在粤港澳大湾区开放共享。搭建粤港澳创新创业平台持。是年，全省有孵化器 989 个、众创空间 986 个，数量均居全国第一位。拥有广州粤港澳（国际）青年创新工场、澳门青年横琴创业谷、前海深港青年梦工场等面向港澳的创新创业载体超过 130 个。加强粤港澳科技创新交流，与港澳共同开展学术交流、技术对接、成果推广等活动，集聚粤港澳三地高校、科研机构、科技企业等各界专业技术人员，通过交流互动、沟通信息、探讨合作，促进粤港澳三地创新合作和科研成果跨境转移转化。

深化多层次国际科技合作机制。发展与世界创新型国家、“一带一路”沿线国家及“关键小国”的科技交流与创新合作。重视民间国际科技交流，设立科研人员国际交流资助专题，加强外籍青年科研人员来粤开展学术交流与研发合作的引导和组织，面向 16 个发展中国家的高级官员与学者举办“促进可持续发展的科技创新战略与政策培训班”。优化外国人才服务管理，实施外国人来华工作许可制度和外国人才签证制度，至是年底，全省持有效的“外国人工作许可证”的外国人 4.74 万人，其中 A 类外国高端人才 1.07 万人，B 类外国专业人才 3.21 万人。贯彻落实粤港澳大湾区个人所得税优惠政策，全年全省新增 A 类外国高端人才 3297 人，新认定外籍和港澳台高层次人才 110 人。开展新一轮省部院产学研合作，中科院明珠科学园在广州南沙开工建设，中科院沈阳自动化所广东智能无人系统研究院、中科院力学所广东空天科技研究院、中科院南海海洋所、中科院广州分院、国科大广州学院 5 个重点项目启动。广东省人民政府与中国工程院筹备成立粤港澳院士专家创新创业联盟，与国家自然科学基金委员会签署《广东省加入国家自然科学基金区域创新发展联合基金协议书》，双方 5 年内共投入 8 亿元开展有区域特色的基础研究。（广东省科技厅 《广东年鉴 2020》）

【广东省科学院参与粤港澳大湾区国际科技创新中心建设】 2019 年，广东省科学院打造地方科技孵化育成体系，与地方政府合作成立省科学院佛山产业技术研究院和梅州产业技术研究院，携手打造新型政产学研创新基地和专业科技孵化器，探索通过“人才 + 项目 + 平台 + 资金”的模式，将科技优势与产业优势有效嫁接并叠加放大，促进创新链、产业链、资金链、政策链“四链”深度融合。与香港特区政府机电工程署签署《粤港创新及科技协作合作备忘录》，发挥双方优势，在粤港澳大湾区人才及技术互融等方面合作，推进粤港创新及科技发展。与广东省气象局和广东南岭国家级自然保护区管理局联合共建南岭森林生态系统野外科学观测研究站，为粤港澳大湾区水资源供应、气候调节等提供生态保障及重要数据支撑。12 月 16 日，与香港新华集团签署战略合作框架协议，发挥该院在技术创新、人才集聚方面的优势和新华集团在产业多元、资本运营方面的优势，在前沿及关键技术协同创新、粤港澳合作示范区建设、农业生物与大健康平台建设、港澳科技人员创新创业载体建设及科技金融等方面开展合作，协同推进粤港澳大湾区国际科技创新中心和广深港澳科技创新走廊建设。

（广东省科学院）

【广州对接港澳创新资源促进区域创新融合】 2019 年，广州市在粤穗联合基金和省实验室人才项目中，设立面向港澳开放的专项和基金，支持鼓励粤港澳三地联合推动科技创新。推动科研资金跨境使用，打破粤港澳科研经费流动壁垒，实现粤港澳大湾区科研资金跨境自由流通，实现首笔 3800 万元财政科研资金跨境拨付。与港澳共建科技创新合作平台 33 个，开展合作项目 177 个。国家超算广州中心新建前海、珠海等分中心，覆盖大湾区 11 个城市，服务超过 200 个港澳及海外科研团队。促进港澳人才融入人湾区发展，重点推进“港人港税”、出入境便利化等措施。率先实施《广州市关于粤港澳大湾区个人所得税优惠政策财政补贴管理暂行办法》，带头落实粤港澳大湾区个人所得税优惠政策。

（广州市科技局）

【深圳推进粤港澳大湾区科技合作】 2019 年，深圳市扩大“深港创新圈”计划项目类别，除深港联合资助项目（A 类）之外，新增深圳单方资助深港合作项目（B 类）、深圳单方资助委托研发项目（C 类）、深圳单方资助的香港研发项目（D 类）。年内，资助 A 类项目 13 个，资助金额 2240 万元；资助 B 类项目 5 个，资助金额 500 万元；资助 D 类项目 20 余个，资助金额 6000 多万元。编制《深港科技创新合作区深圳园区先期引进国际高端科研项目工作方案（试行）》并在深圳市建设深港科技创新领导小组办公室第八次会议上审议通过。9 月 25 日，深港科技创新合作区深圳园区首批 6 个重点项目中，香港城市大学高时空分辨率电子显微镜关键部件研究等 5 个项目通过评审。推动深圳科技创新、金融服务和东莞、惠州制造业空间成本优势结合，加强研发智造、生产基地等产业链上下游深度协作。以深圳为主阵地建设综合性国家科学中心，加强光明科学城和东莞松山湖科学城交流合作。推进前海深港现代服务业合作区和南沙粤港澳全面合作示范区的合作。加强光明科学城、深港科技创新合作区、西丽湖国际科教城与南沙科学城、中新广州知识城、广州科学城等重大创新载体对接。依托汽车、超高清显示、生物医药、金融优势产业，联合打造世界级产业集群。

（深圳市人民政府地方志办公室）

【珠澳科技交流与合作】 2019 年 3 月，珠海横琴新区与澳门大学签约共建横琴·澳门大学产学研示范基地。5 月，珠海市与澳门科技大学签署框架合作协议。11 月，横琴新区与澳门科技大学签约共建横琴·澳门科技大学产学研示范基地。12 月，澳门中药质量研究国家重点实验室、模拟与混合信号超大规模集成电路国家重点实验室、智慧城市物联网国家重点实验室、月球与行星科学国家重点实验室 4 个国家重点实验室横琴分部揭牌成立。珠海横琴先进智能计算平台澳门分中心揭牌成立。

（康念辉）

【佛山与大湾区科技创新合作】 2019 年，佛山市出台《佛山市促进科技创新推动高质量发展若干政策措施》，明确允许港澳地区高校（科研机构）牵头或独立申报市财政科技创新资金项目、减轻在佛山市工作的港澳高层次人才和紧缺人才工资薪金所得税税负等。佛山市人民政府、香港科技大学、佛山市南海区人民政府共同签署产学研合作备忘录，设立香港科技大学佛山智能制造研究院，合作共建香港科技大学（佛山）创新中心，促成南海区企业与香港科技大学合作项目6个、引进香港创业团队3个、评选出佛山香港科技大学专项项目17个（资助金额3500万元）。广东博智林机器人有限公司与香港科技大学合作设立“香港科技大学·博智林联合研究院”，联合香港科技大学、佛山市顺德区人民政府成立“港澳青年创新创业（佛山顺德）基地”，推动省重点项目机器人谷建设。推动佛山知识产权保护中心与中国（深圳）知识产权保护中心联动，承接深圳电子信息、装备制造、新能源、新材料等产业溢出，打造“基础研究+技术攻关+成果产业化”全过程创新生态链。开展广佛科研技术攻关合作，全年广州高校、科研院所参与佛山市市级核心技术攻关立项项目16个。编制《关于推进广佛科技创新合作的工作方案》。与广州高校和科研机构共建省级新型研发机构6个。推动广佛两地科技成果转化，华南理工大学与佛山企业达成技术合作项目59个，合同总额2620万元，促成学校与佛山企业共建联合实验室2个，投入经费800万元。吸引来自包括中山大学、华南理工大学、中科院广州能源研究所等广州地区高校和科研院所在内的团队提交256个有效团队项目，其中带头人来自广州地区的有53个，涵盖新型电子信息、新材料、生物医药、新能源等领域。（佛山年鉴社）

【惠州石化产业协同创新平台签约】 2019年6月26日，惠州市人民政府与广东石油化工学院签署全面战略合作协议，共建高水平石化产业协同创新平台。广东石油化工学院、中山大学惠州研究院、惠州市石油和化学工业协会三方签署合作协议，共同组建以提升油品质量和石油加工污染治理等为主要专业内容的惠州石油化工与应急管理学院。合作以惠州市相关工业园区为依托，以高端项目为龙头，联合开展石油化工新材料技术研究，布局建设与石油化工等领域相关的实验室、研发中心等创新平台、新型研发机构，促进石油化工科研成果转化。合作依托广东石油化工学院在石化专业实验室、石化产业数据库、石化产业价值链开发等方面的优势与积累，建设高端智库，拓宽惠州石化能源新材料产业的格局，其未来设立的研发机构和科研院所对标国家实验室，精准对接国家石化能源产业发展的“思想库、信息库、人才库”，助力惠州在石化能源新材料产业方面延伸产业链，向纵深方向发展。

（惠州市人民政府地方志办公室）

【东莞参与大湾区科技创新合作】 2019年，东莞市参与粤港澳大湾区国际科技创新中心、综合性国家科学中心建设。根据首都科学发展战略研究院和中国社会科学院城市与竞争力研究中心联合发布的“中国城市科技创新发展指数2019”，东莞科技创新发展指数位居全国地级市第五名。东莞市与中科院合作迈上新台阶，散裂中子源、松山湖材料实验室纳入综合性国家科学中心规划

2019年，佛山三龙湾高端创新集聚区 （陈景旺 摄）

布局，对源头创新的支撑作用加强。东莞市主要科技指标位居全省前列，全市高新技术企业数量持续增长，达6217家，居广东省地级市首位。2019年，东莞市R&D（科学研究）经费289.96亿元，比上年增长22.70%，占地区生产总值比重3.06%。国家创新型城市建设推进，“源头创新—技术创新—成果转化—企业培育”全链条的创新体系稳步构建，创新的系统性、科学性增强，创新能力和创新格局得到提升。

（东莞市人民政府地方志办公室）

【中山科技投入推进大湾区科技协同】 2019年，中山市市级科技财政专项资金增至8.89亿元，安排科技发展专项资金6.91亿元，其中科技创新专项资金1.09亿元、协同创新专项资金2200万元、科技金融专项6500万元、科技创新券3000万元、科技企业孵化器及众创空间专项资金3500万元、高新技术企业发展专项资金1.7亿元、新型研发机构专项资金3500万元、引进高端科研机构创新专项资金1.6亿元、科技服务业发展专项资金1000万元。全市有高新技术企业超2500家，其中规上企业占比约50%；市级以上科技企业孵化器及众创空间63个，其中，国家级孵化器6个、国家级众创空间5个、省级国际众创空间2个、省级孵化器11个、省级众创空间12个。聘请中国科学院院士郑耀宗，中国工程院院士孙玉、李焯芬、郑健超、赵梓森，加拿大皇家科学院院士孙靖夷，俄罗斯工程院外籍院士刘焕彬，香港新华集团董事蔡冠思，澳门科学技术协进会理事长崔世平等10名院士、港澳知名人士担任中山市科协名誉主席，香港京港学术交流中心邹重华等10名港澳专家或科技社团负责人担任特聘顾问。引导和支持4家企业建成广东省科协院士专家企业工作站，全市有院士站13个。推进“海智计划”，加强“中国科协海智计划中山工作基地”建设。

（中山市人民政府地方志办公室）

【江门参与大湾区科技创新合作】 2019年，江门市新会区贯彻落实江门市创建国家创新型城市的部署，实施《江门市人民政府关于促进科技创新推动高质量发展的工作措施》。全年新增国家高新技术企业130家，建成省级创新平台99个、市级工程中心385个、市级科技企业孵化器7个，规模以上工业企业设立研发机构比例提高至64.9%。新会创新走廊基本成形，中集智库、新会中科创新广场、江门未沃科等科创平台进驻企业223家。建设江门“侨梦苑”创新产业聚集区新会园，全国博士后创新（江门）示范中心新会分中心成立，首个院士项目中科院新会健康医疗大数据中心、中科健康创新生物科技、珠西综合质量检测服务平台动工建设。新会区承办第八届中国创新创业大赛港澳台新材料、生物医药及大健康行业赛，吸引125家港澳台企业参赛；举办第五届新会区创新创业大赛，8家企业获得区财政资金奖励扶持。广东新会中集特种运输设备有限公司、华南理工大学、广东珠超俱乐部有限公司联合开展的“移动场馆及其配套设备”项目，获2019年度广东省科学技术奖二等奖。

推动五邑大学与香港理工大学合作共建纺织材料粤港联合实验室，推荐申报省科技厅粤港澳联合实验室项目和粤港澳联合创新资助项目，并在2019年省科技专项资金中立项资助，推动纺织新材料技术重大成果产业化项目研究。推动五邑大学与香港岭南大学合作共建居家养老联合研究创新中心和智能居家养老示范实验室，探索解决粤港澳大湾区社会养老问题。推动五邑大学与澳门大学、北京师范大学—香港浸会大学联合国际学院等17所大湾区高校合作，建立粤港澳大湾区西岸科技创新和人才培养合作联盟。五邑大学与中国科学院半导体研究所合作共建数字光芯片联合实验室，重点推荐联合实验室牵头申报省科技厅激光与增材制造领域重大专项；五邑大学与中国科学院广州生物医药与健康研究院合作共建人类重大疾病大动物模型联合创新基地，推荐申报省市共建广东省再生医学大动物模型重点实验室。

（新会区人民政府地方志办公室　江门市科技局）

【肇庆参与大湾区科技创新合作】 2019年，肇庆市加速建设重大科技创新平台。岭南现代农业科学与技术广东省实验室肇庆分中心获广东省批准授牌建设。广佛肇量子安全通信视频网络建设及关键技术研究项目推进。肇庆高新区与国家发改委国际合作中心、深圳国家高技术产业创新中心、中科院创新孵化投资公司签订四方共建“粤港澳大湾区协同创新基地”战略合作协议，探索建立肇庆高新区科技创新成果转化基地，助力建设粤港澳大湾区科技创新协同发展示范园区。肇庆新区港澳青年创新创业基地挂牌，组建独角兽牧场（肇庆）、启迪大湾区国际科创中心（肇庆）、大湾区VR/AI产业创新中心、华育昌（肇庆）智能制造研究院4个科技创新平台并实现运营。（肇庆市人民政府地方志办公室）

创新基础能力建设

【概况】 2019年，广东省区域创新能力连续3年蝉联全国第一名，全省研发经费支出约3000亿元，占地区生产总值比重2.8%，提前一年完成“十三五”规划目标。获得国家科学技术奖50项，比上年增长11.11%，获奖项目数占全国比例的16.23%。重大科技基础设施加快布局。中科院在粤重大科技基础设施初步实现体系化布局并取得突破性建设进展，中国散裂中子源一期建设完成并开始运行，中科院惠州“强流重离子加速器”等一批在建筹建的大科学装置稳步推进。在新材料、人工智能、生物医药等领域与港澳合作新建联合实验室10个，吸引高水平人才4000余人，聚集院士近200位，自主设立科研项目数超200个。与科技部共建“中医湿证”国家重点实验室，全省国家重点实验室总数30个，启动实验室体系“创新赋能计划”。开展基础和应用基础研究。面向世界科技前沿，聚焦国家经济社会发展关键领域和广东优势特色产业的重大科学问题，启动实施首批13个省基础与应用基础研究重大项目，财政资金总投入5.6亿元。启动NSFC-广东联合基金新一轮合作，全面启动实施省市、省企联合基金，完成粤穗、粤深、粤佛、粤莞及温氏5支联合基金组建。推进重点领域关键核心技术攻关。主动对接国家重大科技项目，在量子通信、核心芯片、5G、4K/8K、人工智能、新材料等领域，组织实施11个重大专项、16个重点专项以及2个应急专题，立项204个，项目总投入133.64亿元。

（广东省科技厅　《广东年鉴2020》）

【广州基础与应用基础研究发展】 2019年，广州市深化“一区三城十三节点”布局，共建广深港澳科技创新走廊。打造综合性国家科学中心主要承载区，与中科院合作建设南沙科学城、明珠科学园。新型地球物理考察船、天然气水合物钻采船（大洋钻探船）建设进展顺利。冷泉生态系统大科学装置、人类细胞谱系大科学研究设施启动预研。是年，广州市发挥大院大所大平台集聚优势，落实《广州市加强基础与应用基础研究实施方案》，完善基础研究战略布局，加大基础研究投入，优化基础研究环境，壮大基础研究人才队伍，共建粤港澳大湾区综合性国家科学中心。

规划建设粤港澳大湾区国际科技创新中心广州创新合作区。9月，南沙明珠科学园启动建设，首批5个项目动工。重点支持“一区三城十三节点”创新载体建设，至年底，累计部署省级以上创新平台3100多个，其中国家级平台262个。加强重大科技基础设施建设。聚焦海洋、空天、生物医药、能源、环境等科学领域，布局建设动态宽域飞行器试验装置、冷泉生态系统、极端海洋环境综合科考系统、人类细胞谱系等重大科技基础设施。围绕国家发展和粤港澳大湾区重大科学问题、产业转型升级问题和战略性产业、新兴产业发展，对接战略前沿技术、核心关键技术、颠覆性技术的研发、转化应用的需要，集聚整合国内外优势资源升级优化实验室体系。推动南方海洋科学与工程广东省实验室（广州）等3批4个省实验室建设，年内新增设立省部共建的国家重点实验室1家、省学科类重点实验

2019年11月13日，广州医科大学与南沙区人民政府签订合作建设广州医科大学附属肿瘤医院（南沙院区）协议

（广州市人民政府地方志办公室供稿）

室16家。（广州市科技局）

【深圳创新基础能力建设】 2019年，深圳市支持重大科技基础设施、重要科研机构和重大创新平台在大湾区布局建设，打造大湾区创新高地。推进鹏城实验室建设。截至年底，实验室汇聚高文、方滨兴等21位院士及其团队入驻，实验室人员总规模1620人，其中博士学位以上542人，拥有ACM Fellow等高端人才160人，申请国家、省、市纵向科研项目59个。推进深圳湾实验建设。新获批准建设人工智能与数字经济广东省实验室（深圳），承建岭南农业广东省实验室深圳分中心。推进科技创新载体建设，建成无线通信接入技术国家重点实验室等企业类国家级重点实验室5个，肿瘤化学基因组学国家重点实验室等高校类国家重点实验室1个。全年新增各类创新载体381个，累计建成各类创新载体2260个，其中国家级创新载体118个、省部级载体602个；建设基础研究机构12个、诺贝尔奖实验室11个、省级新型研发机构46个。科技创新载体覆盖国民经济社会发展主要领域，成为集聚创新人才及产生创新成果的重要平台。

（深圳市人民政府地方志办公室）

【佛山创新基础能力建设】 2019年，先进能源科学与技术广东省实验室佛山分中心挂牌成立。通过广东省基础与应用基础研究基金佛山市联合基金立项支持青年基金项目168个、重点项目10个。推荐76个优质项目申报省重点领域研发计划，18个项目（含佛山科学技术学院1项）获立项。全年新增高新技术企业885家，新增省企业重点实验室2个、省级新型研发机构3个、市工程中心106个。编制《佛山市一环创新圈战略规划》《佛山三龙湾高端创新集聚区综合规划》，整合全市创新资源打造科技创新圈。佛山市人才驿站、高层次人才产业园挂牌成立。季华实验室（即先进制造科学与技术广东省实验室）一期实验楼封顶，获国家和省重大科研项目的数量、经费均居省实验室前列。获批准建设先进能源科学与技术广东省实验室佛山分中心，佛山仙湖实验室挂牌成立，华南高等研究院（佛山）、中科院苏州纳米所广东（佛山）研究院等一批平台落户，累计与大院大所合作组建创新载体93个。是年，佛山高新技术产业开发区财政科技支出18.2亿元，占高新区财政支出的13%。全社会研发投入超100亿元，创投资金4.6亿元。逐步建立起以企业为主体、以高校和科研院所为依托的产学研合作模式，先后引进大院大所合作组建新型研发机构62个、省级及以上创新平台411个、博士后科研站36个、院士工作站36个。富利包装机械公司自主研发的“FL-2800-5-S五层瓦楞纸板生产线”被认定为国家级首台（套）重大技术装备；世界首条氢能源有轨电车在佛山高新区高明园投入商业运营。（何国华　王英　邓国燊）

【惠州创新基础能力建设】 2019年8月29日，第三批广东省实验室建设启动会在广州召开，惠州市获批准建设先进能源科学与技术广东省实验室（简称能源省实验室）。建设目标是到2022年建成高水平开放型省实验室，取得系列国际先进水平创新成果；2025年争取纳入国家实验室；2035年建成世界一流的先进能源科学与技术国际研究中心。10月12日，能源省实验室揭牌成立。该实验室对标国家实验室，聚焦先进核能、石化能源、海上风能、氢能、多能互补等领域，采用"惠州总部+佛山、汕尾、云浮、阳江"4个分中心的模式进行建设，由中科院近代物理研究所牵头承建，联合中科院过程工程研究所、华南师范大学、广东石油化工学院、南方电网科学研究院、中广核研究院有限公司、惠州学院等有关单位共建。其中，惠州市承建实验室核心总部，开展以先进核能、石化能源、多能互补为主的研究，以及结合惠州电子信息产业集群优势，开展燃料电池、固态电池等关键技术研究；同时设立佛山氢能分中心、汕尾海上风电分中心、阳江海上风能分中心和云浮氢能分中心。12月26日，中科院两大科学装置（含强流重离子加速器装置、加速器驱动嬗变研究装置）项目总部区工程在惠州市惠城区动工建设。两大科学装置由装置区和总部区组成，总投资近68亿元。

（惠州市人民政府地方志办公室）

【东莞创新基础能力建设】 2019年，东莞市获立项国家自然科学基金项目60个，资助金额2160万元，分别比上年增长62.20%、35.30%；获立项省级科技项目99个，资助金额2.84亿元，分别增长149%、39%。在首批广东省基础与应用基础研究重大项目上，东莞市承担和参与承担的项目4个，占全省立项总数的30.70%，涉及资助金额1.77亿元，居广东省第三位。是年，东莞市推动10个镇街参与科技创新强镇建设，引导创新强镇集聚创新创业人才，推动科技成果转化落地和重点新兴产业集聚，做好基层科技创新的发展规划和顶层设计，选定创新体系的优势进行重点突破，做出成效和示范，提升全市基层创新能力。

（东莞市人民政府地方志办公室）

【中山推进科技创新平台建设】 2019年，中山市引进建设重大科技创新平台，挂牌成立中山复旦联合创新中心、智能移动机器人（中山）研究院和中山—香港科技大学联合创新中心。与中国工程物理研究院激光聚变研究中心、中国科学院理化技术研究所、中国北方车辆研究所、复旦大学共建创新中心，全市创新平台总数增至8个。与完美（中国）有限公司共同推进"完美生命健康科技研究院"建设，围绕健康美丽产业重点发展领域开展关键核心技术攻关。鼓励建设各类研发机构，新认定市级工程技术研究

2019年10月21日，先进能源科学与技术广东省实验室第一届理事会第一次会议、第一次联席会议在惠州召开 （惠州市科技局供稿）

中心 178 个、省级工程技术研究中心 36 个，至年底有市级工程技术研究中心 908 个、省级工程中心 325 个；推进省级企业重点实验室建设，全市有省级企业重点实验室 4 个。完善高端创新平台人才引进方式，中山市北京理工大学研究院和中山市武汉理工大学研究院获批准设立博士后创新实践基地。

（中山市人民政府地方志办公室）

【江门创新基础能力建设】 2019 年，广东省材料与加工研究所和江门市开平市共建广东材料与加工研究所开平中心，11 月 28 日揭牌成立。推动翠山湖园区扩容提质，承接大湾区发达城市产业转移，翠山湖科技园列入广东省制造业高质量发展综合评价单位，挂牌“侨梦苑”华侨华人创新产业集聚区；推进江门中微子实验站建设，依托国家重大科学装置深度融入广深港澳科技创新走廊，打造国际、国内重要的科普基地；吸引国内外一流科研团队和人才进驻，打造创新创业人才集聚区，率先在江门西部三市成立全国博士后创新（江门）示范中心开平分中心，实施“扬帆计划”，订单定向培养一批农业、卫生、规划和文旅等行业人才。江门中微子实验室位于广东省江门市西南开平市金鸡镇与赤水镇交界处，距江门市区直线距离 110 千米，距开平市约 42 千米。是年，攻克江门中微子实验站探测器研制的诸多关键技术难题；研制成功拥有完全自主知识产权、达到国际先进水平的大尺寸微通道板型光电倍增管，打破国际垄断；完成高性能液体闪烁体的中试研究；完成 35.4 米直径有机玻璃球、40.1 米直径的不锈钢网架等探测器关键部件的设计、研制及招标采购，进入批量生产阶段。

（开平市人民政府地方志办公室）

产学研深度融合

【概况】 2019 年，广东省加快建设高水平创新平台。成建制、成体系、机构化引进中科院空天信息研究院、北京协同创新研究院、中科院微电子所、沈阳自动化所、中科院力学所等 14 家国家级大院大所落地建设高水平创新研究院，吸引一批高层次人才和团队汇聚广东。提升技术创新平台支撑能力。推进粤港澳大湾区综合性国家技术创新中心和领域类新型显示、第三代半导体 3 个国家技术创新中心建设。构建重大疾病防诊治协同网络体系，新增国家临床医学研究中心 1 个，新认定省临床医学研究中心 15 个。建设第二批人工智能开放创新平台。优化布局新型研发机构。强化新型研发机构对产业技术创新与成果转化的推动作用，全年新认定新型研发机构 53 个，全省新型研发机构总数 251 家。强化企业创新主体作用，促进高新技术企业高质量发展。是年，全省高新技术企业存量超 5 万家，企业总量、总收入、净利润居全国第一位，且领先优势进一步扩大。大湾区高新技术企业数量超 4.8 万家，占全省的比重超 95%。 （广东省科技厅）

【深港产学研基地建设】 2019 年，深港产学研基地经深圳市人民政府、北京大学、香港科技大学合作三方的指导与支持，建设创新平台，组建高层次人才团队，推动产学研合作基金与市场结合，在高校科技成果转化、创新创业平台建设等方面发挥作用。年内，深港产学研基地与中央电教馆、深圳优课在线、深圳邦创等机构合作发起建立文化与新技术教育创新平台，推动虚拟现实、大数据、人工智能等新技术在教育教学中的应用。获批准组建高层次人才团队，研发“缺血性心衰的生物力学研究及其临床应用”，从分子、细胞、器官 3 个层面揭示缺血性心衰的生物力学机理，再现缺血性心衰发生发展、术前术后的心脏血管耦合的血流动力学过程，研制介入治疗缺血性心衰的新型“经皮心室重建系统”。设立深港产学研合作基金，对来自北京大学、香港科技大学和基地内部的超低压启动超低功耗自供电微能采集电源管理芯等 7 个项目进行资助，资助总金额 200 万元。建设成立深港青年创新中心，打造粤港澳青年的创新创业交流平台、孵化培育平台、高新技术研发及转化平台。年内，深港产学

研基地获深圳市发展改革委大众创业万众创新示范基地认定。（深圳市人民政府地方志办公室）

【广州产学研融合】 2019年，广州市新增省级新型研发机构13个，总量63个，增量及总量保持全省第一位。建设高水平的合作共建新型研发机构，其中16个被认定为省级新型研发机构。全市省级新型研发机构办公科研场地总面积超55万平方米，科研仪器设备总值23亿元，建有国家级、省级科研平台202个。依托中科院广州生物医药与健康研究院建设的广州再生医学与健康省实验室全面铺开建设。广州医药研究总院的“国家犬类实验动物资源库”被纳入国家科技资源共享服务平台名单，是粤港澳大湾区首个国家科技资源共享服务平台。全市省级新型研发机构吸引集聚市级以上创新创业团队19个、国家科技奖人才20人、外籍创新人才超100人。中科院广州生物医药与健康研究院、广州市金域转化医学研究院、清华珠三角研究院等机构聚集生物医药、新能源、新材料、电子信息等领域的高端人才。是年，全市省级新型研发机构承担国家级科研项目近260个、省级科研项目204个，获项目经费总额超23亿元。广州中科院沈阳自动化研究所分所、清华珠三角研究院等机构的研发成果分别在环境保护、新能源等多个领域获重大奖项。中乌巴顿焊接研究院、广州中科院工业技术研究院等机构参与的新材料、新能源等领域的项目获批准列入国家重点研发计划项目。

（广州市科技局）

【珠海产学研合作】 2019年，珠海市科技创新局制定《珠海市产学研合作及基础与应用基础研究项目管理办法》，以事前立项的形式给予每个项目最高100万元专项资金扶持。对珠海深圳清华大学研究院创新中心、珠海中科先进技术研究院、珠海复旦创新研究院3个重大平台拨付财政资金1.4亿元。全年获批准立项国家重点研发计划项目、国家自然科学基金、广东省科技计划等各类项目233个，其中国家级项目128个、省部级项目50个，获科研经费3.38亿元。与中科院合作共建的横琴先进智能计算平台项目落地实施，实现平台算力116亿亿次/秒。

（珠海年鉴编辑中心）

【佛山产学研深度融合】 2019年，佛山市强化与广州市的创新平台合作，至年底，佛山市开展的包括核心技术攻关、产学研专项资金、院市合作（科技创新）在内的合作项目超300个，其中来自广州的高校、科研院所作为参与单位的超110个。组织第三届佛山企业“走进清华”活动，搭建企业家与高校专家面对面交流平台。组织12批次74人次清华大学校内专家到佛山市开展调研、对接活动，对接企业69家、项目49个。开展科研合作项目专项资金申报工作，促进清华大学校内创新资源与佛山市企业开展合作，全年收集引导启发类专

2019年9月30日，珠海市大数据中心落成启用 （珠海城建集团供稿）

项58项和重大专项3个，涵盖智能制造、电子信息、能源环保、生物医药等4个重点领域。组织参加在香港举办的创科博览会，对接香港特别行政区科创资源，推介佛山市科技创新、人才创业环境。开展佛山市香港科技大学产学研合作专项活动，吸引来自全国10多个地区近130个项目报名参赛，对评选出的17个项目进行资助，总资助金额3500万元。推进佛山（华南）新材料研究院、中国科学院苏州纳米技术与纳米仿生研究所广东（佛山）研究院、广东省科学院佛山产业技术研究院、湘潭大学绿色智造研究院、华南高等研究院的建设工作，陆续完成注册、启动基础建设和装修工作。推进中国电科大湾区创新中心建设，协商通过中国电科大湾区创新中心建设方案。保持与北京理工大学、武汉理工大学、中山大学等高校的联系，至年底，与中国科学院、中国工程院、中山大学等国内外重点院校合作组建各类科研创新载体93个。（何国华）

【东莞产学研深度融合】 2019年，东莞市校（院）地方共建的新型研发机构获得发明专利授权数102件；获得国家、省重点研发资助项目立项25个，比上年增长78.60%；孵化企业654家，增加169家；技术服务金额2.22亿元，增长12.20%；新增省级新型研发机构2个，总数26个。推动公共平台类新型研发机构集聚创新资源，其中，广东省智能机器人研究院开展光刻机、高功率激光器等关键技术研发，着力解决国外高端芯片制造技术封锁，获得省部级项目立项5个，资助金额7060万元；北大光电研究院与松山湖材料实验室联合承担省“第三代半导体材料和器件”重点研发项目，获得省立项资金5000万元；华南设计创新院成立广东省智能终端工业设计研究院，获广东省工信厅认定为省级工业设计研究院。支持人才团队创业类新型研发机构深耕前沿技术研发，支持清华东莞创新中心简化投资项目审批程序，将项目投资和退出权限从1000万元提高到3000万元；至年底，该中心投资的清能光伏、安凯微电子、朗呈医疗等公司股权普遍增值2～3倍，部分增值10倍，2019年退出项目获得投资收益接近1500万元。（东莞市人民政府地方志办公室）

【中山市翠亨新区科技金融产业融合发展】 2019年，中山市翠亨新区企业研发机构建设持续提速，年内新增市级工程中心认定企业7家、高新技术企业16家。在孵企业11家，总孵化载体面积8万平方米，总在孵企业40家，形成“众创空间—孵化器—产业园”的全链条产业培育体系。以发展股权投资基金促进科技创新、汇聚资本力量、吸引高端金融人才、实现资本招商为抓手，提升金融服务力，推动科技、金融、产业融合发展。借助传统商业银行力量，促成农业银行对鸿利达、哈工大属下华粹、华奥等企业的科技信贷支持，全年实际发放科技信贷资金1960万元。（中山市人民政府地方志办公室）

【江门与高校和科研机构建立产学研合作】 2019年，江门市科学技术局牵头建立江门市人

2019年，东莞建设水乡科创中心（东莞水乡管委会供稿）

民政府与五邑大学市校联席会议制度，统筹协调江门市与五邑大学开展政产学研合作，重点围绕江门市五大新兴产业发展、重点项目推进中的科研、人才、技术等资源开展供需对接。至年底，江门市企业与全国50多所高校和科研机构建立产学研合作关系。全年组织与北京、上海、广州、深圳、哈尔滨、苏州、香港、澳门等地区的30多所高校和科研机构开展产学研对接与交流活动。6月，五邑大学与哈尔滨工程大学签署科技合作协议。7月，江门市科学技术局组织广东道氏技术股份有限公司、广东富华重工制造有限公司、江门市中心医院等13家重点科技型企事业单位到北京地区国家纳米科学中心、中国科学院半导体研究所、北京航空航天大学、北京理工大学开展产学研对接与交流活动。广东省智能制造研究所在江门中心落户，并引进4家知名企业进驻江门中心平台，与银特银机床、辉隆塑机、亿恒装备等企业签订技术合同，举办智能制造专题研修班等技术人员培训活动。10月11日，江门市科技局与广东省半导体产业技术研究院签约共建广东省半导体产业技术研究院江门中心，促成与广东德力光电股份有限公司等3家企业签订战略合作框架协议，并在广东世运电路科技有限公司建立江门市首个广东省科学院企业工作站。

（江门市科技局）

【广东省大数据开发者大会暨2019阿里云峰会·广东】 2019年12月3日，由广东省人民政府与阿里巴巴集团共同主办，广东省工业和信息化厅、广州市人民政府、佛山市人民政府和阿里云计算有限公司共同承办的“广东省大数据开发者大会暨2019阿里云峰会·广东”在广州举办。大会以“数字经济的基础设施”为主题，包含启动发布、嘉宾对话、主题演讲等环节。来自国内外的3000多人到场参会，超152万人次观看线上直播。作为大会系列活动的2019广东工业智造创新大赛，围绕工业制造大数据展开，聚焦布匹疵点智能识别和面料剪裁利用率优化，吸引11个国家和地区的3546支团队报名，约4000人参加比赛。

【2019粤港云计算大会暨粤港信息科技创新交流活动】 2019年7月12日，由广东省工业和信息化厅、香港特别行政区政府资讯科技总监办公室指导，广东软件行业协会、香港数码港管理有限公司联合举办的2019年粤港云计算大会暨粤港信息科技创新交流活动在香港举行，粤港双方数字金融科技、数字娱乐专家参与专题交流和研讨。会上，拉卡拉金融分享“金融科技助推金融机构数字化转型”的背景和进程。广东金赋科技股份有限公司分享“金赋助力粤港澳跨境工商税务服务”的政务服务新模式。网竞科技分析“下一个万亿级市场风口”电竞行业的发展态势和市场前景。香港众安国际虚拟银行介绍虚拟银行与传统银行的关系与区别，分析虚拟银行对香港带来的积极影响与深远的意义。VAR LIVE分享在警察、消防等行业VR培训上的应用。

【2019第八届粤港云计算大会、第三届粤港澳大湾区ICT大会、第二届中国国际物联网创新应用大会】 2019年12月14日，惠州市工业和信息化局、广东软件行业协会、香港数码港管理有公司、澳门电脑学会、广东省大数据协会与惠州潼湖碧桂园产城发展有限公司，在惠州潼湖科技小镇联合举办2019年第八届粤港云计算大会、第三届粤港澳大湾区ICT大会、第二届中国国际物联网创新应用大会，粤港澳三地近550人参加。大会“以新一代信息技术融合创新、促粤港澳大湾区共赢发展”为主题，交流、研讨国内外云计算、大数据、人工智能、区块链、5G应用和智慧城市等产业发展思路及应用实践，中国电信与碧桂园签署5G战略合作协议，大会还举行粤港澳大湾区新一代信息技术创新创业大赛和数码港大湾区青年创业计划启动仪式，发布广东省优秀软件评选结果。 （广东省工业和信息化厅）

【第23届全国发明展览会·一带一路暨金砖国家技能发展与技术创新大赛】 2019年11月7—9

日，由中国发明协会、金砖国家工商理事会、广东省科学技术厅主办，佛山市人民政府承办的第23届全国发明展览会·一带一路暨金砖国家技能发展与技术创新大赛在广东（潭洲）国际会展中心举行。全国发明展览会展览设有发明展历程、虚拟现实（VR）体验、国防知识产权、高端智能制造、环保节能、智能家居、新一代信息技术、粤港澳大湾区、青少年发明创新等展区，来自广州、深圳、珠海、佛山、惠州、东莞、中山、江门、肇庆9个地市与香港、澳门2个特别行政区以及国内其他城市的1900多个发明创新项目参展。展览会设置评奖环节，评出“发明创业奖·项目奖”金奖353项、银奖451项、铜奖514项、专项奖24项，“发明创新奖”金奖24项、银奖11项。一带一路暨金砖国家技能发展与技术创新大赛评选出特等奖12项、一等奖28项、二等奖21项、三等奖7项、优秀奖7项。活动期间还举办融合创新项目路演交流会、科技部科技直通车活动、技能发展和技术创新交流活动等专项活动，现场签约项目20个，商谈对接项目超50个。（汪元龙）

【中国科学院大学（中山）创新中心揭牌成立】2019年9月29日，中山市人民政府与中国科学院大学共建的中国科学院大学（中山）创新中心在中山市工业技术研究中心挂牌成立。中心致力于加快引导中科院重大科技成果落地中山，打造集技术引进、项目孵化、成果转化、人才培育和金融服务等功能于一体的重要科技创新平台；通过开展创新创业实训基地（训练营），为中山市企业提供管理理念、科技创新、投融资、知识产权运营等实训服务。针对中山市企业技术需求和难题进行攻关，服务企业技术创新及升级改造；帮助企业对接中科院有关院所和高校资源，联合企业共建各类研发中心、重点实验室、申请国家有关课题和项目经费支持等。逐步搭建高新技术公共技术平台、创新创业人才引进与培养平台、高新技术企业孵化平台等服务平台，打造中山市创新创业综合体。（中山市人民政府地方志办公室）

科技创新载体和平台

【高端创新平台建设】　2019年，广东省按照“一室一策”“核心+网络”等新模式启动组建第三批3个省级实验室，全省10个省实验室布局基本完成。至年底，省级实验室吸引高水平人才4000余人，聚集院士近200人，自主设立科研项目数超200个。制定首个省级实验室建设管理的规范性文件，赋予省级实验室自立项目视同省科技计划项目、正高职称评审权、进口科研设备备案制采购、社会化用人模式和市场化薪酬等多项自主权限。推进与科技部在广东共建“中医湿症”国家重点实验室，全省国家重点实验室总数30家。

推进高水平创新研究院建设。省市协同，成建制、成体系、机构化引进中科院空天信息研究院、中科院苏州纳米所、北京协同创新研究院、中科院微电子所、沈阳自动化所、中科院力学所等14家国家级大院大所在广东省建设高水平创新研究院。

重大科技基础设施布局。中科院在粤重大科技基础设施建设取得进展，大科学装置建成1个（即东莞中国散裂中子源）、在建4个（含惠州强流重离子加速器、加速器驱动嬗变研究装置，江门中微子实验站，新型地球物理综合科学考察船）、筹建及拟建7个（含脑解析与脑模拟、合成生物研究、南方光源、冷泉生态系统观测与模拟装置、人类细胞谱系、动态宽域飞行器试验装置、大型水下智能无人系统）。

（摘自《广东年鉴2020》）

【港深创新及科技园】　由香港特别行政区政府和深圳市人民政府共同建设，占地面积87公顷，位于落马洲河套地区，是香港历史上最大的创科平台。港深创新及科技园和深圳河北侧的深方科创园区组成的深港科技创新合作区，在便利人员、资金、货物、信息等要素流动方面获得配套政策支持。港深创新及科技园提供香港更多空间发展创科生态圈，园区企业可借助深圳的供应链、生产实力、人力资源进行发展，加速进入内地市场；同时园区的优势有助汇聚全球科研人才，将香港打造为国际创科枢纽。园内建立重点科研合作基地以及相关高等教育、文化、创意和其他配套设施。香港和深圳分别派出代表成立河套区港深创新及科技园发展联合专责小组。香港特别行政区政府负责河套地区的基础设施建设（包括土地平整和基建设施），创科园的上盖建设、营运、维护和管理则由香港科技园公司全资拥有的附属公司港深创新及科技园有限公司（即创科园公司）负责。2019 年，创科园公司完成创科园总体规划研究和商业模式及商业计划研究，并进行技术可行性研究及经济影响分析研究。香港特别行政区政府在财政预算案中预留 200 亿港元用于第一阶段工程、河套地区的土地平整及基建设施。6 月 14 日，土木工程拓展署刊宪公布第一期主体工程的拟议道路、污水收集系统及污水处理厂工程。

是年，深圳系统推进深港科技创新合作区建设。3 月，国务院签批合作区首批 5 条先行先试政策，在推进跨境基础设施建设，加快科研人员、物资高效便捷流动等方面全面支持合作建设。4 月 1 日起，港澳科技设备过关免予办理强制性产品认证。皇岗口岸重建工程于 6 月底启动，计划于 2022 年底全面完成，新口岸实行“一地两检”查验模式。合作区建设坚持规划先行，深圳园区“1 + N”规划体系（包括总体发展规划 + 空间、交通、科研等子规划）基本成型，制定《深方空间规划统筹实施方案》《深港跨境货运交通组织实施方案》，形成规划实施的“路线图”和“施工表”，构建“一心两翼”总体空间格局，其中，“一心”定位为“国际高端科技服务枢纽”，西翼定位为“高端科研区 + 中试及产业化基地”，东翼”定位为“国际协同创新区 + 国际人才社区”。

（香港历史研究基金会　深圳市人民政府地方志办公室）

【中新广州知识城】　中新广州知识城（简称知识城）位于广州市黄埔区北部，规划总面积 178 平方千米。知识城是中国与新加坡的国家级双边合作项目，作为广州国际科技创新枢纽，与广州国际航运枢纽（南沙自贸区）、广州国际航空枢纽（空港经济区）共同构成的广州“外三角”空间布局，致力于推进科研成果创新转化，建设知识创造示范区，打造大湾区高质量发展重要引擎，建设知识城粤港澳大湾区知识创造示范区。2019 年 2 月，知识城列入《粤港澳大湾区发展规划纲要》重大创新载体。

规划建设“一核两心三区四园”　2019 年，知识城实施专业化产业集群培育，建设“一核两心三区四园”。开展环九龙湖片区城市设计国际竞赛，在九龙湖核心区打造 1 平方千米环湖总部经济带。建设九龙湖环湖总部核心经济带，枫下片区中心、新龙片区中心，大科学装置区、中试验证和应用推广示范区、科教创新区，生物医药、集成电路、智能制造、新一代信息技术四大价值创新园建设。其中，生物医药园引进 GE 生物科技、百济神州、诺诚健华等项目。

高水平科技创新载体和平台打造　2019 年，知识城列入《粤港澳大湾区发展规划纲要》重大创新载体。建设中新国际联合研究院、清华珠三角研究院知识城创新基地、中国科学院大学广州学院等重大创新平台，聚集腾飞科技园、中慧科技园、知识城国际领军人才集聚区、广州国际智慧产业中心等专业孵化载体，打造粤港澳科技创新合作区。引进王晓东、施一公等人才团队，邀请 50 多名国内外知名专家，筹备高端智库论坛，建设集思想库、项目库、人才库、动力库“四库合一”的高端智库。推动成立粤港澳大湾区知识产权联盟，率先开展专利、商标、版权“三合一”管理体制试点；规划建设知识产权机构，引进北京大学知识产权发展研究院、广州知识产权法院等专业机构，落户审协广东中心，打造国家知识产权运用和保护综合改革试验区。

湾区青年创新论坛　2019 年 7 月 17—19 日，2019 年湾区青年创新论坛在黄埔区举行。

在18日举行的论坛上，中新广州知识城智库揭牌成立。在湾区青年创新论坛举办期间，由青年环保创新计划牵头，12个大创新机构共同倡议发起成立全球湾区创新联盟，联盟执行总部落户中新广州知识城，筹划、建立全球湾区创新孵化器、全球湾区青年创新学院和全球湾区创新基金3个平台。（田果）

【南沙庆盛科技创新产业基地】 2019年，广州南沙启动建设庆盛枢纽区块综合开发项目，完善区块的基础设施建设，总投资额340亿元。广州人工智能全球示范中心、新鸿基庆盛交通枢纽综合体项目、香港科技大学（广州）校区项目、丽新集团一带一路总商会（大湾区）总部项目等粤港产业深度合作、国际教育、总部研发、人工智能、新一代信息技术产业落户。区块内500千伏沙广甲乙线、顺广甲乙线搬迁工程和220千伏乌番线临迁工程与广州市供电局签订补偿协议；完成新鸿路、横二路、横三路、横四路、横六路、纵三路、纵十路、纵十一路、纵十二路、纵十三路、纵十四路等15条道路软基处理。

（广州市人民政府地方志办公室）

【粤澳合作中医药科技产业园】 粤澳合作中医药科技产业园作为《粤澳合作框架协议》下的首个落地项目，是澳门发展中医药产业的重要载体和平台。截至2019年，粤澳合作中医药科技产业园GMP（药品生产质量管理规范）中试大楼通过中国及欧盟GMP官方认证，研发检测大楼、科研总部办公大楼和孵化区等配套设施建成投入运营，健康养生示范基地和中药提取大楼待投入运行；中医药科技创意博物馆、主题文化街、人才公寓等项目封顶。年内，产业园新注册企业56家，其中澳门企业15家；新引进广药集团、天士力、丽珠圣美等43家企业，涉及中医药、保健品、医疗器械、医疗服务、生物医药等领域，康美药业、以岭药业、盈科瑞（横琴）药物研究院等重点项目入驻运营。产业园获国家级科技企业孵化器认定。开通产业园业务绿色通道，出台实施《横琴新区关于支持粤澳合作中医药科技产业园发展的专项措施》。联合澳门高校建设粤港澳大湾区中医药科技成果转化基地。逐步做实中医药产品海外注册公共服务平台（横琴），拓展名优企业及中小型企业入园，促进重点项目入园后的发展，促进澳门企业与国内中医药行业的交流发展。产业园累计注册企业167家，实际签约入驻企业66家，通过产业园平台培育的澳门企业42家，占总注册数量的25.2%。实际签约入驻澳门企业13家，占总入驻企业数量的19.7%。

产业园建有符合中国内地及欧盟认证标准的GMP中试生产、研发检测、成果转化、产业孵化等一体化全链条的具有国际先进水准的专业化公共服务平台，发挥中医药科技创新平台的优势。打造科技创新研发集群，引入广药集团、Intertek天祥、盈科瑞等大型企业及CRO研发服务机构，北京大学、澳门大学等高校创新驱动资源，助力产业创新发展和产业化生产。促进产学研资对接和转化，与澳门大学、澳门科技大学等12所大学、研究机构合作成立“粤港澳大湾区中医药科技成果转化基地”，打造创新产业集群。为不同类型企业提供研发、办公、贸易等功能齐全的孵化和成长平台，被科技部认定为国家级科技企业孵化器。推动成果产业化，可生产片剂、胶囊剂、颗粒剂、丸剂（水蜜丸）和搽剂等传统中药产品，同时为境内外研发机构和生产企业提供符合欧盟和中国GMP标准的临床试验药物的加工、中试及上市产品的委托生产服务，最大产能可达到片剂3.75亿片/年，胶囊剂1.25亿粒/年，颗粒剂1500万袋/年，相当于中型药企的生产量。获广东省药监局支持，产业园与珠海市中西医结合医院联合成立“粤澳医疗机构中药制剂中心”，开展8个疗效显著的医疗机构制剂研究，其中，在产业园平台研发的首个医疗机构制剂品种完成备案和商业批生产，启动临床使用。帮助澳门企业进行产品研发、技术升级，累计为6家澳门企业提供从药品、保健食品等新产品开发，到现有产品的技术升级等服务，帮助1家澳门企业研制的2款中药同名同方药获澳门上市许可。

产业园通过发挥澳门中葡平台的国际窗口优势，以葡语国家为切入点，以点带面拓展与葡语系国家及周边国家的合作，初步搭建连接东盟、非洲、欧盟的商贸对接模式和合作网络。运用“以医带药”的国际化推广模式，开展中医药产品注册、进出口贸易、教育培训、人才培养等业务。产业园于是年12月获商务部和国家中医药管理局联合授予国家首批“国家中医药服务出口基地”称号。开展国际青年中医生人才培养，创设国际青年中医生交流基地，以中葡平台为基础，为澳门青年及国际青年搭建自我成长和拓宽视野的交流平台，同时启动海外项目“AMIGO伙伴营”，邀请来自中国以及葡萄牙、莫桑比克、佛得角等国家的10所中医药高校加入，促进中医药国际教育合作交流。以澳门为辐射窗口，打造专业化和市场化的资源整合平台。先后在泰国、葡萄牙、西班牙等国家和地区举办国际专业论坛和商贸对接活动11场，参与企业累计近1000家，参会人数累计超3400人次。累计与28个政府、科研及行业机构签署合作协议，积累葡语系国家、东盟、欧盟等地区的医药经销商30余家。

（粤澳合作中医药科技产业园开发有限公司
珠海年鉴编辑中心）

【香港五大研发中心】 至2019年，香港设有5所研发中心，负责推动和协调应用研发、成果商业化和技术转移。五大研发中心分别为汽车科技研发中心、香港应用科技研究院、香港纺织及成衣研发中心、物流及供应链多元技术研发中心、纳米及先进材料研发院。在深圳举行的中国国际高新技术成果交易会以及香港贸易发展局主办的创智营商博览上，五大研发中心均展示重要研发项目。香港创新科技署每年为创新科技奖学金提供资助，鼓励大学生投身相关行业。

【香港科学园】 由香港科技园公司管理，为科技公司提供基础设施和一站式的支援服务。科学园总楼面面积约40万平方米。至2019年底，约有800家公司在园内营运。科技园公司同时管理大埔、元朗和将军澳3个工业邨，提供217公顷具备公用设施的土地为创科机构和制造业机构使用。推动在科学园设立InnoHK创新香港研发平台。Health@InnoHK创新平台聚焦医疗科技，包括药物开发、个人化医疗、分子诊断、生物工程、化学生物学、生物信息、疫苗研发、医疗仪器及另类疗法等。AIR@InnoHK创新平台集中发展人工智能及机械人科技，适用于金融服务、智慧城市、先进制造等领域。科研焦点涵盖大数据分析、机器学习、认知系统、智能代理、诊断分类、医疗机器人、移动型机器人及辅助/服务/建造类型机器人等。香港特别行政区政府批准拨款100亿港元，为落户上述平台的非营利研发中心提供财政支援，包括购置设备、营运、研发等；同时提供动物研究设备、小批量实验生产设备、医管局临床数据、机器人标准测试实验室等支持。计划设立第三个InnoHK创新香港研发平台，推动全球科研合作。

【香港数码港】 香港数码港（简称数码港）是香港信息及通信科技的旗舰设施，为数码科技企业提供基础设施和技术知识，推动信息及通信科技生态系统的整体发展。至2019年，数码港内有来自国内外的信息及通信科技公司超1500家。园区可租用办公面积9.8万平方米，其中11%为Smart-Space共享工作空间。数码港推出培育计划、资助市场推广和加速器支援，为信息及通信科技初创企业提供早期创投资金。

（香港历史研究基金会）

【澳门中医药科技产业发展平台】 2019年，澳门推进粤澳合作中医药科技产业园（简称产业园）建设。产学研一体化平台全面运作，建立企业研发、总部、贸易等功能齐全的孵化基地，累计注册企业159家、签约入驻企业76家，其中，通过产业园平台培育的澳门企业39家。入选成为国家孵化器的重点培育单位。大健康板块示范项目建设与运营筹备工作进展顺利，年底进入完工和验收的阶段。5月，基本完成搭建技术研发团队和科研服务团队，协助澳门企业研发新产品和已上市产品质量升级。在粤澳、川澳、闽澳中医药合作的基础上，继续开展与国内其他区域，如吉林、贵州等进行合作。推进中医药产品与文化的国际推广和贸易。以葡萄牙及莫桑比克为切入点，建设国际青年中医生交流基地。首批在莫桑比克注册的2款中医药产品在当地上市销售，71个产品申报争取获得上市许可。是年，首次把莫桑比克“以医带药”的推广模式和人才培养经验复制推广至佛得角等非洲葡语国家。

（摘自《2020澳门年鉴》）

区域创新环境

区域创新体制机制改革

【概况】 2019年，广东省推进大湾区科技体制机制创新，以2019年1号文的形式发布“科创十二条”。构建更加灵活高效的粤港澳科技合作机制，在推进创新人才高地建设、加快建设省实验室和新型研发机构等方面，提出普惠性的政策措施。推进省财政科研资金过境港澳使用，制定港澳高等院校和科研机构参与广东省财政科技计划的若干规定，率先支持港澳机构申报广东省财政科技计划项目，重点领域研发计划、省自然科学基金计划和粤港澳科技创新合作专题逐步向港澳高校、科研机构开放申报。2019—2020年度粤港澳科技合作专题新增粤澳联合创新资助项目、港澳科技成果来粤转化、粤港澳青年创新创业培训交流项目。7月30日，首笔由香港科技大学承担的省级科研项目财政资金316.96万元拨付香港。启动粤澳联合资助计划，继续组织实施粤港联合资助。广东省科技厅与澳门科学技术发展基金签署《关于开展联合资助两地合作研发项目的工作计划》，澳门方面自是年起连续5年每年投入约1600万元用于该计划。粤港澳三地同时发布2019年度粤港、粤澳联合资助计划指南。支持港澳高校及在粤机构稳定承担国家重大科研项目。推动港澳高校及在粤机构承担实施国家重大科技专项、重点研发计划、国家自然科学基金以及省科技创新专项等，全年港澳高校在广东省的机构获得国家自然科学基金资助8700万元，资助率28.5%。

强化财政资金、高端成果资源、金融资本、科技人才、科技计划对高新技术企业的有效供给，促进高新技术企业高质量发展。编制《标杆企业遴选方案》，评选发布高新技术企业综合实力百强、高成长千强、瞪羚企业。开展科技型中小企业评价工作7批次，入库科技型企业超2.8万家。推动制定实施《关于促进高新技术产业开发区高质量发展的意见》《广东省省级高新技术产业开发区管理办法》。新布局一批省级高新区，完成9家省级高新区考察。推动高新区产业结构优化，韶关、清远、顺德高新区获批准成为国家级高新技术产业化基地，广州、清远高新区获财政部1亿元“打造特色载体、推动中小企业创新创业升级”专项资金扶持。

（摘自《广东年鉴2020》）

【香港区域创新体制机制改革】 2019年4月，科技部和香港特别行政区创新及科技局推出内地与香港联合资助计划，鼓励香港与内地省份进行科研合作项目。主要申请机构必须为研发中心或指定香港本地公营科研机构；合作项目的业界伙伴申请机构可以是在香港注册成立的私营公司，或有签订合约法律行为能力的工业支援组织、工商协会、专业团体。该计划支援具备内地与香港合作元素的平台和合作研发项目，最长项目期限24个月；业界赞助平台项目总成本最少10%，合作项目总成本最少50%；平台项目主要申请机构、合作项目投入项目总成本最少50%的业界伙伴申请机构，享有知识产权拥有权；项目的研发工作必须在香港及内地均有进行；科技部和香港特别行政区创新及科技局按照规定监察项目进展。

11 月，在粤港澳大湾区建设领导小组第三次全体会议后公布的惠港 16 项措施中，提出放宽内地人类遗传资源过境港澳的限制。香港本地大学和科研机构在内地设立的分校、医院或分支机构如符合特定条件，便可列为试点单位，提交独立申请把人类遗传资源输出到香港。该政策有助于促进香港医疗科技、生物医药的发展。

（香港历史研究基金会）

【广州创新型城市政策环境建设】 2019 年，广州市制定《广州市关于进一步加快促进科技创新的政策措施》。推进落实《广东省人民政府印发关于进一步促进科技创新若干政策措施的通知》，探索制定《广州市合作共建新型研发机构经费使用“负面清单”（2019 年版）》，在全国范围内率先开展经费“负面清单”管理试点。印发《广州市服务科研院所建设发展的若干措施》。形成《广州市科学技术局关于我市与上海市有关政策对比情况的报告》《海珠区“创新岛十八条”政策分析评价报告》《与深圳互学互鉴专题调研报告之科技管理和创新体制机制改革》等报告。草拟形成《广州市科技创新促进条例（修订草案）》。与市创新企业联盟、产学研协同创新联盟、人工智能产业联盟等对接，举办各类政策精准推送会 6 场，宣传贯彻企业近 300 家，政策宣传主题涵盖企业创新主体培育、科技金融、重点领域研发、产学研结合等领域。推进科技创新领域简政放权改革。修订完善科技管理相关政策措施，优化科技计划体系设置，推行科技项目管理全过程简政放权改革试点和合作共建新型研发机构经费使用“负面清单”管理试点，实施“以赛代评”的项目形成机制。推进政务公开，建设科技业务管理“阳光政务”平台，纵向实现广州市科技业务管理阳光政务平台与广东省科学技术厅的科技计划项目对接，横向实现与市直各相关部门的业务数据互享，推进电子证照互相认证。规范科技业务申报表和审批流程，实行标准化管理，将科技业务“受理、初审、推荐”权限下放给区科技行政管理部门、高校、科研院所等机构。

（王思迪）

【深圳区域创新体制机制改革】 2019 年，深圳印发《科技计划管理改革方案》，推出深圳科技计划管理改革 22 条举措，形成总体布局合理、功能定位清晰的科技计划体系。深圳每年不低于 30%的科技专项资金投入基础研究和应用基础研究，财政科研资金实现跨境使用。将深圳科学技术奖励大会固定为每年的“开年首会”，以体现把“创新”作为城市发展主导战略的特征。6 月 26 日，深圳市人大常委会通过《深圳经济特区科学技术普及条例》。该条例在建立科普工作联席会议制度、构建科普基地管理体系、实行科普教育学分制、建立科普标准体系和监测评估制度等 10 个方面进行探索创新。11 月 27 日，深圳技术大学成立。这是广东省和深圳市高起点、高水平、高标准建设的本科层次公办普通高等学校，致力于借鉴世界一流应用大学先进办学理念和办学经验，打造国际化、开放式、创新型应用技术大学，是至 2019 年深圳唯一一所公立应用型本科院校。

（深圳市人民政府地方志办公室）

【珠海科技扶持政策支持企业发展】 2019 年，珠海市横琴新区利用自创区支持创新政策推广，支持自贸区科技型企业发展和重大科技创新平台建设。完善横琴新区科技扶持政策体系。共享产业公共技术服务平台建立统一的新型研发机构培育发展目录，围绕主导产业培育组建新型研发机构。全年新认定省级新型研发机构 2 个，分别为盈科瑞（横琴）药物研究院和珠海复旦创新研究院。

（姚雪培）

【佛山区域创新体制机制改革】 2019 年，佛山市先后出台《佛山市促进科技创新推动高质量发展若干政策措施》《佛山市财政科技创新资金管理办法（试行）》《佛山市科技创新项目管理办法（试行）》《佛山市科技领域重大风险防范化解工作方案》《佛山市建设国家创新型城市实施方案》《佛山市全面建设国家创新型城市促进科技创新推动高质量发展若干政策措施》《佛山市科学技术局关于促进科技成果转移转化实施细则》《佛山市技术经纪特派员工作方案》《佛山市技术经纪特派员工作评价方案》等政策措施，加快修订佛山市创新创业引导基金、人才团队、科技创新券等方面的扶持政策，营造“松绑+激励”的创新环境，支撑和推动佛山科技创新体系从点的突破向系统提升转变。推进全市孵化育成体系建设，中央湾区办批复同意设立“佛山港澳青年创业孵化基地”，工合空间佛山站被认定为广东10个粤港青年创新创业基地之一。推进产教融合、校企结合，合作共建东北大学研究生院、华南师范大学南海校区，以优秀等次通过全省首批现代职业教育综合改革示范市验收，顺德职业技术学院成为中国特色高水平高职学校建设单位。（王英）

【惠州新型研发机构发展协会成立】 2019年8月7日，惠州市新型研发机构发展协会成立并举行第一届第一次会员大会。协会由10个省级新型研发机构、4个市级新型研发机构、近10个在建新型研发机构、23个亿元以上省级工程中心共51个会员组成。惠州市新型研发机构发展协会涉及电子信息、石油化工、新能源、新材料、智能制造、无人机、医药制药等行业领域。惠州市主动引进高校院所和创新团队，建成一批新型研发机构、工程中心、技术成果转移中心、实验室、院士工作站等创新平台，有研发人员1800多人。协会在惠州市科技局指导下，协助组建惠州市行业科技专家库，牵头搭建科技资源公共服务平台，定期开展技术研讨会、成果发布会等交流活动，开展惠州市新型研发机构培育、管理和等级评价等工作。

（惠州市人民政府地方志办公室）

【东莞科技计划与政策体系重构】 2019年，东莞市加强创新型城市的顶层设计，推进科技体制改革，谋划新一轮科技创新计划和政策体系。明确“全链条”创新的思路。以全面建设国家创新型城市为总目标，明确系统构建“源头创新—技术创新—成果转化—企业培育”创新体系的思路，开展全链条创新和全域创新。制定科技计划改革方案。在地级市层面率先启动科技计划体系改革，制定《东莞市科技计划体系改革方案》，对市级科技计划项目的设置进行整体性、系统性谋划，构建由源头创新专项、平台载体专项、科技人才专项、技术创新专项、企业培育专项和成果转化专项等6个专项组成的全链条创新、全科技要素创新的科技计划体系。制定科技创新配套政策。贯彻中央和省有关财政资金、科技项目管理新政要求，围绕建设国家创新型城市的主线，在材料实验室、新型研发机构、创新型企业培育、战略科学家引进、重点领域技术攻关、创新强镇建设等重点环节制定扶持政策，建立适应新形势、新需求的科技政策体系。

（东莞市人民政府地方志办公室）

【中山创新支撑能力提高】 2019年，中山市改善创新环境，制定促进科技创新推动高质量发展的若干政策措施，落实科研经费和科技项目管理、人才引进、成果转化收益分配等改革举措。全市财政性科技投入33亿元，科技贷款风险准备金3亿元，科技贷款超75亿元。完善创新载体。推动光子科学中心、超大低温智能制冷装备项目等重大科学装置项目建设。加快建设中国科学院大学（中山）创新中心、中山复旦联合创新中心和智能移动机器人（中山）研究院与香港科技大学—中山联合创新中心等创新平台。提升自主创新能力。实施高新技术企业树标提质行动，高新技术企业数量超2500家。集中力量开展关键技术攻关，专利授权量3.01万件。强化柔性引才举措，累计认定高层次人才717人。中山市北京理工大学研究院和中山市武汉理工大学研究院获批准设立博士后创新实践基地。

（中山市人民政府地方志办公室）

【肇庆创新驱动发展“1133”工程】 2019年，

2019 年 4 月 29 日，肇庆市科技创新大会、“366”“1133”工程政策奖励大会暨政银企现场对接活动在奥威斯酒店举行　（刘春林　摄）

肇庆市加快珠三角（肇庆）国家科技成果转移转化示范区建设，印发《肇庆市关于进一步促进科技成果转移转化的实施意见》《肇庆市 2019 年创新驱动发展工作要点》《肇庆市 2019 年实施创新驱动发展“1133”工程工作方案》等，部署推进科技创新驱动及示范区建设。实施高新技术企业扶持政策，采取“一企一策”“一对一”辅导全覆盖、建立高新技术企业申报情况通报机制等措施，开展引进、培育和孵化工作，高新技术企业连续 3 年每年新增 100 多家，总数 544 家。

（肇庆市人民政府地方志办公室）

科技成果转化

【概况】 2019 年，广东省完善成果转化体制机制。加快建设珠三角国家科技成果转移转化示范区，开展科技成果转化政策试点，鼓励高等院校、科研机构开展职务科技成果权属改革试点。改革省级创新券模式，率先在全国实行“全国使用、广东兑付”，全年接受创新券订单 1854 张，受惠企业 2060 家，推动省内各类科技服务合同签订金额 1.9 亿元。加快搭建专业化转移平台。建设一批专业化技术转化机构，华南技术转移中心自主开发完成“华转网”率先在全国以“科技服务电商”模式打造科技 Mall，中山大学、华南理工大学、华南农业大学等相继建立高校科技成果转化和技术转移基地。技术市场交易持续活跃。

是年，广东省新增加国家级孵化器 42 个，总数 152 个；国家备案的众创空间超 270 个。全省建有科技企业孵化器 989 个、众创空间 986 个。全省孵化器和众创空间内创业团队和企业带动就业总人数超 56 万人，其中吸纳应届大学生就业人数 6.6 万人，大学生创业率达 3%。引导全省科技企业孵化载体国际化、专业化、生态化发展，全省有 25 个孵化器建立海外孵化基地，超半数的众创空间开展国际合作，全省专业孵化器占比 1/3。推动国家科技重大成果转化基金落户广东。成立 30 亿元规模的大湾区绿色技术创业投资基金。开展科技成果转化政策试点，鼓励高等院校、科研机构开展职务科技成果权属改革试点。发展技术市场，全年全省技术合同认定登记项数 33797 项，比上年增长 41.23%；认定登记技术合同成交额 2272.78 亿元，增长 63.86%，技术交易额 1960.76 亿元，增长 46.39%。其中大湾区珠三角地区全年认定登记技术合同成交额 2268.93 亿元，占全省的 99.93%。全年接受创新券订单 1854 张，受惠企业 2060 家，推动省内科技服务合同签订达 1.9 亿元。

（广东省科技厅《广东年鉴 2020》）

【澳门生产力暨科技转移中心建设】 澳门生产力暨科技转移中心（简称中心）成立于 1996 年，是由政府及民间合办的非营利组织，旨在协助澳门企业利用新思维、新意念、新信息和新技术提高产品及服务的附加值，提高生产力和竞争力，鼓励支持新企业的成立发展，鼓励在职人士自我增值、提升就业能力。中心是国际标准化组织（ISO）的澳门区代表成员。2019 年，中心管理系统咨询服务处理咨询个案 100 个，国际管理系统认证 / 实验室认可资助计划有申请个案 39 个；把 ISO 22301 营运持续管理、ISO4 1001 设施管理和 ISO 55001 资产管理 3 项标准纳入资助范围；代送外检测服务有检测类别 10 项，有申请个案 2053 个。与澳门厂商联合会合办澳门产品优质认证计划，有申请个案 9 个，从 2018 年 9 月至 2019 年底发出证书 12 张。中心和科学技术发展基金共同组织参展团参加中国国际高新技术成果交易会，参展的澳门机构、企业有 9 个（家）。与澳门贸易投资促进局、科学技术发展基金联合组织企业参展团参加中国海峡项目成果交易会，参展的澳门企业有 4 家，主要推介环保技术及信息科技产品。7 月，应广东省生产力促进中心，以及香港生产力促进局邀请，在澳门举办粤港澳科技服务交流活动。（摘自《2020 澳门年鉴》）

【广州科技创新强市建设】 2019 年，广州市实施高新技术企业树标提质行动，新增高新技术企业 2000 多家，总数突破 1.2 万家；科技创新企业总数超 25 万家，9283 家企业纳入国家科技型中小企业备案库，数量连续两年居全国城市第一位；136 项成果获广东省科学技术奖，占全省奖项总数 76%，高新技术产品产值占全市规模以上工业总产值的 48.8%。全年成果转化及技术服务收入总额 112 亿元，包括阿里巴巴、中石油、南方电网等行业龙头企业。广州中科院沈阳自动化研究所分所推动互太（番禺）纺织印染有限公司扩大产值规模。中新国际联合研究院成为国内首家具备“淀粉功能性发泡缓冲材料”研发生产能力的机构，为阿里巴巴集团旗下物流公司、必胜客等大型企业提供服务。发挥新型研发机构政务服务、物联网、检验检测等领域的社会效益。广州中科院软件应用技术研究所的“佛山市市场监管信息化平台项目”通过国务院新闻办向全国推广介绍。广州中科院计算机网络信息中心在南沙区完成中国最大物联网商用网 LoPo-IoT（物联网低功耗通信网络）基站部署。广州金域转化医学研究院为临床与科研提供 2600 多个检验项目。打造高质量孵化育成体系，构建产学研深度融合孵化模式。是年，全市有省级新型研发机构孵化企业 705 家。其中，清华珠三角研究院形成研发子平台支撑孵化企业、孵化企业反哺研究院的运行模式，设立规模 3 亿元的广华新材料基金。香港科技大学霍英东研究院打造的“粤港澳（国际）青年创新工场”构建“互联网 + 智能制造主体创客空间”，促进粤港澳青年在创新领域的合作发展。广东华南新药创制中心打造生物医药专业孵化器，累计孵化企业 120 家，含高新技术企业 16 家。

（广州市科技局）

2019 年，澳门加大青年创新创业投入。图为澳门青年创业谷

（李建东　摄）

【深圳科技成果转化】 2019 年，深圳市打造知识产权高地。全年深圳国家高新区专利申请 5.03 万件，占全市 19%，其中，发明专利申请

2.93万件，占全市35%。深圳国家高新区PCT国际专利申请量10012件，占全市57%，占全国六分之一。产学研协同创新，提高成果转化率。建立高等院校和科研机构、企业协同创新机制，推动科研成果与深圳产业、企业需求有效对接。建设国家技术转移南方中心，推动形成技术转移和成果转化。年内，完成国家技术转移南方中心启动区建设，包括1300平方米的展示厅和1700平方米的小型技术转移服务机构集聚区，其中国家级技术转移机构占入驻机构的50%以上。启动规划建设知识产权和科技成果产权交易中心等重大平台和重点项目建设。优化科技成果转化环境。打造“基础研究＋技术攻关＋成果产业化＋科技金融”全过程创新生态链。推进重大科研基础设施与科研仪器开放共享，设立大型科学仪器设施资源共享管理中心，深圳科技创新资源共享平台正式上线运行，累计汇集管理单位402个，仪器超1.3万台套，注册用户超2万个。全年组织实施重点技术攻关项目6批，正式立项40个，资助总额3.65亿元。通过产业链上下游企业联合攻关，高等院校及科研机构协同配合，有效缩短成果产业化进程。

（深圳市人民政府地方志办公室）

【佛山科技成果转化】 2019年，佛山市组织开展2019年广东省科学技术奖培育项目入库工作，有25项优秀科技成果进入省科技奖培育库；继续支持和指导社会科技奖，其中季华实验室、中国发明成果转化研究院、市科技人才协会等获得省科技奖提名资格。发挥技术交易市场在优化配置科技资源中的基础性作用，强化技术合同登记服务，在全市5个区建立合同登记点10个，构建政府、高校、科研院所、行业协会、企业共同参与的技术合同登记服务格局。全年技术合同成交金额12.01亿元，比上年增长61%，其中技术交易额11.17亿元，增长59.3%。是年，佛山市继续推进全市孵化育成体系建设，开展各级政策解读、科技企业孵化器从业人员培训、国家级科技企业孵化器和众创空间遴选辅导、广东省科技孵化育成体系高质量发展专项等各类培训，提升对孵化载体的引导和管理水平。组织2019年度孵化器培育和众创空间培育项目申报，给予10个新建孵化器和10个众创空间资金资助1100万元，助推全市孵化载体的体系建设和提质增效。是年，全市科技企业孵化器105个（其中国家级22个、省级8个），众创空间74个（其中国家级20个、省级11个），全市孵化器在孵企业3235家，当年毕业企业422家。至年底，全市组织各类转化活动27场，参与活动的高校200所、企业超1000家、参加人员5000人次以上，促成项目落地19个，金额3821万元；广东高校科技成果转化中心确认高校科技成果近1万个，整理企业技术需求1000余项，直接对接项目124个，转化项目13个。

（何国华　林建娜）

【惠州对接广深港澳科技创新走廊方案实施】
2019年，惠州市引进优秀人才、企业、技术、资金等创新创业资源，为惠州市经济发展提供支撑，包括全面对接广深、积极对接港澳、深化对外交流与合作，推动惠州市创新资源开放与合作。建设多层次创新平台体系，包括建设粤港澳大湾区能源产业科技创新中心、争创国家科技成果转移转化试验示范区、加快高水平大学建设、推进各类研发机构建设、积极谋划军民融合发展等，推动惠州市提升产业创新能力。培育高水平创新型产业集群，包括建设世界级新兴产业集群、抢占产业技术制高点、健全创新型企业培育链条等。营造国内一流创新创业生态，包括集聚高层次人才、打造双创升级版、加强知识产权运用与保护、推动科技金融深度融合、完善科技创新服务体系等，激发全市创新创业活力。构建具有吸引力的人居环境，包括加快推进广深莞惠交通设施互联互通、打造优美宜居的生活环境、加强土地集约利用等。

（惠州市人民政府地方志办公室）

【东莞科技成果转化】 2019年，东莞市推动原创性重大成果落地转化，支持材料实验室面向市场，探索成果转化新机制，联合镇街建设成果转化基地，对接社会金融资本，促进原创性科研成果向产业应用、企业培育转化。至年底，创新样板工厂引进技术创新与产业化团队18个，团队注册成立产业化公司8家，注册资本总计近1亿元。研究制定建设粤港澳大湾区科技成果转移转化中心实施方案，加快建设科研众包平台等成果转化载体，“东莞科技在线”累计发包项目229个，促成众包服务147个，累计交易成功率64.20%，交易金额222万元。组建成果转化专业对接队伍，举办2019年东莞市技术经理人培训班和RTTP（国际注册技术经理人认证）培训班，培养一支熟悉专业技术和科技成果转化全流程的服务队伍，推动科技成果转化工作。是年，东莞市新增认定国家级科技企业孵化器8个，总量23个，居全省地级市第一位；组织6家单位申报国家备案众创空间。至年底，全市有科技企业孵化器122个，众创空间81个。全市被评为省科技企业孵化器、众创空间优秀（A级）等次企业15家，被评为国家级科技企业孵化器优秀（A类）等次企业3家。修订科技企业孵化器产权分割管理暂行办法，明确分割销售的操作步骤。（东莞市人民政府地方志办公室）

【中山科技成果转化】 2019年，中山市强化实施创新驱动发展核心战略，促进科技创新推动高质量发展，加快把中山建设成为粤港澳大湾区国际科技创新中心重要承载区和创新成果产业化基地。全年全市有高新技术企业2562家，纳入高新技术企业培育名单企业338家；入库国家科技型中小企业1550家，获得市级创新券支持企业364家，核定兑现金额4023.74万元，带动企业研发投入现金2.75亿元。组织完成700家企业2947个项目的研发费加计扣除技术鉴定。全年专利申请量3.92万件、授权量3.01万件，其中发明专利申请量5150件、授权量1401件；PCT专利申请量157件。全市有华帝股份有限公司技术中心、明阳智慧能源集团股份公司技术中心、广东通宇通讯股份有限公司技术中心和木林森股份有限公司技术中心4个国家企业技术中心。集聚高端资源，加快建设科技创新平台载体。引进建设重大科技创新平台，挂牌成立中山复旦联合创新中心、智能移动机器人（中山）研究院和中山—香港科技大学联合创新中心。与中国工程物理研究院激光聚变研究中心、中国科学院理化技术研究所、中国北方车辆研究所、复旦大学共建创新中心，推动科研成果在中山落地转化，全市创新平台总数增至8个。至年底，有市级工程技术研究中心908个、省级工程中心325个、省级企业重点实验室4个。

（中山市人民政府地方志办公室）

【肇庆创新科技成果转化】 2019年，肇庆市推进规模以上工业企业研发机构建设，引导有条件的企业建立创新平台，规模以上工业企业拥有研发机构625个，覆盖率46%；市级以上新型研发机构20个，其中新认定省级新型研发机构2个，包括华农（肇庆）生物产业技术研究院有限公司、封开县低频时码授时台。至年末，全市有市级以上新型研发机构20个，其中新增省级2个、市级9个。省级以上创新平台206个，比上年增加17个，全市规模以上工业企业研发机构覆盖率46%。全市建成科技企业孵化器26个，其中国家级3个、省级3个、市级20个（年内新增6个），科技企业孵化器在孵企业800多家，在孵企业从业人员5500多人。全市有众创空间5个，其中国家级3个、省级2个，众创空间服务创业团队350多个，创业团队人员1100多人。

全市技术改造投资完成121.6亿元，比上年增长12.2%，比全省高0.5个百分点，实施技改企业225家。12月23日，肇庆市华智科创企业孵化器有限公司负责运营的华智科创互联网企业孵化基地，被科技部公布为2019年度国家级科技企业孵化器。

（肇庆市人民政府地方志办公室）

知识产权保护和运用

【香港知识产权保护】 香港知识产权署提供电子注册和管理服务，设有电子注册记录册，公众可免费查阅中英文资料。知识产权拥有人和代理人可在电子提交系统安全提交申请，并直接更改其注册及申请的资料。2019 年，以电子方式提交商标、专利和外观设计注册申请分别占 73%、91%和 80%。12 月 19 日，香港特别行政区政府推出新专利制度，属原授专利制度，申请人可直接在香港提交标准专利申请，再由专利注册处进行实质审查；同时保留现有的“再注册”制度，向获中国国家知识产权局、英国知识产权局或欧洲专利局（指定英国专利）其中一方批出专利的申请人批出标准专利。新专利制度优化短期专利制度，短期专利拥有人或对该项专利的有效性具正当利益的第三方，可要求专利注册处先批出专利，再进行实质审查。全年接获标准专利申请 16521 件和短期专利申请 791 件，分别批出标准专利 6780 件和短期专利 520 件，批出的专利数目分别比上年下降 29.7%和 31.8%。知识产权署提供免费咨询服务，推行知识产权管理人员计划，联合持份者举办研讨会和培训课程，推广企业在香港经营知识产权贸易的成功个案；与律政司合作，推广以仲裁和调解方式解决知识产权争议。知识产权署与内地相关部门合作推广知识产权保护、管理和贸易。香港海关与内地对口单位交流经验和信息，侦查检控与知识产权有关的罪行。粤港海关采取联合行动，堵截跨境偷运侵犯知识产权物品。香港海关与广东省公安厅经济犯罪侦查局交流情报，协助对方打击跨境侵权行为。（香港历史研究基金会）

【广州知识产权促进】 2019 年，广州市加快实施知识产权战略，促进创新驱动发展，优化知识产权营商环境。全市专利申请量 17.72 万件，比上年增长 2.4%，其中发明专利申请量 4.66 万件；专利授权量 10.48 万件，增长 16.7%，其中发明专利授权量 1.22 万件，增长 13.2%。至年底，全市有效发明专利量 5.84 万件，比上年增长 20.8%，每万人口发明专利拥有量 39.2 件。全市有效注册商标 125 万件，比上年增长 32.0%，地理标志商标 11 件，地理标志保护产品 11 件、集体商标 23 件。修订《广州市专利工作专项资金管理办法》，制定《广州市知识产权运营服务体系建设中央专项资金管理办法》。推动企业贯彻《企业知识产权管理规范》国家标准，普及知识产权制度和文化。至年底，全市通过贯标认证的企业 4639 家，数量居全国城市首位。

加强知识产权运营服务，至年底，全市专利权质押融资额达 54.14 亿元，比上年增长 1.1 倍，居全省第一位。推动知识产权保险市场化运作，开发保险产品 17 类，实现知识产权类相关保险保额 2.02 亿元。重点产业知识产权运营基金投资项目 9 个，投资金额 2.73 亿元。发行全国首单纯专利知识产权证券化产品“兴业圆融——广州开发区专利许可资产支持计划”，总发行规模 3 亿元。推进知识产权交易，支持知识产权交易平台建设，活跃“互联网 + 知识产权”的运营服务业态。全年全市骨干知识产权运营服务机构完成全国范围的知识产权交易额 77.6 亿元，比上年增长 51.3%，涉及知识产权 5.2 万件。促进专利技术产业化。投入 5400 万元支持 110 项高价值专利技术产业化，实现工业产值 215 亿元。至年底，全市专利代理机构 184 个，11 个服务机构获评为全国知识产权服务品牌机构，2 个服务机构获世界知识产权组织在华技术与创新支持中心授牌。全市有包括商标、专利在内的知识产权服务机构 3000 多个，知识产权人才队伍 2.45 万人。

是年，省、市、区共建的中国（广东）知识产权保护中心投入运行，广东省知识产权维权援助中心南沙分中心、中国广州（花都）皮革皮具知识产权快速维权中心发挥作用。成立广州知识产权保护中心（广州市知识产权维权援助中心），向国家知识产权局申报建设中国（广州）知识产权保护中心。和广州市工商业联合会共同设立“广州市民营企业知识产权保护指导服务中心”，为广州市民营企业提供知识产权保护、创造和运用服务。成立广州市海珠区琶洲会展与数字经济知识产权保护中心、琶洲会展与数字经济知识产权保护联盟，发布《会展与数字经济知识产权保护自律（琶洲）宣言》。印发《关于优化营商环境加强知识产权保护的若干措施》，从知识产权创造、运用、保护等方面提出12项举措，建立以“信用+监管”为核心的知识产权保护体系。市属39个部门签署《关于对知识产权领域严重失信主体及其有关人员开展联合惩戒的合作备忘录》，以32项惩戒措施打造知识产权诚信体系“广州标准”。与深圳市市场监督管理局签署《全面加强知识产权战略合作协议》，深化广深知识产权合作。与广州海关、黄埔海关签署《加强知识产权保护合作协议》，建立知识产权案件咨询机制和涉嫌侵权案件线索通报移送机制。印发《2019年度全市知识产权保护专项行动实施方案》，针对重点领域、重点市场开展打击专利、商标侵权专项行动。开展“蓝天”行动，查处无资质专利代理行为。（高文华）

【深圳知识产权保护和运用】 2019年，深圳市实施全国首部涵盖知识产权全类别、以保护为主题的地方法规《深圳经济特区知识产权保护条例》，3月1日正式实施，率先实施惩罚性赔偿制度。实施最严格的知识产权保护措施。建立行政临时禁令、技术调查官制度，与32个部门建立知识产权领域失信联合惩戒机制。全年查处侵权案件1608件，比上年增长31.37%。提高知识产权专利质量。制定《深圳市科技计划项目管理办法》，明确规定申请科技研发资金扶持的主体应提交知识产权合规性声明，对有知识产权侵权行为的主体限制其申报市科技计划项目。首批8个知识产权保护机构入驻中国（深圳）知识产权保护中心，组建知识产权调解队伍，启动运行“一站式”协同保护平台。推动在无人机、机器人等领域新建知识产权保护工作站62个（累计76个），建立保护工作站联盟，有效对接企业维权需求。获批准建设国家知识产权侵权纠纷检验鉴定技术支撑体系试点，电商专利侵权案件实现24小时内判定。强化知识产权行政执法，查处侵权案件1608件，比上年增长31.37%。实施打造国家知识产权强市工作方案。修订完善知识产权专项资金政策，资助奖励企业1.3万家，金额6.86亿元。制定知识产权质押融资和专利保险扶持政策，专利权质押登记金额达27.9亿元，专利投保保障金额达30亿元。探索知识产权证券化，深圳首个知识产权证券化产品在深交所正式挂牌。年内，全市专利申请量26.2万件、授权量16.7万件，比上年同期增长14.39%和18.83%；其中，发明专利申请量8.3万件、授权量2.6万件，分别增长18.41%和22.25%；PCT国际专利申请量1.7万件，占全省申请总量的70.6%，连续16年居全国第一位。全年商标注册量比上年增长20.9%，全市累计有效注册商标量增长36.11%。获中国专利金奖5项、广东专利金奖9项。（深圳市人民政府地方志办公室）

【珠海知识产权纠纷多元解决机制建立】 2019年，珠海市横琴新区设立知识产权快速维权援助中心，发挥自贸区知识产权巡回法庭作用，探索知识产权司法保护新模式。发挥自创区知识产权仲裁机构作用。推动自贸区知识产权仲裁中心、内地与港澳合伙联营律师事务所等拓展对自创区科技企业的服务范围和服务领域。是年，珠海仲裁委员会研究课题“通过加大知识产权仲裁调解工作的创新力度，实现知识产权仲裁调解机构能力提升的目标”，通过“广东省大湾区知识产权公证和仲裁机构能力提升项目”专家组审查和评审，列入《广东省第三轮知识产权高层次战略合作2019年度项目库》。5月24日，在澳门举办的粤港澳大湾区知识产权合作研讨会上，珠海仲裁委参会人员围绕粤港澳大湾区知识产权合作，作“建立多元化大湾区知识产权纠纷调解机制”发言。9月20—22日，在粤港澳大湾区知识产权法律联盟（IPLAG）主办的创新粤港澳大湾区知识产权合作机制论坛暨粤港澳大湾区知识产权法律联盟2019年年会上，珠海仲裁委员会提交论文《浅析建立健全大湾区知识产权纠纷多元化解决机制——以“调解加仲裁”模式为视角》，助力湾区知识产权合作与理论创新。

是年，珠海市开展“知识产权优势企业”认定和考核，甄选出支柱产业的10家骨干企业重点培育。全市46家企业获评为“广东省知识产权示范企业”，比上年增加44家；2家企业入选“国家知识产权示范企业”，60家企业入选“国家知识产权优势企业”。制定《知识产权执法保护专项行动实施方案》，以食品、化妆品、服装、家用电器、眼视光产品、汽车配件和高新技术产品等为重点，开展商标、专利、“春茶”地理标志、2019年秋季地理标志保护专项行动等知识产权执法专项行动，查处侵犯知识产权案件45件。市知识产权局派员进驻部分展会现场，提供企业知识产权咨询和快速维权服务。聚焦专利代理行业发展中存在的“黑代理”“挂证”“代理非正常申请”“以不正当手段招揽业务”等突出问题，开展专利代理行业“蓝天”整治专项行动，出动执法人员14人次，检查专利代理机构11家，重点抽查专利代理机构4家；实地调查核实3家，确定涉嫌黑代理服务公司1家。

（姚雪培　梁淑廉　张述桐）

【佛山知识产权保护和利用】　2019年，佛山市专利申请总量8.10万件，其中发明专利申请量1.69万件；专利授权总量5.87万件，比上年增长15.17%，其中发明专利授权量4582件、实用新型授权量3.55万件、外观设计授权量1.87万件；PCT国际专利申请总量853件；有效发明专利量2.30万件，增长18.20%。全年新增获评为国家知识产权示范企业11家、国家知识产权优势企业132家、广东省知识产权示范企业117家，新增通过知识产权贯标认证企业482家。全年专利质押融资登记115件，专利质押融资金额19.26亿元。截至2019年底，佛山市累计有效注册商标总量35.88万件（每万户市场主体拥有注册商标4373件），其中有中国驰名商标162件（数量居全国地级市首位）、马德里体系国际注册商标721件（数量排广东省地级市第三位）、集体商标134件、地理标志商标7件、地理标志产品5个。

（胡茹）

【东莞知识产权保护和利用】　2019年9月15日，全国知识产权运营服务体系建设重点城市（东莞）启动仪式暨2019年东莞市市场监管发展战略论坛——知识产权专场活动在东莞市举行。东莞市获批准为2019年度国家知识产权运营服务体系建设重点城市，成为广东省唯一入选城市。

（东莞市人民政府地方志办公室）

【中山推动知识产权保护】　2019年，中山市查处各类商标违法案件221件，案值113.14万元，罚款201.4万元，移送公安机关涉嫌犯罪案件10件，受理转办涉外商标案件投诉135件；受理各类专利案件841件，其中专利侵权纠纷立案484件，查处假冒专利案件8件，涉电商、展会案件349件。开展2019年地理标志使用专项整治、侵犯“华为”等注册商标专用权违法行为等专项行动4次。推进中国中山（灯饰）知识产权快速维权中心建设，通过加大行政执法力度、完善快速授权机制、筹建知识产权交易平台、改造升级中心场地，满足中心业务功能拓展后的需求，打造集创造、保护、管理、服务于一体的知识产权综合服务平台。9月30日，中山市获批准建立广州知识产权法院中山巡回审判庭，为权利人提供知识产权诉讼服务。

（中山市人民政府地方志办公室）

【肇庆知识产权保护和利用】　2019年，肇庆市专利质押融资金额6280万元，比上年增长234%。发明专利申请量1653件，专利授权量4524件，增长15.97%；其中发明专利授权量309件，增长5.1%。有效发明专利1610件，比上年增长27.78%；PCT发明专利36件。商标申请6458件，有效商标注册量3.41万件，比上年

2019 年 9 月 6 日，中山市南区国际青年科创谷投入运营

（中山南区街道办供稿）

增长 24%，其中驰名商标 16 件、地理标志证明商标 13 件、集体商标 1 件。广东风华高新科技股份有限公司的“多层陶瓷电容器及其制备方法”、肇庆市大正铝业有限公司的“一种由废杂铝再生目标成分铝合金的方法”获中国专利奖银奖。广东风华高新科技股份有限公司的“片式复合元器件及其制备方法”、广东骏驰科技股份有限公司的“一种利用高压旋转气流清洁汽车管形零件的装置”、广东一力集团制药股份有限公司的“一种利用离子液体从丹参水提液中萃取分离丹参总酚酸的方法”、广东飞南资源利用股份有限公司的“一种利用含铜污泥生产电解铜的方法”获中国专利奖优秀奖。肇庆宏旺金属实业有限公司的“一种开卷机自动上钢卷装置及上钢卷的方法”获广东省专利优秀奖。肇庆大华农生物药品有限公司获评国家知识产权示范企业。广东三浦车库股份有限公司、肇庆中晶实业有限公司、肇庆市现代筑美家居有限公司等 20 家企业获国家知识产权优势企业称号。肇庆市端州区拓赛尔电子商务有限公司、肇庆市金至尊酒业有限公司、广东大力金属制品有限公司等 8 家企业的 8 件商标获境外注册。“高要佛手”成为国家地理标志证明商标。

（肇庆市人民政府地方志办公室）

【第 21 届中国国际高新技术成果交易会】 于 2019 年 11 月 13—17 日在深圳会展中心举行。该届高交会设有国家高新技术展、创新与科研展、外国团组展区、“一带一路”专馆、初创科技企业展、创客展、高技术服务展、信息技术与产品展、节能环保展、新能源展、建筑科技创新展、新材料展、智慧医疗健康展、光电显示展、智慧城市展、航空航天科技展、先进制造展、传感技术及物联网应用展，以及人才高交会、应急安全科技展、科普展 3 个分会场，展览总面积 14.2 万平方米，参展商 3315 家，展示高新技术项目 1.02 万个，涵盖人工智能、智能家居、智能制造、物联网、智能驾驶、“智能 +”、车联网、5G 商用、8K 超高清、区块链技术、新一代信息技术、大数据、云计算、应急安全等领域。44 个国家和国际组织、148 个团组参展。举办高层次论坛、专业技术论坛、行业沙龙、技术会议等活动 256 场。来自 108 个国家和地区的观众 57.6 万人次参观大会，专业观众人气指数 246（即平均每个展位每天接待 246 位专业观众）。参展国家数和境外团组数均创历史新高。专设粤港澳大湾区展示区，汇聚香港、澳门、广州、深圳等大湾区各城市创新资源，展现区域协同发展新机遇。举办“共建活力湾区，携手开放创新”城市论坛。举办“活力湾区与科技创新”主题论坛，粤港澳大湾区展团展商、国际湾区代表、海内外学术专家、相关政策研究专家等人员出席并发表演讲，共同交流粤港澳大湾区的建设成果。该届高交会有近 400 家海内外科研机构、高校、创新中心和创客参展。大会开展采购商洽谈会、项目融资培训、项目融资路演等交易促进活动，大会期间进行项目配对洽谈活动500余次。深创新投、深高新投、深圳天使母基金等投融资机构、技术转移服务机构和相关中介机构，以及一批有融资意向的科技初创型企业、海内外创客参加展览及对接活动。

（摘自《广东年鉴2020》）

【粤港澳大湾区知识产权交易博览会】 2019年11月12—14日，广东省市场监管局（知识产权局）联合广州市人民政府、香港特别行政区政府知识产权署、澳门特别行政区政府经济局在广州共同举办首届“粤港澳大湾区知识产权交易博览会”（简称知交会），来自12个国家及中国港澳地区的302家企业和机构参展。该届知交会首次实现专利、商标、版权、地理标志等知识产权类别全覆盖，展示知识产权项目和产品涉及专利43.01万件，其中，发明专利22.89万件，实用新型专利18.86万件，外观设计专利1.26万件，涉及商标91.25万件，首次展示版权37.08万件和地理标志产品种类365个。通过交易博览、专场拍卖等方式，促成知识产权合作意向金额101.47亿元，实现专利和商标交易金额14.86亿元，促成版权交易金额2.36亿元，促成地理标志产品交易金额9.01亿元，实现专利保险投保专利1200件。展会期间，2020粤港澳大湾区高价值专利培育布局大赛、高校知识产权信息利用大讲堂、“木兰学院”等举行启动仪式，广东省知识产权大数据重点实验室、广东高价值专利服务联盟、粤港澳大湾区知识产权服务联盟、粤港澳大湾区知识产权调解中心等宣告成立。广州市市场监管局与深圳市市场监管局签署《全面加强知识产权战略合作协议》。启用粤港澳大湾区知识产权交易博览会在线交易系统，涵盖专利、商标、地理标志产品，打造“永不落幕的知识产权交易博览会”。

（广东省知识产权局）

【第五届中国（广东）国际“互联网+”博览会】 2019年10月16—19日，第五届中国（广东）国际“互联网+”博览会在佛山举行。博览会以“工业互联、数字智造”为主题，展会面积5.5万平方米，设置“互联网+”前沿技术、数字化商业、数字化生活、创新创业、智能制造、机器人、机器人大赛及展示七大主题展区，呈现工业互联网时代各种新兴业态和应用模式。有800余家国内外知名企业参加。博览会重点展示工业互联网和智能制造的相关技术与解决方案，带动产业向高端迈进。博览会期间举办专业科学技术论坛与高峰赛事25场，包括第二届中德智能制造合作大会、2019中国教育机器人大赛、2019年度广东省职工工业机器人职业技能竞赛、无人机竞速表演赛、第三届“互联网+中国智造”高峰论坛暨首届轻工外贸电商选品大会、智能制造研讨会、新工科机器人教育与产业发展论坛、2019中国无人机产业发展高峰论坛等。

（佛山年鉴社）

2019年10月16日，粤港澳大湾区职工大数据应用技能大赛在佛山市举行

（佛山市总工会供稿）

·责任编辑：何文倩·

基础设施互联互通

综　述

【概况】　2019 年，粤港澳大湾区各市加强基础设施互联互通，畅通对外联系通道，进一步推动形成布局合理、功能完善、衔接顺畅、运作高效的基础设施网络，大湾区一小时生活圈加快形成。4 月 2 日，南沙大桥建成通车，12 月 15 日，穗莞深城际铁路通车运营。优化提升信息基础设施，加快推进大湾区网间互联宽带扩容和互联网国际出入口带宽扩容，推动珠三角无线宽带城市群建设。优化能源供应结构，发展绿色低碳能源，天然气、可再生能源、核电有序开发，清洁能源比重不断提高。推进大湾区城市主干电网建设和石油储备基地建设。加快推进珠三角水资源配置工程和对澳门供水管道建设。5 月 6 日，珠江三角洲水资源配置工程开工建设，10 月 17 日，对澳门第四供水管道工程通水。

【大湾区交通运输互联互通】　2019 年，广东省加强与港澳的协调联动，共同打造世界一流港口群，广州南沙国际邮轮码头工程等 15 个港口工程完工，广州港南沙港区四期等 21 个续建项目推进。加快推进世界级机场群建设。深圳机场卫星厅、珠海机场改扩建项目开工，推进广州白云国际机场、深圳机场跑道扩建和新建珠三角枢纽（广州新）机场等项目。是年，大湾区快速交通网络建设加快。南沙大桥等跨珠江口通道建成通车，穗深城际铁路开通运营，以广州为中心 2 小时通达珠三角各市和港澳的高速公路网络基本形成；深中通道等粤港澳大湾区重点工程进展良好；黄茅海跨海通道进入工程勘察设计阶段；珠海鹤港高速公路二期工程、宁莞高速潮州东连接线、中山东部外环高速一期工程按计划开工；南沙至中山、惠州至龙门等项目前期工作加快推进；沈海高速汕尾陆丰至深圳龙岗段等改扩建项目加快建设，广州至连州等对外辐射通道等交通网络渐进建成。至年底，大湾区内地高速公路通车里程达 4500 千米，核心区公路密度 8.2 千米 / 百平方千米，高于纽约、东京都市圈。加强内地与港澳的交通联系，建成横琴口岸旅检大楼，皇岗口岸重建工程启动，启动与澳门"跨境一锁"合作磋商。加快推动已有粤港两地牌车辆免加签通行港珠澳大桥，新增 5500 个大桥口岸粤港小汽车指标。建成跨界车辆信息管理综合服务平台，实现车辆通行"网上办""协同办"，提升粤港澳口岸通关能力和通关便利化水平。

2019 年，穗深城际铁路开通运营。图为穗深城际铁路东莞西站

（南方日报社供稿）

【大湾区智慧城市群及信息基础设施发展】　2019 年，广东省推进数字政府建设，推进粤港澳大湾区信息基础设施互联互通。政务大数据中心、云网基础设施等底层资源基本建成，身份认证、电子证照、电子签章、空间地理信息平台等中间层能力逐步成熟，"粤省事""粤商通""粤政易"等面向群众、企业和政府工作人员的应用逐渐完善，群众

办事体验和政务服务效能持续提升。服务中央重大战略决策部署，发挥“数字政府”一体化基础平台支撑优势，加快推进政务服务智能化、移动化和业务流程再造，依托“粤省事”平台、广东政务服务网设立“便利湾区”，上线200多项高频服务，并在国家政务服务平台同步开通，推动港澳居民出入境证件率先在广东实现便利化应用，粤港粤澳两地车牌、人才优粤卡、居住证等常用业务移动端在线可办，支撑湾区人流、物流、资金流、信息流互联互通。推进信息化基础设施和数据整合，整合政务信息基础设施集约化建设和数据资源。组织编制《粤港澳大湾区基础设施互联互通规划》信息基础设施部分，建成珠海横琴新区国际互联网数据专用通道，将深圳提升为区域性国际业务出入口局，扩大珠海国际通信通道出入口局业务范围，广东省通信行业协会与同行在香港成立“大湾区5G产业联盟”。

【大湾区水资源工程建设】 2019年，珠江三角洲水资源配置工程开工建设，对澳门第四供水管道工程于10月17日正式通水。对澳供水能力从50万立方米/天提高至70万立方米/天，并实现双向供水。对澳供水工程建设内容包括新建供水管道15千米（DN1600），扩建洪湾泵站1座（20万立方米/天），概算总投资5.25亿元。是年，粤港澳大湾区珠三角九市水资源总量675.8亿立方米，比上年多5.3%，较常年多17.8%。

（编辑部）

现代化综合交通运输体系建设

珠三角港口群建设

【概况】 2019年，广州南沙国际邮轮码头工程、广州港新沙港区13号泊位工程、珠海港万山港区桂山岛十三湾陆岛交通客货运码头防波堤工程、中科合资广东炼化一体化项目配套码头工程（一期工程）、汕头港广澳港区二期工程、汕头港广澳港区防波堤工程、广州港南沙国际汽车物流产业园汽车滚装码头工程、宝钢广东湛江钢铁基地项目码头及其配套工程（第三阶段）、东莞虎门港麻涌港区淡水河口作业区深粮仓储配套码头工程、中山港中山港区长大路桥公司码头一期工程、中山港马鞍港区新客运码头工程、茂名港博贺新港区通用码头工程（首期工程）、珠海港高栏港区5万吨黄茅海航道一期工程、潮州港公用航道一期工程（1万吨级）、联石湾船闸工程15个项目完工。推进广州港南沙港区四期等21个续建项目，北江航道扩能升级工程其中5座船闸（濛里枢纽二线、白石窑枢纽二线、飞来峡枢纽二三线、清远枢纽二线船闸）实现试通航。

（广东省交通运输厅）

【香港深水港】 2019年，香港拥有天然深水港，葵青等9个货柜码头提供泊位24个。每周约有340班货轮前往全球约470个目的地。通过招标形式出售青衣及葵涌2幅用地，发展多层港口后勤兼现代物流设施，支持港口及物流业的运作。分阶段扩大葵青货柜码头货柜堆场空间及增加驳船泊位，提升货柜处理能力。

（香港历史研究基金会）

【澳门港】 澳门港外港位于澳门半岛的东面，为往来澳门和香港、深圳的定期高速客船专用。外港航道宽120米，海图深度维持4.4米。内港位于澳门半岛西面，由多个码头组成，货物装卸均在此运作；内港11A号码头是客运码头。往内港航道宽60米，内港航道宽55米，两者的海图深度都维持3.5米。氹仔客运码头位于氹仔岛东北端，为往来澳门和香港、珠江三角洲的定期高速客船专用。九澳港位于路环岛的东北面，包括有油库码头、水泥厂码头、九澳货柜码头及发电厂码头。

（摘自《2020澳门年鉴》）

【广州港】 2019年，广州港完成货物吞吐量6.27亿吨，比上年增长12.6%，居国内沿海港口和国际港口第四位；完成集装箱吞吐量2323.6万标准箱，增长6.1%，其中外贸874万标准箱，增长10.1%，居国内沿海港口第四位、国际港口第五位。全年完成广州水路货运量4.46亿吨，比上年增长4.6%；水路运输总周转量20711亿吨千米，增长1.3%。举办世界港口大会，广州港与52个港口建立友好合作关系。在2019年新华·波罗的海国际航运中心发展指数中，广州国际航运中心排名升至第16位。新增集装箱外贸班轮航线8条，航线总数217条，其中外贸航线111条（含“一带一路”方向航线92条）；设立广州港“穿梭巴士”茂名办事处，“穿梭巴士”新增驳船支线3条，开通支线67条，在全国各地布局内陆港办事处36个，覆盖广州港主要货源地。至年底，开通广州至重庆、成都等18个地区铁路班列。全年完成海铁联运量8.2万标准箱，比上年增长32%。启动中国外运（广东）“东盟—广东—欧洲”公铁海河多式联运示范工程项目。是年，广州港口型国家物流枢纽项目入选首批国家物流枢纽建设名单，出台《关于促进食品冷链物流发展的若干措施》，广州拜尔物流有限公司通过绿色空港冷链物流服务国家标准化试点验收，南沙成为全国平行进口汽车第二大口岸。

广州港集团与佛山、中山、云浮等城市签订战略合作框架协议。广州港全年引航到港船舶17401艘次，调度进出港船舶52822艘次。广州市与肇庆市签署《广州市人民政府肇庆市人民政府战略合作框架协议》，推动肇庆市港口码头整合升级扩容；与云浮市政府签订战略合作框架协议，推进对云浮市属港口企业的增资扩股控股资本合作工作和云浮港都骑码头扩建工程的规划建设；广州港集团与茂名滨海新区签署《深化茂名港博贺新港区港口合作框架协议》，茂名港博贺新港区通用码头建成投产。（广州市港务局）

【深圳港】 2019年，深圳市港口建设不断加快，国际中转港加快建设，港口集疏运体系不断优化，海铁联运比上年增长49%，“惠盐组合港”成功试点。推动国际邮轮港建设，吸引歌诗达、加勒比等邮轮公司加大布局太子湾邮轮母港，开通机场码头至珠海九洲港水上客运航线，与意大利热那亚港签约友好港，深圳港国际友好港有26个。四大集装箱码头均可提供岸电服务，岸电设施覆盖率达80%，岸电建设使用规模居全国沿海港口首位。全年安全引航船舶2.37万艘次，深圳港完成集装箱吞吐量2577万标准箱，位居全球第四位，港口综合班期服务水平位居全球第二位。深汕特别合作区“三港四站”“四铁五高”“五横六纵”海陆空铁立体交通体系取得新突破，深圳港小漠港区（一期）2个10万吨级码头和1个5万吨级泊位建设进展顺利，陆域形成及配套路网开发建设动工。

（深圳市人民政府地方志办公室）

【珠海港】 2019年，珠海港新增10万吨级集装箱泊位1个，新增5000吨级、600吨级件杂货泊位各1个。截至年底，全港有泊位168个，其中生产性泊位160个、非生产性泊位8个，万吨级以上生产性泊位29个，设计年通过能力1.66亿吨，集装箱吞吐能力268万标准箱。其中，高栏港区生产性泊位75个，万吨级以上生产性泊位28个，设计年通过能力1.51亿吨，占全港通过能力的91%。全港有干散货泊位22个，年吞吐能力8009万吨；油、气、化工品液体散货泊位44个，年吞吐能力4901万吨；多用途泊位26个，年吞吐能力917万吨、集装箱112万标准箱；集装箱专用泊位5个，年吞吐能力156万标准箱；件杂货泊位24个，年吞吐能力557万吨；客运及陆岛交通泊位39个，年吞吐能力旅客946万人、货物2万吨。投入运行储罐数量305个，罐容352.2万立方米。是年，珠海港完成货物吞吐量1.38亿吨，比上年增长0.3%。其中，外贸3014万吨，比上年增长3.2%；港口集装箱256万标准箱，增长10.8%。旅客吞吐量550万人次，比上年下降33.6%。全年稳定运营集装箱班轮航线59条，其中，国际航线22条，通达日本、韩国、越南等国家和地区；国内沿海航线9条，通往海口、深圳、日照、厦门等全国沿海地区主要港口；西江航线 28 条，通往贵港、梧州、新会、黄埔、南沙等西江沿线主要港口。

（黄翔）

【佛山港】 2019 年，佛山港完成货物吞吐量 9636 万吨，比上年增长 7.4%。进出港货物主要为矿建材料、钢铁、煤炭、油品。外贸货物吞吐量 2318.4 万吨。其中，出口主要货物为陶瓷、机械电器设备，进口主要货物为工业原材料、木材等。集装箱吞吐量 444 万标准箱，比上年增长 11.1%。港口旅客吞吐量 28.96 万人次，比上年下降 49%。

（李丹心）

【东莞港】 东莞港位于广东省中南部，珠江口东岸，是粤港澳大湾区核心经济带，区位优势显著，产业特征明显。东莞港拥有 53 千米深水岸线，航道水深 -13 米，是国家一类口岸、首批对台湾直航港口之一，由麻涌、沙田、沙角、长安和内河 5 个港区组成。截至 2019 年底，东莞港有生产性泊位 168 个，其中 33 个深水泊位。东莞港全年完成货物吞吐量 1.98 亿吨，比上年增长 20.65%；集装箱吞吐量 405 万标准箱，增长 13.72%，在全国沿海集装箱港口排名第 12 位。旅客吞吐量完成 22.52 万人次，比上年增长3.5%。

（东莞市人民政府地方志办公室）

【中山港】 中山港地处珠江三角洲中心偏南，毗邻深圳、香港。2019 年，中山市优化口岸营商环境，促进贸易便利化，降低通关物流成本。中山港海关在中山市口岸启动实施内外贸同船运输工作，在海关监管的前提下，内外贸同船运输业务可有效提高驳船满载率，减少码头装卸频次，提升船运效益。“深中同船货运巴士”业务启动。中山港区长大路桥码头一期工程完工，项目投资 9698 万元，建设 5000 吨级件杂货泊位 1 个，设计年吞吐量为重件产品 25 万吨，高级集料 5 万吨，钢材、建材等 25 万吨。推动绿色港口建设。新建码头岸电 34 套，覆盖 34 个泊位，合计建设码头岸电 47 套，覆盖 47 个泊位和 14 个港口企业，除国家明确的危险品码头暂不建设岸电外，其他 14 家非危险品码头实现岸电建设全覆盖并全部投入使用。

（中山市人民政府地方志办公室）

【江门港口建设】 2019 年，江门市有生产用码头泊位 224 个，其中万吨级以上泊位 6 个，泊位最大靠泊能力 5 万吨级，泊位总延长 18.78 千米。全市有 5 个国家一类货运口岸码头。全年全市完成旅客吞吐量 6.35 万人，货物吞吐量 6832 万吨。完成集装箱吞吐量 159.68 万标准箱，其中国际航线 59.46 万标准箱，内支线 11.18 万标准箱，国内航线 89.04 万标准箱，国内航线仍然是港口集装箱运输主要线路。

（江门市交通运输局）

【肇庆港】 肇庆港是全国 28 个内河主要港口之一，珠江三角洲地区重要的交通枢纽和集装箱喂给港，珠江西江经济带重要的物流中心。全市适合开发港口岸线 45.82 千米，已利用 10.17 千米，规划开发港口岸线 35.65 千米（其中客运及旅游岸线 8 千米）。全市有码头泊位 63 个，其中 1000 吨以下 10 个，1000 吨 23 个，2000 吨 19 个，3000 吨 8 个，5000 吨 3 个。重点码头有肇庆新港、三榕港、马房港、高要港、德庆港、封开华润水泥码头等。2019 年，肇庆市加快推进港口的建设，与招商局集团合作建设肇庆港，促进肇庆港口发展和园区开发建设；规划建设粤港澳大湾区江海联运枢纽和辐射西南地区的水运集散中心；重点推进肇庆新港物流园、粤港澳大湾区肇庆（四会）国际多式联运物流园等规划建设。《肇庆港总体规划》正式上报交通运输部和广东省人民政府联合审批。

（肇庆市人民政府地方志办公室）

【高栏港区 15 万吨级主航道工程竣工验收】 2019 年 1 月 29 日，珠海港高栏港区 15 万吨级主航道工程通过竣工验收。项目总投入 9.6 亿元，获交通运输部补助资金 3.77 亿元。项目于

2019年1月29日，珠海港高栏港区15万吨级主航道工程通过竣工验收。图为行驶在主航道上的船舶 （康振华 摄）

2013年12月26日开工建设，是在原有10万吨级主航道基础上进行加深和拓宽，全长16.25千米，航道设计有效宽度为230～290米，通航水深-19米，满足15万吨级集装箱船、散货船以及油船通航需求。 （黄翔）

【粤港澳大湾区首个海岛海上搜救中心成立】2019年9月24日，粤港澳大湾区首个海岛海上搜救中心——珠海市海上搜救中心万山分中心揭牌仪式在桂山岛举行，标志着粤港澳大湾区首个海岛海上搜救中心投入运行，实现珠江口海上搜救组织协调工作重心前移，为粤港澳大湾区建设筑牢海上安全屏障，实现海上搜救靠前指挥，应急救援更快速、更便捷、更有效。在桂山、东澳、万山、外伶仃、担杆等海岛部署救助船艇15艘。 （谢芳）

世界级机场群建设

【概况】 2019年，民航广东辖区有运营中的民用运输机场8家，包括广州白云国际机场、珠海金湾机场、深圳宝安国际机场、揭阳潮汕机场、湛江机场、梅州梅县机场、惠州平潭机场、佛山沙堤机场。其中，广州白云国际机场、揭阳潮汕机场、湛江机场、梅州梅县机场、惠州平潭机场的机场管理机构同为广东省机场管理集团有限公司；珠海金湾机场的机场管理机构为珠海市珠港机场管理有限公司；深圳宝安国际机场的机场管理机构为深圳市机场集团公司；佛山沙堤机场的机场管理机构为佛山沙堤机场管理有限公司。是年，广东省机场管理集团有限公司完成飞机起降60.66万架次、旅客吞吐量8694.99万人次、货邮吞吐量196.33万吨，分别比上年增长3.96%、7.09%、1.84%。11月15日，2019年粤港澳大湾区五大机场高层联席会议在广州召开，围绕“落实《粤港澳大湾区发展规划纲要》促进世界级机场群建设”会议主题，共同交流分享湾区机场基础设施建设与机场群协同发展的经验，探讨湾区民航发展的方向，为新时代民航强国建设献言献策。 （符瑶）

【香港国际机场建设】 2019年，香港国际机场有120多家国际航空公司每日提供超过1100架次客货运航班，连接全球超过220个航点。香港机场管理局（简称机管局）于2016年8月展开三跑道系统工程，以满足航空交通需求。香港和内地空运企业在珠三角地区城市间开展多式联运代号共享合作，让搭乘航班的旅客可用同一张机票接驳其他交通工具（高速船和跨境巴士）。香港机管局在高铁西九龙站和港珠澳大桥香港口岸推出旅客预办登机服务，在珠三角、澳门快船口岸及车站等地点提供预办登机服务。香港运输及房屋局与国家民航局同意把往来香港的直升机服务涵盖的范围，扩大至整个广东省的航点。香港机场南货运区预留土地，以支持转运、跨境电子商贸和高增值空运货物的发展。落实扩建速递货运站，加强处理速递和小型包裹的能力，其处理能力将增加至每年106万吨。推动“SKYCITY航天城”发展项目，建造汇聚零售、餐饮和娱乐的专区。（香港历史研究基金会）

【澳门国际机场建设】 至2019年底，在澳门注册并提供航班服务的航空公司有3家，分别是澳门航空有限公司、亚太航空有限公司及国际商务航空（澳门）股份有限公司。经道路干线、友谊大桥和莲花大桥，由澳门国际机场前往澳门半岛、外港码头和珠海市的交通时间均在20分钟以内。2019年使用澳门国际机场的乘客有961.13万人次，比上年增长16.3%，货运量42216吨，增长1.7%。航机升降77581架次，比上年增长17.9%；私人及商务包机航班2694架次，下降15%；机场入境的旅客383.67万人次。每日来往澳门/香港、澳门/深圳的直升机航班，分别是40班次和6班次，航程只需15分钟，服务时间由每天早上10时到晚上11时。全年直升机航班10301班次。

（摘自《2020澳门年鉴》）

【广州白云国际机场建设】 2019年，白云国际机场旅客吞吐量达7338.61万人次，比上年增长5.2%。其中，国际旅客吞吐量1871.29万人次，比上年增长8.05%。截至年底，白云机场航线网络覆盖全球230多个航点，有航线300多条，辐射包括29个“一带一路”沿线国家的50个城市。是年，白云国际机场获国际机场协会（ACI）2018年度全球服务最佳机场第九名，以及全球民航运输研究认证权威机构Skytrax颁发的“全球五星航站楼”（T2航站楼）、“全球最杰出进步机场”和“中国最佳机场员工”等奖项。4月，推动机场高峰小时容量从65架次/时提升到78架次/时；5月，实现国际中转旅客过境免签由72小时升级为144小时。12月14日，广州白云国际机场迎来当年第7000万名旅客，白云机场跻身全球7000万级大型国际航空枢纽行列。（张亚光）

【深圳机场建设】 截至2019年底，深圳机场客运通航城市190个。其中，国际客运通航城市60个（欧洲11个、美洲2个、大洋洲6个、非洲1个、亚洲40个），国内客运通航城市126个、地区客运通航城市4个。实施外国人144小时过境免签政策，深圳机场与伦敦、洛杉矶、东京等城市实现直航，国际旅客吞吐量突破500万人次，比上年增长32.9%。深圳被确定为全国通用航空分类管理改革试点城市，获得国家民航局深港跨境飞行001号牌照，开通首条深港跨境直升机航线。年内，深圳机场旅客吞吐量5293.2万人次，比上年增长7.3%，全球排名第26位，增速在全球前30大机场中排名第二位。货邮吞

2019年，白云机场T2航站楼获Skytrax“全球五星航站楼”认证
（白云国际机场供稿）

吐量128.3万吨，比上年增长5.3%，全球排名第23位，增速在全球前30大机场中排名第三位。航班起降37.01万架次，比上年增长4%。其中宽体机运力增长32.9%。航班高峰小时容量提升至54架次/时，在深运营航空公司58家，其中基地航空公司7家。深圳机场总占地面积23.8平方千米。其中，飞行区占地面积770万平方米，等级指标为4F，有标准停机位238个。深圳机场是集海、陆、空、铁于一体的综合交通平台。空海方面，机场码头开通至香港、澳门、珠海、中山的水上客运航线，日均客轮54班；空铁方面，机场区域有地铁11号、1号线、穗深城际线，未来深圳地铁20号线、深茂高铁，以及沿江高速、深中通道等交通线均贯通机场。深圳机场在珠三角9个城市总计开通34座城市候机楼。　（深圳市人民政府地方志办公室）

【珠海机场建设】　2019年，珠海莲洲通用机场从建设转为运行。完成机场首期建设任务，完成二期建设项目前期工作计划，增补列入2019年广东省重点建设前期预备项目计划。4月，获颁民航局A1级通用机场使用许可证并投入运营；开展机场首次试飞和夜航活动。5—12月，珠海莲洲通用机场起降6736架次，飞行1885小时。南海第一救助飞行队等首批13家通航企业驻场，开通"广东珠海—海南儋州"省际短途运输航线。珠海通航飞行服务站开展阳江分站区域性实践工作，加快研究设立服务站珠海莲洲分站。11月29日，珠海机场举行改扩建工程动工仪式。珠海机场改扩建工程总投资48亿元，内容包括兴建T2航站楼、航油系统、空管塔台等设施设备，以及增设内平行滑行道，远期规划建设第二跑道。12月31日，珠海莲洲通用机场举行"广东珠海—海南儋州""珠海—阳江—罗定"短途运输首航仪式，标志短途运输航线开通。

（桂子叶）

【佛山机场建设】　2019年，佛山机场开通航线12条，分别飞往东营、信阳、浦东、海口、汉中、温州、合肥、鄂尔多斯、襄阳、石家庄、福州、沙县。全年保障进出港航班5787架次，旅客总吞吐量88.59万人次，其中出港旅客44.46万人次、进港旅客44.13万人次；保障进出港货物362.59吨，其中出港0吨、进港362.59吨。　（李丹心）

【惠州机场建设】　2019年，惠州机场旅游吞吐量突破250万人次。8月28日，惠州机场新建T2航站楼启用。T2航站楼建筑面积16322平方米，是T1航站楼的3倍，配套建设4个登机廊桥、13个值机柜台、6台自助值机设备、7条安检通道、2套到达行李传送装置、1216个候机座位，有安检人脸识别系统，行李自助托运等智能、便捷服务。扩容后，惠州机场可以保障年旅客吞吐量500万人次、货邮吞吐量2.06万吨、飞机起降19875架次。

（惠州市人民政府地方志办公室）

2019年4月，珠海莲洲通用机场获颁民航局A1级通用机场使用许可证并投入运营　（曾遥　摄）

【珠三角枢纽（广州新）机场工程建设指挥部成立】 2019年10月13日，广东省人民政府印发《广东省重大工程建设项目总指挥部组建方案》，成立10个重大项目专项指挥部，“珠三角枢纽（广州新）机场工程建设指挥部组成方案”在列，佛山市市长担任指挥长，省发展改革委副主任、佛山市常务副市长、省机场集团总经理任副指挥长。（李丹心）

综合运输通道建设

【概况】 2019年，广东省推进广清城际广州北至广州段、广清城际清远至省职教城段、珠江肇高铁珠三角枢纽机场至江门段（深圳至南宁铁路江门至珠三角枢纽机场段）和揭阳港疏港铁路项目前期工作。珠三角城际铁路TOD红线外土地综合开发34个项目，涉及8个沿线市，用地规模2733公顷，完成省级净收益归集32.04亿元，累计完成205.11亿元。是年，沈海高速汕尾陆丰至深圳龙岗段等改扩建项目加快建设，广州至连州等对外辐射通道等交通网络渐进建成。

（广东省铁投集团　广东省交通运输厅）

【深圳综合运输通道建设】 2019年，深圳铁路枢纽总图规划获批，标志着深圳市“东西贯通，南北终到、互联互通”铁路格局的确定。深圳机场码头开通至香港、澳门、珠海、中山的水上客运航线，日均客轮54班。开通至澳门、香港的跨境直升机服务，形成连通港澳、辐射大湾区的通航网络，其中澳门直升机每天6班，15分钟即可到达。在珠三角9个城市总计开通34座城市候机楼。地铁11号、1号线，穗深城际线，规划中的深圳地铁20号线、深茂高铁，以及沿江高速、深中通道等交通线贯通深圳机场。

（深圳市人民政府地方志办公室）

【佛山构建综合交通运输体系】 2019年，佛山市加快交通基础设施互联互通，构建现代化的综合交通运输体系，全年完成交通基础设施投资202.61亿元。佛山“一环”西拓北环段首期约26千米建成通车；南环段龙翔大桥及其引道工程、富龙西江特大桥工程开工建设。地铁广佛线全年发车15.96万列，运送旅客1.94亿人次。佛山火车站全年累计发送旅客98.99万人次。佛山西站全年累计发送旅客562.16万人次。是年，佛山市轨道交通局挂牌成立。（李丹心）

【中山打造粤港澳大湾区西岸区域性综合交通枢纽】 2019年，中山市打造粤港澳大湾区西岸区域性综合交通枢纽，完善对接粤港澳大湾区内外通道，加快构建“四纵五横”高速公路网、“二环十二快”干线公路网，推动实现粤港澳大湾区核心城市“半小时通勤圈”和“一小时生活圈”，完善涵盖高速公路、轨道交通、港口码头在内的现代化、立体式、综合型大交通体系，推动建好、管好、护好、运营好的“四好农村路”项目落实，加快重点道路工程建设，完成西环高速（含小榄支线）建设，投入资金81.77亿元。全市公路总里程3248千米。其中，高速公路5条（京珠高速、广珠西线高速、中江高速、西部沿海高速、广中江高速）共167.25千米，一级公路428.26千米，二级公路535.13千米，三级公路356.41千米，四级公路1183.58千米，群众出行“最后一公里”畅通工程577.38千米（未列入全省公路养护统计年报公路基础数据库）。公路密度为180.44千米/百平方千米。

（中山市人民政府地方志办公室）

【江门交通基础设施建设】 2019年，高恩高速、佛开南改扩建工程、国道G325鹤山大雁山至桃源段改线工程建成通车。珠西综合交通枢纽江门站完成站房主体拼装，江门高新区公共码头（首期）项目主体工程完工，江门北站货场扩建工程加快建设。加快江门大道南、银洲湖高速、中开高速、滨海旅游公路和崖门出海航道二期等交通基础设施工程建设。江门大道南（东）线进行10座跨线桥架梁和左幅路面施工，南（西）线银鹭立交至小冈大桥段建成通车，银鹭大桥西

岸至双水段全面施工。中开高速开展主体工程施工。广东滨海旅游公路江门段工可行性报告完成编制。（江门市交通运输局）

【肇庆交通网络建设】　2019年，肇庆市推进珠江肇（深江肇）高铁、柳肇广铁路、广佛肇云高速、江肇第二高速、德庆至广宁高速、广州至贵阳高速等完善区域交通网络布局的重点项目规划建设。广湛铁路（肇庆段）建设项目规划选址、用地预审、社会稳定风险评估以及征拆核查工作基本完成，项目可研报告获批复，并签订《新建广州至湛江铁路肇庆段征地拆迁框架协议》《新建广州至湛江铁路项目肇庆境内土地综合开发协议》。12月14日，肇庆市人民政府与中国葛洲坝股份有限公司举行肇庆至高明（机场西部）高速公路项目签约仪式。该项目将连通二广、汕湛、广佛肇、广昆、佛肇（规划）、广明等高速公路，也是珠三角枢纽（广州新机场）的机场高速，长120.51千米，双向六车道高速公路标准。12月31日，汕湛高速（S14）公路通车，汕湛高速清云段主线全长157.75千米，采用双向四车道高速公路标准，设计时速100千米/时。起点位于清远市清新区太和镇，途经肇庆四会市、高要区、德庆县，跨越西江，经云浮市云安区、云城区，终点为云浮市新兴县勒竹镇，是珠三角地区通往粤东西南地区以及连通海南岛的干线通道，也是粤西连通粤港澳大湾区的重要通道。

（肇庆市人民政府地方志办公室）

【深圳外环高速公路】　深圳外环高速公路由深圳段和东莞段组成，西起于广深沿江高速公路，往东经沙井、松岗、公明、光明、观澜、凤岗（东莞）、龙岗、坪地、坑梓、坪山、葵涌，接盐坝高速公路，全长约93千米，其中深圳段76千米。深圳建设的项目一、二期工程，全长60.35千米，双向六车道，总投资209亿元。其中，一期工程51千米，二期工程9.35千米。2019年，外环高速公路一、二期（沿江高速至丹梓大道段）完成投资36.96亿元，累计完成工程整体形象进度的65.3%。

【广深沿江高速公路（深圳段）二期】　广深沿江高速二期由深中通道深圳侧接线（含鹤洲互通、机场互通两座互通立交）和国际会展中心互通两部分组成，项目投资概算66.15亿元。深中通道深圳侧接线起于机荷高速黄鹤收费站，终于深中通道东人工岛，主线全长5.7千米，采用双向八车道高速公路标准，设计时速为100千米/时；国际会展中心互通于2019年11月建成通车。2019年，广深沿江高速公路二期完成投资6.84亿元，累计完成工程整体形象进度的35.5%。

（深圳市人民政府地方志办公室）

【惠州市“丰”字交通主框架建设启动】　2019年12月28日，惠州市“丰”字交通主框架暨1号公路（南北轴线）建设动员会在赣深高铁惠州北站连接线先行动工点举行，“丰”字交通主框架启动建设。根据《惠州市“丰”字交通主框架总体布局规划（草案）》，“丰”字交通主框架由“三横一竖”4条轴线组成，其中第一“横”由广州通过惠州往东辐射粤东北地区的协同发展轴（沿江交通轴线快速通道和324国道北上）组成，第二“横”由南沙、广深科技创新走廊通过惠州中部往东辐射河源、汕尾的协调发展轴（中部交通轴线快速通道和东西交通轴线快速通道东段）组成，第三“横”由香港、深圳通过惠州往东辐射深汕特别合作区的协同发展轴（东西交通轴线快速通道与南北交通轴线快速通道惠东支线）组成，一“竖”为陆海呼应、江海联动协同发展轴（南北交通轴线快速通道），该轴线既是沿海地区经惠州向北辐射粤北地区通道，也是韶关、清远等粤北地区连接海上丝绸之路最便捷的出海通道。（惠州市人民政府地方志办公室）

大湾区快速交通网络构筑

【概况】　至2019年底，珠三角城际铁路开通运营4条线路（广珠城际、广佛肇城际、莞惠城际、穗深城际），运营总里程401千米，总投资1028.6亿元，完成旅客发送量6841万人。在建项目9个（广清城际广州北至清远段、广佛环城际佛山西至广州南段、广佛环城际广州南站至白云机场段、新塘经白云机场至广州北站段、珠海市区至珠海机场城际拱北至横琴段、珠海市区至珠海机场城际横琴至珠海机场段、佛莞城际、穗莞深城际琶洲支线、珠三角城际轨道交通调度指挥中心），总里程291.61千米。完成投资119.07亿元，开工以来累计完成投资729.66亿元，占总投资的56.54%。广珠城际（运营）运营里程142千米，双线，速度目标值200千米/时，电力牵引，全年开行列车44530对，完成旅客发送量5802万人。广佛肇城际（运营）运营里程85千米，双线，速度目标值200千米/时，电力牵引，全年开行列车7302对，完成旅客发送量271万人。莞惠城际（运营）运营里程100千米，双线，速度目标值200千米/时，电力牵引，全年开行列车10461对，完成旅客发送量749万人。穗深城际（运营）运营里程74千米，双线，速度目标值140千米/时，电力牵引，全年开行列车341对，完成旅客发送量19万人。广清城际广州北至清远段（在建）项目完成投资12.8亿元，开工以来累计完成投资129.14亿元，主体工程已完成。广佛环城际佛山西站至广州南站段（在建）项目完成投资9.4亿元，开工以来累计完成投资143.6亿元，完成主体工程。

是年，跨珠江口通道南沙大桥建成通车，深中通道海底隧道开建，黄茅海通道等项目前期工作推进。广湛铁路开工建设，穗莞深城际建成通车。横琴口岸旅检大楼建成、皇岗口岸重建工程启动。深圳机场卫星厅、珠海机场改扩建项目开工，广州白云国际机场、深圳机场跑道扩建和新建珠三角枢纽（广州新）机场等项目前期工作进展顺利。以广州为中心2小时通达珠三角各市和港澳的高速公路网络基本形成；深中通道等粤港澳大湾区重点工程进展良好；黄茅海跨海通道进入工程勘察设计阶段；珠海鹤港高速公路二期工程、宁莞高速潮州东连接线、中山东部外环高速一期工程按计划开工；南沙至中山、惠州至龙门等项目前期工作加快推进。至年底，粤港澳大湾区内地高速公路通车里程4500千米，核心区公路密度约8.2千米/百平方千米，高于纽约、东京都市圈。

（广东省铁投集团　广东省交通运输厅）

【香港过境新关口】　莲塘/香园围口岸是香港与深圳边界的第七个陆路过境关口。新口岸备有“人车直达”设施，连接深圳东部过境高速。香园围公路连接莲塘/香园围口岸及香港的粉岭公路，其主要路段（由粉岭公路至连麻坑路交会处）于2019年5月26日通车，为沙头角、打鼓岭及坪輋一带的居民提供直达粉岭公路的便捷道路，方便其往来上水、大埔及九龙等地区。

（香港历史研究基金会）

【澳门跨境通道建设】　澳门和内地之间有4条陆路相连的跨境通道，分别位于关闸、珠澳跨境工业区、港珠澳大桥口岸及莲花大桥（路氹城出入境事务站）。2019年，经陆路入境的旅客2929.12万人次，比上年增长32.2%。其中，经关闸入境的旅客2093.16万人次，内地和香港旅客分别占90.8%和6.0%；经港珠澳大桥出入境事务站入境的旅客538.11万人次，内地和香港旅客分别占42.5%和46.8%；经路氹城出入境事务站入境的旅客296.24万人次；经珠澳跨境工业区出入境事务站入境的旅客1.62万人次。外港客运码头和氹仔客运码头的跨境渡轮服务，接载乘客往返澳门与香港、澳门与内地之间。经营前往香港和内地客运航线的有信德中旅船务管理（澳门）有限公司、远东水翼船务有限公司、港澳飞翼船有限公司、STCT信德中旅渡轮服务（澳门）有限公司、粤通船务有限公司、金光渡轮有限公司。外港客运码头于1993年启用，24小时运作，提供往来澳门与香港上环、尖沙咀、屯门，香港国际机场，深圳福永、蛇口的海上客运服务以及往来澳门、香港及深圳的直升机客运服务。外港客运码头总建筑面积6.5万平方米，有泊位14个，主楼顶上设有直升机停机坪。内港客运码头设有客船泊位2个，自2016年1月17日停止往来澳门与珠海湾仔的海上客运服务。2019年，往来港澳的客船8.81万班次，往来内地的客船2.26万班次。经海路入境的旅客626.76万人次，比上年下降39.47%。其中，经外港码头入境旅客356.32万人次，经氹仔客运码头入境的旅客270.44万人次。在货柜运输方面，全年经海路实际进出的货柜9.07万柜次，海路货柜总吞吐量13.3万标准箱，分别比上年下降3.42%和4.04%。（摘自《2020澳门年鉴》）

【广州推进城际交通互联】 2019年，广州市推进城市间轨道交通互联，穗莞深城际建成通车，广州地铁集团承接珠三角城际运营工作。参与《粤港澳大湾区城际铁路建设规划》编制，广中珠澳高铁等重大项目纳入规划。加强与佛山地铁线网融合，建成广佛地铁线路1条，在建线路2条，规划线路15条。推动佛山经广州至东莞城际、南沙至珠海（中山）城际等项目。南沙大桥建成通车，推进广佛肇高速二期、番海大桥等项目，南中高速完成核准立项，组织开展莲花山过江通道桥隧方案论证，配合开展珠江口过江通道规划研究。是年，广州市开展国土空间总体规划编制报批，完成交通发展战略规划和新一轮轨道交通线网规划编制。南沙港铁路等3个国铁项目、广清城际一期等7个城际项目、白云站等6个综合交通枢纽项目顺利建设。（蓝岚）

【深圳大湾区快速交通网络建设】 2019年，深圳市规划建设强化湾区交通联系。构建以高速铁路、城际铁路和高等级公路为主体的城际快速交通网络，编制粤港澳大湾区城际（铁路）建设规划，完善大湾区铁路骨干网络，加快城际铁路建设，有序规划珠三角主要城市的城市轨道交通项目。加快深中通道、虎门二桥过江通道建设。《深圳港总体规划（2035年）》出台实施，机场总体规划完成修编，机场三跑道扩建工程取得国家发展改革委批复，谋划深圳第二机场。铁路枢纽总图规划（2016—2030年）获国铁集团正式批复，推动轨道四期建设规划调整上报审批，推进轨道五期建设规划编制。伶仃洋通道、外环高速西延至珠江西岸等跨珠江通道纳入省高速公路网规划。推进沿江高速前海段与南坪快速衔接工程、南海大道南延至前海通道等市域通道规划。交通基础设施供给提速。推进道路建设，妈湾通道、梅观高速清湖南段、石清大道二期等6个项目开工，坂银通道、龙澜大道、月亮湾综合车场等11个项目完工。盐坝高速坝光主线收费站启用，东部过境莲塘至梧桐立交段主线贯通，沿江高速国际会展中心立交建成。春风隧道盾构始发，深中通道、外环高速、坪盐通道等34个项目加快推进。推进轨道交通建设，三期工程进入收尾阶段，四期工程征地拆迁取得重大突破，5号线西延、8号线二期开工，5号线南延、9号线西延开通，全市轨道交通运营里程303千米。推进铁路建设，赣深铁路塘厦至深圳北站段开始施工，穗莞深城际开通运营。推进港口机场设施建设，开工建设机场卫星厅、B2货站，启动深圳湾航道疏浚一期工程，铜鼓航道、西部港区公共航道疏浚后通航船舶量环比增加近30%，铜鼓航道首次实现15万吨级集装箱船舶夜航。深莞惠三市联合开展深莞惠经济圈（3+2）区域路网和轨道衔接规划研究，年底前开通12条深莞跨市线路及15条深惠公交跨市线路。开通穗莞深城际铁路。以连通内地与港澳以及珠江口东西两岸为重点，构建以高速铁路、城际铁路和高等级公路为主体的城际快速交通网络，以实现大湾区主要城市间1小时通达。创新通关模式，更好发挥广深港高速铁路、港珠澳大桥作用。推进莲塘/香园围口岸、粤澳新通道（青茂口岸）、横琴口岸（探索澳门莲花口岸搬迁）、广深港高速铁路西九龙站等新通道项目的规划建设。加强港澳与内地的交通联系，推进城市轨道交通等各种运输方式的对接，构建安全便捷换乘换装体系，提升粤港澳口岸通关能力和通关便利化水平，促进人员、物资高效便捷流动。

（深圳市人民政府地方志办公室）

【珠海推进大湾区快速交通网络建设】 2019年，珠海市开展港珠澳大桥人工岛对外交通整体规划研究，创新港珠澳大桥“软联通”机制，完善港珠澳大桥的运营管理和机制安排，推进香港单牌车通过港珠澳大桥入出珠海市。港珠澳大桥珠海口岸客运站有序运营，7条市内专线及珠海机场快线疏导大桥口岸出入境旅客，长途班车客运、旅游客运、跨境及穿梭巴士客运运营安全顺畅。广江珠澳（珠江肇）高铁、广中珠澳高铁、深珠高铁被纳入广东省发展改革委上报国家发展改革委的《粤港澳大湾区（城际）铁路建设规划》，研究并协调广州城市轨道18号线延伸至珠海、澳门的规划方案，推动珠海市城市轨道交通规划申报工作。配合推进深圳珠海直连的伶仃洋公路通道前期工作，开展《伶仃洋通道及西延线（珠海段）交通详细规划》编制工作并完成初步成果。推进珠海机场升级改造、改扩建、综合交通枢纽、航空物流园等项目，开展粤港澳大湾区超级枢纽港战略可行性研究，开通跨洋洲际集装箱班轮航线，加快完善国际化港口航运网络；推动开通九洲港至深圳机场（福永码头）“水上巴士”航线，深圳宝安国际机场进入珠海“一小时生活圈”。年内，推进香海大桥、洪鹤大桥、鹤洲至高栏港高速公路、金海公路大桥项目建设，启动珠海大道（珠海大桥东至泥湾门大桥西段）扩建工程前期工作，金琴快线、兴业快线（北段）、兴业快线（南段）项目建设进展顺利，板樟山隧道新增隧道全部贯通。（陈清模）

【佛山推进大湾区快速交通网络建设】 2019年，佛山市推动进一步形成广佛极点中心区快速通道，构筑衔接跨珠江口东西两岸的横向通道，完善珠三角枢纽（广州新）机场高速集疏运规划体系。开展《珠三角枢纽（广州新）机场综合交通枢纽集疏运体系规划》研究编制工作。推动“粤港澳大湾区”“广佛同城化”“广佛肇经济圈”等交通基础设施互联互通，建设粤港澳大湾区西部枢纽城市。完成《粤港澳大湾区背景下佛山与周边城市交通一体化规划研究》编制工作，推进佛山市交通建设发展全面融入“粤港澳大湾区”国家发展战略。佛江高速公路（江珠高速北延线佛山段）、佛江高速公路（和顺至陈村段）、广佛肇高速公路广州石井至肇庆大旺段、佛清从高速公路南段、广明高速公路陈村至西樵段5个高速公路工程建设项目基本完成，开通收费站42个；海华大桥（佛陈路东延线接番禺新桂路工程）佛山段、五丫口大桥大中修工程等一批项目完工；番海大桥（魁奇路东沿线接南大干线）、广佛肇高速二期、珠江大桥放射线接广佛新干线（广佛出口放射线二期）项目建设推进；佛山“一环”南线东延线、增佛高速通道、花莞高速西延线通道、广昆高速东延线、广明高速城区段等广佛之间谋划新增高速公路通道规划对接顺利；沉香大桥、大坦沙大桥系统工程合作建设框架协议达成意向；碧江大桥系统工程、同心桥（含海北沿江路）改造工程、南顺大桥工程、龙溪大道快速化改造等项目前期工作继续推进。

（李丹心）

【东莞加快大湾区运输通道建设】 2019年，东莞市参与粤港澳大湾区综合运输通道建设。加快建设赣深高铁东莞段，东莞南站地下共构工程开工。广深港高铁虎门站站房改扩建工程完成前期工作，推进佛莞城际铁路建设。穗深城际铁路开通运营，东莞市到广州市、深圳市实现城轨“公交化”出行。地铁1号线动工，规划地铁线路各6处与广州市、深圳市相连。东平东江大桥、莞番高速一期、从莞高速三期投入使用，穗莞惠三市交通对接强化。新开通6条跨市公交线路和澳门水上客运航线。

（东莞市人民政府地方志办公室）

【中山推进深中通道建设】 2019年，中山市推进深中通道项目建设，线路总长24千米。深中通道全线采用双向八车道高速公路标准建设，设计速度100千米/时，项目西人工岛于2016年底开工，东人工岛2017年底启动建设。11月21日，实现桥梁工程S07合同段首片40米箱梁架设，开启深中通道上部结构建设；12 月 10 日，完成沉管隧道工程首个钢壳沉管浇筑，启动世界上首例特长双向八车道海底沉管隧道建设；12 月 12 日，完成伶仃洋大桥东锚碇地连墙 79 个槽段建设、完成围护结构闭合工程，进入锚碇实体施工。

（中山市人民政府地方志办公室）

2019 年，中山市推进深中通道项目建设。7 月 4 日，深中通道伶仃洋大桥东索塔首个巨型钢吊箱下放到位 （中共中山市委办供稿）

【肇庆推进大湾区快速交通网络建设】 2019 年 7 月 10 日，肇庆市人民政府与中国铁路广州局签订粤港澳大湾区（四会大沙）水铁多式联运物流园战略合作框架协议，以“无缝对接”理念打造粤港澳大湾区现代化多式联运物流基地。7 月 10 日，开通肇庆至香港高铁 2 对 4 趟，其中肇庆东站始发香港直通高铁 1 对 2 趟，重庆至香港直通高铁 1 对 2 趟在肇庆东站停靠，1 小时 20 分可直达香港；开通怀集站始发至深圳站高铁 1 对 2 趟。年内，广佛肇城轨肇庆至佛山西公交化，暑期往返车次增至 50 个车次，国庆期间增至 81 个车次，平时保持在 46 个车次以上，基本实现公交化。 （肇庆市人民政府地方志办公室）

【南沙大桥通车】 2019 年 4 月 2 日，虎门二桥正式开通运营，全桥最终更名为“南沙大桥”。该桥是粤港澳大湾区核心区新的重要过江通道，连接广州市南沙区与东莞市沙田镇，全长 12.89 千米，双向八车道，设计速度 100 千米 / 时，2013 年 12 月 28 日动工建设。该桥横跨珠江坭洲水道和大沙水道，拥有 2 座超 1000 米世界级跨江特大桥，也是全国首座 5G 信号覆盖的特大桥。 （广东省交通运输厅）

【深中通道建设】 深中通道东接机荷高速，跨越珠江口，西至中山马鞍岛，与中开高速、中江高速对接，在深圳、中山及南沙登陆，项目北距虎门大桥约 30 千米，南距港珠澳大桥约 38 千米。项目由深圳侧接线、海中段和中山侧接线 3 部分组成，其中海中段长约 24 千米，主线采用设计时速 100 千米 / 时的双向八车道高速公路技术标准，总投资 446.91 亿元，计划 2024 年建成通车。2019 年，深中通道完成投资 52 亿元，累计完成工程整体形象进度的 23.5%。

（深圳市人民政府地方志办公室）

【佛山西站开通直达香港西九龙高铁列车】 2019 年 7 月 10 日 8 时 41 分，由肇庆东站出发开往香港西九龙站的 G6579 次列车驶入佛山西站，停留 2 分钟后，出发前往香港。这是佛山市首列开往香港的直达高铁列车。从 7 月 10 日起，途经佛山西前往香港西九龙的高铁有 2 条线路，分别是 G6579 次列车和 G417 次列车。其中，G6579 次列车从肇庆东出发，途经三水南、佛山西、广州南、虎门、深圳北、福田，抵达香港西九龙，用时 2 小时；G417 次列车从南宁东出发，途经梧州南、佛山西、广州南、深圳北，抵达香港西九龙，用时1小时59分。

（佛山年鉴社）

【从莞高速惠州段主线通车】 2019年1月28日，从莞高速惠州段主线通车。从莞高速惠州段起于广州市增城区增江街道光辉村，与广州段顺接，途经惠州市博罗县福田镇、石湾镇、园洲镇，在园洲镇廖尾村跨东江与东莞段相接，全长30.9千米，其中增城境内3.5千米，惠州境内27.4千米。从莞高速惠州段全线设置福田、沙浦互通（枢纽）、石湾东、园洲东等4处互通立交。

（惠州市人民政府地方志办公室）

【莞番高速公路桥头至沙田段一期工程完工通车】 2019年4月25日，莞番高速公路桥头至沙田段一期工程完成交工验收并通车。莞番高速公路桥头至沙田段东接河惠莞高速公路惠州段，向西经桥头、谢岗、常平、横沥、东坑、大朗、松山湖、寮步、大岭山、厚街、沙田等镇，终点与南沙大桥顺接，全长64.48千米，总投资221.66亿元，采用双向六车道高速公路标准建设，设计速度100千米/时。其中，一期工程为广深高速公路至南沙大桥段，东起于广深高速公路，西接南沙大桥，途经厚街镇和沙田镇，线路里程8.2千米，设沙田枢纽互通、沙田东落地互通、厚街枢纽互通3处互通立交。一期工程建成通车后，实现南沙大桥与广深沿江高速公路、广深高速公路的快速接驳，共同组成珠江东西两岸又一条重要通道，缓解虎门大桥交通压力。

（东莞市人民政府地方志办公室）

【黄圃快线一标段通车】 2019年12月10日，连接中山、顺德两地的黄圃快线一标段大雁二桥通车，标志黄圃快线黄圃段全线贯通，实现南三公路至顺德容桂外环路的快速化通行。中山市黄圃快线工程总投资26.97亿元，全长18.96千米。黄圃快线由北向南纵穿黄圃镇、阜沙镇、港口镇和东升镇，起点位于佛山市顺德区容桂外环路，终点位于中山市东升镇为民路长新沥青厂。项目采用主道与辅道相结合的形式，主线双向六车道，辅道双向四车道。主道按一级公路标准建设，设计时速为80千米/时；辅道采用城市次干道标准设计，设计时速为40千米/时。

（中山市人民政府地方志办公室）

客货运输服务

【概况】 至2019年，广东省有广州、深圳、佛山、东莞4个城市获国家批准建设城市轨道交通项目，线路总数38条，总里程1642千米，总投资10422亿元。其中，广州市18条，总里程789千米，总投资4893亿元；深圳市15条，总里程570千米，总投资4026亿元；佛山市2条，总里程116千米，总投资588亿元；东莞市3

2019年12月10日，连接中山、顺德两地的黄圃快线一标段大雁二桥通车，标志着黄圃快线黄圃段全线贯通 （黄圃镇供稿）

条，总里程 164 千米，总投资 915 亿元。至年底，全省开通运营地铁 24 条（段），合计里程 856 千米。其中，广州市 14 条（段），总里程 493 千米，包括 1 至 9 号线，13 号线一期、14 号线一期和 14 号线支线、21 号线、APM 及广佛线；深圳市 8 条（段），总里程 304 千米，包括 1 号线、2 号线、3 号线、4 号线、5 号线、7 号线、9 号线、11 号线；佛山 1 条（段），为广佛线，佛山市境内里程 21.5 千米；东莞 1 条（段），为 2 号线，总里程 38 千米。至年底，全省在建地铁线路 30 条（段），总里程 737 千米，总投资 6127 亿元。其中，广州市在建线路 12 条（段），合计 296 千米，总投资 2785 亿元，包括 8 号线北延段、11 号线、7 号线一期西延段、18 号线、22 号线、13 号线二期、3 号线东延段、5 号线东延段、7 号线二期、10 号线、12 号线、14 号线二期。深圳市在建线路 14 条（段），合计 269 千米，总投资 2283.8 亿元，包括 6 号线、8 号线一期、2 号线三期、3 号线三期、4 号线三期、6 号线二期、10 号线、6 号线支线、12 号线、13 号线、14 号线、16 号线、5 号线西延段、8 号线二期。佛山市在建 3 条（段）线路，总里程 113.7 千米，总投资 728.8 亿元，包括 2 号线一期、3 号线、广州地铁 7 号线一期西延段。东莞市在建线路 1 条（段），合计 58 千米，总投资 329.4 亿元，为 1 号线一期。

是年，全省公交车辆实现全国交通一卡通互联互通，发行标准票卡超 210 万张。省道路客运联网售票平台接入站场 438 个，年联网售票 1415 万张。广州、深圳、珠海三市出租汽车服务投诉量分别比上年下降 43.76%、71.39%、50%。广州、深圳市获“国家综合运输服务示范城市”称号，中山市创建省级公交示范城市，佛山市统筹深化 TC（公共交通共同体模式）改革。

（广东省发展改革委　广东省交通运输厅）

【广州推进城际客运公交化】　2019 年，广州地区公路站场客运量 3866.63 万人次、客运周转量 35.59 亿人千米，分别比上年下降 25.7% 和 21.1%。是年春运 40 天，广州地区发送旅客 625.75 万人次，比上年同期下降 28.9%；到达旅客 2144.40 万人次（不含公路），增长 10.2%。是年，广州市推进大湾区城际客运公交化运营，加快广佛城际客运公交化改造，广佛 001 线、002 线 2 条线路于 11 月开通，广佛 003 至 009 线于 12 月开通。道路客运试点企业推进粤港澳大湾区城际定制客运，“如约城际”开行线路基本覆盖深圳、佛山、珠海等城市。（叶卓朗　于洋）

【深圳完善立体综合交通体系】　2019 年，深圳机场码头运营中山、珠海、澳门、香港机场 4 条航线。全年运行 1.78 万个船班，比上年增长 53.22%；运送旅客 91.21 万人次，增长 31.33%。深中水上巴士运行 5081 个船班，比上年增长 59.43%；运送旅客 22.38 万人次，增长 47.82%。深中水上巴士与南方航空等航空公司推出“机票 + 船票”联运产品，完善深圳机场海陆空铁联运的立体综合交通体系。

（深圳市人民政府地方志办公室）

【佛山提升城市交通运营能力】　2019 年，佛山市完成“一环”高速化改造辅道建设，加快推进“一环”西拓工程，开工建设季华路西延线等项目，打通 20 条“断头路”。实施公交 TC 模式 8 个“一体化”工程，规范共享单车发展，创建公交都市示范城市。有经营性客运、货运站场 22 个，其中货运站场 1 个、等级客运站场 18 个、简易站及招呼站 3 个，平均日发车 3622 班次。佛山市在册营运货车 3.76 万辆、48.47 万吨位，在册营运客车 2082 辆、9.12 万客位。其中，客运班车 582 辆、2.46 万客位，包车客车 1500 辆，6.66 万客位。城市公交车辆 6831 辆，公交线路 670 条，运营线路总长度 1.48 万千米，年客运量 55851.38 万人次；出租汽车 3302 辆，年客运量 4643.6 万人次。佛山市在册经营道路客运业户 52 户，从业人员 0.98 万人；道路货运业户 9545 户，从业人员 3.82 万人。全年道路运输客运量完成 4330 万人次，比上年下降 13.21%；

旅客周转量完成 57.54 亿人千米，下降 10.65%；道路货运量完成 29150 万吨，增长 6.05%；货物周转量完成 240.6 亿吨千米，增长 8.03%。

（李丹心）

【东莞推动跨市公交】 2019 年，东莞市新开通莞穗、莞深跨市公交线路 6 条，对接广州和深圳地铁系统；有 82 条公交线路接驳莞惠城轨，51 条公交线路接驳穗莞深城轨，接驳轨道 2 号线的公交线路由整合前的 125 条增加至 139 条。推动短途市际客运班线公交化发展，开通全省首条公交化客运班线“莞深 001 线”，促进莞深两地交流、提升群众出行服务水平。东莞市全年公路货物运输量 11734.76 万吨，货物周转量 83.91 亿吨千米；水路货物运输量 5918.13 万吨，货物周转量 431.56 亿吨千米。全年公路运输完成客运量 3253.92 万人，旅客周转量 42.15 亿人千米；水路运输完成客运量 22.28 万人，旅客周转量 1463 万人千米。全年港口旅客吞吐量 22.52 万人次，货物吞吐量 19807.96 万吨。开通广东省首条公交化客运班线“莞深 001 线”，始发站为东莞市汽车客运站，终点站为深圳宝安松岗汽车客运站，途经线路为 107 国道，全程运行里程 43 千米，线路中途设置 13 对停靠站点，辐射东莞市万江、南城、东城、大岭山、长安等镇街及深圳市松岗片区。全市公交企业整合为 6 家，其中，国有控股 5 家（东莞巴士、城巴公司、小巴公司、滨海湾公交、松山湖公交），国有参股 1 家（水乡新城公汽）。至年底，全市有公交线路 441 条。其中，整合后新开通莞穗、莞深跨市公交线路 6 条，有 82 条公交线路接驳莞惠城轨，51 条公交线路接驳穗莞深城轨，接驳轨道 2 号线的公交线路由整合前的 125 条增加至 139 条。 （东莞市人民政府地方志办公室）

【中山港口和航运发展】 2019 年，中山市港口客货运生产中集装箱吞吐量比上年下降 18.04%，港口内贸吞吐量增长 12.14%，外贸吞吐量下降 3.79%。全年全市港口货物吞吐量 1547 万吨，比上年增长 5.60%；集装箱吞吐量 144.3 万标准箱，下降 0.91%；港口客运吞吐量 118.69 万人次，下降 18.9%。至年底，完成中山港马鞍港区新客运码头前沿码头工程，项目累计完成投资 3.51 亿元，建设 500 吨级客船泊位 12 个，其中客运泊位 10 个、维修泊位 2 个。10 个客运泊位中，港澳线泊位 8 个、国内线泊位 2 个。中山港区长大路桥码头一期工程完工，项目投资 9698 万元，建设 5000 吨级件杂货泊位 1 个，设计年吞吐量为重件产品 25 万吨，高级集料 5 万吨，钢材、建材等 25 万吨。推动绿色港口建设。新建码头岸电 34 套，覆盖 34 个泊位，合计建设码头岸电 47 套。（中山市人民政府地方志办公室）

【江门加强道路运输监管】 2019 年，江门市有道路货物运输车辆 1.67 万辆，比上年下降 0.41 万辆，下降 20.5%，运力 28.42 万吨，增长 19%；道路旅客运输业户 23 户，增长 4.5%，道路旅客运输车辆 1299 辆，下降 0.46%，运力 5.50 万客位，下降 0.30%。推进营运货车“三检

中山市港口镇交通夜景（2019） （简建文 摄）

合一”改革，全市14个检测站完成“三检合一”改革升级。加强道路运输车辆卫星定位动态监控抽查，加强企业数据质量考核通报，纠正运输企业违规行为，倒逼动态监控服务商提高数据质量和服务质量。推广智能视频监控报警装置，要求新进入市场的“两客一危”车辆必须安装智能视频监控报警装置，推进对重点营运车辆的智慧监控。（江门市交通运输局）

【粤港澳跨境通联程联运上线暨穿梭巴士接驳首发】 2019年1月28日，粤港澳跨境通联程联运上线暨穿梭巴士接驳运力运营启动仪式在中山市西区国生配客点举行，首发的4辆班车搭载首批参与体验的乘客开往港珠澳大桥口岸站，标志港珠澳大桥穿梭巴士配套巴士服务正式通车。港珠澳大桥穿梭巴士接驳巴士配套营运方，为中山市至港珠澳大桥穿梭巴士的乘客提供延伸乘车服务。市民在粤港澳跨境通公众号购票，即可享受从起点至目的地全程交通服务，一票四联通行，每票联对应内运段、大桥穿梭巴士段、香港市区段换乘，乘客无需在各口岸重复排队购票乘车，实现内地到香港或澳门市区的配套联程联运一票通行服务，实现“一键下单、无缝换乘、一票通行”。（中山市人民政府地方志办公室）

信息基础设施建设

新一代信息基础设施构建

【概况】 2019年，广东省推进粤港澳大湾区基础设施互联互通，组织编制《粤港澳大湾区基础设施互联互通规划》信息基础设施部分，建成珠海横琴新区国际互联网数据专用通道，将深圳提升为区域性国际业务出入口局，扩大珠海国际通信通道出入口局业务范围，广东省通信行业协会与同行在香港成立“大湾区5G产业联盟”。推动工业互联网发展，完善工业互联网标识解析国家顶级节点（广州）功能，扶持二级节点建设，国家顶级节点（广州）接入18个二级节点，涵盖15个行业、380家企业，标识注册量6.4亿个，年累计解析量6000万次。举办2019中国工业互联网大会暨粤港澳大湾区数字经济大会，基础电信企业、互联网企业、制造企业深度合作，推动制造转型。推进以5G网络为重点的新型信息基础设施建设，广州、深圳中心城区基本实现5G网络连续覆盖。确定广州市番禺区、黄埔区，深圳市龙岗区，珠海市，佛山市南海区，惠州市惠城区和仲恺高新区联合6个省级大数据综合试验区。新增培育广州市黄花岗科技园、深圳市金地威新软件科技园、惠州市惠城区数字经济产业园3个省级人工智能产业园。建设广州琶洲人工智能与数字经济试验区，广州琶洲获工业和信息化部同意建设国家新型工业化产业示范基地（大数据方向）。深圳市于2019年10月获工业和信息化部批复同意建设国家人工智能创新应用先导区。推进香港科技大学和华为等多方科技、人才资源参与省实验室建设。深圳腾讯计算机、顺丰科技、广州斯迈特软件、研祥智能等10家企业入选工业和信息化部的大数据优秀产品和应用解决方案。

（广东省通信管理局　广东省工业和信息化厅）

【香港信息基础设施建设】 2019年，香港扩展Wi-Fi连通城市计划的免费公共Wi-Fi覆盖范围，“Wi-Fi.HK”的热点总数3.5万多个。有4家流动网络营办商及24家流动虚拟网络营办商提供流动通信服务，流动数据的下传速度1.1GB/s。截至年底，有2398万名流动通信服务用户，人口普及率为286%；流动数据用量69899太字节，比上年同期增长36%；固网宽带用户普及率为93.6%。根据世界经济论坛发表的《2019年全球竞争力报告》，按每百名人口计算，香港的流动电话用户数目在141个经济体中居首位。4月，指配1200兆赫的高频段5G频谱，10月、11月通过拍卖指配380兆赫的中频段5G频谱。（香港历史研究基金会）

【澳门宽带发展】 至2019年底，澳门宽带登记客户199134户，比上年增长3.21%。其中，宽带住宅用户数为177008户，占总住户数的91.05%。“WiFi任我行”的服务地点182个，联机使用9200多万次。提供“FreeWiFi.MO”服务的地点430个。 （摘自《2020澳门年鉴》）

【广州信息基础设施建设】 2019年，广州市以“新基建”打造数字经济发展新动能，加快推动“智慧广州”建设。打造国家车联网先导区、人工智能产业先导区、广州国家级人工智能与数字经济试验区。广州作为规模化部署5G商用试点城市，全市累计建成5G基站2.02万个（含室外站点、室内分布系统和共享站点），投产使用的数据中心65个，在用机架规模为14.1万个标准机架，在用机架规模占全国的4.7%。推进智能制造提升，建设72个国家级和省级智能制造。发展以工业互联网为重点的“互联网+先进制造业”，67家工业互联网平台商和解决方案服务商入选省资源池，19个工业互联网标识解析二级节点接入国家顶级节点（广州），接入企业174家。全年全市固定互联网宽带接入端口1291.0万个，FTTH/O端口数1189.2万个，FTTH/O端口占比92.1%。全市固定宽带接入用户586.5万户，FTTH/O光纤接入用户535.2万户，FTTH/O光纤接入用户占比91.2%。印发《广州市城中村光纤宽带网络改造指导意见》《关于进一步规范住宅小区住宅建筑及商住楼光纤到户建设的通知》等政策文件。出台《广州市加快5G发展三年行动计划（2019—2021年）》《关于进一步开放公共资源支持信息基础设施建设的通知》《做好5G等信息基础设施建设用电报装的通知》等文件。完成市政府大院、天河南二路、广钢新城、从化生态设计小镇等智慧灯杆试点建设。印发《广州市智慧灯杆（多功能杆）系统技术及工程建设规范》，建立智慧灯杆标准体系，研究制定《广州市智慧灯杆建设管理工作方案》。全年培育5G+智慧交通、5G+智慧医疗、5G+智慧教育等5G应用130多个，其中57个列入广东省首批5G融合应用清单。广州5G产业园获批成为广东省首批5G产业园之一，初步形成“3大核心产业基地+2大关联产业基地+6大衍生产业基地”5G产业格局。 （龙建雄）

【深圳信息基础设施建设】 2019年底，深圳市固定宽带接入用户有533.1万户。其中，FTTH/O光纤接入用户453.46万户，光纤接入用户占比94.2%。100M以上高宽带接入用户占比83.9%。新建4G/5G基站4.1万个，其中新建4G基站2.6万个，新建5G基站1.5万个；4G基站累计达7.4万个。家庭固定宽带接入普及率为129.1%，移动宽带普及率204%。截至年底，深圳移动电话用户数2657.1万户，比上年增长0.4%，其中4G电话用户2589.3万户，增长4.7%。

是年，深圳市率先发布全国首个多功能智能杆地方标准，截至年底建成多功能智能杆2289根，居广东省第一位。出台《深圳市关于率先实现5G基础设施全覆盖及促进5G产业高质量发展的若干措施》。截至年底，建成5G基站1.55万个，在重点行政区域、交通枢纽、工业园区、商贸中心以及各试点区实现5G连片规模组网。率先启动5G智慧港口、5G智慧园区、5G智慧校园建设。收集、整理公共场所物业资源5326个，印发《深圳市第一批公共场所资源开放目录》，推动深圳市免费开放政府机关物业、市政公园等公共设施为5G建设提供场所和便利。重点推进“深圳门户”深圳机场的5G建设，推动机场制定“信息基础设施建设规划”，T3航站楼实现出发、到达大厅等重点区域的5G信号覆盖；重点推进“城市心脏”深圳地铁的5G建设，至年底，深圳地铁全站开放进场建设，实现老街、福田等人流密集站点的5G信号覆盖。 （深圳市人民政府地方志办公室）

【珠海5G建设】 2019年，珠海电信助力珠海构造5G智能化网络，聚焦政务、制造、交通、物流、教育、医疗、媒体、警务、旅游、环保十大垂直行业的重点业务场景，开展5G应用创新实践。在港珠澳大桥公路口岸开展5G室外站建设、高清视频传输、人脸识别及融合业务，逐步完成港珠澳大桥口岸的5G网络建设。3月，港珠澳大桥公路口岸成为全国首个5G网络试点口岸。4月，珠海电信在港珠澳大桥珠海口岸成功打通珠海首个5G通话，实现5G高清视频电话互通，通话过程音质清澈、画面清晰。5月6日，联合广东省第二人民医院珠海医院完成省内首例医联体“5G+远程超声应用”。5月10日，实现“5G网络+天通卫星+无人船”的空天一体无人船巡防应用。5月11日，实施全国首例珠澳两地5G远程手术。建设统一电子政务外网，接入专线单位120余个、单点接入单位60余个和非税接入单位200余个。（刘小珠）

【佛山5G建设】 2019年，佛山市编制出台5G网络建设规划，组织实施5G发展行动计划。制定佛山市5G网络建设规划和5G发展行动计划。美的厨电“5G+工业互联网”应用示范园区入选广东省第一批“5G+工业互联网”应用示范园区，美的厨电5G内网改造项目中标工信部2019年工业互联网创新发展工程。广东鑫兴科技公司与香港货品编码协会、中国信息通信研究院签署合作备忘录，推进中国工业互联网标识解析体系与国标标准GS1体系互认互通。美的集团联手鑫兴科技有限公司，中标2019年工业互联网创新发展工程的工业互联网标识解析二级节点（家电行业服务平台）。推动社会现有公共建筑、绿化用地、物业资源等免费开放，并以市政府的名义每年向各通信运营企业和铁塔公司公布，为无线通信网络建设创造条件、提供便利。截至年底，全市范围内开放公共建筑类资源1583处、开放公共用地类资源205处、开放公共杆塔类资源172710根。（陈枫）

2019年，东莞市加快5G建设。图为虎门二桥5G覆盖工程

（中国铁塔东莞分公司供稿）

【惠州信息基础设施建设】 2019年，惠州在广东省宽带建设发展综合排名第二位。信息基础设施完成投资7.96亿元，光纤入户率、光纤接入用户占比、家庭宽带接入用户普及率等重要指标保持在全省前列。新增光纤接入用户29.5万户，累计光纤接入用户211.1万户，光纤入户率（148.8%）排全省第三位；移动通信基站3.5万个。新建智慧杆278根，存量改造智慧杆901根。全市农村光纤用户83.3万户，20户以上自然村光网覆盖率98.2%，4G网络覆盖率98.8%。开展《关于推进5G网络“一杆多用”智慧杆建设的实施意见》编制，启动5G站址规划修编工作。年内，建设5G基站456座，建设或改造“一杆多用”智慧杆1179根。实现在工业、能源、医疗、教育行业部分重要场景的5G网络覆盖。（惠州市人民政府地方志办公室）

【东莞5G建设】 2019年，东莞市印发《加快5G产业发展行动计划（2019—2022年）》。光纤接入用户新增18万户，累计301.3万户，光纤入户率88.2%；100M以上光纤接入用户新增50.5万户，累计257.2万户，占比85.4%；新增4G基站（RRU）2296个，累计4.82万个；新建

5G 基站 2244 个；新增铁塔站址 580 个；新增 NB-IoT（窄带物联网）基站 444 个，累计 5685 个。提前做好 5G 站址规划。开展第一批 5G 基站站址储备，将 1.3 万个宏基站、1.9 万个微小基站，合计 3.2 万个基站站址纳入东莞市第一批 5G 基站站址资源进行储备。选取松山湖、滨海湾新区、水乡功能区、市行政中心广场等基础较好片区，联合 5G 骨干企业、电信运营企业等建设华为南方工厂和欧洲小镇、步步高系产业基地、水乡科创中心、市政务服务中心区等 4 个 5G 综合试验区。截至年底，4 个 5G 综合试验区建成 5G 基站 227 个，支撑区内重点企业 5G 研发需求和重点场所 5G 应用需要，并为全市 5G 基站建设积累经验。

（东莞市人民政府地方志办公室）

【中山宽带网络发展】 2019 年，中山市推动宽带网络快速健康发展，提升网络宽带服务和提高网络宽带普及率。新增光纤接入用户 14.7 万户，光纤用户累计数 173.7 万户，入户率 152.1%，入户率排名广东省第二位；100 兆（M）以上光纤新增接入用户（含原本低于 100M 的升级用户）33.6 万户，累计接入 149.3 万户。新增 4G 基站 2370 座，4G 基站累计数 1.73 万座。编制《中山市移动通信基站专项规划（2019—2035 年）》，推动公共资源开放，建立健全基站建设管理规范。制订《中山市加快 5G 产业发展行动计划（2019—2022 年）》，指导全市 5G 网络建设与产业发展，重点推进 5G 基站等基础设施建设、5G 网络建设、技术创新、产业发展、重点领域应用试点示范等工作。

（中山市人民政府地方志办公室）

【肇庆信息基础设施建设】 2019 年，肇庆市推动信息基础设施建设和农村信息化建设，推动企业“上云上平台”，建设和发展工业互联网。全市电信业务总量 247.84 亿元，比上年增长 55.6%。光纤接入用户新增 8.5 万，累计 103.7 万，光纤入户率提升至 92.2%，排广东省第 14 位，比上年提升 3 位；100M 以上光纤接入用户新增 27 万户，累计 92.9 万户，占比 89.6%，排全省第 15 位，比上年提升 6 位。城市互联网出口带宽 1880G；新增 4G 基站 5389 座，累计建成 13998 座；新增 NB-IoT 基站 317 座，累计建成 2164 座；新增铁塔站址 180 个，累计建成 4911 个。5G 网络建设加快，全市新增 5G 基站 188 座，超额完成省、市下达的 130 座建设任务。实施 5G 应用场景 6 个（超额完成省下达的 1 个应用场景建设任务）。

（肇庆市人民政府地方志办公室）

智慧城市群建设

【概况】 2019 年，港澳居民出入境证件率先在广东实现便利化应用，粤港粤澳两地车牌、人才优粤卡、居住证等常用业务移动端在线可办，支撑湾区人流、物流、资金流、信息流互联互通。发挥省政务大数据中心集约化优势，为深圳提供 65 类政务数据、430 种电子证照和 86 个地图产品，支持深圳在全国率先探索开展政务服务“秒批”改革。在韶关市、广州市越秀区开展“数字政府”基层减负便民试点，全面打通省市县三级业务系统和数据库，取消 10 个部门涉及基层窗口人员填报的 83 张报表，群众办事需填报信息由 676 项减少至 270 项，探索积累“数字政府”服务能力向一线下沉的有效模式。推进信息化基础设施和数据整合，基本形成全省统一的政务大数据中心，以及人口、法人、空间地理、电子证照、信用信息等基础数据库，打造“粤系列”政务服务品牌。“粤省事”移动民生服务平台集成 929 项高频民生事项，其中 724 项零跑动，实名注册用户突破 2500 万户。推出“粤商通”涉企移动政务服务平台，为企业提供 426 项事项“一站式、免证办、营商通”的服务。“粤政易”协同办公平台整合上线近 100 个办公及辅助决策应用，电子公文交换系统实现省市县镇四级全覆盖，在 30 多个部门推广使用，每天活跃用户超 3 万人。加快“粤政图”自然资源和空间地理信息公共支撑平台建设，创新一体化空间地理综合数据服务，发布217个地图产品，支撑应急、农业、交通等领域应用，推动社会治理精细化。（广东省政务服务数据管理局）

【香港智慧城市建设】 2019年，香港特别行政区政府在“智慧出行”“智慧生活”“智慧环境”“智慧市民”“智慧政府”“智慧经济”六方面推出70多项措施。“智慧出行”方面，8月，开放新世界第一巴士、城巴、新大屿山巴士及港铁公司（4条铁路线）的实时到站数据。“智慧生活”方面，香港医务委员会于12月颁布“远程医疗执业道德规范指引”，资助770个安老及康复服务单位购置或租用合共超过2900个科技产品。“智慧环境”和“智慧市民”方面，3月，政府推出“采电学社”免费为符合资格的学校及非政府福利机构安装太阳能发电系统；在2019—2020学年，有60%高中学生修读最少一科与STEM相关的选修科目，而所有学生均须修读数学作为核心（即必修）科目，把“大学科技初创企业资助计划”下每所大学每年可获的资助上限由400万元增至800万元。“智慧政府”方面，全年开放700个新数据集及推出城市仪表板，发布第二个年度开放数据计划，批出新一代政府云端基础设施合约；完成在观塘及启德发展区安装首阶段50支智慧灯柱，推出香港特别行政区政府一站通聊天机器人，成立智慧政府创新实验室，安装智能污水水位监测装置，目标以加强污水渠的适用性和运作表现，实地监测污水水位和收集数据以作分析。“智慧经济”方面，20家零售银行推出超过800个开放应用程序接口，支持存款、贷款、保险、投资等银行产品和服务的信息和申请，简化遥距开设银行账户、网上贷款及网上财富管理的监管要求。

（香港历史研究基金会）

【澳门智慧城市建设】 2019年，澳门特别行政区政府推出安全电子邮箱派递的邮政电子挂号邮件、邮政电子邮件、电子直函推广e、电子账单、派递特快专递邮件及包裹电子通知单等服务，在安全电子邮箱平台推出“易通知”服务，向特快专递及包裹客户派送电子通知。eSign-Trust作为特别行政区政府在区内认可的唯一电子证书签发实体，为市民、企业人员及公共行政工作人员签发电子证书，提供网上身份的认证，增强电子文件的证明力。深化智慧政务发展的工作，邮电局自1月1日起参与“澳门公共服务一户通”计划，方便市民申请邮电局“云签”服务（eSignCloud）及安全电子邮箱（SEPBox）。年底，邮电局推出电子认证“云签”服务自助办理电子证书续期申请，使用邮电局“易邮箱”自助服务机。应用电子认证“云签”服务的电子服务包括饮食及饮料场所牌照、外地雇员电子申办服务、家务工作外地雇员配额/逗留许可申请服务等。

（摘自《2020澳门年鉴》）

【广州智慧城市建设】 2019年，广州市围绕城市治理、惠民服务等场景，打造广州公安指挥云平台、重大事件预警模型、一体化作战平台、全国首个5G智慧警务平台等示范项目，搭建全国首个危险化学品动态平台、全国首个5G智慧法院、交通大数据中心、“广州健康通”，落地“互联网+河长制”。入选全国“智慧教育示范区”。（龙建雄）

【深圳智慧城市建设】 2019年，深圳市推动全市智慧城市和“数字政府”建设各项任务落实，编制印发《深圳市新型智慧城市暨“数字政府”建设2019年工作要点》。福田区通过定规划、搭平台、立标准、建机制，推进5G物联感知系统，初步实现全区态势一图全面感知，结合全域物联感知平台的建设实践，探索数字孪生城市新的发展模式；龙华区搭建起全区统一的物联感知平台，纳入空气、水、消防、路灯、安全用电、危化品企业、污染源企业、油烟企业、公益和政务Wi-Fi十大类超23万台终端设备，为安监、环水及消防等多个业务系统提供支撑。年内，深圳市新型智慧城市建设评价工作完成。

加快建设一批新型智慧基础设施，发布国内首个多功能智能杆地方标准，完成侨香路项目试点建设，累计建成1.5万个5G通信基站。全面推广智能灯控、停车无感支付等智慧便民举措。根据中国社科院、德勤等机构的2019年评价报告，深圳市智慧城市发展水平位居全国重点城市首位；在第九届“中国智慧城市发展水平评估”中，深圳市连续两年居全国第一位；在国务院办公厅电子政务办公室委托中央党校（国家行政学院）电子政务研究中心开展的网上政务服务能力第三方评估中，深圳市居首位。10月15日，中新双边合作联合委员会（JCBC）第15次会议在重庆召开，落实中国和新加坡两国领导人关于推进深圳与新加坡智慧城市建设领域合作共识，确定“数字互联互通”等重点合作领域，开启深圳市与国际先进城市智慧城市合作的新篇章。11月28—29日，深圳—新加坡智慧城市合作工作会议在深圳召开，会议在建立完善两地智慧城市合作工作机制、支持相关企业参与合作项目等方面取得进展。（深圳市人民政府地方志办公室）

【珠海智慧城市建设】 2019年，珠海市出台《智慧城市项目立项、建设、运维操作规程》，引入中国信息通信研究院作为智慧城市建设的总体规划设计单位。新启动“最珠海”“智慧医疗”“智慧工地”等7个项目的立项建设。截至年底，建成并投入运营项目11个，在建项目6个，完成前期工作项目10个。建设统一政务云，为全市提供550台虚拟机的云计算资源服务，部署工程建设项目审批管理系统和电子公文协同处理系统改造项目，年底实现与省数字政府政务云的纳管对接。建成电子公文系统，联通全市各级各部门，建设移动办公系统，覆盖全市60余个部门。建立以数据资源为核心的政务信息化全流程管理体系，推进项目建设管理从重软硬件向重数据资源转变，开发大数据聚合公共服务平台。建设市政务信息资源共享平台，上联省政务大数据平台，横向联接市级72个部门83个业务系统，下联8个区8个业务系统，覆盖政务服务事项1190余项、推送办件数据量约130万条，向各部门交换共享数据17.21亿次，日均交换数据212万余条。建设数字珠海综合服务平台，实现19个部门的政务数据共享交换，形成约4500个信息项，汇聚数据2296万条。该平台被评为2019年全国网信系统创新案例，在首届数字政府特色评选中获数据应用领先奖。（彭小军 许珺）

【佛山智慧城市建设】 2019年，佛山市成为第一批省、市、区数据一体化试点地级市，完成全省首个离岸数据区部署，下沉24项共3058万条省级数据；完善市级数据共享平台，以政务信息资源共享目录为基础，依托共享协议推动政务数据跨区域、跨层级、跨部门整合共享，累计签订共享协议124份，平台汇数据数量超17亿条，主题数据达1000多项，为社会信用、综合治税、市场监管、佛山“涉企一张网”“互联网＋监管”等业务提供数据支撑。全市政务服务事项“一窗通办”率78%，100余项高频热门事项实现“零跑腿”，通过“粤省事”办理政务服务事项517个，建设工程审批全程减少材料提交率60%，减少表单录入量48%。加快云计算、大数据、区块链技术在各项改革建设中的创新应用，推进社会综合治理云平台、大数据平台、“四标四实”（指标准地址、标准作业图、标准建筑物编码、标准基础网格和实有人口，实有房屋、实有单位、实有设施）基础信息采集平台、协同办公平台等项目的建设；更新修订《佛山市政务信息资源共享目录》《佛山市政务数据开放目录》等8份标准。

“佛山车来了”应用程序（APP）用户量突破720万人，日活量超41万人次。智能交通运输综合执法体系建设有序推进，高速公路全天候、全路网科技治理超载超速体系初步建立，普通干线公路科技治超网络示范铺开。截至2019年底，全市有21个普通公路科技治超点投入使用、31个治超点建设有序推进。（蒙浩荣 李丹心）

【中山智慧城市建设】 2019年，中山市提升城市治理精细化水平。加快新型智慧城市建设，提高城市治理水平和运行效能。启动中山市智慧城管平台项目建设，全年市、镇（区）两级数字城管指挥中心受理各类城市管理问题33.5万个，其中，按简易流程处理32.3万宗，按一般流程处理1.1万宗，办结率81.1%，运用“城管通”手机应用发现城市管理问题32.8万个，受理群众来电投诉的问题1336个。

（中山市人民政府地方志办公室）

【江门智慧城市建设】 2020年1月16日，江门市新型智慧城市综合运行管理平台（一期）集约化项目——江门市应急管理指挥中心配套硬件设施及专业系统分项项目启动。项目主要依托江门市智慧城市综合运行管理平台，基于综合运行管理平台的城市大数据资源中心，根据应急管理业务需求开展数据治理，构建应急专题库，建设融合通信系统和应急指挥信息网，实现全市应急管理“一张图”，为应急指挥和救援提供信息化支撑。3月6日，江门市印发《江门市应急管理信息化建设规划方案（2019—2022年）》，9月16日，应急指挥信息网贯通。通过专线链路为主、政务外网为辅的方式实现市、县两级应急指挥信息网全面贯通，并上线运行视频会商系统。

是年，完成重点项目智慧城管系统验收，江门市智慧城管系统汇聚城市部件数据、城市管理视频监控数据、城管一张图数据，采用卫星定位和互联网+等技术，对接移动终端，实现城市管理案件从立案、派遣、处置、结案、反馈的全流程闭环管理，并运用大数据技术对案件数据进行分析，提高城市管理精细化水平，为城市管理决策提供依据。建立运行江门城管视联网平台覆盖市（区）两级8个单位，成为广东省第一个通过视联网接入并可纵向连接至村居的城管执法单位。 （江门市应急管理局 江门市城管局）

【“粤商通”涉企移动政务服务平台上线】 2019年8月20日，“粤商通”涉企移动政务服务平台上线，将涉及企业的政务和信息服务集成到移动端，解决企业办事服务分散、流程复杂、体验不佳的问题，为1200余万户在粤商事主体提供事项办理、政策推送、政企互动等移动化服务功能，实现多元服务“一站式”办理。企业在实体大厅办事时，只需出示“粤商通”上的企业二维码，即可完成证照查验，实现手机亮证“免证办”。通过智能分析、大数据关联，系统第一时间将政府出台的利企政策、审批结果、监管情况向企业推送，实现信息精准通达。至2019年底，平台上线服务事项426项，访问量超296万次，业务办理14.4万件。

（广东省政务服务数据管理局）

【广州两区入选广东省大数据综合试验区】 2019年6月21日，广州市番禺区、黄埔区入选广东省大数据综合试验区。番禺区大数据中心通过制定区级数据共享目录和标准，实现区属职能部门横向数据共享，通过与省、市级数据中心的对接，实现纵向数据交换，具备良好的大数据应用基础。黄埔区在大数据的硬件、软件、服务和融合等领域培育数字经济产业生态。两区为珠江三角洲国家大数据综合试验区建设探索路径、积累经验。

【全国首个轨道交通智慧大脑推出】 2019年9月9日，广州地铁与腾讯公司联合推出全国首个轨道交通智慧大脑——穗腾OS。穗腾OS是基于城市轨道交通设计的操作系统，由广州地铁与腾讯公司成立的联合实验室推出，成为轨道交通智能化运行的“超级大脑”。 （龙建雄）

【佛山开通全球首个2.1GHz频段4G/5G动态频谱共享站点】 2019年，中国电信广东公司联合华为公司在佛山成功开通全球首个2.1吉赫频段4G/5G双模站点，创新采用4G/5G动态频谱共享关键使能技术，通过4G/5G动态共享2.1吉赫、20兆赫带宽方式，以TTI（传输时间间隔）毫秒级时间粒度为周期，对RB（若干相邻子载波组成的资源块）资源按需智能调度，在同一套基站上同时支持 4G 和 5G 业务，实现 4G/5G 毫秒级的动态频谱共享，保证 4G 和 5G 网络有效协同。（季轩）

网络安全保障

【概况】 2019 年，广东省通信业加强网络信息安全维护。持续打击通信信息诈骗。广东省通信网络保障中心稳定运行，启动数据汇聚工程，扩展反诈系统功能，组建“广东诈骗短信反制联合工作专班”，加强风险管控。反诈系统处置诈骗电话呼叫 136 万次，处置诈骗号码 65 万个，配合公安机关劝阻疑似被骗事主 79.5 万名，避免可能经济损失 87 亿元。点面结合，分别在茂名、珠海开展打击电话诈骗和打击网络诈骗试点，建立“茂湛阳”三地联合防范“冒充熟人类”电信诈骗协同机制。综合整治骚扰电话，基础电信企业利用自建技术手段，处置异常话务呼叫 2.6 亿次、违规号码 0.43 亿个、垃圾短信 6.5 亿条。加强互联网基础管理。升级网站备案系统，加强网络实名管理，至 12 月，全省备案网站 73.2 万个，网站备案率 99.99%，网站备案信息准确率从年初的 95%提高到 99%。加大网络安全威胁监测处置力度。对僵尸网络、钓鱼网站、仿冒网站、移动恶意程序等开展集中治理，组织处理各类网络安全威胁 27 万起。强化互联网安全检查。开展用户个人信息保护专项检查、电信和互联网行业网络安全行政检查、网络安全远程检测等，督促企业落实主体责任。首次在属地化考核中增加针对技术手段建设、试点示范工作的加分项，鼓励企业探索创新。加强网络安全行政执法。查处、关停违法违规网站和 APP 723 个，列入黑名单网站 304 个，处置下架移动恶意程序 175 个，约谈企业 80 多次，行政处罚 48 起。组织第六届网络安全宣传周活动，提升社会网络安全意识。

（广东省通信管理局）

【澳门网络安全法公布】 2019 年 6 月，澳门特别行政区网络安全法公布，旨在建立及规范澳门的网络安全体系，主要包括网络安全管理活动的参与主体、网络安全体系的组织框架、网络安全义务和行政处罚制度等。该法律标志着澳门网络空间领域治理进入新的发展阶段，可强化澳门关键基础设施营运者的网络安全防护能力，提升网络安全管理水平，防治各类网络安全风险，保障澳门社会以至国家安全。

（摘自《2020 澳门年鉴》）

【深圳网络安全保障】 2019 年 2 月 26 日，中共深圳市委网络安全和信息化委员会办公室、深圳市互联网信息办公室举行挂牌仪式。市委网络安全和信息化领导小组改为市委网络安全和信息化委员会，作为市委议事协调机构。中共深圳市委网络安全和信息化委员会办公室为中共市委网络安全和信息化委员会的办事机构，承担市委网络安全和信息化委员会的日常工作，作为市委工作机关（正局级），归口市委宣传部管理，对外加挂深圳市互联网信息办公室牌子，具有政府相关行政管理职能。年内，深圳市政务服务数据管理局结合个人信息和重要数据保护等最新要求，会同市委网信办编制并联合印发《2019 年深圳市党政机关网络安全联合检查工作方案》，联合市委办公厅、市委网信办、市公安局、市密码管理局、深圳国家安全局对市政府 76 个单位开展网络安全现场检查，统筹、指导和监督市党政机关网络安全保障建设。建立信息情报共享工作机制，实现线上内容整治与线下核查处理的有机统一，加强对重大网络案件办理的协同支持力度。出台《加强属地网络平台管理工作的若干举措》，对 70 多个违法违规网络平台进行约谈。落实互联网平台内容管控任务，督促互联网企业履行主体责任。开展网络安全“百日防护”专项行动，建立完善网络安全事件应急机制，及时有效处置网络安全漏洞预警或境外黑客攻击事件。开展网络与信息安全工作及反诈骗工作，全年关停实名不合规号码近 15 万个、涉嫌诈骗号码 8.6 万余个；完成 2019 春运、庆祝中华人民共和国成立 70

周年、春晚深圳分会场、“一带一路”高峰论坛等重大节日及重大活动网络保障近40次。

（深圳市人民政府地方志办公室）

【珠海网络安全保障】 2019年，珠海组织出动87人次排查对民航、铁路和公众移动通信等各类干扰3起。出动监测车96辆次，人员336人次，监测时长816小时。全年辖区内未发现“黑广播”“伪基站”信号源。协调澳门邮电局落实珠澳边界公众移动通信网络信号越界覆盖定期测试活动。10月下旬，联合香港通讯事务管理办公室完成港珠澳大桥公众移动通信网络信号越界覆盖测试任务。12月17—20日，由省工业和信息化厅现场调度指挥，珠海、中山、江门、东莞、河源、肇庆、惠州七市的无线电频谱预备役部队集结珠海，完成澳门回归祖国20周年庆祝活动无线电安全保障任务。 （周小勇）

【佛山网络安全保障】 2019年，中共佛山市委网络安全和信息化领导小组调整为中共佛山市委网络安全和信息化委员会，领导小组办公室调整为委员会办公室（简称市委网信办），对外加挂市互联网信息办公室牌子。是年，市委网信办开展网络安全建设，规范全市网络安全检查，初步组建网络应急支撑队伍，指导相关区和部门开展网络安全应急演练。发布佛山市信息安全等级保护2.0新标准，加强关键信息基础设施安全保护工作，推进信息系统等保测评和网络安全罩平台建设。推进网络综合治理，全年全市清理违法信息超10万条。 （姚倩）

【东莞网络安全保障】 2019年，东莞市在广东省各地级市中率先成立市委网信办，负责主管全市网络意识形态工作，统筹协调网络安全和信息化等工作。梳理明确“网络内容大管家”“网络形象传播者”“网络安全捍卫队”“网络空间引导员”四个工作定位。市镇两级网信部门累计约谈提醒网络平台150余家次，协调关停问题平台50余个。 （东莞市人民政府地方志办公室）

【中山网络安全保障】 2019年1月23日，中共中山市委网络安全和信息化委员会办公室（简称市委网信办）挂牌成立，对外加挂“中山市互联网信息办公室”牌子，负责推进网络宣传、网络安全和信息化发展等各项工作。市委网信办依法治理网络违规信息内容，及时清理违规信息60条。联合市公安局、“扫黄打非”办等部门建立长效工作机制，在全省率先开展属地网站网格化治理，推动分类处理问题网站，排查属地网站2.3万个，处理问题网站7200个。建立网络安全协调工作机制，加强网络安全统筹，提升重点领域网络安全防护能力，发现并修复关键信息基础设施网络安全隐患278处，处置网络安全事件33起。 （中山市人民政府地方志办公室）

【肇庆网络安全监管】 2019年，中共肇庆市委网信办压实各地各单位工作责任，联合公安、工信、保密、政数等部门持续开展网络安全执法检查，对全市二级以上卫生医疗机构、纪检监察等关键部门网站巡查实现全覆盖。全年网络检查网站200多个，现场检查83个，处置高要区人民法院网、党风廉政网被恶意攻击篡改等网络安全事件6起，发出整改通知6份，妥善处置涉网站漏洞安全隐患事件21起。9月16—22日，举办第六届肇庆市网络安全宣传周活动，围绕“网络安全为人民，网络安全靠人民”主题，组织主题日、有奖征文问答等活动30多场次，参与人数200多万人次，发放资料6万多份，向广大市民宣传普及保护个人信息、维护网络安全的知识。 （肇庆市人民政府地方志办公室）

能源安全保障体系建设

能源供应结构优化

【概况】 2019年，广东省推动能源结构调整，践行绿色发展理念，落实国家和省节能减排各项政策措施并取得成效，全省单位地区生产总值能耗比上年下降 3.52%。实施能源消费总量和强度“双控”，出台《广东省 2019 年能耗“双控”工作方案》，明确全省能耗“双控”年度目标，并分解下达至各地级以上市人民政府。加强重点用能单位管理，开展“百千万”（年综合能源消费量 300 万吨标准煤以上的重点用能单位，纳入“百家”企业名单；年综合能源消费量 50 万吨至 300 万吨标准煤的重点用能单位，纳入“千家”企业名单；年综合能源消费量 5000 吨以上的其他重点用能单位，纳入“万家”企业名单）重点用能单位能耗“双控”目标责任评价考核。是年，开展能源体制改革，广东省市场化交易电量 1950.32 亿千瓦时，平均价差 -4.019 分 / 千瓦时，发电侧让利 78.39 亿元。广东省能源局开展油气体制改革研究，逐步理顺油气管道建设运营机制和价格机制。

至年底，大亚湾核电站在运 14 台核电机组，总装机容量 1613.6 万千瓦，占全国核电总装机容量的 33%。天然气利用水平提高，全年天然气消费量 251 亿立方米，比上年增长 13.6%，成为全省能源消费增长最快的能源品种。

（广东省能源局）

【广州能源供应】 2019 年，广州市优化用气报装流程，建立“不动产 + 燃气服务”一窗通服务，提升获得用气营商环境工作效率和服务水平，新增管道燃气覆盖居民用户 42.09 万户。完善电网结构，提升供电能力，供电量比上年增长 7.71%，南方电网供电可靠性数据核查准确率列全网第一位。城镇自来水供水普及率 100%，通过省级节水型城市验收，全年供水量 25.46 亿立方米，管网总长 3.53 万千米，供水水质综合合格率 99.98%。

（刘碧海）

【深圳能源供应】 2019 年，深圳市优化能源供应结构。推进能源供给侧结构性改革，优化粤港澳大湾区能源结构和布局，建设清洁、低碳、安全、高效的能源供给体系。发展绿色低碳能源，加快天然气和可再生能源利用，开发风能资源，因地制宜发展太阳能光伏发电、生物质能，安全高效发展核电，推进煤炭清洁高效利用，控制煤炭消费总量，提高清洁能源比重。推进老旧住宅区普及管道天然气工作，按照“以奖代补”操作规程，对各区（新区）2018 年度普及管道天然气工作进行考核评估，完成 293 个城中村复核验收工作，加大各区城中村管道气改造工作力度。要求使用瓶装气的城中村所在社区至少设置一处瓶装燃气供应站或配送服务部，推动实现正规瓶装燃气全覆盖，打通液化石油气供应“最后一公里”。编制《深圳市液化石油气储备站系统规划（2018—2035 年）》，合理布局、优化储配站系统。推动深圳市燃气储备与调峰库建设，保障粤港澳大湾区能源供应安全。持续优化用气营商环境，通过“简环节、降成本、多让利、线上办”等举措，提升企业用气报装便捷度、满意度，深圳市“获得用气”等指标排名继续保持全国前列。建立气瓶安全溯源制度，全面推行气瓶信息化管理，实现全流程可追溯，装码率接近 100%。9 月，深圳市三大能源生态园项目全部投产运行，率先成为全国首个具备垃圾全量焚烧处理能力城市；三大项目烟气排放标准全面优于国标、欧标，位居世界领先水平。其中，龙岗能源生态园共建设 6 条生产线，日处理规模 5100 吨；宝安能源生态园三期项目共建设 5 条生产线，日处理规模 4250 吨；南山能源生态园二期项目共建设 2 条生产线，日处理规模 1500 吨。全市新增垃圾焚烧发电能力共计 1.1 万吨 / 日，垃圾焚烧发电能力提升至 1.8 万吨 / 日。是年，全市供电面积 2421 平方千米，供电客户 323 万户；有 110 千伏及以上变电站 260 座，110 千伏及以上输电线路 5042 千米。全年全市电网最高负荷 1910 万千瓦，比上年增长 8.95%；全市供电量 938.5 亿千瓦时，增长 5.47%。全社会用电量 972.97 亿千瓦时，增长 6.29%。深圳电网消纳西部清洁水电累计超过 400 亿千瓦时。4 家清洁能源电厂并网运行，非化石能源电量占比达到 68.8%。减排效果明显，8 家主力燃气电厂共 17

2019 年 8 月 18 日，深圳市天然气储备与调峰库工程首船液化天然气（LNG）接卸仪式举行　　（深圳市燃气集团供稿）

套机组完成升级改造。全年累计节省标煤 12.7 万吨，减少二氧化碳排放量 33.7 万吨、二氧化硫排放量 0.39 万吨。推动“油改电”及港口岸电改造，协助盐田港区成为国内率先大规模推广龙门吊“油改电”项目港区，推动大铲湾码头成为华南地区首家岸电全覆盖集装箱码头。“油改电”“气改电”累计实现替代电量 24.5 亿千瓦时。支持新能源建设，前海片区首个高层分布式光伏发电项目——前海嘉里商务中心 160 千瓦屋顶分布式光伏项目并网发电。全年投产充电桩 2625 个，支持 8500 个社会充电桩建设，服务新能源电动汽车超过 14.5 万辆。全市天然气气源主要有广东大鹏液化天然气、中石油西气东输二线天然气、中海油深圳 LNG 以及于 2019 年 8 月投产的深圳市天然气储备与调峰库项目等。利用大鹏 TUA 优势引进 LNG 资源，成为深圳第五路气源。（深圳市人民政府地方志办公室）

【珠海能源供应】　2019 年，珠海市供购电量 184.30 亿千瓦时，其中省网电供电量 178.98 亿千瓦时，比上年增长 7.11%。全市有珠海发电厂、珠海金湾发电厂、珠海深能洪湾电厂、望洋电厂（中电投）、依海电厂（中海油）、珠海垃圾电厂、西坑尾沼气电厂、珠海信环环保电厂、珠海桂山海上风电厂、珠海高栏风电厂、碧辟化工余热余压发电厂 11 家，多家小型光伏发电企业和民用光伏发电电厂，全年累计发电量 179.57 亿千瓦时，比上年下降 12.20%，发电设备年平均利用小时为 3555 小时，下降 12.86%。（赵彧）

【佛山能源供应】　2019 年，佛山市供电量 681.22 亿千瓦时，比上年增长 5.27%；售电量 661.54 亿千瓦时，增长 4.55%；第三方客户满意度为 90 分；综合线损率 2.89%；未发生事故和有责任事件，连续安全运行 2922 天。居民用电量 95.54 亿千瓦时，比上年增长 10.66%。是年，佛山市实行 200 千伏安及以下小微企业（工商）客户低压供电，全年实施 656 宗，容量 8.74 万千伏安。落实国家清退临时接电费政策，全市清电费 3.2 亿元。是年，佛山市天然气总量 22.02 亿立方米，供应能力 43 亿立方米。天然气供气范围覆盖全市 5 个区，供应主要来源为大鹏 LNG 接收站、现货 LNG、海油气电、中石油西气。全年全市液化石油消费量 51.52 万吨。（赵岚　周晓晨）

【惠州能源供应】　2019 年，惠州市太平岭核电项目一期工程获国家发展改革委核准，年底实现核岛主体施工（FCD）；惠州 LNG 接收站项目港区规划调整方案进展顺利，项目用地、用海工作推进；广东省能源局将惠东中洞抽水蓄能电站列为省第一位纳入规划调整，上报国家能源局；惠州港口海上风电场推进；《惠州市惠东离子产业园规划研究报告》编制完成。全市建成充电桩 1669 个，发放新能源汽车充电基础设施补贴资金 1992.93 万元。

（惠州市人民政府地方志办公室）

【东莞能源供应】　2019 年，东莞市供电局完成沙角电厂退役保供电 25 个配套工程里程碑节点

70个。提前开展中堂燃气热电联产接入等“煤改气”企业工程前期工作。核心区域充电半径缩短至2千米，形成十分钟充电圈。实施能源合伙人计划，打造能源生态朋友圈，合作开展能源服务类项目83个，推动价值链整合战略落地。打造“聚服务”能源品牌，构建客户设备代维新模式、推广临电共享、创新5G“共享铁塔”商业试点、完成全省首单碳交易。是年，加大科技创新投入。国家重点研发项目通过工业和信息化部中期评审。新增授权发明专利29件。16项科技成果进入省公司转化计划，居全省第一位。完成南网云区域中心升级改造和网公司信息安全运行监测预警系统试点，信息化水平连续十年保持A级。（东莞市人民政府地方志办公室）

【中山能源供应】 2019年，中山市发展改革局持续推动降成本行动，清理规范涉企收费，降低部分行政事业性收费标准以及一般工商业电价，减轻一般工商业企业电费负担5.82亿元。加大价格改革力度。完善非居民管道天然气价格联动动态调整机制。强化能源保障。规划建设重大能源项目，推进太阳能光伏发电产业发展，推动能源安全管理和节能管理，确保电力、成品油、天然气安全稳定供应。中山市向省推荐20批共359户电力一般用户参与电力市场交易活动。至年底，全市共有电力大用户18户，一般用户741户；编制中山市2019年有序用电实施方案。开展汛期城乡电力设施安全隐患排查整治工作。全市全社会用电量310.05亿千瓦时，比上年增长5.8%。工业用电量193.81亿千瓦时，比上年增长3.3%，其中制造业用电增长3.4%。全市零售成品油112.83万吨，比上年增长1.11%，其中汽油零售87.54万吨，增长1.72%；柴油零售25.29万吨，下降0.94%。

（中山市人民政府地方志办公室）

【肇庆能源供应】 2019年，肇庆市全社会用电量180.44亿千瓦时，比上年增长5.03%，增速全省排名第15位。其中，工业用电量121.09亿千瓦时，全省排名第11位，比上年增长2.81%，增速全省排名第12位。重点提高“获得电力”指标，对用电报装实行“三免”（客户受理免填单、标准化供电方案免审批、标准化设计免审批）服务，缩短办理时限，中压业扩用电报装平均用时44.2天，比上年减少5.3天。提前掌握项目用电需求，促使178个客户项目送电投产，投产容量65.72万千伏安，比上年增长14.13%。推行200千伏安及以下小微企业（工商）客户低压供电，为92个客户节省投资364.07万元。为3万多个接电客户实施业扩投资界面延伸，节省客户电力设施投资1.8亿元。落实一般工商业电价降低10%要求，减少工商企业用电支出1.3亿元。实现用电报装向“互联网+”模式转变，在全省率先完成供电服务进驻省政务服务网、“粤省事·肇庆行”和“不动产+民生服务”业务平台，互联网渠道办理比例99.94%，排名全省第一位；22项用电业务办理实现“一次都不跑”。肇庆市有燃气经营企业41家，燃气气站场47座。其中，液化石油气站28座，设计储气能力3390.63吨，年销售3.58万吨，家庭用户19.52万户，用气人口82.91万人；天然气储气站10座，设计储气（气态）能力158万立方米；汽车加气站6座；国家西气东输接气门站3座。全市有天然气管网1195千米，年供气总量6.18亿立方米，家庭用户20.52万户，用气人口67.14万人。新增天然气设施建设投资3.21亿元，新增供气管道142.44千米。市城管局组织各县（市、区）、肇庆高新区燃气主管部门开展燃气安全生产检查，检查41家燃气企业，督促燃气企业建立风险隐患分级管控台账，预防排查洪水、台风、山体滑坡等灾害可能造成的设施故障、泄漏事故，明确应急联系方式，落实企业抢险设备、应急设施的储备，应对防汛防风突发事件发生，保障燃气设施运行稳定。

（肇庆市人民政府地方志办公室）

【2019联合国开发计划署氢能产业大会】 2019年10月26日，2019联合国开发计划署氢能产

业大会在佛山市南海区举行。大会以“氢联世界·氢创未来”为主题，举办主题论坛10场，同期举办第三届中国（佛山）国际氢能与燃料电池技术及产品展览会，以及仙湖氢谷参观考察等活动。有来自政府相关部门负责人、国内外氢能与燃料电池汽车产业组织机构代表、权威专家学者、企业领袖等众多嘉宾参加。大会上，《氢燃料电池汽车安全指南》（2019版）发布，UNDP氢能经济职业技术培训研究院成立。佛山市南海区进行南海加氢站投入运行仪式，为全国首批投入运行的高密度商业化标准化加氢站。

【第11届电动汽车标准法规国际研讨会】2019年11月12—13日，第11届电动汽车标准法规国际研讨会在佛山市高明区举行。该次研讨会由中国汽车技术研究中心有限公司和全国汽车标准化技术委员会主办，来自国内外电动汽车整车及动力电池企业、检验机构及科研院所等100多个单位的专家代表参加会议。清华大学教授王贺武、欧洲汽车工业协会中国首席代表戴麟（Dominik）等国内外专家学者围绕电动汽车发展的机遇与挑战、全球电动汽车标准法规进展等进行演讲，并同与会人员就行业关注的热点问题展开深入探讨和交流。电动汽车标准法规国际研讨会为电动汽车的管理、研发、标准化等相关单位、企业、科研机构搭建沟通桥梁，是国际上该领域交流规模最大、最有影响力的平台。

（陈枫）

能源储运体系强化

【概况】　至2019年底，广东省有天然气管道2780千米，天然气主干管道新增通达汕头、潮州、揭阳、河源四市。新增核准省天然气主干管网茂名—阳江段、海丰—惠来段、新疆煤制气外输管道干线与西二线干线韶关联通工程、粤东天然气主干管网华丰LNG储配站和华瀛LNG接收站配套外输管道。投产中海油深圳LNG与中石油深圳LNG联通工程等一批国家天然气互联互通重点工程项目。

是年，全省35千伏及以上电网新增变电站72座，新增线路3100千米，新增变电容量2135万千伏安。其中，乌东德电站送电广东广西（昆柳龙直流）输电工程（特高压多端直流示范工程）广东段建设工作推进；建成投产南方主网与海南电网第二回联网工程（广东段）、500千伏博贺电厂送出工程、500千伏演达（城西）输变电工程等一批重点项目；南鹏岛及沙扒海上风电接入系统等工程按期投产，保障清洁能源消纳。

是年，广东省新增建成投产深圳燃气华安LNG调峰储气库，新增储气能力约8万立方米；新增核准潮州华瀛LNG接收站项目，建设中石油深圳迭福北LNG应急调峰站项目。推动省能源集团与埃克森美孚开展惠州LNG接收站项目合作。液化天然气储气设施总能力256万立方米（液态）。

是年，省能源局组织惠州、汕尾、揭阳、梅州市多次召开珠三角成品油管道二期工程项目遗留问题整改专题推进会，协调完成4项占压和安全不足问题整改，油气管道建设项目依法依规管理水平提升。

（广东省能源局）

【澳门能源储运】　2019年，澳门特别行政区加强区域能源合作，兴建连接澳门和珠海的第三条220千伏输电通道，全年完成铺设联网电缆78%，可满足澳门用电需求到2025年。旧城区安装6个户外配电设备，推动4个垃圾房和变压房合建项目，解决土地空间问题。3个垃圾房合建项目待批。改造望洋电厂，作为内地对澳门的保供电源，提高区外供电的可靠。改造低洼地区配电网方面，改善150多个变压房。落实连接澳氹过海供气管道两端阀室的选址及管线路由，开展相关设计及对澳门半岛的供气。继续协调液化天然气应急储配站土地的批给程序及地质改良工程，建成2条天然气分配网应急气源，分别从横琴至澳门大学、拱北至青洲。8月23日，特别行政区政府与澳门电力股份有限公司签署澳门特别行政区共同管道管理公共服务批给合同，规定共同管道由特别行政区政府规划及建造，专营公司向共同管道使用者提供管理服务。

（摘自《2020澳门年鉴》）

【广州能源储运】 截至2019年底，广州市有各类燃气经营企业60家，天然气接收门站6个、液化石油气储配站38个、燃气汽车加气站50个及瓶装液化石油气供应站175个，燃气管道总长度9439.47千米。加快推进天然气利用工程建设，完成燃气管道建设225.75千米，改造老旧燃气管道94.88千米，加快推进南沙LNG（液化天然气）应急调峰气源站建设。是年，广州市城镇自来水供水普及率100%，农村实现集中式供水管网供水到户，城乡自来水全面普及。全市有42座水厂，设计供水能力845.35万立方米/日，日均供水量698万立方米，全年总供水量25.46亿立方米，管网总长3.53万千米。供水水质综合合格率99.98%。 （刘碧海　黄玉玲）

【深圳能源储运】 2019年，深圳市强化能源储运体系。加强周边区域向大湾区以及大湾区城市间送电通道等主干电网建设，完善城镇输配电网络，提高电网输电能力和抗风险能力。加快推进珠三角大型石油储备基地建设，统筹推进新建液化天然气（LNG）接收站和扩大已建LNG接收站储转能力，依托国家骨干天然气管线布局建设配套支线，扩大油气管道覆盖面，提高油气储备和供应能力。推进广州、珠海等国家煤炭储备基地建设，建成煤炭接收与中转储备梯级系统。研究完善广东对香港、澳门输电网络、供气管道，确保香港、澳门能源供应安全和稳定。深圳供电局印发《深圳供电局关于落实服务粤港澳大湾区发展重点举措的实施方案》《深圳供电局关于融入和服务深圳中国特色社会主义先行示范区建设的行动计划（2019—2025）》，推动“双区”基础设施电力保障能力建设。电力工程专项行政审批纳入《深圳市深化工程建设项目审批制度改革工作实施方案》，全国尚属首例。完成全市“十四五”时期中长期负荷预测、变电站布点规划，完善智能电网规划技术标准，联合香港中电集团开展深港联网专题研究。年度电网建设投资71.96亿元，比上年增长5.3%，新增110千伏及以上变电容量263万千伏安，新增110千伏及以上输电线路长度99千米，配网线路可转供电率提升至99.1%。完成7个涉核涉港线路防风改造及加固工程，全市首个“变电站+保障性住房”试点项目——中康安居房及变电综合楼开工，220千伏华星光电二变电站获中国安装优质工程奖。截至年底，深圳电网有110千伏及以上变电站260座，110千伏及以上输电线路总长度5042千米。全年完成97座变电站防风加固、289条输电线路防风偏改造，完成220千伏中航站燃爆等隐患整改。完成500千伏鹏城、深圳2座巡维中心智能化改造，实现操作和巡视的远程化和无人化。应用在线监测装置，实现输电线路通道全覆盖。与燃气、水务、地铁签订管线互保合作协议，主网外力破坏跳闸再降30%。服务5G产业，完成5G基站直供电改造1239个。深圳市燃气集团股份有限公司在深圳地区运营燃气管线6660千米。其中，高压管网147千米，次高压管网192千米，中压市政管网3254千米，庭院管网2703千米，低压管网364千米。市政管网覆盖率达到83.10%。 （深圳市人民政府地方志办公室）

【珠海能源储运】 2019年，珠海市做好油气输送管道保护，制定《关于做好油气输送管道风险点危险源和高后果区识别工作的通知》《油气输送管道风险点危险源和高后果区管控方案》，加强高后果区风险管控，开展油气输送管道保护安全检查。建成投产珠海220千伏凤凰至拱北单回线路解口入吉大站工程、珠海市区110千伏翠香站扩建第三台主变工程、珠海市区110千伏鱼林站扩建第三台主变工程、珠海市区110千伏红山站T接珠海至柠溪线路工程、珠海220千伏凤凰站配套110千伏线路结构完善工程、珠海钰海电厂燃气蒸汽联合循环热电联产项目接入系统工程、珠海220千伏叠泉（金海）输变电工程、珠海环保生物质热电项目二期接入系统工程8项110千伏及以上项目，建成投产110千伏及以上线路81.95千米，建成投产110千伏及以上变电容量31.3万千伏安，建成投产20千伏及以下配网项目和配网线路、配变容量一批，超额完成年度投资任务。打造“互联网+”智慧能源示范项目，面向全市建成首个智慧能源大数据云平台及首个综合能源运营管理平台，在全国首批第一个通过国家能源局验收，获评国家“十大能源互联网示范项目”。开展5G基站供电“转改直”试点工作，推进横琴先进电力技术示范区建设。是年，珠海电网对澳门供电量49.76亿千瓦时，占澳门全年用电量的83.48%。6月，南方电网对澳门输电第三通道工程（珠海段）电缆全线贯通。南方电网送电澳门的输电通道由南北“两条路”变成南北中“三条路”，形成8回220千伏线路主供和4回110千伏线路备用的“8+4”对澳门供电格局，对澳门供电整体能力和可靠性提升。（赵彧　胡皓鹏　施怡）

【佛山能源储运】　2019年，佛山市新建、续建110千伏及以上输变电工程58项，完成500千伏凤城（顺德Ⅱ）输变电工程、500千伏顺广甲乙线增容改造工程、220千伏南海站增容改造工作、500千伏东坡配套220千伏线路工程（220千伏罗雷甲乙线）、110千伏潭村输变电工程等17项工程投产任务，投产110千伏及以上变电容量土83.5万千伏安，投产110千伏及以上输电线路1181.1千米。配网投产基建项目2169项，新增配变容量27.08万千伏安，10千伏线路长度915千米。全市天然气储气能力5635万立方米。全年全市新增天然气管网343千米，累计建成天然气管网5390千米。全市有建成运行的储配站4座、调压站11座、门站4座，有瓶装液化石油气企业23家、液化石油气储配站23座、瓶装液化石油气供应站286座。

（赵岚　周晓晨）

【惠州能源储运】　2019年，惠州市完成电网建设投资34.26亿元，新增投产110千伏及以上主变容量330.1万千伏安、输电线路232.25千米。累计供电量413.42亿千瓦时，比上年增长4.43%；全社会用电量425.93亿千瓦时，增长4.30%；工业用电量292.95亿千瓦时，增长2.28%；全市电网建设完成总投资34.25亿元，增加12.73%；全年新增500千伏1座，220千伏1座，110千伏变电站4座，建成演达输变电、福园至博罗线路、惠蓄至演达线路等多个500千伏省重点项目；全市发电装机容量868.26万千瓦。有36家电力大用户、476家电力一般用户参加电力直接交易；全市电力用户累计交割直购电量173.79亿千瓦时，企业节约电费5.52亿元。选取潼湖生态智慧区及惠城中心区作为试点区域，打造分布式储能应用示范点。全年投资2.13亿元为企业实施中压电力线路延伸工程2522个，低压户数72371个，保障用户报装用电。出台《惠州市电力设施迁改联动机制》，完成18个重点工程迁改工作。加强惠州市区重点电网建设项目与市区其他各类重点项目的联系对接。开展油气管道保护监督检查和油气管道综合治理工作。开展高后果区识别和管理，6家企业共识别高后果区95处，全市石油天然气管道安全运行。推动解决长输管道穿越高速公路、隧道等“硬骨头”问题，西气东输三线闽粤支干线惠州段全线贯通、中石油深圳LNG应急调峰站外输管道工程惠州段实现无障碍施工；推进惠南产业园等园区的天然气集中供热及分散式锅炉“煤改气”工作；推动储备能力建设和可中断用户合同签订工作，保障民生用气。

（惠州市人民政府地方志办公室）

【中山提升能源保障能力】　2019年，中山市提升能源保障能力。年内粤电中山三角电厂3×390兆瓦9F级燃气热电冷多联供工程、国电民众热电联产工程建成投用，新建太阳能光伏发电项目总装机容量20.1兆瓦。优化水电气及网络报装服务，规范网络接入程序，建立项目通网2

日通和 7 日通实施制度，即从项目申请到交付谈判 2 日通，从工程竣工到实现通网 7 日通。精简水电气报装流程，企业报装申请时间在不涉及外线工程的项目压减至 4 个工作日内，总时限压减至 10 个工作日内。推进供电服务进驻政务服务中心，实行“一站式”服务。

（中山市人民政府地方志办公室）

【肇庆能源储运】 2019 年，肇庆电网完成固定资产投资 16.6 亿元，投资完成率 116.3%。投产 35 千伏及以上输变电项目 10 个，新增 35 千伏及以上主变容量 51.2 万千伏安，新增线路 129.64 千米。至年末，肇庆电网有 35 千伏及以上输电线路 3943 千米、变电站 120 座、主变容量 1745 万千伏安。其中，500 千伏变电站 2 座，主变容量 451 万千伏安；220 千伏变电站 13 座，主变容量 618 万千伏安；110 千伏变电站 71 座，主变容量 639.7 万千伏安；35 千伏变电站 34 座，主变容量 36.41 万千伏安。肇庆电网负荷和电量 4 次创新高，日用电最高负荷 302.3 万千瓦，比上年增长 5.2%；日最大供电量 6136.8 万千瓦时，增长 5.11%。年内，粤桂合作特别试验区（肇庆）首座 110 千伏红庄变电站动工；启动肇庆新区智能电网、怀集绿色农副产品集散基地、两广接壤地区乡村振兴示范带等配套电网专项规划。推进重点电网项目，220 千伏庆南、110 千伏象山、冷坑输变电工程前期工作取得新进展；在全省率先完成 ±800 千伏乌东德特高压多端直流示范工程 146 基塔基青苗赔偿工作，保证西电东送重要通道工程建设进度；全市首回超 100 千米的 220 千伏线路怀集至新围线路工程、220 千伏四会新围变电站配套 110 千伏线路工程、110 千伏龟山输变电工程投产。

（肇庆市人民政府地方志办公室）

水资源安全保障

水利基础设施完善

【概况】 2019 年，广东省开创蓄滞洪区建设资金筹措先河，提出按照防洪效益进行投资分摊的思路，实现建设资金由省财政、广州、佛山分别按总投资的 31.4%、43.7%、24.9%的比例分摊方案。国家发展改革委将西江干流治理工程拓展至广东段，珠江三角洲水资源配置工程、韩江高陂水利枢纽工程、韩江榕江练江水系连通工程 3 个工程超额完成年度投资计划；广州北江引水工程、粤西地区水资源配置工程湛江分干线 2 个工程均按计划开工建设。

（邹锦华）

【广州水利设施建设】 2019 年，广州市主要水利设施有水库 368 座、水电站 168 座、万亩以上堤防 25 个、水闸 1162 座、泵站 1140 个、库容 1 万立方米以上山塘 302 座。全市农村集中式供水普及率达 100%，其中实现市政自来水厂供水的行政村 867 个，市政供水人口覆盖率 85.03%，277 个地势较高或偏远地区的行政村未接通市政供水管网，以小型集中式供水设施供水到户。大岭山、联安水库水电站创建通过省级绿色小水站创建初验。出台农业用水精准补贴和节水奖励实施方案，新设置 8 个灌区用水计量设施，灌溉水有效利用系数 0.509。全年全市农田水利工程项目新完工 27 个；防洪排涝补短板水利项目新开工 86 个、完工 45 个；海堤建设新增开工项目 8 个、完工 4 个。

（黄玉玲）

【深圳水利设施建设】 2019 年，深圳市配合推动珠三角水资源配置工程开工，深圳境内配套工程完成全过程咨询招标，西丽水库至南山水厂原水管工程完成全过程咨询、勘察设计招标；清林径引水调蓄工程主体工程建成蓄水，公明供水调蓄工程正式纳入全市水资源联网调度运行；深汕合作区供水保障工作推进，深汕合作区供水工程获广东省政府和惠州支持，赤石河应急引水工程（三角山水库段）和西部水厂建成通水，启动深汕合作区村村通供水工程。启动水库管理体制机制改革和水库标准化管理创建，水库管理更加规范严格。完成东江水源工程年度停水检修、北线引水工程停水碰口等任务。创新河道治理和碧道内涵，提出安全的行洪通道、健康的生态廊道、秀美的休闲漫道、独特的文化驿道、绿色的产业链道“五道合一”的碧道内涵及“治水、治产、治城相融合”的建设理念。成立市碧道建设办公室，印发《广东万里碧道建设深圳行动方案》《深圳市碧道建设试点段规划设计指引》，编制《深圳市碧道建设总体规划》。开展试点建设，开工建设16个碧道试点项目，打造出大沙河、茅洲河碧道试点示范段等碧道样板。

（深圳市人民政府地方志办公室）

【珠海水利设施建设】 2019年，珠海市列入水利补短板项目2个。白藤大闸重建工程总投资2.52亿元。截至年底，基本完成水下部分施工，完成投资1.63亿元。白蕉联围排涝整治工程总投资4.01亿元，主要建设内容为新建外排泵站4宗、配套河涌清淤22条，总长52.6千米。截至年底，完成投资1.35亿元，完成天生河泵站外围堰施工、河道清淤23.5千米等工程。列入民生水利实施方案项目23个，总投资56.4亿元。截至年底，完成投资38.1亿元，投资完成率64%。其中，建设完成莲洲联围涝区整治、乾务水库除险加固、上横联围和大沙联围、三沙联围和竹银联围、鹤洲北海堤、横琴海堤、淇澳红树林海堤修复等工程；完成先锋岭水库、蛇地坑水库、吉大水库、青年水库、木头冲水库、黄绿背水库、东坑水库、福溪水库、柠檬坑水库、龙井水库、南新水库11座小型水库除险加固；推进建设小林联围涝区整治、白蕉联围排涝整治、黄杨河东堤整治达标、乾务联围海堤达标加固、斗门区白藤大闸重建等工程。 （曾泳桃）

【佛山水利工程建设】 2019年，佛山市重点推进61个在建水利工程，工程总投资46.44亿元，完成年度投资12.92亿元。其中，纳入2019年市政府重点工作任务的20个重点民生水务工程如期完成建设任务。全年全市完成36个水利工程建设项目竣工验收工作，其中包括3个中央、省投资的中小河流治理项目和10个三水区中小河流治理试点县和水系连通项目区，省重点项目验收完成率86.67%，竣工验收完成率达标。 （罗惠栅）

【惠州水利建设】 2019年，惠州市完成水利建设投资10.47亿元。《惠州市白花河流域综合整治规划》《惠州市农村水利治理规划（2019—2027年）》印发实施。金山新城水环境整治工程水利部分完成审核并动工。白盆珠水库除险加固工程根据第三次安全鉴定报告完成可研报告修编。联和水库除险加固、观洞水库应急备用水源工程完成主体建设。惠州大堤南堤堤路贯通工程总体形象进度90%。中小河流治理工程完成年度治理河长约300千米。7个小型病险水库除险加固工程有6个动工建设。开展市域内东江流域水量分配工作，保障东江博罗段生态流量不小于320立方米/秒，确保全市供水安全和生态安全。开展重点水资源优化配置工程建设，建设市区虾村和谭屋角取水工程、潼湖水厂一期工程、大亚湾东江引水工程、惠阳西枝江引水工程等，推进观洞水库应急备用水源工程、稔平半岛供水工程建设。实施生态补水工程，淡水河城区生活污水厂、淡水污水处理厂尾水补水工程及东江引水一期工程动工，污水厂清净尾水向淡水河进行生态调配。

（惠州市人民政府地方志办公室）

【东莞水利建设】 2019年，东莞市在建重大水务工程14个，总投资32.65亿元，年度完成投资13.9亿元，其中新开建项目3个，总投资9.63亿元，完成投资0.52亿元。东城街道下桥河片区内涝整治工程、东引运河下游石鼓水闸至虎门水闸段河道清淤清障应急工程、樟村泵站设备扩容升级改造工程、东莞市第三水厂生态补水应急工程等通过竣工验收。累计完成中小河流治理项目区建设18个并通过竣工验收。茅洲河界河段综合整治工程（东莞部分）、马滩水闸改扩建工程、东江北干流石龙南岸整治工程、东引运河虎门城区段及桥头至企石水闸段河道清淤疏浚工程等项目全面完工。石马河河口东江水源保护一期工程累计完成投资1.4亿元，占总工程量78%。桥陇河河道综合整治工程凤岗段、塘厦段分别完成投资额83%、50%。印发《东莞市沿海水乡片区堤防达标建设规划（2019—2023）》，启动沿海水乡片区346.18千米堤防达标加固建设，石碣镇刘屋堤段堤防达标工程防洪墙部分基本完成，中堂镇蕉利堤防达标工程动工建设，中堂、道滘、沙田、洪梅等镇启动勘察设计等前期工作。（东莞市人民政府地方志办公室）

【江门水利建设】 2019年，江门市完成水利建设投资18.82亿元。潭江河流治理工程、江新联围加固工程、中小河流治理（二期）项目、西江和潭江重点支流治理等项目按计划实施，按时保质完成目标任务。推进潭江河流治理工程建设潭江河流治理工程列入国家、省江河主要支流、重点独流入海河流治理项目。完成龙泉滘水闸重建及新增电排站工程建设位于新会区睦洲镇礼东围南段马鬃沙河的出口与礼乐河交汇处。推进中小河流治理工程建设，江门市纳入省中小河流（二期）项目34个，规划治理河长487.36千米，规划总投资10.19亿元。截至年底，完成治理河长172.79千米，完成投资35958万元。（江门市水利局）

【肇庆水利建设】 2019年，肇庆市完成水利投资13.43亿元。完成西江干流综合整治工程立项所需的前置审批。端州区西区泵站重建工程基本完工。推进病险水库除险加固工程，完成中央投资1008万元。加快推进村庄集中供水建设，全市111个省定贫困村中20户以上自然村1294个，完成集中供水1198个，任务完成率92.58%。开展污染河涌整治，全市列入专项整治31条。整治后，怀集凤江河达到Ⅱ类水标准，四会青岐涌、封开谷圩河稳定达到Ⅲ类水标准，鼎湖后沥涌、典水涌、桃溪涌、大苞渠、沙浦十字涌、石溪涌和高要西围涌、德庆大冲河、广宁南街河9条污染河涌水质从劣Ⅴ类达到Ⅴ类或以上。推动中小河流治理工程建设，完成工程总投资6.70亿元，治理河长190千米。加快农村水电增效扩容改造，投入资金8486万元，改造前装机容量4.10万千瓦，改造后装机容量5.35万千瓦。广宁县合成水电站，怀集县龙中滩水电站，封开县桂坑新电站、桂坑旧电站、东安江水电站5座小水电站被评为全国“绿色小水电站”。推动万里碧道规划及试点项目建设，编制完成《肇庆市碧道建设总体规划（送审稿）》，完成建设市级碧道试点新区砚阳湖段5.92千米。

（肇庆市人民政府地方志办公室）

【珠江三角洲水资源配置工程开工大会举行】 2019年5月6日，珠江三角洲水资源配置工程开工大会在广州市南沙区举行。该工程是世界上输水压力最高和盾构隧洞最长的调水工程，是提升粤港澳大湾区水安全保障的战略性工程，以深层管道输水方式穿越珠三角核心城市群，输水线路全长113千米，总投资约354亿元，工程受水区人口逾5500万人。（邹锦华）

【第四条对澳门供水管道工程通水】 2019年10月17日，珠海市第四条对澳门供水管道工程通水。工程建设内容包括新建供水管道15千米（DN1600），扩建洪湾泵站1座（20万立方米/天），概算总投资5.25亿元，于2016年4月25日开工建设，2019年4月完工，6月竣工验收。第四条对澳门供水管道通水后，改变对澳门供水原有的单向供水格局，形成更为安全的双向供水，供水能力从50万立方米/天提高至70万立方米/天，提高对澳门供水安全保障率。该工程是《粤澳2011年合作框架协议》项目，被列入《粤港澳大湾区发展规划纲要》。是年，对澳门供水量1.02亿立方米，日均对澳门供水量28万立方米，供水咸度维持在50毫克/升以下（国家标准为低于250毫克/升），对澳门供水质优量足。（曾泳桃）

【中山节水工作】 2019年11月21日，由广东省住房和城乡建设厅、广东省发展和改革委员会组织的中山市创建节水型城市考核验收评审会在市会议中心举行。会上，中山市通过省级节水型城市考核验收，获评广东省节水型城市。评审意见认为，中山创建组织体系完善、节水管理制度健全、节水工作基础扎实、节水宣传内容丰富、节水工作成效显著，参照《国家节水型城市考核标准》，达到节水型城市考核标准。2019年，中山市响应中共广东省委、省政府提出推进节水型城市建设的号召，在石岐区、东区、西区和南区分别开展节水型城市创建工作，逐步健全节水管理政策保障，完善用水节水计量统计，加大节水载体建设力度，建立价格杠杆调控体系，完成125个节水载体建设，建成37所节水型学校、12家节水型企业、25个节水型小区、58个节水型公共机构。

【广东省首个水利工程“网上不见面开标”交易项目】 2019年，中山市创新实行水利工程建设项目施工招标“网上不见面开标”模式。10月9日，黄圃镇吴栏村大涌尾河涌整治工程（二期）在招投标全过程电子化的基础上，打破传统的现场开标模式，实行“网上不见面开标”新模式，在全省率先实现水利工程项目“交易不见面、投标零跑动”的交易新模式。全年采用“交易不见面、投标零跑动”的交易新模式成功开标3宗，实现新项目100%“网上不见面开标”。

（中山市人民政府地方志办公室）

水利防灾减灾体系建设

【概况】 2019年，广东省水利厅科学防御23场强降水和15次洪水过程，确保全省大江大河堤围无一决口、大中小型水库无一垮坝，水利设施直接经济损失较近5年均值下降49.6%。出台《广东省水利厅水旱灾害防御工作规则》，成立防御工作领导小组，构建“上下贯通，对应一致”的水旱灾害防御工作体系。广东省3月8日进入汛期，较往年提早1个月，省水利厅组织各地24小时值班值守，及时发布预警信息，组织防汛责任人上岗履职，落实针对性防御措施。全年启动水利防汛Ⅳ级响应3次、Ⅲ级响应2次，中央和省级财政分五批安排水利救灾资金11840万元。推进山洪灾害防治建设，建成覆盖防治区的水雨情监测站网和省、市、县三级山洪灾害监测预警平台，完善80个县群测群防体系和应急保障体系。各地水利部门、工程管理单位对水利工程进行巡查排险，全年派出1261组6788人次开展临灾风险排查工作。建立汛限水位监管工作机制，严密监控水库（电站）汛期运行工况，严控水库私自超汛限水位运行，对非调洪期间连续5天超汛限水位运行的水库责令整改。安排专人监控山洪灾害预警信息处置情况，及时将预警信息发送至基层一线，汛期山洪灾害监测预警平台共产生预警20476次，发送预警短信5645.44万条。（曾紫凤）

【澳门水利防灾工程建设】 2019年，澳门特别行政区开展下一阶段《澳门内港挡潮闸工程可行性研究阶段—工程勘察及专题研究》，及挡潮闸工程初步设计的工作。完成《内港雨水蓄洪池及改善排水系统研究连探土服务》后启动工程计划的编制工作，出台《逸园跑狗场原址兴建蓄洪池及污水泵站可行性研究》，完成《筷子基至青洲沿岸防洪工程—编制工程计划》及《路环西侧防洪（潮）排涝规划总体方案报告》，开展《澳门外港防洪排涝规划总体方案报告》的项目。（摘自《2020澳门年鉴》）

【广州防汛工作】 2019年，广州市落实以行政首长负责制为核心的各项防汛责任制，组织核定市、区和重点水利工程防汛责任人名单。完善三防指挥机构成员，由常务副市长、常务副区长分别担任市、区三防指挥部指挥长，落实“三个联系、三个对接”，实行县（区）领导联系镇（街道），镇（街道）领导联系村（居），村（居）干部联系户；村（居）党员干部与群众对接，镇（街道）干部与辖区厂矿、企业、林场、农场、出租屋对接，各级三防及相关部门与同级学校对接制度。汛前在《广州日报》公布全市17座大中型水库、27个万亩以上堤围的防汛行政责任人和防汛技术责任人名单。修编印发《广州市防汛防旱防风防冻应急预案》，加强防灾风险管理，开展水利工程、应急抢险装备、“山边、水边、村边”结合部自然灾害隐患、地质灾害等多项检查。印发《广州市珠江堤防达标提升总方案》，推进珠江堤防达标工程建设。珠江堤防建设长度182.83千米，截至是年底，完成175.08千米，占总任务95.7%。 （钟韵）

【深圳防洪工作】 2019年，深圳市提出打造雨水全过程高质量精细化管理的立体防洪潮排涝体系策略，着力打造立体防洪潮排涝体系，系统提升洪涝灾害防御能力。实施《深圳市防洪潮排涝新增项目建设计划（2019—2020年）》，开展《深圳市防洪（潮）排涝规划（2020—2035年）》编制。启动《深圳市水务局极端天气灾害防御应急预案》编制。统筹规划1200多个水文站点布设，深化《深圳河湾流域洪涝风险模型应用研究》，印发试行《深圳市主要河道控制断面警戒水位》，统一划定河道上中下游洪水预警线，结合智慧水务建设，推动水工程调度专业化、精细化。加强山洪灾害防治，在汛后启动全市山洪灾害风险点的排查建档工作，强化山洪群防群治体系建设管理。 （深圳市人民政府地方志办公室）

【珠海水旱灾害防御】 2019年，珠海市制订《珠海市水务行业水旱灾害防御体系建设方案》，成立市水旱灾害防御工作领导小组，建立汛期值班制度及会商会议制度等指挥体系，落实防汛工作责任制；制定《珠海市水务局水旱灾害防御应急预案》；建立由44名防汛抢险专家组成的市级专家库，通过招标建立施工、设计、监理、造价、勘探等水务抢险救灾队伍库，为防汛抗旱提供支撑，建立健全水旱灾害防御体系，做好汛前、汛中和汛后的防汛检查和科学调度。实施《珠海市内涝整治工作方案》，分阶段开展城市水浸点整治，建立全市81个水浸点台账，落实易涝点责任人，制定应急措施。 （曾泳桃）

【佛山水旱灾害防御】 2019年，佛山市印发《佛山市防汛防旱防风信息报送和发布管理规定（试用）》《佛山市洪涝风灾害临灾涉险人员安全转移安置暂行办法》等文件，修编《佛山市防汛防旱防风防冻应急预案》《佛山市防汛防旱防风防冻应急预案操作手册》《北江大堤佛山市防守段抗洪抢险应急预案》《佛山市防汛防旱防风责任制管理暂行规定》等。印发《关于建立市级救灾物资应急保障联动机制（试行）》《佛山市森林火灾应急预案（试行）》《佛山市森林防灭火指挥部工作规则》，制定《佛山市自然灾害查灾核灾工作机制》《佛山市灾区民房恢复重建工作机制》。 （周结华）

【惠州防汛工作】 2019年，惠州市开展防汛备汛检查督查，落实以行政首长负责制为核心的防汛责任制，明确水利工程防汛预案、队伍组织、物资储备、防洪调度、应急抢险等各个环节的责任目标和措施，做好值班值守和水利工程巡查管护，实施科学调度，使水利行业安全平稳度汛。汛期结束后，组织开展两轮东江水利枢纽模拟“潮汐”调度演练，使得东江、西枝江水体交换活跃，变“死水”为“活水”。落实专人值班、领导带班和事故信息报告等制度。加强三防仓库日常维护管理，完成“6·10”暴雨洪水期间12车4批次物资调运保障工作。开展东江干流及三大水库涉及防洪安全制约因素调研，组织编制东江流域防洪监测及预警响应机制建设方案。

（惠州市人民政府地方志办公室）

【东莞水旱灾害防御】 2019年，东莞市水务部门完成与应急部门三防指挥职能交接，专职统筹水旱灾害防御工作，编制水旱灾害防御工作规则，开展防汛抗旱专项检查4次，举办防汛抗旱联合值班培训6期，组织全市民兵轻舟分队骨干集训、应急排涝设备（移动式抽水泵站）实操训练、防汛卫星电话和应急对讲终端培训、防汛物资调运训练以及工程抢险队应急抢险演练，完成年度训练任务的水上防洪救援队34支。市级防汛物资仓库新增防汛抢险物资约265万元，进行防汛物资调运24次。

（东莞市人民政府地方志办公室）

【中山水利防灾减灾】 2019年，中山市水务局以人大"一号议案"《关于加快水利防灾减灾工程建设议案》为重点，推进62个水利防灾减灾重点工程建设。成立议案办理工作领导小组，印发《关于加快水利防灾减灾工程建设议案的实施方案》，确定年度工作目标，保障项目资金落实。至年底，各项工程完成投资1.2亿元，超额完成年度投资计划。其中南头穗西泵站等5个工程完工，22个工程全部按期开工，35个工程加快推进前期工作；重建老旧病险水闸3座及泵站2座、完成整治灌浆加固大堤险段32.4千米。年内，水利工程续建47个，新动工43个，比上年增长28%，完成投资4.1亿元；监督项目法人组织完工验收24个、阶段验收18个、竣工验收29个。加强水利工程质量监督，全年监督工程项目220个，其中新开工项目43个，续建项目60个，完工项目117个，所有工程项目均一次验收合格。实施水利工程质量"飞行检测"，委托第三方检测单位对东凤镇中沙环（沙塘围段）险段整治工程、张家边联围同安围海堤整治工程等36宗工程项目的实体和建筑原材料进行质量抽检，抽检合格率为97%。开展水利系统扫黑除恶专项斗争工作。

是年，中山市落实各项防御措施，应对龙舟水、暴雨、台风及其环流等灾害影响，全年启动防暴雨Ⅰ级应急响应1次、Ⅱ级应急响应16次，启动防台风Ⅳ级应急响应1次，发送各类防御通知96份，简报29份，预报预警信息1200万条次，在防暴雨防台风期间转移1223人。落实隐患排查整改，严格执行"一工一表"（一个防汛工程、一个防汛防风安全检查台账表）检查制度，开展汛前防汛防风大检查。提高全市防汛防风抢险指挥决策、应急响应、协同配合等实战能力，赴中山火炬高技术产业开发区、坦洲镇等8个防汛防风重镇进行实地调研并开展防汛抢险知识培训，中山军分区民兵应急分队以及南头、民众、黄圃等基层镇、村防汛责任人共500人参与培训。（中山市人民政府地方志办公室）

【江门水灾防御】 2019年，江门市防御10场次强降雨、7次雷雨大风天气的袭击，尤其是做好"龙舟水"短时急降雨的防御工作，全市江河水库水情总体平稳，实现无人员伤亡和重大水利工程出险。开展"四不两直"（不发通知、不打招呼、不听汇报、不用陪同接待，直奔基层、直插现场）检查，形成各市（区）"问题清单"，检查发现问题310个，全部整改落实。全市投入水利水毁修复资金2500万元，57个水毁项目全部完成修复。加强对山洪、水库、水电站和重点堤围的安全监管。（江门市水利局）

【肇庆防汛工作】 2019年，肇庆市启动水利防汛应急Ⅳ级响应11次、防汛应急Ⅲ级响应1次。发出洪涝灾害监测预警1546次，向相关责任人发出预警短信6.5万条。派出149个工作组共619人次到基层一线开展防汛检查、险情处置等，应对20场集中性强降雨、7月西江2场编号洪水、贺江超警戒洪水。

（肇庆市人民政府地方志办公室）

·责任编辑　章坦妮·

现代产业体系构建

综　述

【概况】　2019年，广东省制造业高质量发展强劲起步。推进制造强省建设，出台推动制造业高质量发展的意见，形成电子信息、绿色石化、智能家电、建筑业等产值超万亿元的产业集群。广东获批准建设国家数字经济创新发展试验区。加快推进珠江三角洲国家大数据综合试验区建设，试点建设6个省级大数据综合试验区。新培育3个省级人工智能产业园，深圳获批国家人工智能创新应用先导区。全省规模以上装备制造业增加值增长5.9%。培育25个国家级、290个省级智能制造试点示范项目。全省有机器人骨干企业74家，全年工业机器人产量4.47万台（套），占全国总产量的24%。广州黄埔出台“区块链10条”，深圳初步形成以南山为代表的区块链产业集聚区。全年推动8894家工业企业开展技术改造，3000家工业企业“上云上平台”，全省工业技术改造投资增长12.9%。新增9家主营业务收入超100亿元企业、1家世界500强的制造业企业。新增国家级工业设计中心9家。培育20家珠三角地区服务型制造示范企业（平台）。新动能加快成长。1—10月，工业机器人产量3.49万台（套），建成5G基站2.54万座，3D打印设备、4K电视、新能源汽车产量比上年分别增长2.5倍、32.3%和31.4%。出台促进广东省集成电路产业发展的指导意见，广州粤芯、珠海英诺赛科等集成电路项目建设加快。实体经济发展环境逐步优化。实施“实体经济十条（修订版）”“民营经济十条”，落实各项减税降费政策，全年为企业降成本1355.7亿元。实施支持中小企业融资、上规模奖励等措施，建成省中小企业融资平台，获批发行企业债券537亿元，推动7000家小微企业上规模，规模以上工业企业总量超5万家，居全国第一位。稳妥推进降杠杆，市场化债转股落地4个项目资金、到位资金174.9亿元，规模以上工业企业资产负债率56.6%，下降0.5个百分点。

【现代海洋产业体系】　2019年，广东省培育壮大海洋电子信息、海洋生物、海洋工程装备、海上风电、天然气水合物、海洋公共服务业等海洋六大产业，印发实施《广东省加快发展海洋六大产业行动方案（2019—2021年）》，省财政下达3亿元省海洋经济发展专项资金，重点支持55个海洋六大产业项目科技研发与成果转化。是年，广东省以海岸带保护与利用综合示范区建设为抓手，推动海岸带地区高质量发展。印发实施《关于推进广东省海岸带保护与利用综合示范区建设的指导意见》，下达2亿元的海岸带保护与利用综合示范区建设专项资金，支持湛江海东新区、东莞滨海湾新区、汕头华侨试验区等3个海岸带综合保护与利用示范区及深圳、中山、潮州、茂名、揭阳等5

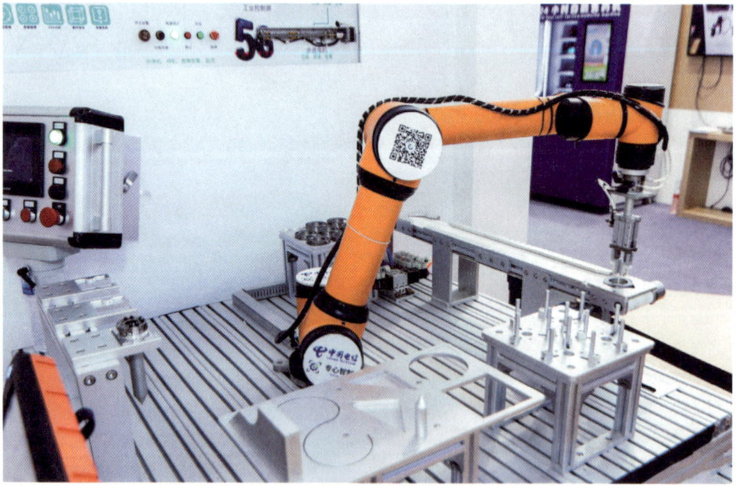

“5G工业互联网”应用——模拟智慧工厂（2019年）　（佛山电信供稿）

个海岸带保护与利用综合示范区启动区建设。

（编辑部）

【国际物流大通道建设】 2019年，结合“川贵广—港澳—南亚国际物流大通道”的项目建设，广东交通集团粤港澳物流合作园珠海洪湾物流项目、珠海顺圆智慧物流产业园、粤港澳大湾区智慧冷链产业学院、江门江润物流园等一批重点建设项目逐步落地。“川贵广—港澳—南亚国际物流大通道”及珠海节点“粤港澳物流合作园”于2019年7月经中共广东省委、省政府列为推进粤港澳大湾区“一带一路”建设的重大实施项目。中国交通建设集团、招商局集团成为川贵广—港澳—南亚国际物流大通道及其节点建设的主力军，国际合作成果显著。广东省广物控股集团有限公司首次实现中国单批次100台以上二手车出口非洲市场。位于东非节点的中非国际商品采购交易中心、海产品冷链加工分拨中心项目顺利推进。连接中巴哈伊瓜国际物流大通道，广东省物流行业协会联合甘肃口岸物流有限责任公司开通“中国兰州—巴基斯坦拉合尔”全货机国际定期航线，打通甘肃首条“中巴经济走廊”的空中通道和航线。连接中澳（活畜）海上物流大通道，广东省物流行业协会联合广东金泽投资集团有限公司策划推动的“澳大利亚百万活牛进口广东”项目取得新进展。

（编辑部）

先进制造业

制造业核心竞争力增强

【概况】 2019年，广东省形成新一代电子信息、绿色石化、智能家电、先进材料、现代轻工纺织、软件与信息服务等一批产值超万亿元产业集群，其中，全省电子信息产业产值占全国三分之一，连续28年居全国第一位；华为、中兴5G技术引领全球，华为、中兴的5G标准必要专利分别占全球15%、11.7%。全省汽车产量自2016年以来一直位居全国第一位。培育珠江东岸高端电子信息产业带和珠江西岸先进装备制造业产业带取得成效，2019年分别实现增加值8052.08亿元和2266.7亿元。

（编辑部）

【广州先进制造业发展】 2019年，广州市召开广州先进制造业强市建设推进大会，实施“八大提质工程”，推动建设先进制造业强市。是年，广州市被联合国工业发展组织授予“全球定制之都”称号，被评为2019亚太区领军智慧城市。广州获批准建设首批国家综合型信息消费示范城市、规模化部署5G商用试点城市、广州国家级人工智能与数字经济试验区、区块链发展先行示范区、数字经济国家级示范区、人工智能产业先导区、通用软硬件适配测试中心等。是年，广州市先进制造业增加值占规模以上工业增加值的58.4%，其中仪器仪表制造业增加值比上年增长35.7%。高技术制造业增加值增长21.0%，对全市规模以上工业增长的贡献率57.2%；占规模以上工业增加值的比重16.2%，增加2.8个百分点。高技术制造业中的医疗仪器设备及器械制造业工业总产值增长53.5%，生物药品制造业、智能消费设备制造业和工业机器人制造业产值分别增长23.7%、9.6%和9.8%。是年，广州市规模以上高新技术产品产值占全市规模以上工业总产值的49.0%，增加1.0个百分点。全年新能源汽车产量比上年增长1.1倍；液晶显示屏产量增长12.5%；智能手表、智能手机、智能手环、平板电脑等智能化产品产量分别增长2.4倍、2.2倍、18.3%和68.4%；新材料产品中锂离子电池产量增长32.1%；高性能装备类产品中的医疗仪器设备及器械增长26.5%。

（广州市人民政府地方志办公室）

【深圳产业转型升级】 2019年，深圳市加快产业转型升级。进一步夯实创新基础。设立自然科学基金，加大对基础研究和应用基础研究的财政资金投入。建设综合性国家科学中心，大力推进创新载体建设，努力开展关键核心技术攻坚，推动科技金融深度融合。打好产业基础高级化、产业链现代化攻坚战。围绕产业链布局创新链，完善“基础研究 + 技术攻关 + 成果产业化 + 科技金融”全过程创新生态链，构建各类创新主体相互协同、相互支撑的创新生态体系。产业核心竞争力进一步提升。成为全国首批5G试点城市，新型显示器件、人工智能和智能制造装备三个产业入选国家战略性新兴产业集群发展工程，获工业和信息化部支持建设深圳人工智能创新应用先导区，创新创业创意之都建设提速提效。年内，深圳市七大战略性新兴产业整体规模突破万亿，实现增加值10155.5亿元，比上年增长8.8%，占全市生产总值的37.7%。其中，千亿级产业4个，新一代信息技术产业实现增加值5086.2亿元，规模突破5000亿元；数字经济产业实现增加值1596.6亿元，增长18%；高端装备制造产业实现增加值1145.1亿元；绿色低碳产业实现增加值1084.6亿元，规模首次突破千亿。新材料产业实现增加值416.2亿元，比上年同期增长27.6%，增速较上年提高19个百分点。生物医药产业实现增加值337.8亿元，比上年增长13.3%。年内，深圳市加强产业研究和政策引领，印发并实施《深圳市新一代人工智能发展行动计划（2019—2023年）》《深圳市促进智能网联汽车产业发展行动计划（2019—2021年）》《深圳市推进新能源工程车产业发展行动计划（2019—2021年）》《深圳市关于率先实现5G基础设施全覆盖及促进5G产业高质量发展的若干措施》《深圳市进一步推动集成电路产业发展行动计划（2019—2023年）》《深圳市推动超高清视频应用和产业发展若干措施（2019—2021年）》等政策措施。积极推进先进制造业集群建设，制定培育产业集群实施方案，获工业和信息化部批复建设国家人工智能创新应用先导区，深圳湾科技生态园和金地威新软件科技园获批广东省人工智能产业园。

（深圳市人民政府地方志办公室）

【珠海先进制造业发展】 2019年，珠海市先进制造业工业增加值达到629.08亿元，增速2.8%，占比55.5%，比上年提高0.6个百分点。战略性新兴产业增加值占比超过28.2%，在广东省排名第四位，质量效益不断提升。格力电器牵头组建的能源互联网创新中心建设方案获得广东省政府授牌，具备挂牌运营条件。珠海南方软件网络评测中心被评为2019年度国家中小企业公共服务示范平台，全市国家中小企业公共服务示范平台数量达到4家。全年新增国家企业技术中心1家、市级企业技术中心82家，规模以上工业企业研发机构覆盖率45%，主营业务5亿元以上企业设立研发机构覆盖率达到100%。

（珠海年鉴编辑中心）

【佛山推进国家制造业转型升级综合改革试点】 2019年，佛山市稳步推进国家制造业转型升级综合改革试点，部署实施推动制造业高质量发展的“六大工程”（指强核工程、立柱工程、强链工程、优化布局工程、品质工程、培土工程），规模以上工业增加值保持在全国城市第六位、湾区城市第二位。举办珠江西岸装备制造业洽谈会、中国安全产业大会等重大产业展会活动，新签约投资超亿元项目478个，包括腾讯工业互联网粤港澳大湾区基地、中国中药健康产业园等一批龙头企业项目，计划总投资3370.6亿元。美的库卡智能制造产业基地、东丽无纺布等重大产业项目投产。发展智能制造，引导1300多家工业企业开展技术改造，新增应用机器人超3000台。出台《佛山市工业企业技术改造固定资产投资奖补实施方案（2019—2021年）》，加快制造业创新中心建设，广工大数控装备协同创新研究院“广东省半导体智能装备和系统集成创新中心”、美的集团“广东省工业云制造创新中心”申报成为广东省制造业创新中心。推进“机器换人”工作，加大力度扶持引导企业广泛应用机器人及智能装备、开展机器人本体制造及系统集成，对全市362个机器人应用及产业发展项目给予支持，新认定市级机器人应用

示范企业5家。（赵冬竹）

【惠州制造业发展】 2019年，惠州市规模以上工业总产值7803.38亿元，在广东省占比5.3%；规模以上制造业总产值达7350.15亿元，计算机、通信和其他电子设备制造业产值为3196.79亿元，占广东省4.31万亿元的7.4%，石油加工、炼焦和核燃料加工业，化学原料和化学制品制造业总产值达1538.38亿元，占广东省1.51万亿元的9.93%，电子信息和石化产业为制造业主导产业，占惠州市制造业总产值的比重为43.59%和20%，两者之和占比63.59%。

（惠州市人民政府地方志办公室）

【东莞先进制造业发展】 2019年，东莞市完成规模以上先进制造业增加值比上年增长12.7%，占比由2018年的52.3%提升至54.2%；规模以上高技术制造业增加值增长20.6%，占比由2018年的38.9%提升至42.2%，高技术制造业占比在广东省排名第二。

（东莞市人民政府地方志办公室）

【中山推动制造业创新载体建设】 2019年，中山市落实《中山智能制造2025发展规划(2016—2025年)》，在家电家居、纺织服装、五金加工等领域实施智能化技术改造和示范应用，在小榄镇创建智能制造示范镇，搭建智能制造创新型公共服务平台，在南头镇建设中山市（南头）家电智能制造示范镇，打通家电产业生产链、金融链、人才链、信息链，推动家电产业加快转型升级。至年底，全市有国家级智能制造试点示范项目2个、省级23个、市级64个；国家级企业技术中心4家、省级102家、市级323家；国家级工业设计中心1家、省级12家；省机器人骨干企业3家。全年获省重点领域研发计划立项项目5个，立项总金额6500万元。推进市重大科技项目立项，开展关键、核心技术攻关。修订印发《中山市重大科技专项资金使用办法》。承接国家、省重大科技项目在中山进行技术攻关和成果落地转化，安排2019年省科技专项资金（“大专项+任务清单”管理模式）项目2个，立项资金800万元。（中山市人民政府地方志办公室）

【江门装备制造业项目】 2019年，江门市新引进、新开工、新投产超1亿元装备制造业项目分别为46个、52个、32个，项目完成数量、进度均居珠江西岸八市前列。

（江门市工业和信息化局）

【肇庆先进制造业发展】 2019年，肇庆市加快建设西江先进制造业走廊，研究制定推动制造业高质量发展实施方案。全市引进投资超亿元装备制造业项目32个，总投资175.33亿元；新开工超亿元装备制造业项目27个，总投资115.51亿元；新投产超亿元装备制造业项目15个，完成年目标任务115.38%，总投资56.3亿元。先进制造业增加值比上年增长4.1%，占规模以上工业增加值的比重为30.7%，比上年提高0.7个百分点。其中，高端电子信息制造业下降6%，生物医药及高性能医疗器械业增长17.5%，先进装备制造业增长4.7%，先进轻纺制造业增长8.9%，新材料制造业增长0.3%，石油化工业增长10.7%。（肇庆市人民政府地方志办公室）

制造业布局优化

【概况】 2019年，广东省加快构建“一核一带一区”发展新格局，珠三角核心引领作用强化。先进制造业、高技术制造业增加值占规模以上工业比重分别为56.3%、32.0%。产业共建和对口帮扶加强，前三季度省产业转移工业园规模以上工业增加值比上年增长5.8%，深汕特别合作区全面推进改革试点，打造“飞地经济”区域协调发展创新范例。珠江西岸先进装备制造产业带全年新引进、新开工、新投产投资亿元以上装备制造业项目分别达290个、276个、190个，形成20个产值超100亿元产业集聚区。（编辑部）

【深圳制造业布局优化】 2019年，深圳市规模以上制造业比上年增长4.2%，占全市规模以上工业增加值的91.8%，增速和占比分别较上年回落6.3个百分点和0.4个百分点。其中，先进制造业增加值比上年同期增长5.5%，占全市规模以上工业增加值的71.9%，对全市工业增长的贡献率达到83.5%；高技术制造业比上年同期增长5.9%，占全市规模以上工业增加值的66.6%，对全市工业增长的贡献率为82.6%。深圳市制造业29个大类行业中，增速较上年回落的有20个，实现正增长的有14个。电子信息制造业增加值比上年同期增长5.5%，增速较上年回落8.4个百分点，占全市工业比重超过六成。机械装备制造业增加值比上年同期增长3.7%，增速较上年提高1.5个百分点，占全市工业比重为14.7%。其中，电气机械和器材制造业比上年同期增长7.1%，专用设备制造业增长8.9%，通用设备制造业增长7.2%。传统行业增加值下降12.5%；得益于中海油的快速增长，石油开采业增加值增长18.5%，增速较上年大幅提高31个百分点；电力行业增加值增长3.4%；医药制造业增加值增长10.2%。年内，全市推进制造业创新中心建设，高性能医疗器械、未来通信高端器件、石墨烯和小分子新药创新中心挂牌成为广东省制造业创新中心，其中，未来通信高端器件、高性能医疗器械创新中心有望获批国家制造业创新中心。新一代信息通信、先进电池材料产业集群进入国家先进制造业集群竞赛决赛。全力拓展产业发展空间，出台工业区块线管理办法、工业用地供应管理、工业区转型升级和产业用地提质增效、节约集约利用等政策；在全市范围内划定270平方公里工业区块线，并严控“工改居”“工改商”和“工改M0”，稳定全市工业用地总规模；推进旧工业区连片改造，盘活低效用地资源，加快工业及其他产业用地供应，推动制造业转型升级；集中推出产业用地30平方千米，保障优质项目用地需求。

（深圳市人民政府地方志办公室）

【珠海先进装备制造项目建设】 2019年，珠海市推进先进装备制造项目落地建设，全年新引进投资额1亿元以上先进装备制造业项目50个，新动工项目48个，新投产项目30个。组织37家企业、140件产品、39个投资1亿元以上项目参加第五届珠江西岸先进装备制造业投资贸易洽谈会，项目总投资220.16亿元，其中超10亿元项目7个。进一步增资扩产，做好621个在库工业投资项目跟踪管理，珠海紫翔电子高密焊盘柔性线路板优化开发、斗门超毅实业线路板生产线升级、晨新科技全面屏智能化工厂改造等16个重点项目竣工；利盟激光打印机高端智能制造产业园、利安隆新材料、崇达电子等13个亿元以上重点项目开工建设。 （珠海年鉴编辑中心）

【佛山制造业布局优化】 2019年，佛山市装备制造业实现增加值1514.01亿元，比上年增长7.6%。一汽－大众MEB电动汽车整车项目与MEB高压电池自制项目、季华实验室、传感器及电喷系统项目等重大项目开工。碧桂园机器人谷启动区项目、顺德智能制造科技园、广东省智能制造产业示范基地创新合作模式建设项目、美的库卡智能制造科技园项目（一期）等重大项目投产。佛山市莫森环境工程有限公司、佛山希望数码印刷设备有限公司、佛山市宏石激光技术有限公司、富利包装机械等公司的项目被认定为国家级首台（套）重大技术装备。通用设备制造业方面，实现工业增加值316.31亿元，增长12.2%；专用设备制造业实现工业增加值200.91亿元，增长0.9%。专用设备制造业方面，佛山专用设备多数以“工作母机”与本地优势传统产业配套，主要包括陶瓷机械、塑料机械、木工机械、玻璃机械、印刷包装机械、化工机械、纺织机械等行业领域。汽车及零部件制造业方面，汽车制造业实现工业增加值236.35亿元，增长9.9%。全市有从事汽车及零部件制造规模以上企业173家，具备以整车生产为主，汽车关键零配件生产、汽车市场服务以及其他相关行业兼备的完整汽车产业链条。家用电器制造方面，佛山市家用电器制造业实现工业增加值696.24亿元，增长12.2%。有18家家电企业2019年营收规模超过10亿元，其中美的、海信、格兰仕、万和4家集团公司营收规模超过100亿元。

（陈枫）

【惠州推动产业转型升级】 2019年，惠州市实施创新驱动发展战略和推动产业转型升级，两大支柱产业发展态势良好，大亚湾石化区炼化一体化规模全国第一位；电子信息产业加快发展，成为全国重要的电子信息产业基地，逐步形成石化能源新材料、电子信息两大产业集群。其中，培育一批具有国际竞争力的世界级电子信息产业企业和品牌，初步形成以平板显示、LED为代表的光电产业、汽车电子、移动互联网终端、新能源电池等新型高端特色产业为主体的电子信息产业体系。大亚湾石化区基本形成以2200万吨/年炼油、220万吨/年乙烯为龙头，以炼油—烯烃（碳二、碳三、碳四、碳五、碳九）—芳烃为优势产业链的产业集群。惠州市汽车和装备制造、新能源等产业不断发展壮大。初步形成以惠城—仲恺—大亚湾—惠东为主线的新能源汽车动力电池和零部件制造产业集群，以仲恺高新区、大亚湾开发区为核心的LED产业集群和以惠城区、博罗县为主的仪器仪表专用设备产业带。

（惠州市人民政府地方志办公室）

【东莞制造业布局优化】 2019年，东莞市电子信息制造业产业链配套完善，从产品设计到产品制造和检测，从基础零部件到终端产品制造，从消费类产品到投资类产品的完整产业体系，产业配套率90%以上。电子信息产业遍布全市各镇街（园区），整体呈现以松山湖、长安为两核，其余各镇多点分布、配套完备的产业链布局。其中，在智能移动终端领域，东莞市成为全球重要的生产基地，产业规模位居全国之首，有华为终端、欧珀移动、维沃通信等一批龙头企业。电气机械及设备制造业产业链条较为完整，从上游的研发设计，到中游的零部件生产、设备制造，再到下游的运营服务，均分布有较多企业，整体发展处于较高水平。形成长安五金模具、横沥模具、虎门电子线缆、寮步汽车等产业集群。松山湖机器人及智能制造装备、麻涌新能源汽车及海工装备制造业等高端装备产业集群加速崛起。在研发设计方面，引进广东省智能机器人研究院、广东华中科技大学工业技术研究院等在数控装备、电子制造方面拥有较强研发实力的科研院所。在通用零部件方面，拥有大根（东莞）光电、日本电产（东莞）、捷荣技术、新能源科技等行业领先的企业。在设备制造方面，拥有中汽宏远、中集专用车、京滨汽车和阿尔卑斯电子等汽车、助动车制造领域的代表，及广东拓斯达、正业科技、快意电梯、南业装备等一批实力雄厚的专用器材、设备制造企业。 （东莞市人民政府地方志办公室）

【中山产业升级】 2019年，中山市骨干企业在智能装备、食品及日化、游戏游艺等领域开展6

东莞市电子信息制造业企业维沃移动通信有限公司（2019年）

（东莞市工业和信息化局供稿）

个工业互联网应用标杆项目和2个行业性平台标杆项目建设。加快传统产业集群数字化升级，推动灯饰行业和智能小家电产业入选广东省产业集群工业互联数字化转型升级试点。开展智能锁云平台建设，推动中山铧禧公司电子科技有限公司开展国家工业互联网解析体系二级节点示范项目建设。推进南头镇、东凤镇、黄圃镇与阿里巴巴集团合作，召开“数字集群重塑家电”家电产业集群平台方案发布活动，在家电产业集群推动顾客对工厂C2M（Customer-to-Manufactory）新模式。实施高端装备制造业发展行动计划，落实促进工作母机类制造业发展的若干政策措施。优先发展工业机器人、高档数控机床、智能化光电加工装备、智能化纺织装备、智能化印刷装备等工作母机制造业。

（中山市人民政府地方志办公室）

【江门出台工业园区高质量发展工作方案】2019年，江门市提出20条工业园区高质量发展具体工作任务和50项具体工作内容，建立园区工作情况按月报送工作制度，掌握全市重点工业园区建设进展情况。推动开平、台山、恩平分园区升级为3个独立的省产业园，实现每个市区均有一个独立建设的省级产业转移工业园，形成“1个示范园+6个一般园”发展新格局。申报蓬江、江海、鹤山3个新的省级产业集聚地，全市享受省产业园政策的区域面积达10306.66公顷。

（江门市工业和信息化局）

制造业结构调整

【概况】 2019年，广东省先进制造业和高技术制造业发展较快。规模以上先进制造业增加值18935.38亿元，比上年增长5.1%，增加值占全省规模以上工业的56.3%。其中，高端电子信息制造业增长8.8%，生物医药及高性能医疗器械业增长7.2%，先进装备制造业增长4.9%，先进轻纺制造业增长3.9%，新材料制造业增长3.5%，石油化工业增长0.1%。规模以上高技术制造业增加值10746.61亿元，增长7.3%，增加值占全省规模以上工业的32.0%。其中，航空、航天器及设备制造业增长17.1%，医疗仪器设备及仪器仪表制造业增长16.0%，电子及通信设备制造业增长8.3%，医药制造业增长0.5%，计算机及办公设备制造业下降7.9%，信息化学品制造业下降24.7%。

（编辑部）

【广州实施先进制造业强市计划】 2019年，广州市制订《广州市先进制造业强市三年行动计划（2019—2021年）》，实施“八大提质工程”，提升汽车、电子、石化等传统优势制造业，重点发展新一代信息技术、人工智能、生物医药（IAB）和新能源、新材料（NEM）等战略性新兴产业，先进制造业增加值占规模以上制造业增加值比重64.5%，战略性新兴产业实现增加值5730.99亿元、比上年增长7.5%。推进国家智能制造试点、绿色制造示范项目和创新中心建设，加快布局5G、区块链、工业互联网，广汽智能网联新能源、乐金显示OLED、粤芯芯片、百济神州等项目投产。价值创新园区累计入驻企业3700家，其中产值（营收）1亿元以上企业87家。

（广州市人民政府地方志办公室）

【深圳制造业提质增效】 2019年，深圳市推动制造业提质增效。出台支持制造业高质量发展政策，印发并实施《深圳市新一代人工智能发展行动计划（2019—2023年）》《深圳市促进智能网联汽车产业发展行动计划（2019—2021年）》《深圳市推进新能源工程车产业发展行动计划（2019—2021年）》《深圳市关于率先实现5G基础设施全覆盖及促进5G产业高质量发展的若干措施》《深圳市进一步推动集成电路产业发展行动计划（2019—2023年）》《深圳市推动超高清视频应用和产业发展若干措施（2019—2021年）》等政策措施。实施新一轮技术改造倍增计划，创建未来通信高端器件、高性能医疗器械等国家制造业创新中心，推动“深圳制造”向“深圳创造”转型，打造万亿级先进制造业产业集群。全年全部工业增加值9587.94亿元，比上年增长4.4%。规模以上工业增加值前十大行业依次为：计算机、通信和其他电子设备制造业，电气机械和器材制造业，专用设备制造业，电力、热力生产和供应业，石油和天然气开采业，橡胶和塑料制品业，通用设备制造业，金属制品业，汽车制造业，医药制造业。全年规模以上工业销售产值比上年增长3.6%。

（深圳市人民政府地方志办公室）

【佛山产业结构优化】 2019年，佛山市先进制造业完成工业增加值2423.7亿元，比上年增长8.7%。高技术制造业稳中有升，完成工业增加值293.12亿元，增长5.6%。轻重工业按相对均衡比例协调发展，轻工业完成工业增加值2324.42亿元，增长8.4%。重工业完成工业增加值2535.07亿元，增长5.8%。打造“2+2+4”先进制造业产业集群（指装备制造、泛家居等2个规模超1万亿元产业集群，汽车及新能源、军民融合及电子信息等2个规模冲5000亿元的产业集群，智能制造装备及机器人、新材料、食品饮料、生物医药及大健康等4个规模冲3000亿元的产业集群），规模以上先进制造业、装备制造业增加值占规模以上工业增加值比重分别为49.5%、30.6%。 （赵冬竹　曾畅）

【惠州产业调整】 2019年，惠州市石化产业主要以中海油2200万吨/年炼油和中海壳牌220万吨/年乙烯为龙头，延伸发展石化中下游、高端化学品和化工新材料产业链。中海油、中石化、壳牌、巴斯夫、科莱恩等大批全球知名企业落户，形成碳二、碳三、碳四、碳五、碳九、芳烃等产业链。惠州市是全国乃至全球重要电子信息产业基地之一，惠州制造的液晶电视机、车载导航等产品的产量、市场份额位居全国乃至世界前列，有TCL、德赛、伯恩、比亚迪、华阳、龙旗、亿纬锂能等大批龙头企业，主要集中在智能终端、超高清视频、智能汽车电子、新能源电池、新型LED等产业。2019年，惠州市德赛西威汽车电子股份有限公司工业设计中心入选工业和信息化部公布的第四批和通过复核的第一批、第二批国家级工业设计中心名单。TCL集团股份有限公司工业设计中心通过复核。有6家绿色工厂、2家企业的20种绿色产品、1家绿色供应链管理示范企业被列入工业和信息化部公布第四批绿色制造名单。医药制造业完成投资额2.62亿元，比上年增长1.59倍，推动智慧健康养老示范基地入选国家第三批示范基地名单，成为广东省唯一入围的地级市。

（惠州市人民政府地方志办公室）

【东莞工业产业调整】 2019年，东莞市电子信息制造业基础扎实、产品门类广泛，涵盖通信设备、集成电路及关键零部件、3C产业（电脑、通信和消费性电子产业）、5G及下一代通信技术、电子元件及电子专用材料制造等多个领域。东莞市推进工业企业自动化改造。鼓励企业通过购置使用先进自动化设备实施技术改造，对实施自动化改造项目的企业，按不高于项目设备和技术投入总额的10%给予资助，单个项目最高资助200万元。 （东莞市人民政府地方志办公室）

【中山“实体经济十条”（修订版）实施】 2019年，中山市实施《中山市降低制造业企业成本支持实体经济发展的若干政策措施（修订版）》（简称“‘实体经济十条’（修订版）”），降低制造业企业成本，优化企业发展环境，助推企业转型升级，重点支持制造业高质量发展。“实体经济十条”（修订版）围绕培育制造业新兴支柱产业、打造企业全生命周期公共技术服务平台体系、实施重大科技专项、加大创新平台支持力度、支持企业提升自主研发能力、扩大技术改造普惠性事后奖补政策享受范围、加快传统产业升级、探索建立制造业企业高质量发展综合评价体系、发展工业互联网等方面提出10条举措，解决中山市产业集群和企业转型升级中所遇到的共性难题。政策条款从原来的33项增加至40项，降低企业税收负担、用地成本、社会保险成本、用电成本、运输成本、融资成本、制度性交易成本，支持工业企业盘活土地资源提高利用率、制造业高质量发展，加大重大产业项目支持力度。

（中山市人民政府地方志办公室）

【江门推动技术改造】 2019年，江门市共分8批次兑现省级技术改造奖励政策，安排188个项目，奖励资金超5.3亿元。落实江门市机器人应用扶持政策，江门市新增机器人应用1175台，扶持广东科杰等14个机器人应用项目，合计奖励资金434.04万元。支持大冶摩托、雅图高新2家企业技术中心项目建设。江门市蓬江区产业转移工业园区被纳入2019年省级循环化改造试点园区，全市有7个园区被纳入试点。

（江门市工业和信息化局）

【肇庆绿色制造示范创建】 2019年，肇庆市重点推进新能源汽车、先进装备制造业、节能环保产业等行业企业开展绿色制造示范创建。工业和信息化部公布的第四批国家级绿色制造示范项目名单中肇庆有5个，其中，肇庆高新技术产业开发区进入“绿色园区”名单，肇庆理士电源技术有限公司、广东飞南资源利用股份有限公司、肇庆北新建材有限公司进入“绿色工厂”名单，肇庆理士电源技术有限公司的“固定型阀控式铅酸蓄电池”产品进入“绿色设计产品”名单。

（肇庆市人民政府地方志办公室）

【第五届珠江西岸先进装备制造业投资贸易洽谈会】 2019年9月20—22日，第五届珠江西岸先进装备制造业投资贸易洽谈会在佛山市广东（潭洲）国际会展中心举行。国家、广东省有关领导及佛山、珠海、韶关、中山、江门、阳江、肇庆、云浮等8个城市主要领导出席开幕式并见证现场签约。17个省直部门主要负责人及珠江西岸8个城市（指珠海、佛山、韶关、中山、江门、阳江、肇庆、云浮）分管副市长出席开幕式。该届洽谈会以“珠西智造、装备未来”为主题，聚焦工作母机、机器人、新能源汽车等9个重点领域，展示总面积3万平方米，有197家装备企业的721件展品参展，其中佛山有37家企业参展，展出有代表性的装备128件。该届洽谈会组织签约项目234个，总投资额约1983亿元，其中投资超100亿元项目3个、投资超10亿元项目57个、超5亿元项目88个。与往届洽谈会相比，第五届珠江西岸先进装备制造业投资贸易洽谈会展品更具针对性，出现很多与前沿科技结合的智能化、高端化和数字化装备，部分产品从跟随式创新走向突破性、引领性创新。

（陈枫）

战略性新兴产业

战略性新兴产业集群打造

【概况】 2019年，广东省十大战略性支柱产业集群突出“稳”，主要选择产值5000亿元以上，具有坚实发展基础和增长趋势，对广东经济具有重要支撑作用的产业集群，进一步巩固传统产业优势，强化优势产业领先地位，夯实广东经济社会发展的基本盘。包括新一代电子信息、绿色石化、智能家电、汽车产业、先进材料、现代轻工纺织、软件与信息服务、超高清视频显示、生物医药与健康、现代农业与食品。是年营业收入合计达15万亿元。十大战略性新兴产业集群体现“进”，主要选择产业辨识度高、切口小（即产值在2000亿元以内）、有高成长性、强化未来发展产业方向的有关产业集群，抢先布局战略性新兴产业、未来产业，开创广东新的经济增长点。包括半导体与集成电路、高端装备制造、智能机器人、区块链与量子信息、前沿新材料、新能源、激光与增材制造、数字创意、安全应急与环保、精密仪器设备。全年营业收入合计达1.5万亿元。

（编辑部）

【广州产业集群发展】 2019年，广州市制定出台广佛共建先进装备制造、汽车、新一代信息技术、生物医药与健康等4个万亿级产业集群工作方案。依托肇庆（高要）汽车零部件产业园、广梅产业园，打造广州国际汽车零部件产业基地拓展区。广州空港经济区推动临空产业集聚，初步形成飞机维修及客改货、跨境电商、航空物流、飞机租赁、航空总部、通用航空6个临空产业集聚。自贸区南沙新区片区加快发展战略性新兴产业，打造人工智能、新能源汽车、先进制造、生物医药等新兴产业集群。中新广州知识城实施专业化产业集群培育，建设“一核两心三区四园”，包括建设九龙湖环湖总部核心经济带，枫下片区中心、新龙片区中心，大科学装置区、中试验证和应用推广示范区、科教创新区，生物医药、集成电路、智能制造、新一代信息技术4个价值创新园建设。是年，增城开发区新一代信息技术、汽车及新能源汽车、金融科技3个产业加快集聚。以广汽本田、北汽华南基地2个整车企业为龙头，集聚日立汽车、广州电装、福耀玻璃等汽车零部件核心企业，形成研发、制造、销售、检测和服务一体化的完整产业链。

（广州市人民政府地方志办公室）

【深圳战略性新兴产业】 2019年，深圳市战略性新兴产业增加值合计10155.51亿元，比上年增长8.8%，占地区生产总值比重37.7%。大力培育发展新动能，出台5G、集成电路、生物医药、8K超高清视频、工业互联网等新兴产业发展政策，成为全国首批5G试点城市，新型显示器件、人工智能和智能制造装备3个产业入选国家战略性新兴产业集群发展工程，获批创建国家人工智能创新应用先导区，规划布局建设鲲鹏生态体系，推动鲲鹏源头创新中心正式启动运作。深圳国家高新区实现扩区，新增国家级高新技术企业2700家以上，累计超过1.7万家。战略性新兴产业重点向新材料、新能源、生物、互联网、新一代信息技术等行业倾斜。重点推进光明天安云谷一期、深圳乐土沃森生命科技中心、启迪协信科技园、留仙洞战略性新兴产业总部基地等项目建设，加快推进国家超级计算深圳中心（深圳云计算中心）升级换代工程、太平龙璧健康谷、光峰科技总部大厦、网络信息安全服务及产品研发基地等项目前期工作，产业发展后劲持续增强。 （深圳市人民政府地方志办公室）

【佛山新兴产业集群建设】 2019年，广（州）佛（山）产业协作实施方案印发，广州市与佛山市在先进装备制造、汽车、新一代信息技术、生物医药与健康等4个产业领域开展产业协作。佛山市与广州市、惠州市联合以超高清视频和智能家电产业集群参加工业和信息化部首批先进制造业集群竞赛，成为工业和信息化部先进制造业集群首批培育对象。佛山有佛山光电显示产业基地、佛山物联网和云计算产业基地2个省市共建战略性新兴产业基地（高端新型电子信息），有南海新材料产业基地、高明新材料产业基地、顺德新型建材产业基地等3个省市共建战略性新材料产业基地。广东（南海）生物医药产业化基地集聚一大批生物医药企业，由钟南山团队投资的佛山安捷健康产业园启动建设。佛山市顺德区乐从镇是佛山市内生物医药行业主要集聚区，搭建有国际创新转化生物产业孵化中心、顺德生命科技产业园、广东省创新转化生物产业园等产业平台。 （陈枫）

【东莞数字产业集聚】 2019年，东莞市印发《东莞市数字产业集聚试点园区建设工作方案》，推动5G等新一代信息技术服务产业集聚发展。拟定《东莞市5G产业联盟筹备方案》，组建5G产业联盟，通过产业发展带动信息基础设施建设。截至年底，东莞市工业100强企业中，超过63家开展5G相关业务。

（东莞市人民政府地方志办公室）

【中山高端装备制造业和健康医药产业】 2019年，中山市实施高端装备制造业发展行动计划，落实促进工作母机类制造业发展的若干政策措施。优先发展工业机器人、高档数控机床、智能化光电加工装备、智能化纺织装备、智能化印刷装备等工作母机制造业。全年安排省、市财政资金 1.9 亿元支持项目 95 个。完成 366 家企业的工作母机企业入库工作。支持首台（套）重大技术装备研发，推进首台（套）产品投入市场应用。推动成立总规模为 10 亿元的中山先进装备制造产业发展基金和总规模为 20 亿元的中山市科技创新创业投资引导基金。完成第五届珠江西岸先进装备制造业投资贸易洽谈会的布展和筹备工作，中山签约项目 46 个，计划投资总额 186.16 亿元，其中超 10 亿元项目 6 个。

2019 年，中山市实施健康医药产业发展行动计划，制定健康医药产业发展专项资金管理实施细则，落实 14 项产业扶持政策，开展健康医药产业发展专项资金项目申报，安排 3648.8 万元产业发展扶持资金资助项目 39 个。年内，珠海联邦制药股份有限公司中山分公司的阿莫西林胶囊和头孢呋辛酯片 2 个产品通过质量和疗效审核。广东乐心医疗器械有限责任公司、广东斯特林医疗器械有限责任公司、中山市泰诺医疗器械有限公司、曼秀雷敦（中国）药业有限公司 4 家企业获 FDA（美国食品药品监督管理局）或 CE（欧洲统一）国际认证证书。依托中山健康医药产业集群的资源和优势，广东中昊药业有限公司研发的本维莫德乳膏获批上市，是中山首个获批上市的 1 类新药创新药物产品。

（中山市人民政府地方志办公室）

【江门高端装备发展】 2019 年，江门市以新会区为主体，辐射江海区、蓬江区、鹤山市和台山市，形成全市高端装备发展格局。新会区，依托中车广东公司、南洋船舶、中集集装箱、ABB、威立雅、福斯特惠勒等龙头企业，主要发展轨道交通、船舶制造、智能物流装备以及电气装备等行业。轨道交通装备拥有中车广东、广东南奥、中车轨道、格兰达、国通克诺尔等龙头企业。船舶及海洋工程装备制造造船、修船、游艇、配套、拆船 5 个方面实现产业集聚，拥有航通船业、南洋船舶、威立雅等 40 家造船、拆船、修船企业，以及一批船舶配套生产企业。

（江门市推进粤港澳大湾区建设领导小组）

【肇庆先进装备制造业集群】 2019 年，肇庆市先进装备制造业分布主要以端州区、高要区、四会市、肇庆高新区为主，拥有鸿图科技、派生科技、登云汽配 3 家上市公司和鸿泰科技、鸿兴金属、动力金属、实力连杆、骏驰科技、丰驰精密、合普动力、本田金属等骨干企业。电子信息产业主要分布在端州区、高要区、四会市和肇庆高新区，形成电子陶瓷粉体、电子浆料、电路板、电子铝箔、片式电容器、片式电阻器、片式电感器、传感器为主的新型元器件系列和平板显示屏自动光学检测、精密光学镀膜、元器件装备等产业链。生物医药企业主要分布在端州区、四会市和肇庆高新区，其中医药制造业 13 家，医疗仪器设备及器械制造业 2 家，基本形成包括化学原药、中药饮片加工、中成药提取生产、生物制药、医疗器械制造在内的生物医药制造产业链。

（肇庆市人民政府地方志办公室）

新支柱产业推动

【概况】 2019 年，广东省加快 4K、5G 产业发展，培育发展新动能。启动建设国内首个超高清视频产业发展试验区，广州、深圳、惠州等 3 个世界级产业基地初具雏形。4 个大型彩电企业（含 TCL、创维、康佳、广东长虹）4K 电视机年产量 2791.7 万台，比上年增长 34.7%；4K 机顶盒用户数累计 2150 万户，增加 650 万户；可提供 4K 节目量时长累计 15178 小时，增加 4146 小时。全省建成 5G 基站 36988 座，5G 基站数约占全国四分之一，广州、深圳中心城区基本实现 5G 网络连续覆盖。先进装备制造业发展壮大，全省规模以上装备制造业增加值比上年增长 5.6%，比全省规模以上工业增速高 0.9 个百分点；珠江西岸先进装备制造产业带全年新引进、新开工、新投产投资亿元以上装备制造业项目分别为 290 个、279 个、190 个。新产品产量保持快速增长，新能源汽车产量增长 17.5%；太阳能（光伏）电池产量增长 10.3%；3D 打印设备产量增长 215.2%。（编辑部）

【香港生物医药产业】 2019 年，香港有超过 250 家从事生物科技产业的公司在开展业务，可协助大湾区内生物医药产业进一步发展。香港的临床测试数据可同时获美国 FDA、欧盟 EMA 和国家药品监督管理局（NMPA）等药物监管机构认可作药物注册用途。香港威尔斯亲王医院、玛丽医院、香港眼科医院和香港养和医院已通过国家药品监督管理局复查评估，可接受药品注册申请人的委托，开展批准的药物临床试验。加快生物医药科研企业在高端医疗仪器研发、分子诊断、干细胞疗法、再生药物、中草药及先进疗法等专门范畴的发展，2019 年超过 100 家生物医药企业落户香港科学园。拨款约 12 亿港元设立香港基因组中心以及推动香港基因组计划。

（香港历史研究基金会）

【广州新兴产业】 2019 年，广州市智能装备及机器人产业产值 622.94 亿元，比上年增长 7.2%。是年，广州市落实首台（套）重大技术装备推广奖励、先进装备制造业项目引进落地等政策，以推进智能制造、提升装备发展水平为重点，推动装备工业提质升档。加快培育机器人及智能装备产业自主品牌，瑞松、明珞、松兴等 12 家企业成为省机器人骨干企业，万世德、亨龙、恒申等 10 家企业成为省机器人培育企业。广州市医药制造业增加值比上年增长 16.8%。聚焦发展生物制药、现代中药、医疗器械等重点行业，干细胞与再生医学、体外诊断、精准医疗等领域。生物医药产业聚集态势明显，形成以广州科学城、中新广州知识城、广州国际生物岛“两城一岛”为核心，健康医疗中心、国际健康产业城、国际医药港等产业特色园区发展的“三中心多区域”的生物医药产业格局。广州市在航拍摄影、环境监测、电力巡检、灾难救援、快递物流、遥感测绘等方面广泛应用无人机，全市无人机产业占全国民用无人机市场 20%的市场份额，汇集亿航智能、极飞科技、鼎飞航空、天海翔航空、华科尔等无人机整机及配套企业 30 家。在无人机电池、飞行控制以及遥控器接收器等关键零部件领域，有广州鹏辉、极飞科技、华科尔等企业。

（龙建雄）

【深圳支柱产业】 2019 年，深圳坚持稳中求进工作总基调，贯彻新发展理念，落实高质量发展要求，实施创新驱动发展战略，扎实推进粤港澳大湾区、中国特色社会主义先行示范区建设。四大支柱产业中，金融业增加值 3667.63 亿元，比上年增长 9.1%；物流业增加值 2739.82 亿元，增长 7.5%；文化及相关产业（规模以上）增加值 1849.05 亿元，增长 18.5%；高新技术产业增加值 9230.85 亿元，增长 11.3%。深圳国家高新区实现扩区，新增国家级高新技术企业 2700 家以上，累计超过 1.7 万家。推动新一代信息技术、生物技术、高端装备制造、新材料等发展壮大为新支柱产业，出台 5G、集成电路、生物医药、8K 超高清视频、工业互联网等新兴产业发展政策，成为全国首批 5G 试点城市，新型显示器件、人工智能和智能制造装备 3 个产业入选国家战略性新兴产业集群发展工程，获批创建国家人工智能创新应用先导区。（深圳市人民政府地方志办公室）

【佛山产业智能化发展】 2019 年，佛山继续推动高端装备制造、智能家居、新材料三大主导产业智能化发展，促进电子核心、生物与健康、生产性服务业三大特色产业高端化发展，发展机器人、增材制造、新能源汽车、工业互联网等新产业、新业态，加快构建具有国际竞争力的现代产业体系。截至是年底，佛山高新区拥有制造业企业超 1 万家，高端装备制造占全市的 50%。佛山市医药制造业实现工业增加值 55.36 亿元，比上年增长 15.7%。电子信息制造业实现工业增加值 178.08 亿元，比上年增长 1.6%。佛山拥有佛山光电显示产业基地、佛山物联网和云计算产业基地 2 个省市共建战略性新兴产业基地（高端新型电子信息）。新增智能化技改示范企业 32 家，新增机器人应用 3020 台。截至年底，佛山市工业企业应用机器人 13307 台，智能制造发展取得成效，产业转型升级呈现加速态势。新材料制造业发展佛山市有南海新材料产业基地、高明新材料产业基地、顺德新型建材产业基地等 3 个省市共建战略性新材料产业基地。是年，全市新材料制造业实现增加值 296.3 亿元，比上年增长 4.3%。佛山纳米产业有德方纳米、安亿纳米等企业，布局产业链、创新链、投资链、服务链、人才链，引入华研（佛山）纳米材料有限公司、新型印刷电子及纳米材料等重点项目，加快构建纳米技术产业生态圈。（佛山年鉴社）

【惠州传统产业转型】 2019 年，惠州新增“上云上平台”企业 2005 家，全市累计推动“上云上平台”企业超过 7000 家，助推传统产业实现数字化转型。惠州市飞讯软件服务有限公司和广东绿建联节能服务有限公司 2 家企业入选广东省工业互联网产业生态供给资源池，累计 6 家。

（惠州市人民政府地方志办公室）

【中山建成国内首个大型低温制冷装备制造基地】 2019 年 8 月，翠亨新区企业中科富海（中山）低温装备制造有限公司（简称“中山中科富海”）通过大型超低温制冷技术的蒸发气体（BOG）提氦装置提取首批高纯度氦气，标志着中山建成国内首个大型低温制冷装备制造基地。中山中科富海的天然气提氦装置适用于 50 万立方米及以上的液化天然气（LNG）液化工厂进行 BOG 气体的综合处理及提氦，保障中国氦资源安全，有助改变中国氦气严重依赖进口的局面。（中山市人民政府地方志办公室）

【江门化工和新能源产业】 2019 年，江门市化工企业约 1000 家，拥有规模以上企业 300 家。广悦电化有限公司是 2019 年广东省仅有的 3 家氯碱生产企业之一。涂料和油墨生产规模大，品种齐全，水性涂料、汽车涂料、耐高温内防腐漆等在国内处于领先位置，拥有美达锦纶、泰宝、联新等龙头化工纤维生产企业，生产聚己内酰胺切片、聚对苯二甲酸乙二醇酯切片、芳纶、超高分子量聚乙烯纤维、无机改性高聚物复合材料等化工纤维产品在省内有明显优势。新能源电池产值约 100 亿元，主要集中在正极材料、负极材料和隔膜材料等领域。全市有锂离子电池产业链上游企业 20 家，包括优美科、芳源、道氏等。

（江门市推进粤港澳大湾区建设领导小组）

【肇庆新兴产业】 2019 年，肇庆市先进装备制造业有规上企业 159 家，实现规上工业总产值 288.05 亿元，比上年增长 10.9%。肇庆市电子信息产业规上企业 47 家，实现工业产值 161.49 亿元，比上年下降 1.04%，占全市规上工业总产值 5.22%。生物医药产业规上企业 15 家，医药制造业实现工业总产值 36.2 亿元，比上年增长 63.36%。新能源汽车产业规模以上企业 54 家，总产值 241.68 亿元，其中产值超 10 亿元企业 7 家、超 1 亿元企业 25 家，骨干企业包括玛西尔电动车、宝龙汽车、鸿图科技、理士电源、爱龙威机电、鸿特精密、本田金属、动力金属、合普动力等，主要分布在肇庆高新区、高要区、端州区，产品涵盖汽车整车、铝压铸汽车配件、汽车新材料、电机、电池、气门、车灯、轮胎、汽车电子及汽配装备等各类产品。

（肇庆市人民政府地方志办公室）

重点领域重大产业项目培育

【广州重大产业项目】 2019 年 2 月，广州市智能网联汽车示范区运营中心成立；广州无线电集团成员企业广州信投启动 5G 智慧灯杆项目。8 月 29 日，乐金显示在韩国本土外建设的首条大尺寸 OLED 面板生产线在广州黄埔区投产。9 月 20 日，粤港澳大湾区第一条 12 英寸芯片生产线在广州市黄埔区、广州开发区正式投产。9 月 25 日，国内首个政府大院智慧灯杆项目投入启用。广州无线电集团成员企业海格通信发布2款全频点覆盖的卫星导航高精度芯片——“海豚一号”基带芯片和北斗三号RX37系列射频芯片，是国内首个支持北斗三号应用的基带+射频全芯片。（广州市人民政府地方志办公室）

【深圳重大产业项目】 2019年，深圳市机器人产业工业总产值1257亿元，比上年的1178亿元增长6.73%；企业数量757家，比上年的649家增长16.64%。其中，深圳市工业机器人产值822亿元，比上年增长2.33%。是年，深圳在生物医药领域组建的国家、省、市级重点实验室和工程研究中心等各类创新载体超过300家，其中国家级20余家，高端生物医学工程、基因测序和生物信息分析等技术跻身世界前沿。深圳形成以南山高新技术产业园、坪山国家生物产业基地核心区、大鹏国际生物谷为重点片区，其他各区协同发展的产业布局，推进生物医药、高端医疗器械、健康服务业快速发展。是年，深圳市生物医药产业增加值337.81亿元，比上年增长13.3%。12月19日，宝安区“5G+AIoT”产业示范园区揭牌仪式暨全市第15000个5G基站开通仪式在宝安区中粮创芯研发中心举行。宝安区“5G+AIoT”产业示范园区揭牌成立，标志着全国首个“5G+AIoT”智慧园区诞生。该园区由中粮创芯研发中心与中国移动联合打造，通过5G、AI、物联网、云计算、大数据等先进技术升级园区综合服务、安全管理、信息服务等全方位管服水平，集聚战略新兴产业资源，探索构建城市更新与创新型产业的全国标杆智慧园区。

（深圳市人民政府地方志办公室）

【佛山重大产业】 2019年，佛山市围绕重点培育发展的装备制造、家居、汽车及新能源、智能制造装备及机器人等八大先进制造业产业集群和战略性新兴产业发展方向。全年全市重大产业招商签约项目54个，签约投资总额987.03亿元，完成年度目标任务的109.7%。在新材料制造业方面，投资7.5亿元的德方纳米科技四期扩建项目加快推进，计划增设30条生产线，年产纳米磷酸铁锂1.5万吨；投资11.8亿元的广东兴发精密制造有限公司新材料及精密智造项目进行主体建设，投产后预计年产13万吨新型高端铝型材与电子配件产品、新能源汽车配件产品；投资5亿元的南海南新扩建项目二期工程于10月完成联合验收，设备投产后预计产业用纺织品产能约20000吨。在纳米产业方面，佛山与中国科学院苏州纳米技术与纳米仿生研究所共建佛山研究院，通过“纳米加工平台+研究中心+育成中心”的运营模式，同步布局产业链、创新链、投资链、服务链、人才链，招引来华研（佛山）纳米材料有限公司、新型印刷电子及纳米材料等重点项目，加快构建纳米技术产业生态圈。美的集团以37亿欧元收购德国库卡机器人公司，打造美的库卡智能制造科技园，机器人年产量超5000台；碧桂园集团投资800亿元打造机器人谷。（朱志强 陈枫）

【惠州工业互联网标杆示范项目】 2019年，TCL王牌电器（惠州）有限公司、中建钢构广东有限公司等3家知名企业入选省工业互联网标杆示范项目；惠州亿纬锂能股份有限公司入选工业和信息化部2019年制造业“双创”平台试点示范；TCL和惠州移动联合申报的“实践5G边缘计算，构建TCL新型智慧产业园”以及中建钢构和惠州电信联合申报的“钢结构5G+工业互联网应用示范项目”分别获第二届“绽放杯”5G应用大赛一等奖和优秀奖。

（惠州市人民政府地方志办公室）

【东莞云上平台企业】 2019年，东莞市推动企业上云上平台，落实省工业互联网上云上平台服务券奖补政策，推动东莞市117家企业获3390.9万元奖补资金。引导企业实施“乙级”（基础上云）和“甲级”（核心上云）评估认定，认定“乙级”企业90家，“甲级”企业12家，获逾1000万元奖补资金。培育标杆示范典型，组织开展东莞市工业互联网应用“263”示范工程建

设，认定 14 个工业互联网标杆项目，获 4000 万元奖补资金。（东莞市人民政府地方志办公室）

【中山翠亨新区产业发展】 2019 年，翠亨新区完成翠亨科学城城市设计国际咨询成果整合和起步区控制性详细规划修编并获市政府批准实施。优化提升翠亨新区城市空间布局、国土开发利用和产城融合发展。展开起步区产业空间布局和科学城产业发展规划等产业发展研究，制定起步区产业发展空间布局指导意见，围绕生物医药、先进装备制造、新一代信息技术等重点产业链上下游整合项目。翠亨新区聚焦高端装备制造业和现代服务业，推进专业园区建设；围绕生物医药、新一代信息技术和现代服务业等主导产业以及世界 500 强、中央企业、省属企业等旗舰型重大项目，先后赴北京、上海、天津等重点城市和香港、澳门、深圳等粤港澳大湾区核心城市，以及德国、奥地利、瑞士等欧美国家开展招商。推动国家重大仪器科学园建设，与科学技术部国家评估中心及广东省科学技术厅初步达成联合共建“翠亨国家重大仪器科学园”意向。翠亨新区企业研发机构建设持续提速，形成“众创空间—孵化器—产业园”的全链条产业培育体系。

（中山市人民政府地方志办公室）

【江门重大产业项目】 2019 年，江门市引进高端装备制造项目 20 个，新一代信息技术项目 14 个，新能源汽车及零部件项目 8 个，大健康产业项目 23 个，新材料项目 31 个。在工作母机等重点行业扶持企业掌握核心技术、引领行业标准，培育雕铣机龙头科杰公司等，引进利和兴、中信重工、海目星骨干企业，以及一批覆盖产业链各环节的配套企业。

（江门市推进粤港澳大湾区建设领导小组）

战略性新兴产业重大工程

【香港创意产业】 自 2018—2019 年起，香港特区政府拨备额外资源，支援香港艺术家及艺团在大湾区演出或进行其他合适的文化交流活动。西九文化区提供多项主要文化艺术设施：戏曲中心和自由空间已经开放，M+视觉文化博物馆、香港故宫文化博物馆和演艺综合剧场陆续落成。西九文化区定期举办表演、展览和其他活动，以拓展观众群、推动社区参与、培育人才和促进专业发展。广告、建筑、设计、数码娱乐、电影、音乐、印刷出版、电视 8 个创意产业是香港迈向高增值和多元化经济体的新动力。由香港设计总会积极推动的“二元桥—深圳前海”设计创意产业园项目于 2019 年 11 月营运。特区政府继续透过“创意智优计划”资助合适项目，并通过这个新平台，促进人才交流、商业配对及业界合作，支援香港年

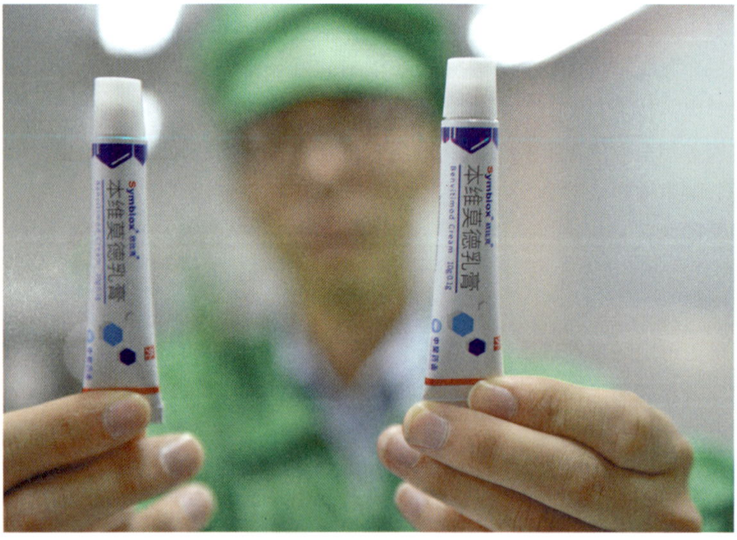

2019 年 7 月 19 日，实验工作人员展示全球首创国家一类新药本维莫德乳膏（中山日报报业集团供稿）

轻人才和初创公司在大湾区发展。2019 年 4 月，中央相关部委同意推出 5 项放宽措施，进一步便利香港电影及电影从业员进入内地市场，包括香港人士参与内地电影业制作不作数量限制；对内地与香港合拍片在演员比例及内地元素上不作限制；取消收取内地与香港合拍片立项申报费用；香港电影及电影人可报名参评内地电影奖项；香港电影企业在港澳地区及海外发行推广优秀内地电影和合拍片可申请奖励。《〈内地与香港关于建立更紧密经贸关系的安排〉服务贸易协议》的修订协议于 2019 年 11 月 21 日签署，内地广播电视台、视听网站和有线电视网引进香港生产的电视剧和电视动画不设数量限制，为香港电视剧和动画进入内地市场提供更大发展空间。（香港历史研究基金会）

【深圳新能源产业】 2019 年 7 月 5 日，深圳市工业和信息化局印发《深圳市推进新能源工程车产业发展行动计划（2019—2021 年）》。在新能源车通行等利好政策、创新资金支持等方面，提出通过推动动力电池产业核心技术、大功率充电技术、新能源工程车动力驱动技术、新能源工程车智能网联技术等关键技术突破，加快深圳市新能源工程车推广应用。支持符合条件的新能源工程车企业在境内外各层次资本市场开展股权融资。到 2021 年，率先完成深圳市工程车领域新增车辆纯电动化工作；通过示范引领，将新能源泥头车的应用示范经验进行推广和复制，逐步延伸至大型吊车、挖掘机、推土车等其他类型的新能源工程车。

【深圳文化创意产业工程】 深圳率先探索出“文化 + ”的发展模式，形成“文化 + 科技”“文化 + 旅游”“文化 + 金融”“文化 + 创意”等“文化 + ”产业发展的新模式、新业态。腾讯、天威视讯、A8 音乐、劲嘉彩印、中青宝网等 40 多家文化企业分别在境内外上市。作为中国第一个“设计之都”，经过多年发展，“文化 + 创意”已成为深圳文创产业新的发展模式，催生了一大批设计企业和产业园区。2019 年，深圳市经认定公布市级以上（含市级）文化产业园区共有 61 家，其中国家级文化产业示范园区 1 家，省级文化产业园区 4 家，省文化和旅游融合示范区 1 家，另有 4 家园区入选省文化产业示范园区创建名录。据初步统计，61 家市级以上文化产业园区入驻企业超过 8000 家，就业人数近 20 万人，总营业收入超过 1500 亿元，实现税收超过 150 亿元，已成为推动深圳市文化领域创新创业的综合载体和重要引擎。

（深圳市人民政府地方志办公室）

数字经济和共享经济发展

【广州数字经济产业】 2019 年，广州市打造国家车联网先导区、人工智能产业先导区、广州国家级人工智能与数字经济试验区。是年，广州作为规模化部署 5G 商用试点城市，全市累计建成 5G 基站 2.02 万个（含室外站点、室内分布系统和共享站点），投产使用的数据中心 65 个，在用机架规模为 14.1 万个标准机架，在用机架规模占全国的 4.7%。推进智能制造提升，建设 72 个国家级和省级智能制造项目。发展以工业互联网为重点的“互联网 + 先进制造业”，67 家工业互联网平台商和解决方案服务商入选省资源池，19 个工业互联网标识解析二级节点接入国家顶级节点（广州），接入企业 174 家。全市有省级两化融合管理体系贯标试点企业 34 家。打造广州公安指挥云平台、重大事件预警模型、一体化作战平台、全国首个 5G 智慧警务平台等示范项目，搭建全国首个危险化学品动态平台、全国首个 5G 智慧法院、交通大数据中心、“广州健康通”，落地“互联网 + 河长制”，入选全国“智慧教育示范区”。出台《广州市加快 5G 发展三年行动计划（2019—2021 年）》，印发《关于进一步开放公共资源支持信息基础设施建设的通知》《做好 5G 等信息基础设施建设用电报装的通知》等文件。加快推进智慧灯杆试点，印发《广州市智慧灯杆（多功能杆）系统技术及工程建设规范》。全年培育5G+智慧交通、5G+智慧医疗、5G+智慧教育等5G应用130个，其中57个列入广东省首批5G融合应用清单。广州5G产业园获批成为广东省首批5G产业园之一，初步形成“3大核心产业基地+2大关联产业基地+6大衍生产业基地”的5G产业格局。（龙建雄）

【深圳新一代信息技术产业】 2019年，深圳市新一代信息技术产业增加值5086.15亿元，比上年增长6.6%。市发展和改革委员会组织实施新一代信息技术产业2019年第一批扶持计划。全国首个5G生活体验街区在华强北亮相，全国首个“5G+AIoT”产业示范园区落地宝安。3月22日，为加快全市新一代信息技术产业发展，深圳市发展和改革委员会出台《关于组织实施深圳市新一代信息技术产业2019年第一批扶持计划的通知》，提出重点支持7个领域，包括在下一代信息网络领域重点支持下一代互联网（IPv6、SDN、NFV等技术）、新一代移动通信（5G、4G-LTE等）、光通信、无线宽带接入及专网通信、边缘计算领域的产品及解决方案。12月30日，启动深圳人工智能应用创新中心。

【深圳数字经济和共享经济】 2019年，深圳市发展数字经济和共享经济，促进经济转型升级和社会发展。数字经济产业增加值1596.59亿元，比上年增长18.0%。“共享经济特区建设经验”等项目成果明显。年内，新获批筹建人工智能与数字经济、岭南农业实验室深圳分中心等广东省实验室，人工智能与数字经济广东省实验室（深圳）落户深圳大学。大力发展数字经济，推进5G基础设施建设大提速，推动智慧城市和“数字政府”建设交流合作。按照广东省“数字政府”改革建设要求，加快推进电子政务发展，率先探索政务服务“秒批”改革，为国家电子政务发展提供宝贵经验借鉴。12月1日，市政府召开建设中国特色社会主义先行示范区“数字政府”高级别研讨会，深圳在全国网上政务服务能力评估中取得第一名、获评“中国领军智慧城市”与“亚太领军智慧城市”以及在5G建设、数据保护与利用、区块链研究与应用等关键领域取得的成绩得到与会专家肯定。2019年9月3—4日，联合国工业发展组织第四届“一带一路”城市大会在奥地利维也纳召开，来自114个国家和地区的1000多名政企代表参会。深圳作为大会中国唯一入选的案例城市，以“数字经济引领城市发展”为主题，向世界展现深圳数字经济发展的成果。（深圳市人民政府地方志办公室）

2019年9月26日，深圳联通助力华强北率先打造全国首个5G生活体验街区
（深圳联通供稿）

【珠海新一代信息技术产业】 2019年，珠海市出台促进新一代信息技术产业发展资金管理实施细则，重点支持集成电路设计环节研发创新，对40家单位66个项目给予4458万元支持。深化

省级4K电视试点示范城市建设，首批8个4K示范社区、8个4K示范村通过验收，加快推动集成电路重大项目建设，支持艾派克微电子、炬芯科技推进“核高基”国家科技重大专项实施，支持英诺赛科第三代半导体一期产业化扩建项目建设。（珠海年鉴编辑中心）

【佛山电子商务发展】 2019年，佛山市实现电子商务交易额10300亿元，比上年增长16.69%；其中，禅城区2686亿元、南海区2802亿元、顺德区3618亿元、高明区505.38亿元、三水区688.62亿元。全市企业对企业（B2B）电子商务交易额7189.4亿元，比上年增长14.86%；网络零售交易额2842.8亿元，增长18.15%；线上到线下（O2O）、消费者到企业（C2B）、商家到政府（B2G）等生活服务电商交易额267.8亿元，增长65.41%。2019年，佛山市跨境电商交易额160.49亿元，比上年增长32%，其中，禅城区40.62亿元，占总交易额的25.31%；南海区55.50亿元，占总交易额的34.58%；顺德区59.77亿元，占总交易额的37.24%；高明区及三水区4.6亿元，占总交易额的2.87%。2019年，佛山市网络零售电子商务交易额2842.8亿元，比上年增长18.15%，其中禅城区610亿元，占总交易额的21.46%；南海区611.87亿元，占总交易额的21.52%；顺德区1168.77亿元，占总交易额的41.11%；高明区192.01亿元，占交易总额的6.75%；三水区260.15亿元，占总交易额的9.15%。2019年12月24日，国务院发布关于同意在石家庄等24个城市设立跨境电子商务综合试验区的批复，包括在佛山市设立跨境电子商务综合试验区。（游雅静）

【惠州数字经济发展】 2019年，惠州市数字经济发展指数在全国排名第29位（据腾讯研究院发布）。在大数据产业园建设方面，惠城区和仲恺高新区联合获评“广东省大数据综合实验区”；在人工智能产业园建设方面，惠城区数字经济产业园获评广东省人工智能产业园，累计获评省人工智能产业园2个。在“5G+工业互联网应用示范园区”建设方面，TCL智能终端5G+工业互联网应用示范园区、中建钢构5G+工业互联网应用示范园区2个项目入围广东省首批“5G+工业互联网应用示范园区”。（惠州市人民政府地方志办公室）

【东莞5G产业发展】 2019年，东莞市加快发展5G等战略性新兴产业。出台《东莞市加快5G产业发展行动计划（2019—2022年）》，完成《东莞市通信基站站址专项规划（2016—2020）》中期修编。完成3.2万个5G基础站址储备，建设5G基站2400个，其中新建铁塔基站603个。（东莞市人民政府地方志办公室）

【中山新一代信息技术产业】 2019年，中山市推动实施新一代信息技术产业发展行动计划，印发新一代信息技术产业发展资金管理细则，落实“互联网＋先进制造业”发展工业互联网、大数据发展行动计划、5G产业发展行动计划、4K电视网络应用与产业发展行动计划等政策。推动华为城市云创新中心技术落地，推动软开云、人工智能云、工业互联网在企业的应用。实施健康医药产业发展行动计划，制定健康医药产业发展专项资金管理实施细则，落实14项产业扶持政策，开展健康医药产业发展专项资金项目申报，安排3648.8万元产业发展扶持资金资助项目39个。（中山市人民政府地方志办公室）

【江门5G产业发展】 2019年，江门市制定《江门市促进5G产业发展行动方案（2019—2022）》，加大5G基站以及智慧杆等信息基础设施建设力度，推动江门市各电信运营企业开展基站建设工作，提升5G网络覆盖。2019年，江门市建成5G基站150个。（江门市工业和信息化局）

【肇庆大数据云服务产业园建设】 2019年，肇庆市持续推动大数据云服务产业园建设，加快园内道路等市政基础设施和配套工程建设。入园的大数据企业项目有京东云华南总部、优世联合数据机房、合一科技肇庆大数据超算创新产业园3个，投资总额65亿元；京东华南运营中心、优世联合智慧云谷2个项目作施工前准备，总投资132亿元。5个项目一期投产后预计产值36.8亿元。肇庆新区引进中国电科肇庆产业园、环球易购跨境电商B2B总部等数字经济项目，总投资400亿元。（肇庆市人民政府地方志办公室）

【2019中国工业互联网大会暨粤港澳大湾区数字经济大会】 2019年8月27—28日，以“工业互联 数字湾区”为主题的2019中国工业互联网大会暨粤港澳大湾区数字经济大会在广州举办。大会由工业和信息化部、广东省人民政府、香港特别行政区政府和澳门特别行政区政府联合指导，广东省工业和信息化厅、广东省通信管理局、香港创新及科技局、澳门经济局、南方报业传媒集团、广东省社会科学院（粤港澳大湾区研究院）、工业互联网产业联盟共同主办。会上部省联合启动建设跨行业、跨领域工业互联网平台；湛江廉江小家电、汕头玩具、阳江五金刀剪等3个传统产业集群，以真实案例呈现传统产业集群企业实施数字化转型的成效；促成一批工业互联网和数字经济项目签约落地。粤港澳三方在会上联合发布《粤港澳合作共同推进大湾区数字经济融合创新发展倡议书》，明确在重大数字经济活动举办、数字核心技术研发及产业化、数字经济创业创新、工业互联网应用、人工智能发展等5个方面加强合作，推进“数字湾区”建设；发布首份粤港澳大湾区数字经济发展报告；结合粤港澳大湾区数字经济发展特点，从数字产业化、产业数字化、数字化治理、数字生活新业态、数字基础设施等5个维度，提出数字经济协同发展新路径。大会同期举办“粤港澳大湾区人工智能与机器人大会”“2019年粤港澳大数据应用创新发展大会”等平行会议，以及工业互联网应用场景特色展。大会吸引国内外参展企业和机构112家，参会和观展人数超8000人次。（广州市人民政府地方志办公室）

【腾讯工业互联网粤港澳大湾区基地签约】 2019年11月20日，互联网龙头企业腾讯与佛山市南海区人民政府签约，腾讯工业互联网粤港澳大湾区基地落户佛山西站枢纽新城。腾讯工业互联网粤港澳大湾区基地立足佛山，服务粤港澳大湾区，将建设工业互联网运营服务中心、创新孵化中心、人才培训中心、工业互联网金融服务中心等。同时，以本地化的工业互联网平台为核心，腾讯将携手腾讯工业互联网领域生态企业和优质合作资源，在佛山西站枢纽新城建设腾讯（佛山）工业互联网生态产业园，占地面积13.33公顷，投资总额约50亿元，助推佛山乃至大湾区工业企业的数字化转型。（佛山年鉴社）

【首届粤港澳大湾区高价值专利培育布局大赛】 于2019年1月31日在珠海市启动，收到参赛项目586个，涵盖新一代信息技术、高端装备制造、绿色低碳、生物医药、数字经济、海洋经济、现代农业等战略性新兴产业。6月30日，大赛决出金奖2项、银奖6项、优秀奖10项、最佳分析评议奖5项、最具投资潜力奖5项。28个奖项获颁现金奖励共190万元。（张述桐）

现代服务业

国际金融枢纽建设

【香港国际金融枢纽建设】 香港是国际金融中心，金融体系监管制度稳健。在香港上市的内地企业超过1100家，总市值2万亿美元，占港股市值超六成。香港作为国际金融中心和亚洲领先的债券市场，是全球债券发行人及投资者的热门地。2019年11月6日，中央政府公布支持内地保险公司在港澳市场发行巨灾债券，放宽在港澳设立特殊目的的保险公司限制。香港资本市场成熟开放、司法制度完善，具大量国际视野专业人才，可为内地保险公司提供平台发行巨灾债券，推动金融业持续发展。

（香港历史研究基金会）

【广州推进共建粤港澳大湾区国际金融枢纽】 2019年，广州市制定《广州市关于推进共建粤港澳大湾区国际金融枢纽实施意见》和《广州市关于推进共建粤港澳大湾区国际金融枢纽三年行动计划》，强化大湾区金融规则对接研究，梳理大湾区金融规则对接、金融市场互联互通现状及对策。推动广州期货交易所、粤港澳大湾区国际商业银行筹建工作，推进香港富卫人寿在广州设立合资寿险公司，创兴银行在广州设立境内法人总部，推动在南沙港澳保险内地服务中心以及航运保险要素交易平台建设。构建与广州作为粤港澳大湾区核心引擎功能相适应的现代金融服务体系，建设大湾区资产管理中心、绿色金融创新中心、科技金融创新中心、跨境投融资服务中心、金融要素区域交易中心。是年，融资租赁行业完成飞机融资租赁134架，完成船舶融资业务64艘，成为粤港澳大湾区最大的飞机船舶租赁集聚区。12月，人民银行批准中国农业银行广东分行接入FT账户分账核算业务系统，FT分账核算业务正式在南沙落地。截至年底，跨境人民币贷款备案金额61.69亿元，22个机构开设FT账户，跨境人民币结算累计3712.9亿元。粤港澳大湾区首个“香港+保税港区”飞机跨境转租赁项目落户南沙。国内首单以纯专利许可为底层资产的知识产权证券化项目——“兴业圆融”-广州开发区专利许可资产支持专项计划在深圳证券交易所发行设立。

（广州市人民政府地方志办公室）

【深圳进入全球十大金融中心行列】 2019年，深圳金融业实现增加值3667.63亿元，比上年增长9.1%，金融业增加值占同期GDP的比重为13.6%。全年实现税收（不含海关代征关税和证券交易印花税）1522.4亿元，占全市总税收的24.7%，继续稳居各行业首位。在9月发布的“全球金融中心指数”（GFCI）中，深圳进入全球十大金融中心行列，位列全球第九位，国内仅次于香港（第三位）、上海（第五位）和北京（第七位）。至年底，全市本外币各项存款余额8.39万亿元，比上年增长15.7%；全市本外币各项贷款余额5.95万亿元，增长13.2%。存、贷款规模稳居全国主要城市第三位，仅次于北京、上海。全年，辖区证券分支机构（含证券分公司）证券交易额32.78万亿元，比上年增长12.86%。全年全市保险市场累计实现保费收入1384.47亿元，比上年增长16.19%，增速较全国高4.02个百分点。至年底，辖内开发性、政策性银行支持“一带一路”建设、支持企业走出去贷款余额分别为648.02亿元及1199.70亿元，政策性保险支持企业向“一带一路”国家出口115.58亿美元，较好服务电信、核电、海洋工程等重大装备出口和海外港口等战略项目建设。至年底，深圳市小微企业贷款余额1.17万亿元，比上年增长24.24%，高于各项贷款平均增速10.82个百分点；民营企业贷款余额1.87万亿元，增长19.11%，高于各项贷款平均增速5.69个百分点。深圳22家证券公司总资产1.71万亿元，营业收入841.89亿元，均位列全国第一位。净资产4198.81亿元、净资本3290.41亿元、净利润308.53亿元，位列全国第二位，均仅次于上海，营业收入和净利润分别上升32.41%和45.15%。深圳保险法人机构27家，保险法人机构总资产4.85万亿元，比上年增长9.18%，法人机构总资产位居全国第二位；净利润1376.12亿元，增长17.23%。全年深圳保险业累计提供各类风险保障347万亿元。深圳共有境内上市公司299家，其中主板80家、中小板120家、创业板93家，科创板6家。深圳境内上市公司总市值7.05万亿元，排名全国第二位，仅次于北京。

（深圳市人民政府地方志办公室）

【珠海以现代金融支持粤港澳大湾区建设】 2019年，珠海以现代金融支持湾区基础设施建设。截至年末，辖内银行业金融机构对大湾区基础设施互联互通项目授信总额超1000亿元，其中中国银行牵头的银团对港珠澳大桥整体授信345亿元，累计投放资金超231亿元。推动跨境金融服务便利化。自由贸易账户（FT账户）成功落地珠海市；中国银行横琴分行推出“粤澳共享贷”产品，为13家横琴澳资企业授信超4000万元；工商银行、中国银行横琴分行联动澳门机构开展澳门居民购置横琴物业跨境按揭，从业务开展以来累计办理1192笔3.68亿美元跨境按揭款项结汇。推动境内企业到澳门MOX交易所发行债券；推动首家外商投资股权投资企业（QFLP）试点，由澳门投资者全资设立的礼达联马（珠海）公司在横琴开业。辖内保险机构对接横琴综合开发、横琴科学城建设等大湾区重大项目的承保需求，提供建设风险保障，其中在港珠澳大桥建设中保险业全程参与大桥建设和运营，以专项风险报告向建设单位反馈现场勘查发现的潜在风险及处理建议，以保证保险方式减轻施工企业保险负担，间接降低风险。推动跨境车险服务便利化。开展粤澳两地车和澳门单牌车跨境保险、港珠澳大桥跨境车险服务，全年珠海保险公司承保跨境车2.32万辆，保费4997万元。创新外币保单业务。横琴人寿创新推出短期意外险外币保单，探索跨境保险新模式。

（珠海年鉴编辑中心）

【佛山国际金融枢纽建设】 2019年，佛山市有银行机构47个（包含分支机构）、保险机构75个、证券期货机构152个。有地方类金融机构（法人机构）118个，其中融资性担保公司10家、小额贷款公司37家、融资租赁公司34家、典当行29家、商业保理公司2家。全年全市实现金融业增加值499.10亿元，比上年增长10.5%，增速大幅提升6.6个百分点。金融业增加值增速创近5年（2015—2019年）新高，占地区生产总值比重4.6%，比上年增长0.2个百分点。是年末，佛山金融机构本外币各项存款余额16948.1亿元，比上年增长10.3%，增速较上年提高0.8个百分点，分别略低于广东省平均水平（11.7%）及珠江三角洲地区平均水平（12.1%）1.4个百分点和1.9个百分点。全年本外币各项贷款余额12175.2亿元，比上年增长16.4%，创近5年（2015年至2019年）新高。金融机构本外币存款余额和贷款余额均居全省地级市首位，且贷款余额是广东省唯一一个超万亿元的地级市。全年保费收入606.6亿元（位居全省第三名），比上年增长32.6%，高于全省平均增速14个百分点，增速位居全省第一名。千灯湖创投小镇开园，广东金融高新区集聚金融项目791个，总投资规模超1238亿元，佛山农商银行完成吸收合并高明农商银行和三水农信联社，顺德农商银行入选全国18家LPR利率报价银行之一。

（刘嘉颖）

【东莞促进大湾区跨境投融资】 2019年，中国人民银行东莞市中心支行推动跨境人民币创新业务，推广全口径跨境融资政策，深化货物贸易外汇收支便利化试点，促进粤港澳大湾区跨境投融资便利化。全年东莞市跨境人民币累计结算额2579.53亿元，为企业办理全口径人民币跨境融资业务17.54亿元；设立跨境双向人民币资金池51个，收支总额215.33亿元。

（东莞市人民政府地方志办公室）

特色金融产业发展

【香港绿色金融发展】 2019年5月，香港特区政府绿色债券发行计划下的首批绿色债券成功发售，发行金额10亿美元，年期为5年。9月，绿色金融认证计划—绿色基金推出，为绿色基金提供第三方认证服务，提高投资过程透明度。证监会于2019年4月11日就加强绿色或ESG基金的披露安排发出指引。观乎绿色基金市场有望持续增长的趋势，HKQAA制定“绿色金融认证计划—绿色基金”，以回应持分者的需要及提高基金市场对绿色倡议的意识，继续支持证监会的绿色金融策略框架。认证计划旨在鼓励更多基金市场的投资者支持绿色项目、行业以及致力为联合国可持续发展目标作出贡献的组织。现行适用于绿色债券和绿色贷款的“绿色金融认证计划”将扩展至包括绿色基金。认证计划应用可衡量定性方法的核心方法学，采用可持续发展目标评估带来的正面环境影响。该计划的核心要素包括：基金目标、基金管理、绿色资产的评价和筛选、绿色资产监察、信息披露和报告及参与和积极拥有权。认证计划让投资者明确理解基金管理公司如何评价、筛选和管理基金的绿色资产，从而提高绿色投资过程的透明度。透过市场推广和教育，以改善和提高基金就绿色披露标准的一致性，便利投资者在充分资讯下作出投资决策。

（香港历史研究基金会）

【广州特色金融产业发展】 2019 年，广州保险业累计提供风险保障金额 998.86 万亿元，比上年增长 51.10%，高于保费增速 28.57 个百分点。其中，财产险公司保险金额 977.41 万亿元，增长 52.01%；人身险公司期末有效保险金额 21.45 万亿元，增长 18.48%。保险业累计赔付支出 362.47 亿元，增长 12.57%。科技保险为科技创新型企业提供 2188.55 亿元风险保障。出口信用保险支持出口贸易 5255.04 亿元。保险资金投资广州余额 3506.63 亿元。涉农保险为农业生产提供 52.32 亿元风险保障，赔款给付 1.21 亿元。发展安全生产、食品安全、疫苗安全等责任保险，累计提供各类责任风险保障金额 890.10 万亿元。大病保险稳步发展，商业健康险有效服务 9497 万人次。广州市出台《关于促进广州绿色金融改革创新发展的实施意见》。截至年底，银行机构绿色贷款余额 3000 亿元，累计获批发行各类绿色债券 638 亿元，2 项指标在全国各试验区中均排名第一位；广州碳排放权交易所碳配额现货交易量累计成交突破 1.36 亿吨，在 7 个试点机构中位居前列。 （广州市人民政府地方志办公室）

【深圳成为全国首批金融科技应用试点城市】 2019 年，深圳市推进人民币国际化。启动港澳居民个人跨境人民币购买境内银行自营理财产品试点工作；便利科研资金跨境流动，推动财政科研资金跨境拨付全部采用人民币结算；开展“跨境电商直通车”业务，便利出口电商企业办理跨境人民币出口收款业务；稳步推进香港人跨境理财试点，助力粤港澳大湾区融合发展。10 月，中国人民银行等 6 部委批复深圳成为全国首批金融科技应用试点城市。11 月，经中国人民银行批复，首家国家级金融科技测评中心落户深圳。实现金融供应链应收账款多级融资、跨境融资、国际贸易账款监管、对外支付税务备案表、央行再贴现快速通道项目等多项业务上链运行，在全国率先探索建立互联网金融 APP 监测系统，摸清风险底数和业态分类；率先联合国内主流手机应用市场，共同探索建立互金 APP 风险处置和长效监管机制。推动深圳市境外发行绿色市政债；推动“全球金融中心城市绿色金融联盟”在深圳成立“绿色金融服务实体经济实验室”；推动发起“粤港澳大湾区绿色金融联盟”，并将秘书处常设深圳。

（深圳市人民政府地方志办公室）

【珠海金融业助力大湾区互联互通】 2019 年，中国人民银行珠海市中心支行推进港珠澳大桥、广东粤澳合作基金、粤澳合作产业园等重点项目跨境人民币结算，助力粤港澳大湾区互联互通。截至年末，累计汇划港珠澳大桥通行费和车票款 5.2 亿元；广东粤澳合作发展基金的首期 200 亿元资金全部以人民币汇入，款项 156 亿元用于全省基础设施和重点项目建设。以横琴自贸区为平台贸易融资资产、票据资产、融资租赁资产等金融资产跨境转让试点业务，有序推动大湾区金融市场互联互通。截至年末，广东自贸区横琴片区办理贸易融资资产跨境转让人民币结算业务备案银行 7 家，全年发生业务 339 亿元。8 月，横琴工行分别向工银澳门和工银香港转让该行持有的银行承兑汇票，标志首批票据资产跨境人民币转让业务在大湾区内率先落地；指导广金中心开展融资租赁资产跨境人民币转让的方案设计，并完成首批拟转让项目清单的筛选。11 月 26 日，珠海上线自由贸易账户（FT 账户）系统，促进大湾区内离岸、在岸市场的联动发展，开立账户28户，办理资金划转、结售汇等业务44亿元。2019年，珠海市出台QFLP试点政策和申请办事指南，成为广东省第一个落地QFLP试点政策的地级市。3月，首单银行不良资产跨境转让业务落地。资本项目收入支付便利化改革试点落地，简化资本项目外汇收入支付手续。5月，首家澳资QFLP试点获批，引进落地知名投资公司与港资公司合作设立总规模为25亿美元的首家外商投资股权投资基金。广东金融资产交易中心获批准开展银行不良资产跨境转让试点业务。

（珠海年鉴编辑中心）

【佛山特色金融产业发展】　截至2019年底，佛山市“7+4+1”类（包括小额贷款公司、融资担保公司、典当行、融资租赁公司、区域性股权市场、商业保理公司、地方资产管理公司，地方各类交易所、投资公司、开展信用互助的农民专业合作社、社会众筹机构，P2P网贷机构）地方金融机构273个，其中法人机构118个、分支机构155个。

（刘嘉颖）

【东莞银行机构助推民营经济发展】　2019年，中国银行保险监督管理委员会东莞监督管理分局推动银行机构加快“僵尸企业”（指丧失发展能力，依靠政府补贴或银行续贷来维持生存的企业）出清重组进度，压缩“两高一剩”（指高污染、高耗能行业，产能过剩行业）贷款，发展绿色金融，支持去杠杆、去库存。强化债权人委员会职能，确定并成立集团企业债委会15家，其中完成报备退出3家，正常运作12家，帮扶企业45家，弱化风险金额28.75亿元。截至年底，东莞辖内民营企业贷款余额3687.6亿元，比年初增长21.2%，占各项贷款余额比例36.4%，助推辖内民营经济健康发展。

（东莞市人民政府地方志办公室）

【江门首个国资主导金融中心成立】　2019年10月21日，江门高新区金融中心成立，是全市首家由国资牵头主导成立的金融中心，是江门市打造金融产业发展平台，增强金融供给的重大举措，为江门市高新科技企业提供一站式、全方位、全产业链金融服务，提高金融支持科技、实体经济的规模和效率。引进银行、证券公司、保险公司、基金管理公司、信托投资公司、会计等机构及配套中介机构，截至年末有30家金融机构及中介机构进驻。

（江门市金融局）

【肇庆金融业发展】　2019年，肇庆市有金融业机构100个，其中银行机构26个、证券期货机构14个、保险业机构45个、融资担保公司3家、小额贷款公司12家，其中新增机构有东方财富证券公司肇庆信安五路营业部。全市金融业增加值89.85亿元，比上年增长7.4%，占地区生产总值比重4%。银行机构本外币各项存款余额2642.47亿元，比上年增长5.88%，增速排名广东省第18位；其中储蓄存款余额1572.80亿元，增长6.92%。各项贷款余额2156.79亿元，比上年增长18.15%，增速居广东省第八位。存贷比81.62%，排广东省第三位。其中短期贷款余额349.23亿元，增长22.66%；中长期贷款余额1732.47亿元，增长16.28%；中小微企业贷款余额907.17亿元，增长8.37%；涉农贷款余额729.54亿元，增长16.76%。不良贷款余额16.44亿元，比年初减少3.61亿元，下降18.03%；不良率0.76%，比年初减少0.34个百分点，比全省平均水平低0.4个百分点，银行资产质量排名广东省第五位。

（肇庆市人民政府地方志办公室）

金融市场互联互通

【香港金融市场互联互通】　2019年，香港证监会就证券保证金融资经纪行的风险管理准则实施新指引。投资者赔偿制度的优化措施将于2020年1月实行，包括就每项违责向每名投资者支付的赔偿上限由15万元提高至50万元，并涵盖股票市场交易互联互通机制下的沪股通及深股通。

2019年1月，证监会与卢森堡金融业监督管理委员会签署基金互认安排谅解备忘录（互认备忘录），容许简化两地合资格公募基金在对方市场销售的程序。5月，证监会与荷兰金融市场管理局签署互认备忘录。此外，香港与法国、瑞士和英国订立基金互认安排。截至年底，有73只基金按香港与内地基金互认安排获得认可，总累计净销售额超过160亿元人民币。国际投资者可通过沪港通和深港通，买卖超过580只和超过700只分别在上海证券交易所和深圳证券交易所上市的股票。自10月28日起，按新上市制度在港上市的不同投票权架构公司，在符合特定条件后，其股票可在沪港通和深港通的南向交易中买卖。债券通推出一个新的电子交易平台，结算周期的选择有所增加，能支援T+3结算，推出在一级市场认购内地发行的同业存单服务。香港电子钱包现时可在内地（包括大湾区）使用，而且参与商户的数目持续上升。

保险业方面，中央人民政府延续在“中国风险导向的偿付能力体系”下提供的优惠措施，内地保险公司如分出业务予符合要求的香港专业再保险公司，中央人民政府将会降低对该内地保险公司的资本额要求，有效期为1年，至2020年6月30日。香港服务提供者如在内地设立保险公估机构，中央人民政府也会取消对营运年资的要求，并放宽限制，支持内地保险公司在港澳市场发行巨灾债券。《内地与香港关于建立更紧密经贸关系的安排》为在内地营运业务的香港金融服务供应商和专业人士，提供更多与市场灵活接轨的机会，加强香港作为国际金融中心和内地企业首选集资中心的竞争优势。香港是亚洲基础设施投资银行（简称“亚投行”）的成员。亚投行旨在支援亚洲发展基础设施和区内互联互通，推动亚洲的可持续社会和经济发展。香港拥有优越的资本市场及完备的专业和金融服务，能妥善支援亚投行的运作。2019年，亚开行通过其国际中期债券计划，在香港的金融市场募集3.66亿美元的资金。（香港历史研究基金会）

【深圳推进金融市场互联互通】 2019年，深圳成立推进粤港澳大湾区和先行示范区建设工作领导小组，形成《关于提请中国银保监会进一步支持深圳建设保险创新发展试验区的请示》，开展大湾区跨境车辆保险、跨境医疗保险产品创新调研，探索为跨境保险客户提供便利化承保、理赔等服务。引导金融机构落户自贸片区，有79家银行业金融机构、33家保险机构落户前海蛇口自贸片区。参加银保监会粤港澳银行业监管联席工作会议、银保监会与香港金管局日常磋商会议，承办粤港澳深四地保险监管联席会议。人民币跨境流通渠道进一步拓宽，跨境人民币资金收付比1∶1.13。其中，与香港人民币跨境收付金额1.38万亿元，比上年增长17.00%，占全市人民币跨境收付总额的82.00%。积极推进人民币国际化。启动港澳居民个人跨境购买境内银行自营理财产品试点工作，至年底，辖内共4家银行参与试点，累计销售理财产品6.02亿元，累计赎回3.78亿元。开展“跨境电商直通车”业务，全年便利出口电商企业办理跨境人民币出口收款业务257.70亿元。扩大跨境人民币资产转让试点规模和品种，至年底，全市跨境人民币资产转让业务累计金额751.30亿元。加强金融交流合作，启动“深港澳金融科技师专才计划”，借鉴国际CFA和FRM资格考试体系经验，探索构建大湾区金融科技人才联合培养机制；成立“深港澳天使投资人联盟”，构建优势互补、覆盖初创企业成长全周期的天使投资生态圈。协助举办香港青年“2019深圳金融科技暑期实习团”等活动，与澳门金管局签署金融人才培养与交流合作备忘录，促进多层次人才互动。牵头与伦敦金融城、英国国际贸易部联合举办首届深伦金融创新与合作论坛，近150位来自中英两国的知名机构代表出席；与伦敦金融城签署《合作备忘录增补文本》，推动两地金融科技、绿色金融、资本市场、人才交流等方面合作；组织金融机构赴哈尔滨参加第六届中国—俄罗斯博览会，联合召开阿布扎比国际金融中心推介会，协助境内外多元化融资对接。（深圳市人民政府地方志办公室）

【珠海推进对澳金融合作】 2019年，珠海市牵头建立健全珠澳金融合作工作小组和推进粤港澳大湾区建设金融专项小组工作机制，统筹全市金融工作力量，加大对澳金融合作力度，形成“机构、资金、人才”全要素融合的良好局面。引进港澳资金融机构，在横琴注册的港澳资金融类企业187家。其中，港资金融类企业160家，注册资本631.65亿元；澳资金融类企业27家，注册资本119.13亿元。支持澳门金融机构开展跨境办公，进驻横琴澳门特色金融服务基地澳资企业14家，进驻横琴智慧金融产业园澳资企业16家。支持珠光集团与央企、澳门工商界在澳门共同发起设立大湾区共同家园投资公司，为两地共建产业、金融项目搭建综合投资平台。推动自由贸易账户（FT账户）在横琴落地实施，推进落实外商投资股权投资企业（QFLP）试点，支持礼达联马（珠海）公司、高瓴天晟股权投资基金等5家试点企业落地，通过试点备案的外资金额达37亿美元。推动全市恢复不动产跨境抵押登记业务，便利澳门居民在珠海置业抵押融资。支持银行机构推出“粤澳共享贷”，向澳门科创青创企业授信1500万元，缓解澳资中小微企业境内融资难题。推动在横琴建设一站式跨境金融综合服务平台，探索澳门居民横琴金融服务中心建设，在备案的前提下，允许澳门银行和保险机构为在内地的澳门居民提供除实质性销售以外的一站式金融服务。推动跨境保险服务中心建设，为购买澳门保险的内地居民提供保单保全、理赔处理等一站式保险服务。推动澳门跨境电子钱包在珠海市率先使用，便利澳门居民跨境享受小额便民移动支付服务。支持推广澳门跨境缴费系统，满足澳门居民跨境扣缴水费、电费的需求。“粤澳跨境金融合作（珠海）示范区”揭牌，提升珠澳金融合作层级；推进金融规则制度衔接，在横琴建设一站式跨境金融综合服务平台；支持横琴出台《关于支持粤澳跨境金融合作（珠海）示范区发展的暂行办法》，提高澳门金融机构进驻横琴的补贴标准和服务水平；签订《珠澳金融合作备忘录——人才培训补充协议》。

（珠海年鉴编辑中心）

【东莞推进金融市场互联互通】 2019年，东莞市推进金融市场互联互通，引导辖内企业用好用足全口径跨境融资政策，跨境双向人民币资金池51个，人民币资金池年收支总额171.3亿元，比上年增长92.9%，全口径跨境融资业务签约笔数、金额及政策惠及企业数量均位列广东省前列。试点推广省中小企业融资平台，与“企莞家”政务App及东莞市一体化政务服务平台网上办事大厅对接，集中省、市政策资源，为中小企业融资提供增信和风险补偿等配套服务，辖内有24家金融机构入驻并发布金融产品70款，完成授信272笔，授信金额4.95亿元。持续拓宽多元化融资渠道，在引入保险资金支持重大基础

2019年10月12日，粤澳跨境金融合作（珠海）示范区揭牌。图为横琴金融岛

（李建东　摄）

设施建设方面取得突破，人保资本募集30亿元资金投资于市轨道交通建设项目。启动移动支付“示范镇”“示范点”建设，推动移动支付在交通、医疗、学校、社区等民生领域的应用。完善移动支付“智慧交通”体系，推动“东莞通”App实现东莞轨道交通扫码乘车功能及“狮子洋飞航”购票功能，助力粤港澳大湾区移动支付互联互通。（东莞市人民政府地方志办公室）

【中山普惠金融发展】 2019年，中山市融入粤港澳大湾区建设。与澳门金融管理局联合举办粤澳跨境电子直接缴费系统推介会，为在广东购房的澳门居民缴纳在广东的日常生活费用提供便利。与广州市地方金融监督管理局、大湾区共同家园投资有限公司等合作交流，促进共同发展。加大金融支持乡村振兴力度。制定《中山市关于金融服务乡村振兴战略的实施意见》；修订政策性农村住房保险实施办法，聚焦农户家庭经济安全，扩大被保险人和保险标的范围、提高保险金额，全市18万户农房获风险保障。开展涉农金融产品和服务创新，聚焦特色产业，推出申请简便、期限长、额度高、利率实惠的“花木种植贷款”和“脆肉鲩养殖贷”等信贷产品；推动农村中小金融机构试点“整村授信”，提升村民金融服务可得性，中山市16个行政村开展“整村授信”试点，共获贷款5041万元。推动金融机构服务民生领域，市政府与中国农业发展银行广东省分行签订合作协议，落地一批支持农业农村基础设施建设贷款项目，以政策性金融资金带动财政资金、社会资本、地方专项建设基金、担保基金等多方资金投向“三农”（指农村、农业、农民）领域；协调辖区保险机构配合牵头部门开展各类责任保险试点，推进食品安全责任保险、安全生产责任保险等试点工作，加大金融对社会民生的保障。（中山市人民政府地方志办公室）

【江门推进对澳金融合作】 江门市与澳门2015年签订《关于加强江澳金融合作的备忘录》以来，通过全口径外债业务、投注差业务为江门企业向澳门银行机构融资，以及通过跨境同业存放吸收澳门银行机构资金。组织银行机构与澳门金融监管局、澳门金融机构进行业务对接，2019年江澳金融合作产生1018.91亿元，包括银行间同业存放1011.22亿元、企业融资7.69亿元。江门市继续探索江澳金融合作新的合作点，推动试验创新型金融产品，包括开展银团贷款、推动企业在澳门发债、推广澳门跨境电子直接缴费系统、实现澳门居民在澳即可缴交境内费用等。4月，出台《江门市促进经济发展专项资金（跨境融资平台）项目奖补方案》，奖补金额300万元，属广东省首创方案。方案对江门与香港、澳门地区金融机构发生跨境人民币结算及跨境融资（含全口径跨境融资及贸易融资等）的银行实施奖补，受奖补的银行承诺给予企业融资优惠，从而达到降低企业跨境融资成本的目的。至是年12月底，300万元奖补资金全部发放完毕。在该政策的正向推动下，是年江门通过港澳地区进行跨境融资总额达2.22亿美元，是2018年全年港澳跨境融资总额0.94亿美元的2.36倍。2019年，江门市跨境人民币结算业务发生金额382.32亿元人民币，比上年增长5.73%，超过全省平均增长水平2.66个百分点；占国际收支的比例为25.08%，增加2.47个百分点。

（江门市金融局）

【肇庆加快与港澳金融合作】 2019年3月18日，肇庆市成立推进粤港澳大湾区建设领导小组金融专项小组，出台《肇庆市金融支持粤港澳大湾区建设2019年工作要点》。市金融局与澳门金融管理局在肇庆举办业务推介会，邀请香港金融企业参加肇庆市在香港举办的肇港携手共建粤港澳大湾区经贸交流会等活动，推进金融市场互联互通。年内，全市与香港和澳门特别行政区发生跨境人民币业务47.07亿元；设立跨境资金池7个，其中通过资金池归集资金135笔，金额18.8亿元。肇庆市政府与中国建设银行广东省分行、建银（亚洲）、建银国际以及建行澳门分行签订战略合作协议，4个银行机构未来5年将为肇庆

提供1000亿元授信，支持肇庆参与粤港澳大湾区建设。（肇庆市人民政府地方志办公室）

现代服务业体系构建

【香港加强与内地服务贸易联系】 2019年11月21日，《〈内地与香港关于建立更紧密经贸关系的安排〉服务贸易协议》的修订协议签署，于2020年6月1日起实施，进一步开放服务业市场和更新关于便利服务贸易的承诺，降低香港企业和专业人士进入内地市场的门槛。符合资格的香港专业人士，包括建筑师、结构工程师、律师、医生可以通过CEPA两地资格互认或考试的安排获取内地的专业资格。此外，该等建筑师、结构工程师、律师等如受聘于内地的相关企业，可以在指定的内地省市注册执业、开设事务所，又或与内地事务所以合伙或联营等模式经营。而律师事务所以合伙方式联营可以提供一站式跨境法律服务，并与内地合伙人分担经营成本和分享利润。中央人民政府于2019年11月6日公布进一步扩大建筑业专业人士资格互认范围，新措施将延续已到期专业资格，以及让具有香港专业学会会员资格的香港建筑师、结构工程师与内地相应协会（学会）会员开展资格互认工作。通过互认或考试取得内地建筑及相关工程等领域专业资格的香港建筑业专业人士在广东、广西、福建享有的相关优惠措施，将扩展至内地全境。截至2019年10月，两地律师事务所共成立11家合伙联营律师事务所，其中深圳7家、珠海2家、广州2家，有39名香港律师派驻其中，亦有香港大律师及事务律师获广东律师事务所聘用为法律顾问。2019年1月司法部与香港律政司签署《会谈纪要》，原则上同意进一步开放合伙联营律师事务所及法律顾问的有关措施。其中《广东省司法厅关于香港特别行政区和澳门特别行政区律师事务所与内地律师事务所在广东省实行合伙联营试行办法（2019年修订）》于2019年8月1日施行，有效期3年，措施包括取消在广东省设立的合伙联营律师事务所港方出资比例不得低于30%的限制、允许联营律师事务所以本所名义聘请香港、澳门及内地律师，以及放宽合伙联营律师事务所可以受理行政诉讼法律事务等。中央人民政府于2019年11月6日公布允许香港法律执业者同时受聘于1～3个律师事务所担任法律顾问，而法律顾问的聘用亦会由核准改为备案管理，无须年度注册。投资方面，香港投资者在内地可享投资保护和便利。检测认证方面，在内地强制性产品认证（CCC）领域，符合条件的香港检测机构可与内地指定机构进行产品检测合作，范围从现时在内地加工或生产、或在香港加工的CCC产品，扩展至在任何地区加工或生产的CCC产品。是年，香港共举办逾100项展览，吸引超过160万名会议、展览及奖励旅游（MICE）的海外过夜旅客到港参加。香港贸发局每年在香港主办30项大型展览会，有11项是相关行业在亚洲最大的采购平台，电子、珠宝、礼品、钟表、灯饰5项展览会的规模更是全球最大展会之一。这些展览会吸引3.1万名参展商及超过59万名买家到港参加。是年，在港举办的大型会展项目包括IB国际文凭课程全球会议、国际机场协会全球周年大会暨亚太区周年会议与展览、香港亚太云端科技博览、香港世界数据中心展、亚太生殖医学大会、亚太区寿险大会、亚洲殡仪及墓园博览暨会议、亚洲顶尖国际食品餐饮及酒店设备展、RISE创业大会、福布斯30岁以下精英亚洲峰会、亚洲数码媒体大会，以及香港金融科技周。（香港历史研究基金会）

【澳门现代服务业体系构建】 澳门加快建设3个中心，即“葡语国家食品集散中心”“中葡中小企业商贸服务中心”和“中葡经贸合作会展中心”。截至2019年底，“中国—葡语国家经贸合作及人才信息网”有3.55万个注册用户，其中，供货商及代理商3828间，发布葡语国家食品资料共28180个，中葡双语人才达1189位，专业服务供货商2557间，对外发布葡语国家投资项目数据共405项。澳门贸易投资促进局与澳门机构及商协会合作在澳门6个地点及内地多个省市设立葡语国家食品展示设施，同时，在内地代表处（福州、杭州、沈阳、成都、广州及武汉）均设有“葡语国家食品展示中心分站”。2019年，澳门贸易投资促进局继续于小区内推广系列葡语国家特色产品，包括由贸促局、澳门小区经济发展促进会及澳门中区南区工商业联会主办、中国—葡语国家经贸合作论坛（澳门）常设秘书处及中国与葡语国家企业家联合会协办的“齐齐葡—葡语国家及澳门产品特色市集”分别于3月及11月在澳门举办。组织澳门及内地企业到葡语国家参展参会及考察。包括由贸促局牵头的“泛珠9+2省区代表葡萄牙及卢森堡商务交流团”赴葡萄牙及卢森堡进行访问，围绕环保范畴，尤其绿色金融展开交流及考察；由圣多美和普林西比贸易投资促进局、中国国际贸易促进委员会以及澳门贸促局共同举办的“中国与葡语国家企业经贸合作洽谈会—圣多美—2019”于7月在圣多美举行。深化“创意城市美食之都”的工作，积极参与打造粤港澳大湾区旅游目的地，推动“智慧旅游”发展。2019年，位于澳门及香港的旅客询问处接待旅客78.45万人次。全年经陆路入境的旅客有2929.12万人次，比上年增长32.2%；经海路入境的旅客为6267619人次，比上年下降39.47%。澳门外港客运码头和氹仔客运码头的跨境渡轮服务，接载乘客往返澳门与香港、澳门与内地之间。经营前往香港和内地的客运航线，有信德中旅船务管理（澳门）有限公司、远东水翼船务有限公司、港澳飞翼船有限公司、STCT信德中旅渡轮服务（澳门）有限公司、粤通船务有限公司、金光渡轮有限公司。

（摘自《2020澳门年鉴》）

【广州现代服务业体系构建】 2019年，广州市现代服务业增加值占服务业增加值比重67.1%。建设国际商贸中心，发展跨境电商、汽车平行进口，二手车出口等贸易新业态，跨境电商进出口商品总值385.9亿元，居全国城市第一位。批发和零售业商品销售总额7.14万亿元，比上年增长9.6%。加快建设现代金融服务体系，出台“金融10条”，广州碳排放权交易中心总成交金额排名全国第一位，上海证券交易所南方中心、深圳证券交易所和新三板广州服务基地等建成运营，新增上市公司20家，总数180家。加快建设现代服务业集群，打造商旅文融合功能区9个、夜间经济集聚区30个。

（广州市人民政府地方志办公室）

【深圳现代服务业体系构建】 2019年，深圳现代服务业增加值12101.47亿元，比上年增长12.0%。全年规模以上服务业企业实现营业收入13260亿元，比上年增长12.6%。年末，深圳证券交易所上市公司2205家，比上年增加71家。年内，深圳市新登记中小企业中80%以上属于现代服务业，创业创新资源加速向高附加值现代服务业集聚。现代服务业重点向会展旅游、金融服务、总部经济等领域倾斜。重点推进国际会展中心、光明小镇、平安产险大厦、恒力集团深圳湾超级总部基地、神州数码集团总部基地等项目建设，加快推进招商银行全球总部大厦、深圳乐高乐园、小梅沙海洋世界、华侨城创想小镇等项目前期工作，项目顺利推进，总部经济地位逐步加强。年内，深圳市引进分行级以上持牌金融机构14家，其中总部金融机构9家，注册资本合计超294亿元；建行理财子公司、招行理财子公司率先落户，国内银行业首家汽车金融持牌专营机构——平安银行汽车消费金融中心获批准开业。人民币国际投贷基金注册成立。举办第13届深圳国际金融博览会、第15届中国（深圳）国际期货大会等活动，深圳金融业的影响力逐步提升。启动“深圳市百千万金融人才培养工程”，举办首届金融领军人才研修班、首期鹏城金融大讲堂。筹备首次“鹏城十大杰出金融人物”评选活动，组织启动首届“深港澳金融科技师”一级考试。金融品牌集聚区建设全面加强。规划建设福田金融核心区、红岭创新金融产业带、南山科技金融城等6个金融集聚区和7个重点金融楼宇。印发《关于推动深圳创意设计高质量发展的若干意见》。2019年，深圳市经认定公布市级以上（含市级）文化产业园区共有61家，其中国家级文化产业示范园区1家，省级文化产业园区4家，省文化和旅游融合示范区1家，另有4家园区入选省文化产业示范园区创建名录。

（深圳市人民政府地方志办公室）

【珠海现代服务业体系构建】 2019年，珠海市服务业完成投资1679.54亿元，比上年增长4.6%。港珠澳合作创新（珠海）基地、高新区宝龙城等一批商业综合体动工，高栏港文德广场等投入运营。快递业务承载流通货值近500亿元，丰豪—威恒智慧供应链项目开工建设。金融产业增加值369.16亿元，比上年增长15.8%，占生产总值比重首次突破10%。创建首个省级文化产业示范园区，建成市级文化产业园区3个、市级文化产业特色基地4个。举办WTA超级精英赛、泛珠三角超级赛车节、国际马戏节、横琴马拉松、珠澳同行徒步等赛事活动，初步形成具有运动休闲特色的体育产业群。全年举办各类展览23场、1000人以上大型会议99场，中国国际办公设备及耗材展览会、复合材料科技大会、亚太水产养殖展览会、中国集成电路产业高峰论坛、珠海国际设计周、中国医院院长论坛等一批高层次会展活动在珠海举行。创建国家全域旅游示范区，长隆剧院、丽新创新方、横琴富华紫檀博物馆开业运营，全年接待游客4618.21万人次，比上年增长7.1%，实现旅游总收入541.53亿元，增长16.2%。是年5月10日，珠海市启动建设澳门产业多元十字门中央商务区服务基地，12月10日投入运营，是支持澳门新兴产业发展、助力澳门经济适度多元化的重要实体平台，致力于构建集“公共服务+生活保障+金融支持”三大服务于一体的一站式营商服务体系，重点引进并扶持科技创新、特色金融、医疗健康、跨境商贸、文旅会展、专业服务六大新兴产业和澳门青年创新创业，为澳门经济发展注入新动能。截至投运日，服务基地引入澳门企业（机构）105家，3万平方米办公空间实现100%签约。

（珠海年鉴编辑中心）

【佛山现代服务业体系构建】 2019年，佛山市实现电子商务交易额10300亿元，比上年增长16.69%。是年12月24日，国务院发布关于同意在石家庄等24个城市设立跨境电子商务综合试验区的批复，正式同意在佛山市设立跨境电子商务综合试验区。年内，佛山市依托陶瓷、家电、家具、机械、花卉、钢铁等产业优势举办各类大型知名展会，包括第五届珠江西岸先进装备制造业投资贸易洽谈会、联合国开发计划署氢能产业大会、第五届中国（广东）国际“互联网+”博览会、2019中国（广东）国际家用电器博览会、佛山陶瓷及卫浴博览交易会、2019广东工业设计产业博览会暨顺德设计周、第三十七届国际龙家具展览会、第十五届佛山国际艺术博览会、中国安全产业大会等。全年全市举办专业展览超30场，展会数量增长15%；展览面积160多万平方米，增长16.5%；展会及相关活动总数超80个。广东（潭洲）国际会展中心二期投入使用。金融业加快发展，千灯湖创投小镇正式开园，广东金融高新区集聚金融项目791个，总投资规模超1238亿元，佛山农商银行完成吸收合并高明农商银行和三水农信联社，顺德农商银行入选全国18家LPR利率报价银行之一。工业设计蓬勃发展，新增国家级工业设计中心3个、省级工业设计中心17个，顺德星火公司运营的广东省家电工业设计研究院获批成为首批省级设计研究院。全域旅游扩面提质，举办2019年“岭南味 佛山品”首届佛山文旅欢乐季等活动，顺德华侨城“欢乐海岸PLUS”项目正式开放，全年全市旅游业总收入891.86亿元，比上年增长10.2%。是年，佛山市第三产业增加值4549.48亿元，比上年增长8.1%，在第三产业中，交通运输、仓储和邮政业增长7.4%。截至年底，佛山市有A级物流企业17家，其中AAAAA级1家、AAAA级12家、AAA级4家，主要开展大宗运输、汽车物流、冷链物流、电商物流、快递物流等专业物流业务。有独立许可快递企业188家、分支机构731个，有备案的快递末端网点776个。

（何道哲　王英）

【惠州现代服务业发展】 2019年，惠州机场开通36条航线、通航31个航点，全年旅客吞吐量255.4万人次，比上年增长36%；货物吞吐量增长63%。港口货物吞吐量8257万吨，比上年增长10.8%。全市金融机构本外币存款、贷款余额分别达6558.6亿元和5848.9亿元，分别比上年增长6.3%和19%。设立广东股权交易中心惠州分公司。全年接待游客6300万人次，旅游总收入570亿元，比上年增长13.6%。总部经济、电子商务、文化创意、信息服务等现代服务业加快发展。

（惠州市人民政府地方志办公室）

【中山推动传统电子商务与跨境电子商务新业态融合发展】 2019年11月，中山市印发《中山市商务发展专项资金（电子商务项目）实施细则的通知》，推动国内传统电子商务与跨境电子商务新业态融合发展，支持中山制造企业应用电子商务与跨境电子商务拓展国内外市场。加快推进中山跨境电子商务综合试验区项目申报，出台《中山市跨境电商综合试验区申报方案》，并获省政府支持转呈国务院审批。8月22日，中山首票跨境电商网购保税进口货物经港珠澳大桥进入中山保税物流中心跨境电商专用仓库，标志中山跨境电子商务BBC零售进口业务正式运作。11月，中山市公布“工业和工业互联网类公共技术服务平台（第二批）认定名单”，新增2个市全生命周期公共技术服务平台。至年底，全市建成广东硕泰智能装备有限公司、黑子信息科技（广东）有限公司、中山天蓬网企业管理服务有限公司、中山易裁剪网络科技有限公司、哈工大机器人（中山）有限公司等公共服务平台12个，包括智能制造、“互联网+”共享设计、智能产品、智能裁剪快速加工、“两化”融合、工业互联网、智能工厂装备集成应用、物联网+SMT智能贴装共性工厂、智能·共享机器人打磨抛光共性工厂等板块。 （中山市人民政府地方志办公室）

【肇庆现代服务业发展】 2019年，肇庆市服务业增加值实现937.33亿元，比上年增长7%。现代服务业增加值430.21亿元，比上年增长5.5%，现代服务业增加值占服务业增加值的比重45.9%。规模以上服务业营业收入78.65亿元，比上年增长3.8%；其中，其他营利性服务业营业增加值371.96亿元，增长6.9%。有规模以上服务业企业143家，营业收入增长13.1%。加快发展“夜经济”，出台实施《肇庆市发展夜间经济指导意见》，鼓励主要商圈和特色商业街适当延长营业时间，开设深夜营业专区、“深夜食堂”等特色餐饮街区。出台旅游振兴“十大行动”计划和10条扶持政策，肇庆市获评为“2019最佳品质文化旅游目的地”，星湖景区成功创建为国家5A级旅游景区，国内旅游收入340.82亿元，比上年增长5.5%。叶挺独立团团部旧址成为第八批全国重点文物保护单位。举办体操世界杯挑战赛等国内外赛事和“肇庆徒步日”等大型体育活动。

（肇庆市人民政府地方志办公室）

【2019年数字金融创新论坛】 2019年5月9—11日在广州举办，以“科技赋能金融、创新驱动发展”为主题，设人工智能与大数据·云计算、信息安全与智能运维、业务与技术融合和金融大数据实时智能反欺诈4个分论坛。由广东省粤港澳合作促进会金融专业委员主办，广东省人民政府港澳事务办公室、广东省地方金融监督管理局、澳门金融管理局作为指导单位。该届论坛受到粤港澳三地金融行业界的关注和积极参与，出席论坛的代表有金融监管机构领导、全国各省区金融系统主管领导和信息科技、电子银行、互金、零售、个金和风险控制等部门负责人；港澳地区金融机构相关部门负责人以及部分IT企业代表600多人出席。

（广东省港澳事务办公室）

【粤港澳大湾区物流业标准化建设】 2019年11月，在江门举办第二届粤港澳大湾区物流产业联盟年会，由广东省物流行业协会、广东省物流标准化技术委员会（GD/TC4）倡议，实施粤港澳大湾区物流业标准对标。由香港特区政府支持，香港物流商会牵头，联合策划粤港澳大湾区创新物流科技协作活动，先后在港澳、江中珠、广佛肇、深莞惠组织6期、超过20场业务交流对接、标准对标调研活动。制定《粤港澳大湾区物流业（含冷链）标准对标及标准体系建设工作路线图》，确定在物流运输、仓储物流（包括但不限于托盘、周转箱等单元化物流设备标准化应用及共享）、冷链物流、人才建设4个专业领域开展重点合作。

【粤港澳大湾区金融纠纷调解合作研讨会】 2019年7月25—26日在珠海举行。会议研究建立粤港澳大湾区金融纠纷调解合作机制，珠江三角洲九市与澳门特别行政区金融纠纷调解组织签署《粤澳地区金融纠纷调解合作框架协议》，内容涉及建立调解合作联络机制、金融纠纷调解合作机制、金融纠纷调解合作研究机制等。

【中国银行澳门“跨境钱包”暨受理业务首发】 2019年12月19日，“情系澳门智慧生活——中国银行澳门‘跨境钱包’暨受理业务首发仪式”在珠海市举行。中国银行联合网联清算有限公司、银联国际有限公司、澳门通股份有限公司率先推出面向澳门居民的跨境移动支付服务“跨境钱包”。澳门居民直接使用“澳门中银手机银行”APP或“MPay澳门钱包”APP，即可在内地中国银行商户覆盖的交通出行、餐饮购物、日常消费、生活服务等多个线下场景轻松扫码支付。（黎玮茵）

【京东物流东莞亚洲一号智能物流中心启用】 2019年12月18日，京东物流东莞亚洲一号智能物流中心全面启用。该物流中心位于麻涌镇，建筑面积50万平方米，是亚洲规模最大的一体化智能物流中心。其核心功能是处理中件及小件商品，单日订单处理能力160万单，自动立体仓库可同时存储超过2000万中件商品。拥有78台高22米的堆垛机，大型交叉带分拣系统全长22千米，分拣机上800多个分拣滑道将包裹分拣运送到全国各地的亚洲一号及分拣中心，准确率99.99%，达全球顶级水准。（东莞市人民政府地方志办公室）

2019年12月18日，京东物流东莞亚洲一号智能物流中心全面启用
（东莞市麻涌镇供稿）

海洋经济

海洋资源开发利用

【深圳推进海域使用管理】 2019年，深圳市西部和南部是珠江口、伶仃洋，东部和东南部是大亚湾、大鹏湾，海洋水域总面积1145平方千米，海域连接南海及太平洋，海岸线总长260千米。年内，深圳市规划和自然资源局推动《深圳经济特区海域使用管理条例》立法工作，于12月31日发布实施。开展海域使用管理创新制度研究、海域资源市场化配置机制研究及管理规定拟定、海域使用权出让合同管理制度研究及范本制定、海上工程建设审批管理办法研究，以及海域使用

权价值体系研究等海域使用管理条例配套制度的研究制定，完善海域使用综合管理制度；研究制定市管用海项目审查审核操作指引，厘清部门职责，规范用海行政审批服务；继续推进海洋综合管理示范区建设，牵头制定海洋综合管理示范区建设实施方案年度任务分解表。妥善处理围填海历史遗留问题，2月，全市11个已批未填用海项目全部停工，进入围填海历史遗留问题处理程序，7月深圳市已批未填围填海历史遗留问题处置方案获广东省政府批复同意，用海项目得以复工，在全国范围内较早完成该类历史遗留问题处理。（深圳市人民政府地方志办公室）

【珠海海洋资源管理】 2019年，珠海市领海基线以内海域面积6050平方千米，大陆海岸线长224.5千米，大陆自然岸线长度28.64千米，自然岸线保有率12.8%；大小岛屿262个，其中有居民海岛10个、无居民海岛252个。年内，获各级政府批复确权用海8宗，其中省管项目用海1宗，市管用海项目4宗，区（功能区）级用海项目3宗；获省政府批复无居民海岛使用项目1宗。落实省海域使用“放管服”改革工作，出具省管项目用海预审意见1宗、省管填海项目工程竣工验收批复文件2宗；推进海砂开采海域使用权出让工作，选划2块海域作为开展海域使用权市场化出让工作备选砂源。

（珠海年鉴编辑中心）

【惠州海岸带保护与利用】 2019年，惠州市严格落实《广东省海岸带综合保护与利用总体规划》，在全省率先编制《惠州市海岸带保护与利用规划》，出台《惠州市海岸带保护与利用管理规定》，为推进科学有序用海、管海提供有力制度保障，规划出台之后全市受影响项目地块共248宗，面积约300万平方米，其中受影响无法开发建设的用地面积约100万平方米。全面落实严控新增围填海政策，主动跟踪、靠前服务，全力保障国家重大项目用海，埃克森美孚惠州项目用海通过国务院审批，成为国家严控围填海政策出台以来，唯一获批准的新增围填海项目，探索出一套新形势下重大项目用海申报经验。加快推进围填海历史遗留问题处置工作，组织编制分片区及相关项目的生态评估和生态修复方案，制定报送《惠州市围填海历史遗留问题处置方案》，围填海历史遗留问题处置工作进度位于全省前列。（惠州市人民政府地方志办公室）

【中山翠亨新区海岸带综合示范区建设】 2019年，中山市翠亨新区申报成为广东省海岸带综合示范区，获广东省自然资源厅4800万元资金支持。启动翠亨新区海岸带综合示范区建设。制定《翠亨新区海岸带综合示范区建设研究及实施方案》，加强陆海统筹，建设3千米生态海堤、355公顷滨海湿地在岸线，开展精细化管控、海洋生态修复、海洋防灾减灾等工作；保障翠亨新区等重大项目用海，推进深中通道、中山开平高速公路、中山港马鞍区新客运码头工程、翠亨新区滨河整治水利工程、中山海洋环境监测站（验潮站）工程等重大交通设施民生工程建设，做好深中通道建设使用临时装卸平台项目用海申请、中山开平高速横门西水道大桥工程变更用海事宜的用海报批以及相关工程项目用海审批工作。

【“大航海时代珠江口湾区与太平洋——印度洋海域交流”国际学术研讨会暨“2019海洋史研究青年学者论坛”】 2019年11月9—10日，由中国海外交通史研究会、国家文物局水下文化遗产保护中心、中山市社科联、中山市火炬开发区管委会、广东省社会科学院海洋史研究中心联合主办，中山市现代服务业协会承办的“大航海时代珠江口湾区与太平洋——印度洋海域交流”国际学术研讨会暨“2019海洋史研究青年学者论坛”在中山市召开。来自美国、德国、奥地利、法国、日本、澳大利亚等国家以及中国内地、中国港澳台地区的学者约100人参会。与会的专家学者从各自的学术领域就中西交流、海洋知识以及海洋文明交换意见，发表报告60份。其间，广东省社会科学院历史与孙中山研究所举行《海洋史研究》（1～10合集）首发及赠书仪式。

（中山市人民政府地方志办公室）

海洋空间布局优化

【深圳海洋空间规划】 2019年，深圳市规划和自然资源局探索开展新时期国土空间规划陆海统筹研究，形成《国土空间规划体系下陆海统筹与海域分区管控的实践与思考》，提出通过海陆全域“大国土”“大资源”的规划管控和资源配置，实现陆海空间利用、生态保育修复和防灾减灾一体化，服务社会经济发展和生态文明建设；初步完成全市国土空间规划涉海规划内容编制工作，向广东省自然资源厅提交深圳市生态红线自评调整方案。推进海岸带重点地区规划研究，高标准协助完成小梅沙海岸带详细规划国际咨询，参与指导盐田海鲜街海堤工程、东部海堤三期工程、太子湾景观步道等涉海项目规划，提升滨海岸带公共空间品质；推进沙滩专项规划研究，明晰深圳市沙滩实施分类管理原则和属地管理职责，对部分靠近能源设施的沙滩开展专项安评研究，组织开展前海人工沙滩研究，增加西部海域亲海近海活力；组织珠江口西部岛群规划研究，推进赖氏洲岛、州仔岛的单岛规划研究，为市民走向海洋、体验海岛特色提供前期技术研究准备。

（深圳市人民政府地方志办公室）

【全国首个地方性海域海岛法规制定】 2019年，珠海市利用特区立法权先行探索，制定全国首个地方性海域海岛法规《珠海经济特区海域海岛保护条例》和《珠海经济特区无居民海岛开发利用管理规定》，1月向社会公告，5月1日起施行。《珠海经济特区海域海岛保护条例》是在贯彻国家海域使用管理法、海岛保护法、海洋环境保护法、渔业法等法律基础上，对上位法作补充和细化，结合实际制定的一部海洋生态保护综合性立法。《珠海经济特区无居民海岛开发利用管理规定》建立无居民海岛开发利用项目建设审批管理机制，理顺管理部门在无居民海岛开发利用项目建设审批过程的权力和职责。

（珠海年鉴编辑中心）

现代海洋产业体系构建

【香港海洋经济发展】 2019年，香港港口的班轮服务次数频密，覆盖全面，每周约有300班货柜船开往全球约420个目的地。香港有逾800家与海运有关的公司，提供各种优质服务，包括船只管理、船务经纪及船舶租赁、海事保险、海事法律及仲裁服务，具多项优势，可成为“一带一路”经济体的海运服务枢纽。香港是亚洲著名的船舶融资中心，全球十大簿记行有7所在香港设有办事处。保险方面，国际保障及弥偿组织13个成员协会，有12个在香港提供服务，规模仅次于英国伦敦。香港海事仲裁协会于2000年成立，原属香港国际仲裁中心的一部分，于2019年3月成为独立组织；成员为仲裁员和调解员，懂英文、中文和其他语言，在所有海事和商业事务方面拥有专业知识。香港拥有经验丰富的船舶管理公司，为客户提供优质服务，确保船队管理有度。是年香港约有270家船舶代理及管理公司提供不同服务，包括货物装卸、船员管理、机械保养和维修、船舶租用、船舶供应及安排保险与索偿。根据香港船东会的资料，由香港船东拥有或管理的船舶，其载重吨位占全球商船总载重吨位9.3%。香港与48个税务管辖区订立多项双重课税宽免安排，当中包括海运收入的宽免。11月，香港海运港口局举办第四届香港海运周活动，宣传香港为经营海运业务的首选地，并提供机会供业界联系。是年，该局出访哥本哈根、奥斯陆、卑尔根、伦敦和中国内地广西及上海，推广香港优质和专业的高增值海运服务，提升香港的国际海运中心形象。（香港历史研究基金）

【广州建设现代海洋产业体系】 2019年，广州市推动海洋科技创新，推进极端海洋动态过程多尺度自主观测科考设施、南方海洋科学与工程省实验室建设。提高海洋资源开发能力，天然气水合物第二轮试采成功。建设现代海洋产业体系，培育壮大海洋电子信息、海洋工程装备、海洋生物等战略性新兴产业，船舶及海洋工程装备制造业向高端化发展。发展邮轮经济，南沙国际邮轮母港开港。 （广州市人民政府地方志办公室）

【深圳建设全球海洋中心城市】 深圳市实施国家海洋强国战略，将海洋置于城市发展的战略位置，着力引导和推动海洋高端装备、海洋电子信息、海洋生物医药、海洋资源开发利用、海洋金融服务、港口航运服务等产业高质量发展。

2019 年，深圳市规划和自然资源局围绕海洋强国战略、粤港澳大湾区规划实施和全球海洋中心城市建设，以创建海洋经济创新发展示范市、海洋综合管理示范区建设和举办 2019 中国海洋经济博览会为抓手，在推动海洋法制建设、完善海洋空间规划、加强海域资源保护与利用、营造滨海城市风貌等方面加强作为。统筹全球海洋中心城市建设，跟进 65 个近期重点项目和“十二个一”工程重点项目。海洋经济初具规模，产业结构层次优化提升，全年海洋生产总值 2600 亿元，比上年增长 9%。海洋科技创新体系初步构建，海洋城市文化建设全方位推进，海洋规划体系不断完善，海洋领域对外合作加强。组织开展国家深海科考中心组建方案编制研究，完成《国家深海科考中心组建思路研究报告》。配合开展海洋大学及国际海洋开发银行组建方案编制。通过自然资源部对深圳市海洋经济创新发展示范市建设的中期考核。修改完善《广东省深圳市建设海洋经济发展示范区总体方案》并上报广东省自然资源厅和广东省发展改革委员会。完成全市第一次全国海洋经济调查，在全国范围内率先开展涉海企业清查、产业调查和专题调查，调查数据以全省最高分通过省调查办组织的数据会审及专家验收，并全部通过国家系统审核；组织完成编制深圳市第一次全国海洋经济调查地图集和海洋经济视频。组织制定年度深圳市海洋经济统计制度、深圳市海洋经济生产总值核算技术指南、深圳市涉海直报企业名录库更新技术方案等海洋经济监测运行和评估相关制度和规范。推动中国海洋经济博览会落户深圳，高质量举办 2019 中国海洋经济博览会。

（深圳市人民政府地方志办公室）

【惠州现代海洋产业体系构建】 2019 年，惠州市坚持“陆海统筹，生态优先”理念，持续壮大海洋经济，构建以临海石化为龙头，以滨海旅游、海洋交通运输、临海清洁能源为重点、特色鲜明的现代海洋产业体系。大力发展绿色海洋化工产业，围绕打造万亿级石化能源新材料产业集群，在补链强链上下工夫，埃克森美孚惠州项目、壳牌三期项目等重大项目扎实推进，以精细化工为重点的惠东新材料产业园全面启动建设，世界级绿色石化产业基地建设迈出坚实步伐。积极发展滨海旅游业，串联双月湾、巽寮湾、小径湾、三门岛等滨海旅游资源，打造具有国际影响力的“惠州湾”品牌。加快推进广东太平岭核电、港口海上风电、中科院“两所两装置”、LNG 接收站等项目落地建设，打造稔平能源科技岛。优化升级惠州港，把惠州港打造成服务于粤港澳大湾区世界级石化产业集群的绿色工业港和服务于粤港澳大湾区优质生活圈和国际城市群的绿色客运港。 （惠州市人民政府地方志办公室）

【2019 中国海洋经济博览会】 2019 年 10 月 14 日—17 日，中国海洋经济博览会在深圳举办。博览会由自然资源部和广东省人民政府共同主办，深圳市人民政府承办，旨在打造集技术交流、产品展示、成果交易、高端论坛、招商引资于一体的海洋经济国家级展会，推动“海洋强国”战略实施，加快深圳建设中国特色社会主义先行示范区和全球海洋中心城市。博览会以“蓝色机遇，共创未来”为主题，设置海洋资源开发和海洋工业装备展区、船舶及港口航运展区、海洋新兴产业展区 3 个板块，展示中国海洋经济发展成就和全球海洋经济最新成果。2019 海博会主题突出，亮点纷呈，成果丰硕。专门设置 70 周年海洋经济成就展（含粤港澳大湾区海洋经济

展），系统展示中华人民共和国成立70年来，特别是中共十八大以来海洋经济建设的重大成就，展示粤港澳大湾区海洋经济的最新风采。“蛟龙号”载人潜水器、深海勇士号载人潜水器、“天鲲号”重型自航绞吸挖泥船、海洋糖库、海洋动物新型抗菌肽、中法海洋卫星等一大批“大国重器”和高新技术研发成果集中亮相。2019海博会聚焦科技创新，涉及海洋产业上下游30个细分行业。展览总面积达3.75万平方米。来自21个国家的455家展商参展，其中境外企业50家，世界500强企业14家。来自28个国家和地区的9.7万人次专业观众参展。首发新技术新产品432项。签约成交394项，签约成交金额7.4亿元；达成意向合作1013项，金额18.4亿元。该届海博会为海洋信息服务业、海洋药物与生物制品业、海洋工程装备制造业、海洋渔业和海洋旅游业等多个海洋产业领域带来无限商机，开展357场活动；其中项目推介会19场，110家企业参加投融资路演类活动；由海外院士团队领衔的24个高端技术项目，现场与市场、投融资伙伴进行积极互动。其间，举办12场海洋经济高端论坛，邀请国际国内的院士、专家学者、名企高管，同场论道海洋经济发展技术前沿和热点问题，来自20个国家和地区的190位嘉宾在论坛发表真知灼见，从多层次、多维度交流分享海洋经济发展、研究、治理、安全等方面的经验和见解，为全球海洋经济发展注入智慧与活力，累计4500位专业听众到场聆听。展会期间，发布《中国海洋经济发展报告（2019）》、中国海洋经济发展指数、广东海洋70年画册、广东海洋经济地图等一批重大成果。成立蓝色经济国际联盟，170家中外企业报名加盟。签署蓝色经济和海洋空间规划合作谅解备忘录，中国与12个太平洋岛国结成发展蓝色经济、编制海洋空间规划和培养海洋人才的“蓝色伙伴关系”。2019海博会是深圳建市以来首次举行的国家级、国际化、综合性的海洋经济交流展示盛会，是深圳把握加快建设海洋强国和粤港澳大湾区战略契机，推动海洋经济高质量发展，促进海陆文化深度融合的一次重要实践，打造成为国际一流的海洋经济合作交流平台和深圳建设中国特色社会主义先行示范区的闪亮名片。

【2019国际海洋经济合作发展论坛】 2019年10月15日，由深圳市人民政府主办、中国国际贸易促进委员会深圳市委员会承办的国际海洋经济合作发展论坛在深圳开幕。论坛主题为“共谱蓝色经济未来”，会期2天。论坛包括主论坛和以海洋旅游、可持续渔业、海上安全和可再生能源、全球海洋人才的前景与机遇等分论坛。来自世界各国的近70位海洋领域专家、商界领袖深入探讨推动全球海洋经济高质量发展，并结合粤港澳大湾区实际情况，为把深圳打造成为全球海洋中心城市建言献策。超过500位嘉宾出席论坛开幕式。会议指出，2019年上半年，深圳海洋生产总值1229亿元，比上年增长6.3%，占地区生产总值比重达10.1%。海工装备、海洋电子信息、海洋生物医药、海洋新能源、海洋金融等5个海洋新兴产业增加值增长6.7%，超过海洋产业总体增长速度。同时，深圳集聚招商重工、中集集团、中广核、研祥智能等7000家涉海企业，建成国家、省、市级海洋重点实验室、工程实验室、公共技术服务平台等50家，产业集聚化、规模化、专业化趋势逐步显现。专家们建议，要积极发挥蓝色经济作为中国乃至全球经济新增长点的巨大潜力，立足海洋环境与资源的可持续发展，提升海洋科技创新能力，加强国内外企业在海洋领域深度合作，建立大数据平台，推动海洋产业深度融合发展。

（深圳市人民政府地方志办公室）

·责任编辑　彭丽玲·

生态文明建设

综　述

【概况】　2019年，广东省推进粤港澳大湾区生态环境保护，编制大湾区生态环境保护规划，深化粤港、粤澳区域环境协同治理和环境科技产业合作，将挥发性有机物（VOCs）在线监测纳入粤港澳珠三角区域空气监测网络，建立粤港澳大湾区环保产业联盟。强化跨省污染联防联治，推动泛珠三角洲九省（区）签订污染联防联治合作框架协议。推进深圳“无废城市”试点建设。蓝天保卫战取得新突破，深圳、珠海、惠州细颗粒物（$PM_{2.5}$）降至25微克/立方米及以下，达到世界卫生组织二级标准。全面落实河长制、湖长制，系统推进污染防治攻坚，推进中央环保督察及“回头看”和专项督察各项整治任务。深圳在全国率先实现全市域消除黑臭水体，广州、深圳、珠海、佛山市黑臭水体治理自评上报消除比例均高于90%。水环境质量实现重大转折，中山、深圳、惠州、地表水考核断面水质改善幅度进入全国前30名。推进固体废物利用处置和管理能力建设，广东省对电镀、印染等5个重点行业和广州、深圳、佛山、东莞4个重点城市的固体废物开展环境审计工作。加快推进重点城市垃圾分类工作，广州、深圳市形成可复制可推广的经验模式，在住房和城乡建设部对46个重点城市垃圾分类工作历次通报中均名列前茅。

【生态文明建设示范创建】　2019年，广东省开展生态文明建设示范创建工作，经生态环境部核查，深圳市福田区、佛山市高明区、江门市新会区被命名为第三批国家生态文明建设示范市县，深圳市南山区被命名为第三批“绿水青山就是金山银山”实践创新基地。汕头市南澳县、珠海市万山镇近零碳排放区城镇，中山市小榄镇北区社区、广东状元谷近零碳排放园区，佛山岭南大道公交枢纽站等5个试点示范项目加快推进。肇庆市推动绿色产品市场占有率等指标统计，完善生态文明指标体系。

【深莞惠生态环境联防共治】　2019年，深圳、东莞和惠州三市深化水务水利合作，共同加强东江饮用水源流域保护。共同加强跨界河流防洪整治和污染联合治理，实现跨界河流断面水质达标。推进大气污染联防联控工作，推动与周边城市构建土方跨区域平衡处置一体化协作机制。

【城市黑臭水体环境综合整治】　2019年，广东省持续推进黑臭水体治理工作，黑臭水体消除比例提高，高于全国平均水平。粤港澳大湾区各市中广州、深圳、珠海、佛山自评上报消除比例均高于90%。广东省住房和城乡建设厅会同省财政厅、生态环境厅推荐清远、汕头、深圳市成功申报国家城市黑臭水体治理示范市。深圳市作为单列城市，成功申报国家第三批城市黑臭水体治理示范市，获得中央财政3亿元资金支持。

【生态环境宣传教育】　2019年，粤港澳大湾区各市加强生态环境宣传教育，提升公众生态环境保护意识。广州市加强环保宣传教育，扩大媒体合作，加强生态环境舆情监测和研判，优化舆情收集和回应工作机制。整合新闻宣传媒介，发挥新媒体、自媒体作用。深圳市创建绿色单位，举办各类环保公益宣传活动，推动环境公众参与；举行新闻发布会和采访活动，宣传污染防治攻坚和生态文明建设工作；盐田碳币服务平台实现跨部门数据互联互通，龙岗构建“1＋N”绿色行动体系，提升市民环境保护意识。佛山市开展生态环境普法宣传，组织生态环境法律法规宣讲活动、“环保进校园”活动、“贯彻落实习近平生态文明思想，履行环保责任，主动防范环境违法风险”专题培训，派发《企业环保法律风险及其防范》宣传册。推进水、大气、土壤污染防治攻坚战宣传，组织市内外媒体参与全市重要环保会议、行动等，讲好佛山生态环境故事，传播佛山生态环境声音。持续开展环保进企业、进社区、进校园活动，提升公众环保意识。惠州市举办植树节、世界森林日、第38届爱鸟节、爱鸟周活动和野生动物宣传月等活动。开展“森林城市　共建大湾区　森林惠民”公益健步行等主题宣传活动。开展惠州森林城市纪录片拍摄。中山市首个林业生态馆对外开放，通过结合生物多样性的科普宣传教育，展示和宣传中山野生动植物资源现状和生态林业建设成效。

【中央环保督查整改】　2019年，粤港澳大湾区各市推进中央环保督察整改。广州市完成2016年第一轮中央环保督察反馈整改任务8个，完成整治交办案件1039件；完成2018年中央环保督察“回头看”反馈整改任务12个，完成整治交办案件1392件；推进落实2018年广东省环保督察反馈意见整改，制定并修改完善《广州市贯彻落实中央环境保护督察“回头看”及固体废物环境问题专项督察反馈意见暨省环境保护督察反馈意见整改方案》。深圳市办结梅观高速观澜茗语华苑段噪声扰民问题，实现1188件环保督察交办案件全部结案；完成第一轮中央环保督察和“回头看”督察85条整改措施中的45条，其余正常推进；编制省环保督察整改方案，并提前印发措施清单，启动整改任务；推动完成饮用水源一级保护区全部29个地块拆违复绿。惠州市编制上报《惠州市贯彻落实中央环境保护督察“回头看”及固体废物环境问题专项督察反馈意见暨省级环境保护督察反馈意见整改方案》，成立工作专班，逐个问题摸底核实，形成台账，落实定期督导、定期调度、定期报告制度，推动整改；至年底，第一轮中央环保督察和环保督察回头看交办给惠州市的34项整改任务和99项具体整改措施中，完成整治任务12项，按时序推进18项；完成具体措施45项，按时序推进48项。东莞市完成整治中央环保督察反馈位于一级保护区内的违法建设项目和建筑物16个，整治自查发现的违法违规项目153个。　（编辑部）

生态防护屏障打造

生态系统保护和修复工程

【概况】　2019年，广东省加强自然生态保护和修复工作。开展“绿盾”自然保护区监督检查工作，定期更新完善“绿盾”工作台账，组织开展“绿盾2019”自然保护地强化监督工作，对中央环境保护督察、“绿盾2017”和“绿盾2018”自然保护区监督检查专项行动、“绿盾2019”

佛山市南海区里水镇梦里水乡百花园（2019年）　（佛山市南海区供稿）

自然保护区强化监督等发现的问题和整改情况进行全面检查和督导。结合中央和省级环保督察、海洋环境督察，对自然保护区开展现场督察，推动整改落实到位。（编辑部）

【广州生态系统保护和修复】 2019年，广州市制定实施《广州市“绿盾2019”自然保护地强化监督专项行动工作方案》，开展自然保护区监督检查专项行动，通过排查核查、整改落实、督促复查等方式，指导排查全市所有自然保护区存在的突出环境问题，推动落实对违法建设、占用自然保护区行为有序整改。

（广州市人民政府地方志办公室）

【深圳生态系统保护和修复】 2019年，深圳市开展“绿盾2019”自然保护区监督检查专项行动，全部挂账销号“绿盾2017”中国家通报存在的5个问题点位，整改率100%。开展年度自然保护地人为活动遥感监测，对疑似破坏斑块进行登记核查，初步形成自然保护地人类活动监管机制，实现自然保护地全覆盖遥感监测监管。继续开展深圳陆域生态状况调查评估，为保护自然生态奠定基础。开展年度生态资源测算，推进裸土地修复治理。截至年底，全市裸土地总面积较2013年减少48.35%，其中生态复绿裸土地面积39.44平方千米。

（深圳市人民政府地方志办公室）

【佛山国土绿化行动】 2019年，佛山市继续推进实施《佛山市自然生态文明建设专项规划》和《佛山市建设大湾区高品质森林城市工作方案（2018—2022年）》，广泛开展大规模国土绿化行动，打造佛山市“三屏、六楔、两脉、两环、两网”多层次生命协同的自然生态格局。继续推进数据库管理系统建设。全市自然生态文明建设项目的25类任务与高品质森林城市建设的9个重点生态工程优化整合为4个行动计划27类任务，建立起“一个项目库、一套工作机制”推进工作落实。全年全市计划完工项目535个，实际完工项目529个；完成年度投资额65.86亿元，占年度任务104%；完成新增绿化面积1933.33公顷，超额完成年初目标任务。对接落实《粤港澳大湾区发展规划纲要》以及《绿美南粤三年行动计划》，编制《佛山市大湾区高品质森林城市建设规划（2018—2022年）》。多部门联动，提质增绿，加快搭建城市绿网，编制《美丽佛山五年绿化行动计划》。加快实施佛山“一环”生态圈，出台《佛山市一环快速化绿地调整方案》，分层次、分区域强化佛山“一环”绿带管控，落实道路红线两侧各300米范围内的规划绿地。实施佛山“一环”高速化改造绿化景观提升，完成绿化提升面积96公顷。推进万亩千亩公园建设，开展公园命名和标识征集工作。截至年底，有10个万亩公园和10个千亩公园启动建设。全面推进南海金沙岛、三水云东海国家湿地公园试点建设工作，推进王借岗公园、三龙湾南海片区“两山一湖一岛”城市景观轴线、海上田园项目（青岐现代水产园区）等城市绿心项目建设。西樵国家生态公园万亩桑基鱼塘建设项目加快推进，取得修建性详细规划初步成果，实施区域内河涌综合整治、河道岸线生态绿化建设工程，新建淡水鱼生态健康养殖示范基地和桑蚕文化农产品展示中心。佛山植物园建设加快实施，完成《佛山植物园总体规划（2018—2028年）》编制。年内，南海区里水镇、顺德区龙江镇、三水区芦苞镇、高明区杨和镇获评“广东省森林小镇”。

是年，佛山市推动绿色社区、环境教育基地创建工作，深化环境教育内涵，发挥环境教育基地的作用。由市、区两级生态部门组成检查组，对顺德区均安镇生活污水处理厂和御翠豪苑小区、伦教街道三洲社区“678文化街”、勒流街道江义社区、乐从镇平步社区开展省级绿色社区创建指导工作，通过听取汇报、实地考察等形式对绿色创建单位进行详细检查与指导。是年，佛山市新增“广东省绿色社区”4个，新增“广东省环境教育基地”2个。（郭庆 周欢年）

【佛山林业生态修复】 2019年，佛山市全面加强森林经营，全市3个国有林场森林经营方案编制工作完成。开展森林碳汇重点生态工程建设，加大对桉树纯林的改造攻坚，全年全市完成缩小桉树种植1701.83公顷，累计完成缩小桉树种植3733.33公顷。引导林农开展桉树替代树种种植，全市种植澳大利亚坚果、金花茶、降香黄檀等特色经济林果、珍贵优质大径级树种400公顷。完善生态公益林补偿机制，加大省级生态公益林效益补偿力度。是年，佛山市省级生态公益林补偿标准由每年每亩120元提高至每年每亩250元，补偿标准居广东省最高位。（郭庆）

【佛山河心岛生态修复】 2019年，佛山市继续实施《佛山市河心岛生态修复工作方案》《佛山市全面推进河心岛岛长制实施工作方案》，按照“一岛一策”生态修复方案，组织修订《佛山市河心岛生态修复工作市级年度验收评价和评分要求》，加大拆违复绿（指拆除违法建构筑物，并在拆除后的土地上种植植物或农作物）工作力度。截至年底，全市河心岛生态修复累计拆除违建构筑物13.54公顷、实施复绿71.66公顷。佛山市加强生态修复工作总结和经验推广，策划开展系列宣传活动，形成保护河心岛的社会共识，并获《南方日报》《中国自然资源报》等主流媒体关注报道。河心岛生态修复入选广东省首届国土空间生态修复十大范例。年内，全市完成17个河心岛“一岛一策”生态修复方案编制。（郭庆）

【惠州生态系统保护和修复】 2019年，惠州市开展87个县级以上自然保护地优化整合工作。加快推进“两个湿地公园”建设申报，协调推进潼湖国家湿地公园一期项目建设；配合惠东县做好好招楼海洋湿地公园规划编制、评审和上报；推动做好象头山、九龙峰森林公园规划编制、评审等。是年，惠州市推进“绿卫2019”、“绿盾2019”、“2019红线行动”、整治侵占林地违法违规建设问题等专项行动，拆除违建面积8191.5平方米，复绿面积2007平方米。完成造林与生态修复0.6万公顷，其中人工造林0.11万公顷、退化林修复0.17万公顷、封山育林0.32万公顷；完成中幼林抚育2.74万公顷；完成8个国有林场森林经营样板基地试点建设。

（惠州市人民政府地方志办公室）

【东莞自然保护区专项执法】 2019年，东莞印发《东莞市“绿盾2019”自然保护区专项执法工作方案》，开展“绿盾2019”自然保护区专项执法行动，组织各自然保护区主管部门对全市市级自然保护区基本情况进行排查，利用无人机航拍技术，对自然保护区逐个排查，落实管理责任，全年无发现各保护区内存在生态环境破坏隐患。开展东莞莲花山市级自然保护区范围和功能区调整论证，为解决自然保护区内存在城市人口密集区且不具备保护价值等历史遗留问题，完成莲花山市级自然保护区范围和功能区调整工作。

（东莞市人民政府地方志办公室）

【中山完善生态环境损害赔偿制度】 2019年，《中山市生态环境损害赔偿制度改革实施方案》印发。方案提出，通过在全市范围内试行生态环境损害赔偿制度，明确生态环境损害赔偿范围、责任主体、索赔主体、损害赔偿解决途径，形成相应鉴定评估管理和技术体系、资金保障和运行机制，逐步建立生态环境损害修复和赔偿制度，加快推进全市生态文明建设。方案明确，在2018年建成全市生态环境损害赔偿相关制度并组织实施的基础上，2019年稳妥有序开展生态环境损害赔偿工作，到2020年，在全市范围内初步构建责任明确、途径畅通、技术规范、保障有力、赔偿到位、修复有效、公开透明的生态环境损害赔偿制度，推动生态环境损害赔偿制度的法治化。（中山市人民政府地方志办公室）

【江门优化生态屏障】 2019年，江门市印发《江门市国家生态文明建设示范市创建规划（2019—2030）》，推进全市生态文明建设，开展

"绿盾 2019"自然保护区监督检查专项行动，印发《江门市"绿盾 2019"自然保护地强化监督工作方案》，排查自然保护区违法违规问题及时落实整改，抓好辖区内矿山石场治理复绿工作任务，开展绿色矿山评比，优化生态屏障。

（江门市生态环境局）

【肇庆生态系统保护和修复】 2019 年，肇庆市规范自然保护区建设管理，做好省环保督察以及"绿盾 2018"专项行动涉及的自然保护区违法违规问题的整改。建立完善自然保护区的森林资源巡护等内部管理制度。推进森林公园和湿地公园建设和管理，启动《肇庆市湿地生态保护规划》编制；督促指导怀集县推进燕都国家湿地公园、四会市绥江国家湿地公园试点建设，怀集燕都国家湿地公园通过国家林草局验收，成为"国家湿地公园"。 （肇庆市人民政府地方志办公室）

生态廊道和生物多样性保护网络构建

【概况】 2019 年，广东省加强自然保护地监督管理，落实中央环境保护督察和海洋督察整改任务，全面清理整顿自然保护地违法违规行为。加强自然保护地能力建设，印发《广东省省级自然保护区评审委员会重组方案》，组建省级评审委员会专家库和广东省自然保护地专家库，组建自然保护地监测评估中心。依法办理自然保护地规划审核报批、范围和功能区调整。推进生态监测，实现监测数据实时传输、科学分析和有效管理。加强野生动植物保护。强化野生动植物保护的组织领导，建立省打击野生动植物非法贸易部门间联席会议制度。推进全国第二次野生动物和国家重点保护野生动植物野外资源调查工作，完成野生植物资源调查报告，初步建立野生动植物资源调查管理信息系统。加强野生动植物及其栖息地保护，推进实施重点物种保护工程。加强野猪非洲猪瘟等重大野生动物疫源疫病管理，做好野外巡护、监测预警、集中消杀、样品采集和应急处置工作，定期组织开展风险评估。规范野生动植物人工繁育利用行为，建立严格规范的审查审批程序。开展系列专项执法行动。组织森林公安机关参与公安部打击野生动植物非法贸易专项行动，依法打击破坏野生动物资源违法犯罪行为。开展野生动物保护专项整治行动，集中整治野生动物及其制品市场秩序。组织开展"2019 护飞行动"，加强候鸟及其栖息地的保护，严厉打击乱捕滥猎候鸟违法犯罪活动。开展综合整治，落实野生动物保护措施。 （编辑部）

【广州森林城市建设】 2019 年，广州市在关心支持和参与林业草原建设事业中作出突出贡献，获"关注林森林活动 20 周年突出贡献单位"称号，是全国 6 个获该项荣誉的省会城市之一。广州市致力于构筑森林生态屏障，提升园林景观品质，完善绿色网络体系，打造花城品牌。在全国率先编制实施《广州国家森林城市品质提升规划（2016—2020）》《新一轮绿化广东大行动广州市建设规划》，重点构筑林业屏障体系、绿色生态网络体系、绿色休闲空间体系、岭南园林景观体系，巩固国家森林城市建设成果，优化森林生态水平。连续 3 年获得广东省森林资源保护和发展目标责任制考核第一名。启动"青山绿地工程"、"花园城市建设行动计划"、"花城、绿城、水城建设行动计划"、绿道网建设等生态工程，引导社会资金投入城市绿化建设。打造花城品牌，实施《广州市花景建设规划》，突出花城特色，提升一江两岸景观，形成二沙岛艺术公园、阅江路、临江大道等一批园林景观精品。打造春、秋两季花节和系列赏花活动，举办广州国际花卉艺术展，强化广州园博会、越秀灯会、黄花节等传统品牌。在城市外围，构建以生态林区、森林公园、自然保护区、防护林为主体的森林屏障体系；通过绿道、生态景观林带、绿色生态水网等生态廊道，把山系、绿系、水系等生态空间连成一体，形成绿色生态网络体系；依托广州"山水林田湖海"齐备的自然优势，构建涵盖公园绿地、郊野公园、森林公园、自然保护区、湿地公园“五位一体”的绿色休闲空间体系。在城市中心，建设镇街森林公园和口袋公园，结合城市更新和微改造，在街头、社区建设口袋公园，增加绿色开敞空间，让市民出门500米即可进入休闲绿地。实施公园拆围透绿，将公园景观与道路绿化景观融为一体，让公园成为开放式绿地。

（何蔼玲）

【深圳生态廊道和生物多样性保护网络构建】2019年，深圳市持续改善森林生态环境，重点实施低效林改造、薇甘菊防控、中幼龄林抚育三大林业工程，全市完成低效林改造1974.84公顷，中幼林抚育3538.29公顷，薇甘菊防治3843.41公顷，均超额完成年度建设任务；沿海防护林等营造林建设超额完成，共完成营造林1975.34公顷，超额完成率高达197%；生态公益林建设固本强基，修订出台《深圳市生态公益林条例》，安排下达省级以上生态公益林效益补偿资金2404万元，完成省级以上生态公益完善落界工作，确保全市省级以上生态公益林总面积不减少；年内，全市森林面积7.88万公顷，蓄积量397.07万立方米，森林覆盖率达到39.78%。编制完成《深圳市湿地资源保护总体规划》，突出保护和修复湿地功能；完成全市红树林分布地点、面积现状和宜林地调查核实工作；开展华侨城国家湿地公园（试点）水质和鸟类等生态因子监测、哺乳类和两栖爬行类动物调查、湿地初级生产力研究、海上田园湿地鸟类检测项目；推动湿地公园建设，完成1个市级湿地公园的挂牌建设，推进其他2个市级、2个区级湿地公园的申报。推进为期3年的大鹏半岛野生动物资源详查和节肢动物多样性调查，完成项目中期报告，启动大鹏半岛动物通道调查和规划项目；开展全市野生动物行政许可检查、巡查、监管，完成8个涉及“列入省级以上保护名录的野生动植物自然栖息地”的建设项目核查；配合做好野生动植物及其制品执法、鉴定、接收、救护等相关处置，共接收和养护海关罚没移交的植物约800株；修订《深圳市人民政府关于禁止猎捕陆生野生动物的通告》；开展仙湖苏铁、珊瑚菜、桫椤等珍稀濒危植物就地迁移和保护工作。提出安全的行洪通道、健康的生态廊道、秀美的休闲漫道、独特的文化驿道、绿色的产业链道“五道合一”的碧道内涵及“治水、治产、治城相融合”的建设理念。茅洲河碧道光明段、玉田河等“一河一景”景观提升工程启动，打造清水绿岸生态廊道，构建“一河两岸”生态休闲文化带。

（深圳市人民政府地方志办公室）

【珠海水生生物增殖放流】 2019年，珠海市投入资金175万元，分别在万山区东澳岛人工鱼礁区、斗门区磨刀门附近海域、菱角嘴海域放流斑节对虾、鲷科鱼苗5231.7万尾，促进水生生物多样性。

（麦晓琳）

【佛山生物多样性保护】 佛山市地处珠江三角洲中部河网区，西江、北江分流的各水道贯穿其中，主要江河面积3.47万公顷。佛山市境内江河鱼类资源丰富，有淡水鱼类46种。其中，鲤形目2科32种12亚种，占总种数的69.6%；鲇形目4科7种；鳉形目1科1种；鲈形目5科6种。高明区现有国家一级保护动物鼋的主要保育地。贝类主要有中国圆田螺、淡水壳菜、河蚬、背角无齿蚌、褶纹冠蚌等；甲壳类主要有日本沼虾，以及国外引进养殖种罗氏沼虾；龟鳖类有鳖、黄喉拟水龟（石金钱）、中华草龟、三线闭壳龟（金钱龟）、黑颈乌龟等；水生维管束植物常见种类有喜旱莲子草、马来眼子菜、龙须眼子菜、菹草、茨藻矮慈姑、浮萍等。全市有位于高明区的合水沙罗自然保护区（县级）1个。佛山物产主要品种包括粮食作物有水稻、玉米、马铃薯、红薯、大豆；特色作物有粉葛、雪梨瓜、黑皮冬瓜；特色水果有荔枝、龙眼、香蕉、番石榴、橘、柑、阳桃；油料作物以花生为主；特色水产品有加州鲈、鳜鱼、日本鳗鱼、中华鳖、长吻鮠、乌鳢、笋壳鱼等。

2019年，佛山市市、区同步举办以“展现野性之美　共绘绿水青山”为主题的野生动物宣传月活动，免费向市民派发科普宣传册（单），宣传秋冬季野生动物保护知识。佛山市自然资源局在三水区大南山森林公园放生黑水鸡、夜鹭、苍鹭、牛背鹭、珠颈斑鸠等10种陆生野生动物约110只；组织对禅城金龙动物园、佛山市南海凯鹏贸易有限公司和佛山正佳生物养殖有限公司、南丹山等存在动物展演或交易量较大单位进行安全生产检查，严防发生伤人事故和疫病传播。（庄宇君　范忠武　郭庆）

【惠州生态廊道和生物多样性保护网络构建】2019年，惠州市界定生态公益林30.77万公顷。其中，省级以上生态公益林29.59万公顷，市级生态公益林1.18万公顷。年内，惠州市建有县级以上自然保护地87个，面积25.39万公顷，分别占陆域国土面积12%、占惠州管辖海域面积17.77%。其中，自然保护区28个（含国家级2个、省级5个、市级7个、县级14个），面积18.44万公顷；森林公园48个（含国家级2个、省级10个、市级26个、县级10个），面积4.39万公顷；湿地公园9个（含国家级1个、市级4个、县级4个），面积2356公顷。年内新建市级湿地公园1个，面积535.8公顷，县级1个，面积200公顷；国家级风景名胜区2个，面积2.35万公顷，基本形成以国家级自然保护区为核心，以省级以下自然保护区为基础，以森林公园、湿地公园、风景名胜区为补充，布局比较合理、类型比较齐全、功能比较完备的自然保护地网络体系。2019年，惠州市创建省级森林小镇10个，创建森林村庄857个，完成村庄绿化1003个，完成村庄风景林造林0.65万公顷，村道绿化2013.51千米，建成村庄公园177个（含古树公园17个、村级森林公园23个、村庄综合公园137个）。（惠州市人民政府地方志办公室）

【东莞水生生物增殖放流】2019年8月15日，东莞市在虎门威远岛举行东莞市海洋水生生物资源增殖放流活动，增殖黄鳍鲷、鲈鱼等鱼苗68万尾；9月26日，在石碣滨江公园举行全市江河水生生物增殖放流活动，投放鳙鱼、草鱼、鲮鱼、鲢鱼鱼苗320万尾。

（东莞市人民政府地方志办公室）

【中山全域生态绿化新格局构建】2019年，中山市新增“广东省森林小镇”5个，树木园三期和中山林业生态馆对外开放，完成绿化美化提升市镇重点项目51个，构筑共建共享全域生态绿化新格局，打造高品质“国家森林城市”。全年义务植树尽责率100%，实施森林提质提效（含森林抚育）403公顷。全市林业用地面积2.87万公顷，森林覆盖率23.09%，森林蓄积量302万立方米。是年，中山市打造广东中山香山自然保护区、广东中山国家森林公园、广东中山翠亨国家级湿地公园3个“国字号”招牌林业生态项目建设。中山国家森林公园总体规划获批准通过，并获评首批“广东省自然教育基地”。12月，广东中山香山自然保护区通过省级自然保护区评审委员会同意建立。广东中山翠亨国家湿地公园正式开园。先后推进金钟湖公园、中山树木园等18个公园建设，改造紫马岭等公园23个。推进中山特色休闲农业与乡村生态旅游示范镇建设，实现全市域林业经济发展。完成绿化美化提升市镇重点项目51个。印发《中山市森林小镇建设规划（2017—2022年）》，新增黄圃、三角、五桂山、神湾、东升5个镇（区）获评广东省森林小镇，全市累计有“广东省森林小镇”14个，数量排名广东省第二位。

（中山市人民政府地方志办公室）

生态红线划定

【广州完善生态红线划定】2019年，广州市制定印发《广州市生态保护补偿办法（试行）》，完善生态保护红线体系，印发实施《关于划定并严守生态保护红线的实施方案》，做好生态保护红线划定后续完善工作。

（广州市人民政府地方志办公室）

【深圳推进生态红线划定】 深圳市2005年在全国率先划定基本生态控制线，使森林覆盖率稳定在40%以上。2019年，深圳市持续推进生态保护红线划定，根据国家和广东省统一要求，评估调整全市生态保护红线划定方案，并上报省自然资源厅；做好基本生态控制线规划管理，加强线内空间的调查、监测和评估，统筹个案优化调整；推进深圳市绿线划定，构建城市绿色空间格局；研究生态空间的管控措施和手段，提出分类分区管理策略。启动生态保护红线信息调查和生态保护红线监管平台建设。

（深圳市人民政府地方志办公室）

【惠州海洋生态红线区管控】 2019年，惠州市研究构建海湾环保监管“1+8”工作架构和体系，加强海洋保护区、海域重要河口、自然景观与历史文化遗迹等12个海洋生态红线区管控，评估优化海洋生态保护红线，清理整治入海排污口40个。 （惠州市人民政府地方志办公室）

【东莞拟划定的生态保护红线区监管】 2019年，东莞市依照国家生态保护红线的总体要求，加强拟划定的生态保护红线区域范围内的监督管理，将有关要求纳入有关规划制定、项目选址、方案审查等工作的各个环节，对涉及拟划定的市生态保护红线的项目，建议做好与拟划定的市生态保护红线的衔接工作，建设项目选线选址应避让拟划定的市生态保护红线范围。

（东莞市人民政府地方志办公室）

【江门生态保护红线评估】 2019年，江门市按照《生态保护红线划定指南》《广东省生态保护红线划定技术方案》对全市生态保护红线进行重新评估。评估后生态红线保护范围总面积14.66万平方千米，占市域总面积的15.43%，构建“两屏两江一带三网多点”的生态安全格局。年内，江门重点核实生态保护红线内镇村、重大基础设施工程、合法矿业权、海域海岛使用权、海岛原住民生产生活设施等5类情况，形成江门市生态保护红线评估结果，核准陆域生态红线矛盾冲突共1487公顷，海洋生态红线矛盾冲突共6329.2公顷。 （江门市自然资源局）

森林生态屏障构筑和湿地保护

【概况】 2019年，广东省组织开展红树林资源调查和适宜恢复地核查。组织开展红树林立法调研，完成《广东省湿地保护条例(修订草案)》起草和意见征求工作。强化红树林湿地用途监管，严格控制征占用红树林湿地。完善湿地保护分级体系，组织开展国家重要湿地申报工作，推选广州海珠、深圳福田红树林、惠东海龟、南澳南澎列岛、珠江口中华白海豚等5处湿地申报国家重要湿地。开展国家湿地公园试点建设，全省有12个试点湿地公园通过验收获得“国家湿地公园”称号。加大资金投入，推进湛江红树林国家级自然保护区、珠海淇澳—担杆岛省级自然保护区、星湖国家湿地公园完成湿地保护与恢复工程。组织实施中央财政湿地保护补助资金项目，扶持19个地市和国家湿地公园开展湿地监测、生态修复、科普宣传等工作。广州海珠国家湿地公园获“生态中国湿地保护示范奖”。

（广东省林业局）

【深圳森林生态建设】 2019年，深圳市森林生态环境持续改善，重点实施低效林改造、薇甘菊防控和中幼龄林抚育三大林业工程，全市完成低效林改造1974.84公顷，中幼林抚育3538.29公顷，薇甘菊防治3843.41公顷，均超额完成年度建设任务；沿海防护林等营造林建设超额完成，共完成营造林1975.34公顷，超额完成率高达197%；生态公益林建设固本强基，修订出台《深圳市生态公益林条例》，下达省级以上生态公益林效益补偿资金2404万元，完成省级以上生态公益完善落界工作，确保全市省级以上生态公益林总面积不减少；年内，全市森林面积7.88万公顷，蓄积量397.07万立方米，森林覆盖率39.78%。打造自然教育之城，依托梧桐山、红树林保护区、大鹏国家地质公园等自然保护地组织开展自然教育活动；承办第一届中国自然保护国际论坛，14 个国家和地区的 600 名专家学者参加，发布自然保护“深圳共识”，提升深圳绿色发展国际声誉；全年义务植树活动辐射 95 万人次，折算植树 297 万株，义务植树尽责率 80%以上；开展“自然体验日”“共建美丽深圳 共享绿色家园”等多个主题宣传活动，广植“绿色基因”。森林生态产业逐步壮大，依托山地森林资源支持发展林业生态旅游产业，新申报“南澳新大社区、龙岗西坑社区”2 个国家森林乡村，完成“梅沙街道、南澳街道”2 个森林小镇建设动态监测，初步建成宜居宜业森林乡村和小镇；培育森林经营、病虫害治理等林业服务专业市场，深圳市国艺园林建设有限公司、深圳市宏浩园林建设有限公司、深圳长江家具有限公司等 3 家企业获得广东省 2019 年林业龙头企业荣誉称号。

（深圳市人民政府地方志办公室）

【佛山森林生态屏障构筑】 2019 年，佛山市有林业用地面积 6.41 万公顷，森林覆盖率 20.65%，森林蓄积 486.34 万立方米；有自然保护地类型 65 处（含重叠），面积 3.48 万公顷，其中自然保护区 1 处、风景名胜区 1 处、地质公园 1 处、森林公园 40 处、湿地公园 22 处。全年参加义务植树 335.73 万人，植树 445.95 万株。全年完成山上造林 866.67 公顷。截至 2019 年底，佛山市云勇林场扩面工程完成租赁土地测量 957.79 公顷，确认林地租赁合同面积 759.2 公顷，完成林木采伐审批 735.1 公顷，完成 687.47 公顷林地租赁奖励金发放，完成土地交接 343.6 公顷，累计发放租赁奖励金 412.48 元万元（涉及林地 687.47 公顷）。完成扩面提质项目可行性报告编制和作业设计，扩面提质的森林林分改造项目（第一期）标段 A（57.93 公顷）、标段 B（56.67 公顷）、标段 C（51.67 公顷）完成招投标。

【佛山在广东率先启动乡镇林场改革】 2019 年，佛山市根据《佛山市人民政府办公室关于推进佛山市乡镇林场改革的实施意见》《佛山市人民政府办公室关于建立佛山市乡镇林场改革工作联席会议制度的通知》部署，在广东省率先启动乡镇林场改革工作，建立工作联席会议制度，旨在通过改革，稳定乡镇林场林权，健全乡镇林场机制，加大对乡镇林场投入，提高全市国有林场比例，实现生态得保护、林场得发展、职工生活得保障，确保林场和谐稳定的总体目标。推进南海西樵山西岸、顺德大良顺峰山和龙江龙峰山等权属清晰、生态区位重要的乡镇林场改革为区属生态公益型国有林场。

（郭庆）

【惠州森林城市重点工程推进】 2019 年，惠州市推进国家森林城市建设，通过国家森林城市动态监测。建设绿美古树乡村 3 个，森林村庄 120 个。建设南亚热带珍贵树种繁育示范基地 33.33 公顷、多彩森林示范基地 53.33 公顷；沙田等 5 个镇（办）创建省级森林小镇。惠州幸福大地森林小镇被列为“全国森林康养基地试点建设单位”。

（惠州市人民政府地方志办公室）

【东莞森林公园和湿地公园建设】 2019 年，东莞市通过国家森林城市动态监测，清溪镇三中村、谢岗镇南面村、中堂镇潢涌村、黄江镇长龙社区获评“国家森林乡村”，银瓶山森林公园获“保护森林和野生动植物资源先进集体”国家级称号。截至 2019 年底，东莞市有森林公园 20 个，比上年增加 1 个；湿地公园 23 个，增加 5 个。凤岗镇、沙田镇和大岭山镇被认定为广东省森林小镇，麻涌镇、清溪镇被评为“广东十大绿美森林小镇”，茶山镇超朗牛过蓢村被评选为“广东十大魅力古树乡村”。是年，东莞市完成设立红花油茶、宝山森林公园的可行性研究报告编制以及同沙生态公园规划编制。大岭山森林公园完成知青房和石洞卡口公厕升级改造以及碧幽谷音响安装工程，实现石洞核心区域主干道步道全连通。大屏嶂森林公园改造并开放游客服务中心，完成园区登山大道滑坡整治、品竹桥扩建工程。银瓶山森林公园推进三期项目建设，樟木头景区建成服务中心、六角亭、停车场等基础设施。银山湿地公园对公众开放，设立银瓶湖、东清湖、清湖头湿地公园，麻涌华阳湖国家湿地公园完成经营范围调整工作。

（东莞市人民政府地方志办公室）

【中山翠亨国家湿地公园开园】 2019 年 12 月 30 日，翠亨国家湿地公园举行开园仪式。翠亨国家湿地公园位于珠江口横门西水道的咸淡水交汇处，规划面积 625.6 公顷，长 5.4 千米，其中陆地面积 243.9 公顷、湿地面积 395.44 公顷，湿地率 63.21%，属近海与海岸湿地、人工湿地 2 种湿地类，包含河口水域、红树林、淤泥质海滩、潮间盐水沼泽、水田 5 个湿地型。公园以保护红树林湿地资源为重点，保护和恢复横门西水道近海与海岸湿地生态系统为宗旨，改善和恢复红树林湿地资源、水生动物的栖息环境为核心，结合中山文化、湿地文化、民俗文化内涵，建成集湿地保护与修复、湿地文化展示、科普宣教、科研监测、湿地休闲观光为一体的国家级湿地公园。 （中山市人民政府地方志办公室）

【江门森林生态屏障构筑】 2019 年，江门市建成生态村 87 个，其中马冈镇北湖村获评为广东十大魅力古树乡村，蚬冈群星村、苍城联兴村、大沙岗坪村获评为国家级森林乡村。做好森林公园、森林小镇等建设，全方位构筑森林生态屏障，建成金鸡白云石省级森林公园，成功创建开平市塘口镇、百合镇省级森林小镇。

（开平市地方志办公室）

【江门国家级湿地公园建设】 2019 年 5 月，新会小鸟天堂国家湿地公园河道清淤工程通过专家论证，决定分期分步实施。首期清淤工程纳入东侧堤坝升级改造工程，完成立项和招标工作，并进场施工。游船码头（科普长廊）工程、观鸟楼升级改造工程完成立项。广东开平孔雀湖国家湿地公园界桩、界碑和标识标牌完成验收和结算，湿地生态监测项目有序开展。台山镇海湾红树林国家湿地公园完成原有旧凉亭和旧二层建筑物可靠性监测房屋鉴定、湿地公园标识系统的建设和湿地修复 10 公顷，种植白骨壤、秋茄、拉关木等红树林树种。 （江门市自然资源局）

【肇庆森林生态屏障构筑】 2019 年，肇庆市林业用地面积 106.58 万公顷，占全市国土总面积的 71.53%；森林面积 105.54 万公顷，有林地面积 92.62 万公顷，森林覆盖率 70.83%，活立木总蓄积量 5951.36 万立方米。全市划定生态公益林 33.64 万公顷。有县级以上自然保护地 113 个，其中自然保护区 18 个（国家级 1 个、省级 5 个、市县级 12 个）；风景名胜区 6 个（国家级 1 个、省级 2 个、县级 3 个）；森林公园 77 个（国家级 1 个、省级 11 个、市县级 65 个）；湿地公园 11 个（国家级 3 个、县级 8 个）；国家地质公园 1 个；自然保护地数量居广东省第二位，总面积 21.3 万公顷。接收各级保护野生动物 71 种 1916 只（条），组织野生动物放生活动 8 次。

（肇庆市人民政府地方志办公室）

海岸线资源保护和自然属性维护

【概况】 2019 年，广东省印发实施《广东省美丽海湾规划（2019—2035 年）》，规划分类建设生态保育型、渔业文化型、都市亲水型、度假旅游型 4 类共 67 个美丽海湾。下达省海岸线生态修复和重点海湾整治专项资金 2.5 亿元，印发《关于加快推进海岸线生态修复和重点海湾整治工作的通知》，重点开展自然岸线保护修复、魅力沙滩打造、滨海湿地恢复、海堤生态化和美丽海湾建设“五大工程”。建立粤港澳海洋生态修复项目库，做好大湾区生态修复项目储备。加强红树林保护修复。召开全省海岸带保护修复推进会，加快推进项目实施。

（广东省自然资源厅）

【深圳海岸线保护】 2019年，深圳市组织开展海岸线入海排口全口径排查整治专项行动，通过对260.5千米海岸线进行“海、陆、空”立体式排查，基本摸清全市入海排口家底，建立“一口一档”，实行分类管理，完成8个入海排口备案，并将所有入海排污口纳入常规监管及监测，实行常态化长效管理。保护好自然海岸线，建设好东部海堤。举办海岸线徒步、海洋意识教育基地评选等宣传活动，营造良好的海洋氛围，提升民众的海洋意识。（深圳市人民政府地方志办公室）

【珠海海域海岛保护和开发利用】 2019年，珠海市领海基线以内海域面积6050平方千米，大陆海岸线长224.5千米，大陆自然岸线长度28.64千米，自然岸线保有率12.8%；大小岛屿262个，其中有居民海岛10个、无居民海岛252个。年内，获各级人民政府批复确权用海8宗，其中省管项目用海1宗，市管用海项目4宗，区（功能区）级用海项目3宗；获省人民政府批复无居民海岛使用项目1宗。落实省海域使用“放管服”改革工作，出具省管项目用海预审意见1宗、省管填海项目工程竣工验收批复文件2宗；推进海砂开采海域使用权出让工作，选划2块海域作为开展海域使用权市场化出让工作备选砂源。（麦晓琳）

【惠州海岸线生态修复】 2019年，惠州市开展全市海岸线整治修复整体论证工作，明确全市海岸带和重点海湾综合整治方向与重点；自然岸线保有率44%，位居全省前列；在已完成岸线整治修复专项12项28千米的基础上，结合解决围填海历史遗留问题，拟投入2.1亿元，计划修复岸线约16千米、滨海湿地约100公顷，年底到位资金约1.6亿元，按计划实施；省试点示范项目东山海大型人工鱼礁示范区、考洲洋整治修复项目完工，构造人海和谐的美丽海湾。是年，惠州市将海岸线生态修复专项资金下达至惠东县统筹开展修复项目，至年底惠东县完成《惠东县平海内港及范和港大埔屯海岸带生态修复项目实施方案》编制，推进项目立项。成立专门工作组，开展惠州市海岸线综合整治修复整体论证，制定修复整治措施，形成惠州市海岸线及重点海湾整治项目库。

（惠州市人民政府地方志办公室）

【中山翠亨新区海岸带综合示范区建设】 2019年，中山市启动翠亨新区海岸带综合示范区建设。制定《翠亨新区海岸带综合示范区建设研究及实施方案》，加强陆海统筹，建设3千米生态海堤、355公顷滨海湿地在岸线，开展精细化管控、海洋生态修复、海洋防灾减灾等工作；保障翠亨新区等重大项目用海，推进深中通道、中山开平高速公路、中山港马鞍区新客运码头工程、翠亨新区滨河整治水利工程、中山海洋环境监测站（验潮站）工程等重大交通设施民生工程建设，做好深中通道建设使用临时装卸平台项目用海申请、中山开平高速公路横门西水道大桥工程变更用海事宜的用海报批工作，以及相关工程项目用海审批工作。

（中山市人民政府地方志办公室）

【2019年世界海洋日暨全国海洋宣传日活动】 2019年6月12日，2019年世界海洋日暨全国海洋宣传日广东省主会场活动在港珠澳大桥口岸人工岛举行。省、市相关单位以及涉海企业，中央及省、市媒体，志愿者，协会，大专院校学生等近1000人参加。活动主题为“珍惜海洋资源保护海洋生物多样性”。活动由“南方+”网上直播平台进行全程现场直播，并举行海洋保护职业体验、咨询解答、主题展览、专家讲座、青少年海洋公开课、海洋生物保护、海洋地质考学等主题宣传活动。（胡宁溪）

环境保护和治理

城市水环境综合整治

【概况】 2019年，广东省作为河长制、湖长制工作推进力度大、河湖管理保护成效明显的5个省（区）之一，受到国务院激励表彰。全省实施“五清”（含清理非法排污口、清理水面漂浮物、清理底泥污染物、清理河湖障碍物、清理涉河湖违法违建）、“清四乱”（指河道两岸开展消除乱占、乱采、乱堆、乱建专项整治行动）、“让广东河湖更美”专项行动，规划建设万里碧道，落实河长制湖长制，全省河湖面貌明显改善。全省8.04万名河长、476名湖长巡河484万人次，发现并整改问题17万个，解决一批影响河湖健康的重点难点问题。近100%河湖突出问题整治销号。在“清四乱”方面，全省排查各类河湖“四乱”问题15998个，其中规模以上河湖“四乱”问题7512个，整治销号7487个，销号率99.7%；规模以下的8486个，整治销号8455个，销号率99.6%。全省拆除非法侵占河湖建筑物13519栋、建筑面积814万平方米，其中拆除别墅98栋。在“五清”方面，全年清理水面漂浮物668.84万吨、河长5.37万千米、水域面积6979.13平方千米，规范整治入河排污口1.06万个，清淤疏浚城市黑臭水体474条。 （编辑部）

【香港保护毗邻水域水质】 2019年，在保护毗邻水域水质方面，香港和深圳实施联合行动方案，后海湾水质明显改善，大鹏湾水质保持良好。粤港双方推展共同制定水质管理合作方案，保护珠江河口的水质。 （香港历史研究基金会）

【广州水环境综合整治】 2019年，广州市坚持“以流域为体系，以网络为单元”的系统治水思路，印发实施《广州市水污染防治强化方案》，以断面水质达到考核要求为核心，聚焦主要水污染物氨氮减排，部署14项强化措施、38个具体任务，明确治水工程完成率等12项重点指标，加大水污染防治工作力度。全市全年9个国考断面水质全部稳定消除劣Ⅴ类，6个断面水质优良，8个断面水质比上年好转。是年，广州市每月发布水质监测信息的53条重点整治河涌（河段）中，16条河涌（河段）达到或优于Ⅴ类水体，37条河涌属劣Ⅴ类水体；水质指数（WQI）在100以下、101～150、151～200和201以上的河涌分别有21条、31条、1条和0条。水质劣Ⅴ类河涌的主要污染指标为氨氮、总磷和化学需氧量，呈耗氧性有机污染特征。全市3条主要入海河流中，蕉门水道、洪奇沥水道入海河口水质均为Ⅱ类，莲花山水道入海河口水质为Ⅳ类，均达到功能用水要求。加强饮用水水源保护，规范优化饮用水水源保护区，组织实施《广州市饮用水水源地保护作战方案》，开展饮用水水源地环境保护专项行动，完成52个城市集中式饮用水水源地环境问题督查整治。加强督导督办，市生态环境局每月向市委、市政府报告水污染防治强化方案贯彻落实情况并向相关单位通报治水存在问题；开展重点流域156条一级支流水质排名，加强对水质达标滞后的考核断面责任区委区政府督导工作；强化“散乱污”场所清理整治行动，完成年度清理整治任务；加强入海排污口监管，开展入海排污口“排查、监测、整治、管理”工作。3月28日，市生态环境局印发实施《2019年广州市重点排污单位名录》，公布列入2019年广州市重点排污单位名录的排污单位780个。6月20日，印发实施《关于做好入河排污口和水功能区划整合工作的通知》，在全省各地级以上市率先部署机构改革划转入河排污口和水功能区划职责整合工作。

（广州市人民政府地方志办公室）

【深圳水污染治理】 2019年，深圳在全国率先实现全市域消除黑臭水体，茅洲河、深圳河国考断面水质达到地表水Ⅴ类标准，大沙河、坪山河等呈现水清岸绿、鱼翔浅底的新景象，成为全国黑臭水体治理示范城市。是年，深圳市推进水污染治理攻坚。印发污染防治指挥部“一号令”，全面部署国考省考断面水质达标和黑臭水体工作。开展“利剑”系列环境执法行动，整治“散乱污”企业。强化监测预警排名通报，开展全市310条河流“一周一测”，并开展五河水质达标分析研判；开展全市38个城市水质净化厂进出水水质、污泥处置“一日一报”，严格管控污水厂运营及污泥处置。制定“一河一策”“一河一图”，实施分类整治，1467个小微黑臭全部完成整治。推进“物业管理进河道”，组建队伍开展日常巡查。开展水污染治理工程，2019年完成水污染治理项目投资530亿元，比上年增长35.2%。其中，新建污水管网377千米，修复污水管网912千米；完成4840个小区、城中村正本清源改造；新扩建洪湖厂等6座水质净化厂，提标改造光明一期等17座水质净化厂，新增污水处理能力81.8万吨/日（含分散式），提标规模260万吨/日（含分散式）；整治河道114.8千米，159个黑臭水体全部完成整治。饮用水源达标率稳定达到100%。

（深圳市人民政府地方志办公室）

2019年，深圳实现全市域消除黑臭水体。图为治理后的茅洲河

（深圳市生态环境局供稿）

【珠海水环境综合治理】 2019年，珠海市在广东省实行最严格水资源管理制度考核中，指标全部达标。“五清”专项行动成效显著。根据《关于落实推进河湖“五清”专项行动的通知》（“五清”指清漂、清淤、清污、清违、清障），2次高质量完成水面漂浮物集中清理工作，全市清理河流长度1237千米，清理水面漂浮物6.30万吨；清淤河道109条，清淤长度204千米；600个入河排污口中完成整改534个，销号率89.0%。江河湖泊面貌改善明显。

前山河流域水环境改善。实施《前山河流域水环境综合治理攻坚方案（2019—2021年）》，完成前山河流域191个入河排污口专项整治，按照《前山河流域涉水排污许可全覆盖试点工作方案》要求全部完成，梳理核发清单184家企业的工作任务。开展入海排污口排查，核定全市入海排污口104个。把统筹推进前山河流域水环境综合治理作为河长制重点工作。截至年底，现场指挥部完成摸排管网1053千米，重点排水户摸排382户；完成排水管网清淤265千米，局部修复155处，整段修复4037米；12条问题河涌全部进场作业，银林、北山、翠屏排洪渠3条黑臭水体的治理累计进度均为100%，前山河流域水环境得到改善，实现石角咀国考断面数值年平均达到Ⅳ类水标准，北山、银林、翠屏路、造贝和南屏东排洪渠5条黑臭水体实现消除黑臭的目标。

黑臭水体整治“初见成效”比例提升。制定实施《珠海市建成区黑臭水体治理攻坚战实施方案》《珠海市2019年全面消除黑臭水体技术指引》等，规范有序开展黑臭水体综合治理。全市17条黑臭水体中16条完成“初见成效”评估，完成比例

94.12%，完成黑臭水体消除比例达到 90%年度目标。生态环境部在 2019 年第二阶段生态环境保护统筹强化监督中，抽查黑臭水体 7 条，总体评价为“基本消除黑臭”。（曾泳桃）

【佛山水环境改善】 2019 年，佛山市以改善水环境质量为核心，推进全市水污染防治工作，阶段性完成水环境质量目标，广佛跨界河流水质呈明显改善趋势。一是加强饮用水源保护。通过实行管理体系流程化、监测预警科学化、划定建设标准化、巡查检查常态化、水质公开定期化的“五化”管理，饮用水源继续得到严格保护，水质达标，在全国地级城市集中式饮用水水源环境状况评估中连续多年获 100 分和优秀等级。坚持把主要的饮用水源整合布局在西江、北江干流上，并通过“西北江双水源、互为备用”的供水格局确保供水安全，截至 2019 年底，佛山市水源保护区有 16 个。结合饮用水水源保护区优化调整，完成水源保护区的规范化建设。严格落实《佛山市供水系统专项规划修编（2014—2020）》，全市一盘棋优化整合供水格局，先后调整、关停 18 家水厂。留存 20 家供水水厂，总供水能力 484.1 万吨 / 日，水厂均由佛山水业、南海瀚蓝、顺德顺控 3 家大型国有控股企业运营。配合珠江三角洲水资源配置工程，推进水源保护区划定工作。二是加强农村分散式污水处理设施建设。推进分散式生活污水处理设施建设，明确污水管网延伸不到的地区，生活污水暂无法集中到污水处理厂的，建设分散式生活污水处理设施。截至 2019 年底，全市分散式生活污水处理设施达 573 个。三是加强生活污染治理。截至 2019 年底，全市建成运营的集中式生活污水处理厂有 57 座，处理能力达 269.4 万吨 / 日，累计建成管网 6236 千米。其中，2019 年新增 12 万吨 / 日处理能力，新建污水管网 1080 千米。年内，市属的 13 个监所完成截污整改工作；118 宗楼盘截污整改完成 81 宗，已开工 19 宗，完成率 70%。四是加强农业污染治理。推动畜牧业转型升级，依法依规清理不规范畜禽养殖场户，对规模化养殖场进行整治，扶持建设大型畜禽养殖企业，完善污染设施治理和农业废弃物配套利用。推进水产养殖污染防治，持续发挥全市已建成的 8 个生态健康养殖示范小区、5 个生态水循环养殖示范点、13.33 公顷广佛跨界区域水产养殖环境水质改良示范点的示范带动作用。五是加强入河排污口清理整治。出台《佛山市 2019 年入河排污口清理整治工作方案》，以佛山水道、西南涌、水口水道、芦苞涌等广佛跨界主要河流为试点，按照“河长领治、部门联动、广泛监督”的原则，通过“查、溯、测、治”等工作，摸清底数、查找源头、分类整治、树牌公开，并建立长效机制规范管理。全年完成 356 个直排口清理或整治。六是加强城市黑臭水体环境综合整治。2019 年，佛山市建成区 8 条黑臭水体均消除黑臭，其中禅城区鄱阳环村涌、顺德区英雄河、高明区围拳涌、三水区大棉涌通过市级“长制久清”初步验收，南海区三圣河和五胜涌、禅城区深村（田心）涌、顺德区石洛涌通过市级“初见成效”验收并开始推进“长制久清”工作。推进 205 条城乡黑臭水体整治，全年完成验收 143 条，完成比例 69.7%。印发《佛山市农村黑臭水体治理工作方案》，全市排查出 195 条农村黑臭水体，分年度分批次推进农村黑臭水体整治。

（周欢年）

【惠州水污染治理】 2019 年，惠州市贯彻落实省、市污染防治攻坚号令，重点推动开展淡水河、沙河、潼湖 3 个不达标国省考断面水质和吉隆河、淡澳河 2 条不达标入海河流攻坚，5 个水体水质显著改善，国考淡水河紫溪断面水质氨氮浓度比上年下降 48.3%，3 月、8 月、11 月、12 月单月达标，第四季度达Ⅴ类；国考沙河河口断面水质氨氮浓度比上年下降 38%，全年达到Ⅲ类；省考潼湖东岸涌赤岗村断面水质氨氮、总磷比上年分别下降 17.5%和 42%，7—12 月连续 6 个月达到或优于Ⅴ类，全年达到Ⅴ类水质要求；国考入海河流吉隆河和淡澳河水质氨氮浓度分别比上年下降 37.4%和 57.9%，其中吉隆河 5—12

月连续7个月达标，全年达到Ⅴ类水质要求，淡澳河第四季度达Ⅴ类水质。推动各县（区）建成投产城镇生活污水处理设施16座，新增处理能力50.55万吨/日；提标升级城镇生活污水处理厂33座；建成一体化污水处理设施34座，新增处理能力17.54万吨/日；建成截污管网817千米，完成年度任务的123%。委托第三方定期开展污水厂进出水水质监测，全年处理污水1.7亿吨，无害化资源化处理污泥10.6万吨。协调解决梅湖三期尾水排放问题并投入商业运行，协调推进马安一期、金山二期通水试运行，推动完成小金一期提标改造。统筹指导全市污水处理设施建设和提标改造，全市11座污水厂开工建设，8座污水厂建成运行，17座污水厂全部完成省级提标改造任务，33座污水厂完成市级提标改造任务。清理整治“散乱污”企业5215家；更新改造加油站地下油罐356座；清理非法养殖场1062家，清理生猪14万头、禽类159万羽，清理整治养殖废弃场地及粪污塘70万平方米，禁养区实现“零养殖”；完成47处市、县（区）级水源保护区环境问题整治，在全省范围内率先完成整改工作；动工整治劣Ⅴ类河涌55条，整治入河排污口2228个，其中37条河涌水质消除劣Ⅴ类，27个黑臭水体全部达到“初见成效”标准。（惠州市方志办公室）

2019年3月12日，惠州市污染防治攻坚战动员部署会召开
（惠州市生态环境局供稿）

【东莞河涌水环境综合整治攻坚】 2019年，东莞市7个国省考断面水质总体改善，81个市考断面中90%断面的水质综合指数比上年好转。是年，东莞出台《东莞市河涌水环境综合治理攻坚战三年行动计划（2019—2021）》，加大统筹和资金投入力度，推进茅洲河、石马河、东引运河—寒溪河、东江下游片区等重点流域综合整治，开展重污染河涌整治百日攻坚行动。截至年底，新建截污次支管网1572千米，完成管网验收2057千米、移交通水2153千米，新建微支管网3113千米。新扩建污水处理厂10座。完成提标改造污水处理厂35座。建成分散式污水处理设施项目38个。全市完成污染河涌整治109条。完成城市建成区黑臭水体整治22条，基本实现消除黑臭，上报国家监管平台申请销号。全面展开整治市区新发现疑似黑臭水体24条。共和村断面、旗岭断面水质均达到Ⅴ类，泗盛断面水质在12月达到Ⅲ类，樟村国考断面上游47条重污染河涌一体化污水处理设施完成42条。全国人大常委会督查的虎门德隆围涌流域范围截污管网和清淤工作全部完成，排污口整治完成43%；广济涌流域范围截污管网全部完成，排污口整治完成64%，清淤完成85%。中央环保督察的塘厦镇利是陂水完成整治。10条跨镇（街）污染河涌综合整治完成流域可研报告编制，并移交属地镇街（园区）实施。（东莞市人民政府地方志办公室）

【中山水质改善幅度居全省第一位】 2019年，中山市加强水污染防治工

茅洲河堤岸风光（2019 年）（陈亮宇　摄）

作，开展全面攻坚地表水考核断面行动。对全市 8 个未达标断面及东灌河开展专项攻坚行动，每月对水环境保护工作进行督办提醒，跟踪落实镇区攻坚实施计划和任务清单，推进断面攻坚及水质保障。启动岐江河流域水污染物地方排放标准编制工作。以“片警”“巡警”“特警”三警合一的监管模式，加强对黑臭（未达标）水体监管。成立中山市水环境监控中心，投资 3.5 亿元建设全省领先的河涌水质自动监测平台，实施无人机高光谱遥感监测、污染通量监控，完成自动监测站点安装 131 个、污染通量声学多普勒流速剖面仪 ADCP 监测设备安装 8 个。加强饮用水水源地环境保护，完成市级饮用水源评估，完成一级水源保护区 5.1 千米物理隔离网的修复验收。开展饮用水水源地的环境情况排查及核查，基本完成清单编制工作。开展《中山市饮用水水源保护区优化调整方案》编制，开展入河（入海）排污口监督性监测。完成《中山市入海排污口管理范围划定研究报告》，划定入海排污口管理范围，完成 144 个入海排污口核查。组织实施海洋督察反馈意见整改方案，每月调度整改信息。加强农村生活污水处理。开展摸底调查 3 次，摸清分散式农村生活污水处理设施建设情况，拟在 12 个镇区 31 个行政村启动分散式农村生活污水治理设施建设。推进加油站地下油罐防渗改造，完成 117 座加油站、460 个埋地油罐的改造任务。加强环境执法。全年全市抽取污染源 1563 个，抽查完成率 100%。出动执法人员 5.06 万人次开展环境监察，现场监督检查企业 2.09 万家次，下达责改通知书 892 份，立案查处环境违法行为 941 宗，查封扣押违法排污企业 55 家。全市处罚环境违法行为 1135 宗，罚没金额 1.38 亿元。至年底，中山市国考断面、省考断面的水质得到改善，全市河涌劣Ⅴ类同比数量减少 51 条，占比下降 4.57%；环比减少 142 条，占比下降 12.86%。3 条入海河流提前一年消除劣Ⅴ类。中山市地表水环境质量以 40.66%的水质改善幅度居全国第四位，居全省第一位。

（中山市人民政府地方志办公室）

【江门碧水攻坚战】　2019 年，江门市印发实施《江门市 2019 年水污染防治攻坚战实施方案》《江门市 2019 年污染防治攻坚战重点工作任务清单》《潭江牛湾国考断面水质达标 2019 年攻坚实施方案》，推进以潭江牛湾国考断面水质达标为重点的水污染防治攻坚工作。完成列入省清单的 3793 家“散乱污”企业整治任务，其中关停取缔类 1160 家，整合搬迁类 59 家，提升改造类 2574 家，完成率 100%。建成城镇生活污水处理设施 77 座，处理能力达到 122.19 万吨 / 日，实现镇级生活污水处理设施全覆盖。消除市区建成区列入全国城市黑臭水体整治监管平台的黑臭水体 11 条，黑臭水体消除比例达到 90%以上，完成年度目标。全面完成区域内入河排污口整治任务。完成 1449 个自然村农村生活污水处理设施覆盖任务。完成整治 65 个县级集中式饮用水水源地环境问题，完成率 100%。是年，江门市地表水优良水体比例为 88.9%，无劣 V 类断面；跨市河流断面水质达标率 100%比上年上升 8.3 个百分点；集中式饮用水水源水质达标率 100%。（江门市生态环境局）

【江门城市建成区全面消除黑臭水体】 2019 年，江门市制定《江门市区黑臭水体综合整治工作方案》以及工业、农业、垃圾、生活污水 4 个专项污染整治工作方案，建立“四个一”制度（含一河一策、一河一台账、一河一评估、一河一清单）和“六个一”机制（指一名责任领导、一个工作团队、一个工作方案、一张倒排工期清单、一张挂战图、一抓到底），通过控源截污、内源治理、生态修复、活水循环等措施推动江门市黑臭水体整治工作。是年，11 条列入国家监管平台的黑臭水体全部消除黑臭，消除比例达到 91.67%。（江门市城管局）

【肇庆统筹水环境治理】 2019 年，肇庆市发布市污染防治攻坚战指挥部 1 号令，将省考以上达标任务分解至每个支流断面，压实市、区（县）、街道（镇）责任；落实“一个断面、一张图、一套方案、一个台账”要求。在广东省较早成立由市委书记担任组长的水污染防治协作小组，完善协作小组机制，统筹协调全市水污染防治工作。推进饮用水源保护区“划、立、治”工作，开展全市 17 个饮用水水源保护区调整，完成整治县级集中式饮用水水源保护区的 67 个环境问题，完成整治县级以上饮用水源一级保护区范围内的 184 个违法建设、违法建筑项目，完成率 100%。以北江流域、绥江流域、新兴江流域为重点，推进生活污水处理设施及配套管网建设。开展封开县、德庆县、高要区、鼎湖区等地西江沿线 360 个农村连片综合整治，完成“一县一场”“一镇一站”和“一村一点”农村生活垃圾无害化处理设施建设。科学划定禁养区，推进禁养区内畜禽养殖场清理。（肇庆市人民政府地方志办公室）

海洋资源环境保护

【概况】 2019 年，广东省组织各沿海市开展入海排污口核查工作，查清全省各类入海排污口 1396 个，建立入海排污口基本信息档案。开展非法和设置不合理入海排污口的清理整顿工作，针对新发现的 2 类排污口，按照“一个排污口，一套整治方案”的要求，落实整改责任。是年，东莞市、江门市新发现非法或设置不合理入海排污口 17 个，完成整改 11 个。制定 2019 年全省海滩清洁行动方案，组织开展全省海滩清洁行动，并以粤港联合方式，组织各沿海市在“6·5”世界环境日及“6·8”世界海洋日期间，开展以“关爱海洋，还海滩一片清洁”为主题的海滩清洁宣传活动，全省 14 个沿海市统一行动，超过 2000 名各界人士和志愿者参加海滩清洁，活动中清理垃圾逾 20 吨。（郑秀亮）

【香港海洋环境保护】 香港净化海港计划实施后，截流香港维多利亚港两岸所有污水排放，并经深层隧道网络输往昂船洲污水处理厂进行化学处理和消毒后才排放入大海，维多利亚港的整体水质显著改善，2019 年维多利亚港海水的法定水质指标整体达标率为 97%。香港特别行政区政府采取更多措施，减轻残余污染物经雨水系统排入维多利亚港所造成的污染，包括纠正错驳的排污渠、在部分雨水暗渠设置旱季截流器、修复老化的污水渠。截至 2019 年底，有超过 1.4 万间村屋的污水管接驳到公共污水渠。纪念世界海洋日，通过联系平台举办和支援超 120 场海岸清洁活动。粤港两地在 2019 年首次合办海岸清洁活动，共同宣传保持海岸清洁和携手保护海洋。（香港历史研究基金会）

【广州海洋环境综合整治】 2019 年，广州市管辖的海域海水质量总体有所改善。主要超标因子为无机氮，超过第四类海水水质标准，同期含量基本表现为自北向南递减。无机氮平均含量为2.21毫克/升，比上年下降6.8%；活性磷酸盐平均含量为0.028毫克/升，下降9.7%。实施海水质量监测的功能区有5个，分别为黄埔港口区、狮子洋保留区、南沙港口区、龙穴岛港口区、伶仃洋保留区，面积共3.85万公顷，其中符合海洋环境保护要求的功能区面积为3.12万公顷，达标率80.9%。是年，广州市管辖海域海洋沉积物质量一般站位比例为83.4%，质量良好站位比例为8.3%，质量较差站位比例为8.3%，主要超标因子为石油类，超过第三类海洋沉积物质量标准。是年，广州市对9个一般排污口和1个重点排污口进行监测，实施监测的入海排污口达标排放率90.0%，主要超标因子为悬浮物，超标排污口主要为电力行业排污口。重点排污口邻近海域水质超过第四类海水水质标准，主要超标因子为无机氮，沉积物质量一般。邻近海域海水水质和海洋沉积物质量满足所在海洋功能区（保留区）的功能水质要求及环境保护要求。对狮子洋海域和滨海公园海滩开展垃圾监测3次，监测内容主要包括海面漂浮垃圾、海滩垃圾的种类和数量。监测中发现大块及特大块漂浮垃圾平均数量密度为每平方千米276个；海面漂浮中块垃圾主要为木制品类垃圾，占46%；其次为塑料类和聚苯乙烯泡沫类垃圾，分别占31%和23%；海面漂浮小块垃圾主要为塑料类和聚苯乙烯泡沫类垃圾，分别占62%和38%。监测中未发现大块及特大块海滩垃圾；海滩中块垃圾以塑料类居多，占49%；其次为木制品类和玻璃类，分别占21%和20%；海滩小块垃圾主要为塑料类和聚苯乙烯泡沫类垃圾，分别占59%和41%。

【广州开展浮游生物多样性监测】 2019年，广州市对管辖海域开展浮游生物多样性监测，鉴定浮游植物177种，主要类群为硅藻、绿藻和蓝藻，主要优势种有中肋骨条藻、颗粒直链藻、伪鱼腥藻和微小平裂藻。监测海域浮游植物多样性指数年均值为3.26，多样性指数等级为较好，与上年持平。鉴定浮游动物69种和浮游幼虫10类，主要类群为桡足类、枝角类和轮虫类，主要优势种有强额孔雀水蚤、中华异水蚤、小拟哲水蚤和前节晶囊轮虫。监测海域浮游动物多样性指数年均值为2.49，多样性指数等级为中，与上年持平。（广州市人民政府地方志办公室）

【深圳海洋环境保护】 2019年，深圳市强化入海污染管控，严把涉海建设项目环保审批关，提高涉海项目环境准入门槛，实现“增产不增污”。规范入海排污口管理。组织开展海岸线入海排口全口径排查整治专项行动。对全市“三湾一口”海域开展污染物入海总量控制研究。加强入海垃圾污染管控，明确入海垃圾监管职责并开展海滩垃圾监测，加强城市生活垃圾与建筑废弃物处理处置监管，严格落实“海上查”非法倾倒行为，加强船舶含油废水、海水养殖水废水等海上污染源控制。严防严控非法围填海，开展专项执法行动，做好围填海项目事前、事中、事后监管；实施“三巡”制度，加强深中通道配套工程、深圳湾滨海休闲带C段项目的监督检查，对珠江口海底光缆香港支线海底天然气管道进行巡护。加强海洋生态环境执法，制定“靖海2019”行动实施方案，东部海域重点打击违法破坏海底珊瑚、私自圈占沙滩等破坏海洋环境行为，西部海域重点打击违法倾倒淤泥渣土等污染损害海洋环境行为，在深圳市西部海域查获3件非法倾废案件，收缴罚款额44万元；安全清拆小铲岛周边海域蚝排3460个，无害化处理废弃竹子8万根，彻底清除残留在海面下的蚝柱。开展海砂执法专项行动，联合海事部门常态化开展“归巢”“固巢”执法行动，查获2件非法采砂案件，收缴罚款40万元，维护珠江口海砂开采秩序。

（深圳市人民政府地方志办公室）

【惠州海域海岛管理】 2019年，惠州市加强海域使用管理，严格落实围填海管控政策，推动重大项目用海。2019年7月8日，埃克森美孚惠州化工综合体项目填海造地工程获国务院批准，是《国务院关于加强滨海湿地保护　严格管控围填海的通知》颁布后，全国第一个获批的围填海项目。开展国家海洋督察整改工作，按照《惠州市贯彻落实国家海洋督察反馈意见整改方案》要求，组织、协调整改涉及惠州市的四大类12项问题，整改完成3项，完成阶段性整改9项。　（惠州市人民政府地方志办公室）

2019年7月12日，埃克森美孚惠州乙烯项目填海造地工程取得用海不动产权登记证书　（惠州市能源和重点项目局供稿）

【东莞海洋环境整治】　2019年，东莞制定实施《东莞市生态环境局贯彻落实国家海洋督察反馈意见整改工作方案》及任务分解表，推进国家海洋督察反馈意见整改工作，核查整治入海排污口，排查出入海污染源201个，其中28个为工业废水（含发电厂、温排水等）、城镇污水处理厂类型的入海排污口，建立相应的台账和档案，实行一口一档管理，于每季度进行定期监测；整治非法和设置不合理入海排污口10个。

（东莞市人民政府地方志办公室）

【中山在全省率先推行天气指数保险】　2019年，中山市印发《2019—2020年中山市政策性水产养殖保险试点实施方案》，在全省率先推行天气指数保险工作。探索建立由政府、养殖者、保险公司共同参与的水产养殖业风险转移分散机制，提高水产养殖业抗风险能力和渔业安全生产保障水平。创新采用“天气指数”定损方式，开展政策性水产养殖保险试点工作。

（中山市人民政府地方志办公室）

大气污染治理

【概况】　2019年，珠三角9市二氧化硫（SO_2）年平均浓度7微克/立方米，比上年下降22.2%；二氧化氮（NO_2）年平均浓度33微克/立方米，上升3.1%；可吸入颗粒物（PM_{10}）年平均浓度47微克/立方米，上升2.2%；细颗粒物（$PM_{2.5}$）年平均浓度28微克/立方米，下降6.7%；臭氧日最大8小时（$O_{3\text{-}8h}$）均值第90百分位数平均为176微克/立方米，上升17.3%；一氧化碳（CO）日均浓度第95百分位数平均1.2毫克/立方米，上升20.0%。是年，广东省着力解决臭氧污染问题。实施挥发性有机物（VOCs）和氮氧化物协同控制，强化重点行业建设项目VOCs总量指标管理，将4700家重点企业纳入整治清单，完成1009家重点监管企业“一企一策”综合整治。推进“空气质量评价监测网络”事权上收和“挥发性有机物成分谱监测网”建设。加强“散乱污”和工业炉窑污染整治，省市成立“散乱污”清理整治领导小组，定期调度通报，全省整治“散乱污”工业企业10.6万家，完成率99.31%；对3834台重点工业炉窑整治项目实施分类管理，制订7家长流程钢铁企业超低排放改造计划，完成建筑陶瓷行业“煤改气”生产线设备改造367条。强化移动源污染防治，印发《广东省柴油车污染治理攻坚战实施方案》，提前执行轻型汽车第六阶段（国Ⅵ）排放标准，推动全省公交电动化率达83%。加强在用车环保监管，16个市建成遥感监测系统并与省系统联网，初步建立用车大户清单。统一高排放非道路移动机械认定标准，全省21个市均划定非道路移动机械低排放控制区。完成沿海岸电泊位改造63个，718个内河泊位全部建成岸电设施，全省主要港口基本实现码头堆场堆取箱作业全电力驱动；科学应对污染天气，印发《关于进一步强化今冬明春大气污染防治工作的通知》。组织修订重污染天气应急预案，建立应急减排措施和清单。加强扬尘污染日常巡查，督导施工单位全面落实"6个100%"（施工工地周边100%围挡、出入车辆100%冲洗、拆迁工地100%湿法作业、渣土车辆100%密闭运输、施工现场地面100%硬化、物料堆放100%覆盖）。建立省—市—县秸秆禁烧联动机制，全面禁止露天焚烧。针对传统节日期间城市$PM_{2.5}$短时大幅上升的问题，2019年春节期间严格实施烟花爆竹管控，全省$PM_{2.5}$浓度比上年同期下降超过50%。清远市针对超轻度污染天气提前预报预警和综合应对，有效减少污染天气天数。（编辑部）

【香港大气污染治理】　香港规定本地供应船用轻质柴油的含硫量上限为0.05%，在香港水域的船只必须使用低硫燃料以减少船舶排放。减少本地污染源的空气污染物排放，在切实可行的范围内，订立最严格的汽车燃料和车辆废气排放标准。截至2019年底，约有7.8万辆欧盟Ⅳ期以前的柴油商业车退役。逐步收紧电力行业的法定总排放量上限，鼓励电力公司使用较清洁燃料。2019年，收紧电力行业在2024年及以后的3种主要空气污染物，即二氧化硫、氮氧化物和可吸入悬浮粒子的排放量上限，较2010年的水平下降69%至87%。自2019年1月1日起，新批核的非道路车辆法定排放标准逐步收紧至欧盟Ⅵ期，与新登记道路车辆的排放标准看齐。

（香港历史研究基金会）

【广州空气污染防治】　2019年，广州市按照"减煤、控车、降尘、少油烟"的工作思路，强化统筹谋划，印发实施广州市打赢蓝天保卫战指导意见、年度作战方案和冬春季节强化方案。以$PM_{2.5}$治理为重点，持续聚焦移动源、扬尘源、生产生活源等重点污染来源。全年全市$PM_{2.5}$年均浓度为30微克/立方米，比上年减少5微克。全年优良天数293天，连续2年消除重度污染及严重污染。PM_{10}年均浓度53微克/立方米，二氧化氮年均浓度45微克/立方米，臭氧年均浓度178微克/立方米，二氧化硫年均浓度7微克/立方米，一氧化碳年均浓度1.2毫克/立方米。加强工业燃煤污染治理，关停黄埔电厂五号机组，进一步压减全市规模以上工业煤炭消费量。加强移动源污染控制，组织实施《广州市柴油货车污染防治作战方案（2018—2020年）》，加大对柴油车抽检力度；按国家规定分阶段实施《汽油车污染物排放限值及测量方法（双怠速法及简易工况法）》（GB 18285—2018）、《柴油车污染物排放限值及测量方法（自由加速法及加载减速法）》（GB 3847—2018），大幅收严道路抽检和停放地抽检的排放限值，强化机动车污染控制；推广应用新能源出租车；落实《关于划定禁止使用高排放非道路移动机械区域的通告》，组织开展非道路移动机械专项检查；开展2019年秋季施工工地污染防治专项检查工作。加强挥发性有机物整治，完成重点企业挥发性有机物"一企一方案"综合整治137家；开展机动车维修行业挥发性有机物整治；委托第三方开展走航监测，建立诊断、管控、执法、评估的业务化工作模式，探索建立污染源地图。加强扬尘污染控制，督促落实扬尘污染防治"六个100%要求"；整治"散乱污"场所。加强餐饮业油烟污染整治，印发实施《广州市餐饮场所污染防治管理要求指引（试行）》。强化餐饮业油烟管控；市场、城管、生态环境等部门加强对餐饮业准入把关、信息共享和执法联动，共同开展餐饮业污染综合整治；推进油烟治理设施安装、维护和集中运营，鼓励市中心区域餐饮业户较为集中的大型商场、综合楼开展集约化综合治理，由业主或物业管理单位统一办理手续、统一安装污染治理设施、统一运营维护。

【广州 $PM_{2.5}$ 防控在全国中心城市中最优】 2019年，广州市 $PM_{2.5}$ 年均浓度为30毫克/立方米。$PM_{2.5}$ 浓度在连续2年压线达标后，创下低于国家标准5毫克/立方米的成绩，防控工作在全国中心城市中最优。国家对 $PM_{2.5}$ 正式进行考核始于2013年，设定的达标线即二级标准是35微克/立方米，2013年广州市的 $PM_{2.5}$ 年均浓度是53微克/立方米。2017年 $PM_{2.5}$ 年均浓度为35微克/立方米，首次达到国家二级标准；2018年在整体气象条件不利的情况下，$PM_{2.5}$ 年均浓度持续达标，为35微克/立方米。2019年，广州市整体气象条件较为不利，尤其是下半年干旱少雨，广州市以 $PM_{2.5}$ 治理为重点，坚持问题和目标导向，持续聚焦移动源、扬尘源、生产生活源等重点污染来源，深化秋冬季大气污染防治攻坚。关停黄埔电厂五号机组，要求65蒸吨以下非集中供热燃煤锅炉全部淘汰或改燃清洁能源，全市燃煤锅炉仅剩30台在用燃煤锅炉或发电机组和135台生物质锅炉，生物质锅炉全部安装在线监控监测设施。规模以上工业煤炭消费总量逐年递减，从2013年的1850万吨下降至1167万吨，推动 $PM_{2.5}$ 防控取得进步。（陈鹤森）

【深圳大气污染治理】 2019年，深圳市 $PM_{2.5}$ 平均浓度降至24微克每立方米，自2006年有监测数据以来，首次达到世界卫生组织第二阶段标准，灰霾天降至9天，为1989年以来新低，入选国家“无废城市”建设试点。是年，深圳市印发《2019年“深圳蓝”可持续行动计划》，“表格化、项目化、数字化、责任化”将8个工程63项具体任务分解到具体责任单位、责任领导、责任部门和责任人。“深圳蓝”任务基本完成，$PM_{2.5}$ 目标顺利实现。完成12次“绿色物流区”专项执法整治行动，路检路查162.94万辆次机动车；建立重点监管企业名录，开展37次入户抽检；在全市加油站推广尿素溶液加注设备；全年车用燃油质量监督抽查合格率达99.76%，为历史最高。“以补促淘”，通过财政激励政策促进7.96万辆老旧车提前淘汰；全年新增新能源汽车9.28万辆，累计推广新能源汽车36.28万辆。工业排放水平保持全国领先，完成所有19套20台燃气发电机组全部完成降氮脱硝改造；基本完成3蒸吨以上燃气锅炉低氮燃烧器改造，实现工业锅炉深度减排；基本完成妈湾电厂煤场全封闭改造主体工程；完成100家挥发性有机物重点监管企业“一企一策”综合整治。落实“7个100%”工地扬尘治理措施，开展10轮联合督查行动；巡测道路4.13万千米，对1320个裸露土地斑块开展治理。要求工地使用新型泥头车作业，淘汰全市1.27万辆传统泥头车。实施“非道机械低排区”政策，结合专项整治执法行动，累计检测非道路移动机械5019台次。靠泊深圳港的船舶全部使用硫含量≤0.5%的燃油，鼓励使用硫含量≤0.1%的燃油；全市具备岸电供应能力的大型船舶深水泊位达到37个，岸电使用率提升至6.1%。开展大气污染源清单更新、大气 $PM_{2.5}$ 精细化来源解析等科研工作，组织臭氧污染专项研究前期准备，推动空天地一体化观测网建设。推进大气污染联防联控工作，积极推动与周边城市构建土方跨区域平衡处置一体化协作机制。（深圳市人民政府地方志办公室）

【珠海空气质量提升】 2019年，珠海市开展工地、道路扬尘和工业废气污染治理，构建绿色交通网络，推进挥发性有机化合物（VOCs）控源减排，全市 $PM_{2.5}$、PM_{10} 平均浓度分别为25微米/立方米和41微克/立方米，年度空气质量指数（AQI）达标率86.6%，空气质量在全国168个重点城市排第14位。是年，珠海市治理乱抛泥土、垃圾焚烧、油烟扰民、露天焚烧、燃放烟花爆竹、道路遗撒和抛撒等违法行为，出动执法人员35.82万人次，教育整改大气污染类违法行为2908件，立案查处150件，处罚款额58.09万元。（珠海年鉴编辑中心）

【佛山“三源共治”】 2019年，佛山市大气环境整治工作继续坚持工业源、生活源、农业源“三源共治”，科学实施大气分级管控，关键性指标细颗粒物（$PM_{2.5}$）、二氧化硫（SO_2）都取得新突破。加强工业污染整治。完成194家市控重点挥发性有机物（VOCs）企业“一企一策”深化治理；完成30台10蒸吨以上高污染燃料锅炉整治；全年清理取缔证照不齐全、环保手续不完善的家具制造生产企业243家。加强移动源污染防治。实行国六排放标准，印发《佛山市公众举报黑烟车奖励办法》，抓拍处罚黑烟车闯限行违法行为3318宗；推进机动车固定遥感监测点建设，全市机动车固定遥感监测点位6个；开展非道路移动机械摸底调查和编码登记；全面淘汰柴油公交车，购置新能源公交车超4700辆，建成投运加氢站10座、公交充电站51座、公交充电桩694个。推进扬尘污染联防联治。市住建、交通运输、水利、城管、轨道交通、自然资源等相关负有扬尘污染防治责任的单位按照职责分工落实工地扬尘污染防治管理工作，确保《佛山市扬尘污染防治条例》（2018年1月1日起实施）实施到位。年内，市环境保护委员会办公室发出扬尘督查通报10份、督办通知书2份、专项通报2份。实施大气分级管控。10—12月，全市启动大气污染轻度防范预警56.5天、中度防范预警3.5天。在启动预警期间，整改企业1393家，限峰、错峰生产1747家次，处罚工地208个，保洁道路6.47万条次（合计243.87万千米），查处超标排放车辆306辆、渣土车和泥头车撒漏行为338宗。

（周欢年）

【惠州大气污染防治】 2019年，惠州市环境空气质量6项指标全面达标，综合指数3.32，排名粤港澳大湾区内地九市第二位；优良率95.3%，为珠三角最优；$PM_{2.5}$年均值25微克/立方米，达到世界卫生组织第二阶段标准。是年，惠州市聚焦“持续改善空气质量”，坚持整治管控，推进能源、交通、工业、城市管理4个领域治理，实施系列组合拳，推动大气污染减排。推动锅炉淘汰或改造，全年天然气管道到达区域有70多台燃煤、燃油、燃生物质设施改成天然气。更新电动公交车2541辆，公交车电动率84.7%，注销老旧车1.5万辆。治理重点挥发性有机物（VOCs）企业140家，整治生物质锅炉506台，提标升级改造重点工业企业58家至超低排放标准或特别排放限值，其中惠州市光大水泥企业在省内率先实现超低排放改造。推进《惠州市扬尘污染防治条例》制订，推动落实建筑施工场地“六个百分百”（指施工现场100%围蔽、砂土物料100%覆盖、工地路面100%硬化、易起尘作业面100%湿法施工、出工地车辆100%冲洗、暂不开发场地100%绿化）防尘措施，推动348个施工工地安装扬尘噪声监测设备，投入使用新型全密闭智能渣土车2000辆。春节期间烟花爆竹管控工作取得良好成效，春节期间未出现污染天气。

（惠州市人民政府地方志办公室）

【东莞蓝天保卫战】 2019年，东莞市环境空气质量6项主要大气污染物指标中，除臭氧（O_3）外，$PM_{2.5}$、PM_{10}、NO_2、SO_2、CO平均浓度均达到国家二级标准，其中，$PM_{2.5}$平均浓度32微克/立方米，比上年下降3%，完成省考核目标。

是年，东莞市制定2019年蓝天保卫战工作方案，提出36项强化措施，聚焦臭氧和$PM_{2.5}$协同控制，加大大气污染防治力度。控制煤炭消费总量。全年全市煤炭消费总量1372万吨，比上年压减134万吨。关停沙角电厂3台燃煤机组（合计77万千瓦），推进宁州电厂建设。自备电厂煤改气项目动工14个。新建天然气管道168千米。淘汰改造燃煤及生物质锅炉137台，共739.73蒸吨。加强移动源污染治理。实施轻型汽车国Ⅵ排放标准，实行市中心城区及主要干道货车交通管制措施，开展柴油货车污染治理行动，抽检9564辆柴油车、责令整改超标车辆132辆，建成重型柴油车OBD（车载自动诊断系统）远程在线监控系统，累计注销、迁出、强制报废的国Ⅲ及以下柴油车8033辆。采购纯电动车2556

辆，实现100%公交纯电化；加强岸电建设和船舶排放控制，推进东莞港4个泊位建设岸电和12家内河码头25套岸电建设，船舶排放控制区检查船舶2636艘次、查处使用燃油硫含量超标船舶53艘次。开展油品监督检查，抽查全市加油站、储油库283家，抽检覆盖率超80%。加强工业污染治理。关停搬迁落后产能挥发性有机物（VOCs）企业333家。开展VOCs集中治理试点，建成万江汽修行业钣喷中心、大岭山家居产业科技创新中心暨自动喷涂（水性）展览馆；完成印刷及重点工业涂装企业源头淘汰改造265家、末端整治涉VOCs排放企业2959家。对58家VOCs企业开展工况监控试点；完成升级垃圾焚烧炉氮氧化物治理设施21台。加强面源和生活源综合防控。建立常态化巡查机制，发现并整改存在问题工地2383个；开展泥头车和沙石运输车辆检查行动，查扣违规泥头车、运砂车、渣土车2899辆；查处露天烧烤、焚烧行为2011起。

（东莞市人民政府地方志办公室）

【中山空气质量综合指数提升】　2019年，中山市环境空气6项主要监测指标除臭氧外均达环境空气质量二级标准，累计空气质量综合指数在全国168个重点城市中排名第十位、广东省排第九位、在珠三角排第四位，累计空气质量综合指数改善幅度居全省首位。

（中山市人民政府地方志办公室）

【江门大气污染防控】　2019年，江门市空气质量优良天数比例占77%，细颗粒物（$PM_{2.5}$）年平均浓度为27微克/立方米，创历史最好水平。是年，按照《江门市打赢蓝天保卫战实施方案（2019—2020年）》，江门市强化臭氧和$PM_{2.5}$协同控制，以VOCs重点监管企业整治、工业燃煤锅炉清洁能源和超低排放改造、建筑陶瓷行业煤改气、施工工地扬尘防控等为重点，扩大整治范围，加大臭氧前体物氮氧化物和挥发性有机物的减排力度，遏制臭氧污染。强化区域联防联控，应对污染天气。强化不良天气应对措施，降低污染天气的不利影响。2019年共启动11次不利气象条件大气污染防控应对，应对天数140天，其中Ⅳ级应对35天，Ⅲ级应对90天，Ⅱ级应对15天。

（江门市生态环境局）

【肇庆大气污染防治精细化管控】　2019年，肇庆市落实中央和省环保督察整改任务，精准管控重点污染源，城区空气质量综合指数持续改善，空气质量在广东省排名第17位，比上年上升1位，改善幅度居珠三角城市第一位。

是年，肇庆市实施蓝天保卫战，加强城区大气污染防治精细化管控，开展各项大气污染防治。突击抽检城区柴油运输车辆停放地，常态化开展查处柴油货车尾气超标排放，全年全市检测车辆4608辆，对其中不合格的462辆开出责改书和违章处罚，在高要区小湘和鼎湖区莲花等高速口附近设立过境重型运输车辆绕行标识，引导重型运输车辆上高速公路绕城通行。加快纯电动公交车替换，累计更新纯电动公交车824辆，完成率80.55%。对大气污染防治进行夜间执法检查8次，出动130人次，检查企业25家，发现问题9个，立案4件，发出限期整改5宗，查处一批违法排污企业。推进锅炉深入治理，全面完成35台燃煤锅炉清洁化改造或向市场监督管理局报停用；超额完成市240台燃生物质锅炉专项整治任务（省下达任务107台）。引导和扶持陶瓷企业转型升级，全市63家陶瓷企业260条生产线中，改天然气生产线95条，在用天然气生产线9条，计划改天然气153条。建立全市扬尘在线监控系统，对建筑面积5万平方米以上的工地全部安装扬尘在线监控并将数据实时联网，实现数字化实时监控，聘请第三方团队针对重点区域、突出问题开展365天全方位现场巡查，发现问题立行立改，定期复查，每周通报，全面跟踪扬尘问题整改落实，对仍达不到要求的工地依法依规上限处罚、停工整治。控制露天焚烧，完善县、镇、村三级监管体系，实施网格化监管，落实属地监管责任；成立6个秸秆禁烧督导组，分赴各地进行日常督导巡查，做到发现一起扑灭一起，全年发现并扑灭露天焚烧点 1377 个。

（肇庆市人民政府地方志办公室）

固体废物污染治理

【概况】 2019 年，广东省引入第三方单位对电镀、印染等 5 个重点行业和广州、深圳、佛山、东莞 4 个重点城市的固体废物环境开展审计工作。49 个纳入 3 年行动计划的固体废物项目，建成 22 个，动工 20 个。安排 10 亿元注资大型国有企业，推进区域固体废物处置中心项目建设。2019 年新增危险废物利用处置能力 126.92 万吨，2018—2019 年新增焚烧、填埋等无害化处置能力 30.06 万吨 / 年，提前一年完成中央环保督察指出的 25 万吨 / 年的整改任务。贯彻实施固体废物进口管理改革工作，2019 年全省获批进口量比上年下降 42.16%，其中废塑料、废钢船实现“零进口”。组织开展 57 家涉镉等企业整治，完成整治 23 家。佛山市创新推进各区危险废物收集试点工作，重点解决“小微企业”危险废物处置难的问题。 （编辑部）

【广州固体废物污染防治】 2019 年，广州市实施《广州市贯彻落实广东省固体废物污染防治三年行动计划实施方案（2018—2020 年）》，推进广东生活环境无害化处理中心升级改造项目和广州市废弃物安全处置中心二期项目；开展固体废物申报登记，完成固体废物数据申报、审核工作的企业 1.13 万家，比上年增长 73.8%；推进加油站地下油罐防渗改造工作。完成 526 个正常营业加油站的 2111 个油罐地下防渗改造，改造完成率 100%。市固体废物管理中心启动广州市智能化医疗废物收运管控系统建设，完善医疗废物“产生—运输—处置”3 个环节全过程监控工作。

（广州市人民政府地方志办公室）

【深圳“无废城市”建设试点】 2019 年，深圳市收集处置生活垃圾 712.40 万吨，其中焚烧处置 443.20 万吨，填埋处置 269.20 万吨。全市建筑废弃物产生量约 9581 万立方米，其中市内填埋处置约 418 万立方米，回填利用约 1069 万立方米，综合利用约 990 万立方米；收集处置城市污水处理厂污泥 178.80 万吨（折算含水率 80%）。全市共收集处置工业危险废物 66.97 万吨，资源利用量 38.31 万吨；收集处置医疗废物 1.65 万吨，促进各类固体废弃物全部安全处置。开展“无废城市”建设试点创建工作，对标国际一流水平，印发《深圳市“无废城市”建设试点实施方案》，成立深圳市“无废城市”建设试点领导小组，围绕生活垃圾、建筑废弃物、一般工业固体废物、危险废物、污泥、农业废弃物 6 类固体废物和再生资源回收，构建十大系统工程和百项工作任务。持续推进固体废物处理设施提升改造及能力提升工作。新建南山能源生态园二期、宝安能源生态园三期、龙岗能源生态园 3 个处置设施并投入使用，全市生活垃圾焚烧处置能力达到 1.8 万吨 / 日以上，基本实现全量焚烧。新建污泥深度脱水设施 12 座，加快推进污泥掺烧。新增危险废物收集处置能力 7 万吨 / 年，总能力达到 76 万吨 / 年。督查考核各区的危险废物规范化管理工作，在全市范围内抽查 152 家企业进行现场抽查考核；组织开展危险废物规范化整治行动，重点开展机动车维修行业危险废物整治，累计检查机动车维修企业 3982 家，立案 105 件，处罚金额 213.5 万元，打击机动车维修行业危险废物环境违法行为。

（深圳市人民政府地方志办公室）

【佛山开展危险废物处理】 2019 年，佛山市开展危险废物处理处置布局研究，发动佛山企业投资危险废物处理产业，自主建设专业门类危险废物处理项目，各个突破逐一解决产生量大的危险废物种类。全市危险废物处理处置设施能力取得新突破，全年新增处理能力约 24 万吨，危险废物收集试点贮存单位达 8 个，初步构建危险废物收集网络体系。制定佛山市危险废物规范化监管服务评估体系，每月抽查一定数量的危险废物产生企业，对其进行考核评分。通过深入推进危险废物规范化管理，加强对危险废物产生、收集、运输和处理处置的全过程监管，指导企业规范管理，提升对危险废物规范化管理水平。开展佛山市一般工业固体废物处理处置布局研究，摸清重点行业一般工业固体废物数量、种类、去向等情况，为解决佛山市一般工业固体废物的处理处置提供指导；鼓励开展污泥资源化利用，推进污泥处理处置设施建设，逐步解决生活污水处理厂污泥难以在市内有效处理处置的问题。

（佛山年鉴社）

【惠州加强固体废物处理监管】 2019年，惠州市推进惠州东江威立雅环境服务有限公司二期焚烧类项目、惠州塔牌水泥钢铁行业富铁废渣替代原料技改项目、水泥窑协同处置工业固体废物项目等项目建设；推动建立打击危险废物和工业垃圾非法倾倒行为的工作部门间联席会议制度，加强执法检查、日常巡逻，常态化设卡检查，严查严处危险废物和工业垃圾非法倾倒行为。完成41家镇级垃圾填埋场整改任务，有效消除二次污染。 （惠州市人民政府地方志办公室）

【东莞固体废物污染防治】 2019年，东莞市出台固体废物分类管理实施方案，对生活垃圾、餐厨垃圾、建筑垃圾、危险废物、一般工业固体废物、污泥等固体废物实施分类管理，压实防治固体废物污染的责任，明确各环节监管要求、目标、任务及责任单位。3月27日，印发实施《东莞市一般工业固体废物暂存管理技术方案》《暂存管理指引》，指导园区、镇街在过渡期建立暂存场所，解决企业短期困难。完成东莞市危险废物、生活污泥及一般工业固体废物产生处置情况深度摸查，制定并向东莞市人民政府上报生活污泥过渡期处理处置方案和安全处理处置项目建设方案。基本完成东莞市海心沙资源综合利用中心绿色工业服务项目一期主体建设，管理中心、废水车间完成地基工程，进行地上建设。完成虎门港危险废物处理中心项目工程建设，办理申领危险废物经营许可证及开展防护距离内拆迁工作；东莞中普环境科技有限公司项目投入运营。东莞污泥处置中心完成4条（100吨/日）污泥脱水生产线扩建，新增处理能力400吨/日，东莞市污泥处理能力提升至1400吨/日。推动废机油收集中转点规划建设7个，落实中转点选址，其中石碣中转点投入运营。是年，东莞市新增纳入规范化管理名单企业3217家，累计9778家。推广省固体废物管理信息平台应用管理，1.28万家企业完成上年度一般工业固体废物申报登记。是年，东莞市医疗废物处理中心收运处置医疗废物1.01万吨。9家废纸进口企业获核准固体废物进口许可324.3万吨，比上年下降35.6%。开展涉镉等重金属重点行业企业排查整治，排查涉重金属企业205家，暂无企业纳入整治清单。

（东莞市人民政府地方志办公室）

【中山固体废物污染治理】 2019年，中山市完成固体废物地方立法项目前期调研。落实危险废物处理处置规划实施方案，完成产生量10吨以上危险废物和100吨以上一般工业固体废物企业数据核查，开展一般工业固废风险源调查，启动固体废物在线监控管理平台建设。推进危废处置设施建设，中山市绿色工业服务项目通过广东省生态环境厅的环评审批，并完成项目立项。加强危险废物规范化管理，开展工业企业、机动车维修企业废物管理培训会。开展机动车维修行业危险废物管理专项检查，检查一类、二类机动车维修企业400家，将其中388家企业纳入省固体废物管理信息平台管理。开展涉镉等重金属重点行业企业排查整治工作，检查排查企业117家，发现存在环境违法违规企业3家、涉镍镉电池生产的历史遗留地块1个；建立污染源整治清单，组织纳入整治清单的3家违法违规企业完成整改。开展中华人民共和国国民经济和社会发展第十三个五年规划（简称“十三五”规划）期间重点重金属污染物减排核算，完成中山市重金属污染综合防治“十三五”规划中期自评估工作。组织开展辐射安全专项检查、核技术利用单位辐射安全培训，加强通信基站日常辐射环境管理。（中山市人民政府地方志办公室）

【江门固体废物与化学品管理】 2019年，江门市按照打赢污染防治攻坚战的部署和“摸底数、补缺口、查漏洞、压责任、严监管、强能力”的总体思路，全面完成生态环境部针对江门固体废物案件约谈的整改工作。开展“清废除患2019”专项行动；完成3000家产废单位台账数据排查梳理和分析；执行申报转移制度，建立市、县（区）、镇（街）、村（居）四级网络化排查监管体系，完成江门市固体废物管理信息平台申报系统的开发建设，推行一般工业固体废物转移处置的联单管理，实行每月申报排查制度，督促第一批402家重点固体废物（危险废物）产生和处置单位开展网上月度申报。建成全市域“中西南北”4个固体废物处置中心。全市新增工业固体废物处理能力503万吨/年（其中新增危险废物处置能力223万吨/年），固体废物处置能力得到提升。加强日常预防管理，召开36场警示教育及培训会议，曝光固体废物违法典型案件26件，加强企业固体废物管理的主体意识，全市固体废物监管水平得到强化，危险废物非法倾倒处置频发态势得到遏制。（江门市生态环境局）

【肇庆规范危险废物管理】 2019年，肇庆市健全工业固体废物污染防治考核机制，将固体废物环境管理纳入环境保护责任考核的重要指标。实行危险废物转移联单管理，通过加强转移电子联单系统管理，提高对危险废物的管理效率。启用省固体废物管理信息平台，实现危险废物管理信息化，逐步规范企业危险废物收集、贮存、运输、处理行为。2278个企事业单位完成2019年危险废物申报，产生量为18.6万吨。市环境局举办全市危险废物规范化管理培训，所有危险废物经营单位和10吨以上危险废物产生单位负责人及环境部门有关人员参加培训，增强企业守法意识。印发《肇庆市2019年危险废物规范化管理督查考核工作方案》，落实考核要求和重点，共摸排涉危险废物相关企业72家。开展全市固体废物专项排查，出动人员5184人，检查船闸或道路卡口46个、港口码头87个、船舶213艘、车辆6933辆，检查走访产生废物企业799家，与产生固体废物企业签订承诺书744份，立案处罚企业12家。市环境局委托环境部华南所对陶瓷、电镀、印染、造纸、铝型材等重点行业、企业的固体废物产生、利用、处置情况开展专项排查，查找存在问题，堵住漏洞。印发实施《肇庆市2019年打击非法转移倾倒处置固体废物专项整治行动方案》，建立领导包村制度，定期到村检查掌握情况。年内，1054名领导开展包村、包重点企业行动，共计包村1432条、包重点企业260家，走访2820次。

（肇庆市人民政府地方志办公室）

粤港澳土壤污染防治

【广州开展土壤污染状况调查】 2019年，广州市坚持“摸家底、查状况、强防控”的思路，印发实施《广州市土壤污染防治2019年工作方案》。完成农用地土壤污染状况详查，开展重点行业企业用地土壤污染状况调查，完成1370家企业基础信息调查和风险筛查工作；公布43家土壤环境重点监管企业名单，签订土壤污染防治责任书，加强对土壤污染重点监管单位周边土壤监测；强化建设用地土壤环境管理，严格建设用地准入管理，强化建设用地土壤风险管控；加强工业企业场地再开发利用环境管理，对195个地块开展土壤环境质量调查评估，督促污染地块实施风险评估、治理修复；印发《广州市农用地转为建设用地土壤污染状况调查工作技术指引（试行）》。（广州市人民政府地方志办公室）

【深圳土壤污染防治】 2019年，深圳市生态环境局开展土壤环境质量状况详查，完成1058家重点行业企业用地基础信息调查、风险筛查和空间信息整合，并作为广东省重点行业企业调查第二阶段试点城市开展初步采样调查。绘制深圳市集中式饮用水水源地、农用地、已收回建设用地土壤环境质量图，用于土壤环境精细化管理。严格管控建设用地土壤污染风险，完善（疑似）污染地块多部门联合监管机制，建立“形式审查—技术初审—专家评审”三级土壤污染状况调查报告评审制度，首创土壤调查从业单位服务质量通报机制。强化土壤污染源头管控，督促68个土壤污染重点监管单位开展隐患排查、自行监测及地下储罐排查，重点行业重点重金属排放量比2013年下降18.26%。实施农用地分类管理，实现125.24公顷受污染耕地安全利用。完善地方土壤环境保护标准体系，编制建设用地土壤污染风险筛选值和管制值、土壤环境背景值等2个地方标准。（深圳市人民政府地方志办公室）

【佛山土壤重点监管企业管理】 2019年，佛山市印发《佛山市2019年土壤污染防治工作方案》，更新公开28家土壤重点监管企业名录，督促28家土壤重点监管企业开展自行监测、隐患排查并完成20家土壤重点监管企业周边监督性监测等。完成全市1507家重点行业企业用地土壤污染状况调查第一阶段基础信息调查、风险筛查结果纠偏及成果集成“一图一表一报告”，确定166家初步采样调查企业名单，完成15家重点行业企业用地土壤污染状况详查采样布点方案专家评审。（周欢年）

【惠州重点企业行业土壤污染调查】 2019年，惠州市印发实施《惠州市2019年土壤污染防治工作方案》，按计划推进74个行业重点企业土壤污染状况详查，完成821个重点行业企业用地基础信息调查和风险筛查，为全市土壤布点、采样监测提供科学依据。

（惠州市人民政府地方志办公室）

【东莞净土防御战】 2019年，东莞市完成868家重点行业企业用地基础信息调查、风险筛查结果纠偏和阶段性成果集成等工作，同步完成市级质量控制工作；完成7个重点工业园区基础信息调查。启动东莞市土壤环境背景值调查。落实《东莞市建设用地开发利用土壤环境管理实施方案（试行）》工作要求，于2月2日印发实施《东莞市建设用地场地环境调查工作及评审技术要点（试行）》，搭建“事前—事中—事后”土壤污染状况调查监管机制，制定土壤污染防治从业单位“白名单”制度，介入土壤环境管理工作的地块数量430宗。公布东莞市土壤污染重点监管企业名录，涉及企业22家。

（东莞市人民政府地方志办公室）

【中山土壤污染综合治理】 2019年，中山市生态环境局召开市土壤污染综合防治联席会议2次，研究解决土壤环境管理中出现的问题和困难。推进重点行业企业用地土壤污染状况调查，完成319家重点行业企业的信息收集和风险筛查，形成40个重点行业企业地块和3个重点工业园区地块的采样调查清单。开展灌溉水水质监测，对农田灌溉水100个断面进行监测，并与市农业农村、自然资源和水务部门共享监测结果。加强土壤重点监管企业监管，公布中山市第三批土壤污染重点监管单位名单，完成土壤环境自行监测或初步调查，完成企业周边土壤环境质量调查。加强建设用地准入管理，建立联合监管和信息共享机制，更新中山市土壤污染防治优先管控地块空间信息，实现通过市“多规合一”信息联动平台查询地块在城市总体规划、控规中的相关情况。加强受污染耕地安全利用和治理与修复，踏勘地块3500块，水稻抽样1.33公顷。落实2019年度粮食安全责任考核工作，推进3家在产涉镉等重金属重点行业企业的完成整改工作。（中山市人民政府地方志办公室）

【江门土壤生态环境管理】 2019年，江门市制定实施《江门市2019年土壤污染防治工作方案》，各项重点工作任务落到实处，土壤环境质量改善。重点行业企业用地土壤详查工作取得阶段性进展，全市511个重点行业企业地块完成第一阶段基础信息调查工作，农用地4707个点位的水稻样品、土壤样品全部采、制、测完毕，初步摸清江门市耕地土壤污染底数及分布区域。实施建设用地准入管理，并在全省范围内较先建立建设用地规划、用地预审、土地供应等环节土壤环境质量监管介入机制。制定出台《江门市建设用地开发利用土壤环境管理实施方案（试行）》，人居环境风险得到防范。强化污染源头防控，建立土壤污染重点单位名录制度，开展农田灌溉水水质监测，全市4个大型灌区水质达标率100%，农用地土壤环境安全得到基本保障。推进耕地质量类别划分和受污染耕地安全利用工作，截至2019年底，全市62%受污染耕地实现安全利用，超额完成土壤污染防治目标责任书要求的35%年度考核目标。

（江门市生态环境局）

【肇庆推进土壤污染防治】 2019年，肇庆市推进土壤污染防治各项工作。开展土壤污染状况调查，配合省级部门完成农用地土壤污染状况详查，基本摸清全市农用地污染分布情况，完成市、县两级农用地详查数据成果的交接任务；完成454个重点行业企业地块的基础信息调查，初步掌握全市重点行业企业用地土壤污染风险分布情况。推进重金属排放、工业固体废物堆存场所、农业面源、垃圾填埋场等土壤污染源头防控。开展农用地分类管理，根据耕地的不同污染程度，分类采取安全利用和严格管控。推进建设用地准入管理，录入11个地块信息并组织开展调查，制定《污染地块开发利用监督管理办法（试行）》，规范建设用地准入流程，保障人居环境安全。至年底，全市未发现建设用地污染地块，完成受污染耕地安全利用和严格管控面积1506.67公顷的年度任务。

（肇庆市人民政府地方志办公室）

绿色低碳发展模式建设

低碳节能

【香港低碳节能环保技术应用】 香港特别行政区政府在启德发展区设立区域供冷系统，向区内非住宅楼宇供应冷冻水作空调之用。区域供冷系统分期完成，所有工程完成后，该系统与传统气冷式空调系统比较，每年可节省8500万千瓦时电量，等于减少6万吨碳排放。发展有机资源回收中心，采用生物技术，把已在源头分类的厨余垃圾转化为生物气等有用资源，并产生堆肥副产品。继第一个位于北大屿山小蚝湾的回收中心于2018年启用后，第二个位于北区沙岭的回收中心于2019年动工，2个设施每天可处理500吨厨余垃圾。研究利用现有污水处理厂进行厨余垃圾／污泥共厌氧消化，首个试验于2019年在大埔污水处理厂开展，每日可处理约50吨厨余垃圾。位于屯门的污泥处理设施TPark“源区”采用先进技术，每天可处理2000吨由污水处理厂产生的污泥；TPark“源区”设有转废为能设施，把污泥焚化所产生的热能转化为电力，并将剩余电力输送至公众电网。

（香港历史研究基金会）

【深圳低碳节能推进】 2019年，深圳市绿色低碳产业增加值1084.61亿元，比上年增长5.3%，规模首次突破千亿元。鼓励企业开展自主创新和新技术引进，推进新技术、新成果、新产品的技术转化和工程化。落实《深圳节能环保产业振兴发展规划（2014—2020年）》和《深圳节能环保产业振兴发展政策》，推进环保产业健康快速发展，绿色低碳产业发展专项资金共对7个项目资助3678.9万元。全市环保产业产值约760亿元。年内，深圳市以习近平总书记“节水优先、系统治理、空间均衡、两手发力”治水十六字方针为指引，推动实施国家节水行动，打好节约用水攻坚战，努力建设国家节水型城市和社会。全面提高用水效率，万元生产总值用水量7.67立方米，比上年下降9.4%，全国领先。高分通过国家节水型城市复查，编制完成《深圳市节约用水规划(2021—2035)》，全面铺开县域节水型社会达标建设，推动南山区、福田区成为广东省首批节水型社会示范区，节水载体建设、再生水利用推广等工作稳步推进。深圳市计划用水管理信息系统进入试运行阶段，核定下达4200余个重点单位用户年度用水计划，征收加价水费6727万元。完成对上年全市151个节水型居民小区、15家节水型企业（单位）及234个先进个人的奖励表彰工作，共发放奖励资金1075万元。建成市级节水型公共机构11个，深圳市职业技术学院试点开展高校合同节水管理，推动45个小区、20家企业（单位）开展节水型小区、节水型企业（单位）创建工作，对南山区12家学校改造节水器具2370套。完成全省“‘3·22’世界水日·中国水周”大型节水宣传活动启动仪式，开展节水好家庭评选，开展第九届深圳市青少年节水宣传系列活动。在深圳电台播出节水公益广告，在各类媒体开展节水宣传，开展节水技能培训、节水大讲堂等专题培训。

（深圳市人民政府地方志办公室）

【珠海“绿色港口”建设】 2019年，珠海港落实《中华人民共和国大气污染防治法》《水污染防治行动计划》等法律法规和省市有关规定，推进“绿色港口”建设。落实船舶排放控制区工作，印发《珠海市全面推进港口岸电建设和使用工作方案（2019—2021年）》，新建港口码头要求配套建设岸电设施，逐步推进码头岸电设施改造，推进高栏国码集装箱码头、港弘码头、鑫和码头等岸电设施改造，港作船舶、公务船舶、客运船舶基本实现靠泊使用岸电。完成全港干散货码头和煤炭码头防尘抑尘网建设，落实堆场及辅区道路的洒水喷淋等防尘抑尘措施。推进《船舶污染物接收、转运、处置联合监管制度》《船舶污染物接收、转运、处置联单制度》落地，做好近岸海域污染防范工作，打好水污染防治攻坚战。

（黄翔）

【佛山节水型社会建设及节能改造】 2019年，佛山市推动绿色学校、绿色社区、环境教育基地创建，全年新增“广东省绿色社区”4个、“广东省环境教育基地”2个。推进节水型社会建设，建立健全全面推进节约用水工作联席会议制度，重点统筹推进全市节约用水各项工作。推进公共机构节水型单位建设，开展党政部门、教育、卫生部门的节水型单位创建，完成各公共机构的水平衡测试工作和管网改造，达到公共机构节水型单位标准。开展节水型企业创建，结合工业企业清洁生产，重点推进火电、钢铁、纺织染整、造纸、石油炼制等高耗水行业的规模以上企业进行节能改造，提高企业的工业用水重复利用率和回用率。推进高标准农田以及高效农业示范区建设，推广喷灌、滴管等节水灌溉技术，以水肥一体化、智能控制等先进技术提高农业用水效率。年内，佛山各区推进节水型载体建设。是年，佛山市全年用水总量、万元地区生产总值用水量降幅、万元工业增加值用水量降幅、农田灌溉水有效利用系数、水功能区水质达标率5个指标值均达省考核目标值要求。（罗惠栅）

是年，佛山市能耗“双控”（指能源消费总量和强度控制）的年度、进度目标任务均完成。其中单位国民生产总值能耗同比下降率超省下达的年度指标（下降3.5%）1.4个百分点；年度新增能源消费52.4万吨标准煤，低于省下达的年度指标（消费80万吨）27.6万吨标准煤。能源消费总量得到有效控制，增速趋于放缓。佛山市在广东省2018年度地级以上市人民政府节能目标责任评价考核中排名前列，为“超额完成”等级。

（周欢年）

【惠州加快新能源汽车推广应用】 2019年，惠州市加快新能源汽车推广应用，投放新能源运输车辆8701辆，建成充电桩1053个；倡导公交出行，公交客流量实现稳步增长，惠城区全年公交载客 1.2 亿人次，比上年增长 4.7%，中心城区公共交通机动化出行分担率超 40%。

（惠州市人民政府地方志办公室）

【东莞低碳试点工作】 2019 年 7 月 22 日，东莞市印发《关于成立东莞市应对气候变化工作领导小组的通知》，推进全市低碳工作，减少碳排放总量，加快建设低碳能源体系，实施能源总量和强度控制、推进能源节约、发展非化石能源、优化利用化石能源方式；构建低碳产业体系，推进产业结构调整、控制工业领域碳排放、推动出口结构低碳化、引导农业低碳发展、增加生态系统碳汇；加强城乡低碳化建设和管理、建设低碳交通运输体系、加强废弃物资源化利用和低碳化处置；加快区域低碳发展，推动碳排放达峰、深化低碳试点示范、碳普惠制试点建设；推进低碳科技创新引领，开展气候变化基础研究、加快低碳技术研发与示范、加大低碳技术推广应用力度、加强温室气体排放统计与核算、加强机构和人才队伍建设。

（东莞市人民政府地方志办公室）

【中山国家低碳城市试点建设】 2019 年，中山市建成西区隆平社区、东区桥岗社区、东凤镇安乐小学、东凤镇永益小学、中山市石岐中学 5 个碳普惠试点社区和校园，并通过专家组验收；扶持小榄镇新市社区、小榄镇西区社区、小榄广源学校、小榄丰华学校 4 个碳普惠试点社区和校园建设，开展温室气体排放清单编制，建设校园低碳科普园地、低碳环保体验空间，选定智能垃圾分类系统设备，制订采购计划等。开展“中山市国家低碳城市试点建设工作评估”课题研究，梳理中山市低碳城市建设的经验与做法，总结可复制推广的经验。配合广东省生态环境厅做好 2018 年度中山市纳入全国碳交易市场 14 家企业的碳排放信息报告、核查、复查和抽查工作，6 家控排企业完成碳排放配额清缴工作，碳交易履约率 100%，增加企业碳排放成本，倒逼企业实现技术升级。发挥市级低碳发展专项资金示范引导作用，对分批支持的 17 个项目开展验收。推进市内首个省级近零碳排放示范工程社区项目——中山市小榄镇北区社区建设，该社区作为广东省 5 个近零碳排放示范工程之中唯一一个社区项目，在一年内制定生活垃圾分类指引，促使垃圾源头减量；扩建并投运低碳充电桩 3 个，引入智能垃圾分类系统 1 套，小区内用户总注册率 50%，回收可回收垃圾 3567 千克。是年，中山市公共交通运输集团有限公司投入运营 300 辆新能源客运汽车。

【中山新能源汽车和出租车推广应用】 2019 年，中山市拨付购车补贴 2.69 亿元购置纯电动公共汽车 600 辆，淘汰非新能源公交车 935 辆。推动网约车新增及到期更新使用新能源汽车，全年全市有新能源网约车 2000 辆，占网约车总量的 34.48%。开展巡游出租车运力招投标工作，公开招标 700 辆巡游出租车运力经营权，要求全部使用纯电动出租车；中标企业年内开展筹备投放工作，预计 2021 年全市巡游出租车中有新能源车辆 900 辆，占出租车指标数的 51.75%。

【中山工业技术改造和创新】 2019 年，中山市实施技术改造重点项目建设行动计划，建立市、镇两级跟踪服务工作台账。办理技改项目备案 623 宗。安排省资金 2.43 亿元，其中，资助中山东菱威力电器有限公司、伟福科技工业（中山）有限公司等 11 家企业 2884.3 万元更新设备，事后奖补（普惠性）资金 2.14 亿元（省级 1.5 亿元、市级 3150.43 万元、镇级 3293.2 万元）。探索构建“1＋1＋9＋N”（1 个平台体系，1 个平台联盟，围绕 9 大板块，引育 N 个公共技术服务单位）企业全生命周期公共技术服务平台体系。至年底，全市有 45 个公共技术服务单位，37 家高职院校、银行、协会加入公共技术服务平台联盟；智能制造、智能产品、智能裁剪快速加工等公共服务平台为企业提供智能化升级、员工技能培训、“两化融合”（企业信息化和工业化）、降低运营成本等专业化服务。推动制造业创新载体建设，落实《中山智能制造2025发展规划（2016—2025年）》，在家电家居、纺织服装五金加工等领域实施智能化技术改造和示范应用，联合小榄镇创建智能制造示范镇，搭建智能制造创新型公共服务平台，与南头镇共建中山市（南头）家电智能制造示范镇，打通家电产业生产链、金融链、人才链、信息链，推动家电产业加快转型升级。至年底，全市有国家级智能制造试点示范项目2个、省级23个、市级64个；国家级企业技术中心4家、省级102家、市级323家；国家级工业设计中心1家、省级12家；省机器人骨干企业3家。

【粤电中山项目】 2019年6月21日，粤电中山三角热电冷联产项目3套460兆瓦燃气—蒸汽联合循环热电冷联产项目3号机组通过168小时满负荷试运行，正式投产发电，标志粤电中山项目一期工程3套机组全部投入商业运行。该项目是广东省及中山市“十三五”时期能源重点建设项目，由广东能源控股的粤电中山热电厂有限公司建设及运营，位于三角镇高平工业区，占地28公顷，分2期工程建设。一期工程占地17.4公顷，投资48.5亿元；采用国际先进机组，与国内同类型机组相比具有效率高、可靠性强、经济环保等特点；投产后，可向全市提供每小时138万千瓦时电量，向三角镇用热企业提供每小时600吨优质蒸汽，替代周边分散的70台燃煤燃油重污染小锅炉。与各企业分散供汽相比，项目可减少超99%的烟尘及二氧化硫排放量，减少80%氮氧化物排放量，减少60%二氧化碳排放量，预计每年可减少二氧化硫和烟尘排放合约10万吨。1号、2号机组分别于2018年12月6日、2019年1月28日通过168小时满负荷试运行移交生产。至年底，项目供电25.25亿千瓦时，供热9.8万吨。

（中山市人民政府地方志办公室）

【肇庆获评“中国十佳绿色城市”】 2019年12月8日，以“创新引领绿色发展”为主题的第八届中国绿色发展高层论坛在东莞开幕，肇庆市被组委会评为2019年度“中国十佳绿色城市”。该论坛发布《2019中国城市绿色发展报告》，对全国600多个城市的绿色发展情况进行综合评估与分析，评选出2019年“中国十佳绿色城市”。“绿色城市”主要考量考评体系包括全年空气质量二级以上天数、城市环境治理、高效用水高效用能情况、废物处理率、城市绿化、环境治理投资增长率、公众环境质量评价（公众满意率）等指标。肇庆因在多项考核指标中成绩优良而获评，其中城市生活垃圾无害化处理率100%，工业固体废物综合利用率90%以上，城市生活污水集中处理率95%以上，单位地区生产总值能耗下降率6%以上。（肇庆市人民政府地方志办公室）

【中国绿色发展高层论坛】 2019年12月8日，以“创新引领绿色发展”为主题的第八届中国绿色发展高层论坛在东莞市召开。2007年诺贝尔和平奖得主、绿色能源科学家丹尼尔·卡曼教授通过视频的形式作题为“绿色能源革命”的演讲；著名生态环境科学家、中国工程院院士、环境部环境规划院院长王金南作题为“面向绿色发展的经济生态生产总值（GEEP）核算”的演讲；中国科学院院士刘昌明在大会发布《2019中国城市绿色发展报告》。该届论坛公布2019年“中国十佳绿色城市”“中国十佳绿色责任企业”“中国十佳绿色新闻人物”“中国绿色责任贡献奖”等奖项，其中东莞市获得2019年“中国十佳绿色城市”称号。

（东莞市人民政府地方志办公室）

制造业智能化绿色化

【概况】 2019年，广东省围绕家电、日化、建材、汽车、电子、纺织等特色行业，推动企业开展绿色化改造，推行产品全生命周期和生产制造全过程绿色化管理，开展绿色制造示范创建，在各行业树立绿色制造示范标杆，推动制造业绿色发展。至年底，广东省累计创建国家级绿色工厂153家、绿色设计产品287种、绿色园区4个、绿色供应链 13 个，绿色制造示范数量居全国首位。开展工业节水。落实国家水资源管理制度相关要求，加强工业节水工艺、技术和装备的推广应用，开展节水型企业建设，发挥行业协会作用，推动企业开展节水标准对标，强化节水改造和用水管理，火电、钢铁、造纸、石油炼制、纺织染整等高耗水行业节水型企业建成率超 80%。

至 2019 年底，工业和信息化部公布 4 批绿色工厂名单，其中造纸行业被评为“绿色工厂”的有 34 家，广东省有 7 家，数量最多，分别是东莞建晖纸业有限公司、广东冠豪高新技术股份有限公司、东莞金洲纸业有限公司、玖龙纸业（东莞）有限公司、东莞顺裕纸业有限公司、湛江晨鸣浆纸有限公司和珠海红塔仁恒包装股份有限公司。全年全省有 56 家造纸企业被纳入碳排放控排企业管理，6 家企业被纳入新建项目企业管理。5 家造纸企业获“广东省清洁生产企业”称号，分别是广东理文造纸有限公司、东莞顺裕纸业有限公司、东莞建晖纸业有限公司、东莞理文造纸厂有限公司、东莞金洲纸业有限公司。玖龙纸业（东莞）有限公司获“2019 年度粤港清洁生产优越伙伴（制造业）标志”，中山永发纸业有限公司、中山联合鸿兴造纸有限公司获“2019 年度粤港清洁生产伙伴（制造业）标志”。

（编辑部）

【深圳制造业智能化绿色化】 2019 年，深圳市成为全国首批 5G 试点城市，新型显示器件、人工智能和智能制造装备 3 个产业入选国家战略性新兴产业集群发展工程，获工业和信息化部支持建设深圳人工智能创新应用先导区。加快打造深汕湾机器人小镇，规划面积 13.5 平方千米，园区纳入全市 3 个人工智能产业园之一，首发重大项目深汕湾科技城封顶，供地 11 个机器人产业项目、2 个加速器项目，引进和储备哈工大机器人集团等 20 余家优质企业。高规格举行小漠湾文旅创新小镇规划设计国际研讨会，推进文旅产业集聚区一期建设。由深圳投控集团投资 51.6 亿元建设的 45.58 万平方米深汕科技生态园正在施工。海洋智慧港竣工封顶。举办首届智能制造峰会，促进“智造”项目和科技成果落地转化和发展。推动绿色制造发展，在坪山区建设新能源汽车产业基地，完成《深圳市新能源汽车充电设施布局规划》编制，提出深圳市“公用网络、专用网络及基础网络”三张网的充电基础设施模式，构建智慧高效充电基础设施体系，印发《深圳市推进新能源工程车产业发展行动计划（2019—2021 年）》，全年新增新能源汽车 9.28 万辆，累计推广新能源汽车 36.28 万辆，新能源货车累计推广 6.50 万辆，实现公交车 100%纯电动化，打造新能源利用标杆城市。深圳地方标准《道路侧电动汽车充电设施建设规范》于 7 月 1 日起实施，填补深圳市新能源汽车充电设施建设标准体系对于道路侧电动汽车充电设施建设要求的空白。全年投产充电桩 2625 个，支持 8500 个社会充电桩建设，服务新能源电动汽车超过 14.5 万辆。前海片区首个高层分布式光伏发电项目——前海嘉里商务中心 160 千瓦屋顶分布式光伏项目并网发电。（深圳市人民政府地方志办公室）

【佛山智能制造发展】 2019 年，佛山市修订《佛山市推动机器人应用及产业发展扶持方案（2018—2020 年）》，加大力度扶持引导企业广泛应用机器人及智能装备、开展机器人本体制造及系统集成，对全市 362 个机器人应用及产业发展项目给予支持。是年，佛山市开展智能化改造示范的企业 32 家，新增应用机器人 3020 台，新认定 5 家市级机器人应用示范企业。

【佛山制造业绿色发展】 2019 年，佛山市天安新材料股份有限公司等 10 家企业获国家第四批“绿色工厂”称号，南海经济开发区获广东省“循环化改造试点园区”称号，朗德万斯照明有限公司等 46 家企业获省级“清洁生产企业”称号，金意陶等 5 家企业入选 2019 年度省级工业固体废物综合利用示范项目。开展广佛跨界河流域“散乱污”整治，市工业和信息化局会同市生态环境局完成广佛跨界河流域全部1404家“散乱污”工业企业（场所）整治工作，任务完成率100%。

（陈枫）

【惠州新型墙材及散装水泥推广】 2019年，惠州市启动编制《惠州市散装水泥发展和应用规划（2020—2025）》，完成初稿。推动绿色搅拌站创建，全年新增绿色达标搅拌站7家。全年新型墙体材料产量近400万立方米，总产量约占广东省10%，产品类型满足全市建筑多样化需求。全市新型墙体材料使用比例100%，实现年节约土地297公顷（按挖地2米深计算），节约能源约16万吨标准煤，减排二氧化硫0.33万吨、二氧化碳约36万吨。全市完成散装水泥供应量1320万吨、预拌混凝土使用量780万立方米，预拌砂浆使用量42万吨，水泥散装率82%。节约标准煤20.23万吨，减少粉尘排放13.27万吨、二氧化碳排放59.4万吨、二氧化硫排放0.04万吨，折合综合经济效益7.92亿元。

（惠州市人民政府地方志办公室）

【东莞制造业绿色发展】 2019年，东莞市推动华为机器有限公司等7家企业被工业和信息化部认定为国家级绿色工厂；东莞玖龙纸业有限公司45吨/时工业锅炉升级技改为95吨/时技术改造项目被评为省综合利用示范项目；全市完成清洁生产审核企业370家，实现节水200.6万吨、节标准煤6.16万吨，产生直接经济效益3.87亿元。推进落实新能源汽车发展相关文件，促进全市新能源汽车发展以及推广应用，加快推动全市公交充电桩和公共机构充电设施建设工作，实现推广应用与产业发展相互牵引。截至年底，全市推广新能源汽车超3万辆，建成充电站超150座、充电桩3000个，其中纯电动公交充电设施超1000个，满足全市公交纯电化充电服务运营需求，建成全市充电桩运营管理服务信息平台，初步建成覆盖全市的充电服务运营网络。

（东莞市人民政府地方志办公室）

绿色产业体系构建

【概况】 2019年，广东省城镇新建民用建筑节能强制性标准执行率100%，城镇新增节能建筑面积2.26亿平方米，完成既有建筑节能改造542万平方米，新增太阳能光热建筑应用建筑面积46万平方米，新增太阳能光电建筑应用装机容量403兆瓦；城镇新增绿色建筑面积1.32亿平方米，城镇绿色建筑占新建建筑比例为58%，新增绿色建筑评价标识项目1057个，面积1.01亿平方米，其中高星级绿色建筑评价标识面积2731万平方米。但政策法规和技术标准仍需健全完善，绿色建筑发展质量不高、发展不平衡问题依然突出，绿色建筑“重设计、轻运行”的现象仍然严重。

（桂旭鹏）

【广州绿色建筑与建筑节能】 2019年，广州市新开工绿色建筑3397.44万平方米，其中二星级以上项目1984.30万平方米，占比58.41%，比上年增长22%。全市新竣工绿色建筑面积1849.33万平方米，占新建建筑77%，增长19%；新增绿色建筑标识认证项目建筑面积1833万平方米，其中二星级以上项目面积746.34万平方米，占40.72%，增加22个百分点。推广绿色生态城区，南沙明珠湾灵山岛尖片区获国家绿色生态城区规划设计三星级评价标识。万科峯境花园、越秀岭南山畔、南沙明珠湾开发展览中心、国家知识产权局专利局专利审查协作广东中心一期业务用房4个项目获国家二星级绿色建筑运行标识。全市新增节能建筑约2406万平方米，可形成节能能力10.85万吨标准煤。分类推进既有公共建筑能源审计和节能改造，完成燕岭大厦、广州新白云城市酒店等4种类型14栋公共建筑能源审计，总建筑面积57.63万平方米，累计实施既有建筑节能改造53.8万平方米，广州白天鹅宾馆节能改造入选国家发展改革委的最佳节能技术实践清单。推进实施珠光集团总部大楼、地中海酒店等高效空调机房项目，广州地铁车陂南站获 2019 年“蓝天杯”节能减排优秀工程奖。

（广州市人民政府地方志办公室）

【深圳绿色产业体系构建】 2019 年，深圳市加快建立绿色低碳循环发展的经济体系，推动绿色低碳循环发展。推广绿色电力。深圳电网全力消纳西部清洁水电累计超过 400 亿千瓦时。电源结构优化，4 家清洁能源电厂并网运行，非化石能源电量占比达到 68.8%。减排效果明显，8 家主力燃气电厂共 17 套机组完成升级改造。推动“油改电”及港口岸电改造，协助盐田港区成为国内率先大规模推广龙门吊“油改电”项目港区，推动大铲湾码头成为华南地区首家岸电全覆盖集装箱码头。“油改电”“气改电”累计实现替代电量 24.5 亿千瓦时。倡导电网建设与生态环境和谐共融，创新性提出变电站与城市开发项目联合建设的“合建式变电站”新模式，“深圳合建式变电站关键技术研究与应用”获 2019 年度深圳市科学技术奖技术开发类二等奖。推广绿色建筑。新增绿色建筑面积 1680 万平方米，总面积突破 1.1 亿平方米。节能建筑面积累计近 2 亿平方米，累计完成既有建筑节能改造逾 2000 万平方米。实施国家公共建筑能效提升重点城市建设；承接国家绿色住宅工程质量使用者监督机制试点，探索建立绿色住宅工程质量可控、使用者可监督、政府可保障的途径和方法，提升绿色住宅工程质量；成功主办第十五届绿色建筑大会，展会规模和质量创历届之最，获得业界肯定；支持粤港澳大湾区“9＋2”城市绿色建筑行业启动产业联盟筹备；成功举办 2019 年可持续建筑环境（SBE）会议系列地区会议，推动中国特色社会主义先行示范区建设，加快可持续发展议程创新示范区发展。

（深圳市人民政府地方志办公室）

【珠海绿色建材推广】 2019 年，珠海市开展“建筑废弃物减排和综合利用研究”和“绿色建材评价管理研究”2 项课题研究，探索建筑废弃物减排和综合利用，推广应用新工艺、新材料、新技术。6 月，开展以“倡导绿色建筑，提高人居品质”为主题的建筑领域节能宣传月活动。8 月，组织举办《绿色建筑评价标准》（GB/T 50378—2019）新标准的宣传贯彻培训会。

（黄毅龙）

【佛山绿色农业发展】 2019 年，佛山市加快现代农业产业园建设，新获批准省级现代农业产业园 4 个。推进农业科技示范市建设，农业科技合作、基塘农业、专家团队服务等 20 个市院合作项目落地建设，在广东省率先开展氢农业示范推广。培育新型农业经营主体，省级农业龙头企业总数 50 家，农民专业合作社发展到 293 个，认定家庭农场 75 个。推进“一村一品、一镇一业”

2019 年 4 月 3—4 日，第十五届国际绿色建筑与建筑节能大会暨新技术与产品博览会在深圳举行

（深圳市住房和建设局供稿）

建设，培育“三品一标一名牌”（包括无公害农产品、绿色食品、有机产品，地理标志农产品，农业类广东省名牌产品）认证产品 255 个，省级名牌农产品 80 个。（王英）

【佛山绿色建筑发展】 2019 年，佛山市沿用 3 家第三方评价机构受理标识申报机制，通过网上评审实现设计标识评价“零跑动”。绿色建筑高星级标识项目创历年新高，其中取得三星级设计标识项目 3 个。佛山市绿色建筑工作任务为 1000 万平方米，实际完成新建绿色建筑项目 1361 万平方米，其中取得绿色建筑运行标识项目 1 个，面积 9.96 万平方米。举办“走读绿色建筑”活动，募集 100 名佛山市民到环湖小学东校区及碧桂园天盈花园 2 个三星级绿色建筑项目参观学习。组织年度绿色循环发展与节能降耗资金补助项目申报，全市有 6 个项目符合条件并获补助资金。组织新型墙体材料和建筑节能材料认定，截至年底，佛山市建筑节能材料和新型墙体材料目录共有建筑节能材料 6 项和新型墙体材料 81 项。万家乐热水厨电科技产业园等 7 个项目申报立项为 2019 年度省建筑业新技术应用示范工程，海天办公楼工程等 2 个项目通过广东省住房和城乡建设厅组织的新技术应用示范工程专项验收。住房和城乡建设部科技与产业化发展中心主办的“绿色建筑高质量发展研讨会暨建筑产业品质提升现场交流会”在南海区万科金域蓝湾西项目举行。广东省住房和城乡建设厅主办的广东省 2019 年建筑领域节能宣传月启动仪式在佛山新城中欧中心举行。（张海东）

【惠州节能减排】 2019 年，惠州市推进重点企业强制清洁生产审核，新增国家绿色工厂 6 家、绿色供应链管理示范企业 1 家；促进地热能、分散式风电、太阳能光伏等新能源产业发展，至年底，累计推广应用新能源汽车 1.1 万多辆，新增节能建筑面积约 1563 万平方米。惠城区和龙门县被列入广东省县域节水型社会达标建设单位。是年，广东省住房和城乡建设厅安排惠州市城镇新增绿色建筑面积为 900 万平方米，城镇绿色建筑占新建建筑比例达 60%，取得运营标识项目数量 3 个；至年底，全市城镇新增绿色建筑面积 1552 万平方米，城镇绿色建筑占新建建筑比例达 67%；中京电子、海尚湾畔、龙门富力希尔顿酒店 3 个项目取得运营标识证书，面积 19.3 万平方米。

【惠州绿色矿山建设】 2019 年，惠州市根据《广东省绿色矿山建设工作方案》，以及建设绿色生态惠州、创建国家森林城市、建设绿色现代化山水城市的要求，将矿山整治复绿纳入其中，整体布局、统筹推进，推动全市生态文明建设。完成绿色矿山建设评审 12 家，连同 2017 年完成建设的 7 家和 2018 年完成建设的 10 家，合计完成矿山复绿 29 家，提前一年完成广东省下达惠州市在 2020 年建成 20 家绿色矿山的任务。

（惠州市人民政府地方志办公室）

【中山绿色低碳生产】 2019 年，中山市推动企业去产能，配合做好中央环保督察和省市各项环境保护治理工作，打好污染防治、节能增效攻坚战，资助 22 家企业提升电机能效。推进高污染高排放产业专项整治和推动产业园区综合提升工作，开展环保洗水漂染行业综合执法整治工作，制定中山洗水漂染行业落后产能退出清单。发挥淘汰落后产能工作协调小组职能，制订实施推动落后产能退出行动计划。建立“镇区属地管理 + 部门联合监管”取缔“地条钢”长效管理机制，配合开展打击稀土违法违规行为专项行动和水泥玻璃行业产能置换工作。开展最后 2 家非国有规模以上“僵尸企业”处置收尾工作，中山乐邦巧克力食品有限公司和广东新展化工原材料有限公司均完成处置清理。推动企业开展清洁生产审核工作。引导部分镇区组织港资企业、应依法实施及意向开展清洁生产审核企业负责人进行培训。新增粤港清洁伙伴生产企业 4 家。新增注册清洁生产审核企业 71 家，累计 437 家，其中应依法实施清洁生产审核企业187家，自愿开展清洁生产审核企业250家，通过清洁生产审核评估验收企业80家。

（中山市人民政府地方志办公室）

【肇庆绿色农业发展】 2019年，肇庆市加快发展绿色农业，培育和发展农业龙头企业，壮大农业主导产业。全市有市级以上农业龙头企业78家，其中国家级1家、省级26家、市级51家，销售过亿元的有25家，其中超5亿元的有2家。开展“三品一标”（无公害农产品、绿色食品、有机农产品和农产品地理标志）产品认证申报和申报国家、省农业类品牌产品。全市“三品一标”认证农产品115个，其中无公害农产品77个、绿色食品23个、地理标志农产品15个。年内新增无公害农产品5个，绿色食品8个；新增省名牌（农业类）产品9个；有效期内的省级名牌（农业类）产品数48个，有效期内的省十大名牌产品6个。推进“一村一品、一镇一业”示范项目，怀集县汶朗镇汶朗村（汶朗蜜柚）、德庆县马圩镇（贡柑）被认定为全国“一村一品”示范村镇，高要区白土镇（罗氏沼虾）、高要区蚬岗镇（鹅类养殖）、四会市石狗镇（兰花）、怀集县梁村镇（西瓜）、怀集县大岗镇（水稻）、怀集县冷坑镇（蔬菜）、德庆县马圩镇（德庆贡柑）被认定为省级“一村一品、一镇一业”专业镇，省级专业镇认定数量在广东省排名前五；“一村一品、一镇一业”农产品申报登录全国名特优新农产品名录获较大突破，鼎湖肇实等7个农产品被纳入全国名特优新农产品名录，数量在广东省排名第三位。

（肇庆市人民政府地方志办公室）

【第九届绿色建筑技术论坛】 2019年12月3—4日，第九届热带、亚热带（夏热冬暖）地区绿色建筑技术论坛在东莞举行，来自世界各地的绿色建筑行业专家、商协会代表等700多人参加，探讨“绿色产业助力湾区建设”话题。论坛由中国城市科学研究会绿色建筑与节能专业委员会、东莞市绿色建筑协会主办，东莞世界莞商联合会创新与绿色发展工作委员会承办，是首次由地级市举办。

（东莞市人民政府地方志办公室）

垃圾分类工作推进

【概况】 2019年，广东省成立广东省生活垃圾分类工作领导小组，强化省级统筹，召开全省生活垃圾分类推进会，明确在全省21个地级以上城市全面启动垃圾分类工作。开展《广东省城乡生活垃圾处理条例》修订工作，加强立法保障。印发《广东省城市生活垃圾分类实施方案》，分区域、分阶段完善分类体系建设，建立长效机制，推进垃圾分类工作。广州、深圳市在住房和城乡建设部每季度46个重点城市生活垃圾分类通报中均名列前茅，其他珠三角城市和粤东粤西粤北城市稳步推进。

（印亚玲）

【香港垃圾分类工作推进】 香港废物源头分类计划涵盖近80%人口，市民可在居住和工作地点附近的废物分类设施弃置可回收物品。香港特区政府设有各项生产者责任计划，包括塑胶购物袋收费计划及废电器电子产品和玻璃饮料容器生产者责任计划，促进源头减废和建立循环经济。政府计划引入塑胶饮料容器生产者责任计划，同时与零售业界合作，鼓励减少使用塑胶包装物料。2019年，废电器电子产品处理及回收设施WEEE PARK处理近2.4万吨废电器电子产品。环保署为回收业界提供支援，而且教育市民从源头减废、做好废物源头分类和干净回收，避免回收物混杂废物和受污染，提高回收物质量，减少后期的处理流程。政府通过地区的减废回收教育，鼓励社区参与。社区回收网络推广减废回收，在社区层面设立接收点，接收商业价值较低的可回收物。2019年，新增1个“绿在区区”项目在大埔区启用，令运作中的项目增加至8个。年内，环保署加强在沙田、观塘及东区的外展计划，提供现场指导和示范，通过定期探访、发放最新及重要的环保信息，为源头减废和干净回收提供支援，在社区层面为实施城市固体废物收费做好准备。（香港历史研究基金会）

【广州首创定时定点垃圾分类】 2019年，广州市提出“全链条提升、全方位覆盖、全社会参与”的工作思路，将生活垃圾分类纳入文明城市创建范畴和市“十件民生实事”推进。强化党建引领，把垃圾分类纳入在职党员回社区报到服务事项。2019年全市党员参与垃圾分类服务15万人次，在全市174个街（镇）1580个社区建立生活垃圾分类联席会议制度，建立健全由基层党组织、居民委员会、业主委员会、物业公司、志愿者构成的“五位一体”联动机制，推动群团组织、社会组织、社区居民等共治共评共享。坚持因地制宜，优化分类体系。首创定时定点分类口诀“在家分好类、定时拎下楼、定点精准投”和社区生活垃圾分类“十二步工作法”，在全市100%的居住小区推行楼道撤桶，实行定时定点分类投放。加快推进生活垃圾处理设施建设。截至年底，全市建成生活垃圾分类处理设施15座，其中焚烧处理设施7座，厨余垃圾处理设施3座，卫生填埋场5座，生活垃圾焚烧处理能力达1.55万吨/日、生化处理能力达3920吨/日，形成“焚烧为主、生化为辅、填埋兜底”的垃圾处理格局。（广州市人民政府地方志办公室）

【深圳垃圾分流分类体系建设】 2019年，深圳市坚持社会化和专业化相结合的双轨战略，普遍推行“大分流、细分类”“集中分类投放+定时定点督导”的分类模式。建设分流分类体系，对产生量大且相对集中的餐厨垃圾、绿化垃圾、其他厨余垃圾（果蔬垃圾）实行大分流；对居民住户产生的玻金塑纸、有害垃圾、废旧家具、废旧织物、年花年桔和家庭厨余垃圾进行细分类。坚持系统化思维、全链条管理，加快各类垃圾处理设施建设和改造，提升末端处理能力，截至年底，全市建成4座大型厨余垃圾处理设施、13个废旧家具拆解处理厂、8家废旧织物回收企业、17个果蔬垃圾处理点、13个绿化垃圾粉碎处理厂（点）等100处垃圾分类处理设施，焚烧处理能力达1.8万吨/日，构建垃圾分类处理体系。建设全方位的宣传督导体系，实施蒲公英公众教育计划，推动垃圾分类公众教育常态化、规模化；建成17个科普教育馆，接待参观人数超10万人次；组建由300名志愿者构成的讲师团队伍，开展超1000场垃圾分类大讲堂、微课堂等活动。开展垃圾分类志愿督导行动，开发全国首个垃圾分类志愿督导预约平台。聘请社会知名人士作为深圳垃圾分类代言人，助力推广垃圾分类理念。（印亚玲）

【东莞垃圾无害化处理及生活垃圾强制分类】 2019年，东莞市推进环境卫生整治和生活垃圾无害化处理工作。在垃圾处理设施方面，建有市区、横沥、麻涌、厚街环保热电厂4座，焚烧能力1.2万吨/日；建有塘厦石潭埔、虎门五马、樟木头樟洋无害化卫生填埋场3座，实际处理能力约2000吨/日，全市生活垃圾无害化处理能力最高可达1.33万吨/日，无害化处理率100%。是年，推动全国建筑垃圾治理试点城市建设，编制《东莞市建筑垃圾处理处置专项规划（2018—2030）》，鼓励民间资本参与建筑垃圾末端处理设施建设，建成建筑垃圾资源化处理设施13座。推进市区有机资源再生利用工程、海心沙资源综合利用中心环保热电厂建设，麻涌垃圾处理厂三期（餐厨项目）远期工程完成环保验收并投产运营。2019年，东莞市推行生活垃圾强制分类。市区公共机构基本实现易腐垃圾和有害垃圾单独收运处理，指导园区、街（镇）开展有害、易腐、大件等垃圾分类处理工作。开展“垃圾分类新时尚　绿色环保我践行”——东莞市绿色家庭创建活动。塘厦镇龙背岭循环生态岛项目，作为东莞首例将厨余垃圾与分散式污水处理相结合的循环生态系统，是集污水治理、低碳循环、生态景观、环保教育于一体的生态循环示范基地。

（东莞市人民政府地方志办公室）

2019年，东莞市垃圾无害化处理短板补齐。图为麻涌环保热电厂
（东莞市麻涌镇供稿）

【中山垃圾处理工作推进】 2019年，中山市开展生活垃圾强制分类考核工作，草拟《中山市生活垃圾分类实施方案（征求意见稿）》，核实生活垃圾强制分类实施单位1600个，推出中山市垃圾分类吉祥物“奇奇”，开展垃圾分类媒体宣传和“垃圾分类进校园、进社区”活动160场；全面建立“村收集、镇转运、市处理”的农村生活垃圾收运处理体系，编制印发《关于建立中山市农村保洁长效运营机制的指导意见》，细化督促指导，提升农村保洁运营水平；完成《中山市垃圾处理设施建设方案研究（2020—2035年）》，组织编制《中山市市域环境卫生控制性规划（2019—2035年）》；启动城区垃圾转运站改造工程；推进餐厨垃圾处理工作，在南朗镇、横栏镇建设垃圾减量分类处理工作试点。统筹中心组团、南部组团和北部组团“三大组团”垃圾基地运营监管。做好烟气、污水、地下水、飞灰稳定化监测及数据统计工作；加强出入人员的登记和巡查制度；实行垃圾运输车每车必检制度，防止滴漏污水、吊挂垃圾进入基地；推进三大基地改扩建工作，处置中心基地臭气扰民问题，化解污水外溢等风险，处理中山市“12345”政府服务热线转办投诉260宗、市信访局转办案件220件，书面回复各类投诉700份；开展入户走访，邀请市民参观中心基地园区并召开座谈会，化解臭气扰民矛盾；开展垃圾分类专题调研。

（中山市人民政府地方志办公室）

【肇庆垃圾分类工作推进】 2019年，肇庆市完善垃圾分类工作机制，制定《肇庆市城市生活垃圾分类实施方案（送审稿）》《肇庆市公共机构生活垃圾分类工作指引（试行）》，在机关、企业率先实行生活垃圾分类。联合市创文办印发《肇庆市城区公共区域生活垃圾分类设施设置指南（试行）》。出台《端州区2019年生活垃圾强制分类试点工作方案》，明确试点片区的相关工作。10月底至年底，各区购买6500多个垃圾分类容器。推进生活垃圾转运车辆升级改造，避免二次污染。编制《肇庆市餐厨垃圾收运处理专项规划（2019—2035年）》。筹建城区餐厨垃圾处理设施和建筑渣土处理场。采取市区联动强化垃圾分类宣传，市直有关部门通过户外公益广告、媒体宣传、主题活动、入户宣传等，在105个共建社区每月至少开展一次垃圾分类宣传活动。市、区举办各类垃圾分类主题宣传活动295场次，161个社区全部设置垃圾减量分类知识宣传栏。建立健全垃圾分类规章制度，市城管局起草并报市政府审定《肇庆市城区建筑垃圾管理办法（送审稿）》。年内，市生活垃圾无害化处理场处理城区生活垃圾53.91万吨。推进农村生活垃圾分类试点，全市农村生活垃圾产生量（清运量）1756.76吨/天，分类减量率52.89%，有效处理率97.57%。

（肇庆市人民政府地方志办公室）

城市绿道和碧道建设

【概况】 2019年是做好万里碧道顶层设计的关

键年，广东省万里碧道总体规划基本编制完成并通过专家评审，21 个地级以上市市级规划编制工作全面加快，研究制定万里碧道建设的配套政策。粤港澳大湾区和 10 个地市组成的“1 + 10”共 180 千米省级碧道试点全面铺开，基本建成 160 千米碧道。广州蕉门河、深圳茅洲河和大沙河、珠海天沐河、佛山东平水道、东莞华阳湖等碧道试点率先基本建成。（广东省水利厅）

【广州万里碧道建设试点】 2019 年，广州市将推动广东省“万里碧道”工程写入年度政府工作报告，要求在南粤大地打造“水清岸绿、鱼翔浅底、水草丰美、白鹭成群”的生态廊道。7 月 26 日，市河长办主任会议审议通过《广州市碧道建设方案》，于 8 月 16 日印发，按照“一年试点建设、三年大见成效、七年全面建成”的目标，2022 年建设碧道 1000 千米以上，打造广州碧水清流的生态廊道、江河安澜的行洪通道、诗情画意的休闲绿道、浓郁乡愁的文化驿道和生态活力的滨水经济带。是年，基本完成 113.66 千米碧道试点建设任务。（黄玉玲）

【深圳万里碧道建设】 2019 年，深圳市创新碧道内涵，提出“碧一江春水，道两岸风华”的碧道愿景，提出建设安全的行洪通道、健康的生态廊道、秀美的休闲漫道、独特的文化驿道、绿色的产业链道的“五道合一”的碧道内涵及“治水、治产、治城相融合”的建设理念。成立市碧道建设办公室，印发《广东万里碧道建设深圳行动方案》《深圳市碧道建设试点段规划设计指引》，编制《深圳市碧道建设总体规划》。高水平开展试点建设，开工建设 16 个碧道试点项目，打造出大沙河、茅洲河碧道试点示范段等碧道样板。推进深圳河、茅洲河、光明湖等河湖沿线 240 千米碧道建设，建成 20 千米绿道。
（深圳市人民政府地方志办公室）

深圳市南山区大沙河生态长廊景观（2019 年）
（深圳市人民政府地方志办公室供稿）

【珠海绿道建设】 2019 年，珠海市推动与澳门城市绿道对接，建成绿道网。城市绿道 1 号线自淇澳岛沿情侣路延伸至横琴，沿线串联唐家、香洲、拱北、湾仔、横琴口岸，实现对接澳门的线位条件。申报《珠海市城市绿道网总体规划（2021—2035 年）》规划编制项目，推动新一轮绿道总规编制。（珠海年鉴编辑中心）

【佛山城市绿道建设】 2019 年，佛山市推进绿道升级工作，完成新建或改造绿道 49.19 千米。印发《美丽佛山五年绿化行动计划（2019—2023）》。建成区绿化覆盖率 45.09%，绿地率 42.50%，人均公园绿地面积 17.78 平方米。推进桥梁立体绿化工作，完成桥梁立体绿化升级改造工程 32 项，绿化长度 40 千米。开展增绿建设，加快推进大型公园绿地、社区公园、村级公园建设，促进公园绿地资源均等化。新建王借岗森林公园（二期一标段）、人民公园、三山森林公园（一期）、樵尾撬水道景观提升工程（三期）、顺德华侨城欢乐海岸主题公园、沧江龙舟主题公园、云东海国家湿地公园（野生稻田区）、乐平儒家天下文化公园等大型公园，完成顺德区新城中轴线、顺峰山公园、禅城区大雾岗遗址—小雾岗公园、石湾公园、南浦公园等公园升级改造工作。全年完成公园绿地面积304.93公顷，其中新增171.27公顷、改造133.66公顷。（黄丽英）

【东莞华阳湖省级碧道试点建设】 2019年，根据广东省万里碧道建设规划部署，东莞麻涌镇华阳湖确定为省级万里碧道建设试点之一。建设试点范围包括华阳湖国家湿地公园及麻涌河“一河两岸”（西环大桥—中心大桥）18.3千米碧道及周边3.62平方千米区域。建设内容包括水环境治理、水生态保护与修复、水安全提升、景观与特色营造、游憩系统构建等5类17个具体项目，计划总投资2.48亿元。截至年底，建设项目完成投资7279.38万元，完成投资额72%。

（东莞市人民政府地方志办公室）

【肇庆绿道网建设与管理】 至2019年底，肇庆市现状各类绿道907.31千米，其中省立绿道267.91千米、城市绿道446.56千米、绿道连接线192.84千米。年内在建绿道连接线1条，总长度2.28千米。全市有关部门加强绿道管理，按“建设一段，完善一段”要求不断完善配套设施，强化绿廊、慢行、服务设施、标识、交通衔接等系统建设。（肇庆市人民政府地方志办公室）

碳普惠制试点

【广州碳普惠制试点和平台上线】 2019年，广州市制定印发《广州市建筑和交通领域碳交易机制建设及碳普惠制试点工作实施方案》《广州市2019年碳普惠制试点工作实施方案》等政策文件，开展制度设计和方法学研究。市生态环境局结合地理信息系统GIS、互联网+、大数据应用，通过个人碳足迹计算、低碳行为量化、低碳积分取得、低碳积分兑换，探索碳普惠内部交易闭环机制生态圈，打造全国第一个可测量、可核算、可追溯的碳普惠激励平台。10月，广州低碳交通案例从全球近1000个项目中脱颖而出，广州成为C40全球城市气候峰会上7个彭博气候奖的获奖城市之一。12月24日，全国首个城市碳普惠平台——广州碳普惠平台启动仪式在市环境监测中心站举行。广州碳普惠平台认证20多种生活场景减碳量的核算方法学，市民可在碳普惠平台上注册并践行公共交通、节水节电、旧物回收等低碳行为，平台通过与公共交通、共享单车等服务提供商进行个人低碳行为轨迹比对，并计算减碳量从而获得碳积分，其中部分行为碳减排量经核证后可进入广州碳排放权交易所进行交易，抵扣碳排放控排企业配额，真正实现“人人减碳、人人受益”。至年底，碳普惠平台用户关注人数超7万人，注册会员8000人，

2019年，东莞市开展华阳湖省级碧道试点建设。图为华阳湖

（东莞市麻涌镇供稿）

宣传普及人数超 10 万人。其中，广州市的碳普惠核证减排量项目（PHCER）中有 7 个光伏和 1 个林业项目获得广东省备案，共产生近 5 万吨二氧化碳减排量。（陈鹤森）

【深圳碳排放交易管理】 2019 年，深圳市组织编制 2018 年全市温室气体排放清单，开展近零碳排放区示范工程创建的可行性论证，举办生态环境系统应对气候变化能力建设培训，推动全市碳排放强度持续下降。深圳市碳交易管控单位履约率连续 6 年保持在 99%。截至 12 月 31 日，深圳碳市场配额总成交量 5673 万吨，位居全国碳市场第三；总成交额 13.52 亿元，位居全国碳市场第三。深圳碳市场流转率呈现逐年递增的态势，连续 6 年排名全国第一位。

（深圳市人民政府地方志办公室）

【东莞碳普惠制试点】 2019 年，东莞市根据广东省关于碳普惠试点实施方案有关要求，围绕东莞理工学院碳普惠校园建设继续开展试点工作。通过与理工学院后勤处对接校园“用水”“用电”等能耗数据，编制完成相关低碳行为碳普惠方法学的标准文件和开发相应低碳行为的减碳量计算器；调研校园基础能耗信息，对校园进行节能诊断，开展相关节能改造，完成校园景观路发光二极管（LED）路灯改造工作；依托生态环境与建筑工程学院合作成立“创客空间”，通过举办碳普惠主题活动、专家讲座、中小学义教活动等促进师生低碳行为，参与“省级创客大赛”，获得创客组金奖。

（东莞市人民政府地方志办公室）

【中山碳普惠制试点】 2019 年，中山推进国家低碳城市试点建设取得阶段性成果，推动建设 9 个碳普惠试点社区和校园、1 个近零碳排放示范工程社区项目。建成西区隆平社区、东区桥岗社区、东凤镇安乐小学、东凤镇永益小学、中山市石岐中学 5 个碳普惠试点社区和校园，并通过专家组验收；扶持小榄镇新市社区、小榄镇西区社区、小榄广源学校、小榄丰华学校 4 个碳普惠试点社区和校园建设，通过开展温室气体排放清单编制，建设校园低碳科普园地、低碳环保体验空间，选定智能垃圾分类系统设备，制订采购计划等措施。（中山市人民政府地方志办公室）

【首届粤港澳大湾区产品碳标签国际论坛】 2019 年 8 月 10 日，中国电子节能技术协会、工业和信息化部中小企业发展促进中心、中国质量认证中心在深圳共同举办第二届电器电子产品碳标签国际会议暨首届粤港澳大湾区产品碳标签国际论坛。政、产、学研界的 20 名专家，循环经济、碳排放管理、节能环保等领域的 200 家相关企业和机构，以及粤港澳大湾区电器电子产品生产方面的 300 位企业家参加论坛。会议内容：解读粤港澳大湾区低碳发展国家及地方政府政策；探索与实践粤港澳大湾区碳标签互认机制；发布碳标签赋能粤港澳大湾区计划；解读电器电子产品碳标签评价规范标准介绍及实施电器电子产品碳标签认证评价的意义与流程以及实施规则；解析碳标签评价标识意义；分享碳标签评价产品企业代表经验；公布工业和信息化领域中小企业低碳发展座谈会暨第一批国家中小企业低碳产业化基地；举行中国碳标签产业创新联盟成立仪式。碳标签产业创新联盟旨在模式创新、产业推动、协同并进推动碳标签体系的建立和发展。通过有效的联盟机制，凝聚政府、产业界、金融界、学术界、媒体界以及社会各界的共识与合力，共同为各种类型企业、项目、理念、技术的孕育与快速成长提供优质生长的土壤，构建成集市场整合、技术推广、标准制定、应用示范、资金支持、服务保障于一体的绿色低碳发展服务平台，为碳标签赋能产业可持续发展提供保障。

（深圳市人民政府地方志办公室）

·责任编辑　彭丽玲·

宜居宜业宜游优质生活圈建设

综　述

【概况】 2019年，广东省围绕打造国际一流湾区和世界级城市群目标，落实粤港、粤澳合作框架协议，凝聚港澳社会力量参与粤港澳大湾区建设。做好庆祝中华人民共和国成立70周年活动有关工作。邀请并组织一批来自港澳特别行政区政府、商协会、青年和基层的港澳同胞代表参加庆祝大会、升旗仪式、民族音乐会、省政府招待酒会等庆祝活动，接受媒体采访报道，广泛宣传，营造粤港澳良好的国庆节日氛围。做好澳门回归祖国20周年配合性庆祝活动。举办庆祝澳门回归祖国20周年音乐会、摄影展、烟花汇演、珠澳学生文艺晚会、主题快闪及纪录片等活动。

建设“湾区通”工程，推动三地规则衔接，落实境外高端紧缺人才个人所得税优惠政策，旅游、医疗等职业资格认可取得新进展。完善便利港澳居民政策措施，港澳创业者纳入内地创业补贴扶持范围，推动落实大湾区个人所得税优惠政策、港澳居民在大湾区购房等便利政策和措施。

推进青少年交流合作，联合香港、澳门特别行政区政府实施“粤港澳大湾区香港/澳门青年实习计划”“澳门青年湾区实习计划——创业体验项目”，全年组织900多名港澳青年参加。分别与香港、澳门特别行政区政府联合授牌挂牌共建首批粤港青创基地10个、粤澳青创基地3个，入驻港澳青创团队752个，其中香港518个，澳门234个；吸纳港澳创业就业人员1173人，其中香港921人、澳门252人。支持缔结粤港、粤澳姊妹学校，粤港、粤澳姊妹学校分别有936对、87对。举办首届粤港澳大湾区媒体峰会、文化艺术节、华侨华人粤港澳大湾区大会等重大活动。 （摘自《广东年鉴》）

【教育合作发展】 2019年，广东省出台《教育部 广东省政府推进粤港澳大湾区高等教育合作发展规划》。引进一批港澳知名高校与粤合作办学。9月19日，教育部批准广州大学与香港科技大学筹备设立香港科技大学（广州）。香港理工大学与佛山、香港城市大学与东莞、香港公开大学与肇庆、澳门科技大学与中山合作办学签署框架协议。是年，教育部批准设立华南理工大学与意大利都灵理工大学合作举办建筑学专业（城市设计方向）硕士学位教育项目、佛山科学技术学院与德国特里尔应用技术大学合作举办环境工程专业本科教育项目，本科层次以上合作办学项目增加至32个。推动建设大湾区终身学习资历框架及标准体系，与香港、澳门教育部门签署合作意向书，探索粤港资历框架合作。谋划布局一批高水平大学，重点推进东莞市高起点筹建大湾区大学。支持粤港澳高校联盟等一批教育合作平

2019年12月8日，珠澳学生庆祝澳门回归祖国20周年文艺晚会在珠海大剧院举行 （梅曦　摄）

台建设，鼓励开展学分互认、交换生项目、科研成果分享转化等方面的合作交流。推动广东高校联合港澳高校、科研院所建设8家粤港澳联合实验室，支撑大湾区国际科技创新中心建设。指导大湾区内地九市出台落实符合条件的港澳居民子女在大湾区内地接受基础教育以及参加中考的政策措施。支持设立港澳子弟学校或港澳子弟班，加强对引进课程和教材的管理。继续实施粤港澳姊妹学校（园）缔结计划，支持粤、港、澳三地学校通过姊妹学校、粤港澳大湾区音乐教育和艺术发展联盟等多个师生交流平台开展活动。（广东省教育厅）

【人才高地建设】 2019年，广东省推动粤港澳大湾区集聚各方英才。聚焦粤港澳大湾区发展需求精准引才，优化实施“珠江人才计划”“广东特支计划”等省级重大人才工程，鼓励粤港澳人才联合组建创新创业团队，引进培养一批高水平创新创业团队和杰出人才、领军人才、青年拔尖人才。实施广东省博士后人才引进计划和青年优秀科研人才国际培养计划，资助青年博士到广东开展博士后研究，选派青年优秀博士后和科研人员到国（境）外高校、科研机构、企业的优势学科领域合作开展博士后研究和学术交流。（中共广东省委组织部）

【粤港澳旅游合作】 2019年，广东省文化和旅游厅强化旅游合作平台建设。粤港澳旅游推广机构于2月在香港举行第80次会议，总结2018年粤港澳旅游推广合作情况，商定2019年联合宣传推广项目。粤港澳大湾区城市旅游联合会年度工作会议于6月在香港举办，由香港担任新的轮值主席并就相关议题组织讨论。文化和旅游部促进澳门世界旅游休闲中心建设联合工作委员会2019年度会议于10月在澳门举办。

开展旅游宣传推广。1月，接待香港旅游业议会第三批赴大湾区踩线团，实地考察江门、中山、珠海旅游产品和线路。7月，组织深圳、珠海、中山联合香港、澳门赴新加坡开展粤港澳大湾区旅游推广活动。粤港澳旅游推广机构分别在德国柏林举办旅游展、美国洛杉矶举行粤港澳大湾区旅游推广活动。举办粤港澳导游交流促进活动。推进旅游产业合作。组织业界参加第7届澳门国际旅游（产业）博览会、第33届香港国际旅游展。（广东省文化和旅游厅）

【卫生健康交流合作】 2019年，广东省推动粤港澳大湾区卫生健康事业高质量发展。在深圳举办第二届粤港澳大湾区卫生健康合作大会，粤港澳三方签订《粤港澳大湾区卫生健康合作共识》，并促成62个合作项目签约落地。广东省卫生健康委员会派人员赴澳门参加2019年粤澳合作联席会议，并与澳门卫生局签订《粤澳卫生健康合作备忘录》；派员赴香港参加第19次粤港澳传染病防治联席会议暨“神盾行动”应急演练、香港医院管理局研讨大会、粤港澳大湾区结核病控制学术研讨会、粤港澳经济技术贸易合作交流会，促进粤港澳三地在传染病联防联控、应急合作、医院管理、基层医疗、健康信息化等领域达成更多、更新的共识。（赵薇）

【养老服务合作】 2019年3月28—29日，粤港澳大湾区城市民政部门联席会议在广州召开，广东省民政厅、香港特别行政区政府劳工与福利局社会福利署、澳门特别行政区政府社会工作局以及珠三角九市民政局主要负责人参加会议。会议审议并签署《粤港澳大湾区城市民政事业协同发展合作框架协议》《粤港澳大湾区城市民政及社会福利政府部门联席会议制度》《促进粤港澳大湾区城市民政事业发展行动建议》，确定粤港澳大湾区城市民政事业协同发展合作宗旨、合作目标、合作原则和合作内容，建立联席会议制度，启动促进粤港澳大湾区城市民政事业协同发展行动，明确在“一国两制”方针下，巩固深化现有养老、社区服务、儿童精神康复等领域合作项目；优化提升粤港澳居民在珠三角9市居住社区服务；支持港澳福利服务提供商在珠三角9市兴办养老院舍和服务中心；探索推进长者关爱服务，推动粤港澳大湾区城市民政及社会福利合作与发展。

制定养老服务条例，养老服务体系建设“十三五”规划，促进医疗卫生与养老服务相结合的实施意见，全面放开养老服务市场、提升养老服务质量的实施意见等一系列政策文件，明确提出加强粤港澳养老服务合作，鼓励香港养老服务提供者广泛参与广东省养老服务体系建设，在机构、居家和社区养老服务方面全面放开。11 月，广东省政府办公厅印发《广东省加快推进养老服务发展若干措施》，要求加强粤港澳在养老服务人才、资金、项目、标准化等方面深化养老服务合作；支持港澳服务提供者在广东按规定以独资、合资或合作等方式兴办养老机构，同等享受境内民办养老机构待遇；推动构建粤港澳大湾区养老服务标准联盟，加强粤港澳三地养老服务人才交流互访和培训。（广东省民政厅）

教育和人才高地打造

教育合作发展

【概况】 2019 年，广东省印发《科教融合协同推进高校科技创新能力提升工作计划》，发挥粤港教育合作专责小组的沟通协调作用，广泛开展粤港澳研究生联合培养、学术交流、联合攻关等项目式科技合作，推动粤港澳高校科技创新资源共建共享。推动粤港澳三地开展要素流动等方面的创新试点，推动高校建立重大科研仪器和平台的共享机制，支持 4 家粤港澳高校联合实验室立项为教育部重点实验室。是年，广东省科技厅参照广东省实验室立项建设粤港澳联合实验室。广东省推动粤港澳大湾区在线开放课程建设联盟建设，上线课程 633 门，集聚 7 个慕课平台的优质资源，有 6187 名学生选学 87 门课程，创造条件为湾区高校开展大规模跨校互选共享课程。邀请 110 名港澳高校代表担任各类别教学指导委员会委员。召开粤港澳大湾区资历框架研讨会。推进华南师范大学的粤港澳大湾区教师教育学院建设，落实学院建设用地，制定发展规划。是年，广东省推进粤港澳大湾区职业教育合作，推动建立与港澳职业教育主管部门定期会商机制；推进合作交流项目，深圳职业技术学院与香港职业训练局共商共建“粤港澳大湾区特色职业教育园区”，粤港澳大湾区职业教育产教联盟举办“新时代粤港澳大湾区职业教育产教融合论坛”；落实“粤菜师傅”工程部署，举办粤港澳厨艺展示与交流活动、2019 年粤港澳烹饪教育高峰论坛等。

是年，广东省继续实施粤港澳姊妹学校（园）缔结计划，支持粤港澳高校联盟等粤港澳教育联盟发展，粤港澳三地学校通过姊妹学校、粤港澳大湾区音乐教育和艺术发展联盟等多个师生交流平台，开展姊妹学校夏令营、音乐节、体育节、艺术节等一批规模大、水平高、影响广的品牌项目。

落实国家和省关于港澳居民在广东省报考中小学教师资格考试笔试有关政策。上半年，163 名港澳居民参加中小学教师资格考试，47 人通过考试并认定中小学教师资格；10 人申请认定高校教师资格。下半年，440 人申请参加中小学教师资格考试。支持包括港澳在内的世界知名高校和特色学院在粤合作办学，打造国际教育示范区。（广东省教育厅）

【香港教育合作与发展】 2019 年 6 月，香港特别行政区教育局与广东省教育厅签署《粤港资历框架合作意向书》，内容包括共同推动粤港资历框架合作、探索建立大湾区各级各类教育与培训学分互认机制，推动大湾区人才交流。香港特别行政区教育局自 2018—2019 学年起，为已与内地学校缔结为姊妹学校的本地公营及直资学校（包括特殊学校）提供经常津贴及专业支援。提供内地大学升学资助。2019—2020 学年，在内地大学升学资助计划指定的内地院校修读学士学位课程的合资格香港本地学生，每人每年可获最多1.68万港元经入息审查资助或5600港元免入息审查资助。2018—2019学年，3147名学生获发放资助约4000万港元；2019—2020学年，计划收到申请约3500份。

推动职业教育交流与合作。2018—2019学年，香港特别行政区职训局提供约25万个全日制和兼读制学额，由辖下13个机构成员，为完成中三或以上程度课程的学生提供达至硕士学位程度的课程。课程涵盖应用科学、设计、工程、酒店及旅游、幼儿护理、长者及社会服务、商业和信息科技。设有学徒训练计划，并提供行业测试和资历认证服务。2019—2020年，香港特别行政区职训局获政府资助推行的职业教育和就业支援计划恒常化，每年提供1200个培训名额，让学员以“边学边赚”模式投身需要专门技能的行业。职训局获提供经常拨款，每年为约9000名学生提供工作实习机会。

（香港历史研究基金会）

【澳门教育资助与发展】 2019年，澳门特别行政区教育发展基金发放资助6.8亿澳门元，其中，2019—2020学年学校发展计划包括固定资助及非固定资助。固定资助包括校本培训、图书与报刊购置及专职人员3项；非固定资助分为优先发展类、校本发展类及其他3类申请计划。教育发展基金新增及修订原有章程内容，进一步鼓励学校向教学人员提供融合教育培训、推动学校组织学生前往粤港澳大湾区的职业技术训练基地学习、缔结姊妹学校、支持师生赴内地交流学习等。资助学校进行大型重建和扩建工程，支持学校改善教学环境和教学设施。加大教育资助。2019年，澳门基金会继续向澳门学生发放奖学金，其中大专类奖学金404人次获奖，中小学生奖学金11242人次获奖，审批金额超过6022万澳门元；继续向从江贫困学生及其他来澳门就读高等教育课程的内地学生、“一带一路”沿线国家或地区学生和葡语系国家、纳米比亚及亚洲地区学生，以及通过亚洲教育北京论坛推荐的学生发放奖学金；与澳门人才发展委员会、教育暨青年局（简称教青局）、中国航天基金会、葡萄牙里斯本大学社会政治科学高等学院/东方学院、科英布拉大学等机构合作，设立不同类型的奖学金，推进人才培育以及与不同地区在教育和学术方面的交流与合作，452人次获奖，审批金额逾2135万澳门元。

是年，根据《粤澳合作框架协议》，澳门特别行政区教青局对在粤接受高中教育、初中教育及小学教育、学前教育的学生提供津贴和补助。2018—2019年，发放学费津贴约2721万澳门元，受益学生4314人。自2018—2019学年起，推出“培养多领域中葡双语人才计划”，为有意赴葡萄牙升学的澳门高中毕业生提供13项学士学位课程供选择。澳门特别行政区首次推出“澳门高等院校人文社会范畴研究专项资助计划”，推动和鼓励澳门高等院校与中国内地、海外的高校或机构合作开展人文社会范畴（或与其交叉学科范畴）的研究项目。全年资助研究项目26个，核批资助金额约90万澳门元。

【澳门高等教育交流和合作】 2019年，澳门高等教育局继续推动高等教育领域内的各项对外合作，落实与教育部、国家民族事务委员会、广东省以及葡萄牙等方面签订的各项协议，拓展澳门高等教育领域合作空间。是年，经教育部批准，复旦大学、浙江大学、厦门大学、华侨大学、武汉大学、华中科技大学、华中师范大学、中山大学、暨南大学及华南师范大学以采认四校联考成绩方式录取澳门学生。澳门高等教育局分别与葡萄牙大学校长委员会和葡萄牙理工高等院校协调委员会签署《关于采用澳门高校联合入学考试结果的合作协议》，2个委员会辖下的葡萄牙公立大学和理工学院通过采认四校联考成绩招收澳门学生。

【澳门高等教育学历获内地认可】 2019年9月26日，澳门特别行政区政府在北京与教育部签署《内地与澳门特别行政区关于相互承认高等教育学历及学位的备忘录》。按照备忘录，内地获认可的学历适用范围包括高职（专科）、本科、硕士研究生、博士研究生学历，学士、硕士和博士学位，澳门则包括副学士文凭，学士、硕士和博士学位。此外，鼓励并支持两地高等院校在课程学分认可领域开展合作。

【澳门高等院校到内地招生】 2019年，澳门大学、澳门理工学院、旅游学院、澳门科技大学、澳门城市大学及澳门镜湖护理学院继续获教育部批准往内地31个省、直辖市、自治区招生。2019—2020学年，报读上述6所澳门院校的内地学生有43411人次，新注册6618人，其中修读博士学位课程774人、硕士学位课程2319人、学士学位课程3284人、先修课程241人。协调内地普通高校在澳门招生。2019年透过持四校联考成绩报考内地高校途径而获录取人数65人。报考内地高校研究生课程考试（澳门区）418人，录取人数212人。

（摘自《2020澳门年鉴》）

【广州教育交流合作】 2019年，广州市成立粤港澳大湾区旅游职业联盟、粤菜发展研究院和亚洲美食文化教育联盟。广州市与中国教育科学研究院合作建设中国教育科学研究院粤港澳教育研究中心。举办首届大湾区教育合作发展圆桌对话。新增34对穗港澳姊妹学校，广州市累计250对。广东华侨中学和越秀、天河、黄埔、南沙等区试点开办港澳子弟班，24名港澳台人士通过广州市中小学教师资格认定。新增国际友好学校10对、全市累计88对。举办2019广州国际友城大学联盟年会。是年，广州市新增筹建中外合作办学机构1个，香港科技大学（广州）获教育部批准筹设并动工建设。新增合作办学项目3个，包括广州城市职业学院和马来西亚城市大学、广州铁路职业技术学院和白俄罗斯国立交通大学、广州工程技术职业学院和南澳大利亚技术与继续教育学院合作举办的专科教育项目。引入国际化特色民办学校5所，英国、美国4所优质学校落户南沙，英国斐特思公学落户增城区。新增外籍人员子女学校2所。举办穗港澳台四地技能节等教育交流品牌项目。（黄卉）

【深圳教育交流合作】 2019年，深圳市新增13所中小学校与港澳学校缔结为姊妹学校，首次有幼儿园加入深港澳姊妹学校队伍，年末深港澳姊妹学校达到278对。4万多名师生与港澳姊妹学校师生开展教育交流活动250多项。深港澳23对学校分别参加2019年粤港澳姊妹学校“中华经典美文诵读”深圳、香港赛区比赛。举办第九届深港校长论坛，深圳、香港300多名校长参加论坛。

是年，深圳市举办第二届深圳市国际中学生论坛，来自14个国家和地区的230多名师生参加。深圳市与澳大利亚北领地教育厅签订《教育合作协议》；派出20名师生首次代表国家访问俄罗斯，落实《中俄青少年世代友好宣言》。推荐深圳市福田区侨香外国语学校等3所学校入选教育部第四批中美“千校携手”项目学校，深圳市项目学校达到19所。推荐深圳市高级中学和深圳市第三高级中学2所学校作为AFS（国际文化交流）项目学校。

（深圳市人民政府地方志办公室）

【珠海教育交流合作】 2019年，珠海市与澳门新缔结姊妹学校23对，结对范围首次扩大到学前教育阶段。组织11所中小学校和港澳5所中小学加入“粤港澳中小学音乐教育联盟”。珠海市一中和市艺术高中被推选为联盟牵头单位。与港澳教育行政部门联合开展“走进大湾区，我和我的祖国共成长”珠澳学生研学实践活动、首届珠澳姊妹学校“校长论坛”、第三届珠港澳高中生足球友谊赛以及庆祝澳门回归祖国20周年珠澳中小学联欢晚会。组织教师赴香港考察科学、技术、工程和数学（STEM）教育经验，促进珠海市开展STEM教育的相关研究。印发《推进珠港澳教育融合发展工作方案》。协助推进“澳门新街坊”教育项目。优化政策安排，将港澳人才子女纳入“政策性照顾生”范畴，解决在珠海市工作居住的港澳人员子女的入学问题。全市义务教育阶段录取港澳人员子女 241 人。

（李日虹　谢王艳）

【佛山教育交流合作】　2019 年，佛山市推动粤港澳教育交流合作。与香港理工大学高起点合作建设佛山校区；完善港澳居民子女在佛山就读政策，为港澳居民子女来佛山就读提供便利条件，保障港澳居民子女享受同等教育权利；举办第二届粤港澳大湾区发展与教育创新高端论坛，打造湾区高端交流平台，为大湾区教师队伍建设改革提供学术助力，协同推进教育合作发展；实施“粤港”“粤澳”姊妹学校计划，累计与港澳学校缔结姊妹学校 80 对，规模数量居广东省第三位。截至是年底，6000 多人次港澳师生前来佛山市进行各种交流活动。完成由中国孔子学院总部——国家汉办和美国大学理事会共同组织的“汉语桥——美国校长访华之旅”交流访问工作，南海区教育发展研究中心与美国 3 个学区签订合作谅解备忘录，27 所学校与美国学校（学区）签订 46 份合作谅解备忘录。（林建娜）

【东莞教育交流合作】　2019 年，东莞理工学院与 6 所高校建立合作交流关系。获批首个科技部“国际杰青计划”。启动 2019 年东莞理工学院匹兹堡校区暑期学分课程项目。与波兰热舒夫大学签订交换生协议和共建“一带一路”国际经贸联合研究中心框架协议。加入“中国—中东欧国家高校联合会”和“粤港澳高校联盟”等交流合作组织。与香港城市大学合作，推进香港城市大学（东莞）筹建。依托教育部留学基金管理委员会（CSC，简称留基委），开设国际联合培养本科课程，引进留基委师资培训平台。汤加王国留学生专项奖学金项目落地。全年派出 475 人次赴国（境）外交流学习。国际学院招收来自美国、加拿大、日本、韩国等 24 个国家 132 人次留学生。

（东莞市人民政府地方志办公室）

【中山促进粤港澳教育交流互融】　2019 年，中山市促进粤港澳教育交流互融。推进中小学校音乐教育互融工作，12 所中小学校加入粤港澳大湾区音乐教育与艺术发展联盟。组织参加粤港澳大湾区教师教育论坛、粤港澳大湾区师德论坛。建设省级精品在线开放课程 32 门，其中 10 门课程成为省级优质课程、2 门课程入选粤港澳大湾区课程联盟平台。建立“科研团队研修计划”，设立博士后创新实践基地。开展文体交流活动。4 月，完成 2019 年粤港澳姊妹学校中华经典美文诵读比赛中山地区赛事。4 月 12 日，联合开展“2019 粤澳青少年国情体验活动”。5 月 26 日，举办粤港澳大湾区(中山·石岐)第二届龙舟邀请赛。7 月，组织广东青少年学生到香港乌溪沙青年新村参加体育文化夏令营活动。11 月底，举办 2019 年“熊猫杯”粤港澳大湾区青少年棒垒球赛暨慢投垒球联盟赛。

推动粤港澳大湾区高等教育合作发展。1 月，

2019 年 7 月 6 日，广东省教育厅、广东省科学技术厅、东莞市人民政府支持东莞理工学院建设新型高水平理工科大学示范校共建协议签署仪式举行（郑家雄　摄）

接待教育部关于澳门科技大学在中山办学项目调研，推进澳门科技大学中山办学项目。加入粤港澳大湾区西岸科技创新和人才培养合作联盟，与企业共建协同育人平台，新增校外实践基地45个。促进青年学生交流往来。6月25—28日，与香港特别行政区教育局举办第四届职业教育体验营（香港）活动，88名香港中学生参加酒店服务及酒店营运、餐饮业运作、航拍摄影理论与实践、服装刺绣课程等职业训练课程。7—8月，分别与澳门人才发展委员会、香港中山青年协会实施澳门青年湾区实习计划、粤港澳大湾区港澳青年实习计划，组织73名港澳青年学生到中山市17家企业、机构实习，涉及银行、医药、设计、规划、保险、科技、贸易、通信、制造等行业。中山火炬职业技术学院参加第二届粤港澳大湾区学校美术与设计作品展暨第四届广东省高校设计作品学院奖双年展大赛，获一等奖3个、二等奖1个及三等奖2个。中山职业技术学院举办第四届职业教育香港体验营。中山市技师学院与香港青年学院、澳门劳工事务局在本科联合培养、外教岗前培训、举办合作论坛、证照对接、证书引入等方面达成合作。

优化入学发展环境。加大对人才在入户、住房、医疗、配偶就业、子女入学等方面的服务保障力度，协助办理港澳乡亲子女入学相关业务。配合澳门教育暨青年局做好澳门籍中小学生及幼儿园儿童学费津贴工作申请工作。2019年有1015名澳门学生申请，其中幼儿园353人、普通高中191人、中职学校26人、初中153人、小学291人。实施“雏鹰归巢”计划，建设中山青年人才回乡创业基地，引导中山籍青年学子、海外英才投身中山建设。

（中山市人民政府地方志办公室）

【江门加强与港澳中小学校交流合作】 2019年，江门市与香港教育部门建立江港两地姊妹学校结对合作机制，与港澳共结对姊妹学校38对。在普通中小学粤港澳姊妹学校结对成果基础上，鼓励和支持两地幼儿园、职业学校、特殊教育学校等不同类别的学校参与，在粤港澳姊妹学校框架下开展教育教学及师生交流活动，通过特色学校（传统文化、科技、艺术、足球等）结对交流，推进文化、艺术、体育、科技等领域的交流合作。全市有12所学校加入粤港澳中小学音乐教育联盟。5月，组织学生参加第四届“李锦记杯”粤港高中辩论赛。7月，组织中小学校和幼儿园参加粤港澳大湾区中华礼仪教育联席会议。8月，组织学生参加“2019亲情中华之港澳青少年足球夏令营”。12月，江门市教育局、江海区教育局和江门幼高专学生参加珠海教育局和澳门教育暨青年局联合举办的中华优秀文化传统分享会。2019年，台港澳居民子女入读开平市公办学校申请落实率100%。开平90名学生赴香港开展研学之旅。

（开平市人民政府地志办公室）

【江门强化大湾区旅游职业教育对接】 2019年，江门加快融入粤港澳大湾区建设，推动江门、澳门两地共建旅游业人才培养基地建设，江门市文化广电旅游体育局与江门职业技术学院、澳门旅游学院联合举办2019年江门市中高级旅游人才培训班。

9月19—21日，江门市文化广电旅游体育局组织市旅游行业协会走访香港旅游业议会、香港注册导游协会、澳门导游促进会及澳门导游公会，并组织两场座谈交流会。10月15日，江门市旅游行业协会相关负责人员参加粤港澳大湾区新型导游人才培养论坛。来自广州、香港、澳门、深圳、珠海、佛山、东莞、江门、惠州、珠海横琴新区各地的政府机构、高校、导游管理组织、业界精英，以更好地培养粤港澳大湾区新型导游人才适应大湾区当前形势发展为主线，以融合各城市优势、推进粤港澳大湾区导游服务水平为宗旨，采用政策发布、专家建言、行业报告、经验分享、“互联网+”旅游等多种形式，探讨共同建立粤港澳大湾区新型导游智慧服务平台，通过培养、引进和共享等多种方式打造新型导游人才队伍。

是年，江门职业技术学院教师赴澳门旅游学院参观考察实训室建设，双方就专业实训室的建设方案及国际化课程建设进行沟通。11月，由澳门旅游学院骨干教师担任主讲的江门市中高级旅游管理人员培训班在江门职业技术学院开班。培训班分设旅客管理、遗产价值传扬与导赏、文物保育活化与旅游业以及主题文化旅游对地区经济的推动4个专题。12月10日，粤港澳大湾区旅游职业教育联盟在珠海横琴澳门青年创业谷成立，江门职业技术学院作为发起单位之一参与成立粤港澳大湾区旅游职业教育联盟，担任副主席单位。

（江门市文化广电旅游体育局　江门职业技术学院）

【肇庆教育交流合作】 2019年，肇庆学院与香港公开大学签订合作协议，拟创办一所具有独立法人资格的本科及以上层次的大学。与意大利马切拉塔大学合作开展利玛窦文化研究。选派42名教师赴国（境）外读博士或进修学习；选送91名学生出国（境）交流学习；52名学生通过考试赴国外或香港、澳门地区就读硕士研究生；127名中国台湾和香港地区的学生到肇庆学院交流学习。肇庆市工贸学校应姐妹学校澳门新华夜中学邀请，赴澳门开展中华优秀传统文化学习交流活动，并推荐优秀的学前教育专业毕业生到澳门就业。（肇庆市人民政府地方志办公室）

【中山区域教育现代化协同创新基地揭牌】 2019年3月20日，中山市举行教育事业发展提升战略合作签约仪式暨“区域教育现代化协同创新基地”揭牌仪式，与华南师范大学建立教育事业发展提升战略合作关系。该次合作是落实中共中山市委、市政府“加强与国内外知名高校合作，融入粤港澳大湾区建设”部署的重要举措之一，利用华南师范大学专业学科优势、教育教学资源和人才资源，分5年实施学校诊断、教育发展规划、教师梯队培训、学科水平提升、特色项目及特色名校等项目，扩大优质教育资源覆盖，提升南区基础教育水平，推进区域教育现代化建设。（中山市人民政府地方志办公室）

【珠海市第一届青少年机器人大赛暨珠港澳青少年机器人横琴邀请赛】 2019年5月11—12日，珠海市第一届青少年（第二届中小学生）机器人大赛暨珠港澳青少年机器人横琴邀请赛在珠海国际会展中心举行。来自珠海、香港、澳门三地的118所中小学校近500支队伍、2000余名中小学生同台竞技，港澳地区21所学校、协会近200人参加，学生和家长近2万人次到场观赛。（李日虹　谢王艳）

【大湾区（深圳）教育文化发展论坛】 于2019年5月25日在深圳举办。9名来自国内外教育领域的专家学者，围绕基础教育创新、教育国际化进程、大湾区教育文化枢纽的建设、教师专业培养等议题，展开演讲交流。包括28名特邀出席嘉宾（内地和香港的大学教师、中小学校长、知名教师）在内的212名观众到场参与活动。《深视新闻频道》《深圳晚报》《深圳特区报》《深圳商报》和深视“壹深圳”等主流媒体对活动进行报道。（深圳市人民政府地方志办公室）

【首届粤港澳大湾区教育合作发展圆桌对话】 2019年6月30日，由中国教育科学研究院主办的中国教育科学研究院粤港澳大湾区教育研究中心首届大湾区教育合作发展圆桌对话在广州举行。来自中国教育科学研究院、香港大学、香港科技大学、岭南大学、澳门大学、中山大学、广州市教育研究院等高校、教育行政部门、教科研机构的专家学者、教育界代表130多人出席会议。会议旨在发挥教育智库平台优势，集聚优质教育资源共同推动粤港澳大湾区教育合作发展，为打造粤港澳国际教育新高地提供智力支撑和实践贡献。（杨冰涵）

【香港科技大学与广州大学合作办学】 2019年9月19日，教育部批准广州大学与香港科技大学合作筹备设立香港科技大学（广州）。9月26

日，香港科技大学（广州）项目动工建设。香港科技大学（广州）为《粤港澳大湾区发展规划纲要》颁布以来首个获批准筹建的具有法人资格的内地与香港合作办学机构，深化两地在教学、研究、科技成果转化以及学生交流等多方面的合作。（黄卉　傅中伟）

【首届粤港澳大湾区职业教育创新发展论坛】 2019年11月9日，由广州市教育研究院联合广州番禺职业技术学院主办的首届粤港澳大湾区职业教育创新发展论坛暨广东省教育科学重点研究基地粤港澳大湾区职业教育研究中心成立大会在广州番禺职业技术学院召开。广东省及广州市教育系统相关领导、港澳及内地多所高校以及研究机构的专家学者100多人出席论坛。会上，各专家提出面向2030年的大湾区教育合作发展愿景；分析粤港澳大湾区职业教育的现实困境、创新发展等问题。与会代表认为应发挥大湾区制度创新与平台优势，推动建立大湾区统一的职业教育标准体系、资历框架体系和湾区职业教育与培训体系，共同建设产教融合示范区。（李渊浩）

2019年9月26日，香港科技大学（广州）正式动工

（南方日报社供稿）

人才高地建设

【概况】 2019年，广东省制定出台《广东省推进粤港澳大湾区人才高地建设行动方案》，围绕集聚各方英才、激发创新创业活力、优化宜居宜业环境、推进人才协同发展提出政策措施。指导珠三角各市研究制定外籍高端人才和急需紧缺人才认定办法，细化落实大湾区个人所得税优惠政策。支持在深圳前海、广州南沙、珠海横琴等区域开展国际人才管理综合改革。是年，广东省聚焦粤港澳大湾区发展需求精准引才，优化实施"珠江人才计划""广东特支计划"等省级重大人才工程，鼓励粤港澳人才联合组建创新创业团队，引进培养一批高水平创新创业团队和杰出人才、领军人才、青年拔尖人才。实施广东省博士后人才引进计划和青年优秀科研人才国际培养计划，资助青年博士到广东省开展博士后研究，选派青年优秀博士后和科研人员到国（境）外高校、科研机构、企业的优势学科领域合作开展博士后研究和学术交流。

推进粤港澳大湾区人才交流合作。支持包括港澳在内的世界知名高校和特色学院在粤合作办学，打造国际教育示范区。提供人才出入境和停居留便利，实施外国人来华工作许可制度和外国人才签证制度，推动科技人员往来粤港、粤澳出入境便利化。支持港澳机构申报广东省财政科技计划项目，建立港澳专业人才来粤执业便利通道，印发粤港澳大湾区职称评价和职业资格认可政策文件，允许具有港澳执业资格的专业人才到珠三角九

市提供专业服务。（广东省教育厅）

【香港推进粤港澳资历框架合作】 根据《学术及职业资历评审条例》设立的香港资历架构，旨在提供透明便捷的平台，推动终身学习及提升劳动人口的竞争力。资历架构涵盖学术、职业专才教育及持续教育方面的资历。资历架构设有质素保证机制，在该架构下获认可的所有资历均通过本地评审。评审工作由根据《香港学术及职业资历评审局条例》成立的香港学术及职业资历评审局（评审局）或具备自行评审资格的本地院校负责。香港特别行政区政府备有网上资历名册，罗列所有获资历架构认可的资历及相关课程的资料。截至2019年，协助23个行业在资历架构下成立行业培训咨询委员会，涵盖香港过半劳动人口。各委员会的工作重点之一是为所属行业制定《能力标准说明》，列明从业人员在业内不同职能范畴所需具备的技能和知识，以及所需达到的成效标准，让培训机构配合行业需要设计课程。这些标准为内部培训发展及人力资源管理提供实用指引。资历架构下设有过往资历认可机制，令从业人员过去在职场上获取的知识、技能和经验得到正式认可，在持续进修时不须从头接受培训。资历架构设有关于学分累积及转移的政策，以巩固学员的进修阶梯，并协助院校制定和优化其学分累积及转移制度。为确保资历架构可持续发展，香港特别行政区政府投放22亿元营运资历架构基金，为推行与资历架构有关的措施提供稳定收入。

【香港创新型人才和专业服务人才引进】 2019年，香港特别行政区政府制订“优秀人才入境计划”，鼓励高技术人才或优秀人才到香港定居。获批准的申请人定居前不须先获得本地雇主聘用。是年，香港特别行政区政府审批874个名额。“科技人才入境计划”旨在通过快速处理安排，供合资格的科技公司和机构申请输入非本地科技人才。该计划于2018年6月开始实施至2019年年底，有99宗签证或入境许可申请获批准。（香港历史研究基金会）

【广州技工人才培养合作】 2019年，广州市与港澳在技能人才培养、全面落实与香港机电工程署签订的技能人才发展合作备忘录，促成双方在共建世界技能大赛和技能人才培训基地、缔结姊妹学校、强化技能人才培训等领域开展全面合作。开展世界技能大赛项目选手培养与集训、见习技术员技能培训，累计为港澳培训371人。与香港共建穗港世赛电气安装项目在穗联合集训基地、香港机电行业在穗人才培训基地等6个培训基地。广州市机电技师学院、广州市公用事业技师学院与香港中华电力有限公司下属的中电学院缔结为“姊妹校”。（党刚）

【深圳人才高地建设】 2019年，深圳市加码提速创建高水平大学。中共深圳市委、市政府审议通过深圳大学、南方科技大学、香港中文大学（深圳）、哈尔滨工业大学（深圳）等高校建设总体方案以及高水平大学专项经费管理办法。深圳创新创意设计学院、海洋大学的筹建工作纳入《中共中央 国务院关于支持深圳建设中国特色社会主义先行示范区的意见》。中科院深圳理工大学获教育部同意纳入广东省高校设置“十三五”规划。清华大学深圳国际研究生院挂牌设立；中山大学深圳校区建设加速，深圳校区首栋建筑主体结构封顶；北大剑桥学院落户深圳前海；依托香港中文大学（深圳）建设的医学院、音乐学院，深圳师范大学等加紧筹建。由深圳市科技创新委员会和北京大学深圳研究生院协同粤港澳大湾区相关领域具有研究基础和应用优势的单位合作共建的深圳湾实验室（生命信息与生物医药广东省实验室）揭牌成立。年内，南方科技大学和深圳大学在2020年泰晤士高等教育世界大学排名中分别居内地高校第九、第18位，南方科技大学居泰晤士2019年年轻大学排行榜内地第一位。南方科技大学获批开设临床医学、机器人工程、智能科学与技术3个专业。深圳大学物理学科成为学校第七个ESI全球排名前1%的学科，国家自然科学基金立项数居全国高校第16位。深港微电子学院正式获批为国家示范性微电子学院筹建单位。市内高校生源优中选优，本科高校录取线全部超优先投档线。香港中文大学（深圳）、哈尔滨工业大学（深圳）、南方科技大学、深圳大学等多所高校录取线居广东省内前列，超过部分双一流高校，2018年设立并首次独立招生的深圳技术大学录取线进入广东省前10位。深圳技术大学（筹）和德国巴伐利亚州5所应用技术大学签署合作联盟协议，加快引进世界一流应用技术大学优质办学资源。

推进高等教育领域放管服改革。探索以人员总量管理为核心的人事制度改革。引入第三方评价，探索建立与高校分类分层相适应的绩效评价体系。完善以日常办学经费和专项建设经费为主的高校经常性投入机制，鼓励社会力量参与办学，会同市财政部门给予高校社会捐赠配比资金2.97亿元。加强高校高层次人才队伍建设，高层次人才聚集呈加速态势。年内评审鹏城学者特聘教授和讲座教授各20名，全市高校全职两院院士总量达28人。（深圳市人民政府地方志办公室）

【珠海人才高地建设】 2019年，珠海市推进横琴全国人才管理改革试验区和粤港澳人才合作示范区建设，入选市高层次人才20名，市青年优秀人才14名，市级创新团队4家；完善引进人才租房和生活补贴暂行办法，向3096人发放补贴2425.26万元。依照大学生“先落户、后就业”政策引进3866人。加大人才项目投资扶持，向10家企业发放天使投资4540万元，向3位院士、53位高层次人才拨付扶持资金1.06亿元，向博士站单位和个人发放奖励资助448万元。

【珠海横琴人才激励政策】 2019年，珠海市横琴新区推进自贸区国家人才管理改革示范区、粤港澳人才合作示范区建设。在自主创新示范区工作的港澳居民人才、高层次创新创业人才享受港澳居民人才个税优惠、横琴新区特殊人才优惠以及横琴“人才绿卡”优惠。探索境外高层次人才到珠海创新创业便利化措施。支持外国留学生在中国高等院校硕士毕业后，直接在自贸区、自主创新示范区自主就业或创新创业。（姚雪培）

【佛山人才高地建设】 2019年，佛山市新引进全职领军人才25人、博士642人、硕士3124人、高级职称专业技术人才531人，其中全职院士的引进实现零突破；公开招聘事业单位工作人员120人、事业单位雇员237人。截至年底，佛山市累计引进行业领军人才232人、博士2890人、硕士研究生2.84万人、高级职称专业技术人才2.9万人、引进省创新创业团队10个；全市有博士后科研工作站61个，博士后科研工作站分站和博士后创新实践基地63个，设站总数在全国地级市中位居前列。是年，全市企事业单位组团外出开展高校招聘活动35场次，累计接洽高校人才1.2万人次，达成意向约4000人。佛山市人社部门举办“魅力佛山行”2019年全国部分高校师生体验营活动，邀请国内30多所高校的约150名师生代表到佛山市走访参观，加强对接。继续推进国内高校人才驿站建设，新建高校人才驿站4个（累计在全国各高校建有高校人才驿站9个），并推动各高校人才驿站以公益服务的方式向各类企事业单位开放，拓宽佛山市引才空间。是年，佛山市获全国博士后管理委员会批准，在佛山企业博士后工作站下增设季华实验室、广东省高智新兴产业发展研究院、佛山市广科产业技术研究院有限公司、佛山市陶瓷研究所集团股份有限公司、日丰企业集团有限公司、广东省九江酒厂有限公司、佛山高富中石油燃料沥青有限责任公司7个佛山企业博士后工作站分站。全年全市各博士后工作站建站单位新增博士后进站160人。在站博士后研究人员141人，博士后课题研究项目110个。佛山市人力资源社会保障局组织佛山市博士后工作站参加第17届中国国际人才交流大会香港分会场人才交流活动，发布佛山市50多个博士后需求，与香港多个高校的30多名博士洽谈对接。全年引进多个海外国家级科研院所和高校高层次人才团队。

是年，佛山市推荐 18 个团队申报广东省“珠江人才计划”，对重点项目组织辅导培训，经同行评审、现场答辩，4 个团队获省团队立项，取得佛山市历史最好成绩。是年，全市科技创新团队有效申报项目 256 个，比上年增长 43.8%，其中院士类团队 6 个，计划引进高端团队 42 个。获立项的团队均具有国际国内领先水平，主要从事机械装备、新能源、新材料、生物医药等前沿技术研究。 (卢文韬　何国华)

【东莞人才培养】 2019 年，东莞市贯彻落实国家职业技能提升行动计划，“技能人才之都”建设出新出彩，推动 52.23 万人提升技能学历素质，10.3 万人升级为技术工人，首次选树“莞邑工匠”10 名，新增“首席技师”103 名，营造崇尚技能的社会氛围。人才工作加速推进，向质量型人才红利攀登。新引进市创新创业领军人才 20 名，新认定、评定特色人才 107 名，新增国务院特殊津贴专家 3 名，新增在站博士后 52 名。东莞市完善人才政策体系，制定青年领军人才、职称制度改革、专技人才激励 3 项新政策。开发人才业务系统，做好政策实施，引进 1157 名新时代创新人才，1675 人实现硕士以上学位和中级职称以上技术资格提升，初步遴选市高层次特支计划人才 60 名。其中，75%为本科以上学历，技术研发总监占 32%。新增 5 个省博士后创新实践基地，博士后科研工作平台达到 74 个，新增在站博士后 52 人，其中 9 人拟纳入省人才工程项目，拨付博士后资助资金 2958.8 万元。举办“高层次人才活动周”，组织 53 家重点企事业单位与 280 多名国内博士人才和高校代表洽谈对接，现场达成博士人才求职意向 260 人次，项目合作意向 49 项，8 个项目达成签约意向。组织高技能人才培养论坛，举办“人工智能”“5G”两场博士后沙龙，10 家企业与研发机构现场达成初步合作意向。35 名博士通过高校博士生到东莞实习项目“蓝火计划”进驻 10 家知名企业平台，协助解决技术难题 54 项。创新实施公立医疗机构院长年薪制、内部绩效考核及分配制度，规范公办学校教师绩效考核和绩效工资分配。严控考试风险，组织各类考试 9.6 万人次，实现考试安全零事故。举办事业单位培训班 13 期，培训 575 人。事业单位招聘报考创历年新高，聘用 1087 人。实施百名博士党政国企人才计划，引进全日制博士人才 6 名。核准 3.3 万名人才入户资格。首次承接广东省下放建筑工程技术副高级职称评审权，新组建环保、医药专业中级职称评审委员会。建立优才服务中心，为人才提供综合性服务平台。依托创新创业中心“双创中心”开展 28 场高端人才项目对接，创业咖啡厅承接 30 场活动。启用松山湖人力资源服务产业园，引进 19 个知名人力资源服务机构。新发放人力资源服务许可 92 宗，2 个人力资源服务机构进入广东省诚信示范机构名单。

2019 年，东莞市推进技能人才培养。出台“一镇一品”（镇街特色文化和镇街好企业、好品牌）、国际培养、“首席技师”、“莞邑工匠”等 8 项子政策，发布紧缺人才目录和紧缺急需职业（工种）目录，技能人才引育质量稳步提升。率先推进高技能实训分基地模式，在职业院校、培训机构等新建 9 个实训分基地，完成实训 21 万人次。新建技师工作站 30 个，累计 72 个。新增民办培训机构 17 个，全市 152 个培训机构开设 69 个培训工种，年培训量超过 5 万人次。莞城街道成立全市第一个“首席技师”联盟。推进“一镇一品”，结合特色产业确定 144 个培训项目，培养工业机器人等产业人才 16.3 万人。30 家重点企业通过新型学徒制培养 2500 名学徒，超额完成省下达任务。推进“粤菜师傅”工程，建成 4 个省级培养平台，开发广府菜烹调工艺、广式面点制作工艺 2 个培训标准，编写《广府风味菜烹饪工艺》和《广式点心制作工艺》2 本培训教材，建设“莞菜研发中心”，研发 9 款特色面点和 10 道创意莞菜，培养 2786 名“粤菜师傅”。东莞市技师学院与西门子集团共建联合示范实训基地，新增 3 个国际合作项目，向社会输送 500 多名国际化技能人才，其中 43 人选派到德国工作。投入1919.38万元资助培养3814名国际班学生。举办首届职业技能竞赛英才交流会，承办第45届世赛工业控制项目广东选拔赛等省级赛事。3人分别获得第48届国际青年烘焙师大赛、澳大利亚国际技能公开邀请赛、中国天津国际技能公开邀请赛3个国际性竞赛金奖。开展“技能人才之都”专题宣传，刊发各类宣传报道800多篇。

（东莞市人民政府地方志办公室）

【江门人才建设工作】 2019年，江门市出台《关于进一步集聚新时代人才建设人才强市的意见》，制定配套措施26项。全年兑现各类人才政策1.1亿元，惠及近3万人次，认定高层次人才3264人。出台江门市境外紧缺急需人才认定办法。江门市成为广东省首个获得工艺美术副高级职称评审权的地级市，向市风景园林协会下放中级职称评审权。打造“智汇江门”人才引育工作品牌，组织“产业人才”专项招聘，举办海内外高层次人才专家江门行活动。新增博士后创新实践基地5个，新引进在站博士后38人，新增高级职称专业技术人员1232人；12名在站博士后获得中国博士后科学基金面上资助。建设江门市人才安居乐业生态园信息系统，为757名高层次人才办理网上认定。设立“大湾区国际人才一站式窗口江门分窗口”，为22名“人才优粤卡”持卡对象提供服务。高标准运营江门人力资源服务业产业园，引进20个人力资源服务业机构，为1.32万家企业提供服务，引进和服务对象60.63万人。推动粤港澳技能人才职业资格互认，与香港安老协会探索“雇主对接+培训服务”项目合作，开展养老护理培养项目试点工作，13人通过香港专业评价考核；与澳门妇女联合总会合作开展妇婴护理“一试两证”技能人才评价鉴定，首批27名澳门学员通过评价考核获得国家职业资格证书。实施“粤菜师傅”工程，创设“彩虹计划”，给予最高10万元的创业扶持补贴，培训“粤菜师傅”4888人次。创新打造“粤菜师傅”工程咨询委员会、“粤菜师傅”研修院两大智力平台。

创新人才工作机制 2019年，江门市整合人才工作职能，打造从人才政策制定和落实、重大人才工程和重点人才项目统筹推进、人才管理服务、人才发展专项资金分配使用的全链条人才工作新机制，印发《关于进一步集聚新时代人才建设人才强市的意见》，围绕人才引进、培育、发展、评价、激励和服务等方面，出台40条措施，全面对接新时代人才发展需求。联合印发《关于做好人才政策个人待遇发放工作方案》和《关于做好人才政策企事业单位补贴发放工作方案》，包含个人待遇申请指南17个、企事业单位补贴申请指南15个。出台《江门市实施粤港澳大湾区个人所得税优惠政策财政补贴暂行办法》，吸引境外高端人才和紧缺人才到江门工作。

高端人才培养 2019年，江门市人才发展专项资金预算超2亿元，“侨都英才计划”2019年兑现资助3400万元。评定认定高层次人才3264人。实施百名博（硕）士引育工程，两批引进51名博（硕）士到岗工作，其中博士32人、硕士19人。

重点人才载体建设 2019年，江门市支持五邑大学与国内外高水平大学、科研院所和龙头企业共同建立轨道交通研究院、新材料及装备产业研究院、大健康国际创新研究院、智能装备制造创新研究院等研发机构。围绕粤港澳大湾区建设，与香港理工大学、澳门管理学院等港澳高校建立战略合作关系，在人才培养、科研创新攻关、科研成果产学研方面展开深度合作。

（江门市人力资源和社会保障局 江门市人才局）

【江门落实港澳居民教师资格证政策】 江门市落实港澳居民到广东考取中小学教师资格证并任教的政策规定。2019年1月，江门市执行国家和广东省关于港澳居民在内地（大陆）申请中小学教师资格相关文件，做好符合条件的港澳台居民在广东省申请中小学教师资格的有关工作，有177名港澳居民在广东报名参加中小学教师资格

春季考试。（江门市教育局）

【肇庆人才高地建设】 2019年，肇庆市人才总量81.24万人。其中，党政人才2.2万人，企业经营管理人才3.64万人，专业技术人才22.8万人，技能人才45.4万人，农村实用人才7.03万人，社会工作人才0.17万人。修订《肇庆市“百名博（硕）士引育工程”实施方案》，制定出台《肇庆市百名博（硕）士人才专项事业编制和专项领导职数管理办法》《肇庆市深化职称制度改革工作实施方案》《肇庆市进一步引导和鼓励高校毕业生到基层工作的实施方案》《肇庆市贯彻扶持港澳青年创新创业若干措施实施方案》《肇庆市贯彻粤港澳大湾区个人所得税优惠政策实施办法》《肇庆市引进基层医疗卫生特殊紧缺人才“千人强基计划”实施方案》《肇庆市关于进一步促进科技成果转移转化的实施意见》《肇庆市“人才绿卡”实施办法（试行）》等政策措施。年内，新增国家级人才工程人选7名；培育入选广东省“珠江人才计划”杰出人才1名、科技创业领军人才1名；引进第三批西江创新创业团队11个、领军人才7名；选拔肇庆市第十三批拔尖人才45名，认定高层次人才59名，市级以上高层次人才增至353名，比上年增长54.15%。全市新增博士158名、硕士741名，分别比上年增长77.53%、38.76%。成立肇庆新区港澳青年创新创业基地，进驻基地项目41个，其中港澳项目12个。打造“大湾区青年家园”3家，孵化创业团队、企业75个（家）。指导“肇梦空间”建设，累计孵化中小微企业200余家，在孵企业109家。新增建设院士专家企业工作站5个。落实人才公寓2232套，分配入住1888套，比上年底分别增加690套、640套。加快肇庆市人力资源产业园建设，打造涵盖人才、社保、出入境签证等6个服务系统60余项业务的公共服务平台。推进人才工作信息化建设，实现全市各类人才项目申报评审、人才福利待遇申请审核等事项一网申报。举办国情研修班2期，先后组织80名高层次人才到延安、遵义开展革命精神和爱国主义教育。结合“不忘初心、牢记使命”主题教育和“新中国成立70周年”系列庆祝活动，在《西江日报》、肇庆电视台和肇庆发布等主要媒体开辟“西江人才风采”等专栏，宣传一批爱国奉献、干事创业的优秀人才。

（肇庆市人民政府地方志办公室）

【广东省高校青年优秀科研人才国际培养计划】 2019年，广东省扩大高校“人才蓄水池”和博士后队伍规模，支持培养300名优秀博士赴国（境）外开展学术交流和访学进修，选派652名中青年教师到国内高校、与国家留学基金委合作选派226名中青年教师到国（境）外高校访学进修（其中91名为地方合作项目录取），加快培育一批自然科学、工程技术等领域的青年拔尖人才。（广东省教育厅）

【首批大湾区国际人才“一站式”服务窗口】 2019年，在广州市南沙区、江门市、佛山市挂牌设立首批粤港澳大湾区国际人才“一站式”服务窗口，将涉及国际人才的户政、出入境、税收、住建、商务、教育、医疗等多项政务服务以及社会化服务、市场化服务、自助服务集中至一个窗口办理，推进国际人才服务标准化建设，实现“一门受理、一窗办结、一站服务”。根据《关于复制推广中国（广东）自由贸易试验区第六批改革创新经验的通知》，将广州南沙建立的国际人才一站式服务窗口列入广东省自贸区第六批改革创新经验，并在全省复制推广。除首批设立窗口的佛山、江门外，大湾区城市群中深圳、东莞、中山也挂牌设立市级国际人才服务窗口，其他地市启动窗口建设规划和论证工作。

（广东省人力资源和社会保障厅）

【中山人才节】 2019年3月23日至4月2日，中山市举办投资经贸洽谈会暨中山人才节系列活动。该届中山人才节围绕“湾区时代·人才引领高质量发展”主题，以“招揽大湾区高端人才及团队，搭建创新创业平台，有效对接港澳科研成果转化”为重点，举办粤港澳大湾区中山发展论坛、港澳科技人才创新项目对接会、“智汇中山”人才招聘会三大类12项招才引智活动，吸引包括64所高校和科研院所、21个内地和港澳地区重点实验室、1384家企业人才以及4名院士、353名专家教授、361名博士等4.9万名人才参与，服务对接项目64个，“智汇中山”人才招聘会吸引线上线下538家企业、3.3万名人才参加，推动粤港澳大湾区人才汇聚中山。

（中山市人民政府地方志办公室）

【江门举行第一届“江港澳”未来人才发展高峰论坛】 2019年5月23日，第一届“江港澳”未来人才发展高峰论坛在江门市举行，多位专家、知名企业家、广东省人力资源协会负责人纵论未来人才发展。江门市各市（区）的知名企业HR经理以上管理干部、人力资源服务企业及企业家，以及来自各市（区）的联盟商、人力资源协会负责人近千人参加论坛。论坛聚焦“发展”“人才”“机遇”三个关键词，由北京理工大学珠海学院首席学术顾问及荣誉学院院长、中美国际学院院长郭少棠作主题演讲。

（胡涛　方艺）

【第二届肇庆人才节】 2019年10月18—20日，肇庆市人才工作领导小组与清华大学公共管理学院合作举办“2019年区域可持续发展论坛暨第二届肇庆人才节”。活动以“肇聚英才，智绘未来”为主题，围绕推动区域可持续发展和创新发展，开展一系列专题学术交流和人才交流活动，为肇庆加快建设粤港澳大湾区连接大西南枢纽门户城市汇聚优秀人才、提供智力支撑。来自美国、法国、荷兰等18个国家和地区的180余名专家学者、高层次人才、知名企业家等到会交流，77个高端人才项目对接洽谈，35个项目与肇庆本地企事业单位进行对接。人才节期间举办“智汇肇庆建设湾区”大型人才洽谈会，市内外380个用人单位搭台招才，提供就业岗位8512个，吸引省内外4500多名高校毕业生前来洽谈，2650名毕业生与用人单位签订就业意向书。（肇庆市人民政府地方志办公室）

【优粤佛山卡发放】 2019年11月9日，佛山市在市机关小礼堂举行佛山市人才工作推进会，向全市顶尖人才代表发出首批“优粤佛山卡”A卡。“优粤佛山卡”是佛山市人才享受优惠便利服务的凭证。“优粤佛山卡”将申领对象分为A卡（尖端人才）、B卡（高级人才）、C卡（中初级人才）、T卡（特色人才）四个类别。持卡人才不受国籍、户籍、身份和年龄等限制，可享受“政务+创业+医疗+住房+商旅+联谊”六位一体服务和人才扶持政策、资金发放一条龙在线办理。“优粤佛山卡”服务平台建立“市级统筹+各区定制”机制，实现服务资源“一区整合、全市共享”和服务信息数据实时统计分析。

【广东（佛山）博士和博士后人才交流与科技项目对接会】 2019年11月17—19日，广东（佛山）博士和博士后人才交流与科技项目对接会在佛山市顺德区北滘镇广东（潭洲）国际会展中心举行。大会以“博揽天下英才，共创人才湾区”为主题，以坚持推动博士和博士后人才交流合作、服务博士和博士后科技成果转化为宗旨，吸引世界各地近1200位博士、博士后与省内高校、科研机构、省重点实验室、博士后科研工作站等60个单位（其中佛山市20个）交流洽谈。大会围绕创新驱动和粤港澳大湾区发展战略，聚焦博士和博士后人才交流和项目洽谈，结合佛山市经济社会发展和企业的需求，设置人才交流、项目对接、峰会论坛、推介发布、实地考察五大核心板块。对接会征集到博士和博士后人才需求3900多人，博士和博士后创新成果1116项。对接会开幕式上，发布汇集广东省100位博士和博士后创新人物、100项博士和博士后创新成果、100个博士和博士后创新平台的《广东省博士博士后创新样本》。

（卢文韬）

人文湾区共建

湾区人文精神塑造

【概况】 2019年，广东省打造精品、擦亮品牌，推进文化旅游交流合作。组派文化团组40批866人次赴五大洲20个国家和地区举办“欢乐春节”品牌活动，打造广东国际青年音乐周、广东现代舞周、深圳“一带一路”国际音乐季、中国国际马戏节、珠海莫扎特国际青少年音乐周、连州国际摄影年展等高水准国际性文化交流品牌项目。贯彻落实《粤港澳大湾区发展规划纲要》，由文化和旅游部、广东省政府、香港特别行政区政府、澳门特别行政区政府共同主办，以“湾区花正开”为主题，采取“一地为主、三地联动”的方式，举办首届粤港澳大湾区文化艺术节，推出包括开幕式晚会、艺术精品巡演、港澳优秀舞台艺术作品展演季、文学周、小学生诗歌季、戏剧展演周、电影展映周、国际音乐季、国际舞蹈季、美术作品展、工艺美术博览会、青年演艺人才交流季等专项活动，大湾区“9+2”各城市同步开展丰富多彩的系列文化活动，促进粤港澳三地文化交流合作，促进大湾区文化融合发展。粤港澳三地共同举办粤港澳青年文化之旅、粤港澳青少年粤剧艺术夏令营、粤港澳粤剧群星会，共同创作音乐剧《木兰前传》、现代舞《轨迹》等舞台艺术作品。粤港澳三方共赴德国柏林、新加坡、美国洛杉矶举办大湾区旅游联合推广活动，在澳门旅游产业博览会、香港国际旅游展、广东旅游产业博览会上设立联合展台，展示大湾区文化旅游资源和形象。 （中共广东省委宣传部）

是年，广东省积极开展粤港澳地区体育交流互动，打造粤港澳大湾区赛事品牌。组织开展粤港、粤澳双边、粤港澳三地和“大湾区9+2系列赛”等活动60项次。举办广东省第四届青少年体育嘉年华暨粤港澳青少年体育交流活动。推动粤港澳大湾区体育产业发展。广东省体育局与香港赛马会签署《大湾区体育项目合作备忘录》，建立香港与广州从化无规定马属动物疫病区在进出境检验检疫和通关等方面的合作。支持深圳举办ATP/WTA国际网球公开赛、中国杯帆船帆板赛等国际、国内品牌赛事。促进乒乓球、田径等项目国家队训练基地落户深圳。探索将深圳列为城市社区运动场地设施建设试点城市。

（广东省体育局）

【“粤港澳大湾区文化圈”建设全面启动】 2019年，广东省做好《粤港澳大湾区发展规划纲要》宣传。举办粤港澳大湾区媒体峰会，首届峰会于5月19日在广州举办，70余家境外媒体参加。打造粤港澳大湾区文化艺术节，举办首届文化艺术节，大湾区“9+2”各城市同步启动港澳优秀舞台艺术作品展演季、青年演艺人才交流季等系

2019年5月19日，首届粤港澳大湾区媒体峰会在广州举行

（南方日报社供稿）

列专项活动，形成文化艺术热潮。广东故事海外使者传播计划取得进展。粤港澳三地陆续搭建演艺节目、文化人才等交流合作平台，联合开展“粤港澳青少年粤剧艺术交流夏令营”等活动，共同推出历史文化游等10条“一程多站”精品线路。（中共广东省委宣传部）

【澳门文艺推广】 2019年，澳门基金会独立或联同其他团体机构举办约127场次展览、表演、讲座及欣赏活动，其中通过“澳门艺术家推广计划”参展的本地艺术家有8名，16个本地艺术团体参与澳门基金会市民专场演出。基金会还举办“传承与创新：2019中国文联澳门视觉艺术人才访日交流活动”、第二十四届澳门中学生读后感征文比赛及第十二届文学奖颁奖礼，推出“澳门青年艺术家推广计划”。

（摘自《2020澳门年鉴》）

【深圳推动粤港澳大湾区文化交流】 2019年，深圳市大体量、高质量、阶段式推出粤港澳大湾区建设系列宣传报道，推出《规划纲要11讲》《飞阅大湾区》《“湾区人”的深圳故事》等全媒体宣传专栏；联合湾区内各城市电视台，推出《启航大湾区》大型系列报道；“壹深圳”客户端推出《圳能量　湾区梦》短视频栏目，获得广东省网信办“一网一品牌”重点扶持。

是年，中共深圳市委统战部组织开展“相融相通、人心回归”的“双百”交流交融计划，组织粤港澳三地青少年开展创业交流、夏令营、暑期实习、参观考察、国防体验等各类活动100余场，约6300人次参加。以澳门回归20周年为契机，在深澳两地举办长达数月的第三届“深澳创意周”系列文化交流活动，深化两地文化的交流与合作。4月27日，“深港澳青年文化交流艺术季——‘琴韵山河’民乐专场”在深圳市民中心礼堂举行，深圳中学民族管弦乐团和香港拔萃女书院中乐团合作演出。

（深圳市人民政府地方志办公室）

【珠澳青年庆祝澳门回归祖国20周年系列活动】 2019年，共青团珠海市委、市青年联合会联合澳门青年联合会等珠澳两地青年组织，以弘扬主旋律、传播正能量为总要求，举办系列活动庆祝澳门回归祖国20周年，引导珠澳青年交往交流、交心交融。12月8日，珠澳学生庆祝澳门回归祖国20周年文艺晚会在珠海大剧院举行。活动由中央驻澳门联络办公室、广东省人民政府、中华全国学生联合会指导，珠海市人民政府、广东省青年联合会主办，珠海市青年联合会、市教育局、市学生联合会承办。晚会以“逐梦大湾区·奋进新时代”为主题，分“珠澳正青春”“魅力大湾区”“奋进新时代”3个篇章，融合舞蹈、合唱、武术、朗诵、传统器乐演奏等多种表演形式，通过演绎《我和我的祖国》《共同家园》《点赞新时代》等广为流传的经典音乐作品，以及《莲成一家》《战魂》《诗词功夫》等澳门原创艺术作品，表达对澳门回归祖国20周年的美好祝福。珠澳两地学生1000余人参与演出，现场观众1200余人。

庆祝澳门回归祖国20周年系列快闪活动 2019年11月30日至12月15日，在珠海和澳门多个标志性地点举行。活动由珠海市青年联合会、澳门青年联合会等主办，以“逐梦大湾区·珠澳正青春”为主题，采取歌曲串烧、合唱、传统乐器演奏、街舞等多种表演形式进行主题快闪。珠澳两地约800名青年齐聚珠海新横琴口岸广场、港珠澳大桥珠海公路口岸、澳门金莲花广场等地，共同演唱《七子之歌——澳门》《我和我的祖国》《共同家园》《红旗飘飘》等歌曲，携手展开国旗和澳门特别行政区区旗，摆出“20”字样等造型，共庆澳门回归祖国20周年。截至年底，各新媒体平台视频点击量达600万次。

庆祝澳门回归祖国20周年纪念石揭幕仪式 12月7日在珠海市澳门回归纪念公园举行，珠澳两地青年代表约100人参加揭幕仪式。纪念石由珠海市青年联合会、澳门青年联合会共同制作，镌刻“珠澳齐画同心圆青年共筑中国梦”等文字，作为两地青年友谊长存的象征、新时代继

续携手筑梦前行的见证。同日，珠澳两地青联组织共同发布澳门回归祖国20周年纪念石揭幕仪式纪念封，两地青年代表现场投寄“给20年后自己的一封信”。

“湾区新青年·奋斗新时代”——2019“湾区青年说”励志演说大赛 9月28日启动。活动由广东省青年联合会、共青团珠海市委、珠海市台港澳事务局指导，共青团珠海市香洲区委、市青年联会会、广东永晖文化投资有限公司联合主办，30余个粤港澳大湾区城市青年社团参与。活动以“湾区新青年·奋斗新时代”为主题，参赛者可从社会实践、青春梦想、社会价值观等角度进行科技、娱乐、设计（TED）式演说，展现新时代粤港澳大湾区青年与祖国共奋进、与湾区同发展的坚定信念和青春风采。12月9日，大赛总决赛在珠海大剧院举行。 （蔡秋园）

【佛山推动湾区人文精神塑造】 2019年，佛山市印发《建设新时代文明实践中心试点工作实施方案》，在抓好顺德区作为省级新时代文明实践中心试点的基础上，同步部署禅城区、南海区、高明区、三水区4个区一体推进，实现全市5个区实践中心、32个镇（街道）实践所全覆盖。结合美丽文明村居建设，在全市285个村（社区）建设实践站。是年，佛山市形成市级文明实践活动品牌，在全市开展“讲起来、学起来、唱起来、舞起来、诵起来、拍起来”系列活动，组织吸引市民参与全市新时代文明实践热潮，开展新时代文明实践活动、巡演活动近1500场次。在新时代文明实践中心的统筹下，全市基层图书馆、文化馆、博物馆、科技馆、宗祠古庙、红色遗址、核心价值观公园、文体广场、志愿V站、党群服务中心、综合性文化服务中心等一大批阵地资源得到充分活化、有效利用。各级党政部门、各类社会组织、民间力量积极参与，形成凝聚群众、教育群众的强大合力。以新时代文明实践中心（所、站）建设推动志愿服务大发展，全市组建新时代文明实践志愿服务队近600支，注册志愿者达96.7万人。

是年，佛山市健全“及时点赞”+“媒体宣传”+“定期分享”+“常态展示”+“制度关爱”工作机制，传播群众身边的真善美，弘扬社会正能量。完善随时随地点赞好人、每季度命名一次“最美佛山人”、每年度命名一次“佛山好人”的工作机制。创设点赞证书，及时对各类好人好事给予肯定和宣传，让佛山人身边的每一件好事都得到传播和弘扬。全市媒体宣传社会正能量，在佛山电视台《小强热线》栏目设立“点赞”版块，赞好人、说善事，定期宣传“最美佛山人”“佛山好人”“新时代好少年”“佛山新乡贤”“传播正能量致敬单位”，让好人事迹、好人精神在全社会广泛弘扬。建设“佛山好人馆”，多维度集中展示佛山1000多位道德模范和身边好人的感人事迹、心路历程、精神品格。出台《佛山市道德模范礼遇帮扶办法》，成立“佛山好人联盟”，设立“致敬好人日”，为“好人有好报”提供坚实体制机制保障。在“‘美丽佛山、一路向前’——佛山50公里徒步”活动出发仪式上发布爱心徒步、“致敬好人日”倡议，提出将每年3月最后一个星期六定为“致敬好人日”，并成立“佛山市文明办好人基金”，发起社会募捐，徒步当天募集善款约13万元。全年帮扶和慰问困难道德模范等先进模范380人次，落实帮扶资金98万元。全年组织推荐宣传活动4场次，产生“佛山好人”20人、“最美佛山人”60人（组）、佛山“新时代好少年”15人、“佛山新乡贤”6人、“传播正能量致敬单位”6家，开展大型事迹分享活动3次。全年推荐“中国好人”候选人34人，入选6人；推荐“广东好人”候选人32人，入选9人。年内，佛山市见义勇为救人英雄李源清、捐献器官救助6人的郭建伟及其家人，以及“诚信流浪老人”等先进事迹被新华社、《人民日报》社等主流媒体宣传报道。

（雷郎才）

【东莞推动湾区文化交流合作】 2019年9月7日，东莞市举办“2019粤港澳大湾区公共文化和旅游产品采购会”，搭建首个辐射粤港澳大湾区的文、旅、体产品大型公益性展示交易平台。成立东莞非遗墟市粤港澳大湾区城际联盟，传承保护和宣传推广大湾区非物质文化遗产。依托东莞玉兰大剧院，联合深圳、惠州、珠海大剧院打造粤港澳大湾区优秀剧目展演季，与香港特别行政区政府康乐及文化事务署合作，共建共享一流的文化演艺平台。珠三角城市文化馆联盟在东莞成立，常态化推动区域文化共建共享。深化大湾区体育交流合作，推动举办“邹振先杯”粤港澳大湾区青少年友好运动会、2019 第二届环粤港澳城市自行车挑战赛（东莞麻涌站）等体育赛事，携手共建人文湾区。

是年，东莞市融入人文湾区建设，重点聚集高文化品质资源，打造有号召力和影响力的品牌。举办东莞（大岭山）流行音乐节，活动持续 3 天，演出 27 场，邀请广东省内外 100 位优秀音乐人参加，参与人数超过 1 万人次。举办 2019 中国（东莞）森林诗歌节，组织开幕式暨大型森林诗会、“佛灵湖杯”第三届东莞市诗歌大赛、生态诗歌与创作写作圆桌对话等 8 个活动项目，参与诗人嘉宾 100 多位、诗人 3000 多位，参与原创作品 8000 多首。参与者通过活动领略东莞的生态之美、历史之幽、新城之貌。举办“莞邑春晓”新年系列文艺活动，其中“莞邑春晓”2020 东莞草坪新年音乐会于 12 月 14 日举办，超 3 万人次通过线下实地观看、线上观看直播等方式参与。（东莞市人民政府地方志办公室）

【中山推动孙中山文化交流合作】 2019 年 1 月 29 日，中山市实施《关于建立中山市孙中山文化交流合作机制的实施意见》，以建一个孙中山文化合作交流平台，制订一项孙中山文化交流计划，完善一张孙中山文化交流网络，落地一批孙中山文化工程项目，探索试办一个翠亨新区“文创示范区”的“五个一”措施，加快推动孙中山文化交流合作。以创建国家公共文化服务体系示范区为契机，全力做好孙中山文化资源的挖掘弘扬和宣传推广。制定推进粤港澳大湾区文化遗产游径工作方案，结合孙中山史迹径（石岐精华段），推出孙中山文化遗产游径，完成游径 5G 智慧导览系统，推出《悠游中山新径界》文化遗产游径主题片 6 期，设立首个青少年研学实践基地，为宣传和弘扬孙中山文化、缅怀孙中山先生提供良好的载体和平台。挖掘孙中山文化非物质文化遗产资源，全年策划社教活动 68 项 230 场次，参与观众 3.14 万人次。组织开展孙中山文化宣传展览等宣传活动，全年开展孙中山文化原创展览 4 个，外出展览 35 次，其中原创展览《孙中山与马来西亚》等首次登陆马来西亚、加拿大等国家。组织举办《中山文献》（第一辑）赠阅暨粤港澳大湾区文献交流活动、第三届孙中山与近代中国研究青年研习营、第二届“孙中山与近代中国研究”青年学术研讨会、《实业计划》一百周年上海、中山两地座谈会等系列活动，协调中山市创作的大型交响组歌《孙中山》在澳门巡演，扩大孙中山文化的影响力。

（中山市人民政府地方志办公室）

【江门推动大湾区文化交流】 2019 年 1 月 7—9 日，江门市博物馆应邀参加由香港特别行政区贸易发展局举办的第 17 届香港国际授权展，展出“华哥侨妹动漫主题”“陈白沙国学文化”“古文明·海丝情”等八大风格系列 200 余款文创产品。3 月 1 日，江门市实施《江门市海上丝绸之路史迹保护条例》。3 月 4 日，公布第一批江门市海上丝绸之路史迹保护名录，有 9 个“海丝”遗迹入选。4 月，广东省文化和旅游厅公布第九批广东省文物保护单位，江门市 15 处入选。6 月 22—24 日，澳门新桥区坊众互助会赴江门市台山参加新时代文明实践系列活动“澳门曲艺绽放两地情”演出。6 月 29 日至 7 月 2 日，应香港庆祝国庆 70 周年暨回归 22 周年系列活动筹备委员会邀请，江门市戴爱莲文化艺术发展有限公司赴香港参加庆祝国庆 70 周年暨香港回归祖国 22 周年系列活动·跃动大湾区庆祝香港回归祖国 22 周年晚会。6 月 30 日至 7 月 4 日，应澳门江门同乡会的邀请，江门市博物馆赴澳门综艺馆举办图片展览。10 月 24—28 日，江门市台山市红伶粤剧有限公司应澳门永乐大戏院的邀请，赴澳门永乐大戏院演出粤剧《林冲》《柳毅传书》《新白蛇传》。11月，广东省文化和旅游厅批复同意江门市博物馆与澳门文物保存修复学会合办的“纸质文物保护修复基础培训班”项目。12月7—13日，在江门市美术馆举办香港已故摄影家钟文略的“香港民生影像（1950—1970）钟文略摄影作品回顾展”，展出摄影家钟文略摄影作品80幅，以香港民生影像为主。12月8—12日，江门市粤剧传习所应澳门江门同乡会的邀请，赴澳门永乐大戏院演出粤剧《狸猫换太子》《招贤榜下父子情》《济公出嫁》，以庆祝中华人民共和国成立70周年及澳门回归祖国20周年。

（江门市文化广电旅游体育局）

【肇庆打造粤港澳大湾区运动之城】 2019年，肇庆市以建设“粤港澳大湾区运动之城”为目标，先后承办国际高台跳水、全国体操锦标赛、广东省青少年田径冠军赛等43项省级以上体育赛事。3月23—24日，由中国篮球协会主办，肇庆市文广旅体局、广东省篮球协会、肇庆市篮球协会承办的2018—2019中国三人篮球擂台赛暨“我要上奥运”选拔赛（华南分区赛）分别在肇庆市牌坊广场和端州体育馆进行，来自福建、广东、海南、广西赛区4个组别共26支球队参加，设男（女）子公开组、男（女）子青年组、女子专业组5个组别。广东深圳珊蒂泉队和广东华盛大白鲨队分别获男子公开组和男子青年组冠军，女子公开组和女子青年组由广西“芳焕彩云”队和福建泉州体校队夺冠，上海大华队成为女子专业组冠军，其中广东深圳珊蒂泉、广东华盛大白鲨、广西“芳焕彩云”队等8支队伍晋级全国总决赛。肇庆市有3支队伍参赛，肇庆泰豐队、肇庆开火队分别获男（女）子青年组第四名。5月2—4日，由广东省社会体育中心、省毽球运动协会、省少数民族体育协会主办，肇庆市文广旅体局承办的“体育彩票杯”广东省第十二届毽球锦标赛在肇庆市体育中心举行。该锦标赛是广东省毽球运动最高级别赛事，设成年、青年、少年、儿童、少数民族5个组别，来自省内高校、中小学、社区、企事业单位等的166支队伍近800名运动员参加。5月10—13日，全国体操锦标赛暨世锦赛选拔赛在肇庆新区体育中心体育馆举行，由国家体育总局体操运动管理中心、中国体操协会联合主办。来自广东、北京、上海等21支体操队240多名运动员参加，其中包括奥运冠军张成龙，世界冠军肖若腾、邓书弟、林超攀等。由奥运会冠军杨威、邹凯、冯喆、黄旭，世界冠军李敬、梁富亮等担任裁判。比赛分资格赛、全能决赛、单项决赛，中央电视台第五频道对决赛进行全程直播。5月20—21日，“中国体育彩票杯”2019年国际体联体操世界杯挑战赛（中国·肇庆）在肇庆新区体育中心举行，是肇庆第一次举办体操国际性赛事。该赛事由国际体操联合会主办，国家体育总局体操中心、中国体操协会、广东省体育局和肇庆市政府承办。来自中国、日本、韩国、朝鲜等11个国家的运动员、教练员200人参赛。中国队在10个参赛项目（只设个人比赛）中获跳马、双杠、自由体操等8枚金牌。5月25—26日，首次在中国境内举办的世界高台跳水赛——“峰之雪”FINA高台跳水世界杯在肇庆市体育中心举行。该赛事由国际游泳联合会主办，国家体育总局游泳运动管理中心、广东省体育局、肇庆市政府承办，来自19个国家的43名选手参赛。英国选手盖瑞·亨特（Gareth Hunt）、澳大利亚选手蕾哈娜·伊夫兰德（Rhiannan Iffland）分别获男子组、女子组冠军。（肇庆市人民政府地方志办公室）

【第47届香港艺术节】 2019年2月21日至3月23日，第47届香港艺术节呈献由1700位国内外艺术家参与的166场演出，并举办约420项外展及教育活动，吸引逾30万人参与。艺术节上演15个世界首演节目及16个亚洲首演节目，包括由香港艺术节制作的《陪着你走》《九江》。其他精彩节目包括玛琳·艾尔梭与圣保罗交响乐团的开幕演出、莱比锡歌剧院联同莱比锡布业大厅乐团及莱比锡歌剧院合唱团演绎华格纳歌剧

《唐怀瑟》、毛俊辉执导的粤剧《百花亭赠剑》(更新版)。（香港历史研究基金会）

【首届粤港澳"共读半小时"阅读活动】 2019年4月23日，首届粤港澳"共读半小时"阅读活动在大湾区内的"4+N"个会场同时举行，用具有仪式感的共读行为诠释"让阅读成为习惯"的理念。活动由广东省文化和旅游厅、深圳市文化广电旅游体育局、香港特别行政区康乐及文化事务署、澳门特别行政区文化局、澳门特别行政区教育暨青年局主办，广东图书馆学会阅读推广委员会、深圳图书情报学会阅读推广委员会、广东省立中山图书馆、深圳图书馆、香港公共图书馆、澳门公共图书馆、广东省各参与图书馆承办。其中，4个主会场分别由广东省立中山图书馆、深圳图书馆、香港中央图书馆、澳门公共图书馆承办，另有分布于社区、公园、医院、军营、工业区、咖啡馆、学校等逾500个共读点6万人参与共读，近80家新闻单位报道活动200余篇次，超过4万人次在线观看读特APP对深圳主会场的现场直播。

（深圳市人民政府地方志办公室）

【"孙中山文化粤港澳行"大型人文采访活动】 2019年5—6月，政协中山市委员会、香港大公文汇传媒集团联合主办"孙中山文化粤港澳行"大型人文采访活动。5月16日，活动启动仪式在翠亨村孙中山故居举行，广东省政府副省长向联合采访组授旗。活动由香港《大公报》、《中山日报》和中山广播电视台骨干记者组成采访组，以中山市翠亨村孙中山故居为起点，耗时近2个月，走访粤港澳大湾区城市的"孙中山文化"遗存，寻找挖掘相关人文历史传承，以采访报道促进文化交流互鉴，服务《粤港澳大湾区发展规划纲要》关于"共建人文湾区"的要求。7月21日，"孙中山文化粤港澳行"成果结题会暨《中山路——"孙中山文化粤港澳行"文萃》新书首发式在香港举行。该书重点呈现粤港澳大湾区内孙中山及其相关史迹，反映孙中山文化与这些城市的关系和历史影响；探讨在粤港澳大湾区背景下，各城市利用孙中山文化作为核心，与当地名人文化、岭南文化相结合开展人文交流合作，增强文化认同和情感认同。

（中山市人民政府地方志办公室）

【湾区花正开——首届粤港澳大湾区文化艺术节】 2019年6月24日，首届粤港澳大湾区文化艺术节在广州举办。该届艺术节以"湾区花正开"为主题，以"一地为主、三地联动"的方式开展。艺术节历时约3个月，共11个板块100多项活动，50多万人直接参与。（张勇）

【"'少年中国说'家国梦江澳情"系列活动】 2019年7月1日，由中共江门市委统战部、江门市委宣传部指导，澳门江门同乡会、江门五邑海外联谊会主办，江门市广播电视台承办的"'少年中国说'家国梦江澳情"系列活动在澳门综艺馆开幕。这是"少年中国说"项目首次走出江门在境外开展文化交流活动，旨在庆祝中华人民共和国成立70周年，纪念澳门回归祖国20周年和五四运动100周年，引导澳门青少年增强对中华民族的认同感、归属感和爱国爱乡情怀。开幕式期间还举办"家国梦·江澳情"为主题的大型图片及实物展览、文化论坛等活动，让澳门青少年了解家乡先贤梁启超在中国近代史上的重要成就和重大影响，传承梁启超家族的良好家风，了解江门与澳门同根同族的深厚渊源，以及家乡改革开放以来取得的成就。（中共江门市委统战部）

【环粤港澳大湾区城市自行车挑战赛】 2019年11月23—24日，2019（第二届）环粤港澳大湾区城市自行车挑战赛（惠州·罗浮山站）暨康养旅游"欢乐嘉年华"在罗浮山国家5A级旅游景区举行，近1000名车手参赛。赛事分为骑游组、竞赛组和儿童平衡车组。其中，11月23日的骑游组活动从罗浮山广场（主会场）出发，途经酥醪村、酥醪坳、麻榨镇、横河镇等地，全程90千米。11月24日的竞赛吸引众多国内顶级业余车手参加，赛事延续绕圈赛的形式，起点、终点均设置在罗浮山广场，赛道围绕罗浮山展开单圈为 4.8 千米的比拼。竞赛设公路男子精英组、公路男子青年组、公路男子壮年组以及女子公开组进行角逐。美利达诺飞客中国车队、森地客科速美车队、惠州市自行车运动协会男子队的选手分别获得公路精英组前三名。惠州市自行车运动协会女子队的选手包揽女子公路组前三名。森地客科速美车队、深圳宏协 -HXSPORT 及个人参赛选手分别获得青年公开组前三名。Boodun 博顿车队、个人参赛、安道中国车队选手分别获得壮年公开组前三名。

（惠州市人民政府地方志办公室）

【“穗莞杯”2019 年东莞水乡国际龙舟嘉年华】 2019 年 11 月 24 日，“穗莞杯”2019 年东莞水乡国际龙舟嘉年华在东莞麻涌镇华阳湖举行。该活动是东莞水乡功能区与广州开发区签订战略合作框架协议后启动的首个合作项目。比赛分设国际混合组、粤港澳大湾区混合组、两区合作男子组，共 50 多支代表队在华阳湖竞渡。在 500 米直道赛中，法国格勒高商划船会（GEM）、东莞冠军营地、东莞中堂队分别获国际混合组、粤港澳大湾区混合组、两区合作男子组冠军。东莞麻涌队获两区合作男子组亚军。

（东莞市人民政府地方志办公室）

【2019 年“太平洋建设杯”粤港澳狮王争霸邀请赛】 2019 年 11 月 29—30 日，2019 年“太平洋建设杯”粤港澳狮王争霸邀请赛在中山市小榄体育馆举行，吸引中山、香港、澳门、广州、佛山、江门、肇庆等地区高桩南狮 11 支队伍和传统南狮 13 支队伍参赛。来自江门市的江海龙狮武术馆获高桩南狮比赛冠军，深圳市的臣田黄连胜醒狮武术团获传统南狮比赛冠军。活动同期举办澳门风情画展及醒狮文化展览，吸引 6000 人观看。

（中山市人民政府地方志办公室）

【珠港澳合唱音乐会】 2019 年 12 月 7 日，珠港澳合唱音乐会在珠海大剧院举行。香港明仪合唱团、香港欣韵合唱团、澳门蔡高中学合唱团、珠海大剧院合唱团、珠海大剧院童声合唱团参加演出，上演 16 首经典曲目，1500 名观众到场观看。

（白群）

【第二届粤港澳大湾区三人篮球赛】 2019 年 12 月 7—8 日，第二届粤港澳大湾区三人篮球赛在东莞市常平体育馆举行。赛事旨在进一步加强粤港澳三地篮球文化交流，共同提高粤港澳大湾区篮球竞技水平。赛事分为男子公开组、男子青年组、女子青年组、男子少年组和女子少年组 5 个组别，粤港澳大湾区 11 个城市 60 支代表队的 240 名运动员参赛。经过 100 场比赛，东莞南城队获男子公开组冠军、常平国奥能源队获女子青年组冠军、常平怡高集团队获男子少年组冠军，广州卡兰铂队获女子少年组冠军，深圳龙城高级中学队获男子青年组冠军。

（东莞市人民政府地方志办公室）

【2019 中国（佛山）大湾区功夫电影周】 2019 年 12 月 17—21 日，佛山市举办 2019 中国（佛山）大湾区功夫电影周，这是《粤港澳大湾区发展规划纲要》颁布后，首次以大湾区名义举办的电影盛会。电影周包括开幕式、影展活动、论坛活动、闭幕式四大主体活动和飞鸿馆启用仪式、大湾区影视产业招商展示服务中心建设及启动仪式、大湾区功夫电影 70 年海报展等 9 项特色活动。开幕式聚焦粤港澳大湾区人文湾区特色，围绕“光影英雄梦”的主题，以经典功夫电影音乐为主线，打造佛山首次大型实景交响音乐会。电影周主题影展活动包括经典功夫（动作）电影单元、功夫（动作）动漫电影单元、“一带一路”沿线国家动作电影单元、佛山光影系列电影单元和甄子丹电影单元 5 个单元。高峰论坛分为 6 个分论坛，包括开幕式论坛、大湾区功夫电影融合发展主题论坛、数字技术及功夫动漫电影发展论坛、电影版权运营新趋势主题论坛、中外动作电影比较主题论坛以及功夫动作演员人才培养主题

2019年12月21日，2019中国（佛山）大湾区功夫电影周闭幕晚会在佛山新城体育演艺中心举行。图为大型杂技武侠剧《剑阵》剧照

（张弘弢　摄）

论坛，40位嘉宾共聚佛山，发表主题演讲或参与互动讨论，论道新时代功夫电影发展，把脉粤港澳大湾区建设背景下影视产业新动向。

（雷郎才）

【大型交响组歌《孙中山》在中国澳门演出】 2019年12月30日，文化和旅游部“2019年度内地与港澳文化和旅游交流重点项目”之一——中山市原创大型交响组歌《孙中山》在澳门文化中心综合剧院演出。该组歌是广东省为纪念辛亥革命100周年于2011年创作的重点文化项目，由广东省作家协会副主席、中山市政协主席丘树宏主创并兼任总编导、总撰稿，由广东知名作曲家刘长安、杜鸣等作曲。结合大型交响乐和大型叙事长诗，以独唱、合唱、四重唱、诗朗诵等形式，分设《翠亨村》《敢为天下先》《中山魂》《世界潮流》等10个篇章，展现孙中山的革命生涯，并由澳门青年交响乐团、中山市合唱团、内地和澳门两地的歌唱家等230人组成的表演团队演奏。　（中山市人民政府地方志办公室）

共同推动文化繁荣发展

【概况】 2019年，广东省以有效满足群众精神文化生活需求为出发点，实施公共文化基础设施建设攻坚做强工程。推动省级重点文化建设项目落地，加快规划建设广东美术馆、非物质文化遗产展示中心、文学馆“三馆合一”项目建设，以及广东画院新址建设等重点项目。面向基层，加快构建标准化均等化的公共文化服务体系。推进基层综合性文化服务中心全覆盖，全省建成村级综合性文化服务中心2.59万个，覆盖率100%。开展“互联网+公共文化服务”行动，建设“广东公共文化云”。全省建成文化馆、图书馆总馆194个、分馆1833个、服务点7123个，促进县域优质公共文化资源流通共享并向镇村文化阵地延伸。推进文化精准扶贫，抓紧2277个省定贫困村文化建设特别是综合性文化服务中心建设和文化遗产保护利用，打造乡村文物古迹旅游品牌，扶持1000个乡村旅游特色村，其中培育200个A级文化旅游特色村，开发100条乡村旅游精品线路。推动农家书屋和农村电影放映工程提质升级。创新实施文化惠民重点工程，促进“送文化”与群众需求有效对接。办好南国书香节、文艺志愿者惠民演出、广东省群众艺术花会、文化进万家、公共文化服务“三百工程”［百场展览、百场培训（讲座）、百场群文精品演出或地方戏曲下基层］等品牌惠民文化活动，开展“书香岭南”“粤读越精彩”全民阅读系列活动，开展高雅艺术惠民活动，实施学校美育强化提升行动，开展地方戏曲进校园演出，使文化供给与群众需求有效对接。

全省完成农村公益电影放映26万场。打造《潮起珠江——习仲勋在广东》《照相师》《面向大海》等一批影视精品和纪录片。全省获国家级和国际性文艺奖项124项（次）。在第十五届精神文明建设"五个一工程"评奖中，广东省委宣传部获"组织工作奖"，纪录电影《港珠澳大桥》、图书《中国桥——港珠澳大桥圆梦之路》、广播剧《大爱人间》、歌曲《信仰》和《再一次出发》5部作品获奖，获奖数量居全国第三位。2名艺术家分别获文华表演奖、中国戏剧梅花奖，电影《白蛇传·情》获第二十七届中国金鸡百花电影节最佳戏曲片提名奖，散文集《遥远的向日葵地》获第七届鲁迅文学奖，舞剧《醒·狮》获第十一届中国舞蹈荷花奖。（摘自《广东年鉴》）

【粤港澳大湾区经济文化建设研究】 2019年，粤港澳大湾区经济文化建设研究领域聚焦粤港澳大湾区建设发展规划、创新驱动、规则衔接、人才活动、产业发展、数字化革命、环境保护等重点难点开展专题研讨，围绕"共建人文湾区"开展研究，形成一批理论研究成果。广东省社科联从2019年开始深入开展岭南文化研究计划，重点培育10个岭南文化研究基地，编辑出版岭南文化系列出版物、《岭南文化辞典》，开展粤港澳大湾区文化圈研究，实施岭南文化翻译项目等。《学术研究》增设粤港澳大湾区建设研究专栏；发挥省社科规划、社科评奖的学术导向作用，在社科规划和哲学社会科学优秀成果评奖中，对粤港澳大湾区建设课题予以重点倾斜，引导专家学者开展专题研究，推出一批粤港澳大湾区研究成果，推动建设粤港澳大湾区学术高地和文化高地，推动湾区人文精神的塑造和文化繁荣发展。深化粤港澳三地的学术交流合作，搭建三地学者深度交流合作平台，继续办好粤港澳关系研讨会，携手合作加强粤港澳大湾区、自由贸易区、自由贸易港研究，共同塑造和丰富粤港澳大湾区人文精神内涵。

是年，开展的主要学术活动：5月19日，粤港澳大湾区媒体峰会之平行分论坛"湾区建设与人文精神"在广州举行，提出以文化融合和创新助力人文湾区建设；10月15日，粤港澳大湾区文学笔会启动，提出打造"岭南文学高地"，共建"人文湾区"；10月26—27日，"读懂中国"广州国际会议在广州召开，其中平行研讨会之七聚焦"人文湾区与城市品质"；11月12日，由广州市社科联、暨南大学、南方日报社主办的第41期广州新观察学术圆桌会，以"同根同源·共融共创：塑造湾区人文精神"为主题，以塑造人文湾区精神为切入点，围绕湾区人文精神的内涵、使命和实践进行解读。

是年，主要研究成果：秦玉才、姜骁军等著《粤港澳大湾区融合发展规划研究》，澳门科技大学社会和文化研究所、广东人民出版社合作编撰《粤港澳大湾区发展报告（2018—2019）》，中大咨询人才研究院编著《粤港澳大湾区人才活动研究报告》，保利投资研究院编撰《2019粤港澳大湾区经济发展蓝皮书》，赖海东主编《粤港澳大湾区生态资源与环境一体化建设》，滕宏庆、张亮编著《粤港澳大湾区的法治环境研究》，马化腾等著《粤港澳大湾区：数字化革命开启中国湾区时代》，王明旭等著《粤港澳大湾区环境保护战略研究》等。

（张勇）

【广东省历史文化保护利用】 2019年，广东省贯彻落实中共中央总书记习近平关于文化遗产保护的重点指示精神，逐步健全城乡历史文化保护体系，列入保护名录的历史文化遗产数量居全国前列。截至年底，大湾区内地九市共有国家历史文化名城5座、中国历史文化名镇8个、中国历史文化名村13条、中国历史文化街区1处，以及广东省历史文化名城4座、广东省历史文化名镇8个、广东省历史文化名村30条、广东省历史文化街区73处，确定历史建筑2200处。1月4日，住房和城乡建设部在广州召开全国历史建筑保护利用现场交流会，加强兄弟省（市）的交流，学习借鉴全国各地的经验，推动广东省历史建筑保护利用系列工作再创新局面。提升文化遗产活化利用水平，配合推进南粤古驿道、粤港澳

大湾区文化遗产游径、乡村文化振兴等项目建设。（摘自《广东年鉴 2020》）

【香港推动非物质文化遗产工作】 2019 年，香港非物质文化遗产办事处负责举办活动，加深公众对香港非物质文化遗产代表作名录内项目的认识。该办事处推出首轮非物质文化遗产资助计划，鼓励社区参与保护和推广非物质文化遗产工作。在三栋屋博物馆设立香港非物质文化遗产中心，举办展览和其他活动。全年有 9.1 万人入场参观。（香港历史研究基金会）

【澳门历史文化教育和研究】 2019 年，澳门基金会历史文化工作委员会继续开展两期“历史文化大使培训计划”，培养 205 名历史文化大使。委员会推出首批《华夏小灵精家国情怀绘本丛书》，举办各项知识竞赛、嘉年华、考察活动及资助计划，培养历史文化教学人才，提高学生对历史文化的兴趣。项目获学校支持，举办 16 次考察活动，向 22 所学校 47 个项目发放资助 190 万澳门元。

是年，澳门基金会启动“澳门记忆”文史网，举行文史网特展、在线活动、专题讲座等活动，展示及推广“澳门记忆”的文化内涵；举办 7 项学术研讨和活动，包括第六届澳门学国际学术研讨会暨第五届澳门人文社会科学研究优秀成果评奖、“一带一路”与澳门发展讲座会等。澳门基金会继续编纂《中国民族民间文艺集成志书·澳门卷》，完成 25 种书籍和期刊的编辑和出版工作，其中较大型的有《中国曲艺志·澳门卷》《澳门研究丛书》《澳门法律丛书》《澳门知识丛书》《澳门文学丛书》等。同时参与在香港和西安举行的书展活动。

（摘自《2020 澳门年鉴》）

【广州公共文化设施建设】 2019 年，广州市在建文化基础设施建设项目累计完成建设投资额度 3.32 亿元，广州美术馆、广州粤剧院、南汉二陵博物馆 3 个项目投资完成率超年度计划，3 个“攻城拔寨”重点项目（广州文化馆、广州美术馆、广州粤剧院）及南汉二陵博物馆、文创中心广州画院美术馆和广州话剧团小剧场装修工程项目财政支付完成率均为 100%。截至年底，全市新增公共图书馆 55 个，累计建成公共图书馆服务网点 1566 个，其中通借通还服务网点 433 个，面向所有公众开放并实现通借通还的公共图书馆（含分馆）246 个，平均每 6.22 万人拥有 1 座图书馆（分馆），提前实现每 8 万人拥有 1 座公共图书馆的目标任务。全年全市图书馆馆藏总量 2742.30 万册（件），读者到馆 2933.63 万人次、外借文献 3259.60 万册次、累计注册读者量 357.69 万人（注册读者率 23.37%）。全市公共图书馆总建筑面积 48.66 万平方米，市级财政投入基层公共文化设施改造补助资金 710 万元，其中村居文化服务中心改造 30 个，街镇图书馆 20 个，社会力量参与建设的图书馆 10 个。全年全市各级各类公共文化馆（分馆）164 个（中心馆 1 个、总馆 11 个、分馆 152 个），村（居）综合性文化服务中心数量 2716 个，基本建成市、区、街（镇）、社区（村）四级公共文化服务网络，形成城市“10 分钟文化圈”和农村“10 里文化圈”。广州公共文化云平台汇聚博（博物馆）、图（图书馆）、文（文化馆）三类行业资源，联通市、区、街（镇）三级文化机构，提供一站式、精准化、互动式公共文化服务，实现全市公共文化资源互联共享。

【广州文化产业发展】 2019 年，广州制定“十三五”期间文化产业发展规划，制定“1＋8”文化产业系列政策，出台关于加快动漫游戏产业发展、推进文化金融融合发展和加强文化科技融合发展的意见等 9 项政策。全市各类文化创意产业园区和基地 150 多个。羊城创意产业园、长隆、励丰、浩洋电子等 15 家文化企业被文化和旅游部、国家广播电视总局评为国家文化产业示范基地（园区）。北京路文化核心区获国家级文化产业示范园区创建资格，为广东省唯一、国家 10 个园区之一。

【广州推动粤港澳大湾区文旅资源合作交流】　2019年，广州会同粤港澳大湾区其他城市先后6次赴境内外重要客源地开展文化旅游资源宣传推广活动。建立穗港澳文化艺术交流常态化机制，选派文化团队赴港澳开展粤剧粤曲、木偶杂技、文博馆际交流，共塑湾区人文精神。举办“穗港澳青少年文化交流季”活动，吸引湾区2000多名青少年参与。成立粤港澳大湾区公共图书馆联盟，促进大湾区图书馆事业协同发展。梳理文化遗产点60多处，发布粤港澳大湾区历史文化旅游步径和精品旅游产品16条（个）。加强文化旅游人才培养交流，广州市导游协会与澳门旅游学院签订合作框架协议书，共享文化旅游智力资源。是年，广州市文化广电旅游局组织71个团队790人次赴港澳开展文化旅游交流。（鄢波）

【广州打造湾区级影视文旅特色小镇和影视产业孵化基地】　2019年，中共广东省委印发《广州市推动城市文化综合实力出新出彩行动方案》，提出以广州增城1978电影小镇为依托，推动建设影视产业孵化园。6月14日，广州市增城区出台《增城区关于促进影视产业发展的若干意见》，成立影视产业专项扶持资金。11月29日，“光影照梦，期遇增城——增城影视产业招商推介会”首场活动在深圳举行。香港电影制片家协会主席、香港影业协会理事长洪祖星，香港浸会大学电影学院创院总监、院长卓伯棠，《厉害了，我的国》电影导演、暨南大学副教授卫铁等粤港澳大湾区业内与会嘉宾共同探讨增城影视产业发展的优势和机遇。（张淀池）

2019年，广州打造湾区级影视文旅特色小镇和影视产业孵化基地。图为增城1978电影小镇夜景　（增城区委党史研究室供稿）

【深圳文化产业发展】　2019年，深圳市深入推动文化产业发展。出台实施《关于推动深圳创意设计高质量发展的若干意见》《关于加快文化产业创新发展的实施意见》及配套资助办法，文化产业质量型内涵式发展取得新突破。深圳创新创意设计学院立项，推动设立深港澳数字创意设计三城展。第十五届文博会设66个分会场，首设“粤港澳大湾区文化产业馆”“文化和旅游融合发展馆”，累计成交额2480.48亿元；中共中央宣传部在深圳召开文化与旅游融合发展座谈会。出版和电影行业繁荣发展，深圳有3家书城进入全国图书单店销售排行榜前十名，其中深圳书城中心城位列第三名，深圳成为全国唯一获评“2019年度书店之都”的城市；印刷企业获国家级奖项9个、国际印刷金奖12个；电影票房收入24.09亿元，连续3年排名全国第三、全省之首。（深圳市人民政府地方志办公室）

【珠海加强粤港澳大湾区社科研究】　2019年，珠海市社会科学学者围绕粤港澳大湾区建设进行多角度研究，从区域经济、文化交流、生态建设、社会治理、科技创新、教育合作等方面进行探讨，提出粤港澳大湾区建设的问题及其解决路径，与港澳学者开展学术交流。《新时代港澳青少年政治社会化路径研究——以提升国家政治认同为目标》获教育部人文社科研究青年基金项目立项。《市社科联建议加强珠港澳高等教育合作推动我市人才资源聚集》《市社科联关于珠海市建设粤港澳大湾区创新高地的建议》《市社科联建议举办华语电影节助力构建大湾区文化圈》为珠海市委、市政府提供决策参考。

（陈小英）

【佛山文化产业发展】 2019年，佛山市文艺节目频上高端平台，选送的《百狮报喜贺新春》节目登上2019中央电视台春节联欢晚会，是南狮首次以节目主角身份在央视春节联欢晚会主会场表演，也是佛山醒狮5年来第四次登上春晚舞台。佛山醒狮队节目参与在天安门广场举行的庆祝中华人民共和国成立70周年联欢活动，通过中央广播电视总台向全球实时直播。全国首个央视中秋晚会分会场晚会在佛山举办。是年，佛山市全力创建粤港澳大湾区影视产业合作试验区。落实《粤港澳大湾区发展规划纲要》，建设南方影视中心，搭建粤港澳三地影视文化产业交流合作平台，为粤港澳大湾区影视产业合作发展提供试验范例。形成《佛山市建设粤港澳大湾区影视产业合作试验区实施方案》。引进珠影星光城等文旅项目，289米艇头Park文创园、佛山影视梦工场等影视产业园区快速聚集和发展，管虎工作室、杨争光工作室、青春未来影视（佛山）有限公司等知名影视企业进驻。举办第十九届秋季全国院线国产影片推介会，为佛山影视企业发展搭建国家级交流平台。是年，佛山市文艺精品创作有新成果。出台《佛山市文艺精品专项扶持实施意见》等系列政策，配备文艺精品专项资金3000万元。2019年文艺精品专项资金扶持38个项目1010.4万元，影视专项扶持资金扶持36个项目约1446万元。引进香港国艺、精鹰传媒等龙头企业，集聚影视产业园区10个。电影《梦想之城》、电视剧《索玛花开》、话剧《穷孩子富孩子》等5件作品获广东省“五个一工程”奖，数量居广东省地级市第一位。有24件作品入选第十二届全国美展。《梦想之城》全国首映式在北京人民大会堂举行。影视作品《左滩》《过昭关》获2019年度国家电影局电影精品专项资金资助。佛山市参与联合投资的首部4K全景声粤剧电影《白蛇传·情》获海南岛国际电影节最佳技术奖。佛山投资的扶贫电影《南哥》（海外名为《平民英雄》）获第四届意大利中国电影节最佳影片。佛山企业立项制作的电影《天火》亮相戛纳国际电影节，国内票房破亿元。是年，佛山市成功创建国家公共文化服务体系示范区，以全国第三名、东部地级市第一名成绩通过示范区创建终期验收。制订《佛山市公共文化服务体系高质量发展行动计划》，巩固深化示范区创建成果。截至年底，“博物馆之城”建设71个重点项目启动65个。“文化佛山”三年行动完成投资459.87亿元。

（雷郎才）

【东莞市优秀传统文化传承行动计划】 2019年，东莞市举办“文化年历”、非遗进校园、非遗墟市、传统文化家庭美育等活动。全年举办非遗进校园66场；非遗墟市70场，其中城际专场17场。“东莞非遗墟市”工作经验获邀在2019年全省非遗专干高研班进行分享。2019“文化年历”活动通过线上和线下相结合，围绕“时令东莞”主题，以“二十四节气”为主线，推出24期具有统一风格、创意连贯的互联网新媒体系列产品。24期作品在网络上的访问量、转发量累计超过50万人次。围绕传统节日节气习俗举办线下活动7场，包括2019东莞中华优秀传统文化传承行动计划暨“时令东莞”东莞文化年历启动仪式、东莞市第三届元宵灯谜会、2019年东莞龙舟月启动暨万江起龙仪式、粤港澳大湾区腊味节、“小雪时节、莞人采香”等，线下累计参与市民超5万人次。

【东莞文化遗产保护】 2019年，东莞村头遗址、蒋光鼐故居入选第八批全国重点文物保护单位，迎恩门、东莞中学旧址等10处入选第九批省级文物保护单位，东莞市成为广东省国保单位分布密度最高的地级市。鸦片战争博物馆成为广东省唯一进入全国博物馆观众参观量前十名的博物馆，讲解员王亚楠代表广东省参加第二届全国红色故事讲解员大赛，获得“全国金牌讲解员”称号。是年，东莞市策划开展“美丽湾区 幸福游会”广东省非物质文化遗产展示系列活动暨2019茶山茶园游会、第四届东莞（寮步）莞香文化旅游艺术节、东莞龙舟月等系列民俗文化活动。出版《发现东莞非遗之美》画册。振兴地方戏曲文化，擦亮“粤剧黄金周”“粤韵金声”“粤唱粤好”活动品牌。

（东莞市人民政府地方志办公室）

【中山文化事业发展】 2019年，中山市推进文化体制改革。创新公共文化服务机制，中山市基层综合性文化服务中心“三三三”工作模式被列入广东省基层改革创新经验在全省推广。印发《中山市人民政府关于进一步加强全市公共文化设施建设的指导意见》，构建体现时代发展趋势、适应城市发展要求的公共文化设施体系，为经济社会高质量发展提供精神动力和文化支撑。建立孙中山文化交流合作机制，从交流平台、项目建设、队伍建设、资金扶持等方面推动孙中山文化交流，启动编制孙中山文化交流合作规划纲要。建立“大文史”工作机制，从“中山大文史”图书出版、“大文史”抢救征集、合作交流以及经费保障方面推进全市文史工作。印发《中山市历史建筑和历史文化保护区保护专项资金管理办法》，规范历史建筑和历史文化保护区保护专项资金管理。7月，印发《中山市推进粤港澳大湾区文化遗产游径建设工作方案》，打造孙中山故里、岐澳古道、环铁城三大文化遗产旅游圈，增强中山文化软实力，共建人文湾区和休闲湾区。11月，印发《关于公布第六批中山市文物保护单位的通知》，公布第六批17处中山市文物保护单位，要求做好文物的保护、利用和管理工作。制订《中山市融媒体建设实施方案》，建设融媒体中心，推进智慧广电建设。

【中山市创建国家公共文化服务体系示范区】 2019年5月，中山市推动国家公共文化服务体系示范区创建工作。印发国家公共文化服务体系示范区创建工作领导小组成员单位名单和任务分解表部署工作。推进重大公共文化设施建设，印发《中山市人民政府关于进一步加强全市公共文化设施建设的指导意见》《中山市共享文化馆试点建设实施方案》《中山市“共享阅读空间”试点建设方案》《中山市住宅小区“邻里文化家”公共文化设施配套建设试点工作方案》《2019年中山市街区自助图书馆建设实施方案》《中山市基层薄弱公共文化设施提档升级补助实施方案》等政策文件。建成中山纪念图书馆新馆，启动新博物馆工程建设，升级改造市文化馆场馆功能。启动“建设孙中山文化交流中心实施方案”的课题研究。健全公共文化服务体系，指导南区、小榄镇、三乡镇创建成为广东省第二批公共文化服务体系示范区（项目）；确定中山市南区文体教育局打造“三项服务融合”（文化、公益、便民三大服务融合）的文化引领型社区项目、中山市三乡镇文体教育局“政务购买服务实现文化设施有效运营”项目为第二批广东省公共文化服务体系示范项目。启动11家共享文化馆和1家“邻里文化家”试点建设。完善文化馆总分馆体系，将东区、港口镇、民众镇、黄圃镇、古镇镇5个镇区宣传文体中心纳入文化馆总分馆服务体系。在2019年文化和旅游部组织的示范区创建工作中期调度评估中，中山市列东部地区第三名；在2019年广东省文化和旅游厅公布的2018年度广东省公共文化服务评价结果中居全省第二名。

（中山市人民政府地方志办公室）

【江门打造国内外具有影响力的大型赛事重要基地】 2019年1月18日，2019年粤港澳大湾区小学生排球精英赛暨广东省“广州大忙人杯”小学生排球锦标赛技术会议在江门市台山新宁体育馆开幕。该届粤港澳大湾区小学生排球锦标赛是广东省排球协会第一次举办小学生比赛，汇集粤港澳大湾区各地市小学生排球的精英，29支队

400余名排球队员集结台山展开对决。

2019年世界排球联赛江门站比赛于5月31日至6月13日在江门体育中心体育馆举行。代表世界最高水平的32支国家队参赛，展现江门良好的城市风貌，为中国排球协会排球训练基地落户江门奠定基础。

7月，“夏日竞技嘉年华”活动在澳门特别行政区政府体育局举行，开展粤港澳青少年体育学术、比赛和体育文化交流活动，增进内地与港澳青少年之间的相互了解，传播文化、凝聚人心，以体育为平台服务粤港澳大湾区的建设和发展。

9月5—12日，全国女排锦标赛在江门体育中心体育馆举行，参与国内联赛的14支队伍出战。全国女排锦标赛由中国排球协会举办，每年举行一次，是中国国内女排赛事中规模最大、规格最高的比赛之一。10月，江门市举办环粤港澳大湾区城市自行车挑战赛开平分站赛。11月，粤港澳大湾区青少年排球锦标赛在江门台山举办。（江门市文化广电旅游体育局）

【肇庆文化保护利用】 2019年，肇庆市加强文物保护与利用，加大对文化遗产的宣传保护和非遗项目的申报。全市有中国古村落1个、中国传统村落12个、省级历史文化名村4个、市级历史文化名村26个。登录不可移动文物2539处，公布不可移动文物名录1517处。有各级文物保护单位267处，其中全国重点文物保护单位6处、省级文物保护单位41处、市县级文物保护单位220处。公布历史建筑118处。国有博物馆（纪念馆、陈列馆）10座、非国有博物馆4座。国有文物收藏单位收藏文物藏品2.7万件/套，其中珍贵文物2100余件/套。国家级非物质文化遗产代表性项目2个、省级24个、市级51个，国家级非物质文化遗产项目代表性传承人2人、省级23人（2人已故）、市级47人（3人已故）。年内，肇庆市新增一批文物保护单位，其中，叶挺独立团团部旧址被国务院公布为第八批全国重点文物保护单位，巽峰塔、渡头元魁塔、罗洪莫氏大宗祠、清任书室、丽先谈公祠、欧村刘氏宗祠、宝林古寺、宝胜古寺、狮岗炮台旧址、怀集县立图书馆旧址、宋隆基闸、文昌阁（与第二批广东省文物保护单位“高要学宫”合并，合称“高要学宫”）被广东省政府公布为第九批广东省文物保护单位；四会市、德庆县人民政府公布县级文物保护单位18处（四会7处、德庆11处）。印发《肇庆市历史文化遗产游径建设工作方案》，启动市文化游径建设，提出2021年前建成粤港澳大湾区文化遗产游径、广东省历史文化游径的工作目标，年内完成粤港澳大湾区文化遗产游径实地调研。开展推荐申报第五批国家级非遗代表性项目工作，“高要春社”入围国家级非物质文化遗产代表性候选项目。参加“湾区花正开”——首届粤港澳大湾区文化艺术节东莞分会场系列活动启动暨东莞非遗墟市粤港澳大湾区城际联盟成立仪式，加入非遗墟市粤港澳大湾区城际联盟。举办“大美湾区活力非遗”——2019年肇庆·东莞非遗墟市交流活动。组织更新《肇庆古城墙申遗文本》，参加第七次申报世界文化遗产工作推进会，申遗文本通过联合申遗办组织的专家咨询评审，并获专家组推荐纳入国家预备名单。完成《肇庆古城墙保护条例》执法检查工作。（肇庆市人民政府地方志办公室）

【东莞非遗墟市粤港澳大湾区城际联盟】 2019年6月25日，香港、澳门、广州、深圳、东莞、珠海、佛山、中山等城市签约，成立“东莞非遗墟市粤港澳大湾区城际联盟”。东莞非遗墟市升级为“东莞非遗墟市粤港澳大湾区城际联盟”。成员包括香港、澳门、广州、深圳、珠海、佛山、中山、惠州、江门、肇庆、韶关、清远、河源、云浮、阳江、东莞16个城市。该联盟是“共商、共强、共享”的非遗工作交流平台，力争在信息资源共享、线上平台搭建、知识产权保护、非遗创意设计等方面取得新突破，把城际联盟建设成为粤港澳大湾区信息资源共享平台、知识产权保护平台、非遗保护工作交流平台和非遗形象推广平台。“东莞非遗墟市走出去”专场，分别走进河源、肇庆，通过协调合作，共同探索非遗保护与传承的创新机制。

（东莞市人民政府地方志办公室）

【《中国桥——港珠澳大桥圆梦之路》获第十五届“五个一工程奖”特别奖】 2019年8月19日，中共中央宣传部第十五届精神文明建设“五个一工程”作品评选结果公布，珠海作家曾平标创作的长篇报告文学《中国桥——港珠澳大桥圆梦之路》获特别奖。该书由花城出版社出版，描述从20世纪80年代初到2018年，港珠澳大桥的缘起、立项、论证、环评、施工、竣工的全过程，对该座涉及一个经济特区和两个特别行政区的超级工程进行全方位记录。作者从2004年港珠澳大桥前期协调领导小组成立，到大桥竣工通车，14年间辗转京粤港澳各地深入采访方案构想者、项目管理者、大桥建设者等多位亲历的关键人物，真实还原大桥建设过程。（陈菲）

【佛山“展翅行动”入选国家级文旅创客行动】 2019年，佛山“展翅行动”入选文化和旅游部产业发展司“2019年文化和旅游创客行动地方实施项目名单”，成为佛山市首个政府主导，并通过项目路演、提供文创沙龙与培训等创业服务推动初创文创企业发展的国家级文旅创客行动。9月23日，2019年佛山“展翅行动”启动。整个活动吸引500多人次参与，165家企业和团队报名，26家企业进入路演环节，10家企业获得扶持。同时，由佛山市文广旅体局授牌、广东股权交易中心承办的文化金融服务中心也于启动仪式当天揭牌运营，引导和发动文创企业到区域性股权市场展示挂牌，为文创企业提供涵盖品牌提升、融资服务、投融路演、规范培训、政策关怀等资本市场服务。（易云鹃）

【首届澳门中山文化节】 2019年9月7日，由中山海外联谊会、澳门中山历届政协委员联谊会主办，中央人民政府驻澳门特别行政区联络办公室、中山市政协、澳门市政署支持，澳门和中山41个乡族社团、澳门罗梁体育总会协办的“弘扬中山文化　共建人文湾区”首届澳门中山文化节在澳门举行。活动期间，举办图片展、《中山·澳门庆祝澳门回归20周年文学作品集》首发仪式、“中山·澳门青年短视频大赛”启动仪式等环节。其中，图片展含“湾区之城　绽放精彩”“孙中山文化十年”“孙中山与港澳”“中山与澳门两地摄影联展”四部分，用图片和文字诠释孙中山文化作为粤港澳大湾区共享的文化资源对于人文湾区建设的重要意义。当天晚上，举行“首届澳门中山文化节”启动仪式。中山与澳门的文艺团体上演独唱、合唱、咸水歌、朗诵、粤剧折子戏等节目。1000名中山乡亲参加活动。

（中山市人民政府地方志办公室）

【叶挺独立团团部旧址成为全国重点文物保护单位】 2019年10月7日，叶挺独立团团部旧址被国务院公布为第八批全国重点文物保护单位。该旧址位于端州区江滨路的阅江楼，阅江楼始建于明朝宣德年间，崇祯十四年（1641年），两广总督张镜心在崧台书院崇文阁基础上命名为阅江楼，因登楼可远眺西江景色而得名。该楼坐北向南，南临西江，为四合院式古建筑，占地2000平方米。楼高两层，南北两楼为歇山顶，东西两侧楼为卷篷顶。南楼檐下悬挂两广总督劳崇光所书“阅江楼”木匾和朱德元帅题写的“独立团团部旧址”牌匾。叶挺独立团团部旧址是叶挺独立团成立的见证，也是研究北伐战争史及中国共产党创建人民军队历史的重要物质载体。1962年7月，叶挺独立团团部旧址被中共广东省委公布为省文物保护单位。

（肇庆市人民政府地方志办公室）

【华侨华人文化交流合作暨粤港澳青年文化创意发展大会】 2019年11月13—15日，江门市举办华侨华人文化交流合作暨粤港澳青年文化创意发展大会，近1100位海内外嘉宾参加。大会围绕“汇聚华侨华人力量共建美丽人文湾区”主题，其中海外嘉宾830人，国内嘉宾近200人，大会主要活动包括开幕式、“一带一路”文化遗产合作交流（2019 江门）国际研讨会暨国际手工艺交流展示、粤港澳青年文化创意暨人才创业创新分享会、文旅中国（江门）文化旅游产业发展论坛、分组考察活动、主题文艺晚会等。大会期间还举行华侨历史文献纪录片《金山客》首播仪式和粤港澳大湾区青年文创基地揭牌仪式；江澳文创基地、“侨乡记忆”文旅项目、山河出海文旅项目等 12 个投资项目签约，总金额 647 亿元。（江门市文化广电旅游体育局）

粤港澳青少年交流

【概况】 2019 年，广东省推动有条件的地市与港澳地区幼儿园开展交流活动。鼓励和支持汕头经济特区中心幼儿园幼教集团与香港幼稚园教育专业交流协会共同开展“童心同梦”汕港幼教交流合作项目，全力打造“幼儿教育共同体”，促进汕港两地幼教界紧密合作、全面发展。开展“童心同梦·同讲中国好故事”汕港儿童友好欢乐赛活动、创新开展粤港幼儿园友好家庭缔结安排，汕港两地 30 多个家庭缔结为友好家庭。5 月 31 日，在星海音乐学院成立粤港澳大湾区中小学音乐教育联盟，联盟由星海音乐学院附中、广东实验中学、深圳中学、香港嘉诺撒书院、澳门浸信中学等 21 所中小学校联合发起，粤港、粤澳姊妹学校积极参与。5 月 31 日至 6 月 1 日，在星海音乐学院举办“活力湾区追梦未来”——首届粤港澳大湾区中小学生音乐节活动，粤港澳三地超过 1600 名中小学师生参加，开展粤港澳中小学美育教育校长论坛、粤剧体验之旅、粤港澳大湾区中小学优秀舞蹈展演等活动。7 月 16—20 日，广东省教育厅与香港特别行政区教育局在广州合作举办大湾区姊妹学校夏令学习营活动，粤港两地 5 对姊妹学校约 160 名师生参加。11 月 24—25 日组织举办粤港澳姊妹学校中华经典美文诵读比赛及庆澳门回归 20 周年汇演活动。举办新时代粤港澳大湾区职业教育产教融合论坛（2019）、首届大湾区职业院校三语演讲比赛，并邀请港澳职业院校组队参加 2019 年广东省职业院校技能大赛。成立粤港澳大湾区旅游职业教育联盟。支持粤港澳高校联盟等粤港澳教育联盟发展，建设粤港澳大湾区音乐教育和艺术发展联盟等多个师生交流平台，开展粤港澳大湾区大学生艺术节、国际音乐季、中小学音乐节、学校设计作品双年展、体育节等品牌活动。

（广东省教育厅）

【香港加强与内地青少年交流】 2019 年，香港地区资助举办内地交流团，围绕历史、文化、艺术、科学、体育运动、经济、人民生活、社会制度等特定主题组织考察交流活动，促进香港地区青年对国情的认识和了解；非政府机构亦可安排香港地区青年人到内地进行义工服务。2018—2019 年度资助的 319 个交流项目中，有 52 个到大湾区内地 9 个城市，总资助额约 1170 万港元，预计约 4000 名香港青年受惠。是年，香港大学深圳医院与香港大学暑期学院合办五期“大湾区医学体验营”，吸引 90 名来自粤港澳大湾区等地的高中生参加。活动组织学生参观医院的急诊、门诊、手术室和各专科，观摩医疗设备的使用，与医生、护士、病人面对面交流，并赴香港大学参观。活动每日主题包括“就医的体验”“医生的一天”“生命的起止”“人体的奥秘”等。

自 2014—2015 年度起推出“青年内地实习资助计划”，资助非政府机构举办内地实习计划，加深香港青年对内地就业市场、职场文化及发展机会的认识，协助他们订立未来工作方向、累积工作经验和建立人脉网络，增强就业优势。2019—2020 年度资助 149 个实习项目，总资助额约 1.2 亿港元，预计约 3800 名青年受惠。其中“粤港澳大湾区香港青年实习计划”2019 年首次全面涵盖大湾区 9 个内地城市，计划惠及约 1000 名香港青年。

自 2009 年起由粤港澳三地政府相关部门合办“粤港澳青年文化之旅”，让粤港澳三地青年增进互相了解，加深对三地文化的认识，亲身体会国家改革开放的成就，增进对祖国悠久历史文化的认同。至2019年已有超400名香港青年参加交流活动。香港积极资助非政府机构举办青年内地交流团，让香港青年到内地考察，了解祖国的历史、文化、艺术、人民生活等。是年，获资助到大湾区内地城市交流的项目71个，受惠的香港青年约4700名。　（香港历史研究基金会）

【澳门加强国情教育】　2019年5月4日，澳门特别行政区举办“澳门学界五四青年节升旗仪式”，有82所学校和28个青年社团的代表超过2000人出席。升旗仪式由首支澳门学界升旗队负责，该升旗队于仪式后宣誓成立。举办“2019粤澳青少年国情体验活动”，来自澳门26所学校69名初中学生参加；举办“2019青春港澳行——京港澳学生交流夏令营”，京港澳三地接近400名师生参加；举办“喜迎国庆70载——京澳小学生交流营2019”，来自44所小学的55名小学生参加；举办“2019年国情教育培训课程——澳门区情研习及杭州之旅”，有32所学校的106名高中学生参加。为加强《中华人民共和国宪法》及《中华人民共和国澳门特别行政区基本法》的教育，是年首次举办纪念《中华人民共和国澳门特别行政区基本法》颁布26周年之“我与《宪法》和《基本法》演讲比赛”，20所学校近3500人次参与。为丰富爱国爱澳教育内涵，澳门教育暨青年局持续推行多元化的系列活动，包括“推广外交知识系列活动”“澳门青少年国情研习班”“认识祖国、爱我中华学习之旅资助计划”“探索古都名城——北京艺术文化学习体验计划”等活动。2018—2019学年，有1.6万人次参加。推出不同主题的教育营，包括“国防教育营”和“澳门青年学生军事夏令营”，开展个人自理、爱国精神、团队合作三大方向的体验式学习，2018—2019学年各个教育营有超3400名学生参与。

【澳门青少年政策】　《澳门青年政策（2012—2020）》（简称《澳门青年政策》）是澳门特别行政区政府促进青年全面发展的前瞻性和系统性政策文件。按照《澳门青年政策》检视机制所定，以2012—2016年作为第一个推行周期对工作成效予以检视，于2017年3月完成并公布中期检视结果。2019年，澳门特别行政区持续有序以多种形式推动青年工作，并启动新一轮青年政策中长期规划的筹备工作。“青年政策”跨部门跟进小组继续发挥政府跨部门的协同效应，合办“大湾区体验实践系列活动——澳门青年创业创新考察团（珠海市）”“普法新TEEN地”青少年法律推广月。其中青少年法律推广月组织13项普法专题活动，超过3.1万人次参与。是年，举办“科技实践·创业创新”青年交流会，11个部门代表与100余名青年交流互动，听取意见和建议。此外，透过青年事务委员会进行恒常咨询，使相关工作更紧贴青年的发展需要。

【澳门青少年交流活动】　为庆祝新中国成立70周年、中葡建交40周年、澳门特别行政区政府成立20周年，2019年，澳门组织本地69名师生赴葡萄牙参加“欢乐春节”活动；举办国际青年戏剧节、国际青年舞蹈节及国际青年音乐节三项大型国际青年活动，邀请超过40个国家和地区近80支队伍约1300名青年参与，吸引观众2.75万人次；举行两场“庆祝新中国成立七十周年暨澳门回归祖国二十周年学界青年大汇演”，组织全澳学校超过500名中小学生、幼儿以及来自粤港澳大湾区城市和台湾地区的青年来澳门参与演出，吸引3000名观众欣赏。举行“中国出了个毛泽东”——庆祝中华人民共和国成立70周年暨澳门特别行政区成立20周年大型图片展，入场观众2.1万人次；举行9场学界青年欢贺国庆电影专场，超过6000名师生及其他青年欣赏爱国题材电影《我和我的祖国》；在北京举办澳门青年欢聚北京同贺中华人民共和国成立70周年、澳门特别行政区成立20周年庆祝活动，京澳两地近300名师生及其他青年参加。2019年，澳门教育暨青年局举行18场“与青年有约”沟通活动；举行 2018“青年义工奖励计划”颁奖礼。由澳门多个青年团体所组成的纪念“五四”青年节系列活动筹备委员会合办纪念五四运动一百周年系列活动，包括巡回展、发行纪念邮品、“青年论坛 2019”等，超过 2500 人次参与。是年，“青年社团年度活动资助计划”资助青年团体 86 个，资助金额约 993 万澳门元，开展项目（活动）493 个。继续推行“关怀青少年成长”资助计划，支持团体开展以发挥正能量为主题的计划，资助 40 个团体开展 89 项活动，资助金额约 440 万澳门元。开通粤港澳大湾区青年信息平台。（摘自《2020 澳门年鉴》）

【深圳推动粤港澳青少年交流】 2019 年，中国人民政治协商会议深圳市委员会配合全国政协港澳台侨委完成“促进内地与港澳青少年交流”有关调研；举办第三届“同心耀中华”深港澳台青年文化交流艺术季，首次邀请中国台湾团队加入，汇聚深港澳台四地的 22 个团体 1350 名青年参演。年内，中国共产主义青年团深圳市委员会组织开展香港青年到深圳交流发展情况专项调研，获评 2019 年度广东省共青团调研奖一等奖。制定《支持粤港澳大湾区青年来深发展行动计划》，举办“同心耀中华”深港澳台青年文化交流艺术季、“龙腾中华”深港澳台青少年文化交流专列、深港澳青年人才国情研修班等。召开 100 名香港在深学习就业创业青年座谈会，呼吁香港青年到深圳发展，活动被中央电视台《新闻联播》报道。年内，中国共产主义青年团深圳市委员会举行“新时代　好青年”五四主题活动并召开纪念五四运动 100 周年座谈会，举办“同心同根国旗升·携手共筑中国梦”主题活动，组织深港 300 余名青少年同升国旗、同唱国歌、首次共同展示中式步操。活动情况被中央电视台《新闻联播》报道，在央视新闻公众号阅读量 3.8 亿次。深圳市科学技术协会联合深港澳三地资讯科技、生物技术和中医药科技社团等机构共同成立“深港澳科技联盟”，全年组织开展多场深港澳交流合作活动。举办 2019 粤港澳大湾区青少年无人机大赛暨科创嘉年华活动。该大赛包括无人机短片拍摄比赛、无人机任务挑战赛、“智慧城市”科创嘉年华展评活动 3 个项目，来自粤港澳大湾区的 28 个竞技团队、800 多人参赛，大赛搭建粤港澳大湾区青少年互动互信的交流学习平台。深圳市文化广电旅游体育局与澳门特别行政区文化局签署《文化创意产业合作备忘录》。2019 深圳“一带一路”国际音乐季凸显粤港澳大湾区元素。支持深圳青年联合会与香港、澳门青年机构共同举办“同心耀中华”深港澳青年文化交流艺术季，支持深圳市十二月舞蹈艺术团与港澳舞蹈机构合作举办“2019 粤港澳台青少年歌舞艺术周”等系列深港澳青少年文化交流活动。（深圳市人民政府地方志办公室）

【珠海推动粤港澳大湾区青少年交流】 2019 年，珠海市制定《珠海共青团落实市委关于服务澳门经济适度多元发展、推进粤港澳大湾区澳珠极点建设工作部署的实施方案》，推进“青年同心圆”计划，牵头举办珠澳学生庆祝澳门回归祖国 20 周年文艺晚会、“逐梦大湾区·珠澳正青春”主题快闪活动、庆祝澳门回归祖国 20 周年纪念石揭幕仪式等庆祝澳门回归重点活动，开展珠港澳青年“五四”成人礼、珠港澳青少年交流音乐会、“湾区青年荟”、珠港澳大学生先锋交流营、珠澳青年企业家创新创业交流会等活动，建设“大湾区青年家园”，设立“珠港澳青年汇”微信公众平台，建设首批珠港澳青少年国情体验基地 8 个，全方位促进珠港澳青年交心交融。特聘部分港澳科技专家为科协特聘委员，组织港澳珠青年创业直通车活动，启动并组织珠澳青少年科普游活动 4 期，举办港珠澳青少年机器人横琴邀请赛、珠澳青少年科技交流邀请赛。（谢益云）

【佛港澳青少年全方位交流】 2019 年，佛山市围绕国情教育、青年创业、传承文化等主题，与香港、澳门组织开展多领域、全方位青少年交流，组织交流活动 160 场次，参加交流活动的香

2019年9月21日，“我和我的祖国”庆祝中华人民共和国成立70周年暨粤港澳大湾区青年节交流活动在佛山市举行。图为参加活动者在佛山市南海区国艺影视城合影　　（共青团佛山市委供稿）

港青年7769人次、澳门青年2611人次。围绕“我和我的祖国”主题，承办由共青团广东省委主办的庆祝中华人民共和国成立70周年暨粤港澳大湾区青年节交流活动，约1000名粤港澳青年参加。举办第七届佛港澳台青年国情教育活动，组织50多名港澳青年参观红色教育基地、特色文化创新项目和历史文化项目等。举办第十二届佛港澳青年经济交流会，上百名佛港澳台及海外青年参加交流研讨。举办2019佛港澳青年交流会，300名来自香港、澳门、佛山三地的优秀青年代表参加。组织118名18—22岁香港青年学生到佛山知名企业机构开展为期8周的实习。首次组织港澳高校师生参加“魅力佛山行”高校师生佛山体验营活动。举办佛港澳台青少年功夫夏令营，来自香港40多名青少年参加。与港澳联谊会、社团等开展多批次学校间互访交流活动，邀请港澳师生进校园、进课堂、进家庭，开展各类体验式交流。　（佛山市委台港澳办）

【莞港澳青年创新创业交流交融】　2019年，共青团东莞市委策划“湾区青创荟莞港”2019年莞港澳青年联谊活动，发挥粤港澳地域相近、文脉相亲优势，以文化艺术为纽带，促进粤港澳三地青年交往交流、交心交融。对接推进松山湖港澳青年创新创业基地、滨海湾青年创新创业城和常平香港城三大阵地建设，常态化实施港澳青年创业路演、“青创讲堂”等项目，实施“伙伴计划”，培养40名东莞青年与港澳青年结对创业。承办“情义两地行”粤港青年志愿服务合作营，促进港澳青年扎根东莞、共融发展。举办2019年赢在东莞科技创新创业大赛暨第二届粤港澳大湾区青年创新创业大赛，承办粤港澳大湾区院士峰会暨第五届广东院士高峰年会“湾区青年科技论坛”，为科技青年参与创新驱动发展搭建舞台、注入活力。

（东莞市人民政府地方志办公室）

【中山加强与港澳青少年交流】　2019年，中山市港澳事务局以训练营体验营、实习实践、考察交流等形式促进粤港澳青少年交流交往。依托中山市国防教育训练基地，联合澳门特别行政区教育暨青年局、香港特别行政区教育局举办澳门国防教育营25期、香港青少年国防体验营1期，2934名港澳中学生参与活动。6月25—28日，与香港特别行政区教育局、中山职业技术学院举办第四届职业教育体验营（香港）活动，88名香港中学生参加酒店服务及酒店营运、餐饮业运作、航拍摄影理论与实践、服装刺绣课程等职业训练课程。7—8月，分别与澳门特别行政区人才发展委员会、香港中山青年协会举办澳门青年湾区实习计划、粤港澳大湾区港澳青年实习计划，组织73名港澳青年学生到中山市内17家企业、机构实习，涉及银行、医药、设计、规划、保险、科技、贸易、通信、制造等行业。年内，接待香港“游走大湾区”中学闪游先导团、香港青年协会交流团、香港警务处中区警区阳光学子计划粤港澳大湾区机遇考察团、澳门大学荣誉学院学生访问团、澳门青年中医交流团、澳门青年身心发展协会考察团、香港青年民建联大湾区发展机遇考察团、澳门慈幼校友会走进大湾区交流团等港澳青少年团体，在考察行程中重点加入粤港澳大湾区发展规划相关内容。

（中山市人民政府地方志办公室）

【江门青少年交流活动】 2019年，通过世界江门青年大会，江门在海外推动成立23个青年联络分部、19个境外商务交流处、7个“联络五邑”海外服务工作站，到江门文化交流、参访考察的侨胞数量增加。英国、墨西哥、库拉索于2019年在当地进行社团注册登记成立江门五邑青年联合会，并作为世界江门青年大会在当地的联络分部。加强与港澳地区五邑籍社团和友好青年社团的联系，全年组团赴港澳地区参加“共建粤港澳大湾区青年论坛”等青少年交流活动10场，接访澳门大学师生创新创业湾区行交流团等港澳青年15批次，吸引商务考察交流近2300人次。承办“我和我的祖国”庆祝中华人民共和国成立70周年暨粤港澳大湾区青年节——“大湾区大型考察团”活动，接待约1200名港澳青年到江门了解侨乡历史文化，与全市800名青年开展互动交流。投入资金超10万元建立广东省首批粤港澳大湾区“青年家园”综合服务阵地——启迪之星（江门）青年家园，为港澳地区青年人才在江门实习、就业、求学、创业创造更多便利条件。（江门市归国华侨联合会）

【广东省第四届青少年体育嘉年华暨粤港澳青少年体育交流活动】 2019年3月30—31日，由广东省体育局、共青团广东省委员会主办的广东省第四届青少年体育嘉年华暨粤港澳青少年体育交流活动在广东省人民体育场举行。该届体育嘉年华集竞技、运动乐园、科技、文化于一体，倡导“重体验、重教育、重文化、重交流”的体育理念，带动青少年从阳光运动中培养健康向上的生活方式，吸引1.3万人参加活动。现场观众可在“体育竞技区”观赏到不同体育项目竞赛和趣味竞赛，近距离接触青少年体育精英，相互学习交流。

（廖任良）

【粤港澳大湾区青年足球比赛】 2019年7月16—20日，第二届粤港澳大湾区青年足球比赛在广州举行。来自香港、澳门和大湾区内地九市共16支青年足球队200余人通过同场竞技、颁奖晚会、参观走访等环节进行沟通交流。其间，广东省港澳办与香港广东青年总会签署《广东省港澳办、香港广东青年总会关于深化粤港澳大湾区青年文体艺活动战略合作备忘录》。

（广东省人民政府港澳事务办公室）

【湾区青年创新论坛】 2019年7月17—19日，2019年湾区青年创新论坛在广州市黄埔区举行。在18日举行的论坛上，中新广州知识城智库揭牌成立。在湾区青年创新论坛举办期间，由青年环保创新计划牵头，12个创新机构共同倡议发起成立全球湾区创新联盟，联盟执行总部落户中新广州知识城，筹划、建立全球湾区创新孵化器、全球湾区青年创新学院和全球湾区创新基金3个平台。（田果）

【2019年粤港澳青年文化之旅（广东段）活动】 2019年7月15日至7月24日，江门市承办2019年粤港澳青年文化之旅（广东段）活动。活动以“侨乡文化，魅力江门”为主题，联合粤港澳三地45所高校98名大学生，从香港出发，途经澳门、江门，完成为期10天的青年文化之旅。活动组织粤港澳青年大学生实地体验粤港澳大湾区合作发展，体验祖国历史悠久的多元文化，体会祖国改革开放、“一国两制”等政策方针取得的成就，增进粤港澳青年大学生相互了解和沟通，建立友谊，增进团结，加深文化认同。三地学生参观华侨华人博物馆、海口埠银信博物馆、开平碉楼与村落、梁启超故居、小鸟天堂、古劳水乡、良溪古村落等多个景点。体验制作罗氏柑普茶、镇濠泥鸡、新会鱼灯，学习咏春拳、

鹤山传统狮艺以及开平碉楼传统灰塑技艺，传承非遗文化。（江门市归国华侨联合会）

【“我们的大湾区”2019中山·澳门青年短视频创作大赛】 2019年8—12月，由中共中山市委统战部、中山市文化广电旅游局指导，市新阶联与澳门中山青年商会合作主办，广东省广播电视网络股份有限公司中山分公司承办的“我们的大湾区”2019中山·澳门青年短视频创作大赛在中山市举行。活动旨在庆祝中华人民共和国成立70周年、澳门回归祖国20周年，推动《粤港澳大湾区发展规划纲要》实施，促进中山与澳门两地青年人才文化交流以及新媒体从业人员合作交流。参赛的中山、澳门影视爱好者聚焦粤港澳大湾区建设发展，以短视频方式展现两地经济、社会、文化等方面发展特色。12月15日，大赛颁奖典礼在中山市盛景尚峰酒店会议中心举行。29部候选作品经网络投票及专家评选，最终产生一等奖1名、二等奖2名、三等奖3名、入围奖10名以及最佳导演奖、最佳编剧奖、最佳剪辑奖、最佳人气奖等单项奖。

（中山市人民政府地方志办公室）

【粤港澳青少年科技创新合作交流活动】 2019年8月20—24日，粤港澳青少年科技创新合作交流活动在肇庆市龙禧小学举行。广东、香港、澳门地区50多名高中学生进行团队竞技、交流学习、参观考察，涉及橡皮筋动力车制作、环保时装秀、科技讲座、营员文艺、体育交流，参观高新技术企业、科普特色学校、科普基地、文化园区等。活动由广东省科学技术协会主办，省青少年科技中心承办，肇庆市、区科协、教育局等协办，旨在加强粤港澳三地青少年科技创新合作交流，促进三地青少年科技创新人才培养。

（肇庆市人民政府地方志办公室）

【首届粤港澳大湾区（中山）中医药论坛暨青年中医交流活动】 2019年8月24日，中山市归国华侨联合会与中山市卫生健康局、中山市中医药学会、港九中医师公会、澳门中医学会共同主办的“弘扬中医国粹，共创健康湾区”——首届粤港澳大湾区（中山）中医药论坛暨青年中医交流活动在中山市举行。中央人民政府驻香港联络办公室、中央人民政府驻澳门联络办公室、澳门特别行政区政府卫生局、广东省侨联、中山市侨联及市卫生健康局代表，以及来自香港、澳门、中山的青年中医师及中山医务人员等200人参加活动。其间，邀请中医经典临床研究所所长李赛美为粤港澳三地的青年中医开展“糖尿病六经辨治思路与实践”主题讲座并举办沙龙活动，三地青年中医互相交流各地的医疗系统及营运模式，分享各自的执业经验、研究心得和学术成果，共谋发展。（中山市人民政府地方志办公室）

【2019年“邹振先杯”粤港澳大湾区青少年友好运动会】 2019年10月18—20日，“邹振先杯”粤港澳大湾区青少年友好运动会在东莞体育中心举行。比赛设置4个组别，每组8个项目，来自广州、深圳、香港、澳门、珠海、中山、惠州、佛山、肇庆、东莞以及重庆、九江和镇江13个城市的608名运动员和教练员参赛。该项比赛的前身为“邹振先杯”粤港澳大湾区青少年田径邀请赛，2016—2018年举办3届，2019年更名为“邹振先杯”粤港澳大湾区青少年友好运动会。该赛事连续两年被广东省政府港澳办纳入加强粤港澳青少年交流合作的重点项目。

（东莞市人民政府地方志办公室）

中外文化交流互鉴

【概况】 2019年，广东省承办中俄教育合作分委会第十九次会议，由俄罗斯联邦科学和高等教育部副部长、中俄教育合作分委会俄方主席博罗弗斯卡娅与教育部副部长共同主持。承办2019亚洲科学夏令营、中南人文交流智库论坛。举办广东省“一带一路”职业教育联盟2019年年度活动，扩大联盟规模和影响力。举办英国—广东省高校（民办及独立学院）对话交流活动。继续实施广东省—加拿大BC省学生交流奖学金项目、新加坡奖学金项目、韩国京畿道高中生交流互访项目、韩国经畿道大学生夏令营、日本兵库县高中生互访交流活动，开展中学生和大学生交流。组织参加中国高中生长期访日项目、中美千校携手、中法数学交流活动。（广东省教育厅）

【香港推动文化交流】 2019年，香港特别行政区政府在暑假扩展“企业内地与海外暑期实习先导计划”，由参与计划的18家本港大型企业为约250名香港青年提供工作岗位，在内地不同省市和9个海外国家实习。自2018年起，香港特别行政区政府预留1.4亿港元的额外资源，在5年内支持香港地区的艺术家及艺术团体到大湾区进行演出以及其他交流活动，帮助大湾区的观众了解香港地区的现代与传统、西方与东方兼容的艺术文化风貌。是年，香港特别行政区艺术发展局推行音乐、舞蹈、戏剧及戏曲等14个艺术人才培育计划，并颁发奖学金，让获奖人士赴英国在TateModern公众项目中实习。自2018—2019年起，香港特别行政区政府拨备额外资源，支援香港艺术家及艺术团体在大湾区演出或进行其他文化交流活动，展示香港的文化艺术，同时为香港艺术家和艺团提供新机遇，培育未来的行政人员和节目承办人。香港康乐及文化事务署（简称康文署）每年7—8月均举办“国际综艺合家欢”，该届由西港剧团演出的《罗宾汉·侠盗再现》为活动揭开序幕。合家欢上演268项节目（活动），包括戏剧、音乐、宝宝歌剧、舞蹈、戏偶剧场、杂技和多媒体音乐剧场等，8.5万人参与。康文署举办以“北欧五国”为题的第八届世界文化艺术节，呈献北欧最前卫和具代表性的演艺节目。艺术节以当代歌剧《秋天奏鸣曲》揭开序幕，上演125项节目及活动，吸引超过6万人参与。

2019年11月，由香港设计总会推动的“二元桥—深圳前海”设计创意产业园项目营运。香港特别行政区政府继续透过“创意智优计划”资助合适项目，并通过该新平台促进人才交流、商业配对及业界合作，支援香港年轻人才和初创公司在大湾区发展。年度盛事“设计营商周”由香港特别行政区政府资助、香港设计中心主办，涵盖论坛、讲座、展览等系列活动，汇聚国际设计业翘楚进行交流及商业配对。

（香港历史研究基金会）

【广州推动对外文旅交流】 2019年，广州市组织26个团队707人次赴国外开展对外文化旅游交流，推动广州城市国际形象走向世界。重点打造“广州文化周”“我们，广州”“丝路花语——海上丝绸之路文化之旅”三大对外文旅交流品牌。先后在亚洲、欧洲、美洲、大洋洲等地区开展14场“广州文化周”活动，广东音乐、粤剧粤曲、木偶杂技、广府雕塑等岭南艺术登上世界舞台。“我们，广州”亮相世界港口大会等国际著名展会，推广广州城市文化旅游形象。打造“广州国际友城艺术团”品牌，通过文化艺术交流，推动与友城在文化、经贸、旅游等方面的交流合作，先后赴日本福冈、澳大利亚悉尼、新西兰奥克兰、俄罗斯圣彼得堡、阿联酋迪拜、土耳其伊斯坦布尔、印度尼西亚泗水、古巴哈瓦那8个友好城市开展文化交流活动。依托国际旅游组织、国际会议、广州文化旅游境外推广中心等平台，开展精准营销，开拓国际市场，先后赴亚洲、欧洲、美洲等地区举办18场广州文化旅游推介会。搭建文化交流合作平台，举办广州国际旅游展览会、中国（广州）国际纪录片节、中国（广州）国际青年艺术周、中国（广州）国际演艺交易会、广州国际艺术博览会等品牌节展活动，立体呈现广州的城市形象。（鄢波）

【深圳加强对外宣传和文化交流】 2019年，深圳市构建外宣新媒体矩阵，覆盖海外人群超3亿人，“互联网+外宣”有新进展。制作深圳城市形象片、深圳城市文化菜单等对外宣传产品，实施“航线工程”，中国国际航空、南方航空、深圳航空往返深圳航班全部投放深圳城市宣传片，举办“国际友人在深圳”摄影大赛。在芬兰举行

“设计之都”推介会，相继在瑞士、德国和捷克举办以“时尚设计”为主题的深圳国际文化周活动，参加在意大利举行的联合国教科文组织创意城市网络年会。外宣项目《影像深圳》获中国（广州）纪录片节短视频优秀作品奖。深圳英文门户网站“EyeShenzhen”链接全球22个友好城市，在外文版政府网站中海外流量排名第一位，获评“2018年度最具影响力外文版政府网站”。

（深圳市人民政府地方志办公室）

【佛山推动对外交流合作】 2019年6月，在中国和吉尔吉斯斯坦两国元首的共同见证下，佛山市和奥什市签署建立友好城市关系协议书。佛山市和奥什市以缔结友好城市为契机，在“一带一路”倡议和上海合作组织发展框架下，加强在经贸、科技、文化、教育、体育、卫生等领域的交流合作，促进共同发展、共同繁荣。同年，佛山市以2019年广东（佛山）非遗周暨佛山秋色巡游活动为契机，举办首届佛山国际交流文化周，邀请日本伊丹市、瓦努阿图维拉港市、俄罗斯纳罗福明斯克市、德国因戈尔施塔特市等友好城市和韩国大邱市等友好交流城市组派代表团访问佛山。（蒋淑君）

【东莞对外合作层级提升】 2019年，东莞市发挥外事资源优势，对接高端资源要素，搭建对外合作平台，优化对外交往布局。配合国家“一带一路”建设，深化与沿线国家人文交流，拓展与欧美等发达国家多领域交流合作。完成系列重要出访活动，扩大经贸投资、人文、科研等领域对外合作网络。全年，因公赴“一带一路”沿线国家团组45批153人次，赴欧美等发达国家团组56批208人次。（东莞市人民政府地方志办公室）

【中山市与密克罗尼西亚联邦交流合作】 2019年，中山市围绕庆祝中华人民共和国成立70周年以及中华人民共和国与密克罗尼西亚联邦（简称密联邦）建交30周年，加强与密联邦交流合作。6月5日，密联邦丘克州州长约翰逊率友好代表团一行8人访问中山。7月10—17日，中山市代表团访问密联邦波纳佩州、雅浦州。7月15日，中山市人民对外友好协会与雅浦—中国经济文化协会签署友好合作备忘录，加强双方友好组织交流。9月，中山市代表团访问密联邦，组织中山市文艺团在密联邦波纳佩州、雅浦州承办4场“中国岭南文化之夜——庆祝中密建交30周年暨中华人民共和国成立70周年”演出活动，获中华人民共和国驻密克罗尼西亚联邦大使馆发信致谢。11月19—21日，密联邦副总统尤斯沃·乔治一行访问中山市，参观中山市中医院、三角镇迪茵湖小镇、中山明阳智慧能源集团股份有限公司等，了解中山市经济建设和社会发展。

（中山市人民政府地方志办公室）

【肇庆推动对外交流合作】 2019年，肇庆市推动对外交流合作。接待外宾17批65人，包括各国驻广州总领事馆官员、友城代表团及外国投资企业代表团。各访肇代表团与肇庆市有关部门互相交流，了解肇庆市投资环境以及肇庆市在粤港澳大湾区中的角色定位和基础设施、环境保护、医疗卫生、农业项目、人文交流等方面的情况。参加波兰、荷兰、意大利、新加坡、墨西哥、尼日利亚、西班牙、韩国、阿联酋、泰国、卡塔尔11个国家驻广州总领事馆举办的国庆庆典活动。参与全市大型国际体育赛事及对外交流活动，协办“2019中国民商年会暨中国（肇庆）——日本经贸交流峰会”；协助做好2019年体操世界杯挑战赛（肇庆站）、2019年高台跳水世界杯、“区域可持续发展论坛暨第二届肇庆人才节”等国际活动的涉外工作。发挥外事资源优势，推进粤港澳大湾区建设，开展“一带一路”工作。参加广东省外事办公室在广州举办的2019年“相聚南粤”迎春招待会，加强与各国驻穗领团沟通交流。发挥市友好协会在民间外交的重要作用，密切肇庆与海外人士的联系交流。12月5日，肇庆市人民对外友好协会（简称市友协）召开第五届理事会成立大会，审议通过《肇庆市对外友好协会章程》及第五届理事会成员名单，聘请37名海外及台港澳友好人士为市友协特邀理事。

（肇庆市人民政府地方志办公室）

【第二届“相约澳门”——中葡文化艺术节】 2019年，澳门地区推进“中国与葡语国家文化交流中心”的建设工作。6月28日，澳门特别行政区文化局开展第二届“相约澳门”——中葡文化艺术节，以“相约澳门”为主题，邀请来自8个葡语系国家、中国内地及澳门的200多位艺术家及嘉宾参与。澳门特别行政区文化局于7—12月期间持续举办多项活动，观众约10万人次。该届中葡文化艺术节由六大亮点活动组成，包括中国与葡语国家电影展、九九存珍——庆祝澳门回归祖国20周年档案展、澳门国际书展2019、中国与葡语国家传统歌舞表演、中国与葡语国家艺术年展（包括“年展”及抒情诗——艺博馆馆藏澳门及葡萄牙艺术家作品展），以及澳门中乐团“丝竹与FADO”音乐会。为提升澳门文化形象，打造文化旅游品牌，创造“全城美术馆，处处艺术园”的氛围，4—10月举办首届大型文化艺术盛会“艺文荟澳”，组织41项大型活动，包括21项国际艺术展览、6件融入城市景点的户外艺术装置、11项大型表演活动，以及3项国际青年节庆活动。活动在澳门地区55个地点进行，来自37个国家及地区的328位艺术家参与。连同1002场的周边延伸活动，“艺文荟澳”总参与观众数量突破1600万人次。活动由澳门特别行政区政府社会文化司指导，文化局和旅游局主办，教育暨青年发展局、高等教育局、银河娱乐集团、新濠博亚娱乐有限公司、美高梅、金沙中国有限公司、澳门博彩股份有限公司、永利澳门有限公司、南光（集团）有限公司，以及5个外国驻港澳领事馆协办。

（摘自《2020澳门年鉴》）

【深圳“一带一路”国际音乐季】 2019年3月24日至4月14日，41个国家和地区的809位世界知名音乐家齐聚深圳“一带一路”国际音乐季，为广大深圳市民带来23场演出及7场配套艺术延伸活动。23场演出中，有弗朗茨·威尔瑟–莫斯特与美国克利夫兰管弦乐团音乐会、德国弗莱堡巴洛克古乐团音乐会版歌剧《唐璜》等经典音乐，有“一带一路”沿线印度尼西亚、卡塔尔、越南、格鲁吉亚等国家艺术团组献上的民族音乐。该次音乐季包括“开闭幕音乐会”“荣光与梦想”“现代之音”“碧海乐韵”“琴键上的丝路畅想”“丝路嘉年华——惠民演出进社区”“延伸活动”七大版块，兼顾不同类型、喜好各异的不同音乐爱好群体的需求。

（深圳市人民政府地方志办公室）

【第十三届中日健美操交流大会】 2019年12月19日，由广东省友协、全日本业余健美操联盟主办，中山市友协承办的2019中日健美操交流大会（中山站）在华南师范大学中山附属中学举行，来自中山8所学校的表演团队和日本4个表演团队同台交流，以体育交流为契机增进中日两国青少年的沟通交流和友谊，推广健美操运动。自2001年起，中日健美操交流大会分别在广东省19个地级以上市举办13届，是广东省友协与日本开展青少年交流的品牌项目，该届交流大会是继2006年后第二次在中山市举办。

（中山市人民政府地方志办公室）

休闲湾区构筑

多元旅游发展

【概况】 2019年，广东省进行文旅形象和品牌推广，丰富旅游产品，推动多元化旅游发展。组织“请到广东过大年”主题推广活动，先后开展13次23场区域推广联盟活动，在国内重点栏目投放广东文化旅游形象广告等，强化广东文化旅游品牌形象。进行“暖冬”“2020请到广东过大年”等旅游热点营销和粤菜师傅工程推广。贯彻落实《国务院办公厅关于进一步激发文化和旅游消费潜力的意见》，开展广东省文旅消费重点项目推荐活动，分类指导韶关、云浮、惠州、清远、梅州、湛江、茂名等地开展文化和旅游消费工作。推动地方旅游年卡、乡村旅游日、文化旅游日等项目开展，并予以经费支持。印发《广东省乡村旅游提质升级行动实施方案（2019—2020年）》《文化和旅游业助推乡村振兴的工作方案（2019—2020年）》，推动文化和旅游业深度融合。落实《关于促进全域旅游发展的实施方案》，打造“粤美乡村”乡村旅游品牌。开展广东省文化和旅游特色村评选、“广东省旅游风情小镇”评选，推动评定100条乡村旅游精品线路。梳理乡村文化旅游资源，发布第一批《广东省乡村旅游可开发资源目录》，开启第七批省级休闲农业与乡村旅游示范镇示范点认定工作。推进国家级和省级旅游度假区创建，开发“一程多站”精品旅游产品，加强粤港澳历史文化游径建设和滨海旅游业发展。（广东省文化和旅游厅）

【高铁“一程多站”旅游产品】 香港 2019年，香港特别行政区政府致力对外推广“一程多站”旅游产品和加强香港作为亚洲区首选旅游目的地的形象。旅游事务专员作为联合会第二次年度会议的轮值主席，于6月12日在香港主持联合会第二次年度会议，与澳门特别行政区及大湾区9个内地城市的旅游部门商讨加强旅游合作，包括为海外旅客在大湾区内通行争取更多便利、加强市场监管及宣传推广合作、支援业界开发更多“一程多站”旅游产品等。11月21日，签署《〈内地与香港关于建立更紧密经贸关系的安排〉服务贸易协议》的修订协议，优化由香港入境的外国旅游团进入珠三角地区和汕头市停留144小时免办签证政策、增加入境口岸、扩大停留区域，助推香港旅游业界开发更多针对外国旅客的“一程多站”旅游产品，吸引更多海外旅客到香港及经香港到访内地。（香港历史研究基金会）

广州 2019年，广州打造5条“一程多站”精品旅游线路，即广州佛山开平文化之旅、广州顺德商务之旅、广州深圳休闲之旅、广州中山珠海民宿游、粤港澳大湾区文化风情游，以便过境游客有充裕的时间感受岭南特色文化和湾区人文情怀的独特魅力。

（广州市人民政府地方志办公室）

佛山 2019年5月3—6日，第三届佛山·禅城旅游文化周暨高铁经济带旅游博览会在佛山市举行。作为全国首个高铁主题旅游博览会，大会吸引贵广、南广、昆广及武广、厦深高铁线路沿线的50多个城市参加，囊括广州、佛山、香港、澳门等粤港澳大湾区核心城市，辐射全国，与往届相比该届博览会规模进一步扩大。

（佛山年鉴社）

江门 2019年，江门推进全域旅游，打造粤港澳大湾区“一程多站”精品线路游，建成新会旅游南部、中部集散中心。

（江门市人民政府地方志办公室）

【国际邮轮港建设】 香港 2019年，邮轮停泊启德邮轮码头175次，停泊日数共162个历日，乘客总流量超过84万人次。香港特别行政区政府致力推动香港成为区内的国际邮轮枢纽。在2018—2019年，香港特别行政区旅游发展局推出37项“飞航邮轮”合作推广活动，推广“飞航邮轮”套票，吸引消费者到港参加邮轮假期。2019年，亚洲最新及最大邮轮“海洋光谱号”在香港首航。在内地，随着广深港高速铁路香港段启用，香港特别行政区旅游发展局推出一系列“高铁邮轮”旅游的推广活动，包括与星梦邮轮的“高铁邮轮”旅游推广计划。推动邮轮业的区域合作，通过亚洲邮轮联盟，推出名为亚洲邮轮项目的鼓励计划，发挥联盟港口之间的协同效应，合办推广活动及大型业界活动，吸引更多邮轮停靠，巩固香港作为区内邮轮枢纽的地位。（香港历史研究基金会）

广州 2019年11月17日，广州南沙国际邮轮母港开港运营，首航的国际邮轮“歌诗达·新浪漫号”安全靠泊、离港。全年南沙运营出入境邮轮93艘次，接待出入境旅客44.19万人次，接待人数连续三年居全国第三位。

（广州市文化广电旅游局）

【粤港澳历史文化游径建设】 广州　2019年，广州市作为粤港澳大湾区文化遗产游径建设试点城市，推进游径建设，初步形成中山史迹、近代医药、近代教育及红色史迹游径路线，涉及各级文物保护单位及历史建筑60多个（处）。以杨家祠、两广部堂旧址、社仁坊旧址为试点，完成4块信息牌设计、安装。确定西堤—沿江路一带为粤港澳大湾区文化遗产游径示范段。荔湾区率先在十三行博物馆、粤海关博物馆、沙基惨案纪念碑、南方大厦和塔影楼5个示范点进行游径标识信息牌制作与安装。

（广州市人民政府地方志办公室）

中山　2019年，中山市根据全市历史文化和旅游资源分布情况，对孙中山史迹径、岐澳古道和孙文西路历史文化街区的历史文化和旅游资源进行调查，编制中山市粤港澳大湾区文化遗产游径地图，推出以孙中山文化遗产、华人华侨文化、岐澳古驿道文化为主题的3条游径共7条线路。（中山市人民政府地方志办公室）

【香港建设国际城市旅游枢纽】 2019年，香港特别行政区旅游发展局举办的活动包括闪跃维港灯影节、新春国际汇演之夜、香港电竞音乐节和除夕倒数。香港特别行政区政府以先导计划形式，在西贡盐田梓举办艺术暨古迹、文化及绿色旅游活动。推动完成包括麦理浩径第一段、山顶炉峰自然步道和印洲塘郊游径等远足径的优化工程，改善旅游设施。此外，为旅客提供包括持牌宾馆、青年旅舍以至高级酒店不同类型的住宿选择。截至年底，香港有303家酒店及1520家持牌宾馆，分别提供8.41万间及1.27万间客房。是年，香港特别行政区政府与文化和旅游部推进落实《关于进一步深化内地与香港旅游合作协议》，加强在市场监管、联合推广及讯息交流方面的合作。是年，香港特别行政区政府与澳门特别行政区政府及粤港澳大湾区9个内地城市的政府成立粤港澳大湾区城市旅游联合会，推动区内旅游合作及发展。（香港历史研究基金会）

【澳门建设世界旅游休闲中心】 2019年，澳门旅游业发展表现理想。适逢澳门特别行政区回归20周年之际，澳门特别行政区旅游局联同相关部门举行各项庆祝活动。继续执行《澳门旅游业发展总体规划》，建设“创意城市美食之都”，参与打造粤港澳大湾区旅游目的地，推动“智慧旅游”发展，提升旅游质量，促进旅游产品的多元化，推进澳门旅游业的可持续发展。《澳门旅游业发展总体规划》于2017年公布，提出8个关键目标，33个策略、29个规划建议及91个短、中、长期行动计划，配合澳门特别行政区政府建设“世界旅游休闲中心”的目标。在69个短期（0至5年）行动计划中，展开及跟进67个行动计划，其中56个为达标项目，执行率81%。网上新闻数据库“澳门旅游新闻+”（https://news-plus.macaotourism.gov.mo/）整合不同新闻发布者提供的澳门旅游新闻素材，使传媒及业界通过一站式的服务查阅及利用数据库的内容。澳门特别行政区旅游局持续更新“澳门旅游数据+”（Dataplus）（http://dataplus.macaotourism.gov.mo/）数据查询内容，于黄金周期间提供入境旅客的临时数据供公众查阅。利用“粤港澳大湾区城市旅游联合会”及各种区域合作机制，推动大湾区旅游建设和联合推广工作。澳门特别行政区旅游局联同大湾区城市的旅游部门在新加坡举行“粤港澳大湾区—联线旅游体验”推广活动，邀请新加坡旅游达人分享粤港澳大湾区11个城市的“一程多站”旅游体验。与粤港澳旅游推广机构以“粤港澳大湾区”为主题，在德国柏林国际旅游展和美国洛杉矶举办旅游推广活动，在多个重要的旅游展设联合宣传展台等，共同拓展国际旅游市场。以澳门为宣传平台，邀请内地省、市来澳门参加“澳门国际旅游（产业）博览会”和“世界旅游经济论坛·澳门”大型区域性旅游活动。组织东南亚“一带一路”沿线国家、葡萄牙、美国及中国台湾地区的业界经港珠澳大桥往粤港澳大湾区考察各地旅游资源，助推新的一程多站旅游产品。是年，位于澳门及香港地区的旅客询问处接待旅客 78.44 万人次。澳门参与多个国际旅游组织的会议、研讨等活动，提升澳门在国际旅游事务上的参与度及知名度。澳门特别行政区旅游局代表团以准成员身份参加联合国世界旅游组织（UNWTO）举办的多项活动。澳门特别行政区旅游局局长以亚太旅游协会（PATA）秘书兼司库身份出席亚太旅游协会执行理事会会议、亚太旅游协会 2019 年年度峰会，赞助并出席 2019 亚太旅游协会金奖晚宴及颁奖礼。亚太经合组织（APEC）方面，澳门特别行政区旅游局以客席经济体身份派员参加第五十四次、第五十五次亚太经合组织旅游工作组会议。参加 6 月在香港召开的粤港澳大湾区城市旅游联合会第二次年度会议，落实推进多项区域合作重点工作。发挥促进澳门世界旅游休闲中心建设联合工作委员会（简称联委会）机制作用以促进澳门世界旅游休闲中心建设，10 月，联委会于澳门召开 2019 年度工作会议，澳门特别行政区政府社会文化司、文化和旅游部及中央人民政府驻澳门特别行政区联络办公室等多个单位负责人及代表出席。北京市文化和旅游局与澳门特别行政区政府旅游局签署《北京·澳门世界遗产开发利用推广合作协议书》，进一步促进京澳两地在世界遗产推广范畴的交流和合作。

加强与葡语国家合作，开展旅游教育，推动多元文化交流。高等教育基金继续推出“粤港澳大湾区旅游教育培训专项资助”，2019 年共资助 6 个项目，批出资助金额约 33 万澳门元。10 月 15 日，澳门旅游学院与珠海市文化广电旅游体育局、珠海市珠光集团控股有限公司签署框架协议，在珠海横琴设立澳门旅游学院粤港澳大湾区旅游教育合作中心；12 月 13 日，获文化和旅游部同意，作为澳门特别行政区政府的依托单位，澳门旅游学院成为粤港澳大湾区旅游教育培训基地；同日，澳门旅游学院与横琴新区管理委员会签署澳门旅游学院横琴培训基地战略合作框架协议。5 月、11 月分别举办题为“可持续发展的旅游规划及目的地管理”“可持续发展的旅游规划及区域发展的能力建设”的专业培训课程。世界旅游教育及培训中心与澳门特别行政区旅游局合作，为葡语系国家人员提供培训。

（摘自《2020 澳门年鉴》）

【广州推动多元旅游发展】 2019 年，广州市多维度宣传城市文化旅游形象。7 月，举办“仲夏寻芳·觅湾区人文珍宝，品羊城薪火古韵”——广州文旅大讲堂系列活动，发布粤港澳大湾区历史文化游径。11 月，举办“广州文旅大讲堂·2019 秋季大会”活动。推出“文旅荟萃，乐享广州”网红打卡系列活动。按照“食、住、行、游、购、娱”的分类方式，整合分析活动期间的网红流量等大数据，评选推荐 100 个（家）最具人气的景点景区、美丽乡村、米其林餐厅、风味小吃、星级品牌酒店、特色民宿、红色旅游点、博物馆 / 美术馆、休闲购物街区、历史文化街区等网红旅游点。截至年底，广州城市旅游卡签约合作优惠企业 102 家，其中景区 25 个、博物馆 6 家、酒店 25 家、餐饮企业 30 家、民宿 7 家、旅行社 9 家。继续与香港铁路公司合作，在香港红磡火车站直通车离境大堂、直通车月台、运营办公室长廊等区域投放广州文化旅游形象宣传广告。

是年，广州市成立市推进粤港澳大湾区建设文化旅游一体化发展专项小组，研究起草《广州市推进粤港澳大湾区建设文化旅游一体化发展专项小组工作方案（征求意见稿）》。与清远市签署《共同推进粤港澳大湾区旅游生态合作试验区建设框架协议》。建立穗港澳文化艺术交流常态化机制，选派文化团队赴港澳开展粤剧粤曲、木偶杂技、文博馆际交流，共塑湾区人文精神。举办“穗港澳青少年文化交流季”活动，吸引湾区 2000 多名青少年参与。成立粤港澳大湾区公共图书馆联盟，促进大湾区图书馆事业协同发展。梳理文化遗产点 60 多处，举行发布粤港澳大湾区历史文化游径系列精品旅游线路暨广州城市旅游云卡上线启动仪式，发布粤港澳大湾区历史文化旅游步径和精品旅游产品16条（个）。加强文化旅游人才培养交流，广州市导游协会与澳门旅游学院签订合作框架协议书，共享文化旅游智力资源。是年，广州市文化广电旅游局组织71个团队790人次赴港澳开展文化旅游交流。

【广州加强文化旅游推介】 2019年，广州市在土耳其伊斯坦布尔举办广州文化旅游推介活动，先后赴阿联酋迪拜、芬兰赫尔辛基、泰国曼谷、印度艾哈迈德巴德、马来西亚马六甲、韩国釜山6个国外城市和中国香港、中国澳门和中国台湾地区参加重要旅游展会、会议活动，参加韩国、巴拿马、阿根廷、新西兰、厄瓜多尔、澳大利亚、伊朗、西班牙、葡萄牙等10多个国家（地区）在穗旅游推介会。先后会见亚太城市旅游振兴机构（TPO）秘书长、世界旅游组织秘书长、西班牙驻广州总领事、芬兰坦佩雷市旅游局局长、日本登别市市长、韩国首尔市旅游局局长、爱彼迎中国区副总裁等外宾。邀请参加澳门旅博会的国际旅行商、澳大利亚华人社团代表、印尼旅游业界人士等团体赴粤港澳大湾区城市采风踩线，协调墨西哥旅游批发商协会、新加坡网红来穗考察旅游资源，协调举办2019中美高中篮球友谊赛。参加国内主要客源城市举办的旅游展会，带领广州旅游企业先后赴南京、苏州、重庆、西安、海口、佛山等10多个城市参加国内旅游展会。是年，会同粤港澳大湾区其他城市先后6次赴境内外重要客源地开展文化旅游资源宣传推广活动。接待辽宁沈阳、广东珠海、江西全南、重庆南川等多个市（区、县）旅游部门洽谈旅游合作，协助内地40多个城市在穗举办宣传推介活动。

【144小时过境免签旅游推介】 2019年5月1日，广东省实施外国人144小时过境免签政策。5月12日，广州市举办“免签门户赏花城，一程多站游湾区”——广州144小时过境免签首团游欢迎仪式，针对过境游客专题推介广州旅游资源。年内，打通144小时过境免签政策落地的地面程序。为广州白云国际机场过境中转1.3万名客人提供免费“广州一日游”。推出《广州144小时过境免签旅游指南》，提供政策解读、免签问答、免签流程、地铁导览等指引，精选推荐广州代表景点、美食名店、星级酒店和部分旅行社，为过境游客提供高效便捷的144小时过境免签旅游资讯服务。加强全媒体合作，进行专题推介。在推介活动中加入“144小时过境免签政策”元素，在包括海外媒体在内的媒体平台上同步宣传，培育目标客源市场，推动国际旅游目的地、集散地建设。 （广州市文化广电旅游局）

【深圳多元旅游发展】 2019年，深圳市各级旅游部门深入实施关于促进旅游业改革发展各项部署，贯彻落实《深圳市旅游业发展“十三五”规划》，加快推动旅游业改革发展和转型升级，各项主要旅游经济指标继续保持平稳较快增长势头，全年接待游客1.45亿人次，比上年增长3.9%；全市旅游总收入1715亿元，增长6.59%。全市旅行社1040家，其中2019年新增旅行社140家。全市注册导游数量10506人，出境领队2832人。年内，深圳市有出境组团社233家，旅行社营业网点遍布全市，共有星级酒店94家，其中五星级酒店已授牌24家，四星级酒店22家，三星级酒店38家，二星级酒店10家。

（深圳市人民政府地方志办公室）

【珠海多元旅游发展】 2019年，珠海市主办“珠海人i游珠海·浪漫就在家门口”活动，在“5·19”中国旅游日邀请519名市民分别体验10条线路，挖潜市内客源。组织参与第七届澳门国际旅游（产业）博览会、2019海峡两岸台北夏季旅展和广东国际旅游产业博览会。在澳门举办2019珠海（澳门）旅游推介会及洽谈活动。以“一程多站”旅游产品共同开拓国际客源市场，参加在新加坡举办的“粤港澳大湾区—联线旅游体验”推广活动。组织“庆回归，澳门同胞游珠海”主题踩线活动，邀请来自澳门社团组织的800名澳门市民和业界代表踩线体验。3月1日，珠海市在万山区组织召开“中珠澳”（中山市、珠海市、澳门特别行政区）旅游区域合作联盟工作会议，商定年度中珠澳旅游联盟合作计划。5月6—9日，参加香港特别行政区旅游发展局组织的香港研学旅行学习交流活动。6月13—16日，组团参加在香港会议展览中心举行的第三十三届香港国际旅游展。加强广深珠区域旅游合作。9月17—25日，组织旅游企业参加广深珠在黑龙江（齐齐哈尔、黑河、哈尔滨）举行的旅游交流和推介活动。做好珠海、中山、江门、阳江旅游联盟轮值主席单位，10月26—30日，组织珠中江阳旅游联盟在郑州、襄阳各举办一场旅游推介活动。

【珠海横琴滨海旅游业发展】 2019年4月1日，国务院批复同意《横琴国际休闲旅游岛建设方案》（简称《建设方案》）；4月18日，国家发展改革委官方网站公布《建设方案》。珠海横琴成为继海南和福建平潭之后获批的第三个国际性旅游岛。横琴国际休闲旅游岛界定为横琴岛及所辖海域，土地面积106.46平方千米。《建设方案》明确横琴发展定位、建设目标、建设原则和重点任务，在全面分析横琴国际休闲旅游岛建设发展的内外部条件的基础上，从空间布局、基础建设、产业发展、保障措施等方面提出具体工作安排，并在进一步扩大开放、投融资和税收、金融、用地用海、人才政策等方面给予扶持。

是年，珠海市继续加大海岛旅游宣传推广力度，先后在杭州、北京、长沙、哈尔滨举办“湾区门户·秘境万山”发布会。3月18日启动“珠海人游万山”特色主题活动，举办健身健美比赛、海岛马拉松、海钓比赛等品牌赛事。9月27—29日，70对新人在东澳岛举办“心系祖国、爱在珠海、情定万山”海洋婚典。是年，万山镇入选首批广东省旅游风情小镇，外伶仃岛、东澳岛国家4A级旅游景区通过复审。随着航班投放力度加大，大湾区市场拓展，海岛酒店和民宿发展，海岛接待游客人数、过夜游客人数、旅游综合收入均创历史新高。全年海岛接待游客62.4万人次，比上年增长23.6%；过夜游客54万人次，增长22.9%；海岛旅游综合收入4.43亿元，增长35.3%。（珠海年鉴编辑中心）

【佛山多元旅游发展】 2019年，佛山市制定《佛山市民宿发展协调小组工作制度》，召开全市民宿发展现场推进会、民宿发展协调小组工作会议等，明确民宿发展的治安、消防、商事登记、房屋安全鉴定、土地及房屋性质、权属等问题解决方案，明确各类不同民宿主体的申办条件。佛山市文化广电旅游体育局联合佛山日报社开展民宿LOGO设计大赛，确定以“悦岭南、宿佛山”为主题的佛山民宿官方标识。加强休闲农业与乡村旅游示范镇建设，均安镇以“东海情人岛”、陈村镇以花卉特色小镇为核心区域的休闲农业示范项目建设总体进展顺利，太子农庄、田园歌生态园、陈村花卉世界、花卉产业园等一批示范点影响力显现。组织开展全市休闲农业与乡村旅游发展状况专题调研，调研结果显示：佛山市规模较大的休闲农业与乡村旅游项目76个，总投资约222亿元，直接从业人数7300多人，2018年总营业收入超40亿元，接待游客近1500万人次；其他具有休闲农业功能和特色的中小型休闲农业项目点超500个，具体类型包括农业公园、农家乐、采摘园、垂钓园、观光农园、民宿等。起草《佛山市创建国家级、省级休闲农业与乡村旅游示范镇（点）三年行动计划（2020—2022年）》。成立农业旅游公司，开通佛山市“菜篮子”基地直通车和乡村旅游路线20多条。在广东省文化和旅游厅公示的首批100条乡村旅游精品线路中，佛山市入围4条，分别是南海区九江镇特色文化体验乡村游线路，顺德区水乡文化游，高明区乡村研学体验两日游，三水区探百年古村、品北江河、泡罕见氡温泉、寻觅蔬菜基地之旅。（何懿子）

【东莞推动乡村旅游发展】 2019年，东莞市推动乡村旅游发展。茶山镇南社村被认定为“全国乡村旅游重点村”和“广东省文化和旅游特色

2019年，东莞市茶山镇南社村入选全国乡村旅游重点村名录。图为中国历史文化名村——东莞市茶山镇南社村（茶山镇供稿）

村”。寮步镇通过首批“广东省全域旅游示范区”和首批“广东省旅游风情小镇”验收。麻涌“水乡美食休闲之旅”、寮步“莞香文化之旅”两条线路入选“广东省乡村旅游精品线路”。推出“探知体验之旅”“美食体验之旅”“居家体验之旅”3条工业旅游精品线路。参加粤港澳大湾区城市旅游联合会，加强粤港澳大湾区城市群的旅游交流合作。（东莞市人民政府地方志办公室）

【孙中山故里乡村旅游线路】 2019年8月6日，广东省文化和旅游厅公示首批广东省乡村旅游精品线路名单，孙中山故里乡村旅游线路成为中山市唯一上榜的旅游线路。该旅游线路主要范围为孙中山故里旅游区，总面积3.15平方千米，包括孙中山故居纪念馆、犁头尖山、中山城、辛亥革命纪念公园和翠亨村5个核心景区。其中，孙中山故居纪念馆成立于1956年，2019年为国家一级博物馆、全国爱国主义教育示范基地和全国廉政教育基地。对外开放区域包括孙中山纪念展示区、翠亨民居展示区、农耕文化展示区、非物质文化遗产展示区、辛亥革命纪念公园、杨殷和陆皓东纪念展示区。犁头尖山位于翠亨村北面，因形似犁头而得名，是翠亨村最高峰，海拔高度97.4米，可俯瞰孙中山故里旅游区全貌、远眺至珠海市淇澳岛及素有“淇澳八景”之称的淇澳大桥。中山城占地面积20公顷，是中国十大影视城之一，有中国、日本、英国、美国4个景区和1个展览馆区共63个参观景点，《孙中山》《下南洋》《辛亥革命》《日出东方》等近百部影视剧在此取景。辛亥革命纪念公园由北京大学中国城市设计研讨中心教授陈可石作主要设计，集孙中山与辛亥革命纪念、休闲游玩等特色元素于一体，建筑风格“中西合璧”，彰显中国辛亥革命进程中以孙中山为首的民主革命家敢为人先的精神，园中的花岗岩日记墙刻有孙中山、黄兴、蔡元培、毛泽东、朱德、董必武、宋庆龄等人对辛亥革命历史的日记、回忆录以及诗词等内容。翠亨村原名蔡坑村，因附近山林青翠，故改名为翠亨村，2007年6月入选第三批中国历史文化名村。

（中山市人民政府地方志办公室）

【江门多元旅游发展】 2019年，江门市实施“醉美江门100村”乡村旅游建设工程。江门市在新会区举办2019年文旅招商推介会，构建对外合作交流平台。加快文旅融合发展，举办新会陈皮、古典家具、香文化等系列文化节（博览会）。新会区获“全国百佳旅游目的地”称号，睦洲石板沙创建国家3A级旅游景区，崖门京梅村入选首批广东省文化旅游特色村。台山市斗山镇浮石村入选由文化和旅游部、国家发展改革委认定的第一批全国乡村旅游重点村名单，开平市塘口镇强亚村、新会区崖门镇京梅村、鹤山市龙口镇霄南村，恩平市圣堂镇歇马举人村入选首批广东省文化和旅游特色村。开平碉楼乡村文化旅游精品线路成为广东省唯一一条春季全国推介线路，被农业农村部推介为2019年休闲农业和乡村旅游春季精品景点线路。汀江华侨文化走廊（古驿道）一日游、开平世遗文化经典游、鹤山红色文化两天游、恩平温泉生态乡村两日游等4条旅游线路入围首批广东省乡村旅游精品线路名单。4月，广东省文化和旅游厅公布第九批广东省文物保护单位，江门市15处入选，包括陈宜禧纪念亭等建筑。5月1日，广东台山海上丝绸之路博物馆建成试运行，正式对外开放。10月17—20日，首届国家考古遗址公园文化艺术周分别在杭州良渚和北海合浦两个会场举行。台山市获得2020年第二届国家考古遗址公园文化艺术周承办权。11月14日，在华侨华人文化交流合作暨粤港澳青年文化创意发展大会上，江门市政府与融创中国集团签约，计划投资300亿元以上开发台山市海宴镇和上下川岛片区，打造滨海文旅项目。11月15日，恩平市被中国气象服务协会授予“中国避寒宜居地”称号，成为全国首个“中国避寒目的地”。

（江门市文化广电旅游体育局
新会区人民政府地方志办公室）

【肇庆旅游业发展】 2019年，肇庆市制订实施《肇庆市实施旅游振兴三年（2019—2021年）“十大行动”计划》，提出加快创建国家全域旅游示范市和国家旅游度假区、参与大湾区世界级旅游目的地建设、发展乡村旅游助力乡村振兴、推动文旅融合发展和“旅游+”新业态发展等目标任务，配套出台《肇庆市促进旅游振兴扶持办法》，从加大财政资金投入、加强金融支持、保障旅游项目用地等方面推动旅游振兴发展。5月8日，召开全市旅游发展大会，提出2021年成为广东全域旅游示范市，列入“国家全域旅游示范区”创建名录。年内，肇庆市获评“2019年中国最佳品质文化旅游目的地”“最美旅游摄影目的地”“中国十佳绿色城市”称号，星湖旅游景区拟确定为国家5A级旅游景区。是年，肇庆市景区接待游客4549.02万人次，比上年增长5.58%；全市旅游总收入340.82亿元，增长5.52%。 （肇庆市人民政府地方志办公室）

国家全域旅游示范区建设

【概况】 2019年，广东省以全域旅游示范区创建验收为重要抓手，通过业务培训、验收指导、资金扶持、示范推广等，推动全域旅游发展取得成效。3月，组织开展规模约200人的2019年广东省国家全域旅游示范区验收认定工作培训，同时启动广东省国家全域旅游示范区创建单位验收初审。5月，启动首批广东省全域旅游示范区验收认定。9月，广州市番禺区、江门市台山市创建为首批“国家全域旅游示范区”。12月，揭阳市揭西县、梅州市梅县区、惠州市博罗县、惠州市龙门县、深圳市盐田区、佛山市高明区、东莞市寮步镇7个地区创建为首批“广东省全域旅游示范区”。给予10个单位全域旅游示范区奖励（补助）资金，指导和推荐5家全域旅游示范区创建单位获得国家旅游发展基金支持项目建设。 （摘自《广东年鉴2020》）

【广州推动全域旅游示范区建设】 2019年，广州市坚持全域旅游发展理念，加强旅游资源优化整合，推动打造国际旅游目的地。推进国家和省级全域旅游示范区创建验收工作。安排专项资金700万元用于示范区创建。9月23日，番禺区入选文化和旅游部首批认定的71个国家全域旅游示范区名单，为全国505个创建单位中广东省仅有的2个示范区（县）之一，同时获评“2019全域旅游发展年度优秀案例”，并入选《2019年中国旅游产业影响力指数报告》案例分析。年内，新增8个3A级旅游景区，包括广东环亚美容化妆品博物馆、陈李济中药文化园、广州地铁博物馆、广东省凉茶博物馆、广州艺术博物馆、中国共产党第三次全国代表大会会址纪念馆、1978电影小镇、广州博物馆。全市有A级旅游景区62个，其中5A级2个、4A级26个、3A

级 33 个、2A 级 1 个。广州市获“2019 中国旅游影响力年度夜游城市”称号。

（广州市文化广电旅游局）

【深圳推动全域旅游示范区创建】 2019 年，深圳市推进全域旅游示范区创建工作，深圳盐田区通过首批广东省全域旅游示范区验收。建立市区两级联动机制，推进东部华侨城、大鹏所城、甘坑新镇等华侨城集团在深圳的文旅项目品质提升。深入开展滨海旅游综合策划和概念规划研究。推动新大旅游项目、金沙湾国际乐园、融创冰雪综合体、小梅沙片区等重大旅游项目建设，丰富旅游产品体系。“海上看深圳”游船项目新航线开通运营。深圳机场口岸实施外国人 144 小时过境免签政策，便利游客出入境。围绕建设区域文化中心城市和彰显国家文化软实力的现代文明之城目标，落实“文化创新发展 2020”实施方案，完善公共文体旅游服务体系，提升文体旅游产业综合实力。启动文体旅游发展“十四五”规划编制，完成海洋文化旅游发展专项规划初稿。印发文化市场安全生产工作指导意见，编制旅行社安全管理制度建设指引，完善安全管理制度。编制文体旅游 13 个细分行业领域双重预防工作指引。 （深圳市人民政府地方志办公室）

【东莞文旅融合】 2019 年，东莞市全面布局全域旅游，深化文旅融合发展。起草《东莞市促进全域旅游发展实施方案》《东莞市旅游发展三年行动计划及重大项目概念策划》。开发优质旅游资源，推动茶山镇南社村申报全国乡村旅游重点村，莞香文化之旅、麻涌水乡美食休闲游入选首批广东省乡村旅游精品线路。推进水乡道滘特色小镇、谢岗银屏湿地公园、塘厦文旅综合项目、鳒鱼洲文化创意产业园等综合文旅项目建设。 （东莞市人民政府地方志办公室）

【中山旅游质量服务提升年系列活动】 2019 年 5 月，中山市开展“文明旅游，为中国加分”2019 中山市促进全域文明旅游和公共文化示范区创建暨旅游质量服务提升年系列活动。活动期间举办 2019 中山市促进全域文明旅游和公共文化示范区创建宣传、百人快闪歌舞《点赞中国》、中山市出境文明旅游专场宣传等活动，直接参与者 5000 人次，市民群众通过微信或网络直播平台参与 5 万人次。

（中山市人民政府地方志办公室）

【江门创建国家全域旅游示范区】 2019 年，江门市出台《江门市国际旅游目的地全域发展规划（2019—2030）》和《江门市促进全域旅游发展实施方案》，基本完成修编《江门市历史文化游径总体规划及游径设计》，创建省级以上乡村旅游重点村 5 个、省级以上乡村旅游精品线路 4 条，建成省休闲农业与乡村旅游示范镇 7 个、示范点 9 个、精品民宿 7 个、乡村旅游创客基地 2 个。台山市创建成为国家全域旅游示范区，是广东省仅有的 2 个首批国家全域旅游示范区之一。

（江门市农业农村局）

【华贸天地惠州全域旅游信息咨询中心示范点开放】 2019 年 5 月 19 日，华贸天地惠州全域旅游信息咨询中心示范点对外开放。该中心位于惠州市惠城区江北华贸天地商场前广场，占地面积 30 平方米，电视墙持续播放惠州旅游宣传片。中心能够提供区域内吃、住、行、游、购等方面的旅游咨询，协助开展紧急旅游救助、旅游代理业务、接待旅游投诉等，还提供临时休憩、租用伞、轮椅、婴儿车等便民服务。该中心是惠州市区第一个按照国家标准建成的市级全域旅游信息咨询中心，也是当地特色旅游商品实物展示和宣传平台。 （惠州市人民政府地方志办公室）

【2019 广东国际旅游产业博览会】 2019 年 8 月 30 日至 9 月 1 日在广州中国进出口商品交易会琶洲展馆举行，由广东省文化和旅游厅主办、广东省旅游发展研究中心承办。该届旅博会展览面积 5 万平方米，标准展位 2500 个，设“一带一路”国际旅游馆、文旅融合馆、大众旅游卖场

馆、旅游商品汇及老字号馆、粤港澳大湾区工艺美术博览会馆等五大主题展馆。50多个国家和地区、国内20个省（区、市）、省内21个地级以上市的3000多家旅游机构、旅游企业参展，约2万人组成50个专业买家代表团共50多万人次参观参会。旅博会打造“旅游+教育”研学旅行主题展区以及“非遗”“红色旅游”“乡村旅游”“粤港澳大湾区文化遗产游径”等多个特色展区，凸显全域旅游格局下“旅游+”新业态的发展。“旅游目的地合作伙伴”韶关市通过南粤古驿道、“重走长征路”红色旅游等文旅融合产品展示其“文化+旅游+体育”新形象。

（广东省文化和旅游厅）

【2019广东文化和旅游产业投融资对接活动】 于2019年8月31日在广州举行，由广东省文化和旅游厅、广东省地方金融监管局联合主办。该次对接会征集国内旅游招商引资项目462个，涉及投资总额10420亿元，融资总需求954.94亿元，其中，超过10亿元及以上的项目122个，超百亿元的项目23个。项目类型覆盖生态旅游、乡村旅游、文化旅游、温泉旅游、森林旅游、海滨海岛、主题乐园等多种形态，包括民宿、田园综合体、古村落开发、特色小镇、文化创意园、体育旅游、自驾营地、医疗健康、研学旅行、演艺娱乐、动漫游戏、智慧旅游、文创商品、运营托管、旅游装备制造等新业态新产品。会上，东莞信托、华侨城旅游、中信资本、保利资本、恒大旅游集团、昆仑保险等共同发起设立规模为100亿元的“文化和旅游产业投资基金”，支持文旅产业发展。大会邀请中国旅游研究院、华侨城集团、雪松文旅集团、利亚德集团、东莞信托、执惠旅游、方塘智库、景鉴智库等单位的业界专家、企业精英，围绕文旅投资热点话题开展主题演讲、案例分析以及圆桌对话。韶关、云浮、梅州等地市进行招商推介，13个优质项目进行现场路演，分设“乡村旅游”“文旅融合”“文旅产业创新”3个主题分会场进行专题对接。

（广东省文化和旅游厅）

【2019广东旅游文化节暨第十届（惠州）东坡文化节】 2019年11月22—25日在惠州举办，由文化和旅游部指导，广东省文化和旅游厅、惠州市政府联合主办。文化节以“活力广东·山海惠州”为主题，惠州市主会场及县区分会场全面联动，其间举办广东（惠州）文化旅游体育产业博览会、东坡文化高峰论坛等40多场文旅体惠民活动。活动持续一周时间（11月20—26日），惠州市接待游客156.7万人次，其中过夜游客67.38万人次，实现旅游收入约9亿元。

（惠州人民政府地方志办公室）

【“一带一路”文旅发展论坛暨粤港澳大湾区文旅融合论坛】 于2019年12月7日在深圳举办。论坛旨在深入贯彻支持深圳建设中国特色社会主义先行示范区的精神，认真落实文化和旅游部《“一带一路”文化发展行动计划（2016—2020年）》，践行粤港澳大湾区建设规划部署，推动“一带一路”沿线国家文明互鉴，粤港澳大湾区文化旅游深度融合，实现资源共享，优势互补、协同并进。该届论坛包括主旨演讲、平行论坛、文旅项目推介、文化联谊暨颁奖盛典等内容单元。论坛期间，由中国文化传媒集团主导、中传华夏国际文旅有限公司管理的中传华夏国际文旅专家委员会成立，以“一带一路”框架下的文旅发展为重点，探索和研究“一带一路”地区文旅资源整合、发展案例、特色经验、共性问题和项目规划等，为中国文旅事业和产业可持续发展提供多元化、全方位智力支撑。论坛当日举办文旅项目推介暨投融资对接会，对“文旅中国”惠民游、聆勤共享阅读、中传云宿旅居联合营地、古今丝路以梦为马——金伯乐马文化再走“一带一路”、文旅融合的茶山模式——以南社明清古村落为例、增城莲塘春色、惠州天医堂中医文化康养等重大文旅项目进行推介。

（深圳市人民政府地方志办公室）

就业创业空间拓展

区域公共就业服务体系建设

【概况】 2019年11月5日，广东省发布《关于印发〈关于推进粤港澳大湾区职称评价和职业资格认可的实施方案〉的通知》，部署构建开放的粤港澳大湾区职称评价体系，推进大湾区内地城市对港澳旅游、建筑、律师、医疗卫生等各领域专业资格的认可工作。6月27日，广东省人力资源和社会保障厅、澳门特别行政区劳工事务局、珠海市政府在珠海召开粤澳劳动用工融合及纠纷调处衔接工作座谈会，确立推动社会组织以联盟形式组建粤港澳大湾区劳动争议联合调解中心的工作思路，就港澳企业珠海横琴跨境办公法律适用及纠纷处理问题进行研讨，提出3项法律适用原则。9月，按照人力资源和社会保障部授权，广州南沙自贸区劳动人事争议调解仲裁院聘任全国首批7名（香港5名、澳门2名）港澳籍劳动人事争议仲裁员。“构建聘任港澳籍劳动人事争议仲裁员制度”被广东省政府列为广东自贸试验区第六批改革创新经验，在全省范围复制推广。12月10日，成立粤港澳大湾区劳动争议联合调解中心暨珠海（横琴）速调快裁服务站，促进劳动争议协同治理领域交流合作。

（广东省人力资源和社会保障厅）

【香港推动创业创新】 2019年，根据香港特别行政区投资推广署的调查，香港初创企业增至3184家，比上年增长21%。香港特别行政区政府设立20亿元的创科创投基金，由政府与伙伴创业资本基金按大约1:2的比例出资，投资香港本地创科初创企业，带动更多私营机构投资该类企业。是年，创科创投基金投资7个项目，投资额约5000万港元。香港特别行政区政府推出大学科技初创企业资助计划，向六所本地大学各提供每年上限为800港元的资助，支援大学团队成立科技公司，并把研发成果转化为商品。大学科技初创企业资助计划于2014年推出，截至2019年年底，有250家初创企业获拨款1.62亿港元。由2018—2019年度起，科技园公司将在数年内获政府拨款100亿港元，当中约70亿港元用作支援租户和培育公司，包括推出科技企业家计划和扩大科技企业投资基金。数码港资助辖下创意微型基金和数码港投资创业基金，为数码港的初创企业提供早期资金。数码港通过青年共享空间计划，于荃湾设立Smart-Space8共享工作间，供约100家初创企业使用，并提供创业培训和支援，协助青年创业家进行创新项目。（香港历史研究基金会）

【广州加强劳动关系源头治理】 2019年，广州市加强劳动关系源头治理，健全劳动关系协调机制，规范劳动用工，推进和谐劳动关系创建活动。制定《广州市劳动关系集体协商争议调停暂行办法》，加强集体协商争议调停工作。经过市、区协调劳动关系三方会议成员单位宣传发动和严格评审，新申报并通过评审“广州市劳动关系和谐企业”1312家，其中A级691家、AA级377家、AAA级244家；通过年度报告的“广州市劳动关系和谐企业”1465家，其中A级701家、AA级327家、AAA级437家；新申报并通过评审的“广州市劳动关系和谐社区（村）、街（镇）、园区”104个，通过年度报告的117个。

（党刚）

【深圳推动创业创新】 2019年，深圳市贯彻落实《深圳市进一步促进就业若干措施》，推动就业政策与财政、税收、产业等社会政策综合联动，有效应对中美贸易摩擦。全年全市养老、工伤、失业三项社保减负134.67亿元，返还受影响企业失业保险费1.39亿元，发放职业技能培训补贴1.26亿元，实现稳企稳岗稳预期。实现创业担保贷款“扩面提效”，提取失业保险基金16.47亿元用于创业担保贷款；全年发放贷款2.76亿元，比上年增长594%。举办2019深圳“逐梦杯”

大学生创新创业大赛，对30个优秀项目资助360万元。制定深圳市建设工作方案，加快港澳青年创新创业基地建设。加快皇岗口岸重建、深港开放创新中心、深港科创综合服务中心等重点项目建设，扩大国际化创新创业空间供给，推进香港高校等重点科研项目落地，集聚国际一流创新资源。年内，深港产学研基地结合深圳市总体要求，利用深港产学研基地现有创新资源优势，腾挪出700平方米物理空间，建设成立深港青年创新中心，打造粤港澳青年创新创业交流平台、孵化培育平台、高新技术研发及转化平台，成为粤港澳湾区最具活力的青年创新创业基地，为深圳市经济高质量发展提供源头动力和支撑。创新中心经一年建设，引进华源生物、帮帮购等一批优秀项目入孵培育。年内，深港产学研基地获深圳市发展改革委大众创业万众创新示范基地认定。

（深圳市人民政府地方志办公室）

【佛山推动创业创新】 2019年，佛山市印发《关于佛山市创业担保贷款担保基金和贴息资金管理办法》，从失业保险基金中提取2.4亿元用于创业担保贷款和贴息，加强创业担保贷款担保基金和贴息资金管理，加大对初次创业企业和小微企业的融资支持力度。组织2019年优秀创业项目申报遴选工作，遴选25个优秀创业项目并按规定给予总额250万元的一次性资助。发挥佛山市创业孵化示范基地作用，促进创业就业，截至年底，基地项目进驻率100%，有63个创业团队（其中完成工商注册28个）约220人入园创业，另有线上孵化人数约300人。举办“双创年”活动，全年举办“双创”系列活动近500场。出台《佛山市实施“南粤家政”工程促进就业工作实施方案》，创新提出“建立全市联网的线上线下综合服务平台，逐步实现区域内家政服务信息互联共享”和“以佛山市技师学院为载体，创新打造立足佛山、领先华南、服务湾区的‘佛山南粤家政学院’”两大特色工作。全年全市组织“南粤家政”职业技能培训9357人次，系统内发放补贴8086人次，发放1306.3万元。（卢文韬）

【中山完善粤港澳大湾区就业创业服务】 2019年4月，中山市制订《关于推进粤港澳大湾区建设行动方案》，明确要全面适应粤港澳大湾区民生保障事业发展需求，逐步实现人力资源和社会保障领域政策制度一体衔接、基本公共服务资源一体整合、改善保障民生力量一体运用。拓展就业创业空间，畅通港澳人员来中山工作渠道，完善就业资金政策，将港澳人员纳入就业扶持对象范围，加强中山与大湾区各城市包括港澳在内的公共就业服务协作。全面取消港澳人员就业许可制度，港澳人员纳入公共就业服务管理，至年底，在中山办理就业登记的港澳人员1451人；港澳人员创办的企业和个体户1408家，其中创办者为35岁以下青年156人，占11.1%。制定《中山市支持港澳居民到中山就业创业若干政策措施》，推出港澳居民到中山就业创业优惠政策23条；制定《中山市实施粤港澳大湾区个人所得税优惠政策财政补贴暂行办法》，落实高端人才和紧缺人才个人所得税优惠政策；明确符合条件的港澳居民可申请办理内地中小学教师资格认定。推进社会保障合作，落实在粤就业港澳人员在中山参加社会保险有关政策，推动港澳居民与中山市居民同参保、同缴费、同待遇，协同探索建立社保经办机构与公安部门之间的信息共享机制，及时做好参保缴费、待遇发放和资格验证工作。建立健全人才发展体制机制，加强人才政策协调对接，实现人才平台共建、资源共享、服务互通，落实广东省关于港澳居民参加大湾区内地事业单位公开招聘的相关规定，参与建设粤港澳人才合作示范区，发放“人才优粤卡”，为港澳人才提供“一站式服务”。

（中山市人民政府地方志办公室）

便利港澳居民在珠三角就业生活政策措施

【概况】 2019年，广东省出台允许港澳人才在广东创业可与本地居民同等享受创业带动就业补贴、一次性创业资助、租金补贴、创业担保贷款及贴息等政策扶持，印发广东省《关于贯彻落实粤港澳大湾区个人所得税优惠政策的通知》，明确境外高端人才和紧缺人才的认定标准及补贴办法。推行“人才优粤卡”制度，持卡人可享受14个方面的优惠便利服务。明确对港澳居民随迁子女来粤接受义务教育实行“欢迎就读、一视同仁、就近入学”政策，持有港澳居民居住证的港澳居民随迁子女按当地随迁子女入学政策入读，按规定享受居住地基本教育公共服务。指导大湾区内地九市出台落实符合条件的港澳居民子女在大湾区内地接受基础教育以及参加中考的政策措施。支持设立港澳子弟学校或港澳子弟班，加强对引进课程和教材的管理，制定《港澳子弟学校（班）课程和教材管理办法（试行）》。支持缔结粤港、粤澳姊妹学校，粤港、粤澳姊妹学校分别达936对、87对。

提供人才出入境和停居留便利，全面实施外国人来华工作许可制度和外国人才签证制度，推动科技人员往来粤港、粤澳出入境便利化。支持港澳机构申报广东省财政科技计划项目，建立港澳专业人才来粤执业便利通道，印发粤港澳大湾区职称评价和职业资格认可政策文件，允许具有港澳执业资格专业人才到珠三角九市提供专业服务。是年，广东省积极推动粤港澳建筑领域人员资格互认，便利建筑领域企业和专业人士在大湾区内地城市开业执业。根据《粤港澳大湾区发展规划纲要》以及CEPA及其各份补充协议，广东省住房和城乡建设厅积极向住房和城乡建设部争取相关政策，推动粤港澳建筑领域人员资格互认。截至是年底，有1630名香港专业人士通过互认取得内地注册执业资格，其中151名香港专业人士在广东办理执业注册。何设计建筑设计事务所（深圳）有限公司、刘荣广伍振民建筑设计事务所（深圳）有限公司两家港商独资经营并取得内地甲级资质的建筑事务所在粤设立。广东省住房和城乡建设厅发挥深圳前海、广州南沙、珠海横琴自贸区重大合作平台作用，授权三个自贸试验区住房和城乡建设主管部门制定便利具有港澳执业资格的建筑及相关领域专业机构和专业人才开业执业的管理办法，允许其经过自贸试验区相关部门或机构备案后，按规定范围在自贸试验区提供专业服务。10月，珠海市地方立法出台《珠海经济特区横琴新区港澳建筑及相关工程咨询企业资质和专业人士执业资格认可规定》，通过备案方式允许港澳工程咨询服务企业和专业人士在横琴新区范围内为市场主体直接提供服务。

是年，广东省贯彻落实《粤港澳大湾区发展规划纲要》，加大保障力度，做好来粤就业创业港澳青年住房保障，支持符合条件的港澳青年申请公租房、共有产权住房，租住人才住房、入住人才驿站。5月，广东省政府印发《关于加强港澳青年创新创业基地建设的实施方案》，提出营造港澳青年来粤宜居宜业的工作生活环境，满足港澳青年多层次住房需求，将入驻创新创业基地中符合条件的港澳青年纳入当地公租房保障范围，有条件的地区提供租房补贴。大湾区各城市出台相关政策，其中，广州市《发挥广州国家中心城市优势作用支持港澳青年来穗发展行动计划》提出筹建1000套港澳人才公寓；深圳市《加强港澳青年创新创业基地建设工作方案》明确提出加强港澳青年住房保障，研究制定优惠政策。珠海、肇庆、惠州等市推出在基地内配建专门面向港澳青年的人才公寓，对符合条件的港澳青年给予住宿公寓补贴等政策。截至是年底，全省累计为港澳青年配租人才公寓432套，发放租房（租金）补贴110.3万元。

（广东省住房和城乡建设厅）

【便利港澳居民内地就业生活措施】 2019年3月1日，中央就推进粤港澳大湾区建设公布8项政策措施，便利香港居民到大湾区内地城市发展、就业和居住，便捷大湾区内人流、物流等的流通。明确在内地缴纳个人所得税“183天”计算方法：在内地停留当天不足24小时，不计入在内地居住天数；当地政府为境外（包括香港）的高端人才和紧缺人才提供个人所得税税负差额补贴；此等个人所得税实际税负标准为15%，于2019年1月生效，试行一年；支持大湾区事业单位公开招聘港澳地区居民；鼓励港澳青年到大湾区内地9市创新创业；支持港澳高校和科研机构参与广东省科技计划；开展粤港澳大湾区出入境便利化改革试点；便利港澳车辆进出内地口岸；扩大海关跨境快速通关对接项目的实施范围。11月6日，中央就推进粤港澳大湾区建设公布16项政策措施，惠及香港市民及便利不同界别人士到大湾区发展。政策内容包括香港居民在大湾区内地城市购房，享受内地居民同等待遇；支持香港居民在内地便捷使用移动电子支付；在大湾区试点推出香港居民异地见证开立内地个人银行结算账户；保障在粤工作港澳居民子女与内地居民子女享受同等教育安排；探索建立跨境理财通机制；非中国籍香港永久性居民可向内地政府部门申请办理有效期2—5年的签证或居留许可，便利在大湾区内地城市停留、居留；大湾区内地城市指定的港资医疗机构可使用已在香港注册的药物和常用医疗仪器；放宽香港与内地律师事务所合伙联营、香港律师担任法律顾问和在大湾区内地城市执业等限制；进一步扩大建筑业专业人士资格互认范围；扩大港澳建筑业专业人士在内地执业优惠政策实施范围；给予保险监管优待政策；取消香港服务提供者在内地设立保险公估机构年期限制；支持内地保险公司在港澳市场发行巨灾债券，放宽设立特殊目的保险公司限制；支持深港科技创新合作区建设；对进境动物源性生物材料实行通关便利；放宽内地人类遗传资源过境港澳限制。

（香港历史研究基金会）

【广州推动全方位交流合作】 2019年，广州市推动政务服务同城化，广州荔湾区与佛山南海区政务同城化经验推广至清远、东莞、中山、梅州等地。深化教育卫生合作，加强广州优质教育卫生资源对外拓展和服务。接受佛山、清远等市教育工作者到广州名校跟岗学习培训，广州市2所高职院校与佛山市4所中职学校开展“中高职三二分段”招生培养工作。广州医科大学、广州中医药大学在深圳、佛山、清远等地建设多所附属医院。广州44个医疗卫生机构与清远32个县级以上医疗卫生机构全面结对合作。协同开展对珠江、西江、北江、东江以及珠江口海域环境的开发保护，交付施工用地支持珠三角水资源配置工程如期开工，广州北江引水工程于10月底动工建设，加大与佛山、东莞、清远等市交界河涌保护力度，鸦岗等断面水质明显改善。

（广州市发展和改革委员会）

【深圳便利港澳居民就业生活政策措施】 2019年，深圳市进一步密切与港澳合作，助力打造国际一流湾区和世界级城市群。持续推进粤港澳大湾区建设。全面准确贯彻“一国两制”方针，依托港澳、对接港澳、服务港澳，实施利港惠港“万千百十”工程，推出深港合作专项行动计划等11项政策，研究制定《进一步便利港澳居民在深发展的若干措施》，探索实行在深圳学习、就业、创业、生活的港澳居民特别是港澳青年享有“市民待遇”等举措。推进深港医疗合作。1月，中国人民政治协商会议深圳市委员会科教卫体委开展专题调研，起草《关于以香港大学深圳医院为试点，建设深港医疗合作试验区的建议》，明确提出，以香港大学深圳医院为试点，建设深港医疗合作试验区，从畅通人流、物流、技术流、资金流等方面先行先试，重点突破行政和制度壁垒，探索可推广的两地规则衔接机制，以点带面，推进粤港澳大湾区建设。全国“两会”期间，市政协向全国政协十三届二次会议提交提案，提出拓宽香港医疗专业人士内地执业注册，放宽医疗技术准入限制、加大前沿科技的引进及临床应用力度，给予进口药品和医疗器械先行先试政策，将科研设备以及医疗物资进口纳入免税范围，降低内地公立医院跨境支付税负5个方面建议。其中，“放宽境外医师到内地执业限制，先行先试国际前沿医疗技术”被《中共中央 国务院关于支持深圳建设中国特色社会主义先行示范区的意见》吸纳作为具体举措。推进人力资源服务管理。年内，深圳市“一园多区”国家级人力资源服务产业园吸引80余个国（境）内外知名机构入驻，引进高端人才1.2万人。推动粤港澳大湾区专业人士就业执业便利化，为拥有香港测量师、香港规划师协会会员资格专业人士打通职称申报通道。（深圳市人民政府地方志办公室）

【珠海推动珠港澳资源共享】 2019年，珠海高新区港澳青年“1元创业空间”拓展至1万平方米，落地创新创业项目23个。新建港澳人才创业孵化梦工场。港澳高校与辖区重点企业、新型研发机构科研合作持续深化，陆续建成空间大数据、人工智能、海洋科技等领域5个技术研究院、联合实验室。筹建总规模1亿元的港澳青年创新创业基金。10名港澳科技顾问推荐引进港澳科技项目27个。开展科技、医疗和教育等领域创新人才交流2000多人次，搭起珠海市高新技术开发区与港澳人才共育、资源共享的“连心桥”。（珠海年鉴编辑中心）

【江门便利港澳居民内地就业生活措施】 2019年，江门市做好港澳居民随迁子女在内地就读工作。印发《转发关于做好2019年普通中小学招生入学工作的通知》，明确对港澳居民随迁子女来江门市接受义务教育实行广东省规定的“欢迎就读、一视同仁、就近入学”政策，健全以居住证为主要依据的随迁子女入学政策，妥善安排港澳学生在江门市完成九年义务教育和高中阶段教育。根据2019年底统计，在江门市就读的香港籍学生6393人、澳门籍学生512人。依法保障港澳同胞享受养老保险待遇权益，研究完善江门市港澳参保人员养老保险措施。引导在江门依法就业的港澳同胞按规定参加社会保险，符合享受养老保险待遇条件的，依法领取基本养老金。落实企业职工基本养老保险省级统筹。通过政府招标方式实施工伤预防项目。全国首创“工伤保险协助员”上门服务项目。面向港澳人员建立优先发卡机制，加快社保卡发放进度，在全市推广建立社保卡快速发卡服务网点。电子社保卡上线新应用，群众通过五邑人社小程序的个人二维码可使用预约挂号、看病检验、结算缴费等功能。推出用工备案、刷脸养老年审等180多项线上服务，签发320万张电子证照，减少56项证明材料。江门“智慧人社”被评为江门市十大政务优秀案例之一。

（江门市教育局、江门市人力资源和社会保障局）

【广东省首部港澳企业和专业人士到内地执业的地方性法规】 2019年12月1日，《珠海经济特区横琴新区港澳建筑及相关工程咨询企业资质和专业人士执业资格认可规定》施行。该规定是广东省首部明确引进港澳企业和专业人士到内地直接执业服务的地方性法规，也是珠海市通过地方立法将国家最新改革措施予以法制化的先行先试探索。《粤港澳大湾区发展规划纲要》明确要求扩大内地与港澳专业资格互认范围，推动内地与港澳人员跨境便利执业，在深圳前海、广州南沙、珠海横琴建立港澳创业就业试验区，试点允

2019年12月12日，澳门栢杰工程顾问有限公司获授首批港澳企业备案认可书

（珠海年鉴编辑中心供稿）

许取得建筑及相关工程咨询等港澳相应资质的企业和专业人士为内地市场主体直接提供服务。截至年底，有6家澳门建筑企业、9名港澳专业人士获得备案认可书。（姚雪培）

港澳青年和中小微企业内地发展

【概况】 2019年，广东省建设粤港澳大湾区（广东）创新创业孵化基地。深港青少年创新创业基地、前海深港青年梦工场、南沙粤港澳（国际）青年创新工场等青年创新创业基地，为港澳青年人才到内地创新创业提供良好条件。是年，广东省联合香港、澳门特别行政区政府实施“粤港澳大湾区香港/澳门青年实习计划”“澳门青年湾区实习计划——创业体验项目”，全年组织900多名港澳青年参加。分别与香港、澳门特别行政区政府联合授牌挂牌共建首批10个粤港青创基地、3个粤澳青创基地，入驻港澳青创团队752个，其中香港518个，澳门234个；吸纳港澳创业就业人员1173人，其中香港921人，澳门252人。（广东省住房和城乡建设厅）

【大湾区青年家园】 2019年1月19日，由国务院港澳事务办公室、中央人民政府驻香港特别行政区联络办公室、中华全国青年联合会主办的2019“青年同心圆”之“四海一家·感知大湾区”青年交流活动启动礼暨大湾区青年家园揭牌仪式在广州市暨南大学举行。“大湾区青年家园”由广东省青年联合会、新家园协会、澳门中华新青年协会共同筹建，依托粤港澳三地服务机构，整合大湾区青联专业及社会力量，为来粤求学、就业、创业及生活的港澳青年提供服务。至年底，粤港澳三地有30个机构参与建设“大湾区青年家园”，其中内地16个、香港13个、澳门1个，组建跨地域、跨城市、跨机构、跨专业的服务网络，吸引港澳青年参与粤港澳大湾区建设。

【粤港澳大湾区香港青年实习计划】 2019年6月1日，以“‘五’心飞翔·拥抱梦想”为主题的2019年粤港澳大湾区香港青年实习计划启动礼在香港举行。广东省政府港澳事务办公室、香港特别行政区政府民政事务局相关负责人，以及广州、深圳等大湾区内地九市港澳部门负责人、香港承办机构和实习青年代表参加活动。粤港澳大湾区香港青年实习计划自2015年以后已连续举办5年，实习城市包括广州、深圳、珠海、佛山、惠州、东莞、中山、江门、肇庆9市。

（广东省人民政府港澳事务办公室）

【香港青年发展基金】 2016年，香港特别行政区政府成立3亿港元的青年发展基金（简称发展基金），以资金配对形式与非政府机构合作，支持青年人在香港或到内地创业发掘发展机遇。2019年3月，发展基金推出粤港澳大湾区创新

2019年5月30日，佛山市举办2019年粤港澳大湾区香港青年实习计划（佛山）对接会暨启动仪式。图为参会人员合影（佛山市委编办供稿）

创业基地体验资助计划和粤港澳大湾区青年创业资助计划，资助香港非政府机构为在香港与大湾区内地城市创业的香港青年提供更到位的创业支援及孵化服务，包括落户创业基地以及协助青年解决创业初期的资本需要。年内接获40多个非政府机构的申请。香港特别行政区民政局推出青年共享空间计划，由民、商、官三方协作并提供平台，让已活化工厦和商厦的业主拨出地方，设置共享工作空间或创作室，支持新兴行业的初创企业和创业的青年人，支持文化艺术发展。参与计划的业主以不多于三分之一的市值租金，把地方租予合适的非政府机构，又或自行营运。营运机构则以不多于市值租金一半的优惠金额，向初创企业、青年创业家和艺术工作者提供租务方案和配套服务。（香港历史研究基金会）

【首届粤港澳青年职业训练营】 2019年7月15日，首届粤港澳青年职业训练营启动仪式在广州举行。粤港澳青年职业训练营深化就业创业交流合作，进一步拓宽港澳青年在粤就业创业空间，旨在帮助港澳青年领略大湾区各地市的历史文化和风土人情，了解大湾区经济社会发展情况，感受当地的就业创业环境，引导港澳青年到粤就业，共同推进大湾区建设发展。

（广东省人力资源和社会保障厅）

【深圳支持中小微企业内地发展】 2019年，深圳市出台内地首部财政科研资金在港澳地区使用管理规程，推动深港澳科技合作。各安排10亿元补助推动深港科技创新合作区、光明科学城等重点区域开发。增设蛇口邮轮母港离境退税口岸。大力支持科技创新。全市科学技术支出548亿元。市本级财政科技专项资金安排123亿元，同比增长近1倍，其中37%投向基础研究和应用基础研究。正式运作规模50亿元的中小微企业银行贷款风险补偿资金池，全年拨付风险补偿资金1.9亿元，撬动新增银行贷款1028亿元。市财政统筹40亿元，分别向高新投集团和深圳担保集团注资20亿元，为政府性融资担保机构提供发债增信资金支持。制定出台中小微企业融资担保基金工作方案，推进基金加快落地。积极应对中美经贸摩擦。牵头开展财政领域专题问题研究。配合主管部门研究制定促进工业增长、稳外贸、促消费等举措，统筹做好资金保障。保障产业发展空间。统筹安排土地整备资金180亿元，整备土地近10平方千米，支撑重大项目落地以及全球招商大会顺利召开。

【推动港澳青年深圳创业】 2019年，中共深圳市委统战部推动港澳青年到深圳创业，支持香港特别行政区政府在深圳实施“香港青年深圳创业服务试行计划”。加强深圳市各区深港澳青年创新创业基地建设，为入驻创新创业基地的港澳青年提供配套住房、政策咨询和创业指导，累计吸纳200余个港澳青年团队入驻创业。在第二十一次粤港合作联席会议上，福田、罗湖、南山3个深港澳青年创新创业基地获粤港两地政府颁发“粤港青年创新创业基地”牌子。

【大湾区青年创业计划】 大湾区青年创业计划来源于已连续开展9年的深港青年创业计划，由香港数码港、深港产学研基地、深港科技合作促进会及香港资讯科技联会4家单位发起举办。活动自2011年启动，每年一届，是深港创新圈推进的合作项目之一。活动面向深港大专以上学历创业青年，通过公开报名、培训辅导、交流组队、评审指导、提升孵化、实施创业等系列活动，历时一年，在符合条件的项目中评审出10个优胜项目，可获得总额100万港元的创业资助。自2011年以来，得到深港两地十余所高校和科研机构支持，数千名青年创业者参与该项赛事。2019年起，澳门特别行政区政府加入该活动。大湾区青年创业计划被香港特别行政区政府列为两项大湾区青年创业资助计划之一，被粤港信息化合作专责小组列入2019年度重点工作计划。粤港青年创业计划作为粤港两地政府支持的重点对接项目，有利于加强粤港两地青年协同创新，培育一大批创新创业项目。（深圳市人民政府地方志办公室）

2019年3月1日至12月1日，大湾区青年创业计划在深圳、香港、澳门三地举行，粤港澳三地350名大学生参与该项活动

（深港产学研基地供稿）

空间连续两年在中山人才节期间举办粤港澳青年创新创业大赛；香港大学项目入孵中山留学人员创业园；中山市技师学院与澳门劳工处、澳门生产力暨科技转移中心合作举办智能楼宇管理员（中级工）认证培训班；明阳智慧能源等6家企业参加澳门科技大学毕业生招聘会。

（中山市人民政府地方志办公室）

【东莞促进莞港澳人才资源合作对接】 2019年，东莞市对接融入粤港澳大湾区建设，设立9个港澳青年创新创业服务先行区，松山湖港澳青年创新创业基地入选广东省首批青创基地，吸引50个港澳青年创业项目、90名港澳人才。举办“湾区青创荟莞港”、校企合作洽谈会等系列活动，促进莞港澳人才资源合作对接。（东莞市人民政府地方志办公室）

【推动港澳居民到江门就业创业】 2019年，江门市成立港澳居民就业创业专项小组，统筹推进支持港澳居民到江门就业创业工作。出台《江门市关于加强港澳青年创新创业基地建设实施方案》，提出15项重点工作任务。针对港澳青年在内地创业融资难问题，从失业保险基金中安排1.58亿元用于设立创业担保贷款、担保基金和贴息支出。实施“江门市促进就业九条”和配套政策，出台补贴项目超50个，明确港澳青年同等享受所有就业创业补贴项目。珠西先进产业优秀人才创业创新园引进港澳创业团队6个，珠西创谷引进港澳科创团队超50个。打造广东省首个家政服务产业园，引进优质家政服务项目10个。成立江门市港澳青年创业创新服务中心，为在江

【横琴·澳门青年创业谷项目】 2019年，珠海市重点打造横琴·澳门青年创业谷项目。截至年底，横琴·澳门青年创业谷（含创意谷）累计孵化港澳项目251个，其中澳门229个、香港22个。累计培育和引进高新技术企业48家；24家企业获得风险投资资金，融资额突破4.36亿元。举办港澳青年创新创业活动。横琴·澳门青年创业谷、粤澳合作中医药科技产业园孵化中心、横琴北京大学创业训练营等创新创业基地分别举办2019大湾区（澳门）青年创新创业大赛决赛、横琴澳门青年创业训练营、“我和我的祖国”2019珠澳两地青年企业家创新创业主题交流会等活动。加大港澳青年创新创业政策宣传。安排港澳学生参观青年创新创业基地，邀请专家宣讲港澳青年创新创业政策措施。（曾示男）

【中山便利港澳青年内地就业】 2019年，中山市接待中央人民政府驻香港特别行政区联络办公室等部门、社会组织、创新创业平台和团队等交流活动19次；邀请香港、澳门8名博士参加2019年“中山人才节”博士中山行活动。易创

门就业创业的港澳青年免费提供“一站式”公共服务。举办首届“乐业五邑”江门创新创业大赛，吸引58个港澳项目参赛。组织2019年“乐业五邑”侨都就业创业大讲堂，邀请20多名港澳青年面对面交流。

（江门市人民政府地方志办公室）

港澳青年创业就业基地建设

【概况】 2019年5月，广东省印发《关于加强港澳青年创新创业基地建设实施方案》，以“1+12+N”港澳青年创新创业载体建设为主线，串联粤港澳三地资源，拓展港澳青年就业创业空间，优化港澳青年到粤就业创业环境，促进港澳青年到粤就业创业。5月，粤港两地在广州为首批10个大湾区青年双创基地举行联合授牌仪式，进一步推动大湾区青年创新创业。

（广东省人民政府港澳事务办公室）

【莞港澳青年创新创业交流交融】 2019年，共青团东莞市委策划“湾区青创荟莞港”2019年莞港澳青年联谊活动，发挥粤港澳地域相近、文脉相亲优势，以文化艺术为纽带，促进粤港澳三地青年交往交流、交心交融。对接推进松山湖港澳青年创新创业基地、滨海湾青年创新创业城和常平香港城三大阵地建设，常态化实施港澳青年创业路演、“青创讲堂”等项目，实施“伙伴计划”培养40名东莞青年与港澳青年结对创业。承办“情义两地行”粤港青年志愿服务合作营，促进港澳青年扎根东莞、共融发展。举办2019年赢在东莞科技创新创业大赛暨第二届粤港澳大湾区青年创新创业大赛，承办粤港澳大湾区院士峰会暨第五届广东院士高峰年会“湾区青年科技论坛”，为科技青年参与创新驱动发展搭建舞台、注入活力。　（东莞市人民政府地方志办公室）

【东莞推进港澳青年创新创业服务】 2019年，东莞市设立9个港澳青年创新创业服务先行区，松山湖港澳青年创新创业基地入选全省首批青创基地，吸引50个港澳青年创业项目、90名港澳人才。举办“湾区青创荟莞港”、校企合作洽谈会等系列活动，促进莞港澳人才资源合作对接。

2019年5月16日，松山湖港澳青年创新创业基地由中共广东省委副书记、省长和香港特别行政区行政长官联合授牌，确认列入广东省首批10个“粤港青年创新创业基地”之一。截至年底，基地以港澳科技成果转移转化为主线，按照“一中心多站点”模式，即以松山湖港澳青年创新创业基地为双创基地中心，以松山湖国际机器人基地、松山湖粤港澳文化创意产业实验园区、松山湖高新技术创业基地、松山湖高新技术众创空间为代表的一批园区港澳人才创新创业载体为多站点支撑，组建专业港澳项目转化服务团队，吸引近40个港澳青年创业项目落地发展。　（东莞市人民政府地方志办公室）

【珠海（横琴）妇女创新创业孵化基地】 2019年3月22日，由珠海市妇联、横琴新区妇联共同创建的珠海（横琴）妇女创新创业孵化基地成立。该基地旨在助力2018年首届粤港澳大湾区妇女创新创业大赛优胜项目在珠海落地发展，吸引更多澳门女性在横琴创业，搭建琴澳经济社会发展平台，推动粤港澳大湾区建设。基地引入的人才为全国、省级妇女双创大赛优胜者和中组部专家、归国女留学生、港澳创业女性等，涵盖文化创意、智能制造研发、区块链平台、女性保健食品研销、珠澳两地发展政策研究等8个板块。截至年底，全国妇女手工创业创新大赛铜奖得主琚翠薇创办的广东迦和区块链科技有限公司、香港投资企业珠海市孝士康科技有限公司等7家企业获批入驻，注册资本近5000万元。　（翟丹丹）

【中山港澳青年创新创业基地建设】 2019年3月29日，中山市港澳事务局推动火炬高技术产业开发区管理委员会与澳中致远投资发展有限公司在澳门签署框架协议，以火炬国际会议中心为载体，共同建设粤澳青年创新创业基地（中山）——澳中致远火炬创新园。5月27日，粤澳青年创新创业基地宣传推介会在澳门举行，澳中致远火炬创新园被粤澳两地政府联合授牌确认为首批3个“粤澳青年创新创业基地”之一（另外2个基地分别在广州、珠海两市）。该园占地面积1.79万平方米，建筑面积1.45万平方米，具备“澳门中山两地青年创新创业基地”等六大功能定位，11月投入试运营。6月5日，中共中山市委统战部（市港澳事务局）推动中山市政府南区办事处与香港高锋集团签署协议，合作共建粤港澳青年创新创业基地——中山市南区国际青年科创谷。6月6日，中山市制定《关于加强港澳青年创新创业基地建设工作方案》，提出全市以港澳青年创新创业基地建设为抓手，形成功能完善、特色明显、成效突出的港澳青年创新创业支撑体系，为港澳青年在中山学习、就业、创业、生活提供更加便利的条件；到2025年，建成中山翠亨新区澳中青年创新创业园，带动全市建成一批各具特色的社会化港澳青年创新创业基地，形成具有中山特色的“1+1+N”创新创业平台载体，即以易创空间孵化示范基地为核心，建设翠亨新区粤港澳青年创新创业基地为重点，带动一批各具特色的社会化港澳青年创新创业孵化载体。全年全市有9个创业孵化基地为37个港澳团队（香港19、澳门18个）提供孵化服务。其中，2016年建成的易创空间创业孵化基地吸引入驻孵化的港澳青年团队31个（香港21、澳门10个），项目涉及跨境电子商贸、港澳与内地的速递物流等。

（中山市人民政府地方志办公室）

【粤澳青年创新创业基地宣传推介会】 2019年5月27日，粤澳青年创新创业基地宣传推介会在澳门举行，广东省、澳门特别行政区政府相关部门负责人为首批由粤澳政府遴选确定的广州粤澳青创国际产业加速器、珠海横琴·澳门青年创业谷、中山澳中致远火炬创新园3个粤澳青年创新创业基地授牌，两地青年社团和青年代表100余人参加会议。

（广东省人民政府港澳事务办公室）

【粤港澳青年福田研学旅游示范基地揭牌】 2019年5月11日，粤港澳青年福田研学旅游示范基地揭牌仪式暨首期粤港澳青年研学旅游启动仪式在深圳市福田保税区长富金茂大厦21楼粤港澳青年创新创业工场举行，标志着首期粤港澳青年福田研学交流启动，旨在让粤港澳青年在平台上共谋创新，共话发展，共寻机会。为落实《粤港澳大湾区发展规划纲要》精神，福田区以粤港澳大湾区建设和深港科技合作区建设为契机，联合社会各界，率先共建青年喜闻乐见的研学旅游示范基地，助力粤港澳青年交流学习。粤港澳青年福田研学旅游示范基地由5个阵地组成，包括粤港澳青年创新创业工场、华强北电子第一街和华强北双创基地、水围集体股份公司、平安国际金融中心等，涵盖创新创业、砥砺奋斗、民族文化教育、交流发展和时代责任5个主题研学点。（深圳市人民政府地方志办公室）

【深港产学研基地创业大赛】 2019年，深港产学研基地探索以创业赛事和创业培育为抓手，大力开展创业孵化服务，建成以技术转移、创业孵化、企业加速为一体的产业发展体系，为基地发展助力。

粤港澳青年创新创业大赛　深港产学研基地继续与前海管理局联合香港、澳门各机构共同举办2019年前海粤港澳青年创新创业大赛。年度赛事规模继续扩大，参赛范围覆盖广东省，新增中国台湾赛区，报名参赛项目超过1000个，其中广东地区600余个，大赛推送的多个项目获中国深圳创新创业大赛行业赛一、二、三等奖。该届赛事结合粤港澳大湾区建设，调动社会各方力量参与，推动粤港澳三地青年协同创新和融合发展。

JUMPSTARTER2020环球创业比赛　JUMPSTARTER是由阿里巴巴香港创业者基金创立的非牟利项目，旨在为创业家及年轻人提供创业平台，让他们从粤港澳大湾区出发，实现创业梦想。大赛拨出500万美元投资资金，并提供总计10万美元的现金奖予总决赛的5位优胜者。香港特别行政区投资推广署为参赛者提供连接不同的生态系统和国际科技中心的机会。2019年，阿里巴巴创业者基金联合深港产学研基地共同举办JUMPSTARTER2020环球创业比赛，8月20日，JUMPSTARTER2020环球创业比赛的揭幕站——深圳站在深港产学研基地举行。200多个来自深圳地区的项目参与比赛，吸引来自全球数十个投资机构关注。30支入围的参赛初创队伍最终决出前五强：深圳米筐科技有限公司、深圳华源再生医学有限公司、深圳市泽青源科技开发服务有限公司、TheBlockLedger及广州蔚景科技股份有限公司。比赛同期邀请数名专家参加圆桌讨论，就“探究最新融资环境，寻初创出海良方”话题进行现场分享，详细分析内地初创海外融资的需求和香港在海外融资中扮演的角色等情况，为初创者带来更多融资资讯。

（深圳市人民政府地方志办公室）

【横琴澳门青年创业服务中心揭牌】 2019年6月3日，粤澳青年创新创业基地暨横琴澳门青年创业服务中心揭牌仪式在珠海市横琴·澳门青年创业谷举行，国家税务总局珠海市横琴新区税务局、中银—力图—方氏（横琴）联营律师事务所等首批8家合作单位及机构入驻横琴澳门青年创业服务中心。横琴·澳门青年创业谷运营近4年，累计孵化澳门项目196个；累计培育和引进高新技术企业41家；23家企业获得风险投资资金，融资额突破4.33亿元；累计服务企业人数超1.3万人次。横琴·澳门青年创业谷经广东省政府和澳门特别行政区政府共同遴选确定，成为广东省首批3个“粤澳青年创新创业基地”之一。澳门青年创业服务中心于每周三14～17时为澳门创业青年提供工商注册、税务会计、政策法律、知识产权、项目申报、人力资源、投融资等专业的顾问咨询服务，为在横琴创新创业的澳门青年提供定制服务。 （珠海年鉴编辑中心）

【肇庆新区港澳青年创新创业基地授牌】 2019年7月10日，肇庆新区港澳青年创新创业基地授牌仪式在肇庆市委小礼堂举行，为“肇庆新区港澳青年创新创业基地”颁授牌匾，为“肇庆新区港澳青年创新创业基地代言人”颁授证书。广东省人社厅，肇庆市委市政府、组织部，深圳市、珠海市人社部门、深圳前海青年梦工场负责人以及有创业意愿的港澳青年代表等200多人参加。肇庆新区港澳青年创新创业基地是肇庆市对接“中央要求”“港澳所需”“湾区所向”，聚焦“肇庆所优”，为港澳青年创新创业、粤港澳青年合作交流，提升地区经济发展活力搭建的重要平台，通过资源共享、互联互通，形成“人才链、科技链、创新链、资金链、产业链、服务链”无缝对接、深度融合，打造一个安心开心舒心的创新创业之家。 （肇庆市人民政府地方志办公室）

【中山市南区青年国际科创谷启动运营】 2019年9月6日，由中山市政府南区办事处、香港高锋集团共同筹建的粤港澳青年创新创业基地——中山市南区国际青年科创谷（简称南区科创谷）启动运营，首批16个创业团队进驻，围绕工业设计、智能制造、文化创意、科技农业、大数据等领域进行科技产业的创业孵化和创新加速，帮助港澳青年创业团队对接内地市场。南区科创谷位于南区永安广场内，首期面积2400平方米，设置2层办公区域，配备办公位置392个、独立办公室23个，共享办公空间1300平方米。9月6—7日，由中央人民政府驻香港特别行政区联络办公室青年工作部、广东省青年联合会指导，中共中山市委统战部（市港澳事务局）、共青团中山市委员会、中山市南区办事处主办的2019粤港澳大湾区（中山）国际青年创客节活动在南区科创谷内启动，其间开展主题演讲分享、提供企业辅导、投资机构对接等服务，帮助和推动初创企业尽快渡过创业孵化期和创新加速期，是南区科创谷对接国际化创业创新资源的首场重要活动。

（中山市人民政府地方志办公室）

【松山湖国际创新中心】 2019年8月29日，2019年首届国际人工智能技术创新应用论坛暨FoundersSpace松山湖国际创新中心揭牌仪式在东莞市举行。FoundersSpace成立于美国硅谷，是全球著名孵化器。松山湖国际创新中心成为其在粤港澳大湾区布局的首个国际孵化器。

（东莞市人民政府地方志办公室）

【佛港澳青年融创基地揭牌】 2019年12月21日，佛港澳青年融创基地、禅港澳青年交流基地、国际青年发展联盟佛山基地同时在佛山市禅城区岭南天地简氏别墅揭牌。三大基地的挂牌标志着佛山市建成服务港澳青年的总平台。基地面向佛港澳青年开展经贸交流、产业合作、文体旅游、教育交友、参观考察、见习实习、公益服务等融合交流活动，双向对接高素质青年人才和优质企业资源，搭建青年创新创业和就业服务体系。

（陈海雁）

健康湾区建设

医疗卫生合作

【概况】 2019年，第二届粤港澳大湾区卫生健康合作大会在深圳市举办，粤港澳三方签订《粤港澳大湾区卫生健康合作共识》，促成三地62个合作项目签约落地。创建平台协作新模式。推进粤港澳大湾区医疗卫生领域深度合作，创建粤港澳大湾区医药交流合作新机制。每年举办一次粤港澳防治传染病联席会议，完善三地传染病联防联控机制；开展“旋风行动”防治传染病联合应急演练，全面检验粤港澳三地突发公共卫生事件应急合作机制；召开首届粤港澳大湾区中医药传承创新发展大会，推动中医药事业传承与创新。推进三地医疗资源优势互补，带动湾区卫生健康水平整体提升。推动“登峰计划”建设医院、高校附属医院、医联体与港澳地区建立高端合作；共同推进基层急救技术培训、全科医生培训、航空医疗救援培训等项目落实；推动科研创新发展，开展智能化急救、液态活检、病理研究等多领域合作。联合港澳加强湾区医疗卫生人才队伍建设，举办粤港澳大湾区医疗机构发展暨医疗人才培训研讨会，探索建立粤港医疗人员培训长效机制。开展中药产品质量标准研究，建成粤澳合作中医药科技产业园，围绕“国际级中医药质量控制基地”和“国际健康产业交流平台”两个核心目标，借助澳门“一个中心、一个平台”的国际背景优势，进一步推进粤澳中医药产业合作和澳门经济适度多元化发展；指导香港筹建首家中医院，推进中医药标准化、国际化进程。促进粤港澳三地卫生健康领域交流互访，2018—2019年度港澳卫生行政机构、医疗团队等访粤人次比2016—2017年度增长超过200%。是年，广东省印发《关于优化社会办医疗机构跨部门审批工作的通知》，向国家请示授权广东省政府制定在粤港澳大湾区内地9个地市的港澳医疗专业人士执业管理办法，放宽港澳服务提供者在粤港澳大湾区设置门诊部的准入条件。

（编辑部）

【香港加强与内地医疗卫生合作】 在《内地与香港关于建立更紧密经贸关系的安排》框架下，香港具有合法执业资格的注册医疗专业技术人员可以到内地短期执业。2019年2月25日，粤港澳三地签署《粤港澳大湾区卫生健康合作共识》，加强在优质医疗服务发展、公共卫生应急机制、中医药发展和创新，以及人才培训等方面的合作。香港特别行政区政府支持香港优质医疗服务和中医药发展，加强中医药服务和研发，筹建香港首家中医医院，加快成立永久的政府中药检测中心，发展香港成为中药检测和质量控制的国际科研中心。截至年底，香港有持牌中药商（包括20名制造商证明书持有者）7233个；获得过渡注册资格的中成药5948项；获发中成药注册证明书的中成药2278项，香港特别行政区卫生署已公布常用中药材的参考标准299种。香港特别行政区卫生署中医药规管办公室获世界卫生组织指定为世卫传统医药合作中心，协助世界卫生组织制定传统医药的政策、策略及规管标准。

【跨境转诊医疗试点】 香港大学深圳医院是由深圳市政府全额投资、香港大学管理的大型综合性公立医院，自2012年7月起为香港市民提供医疗服务，同时进行研究及教学工作。香港特别行政区政府于2015年10月推出试点计划，合资格的香港长者可以使用医疗券支付香港大学深圳医院指定科室提供的门诊医疗护理服务费用。试点计划于2019年6月26日恒常化。为便利在大湾区工作及生活的香港人在当地就医，中央政府于2019年11月6日宣布，允许大湾区内地城市指定港资医疗机构使用已在香港注册药物和常用医疗仪器。（香港历史研究基金会）

【粤澳合作中医药科技产业园】 粤澳合作中医药科技产业园（简称产业园）是《粤澳合作框架协议》下的首个落地项目，是澳门发展中医药产业的重要载体和平台。产业园引入“广药集团”“Intertek天祥”“盈科瑞”等大型企业及CRO研发服务机构，以及北京大学、澳门大学等高校创新驱动资源，助力产业创新发展和产业化生产。与澳门大学、澳门科技大学等12所大学、研究机构合作成立粤港澳大湾区中医药科技成果转化基地，打造创新产业集群。通过发挥澳门中葡平台的国际窗口优势，产业园以葡语国家为切入点，以点带面不断拓展与葡语系国家及周边国家的合作，初步搭建连接东盟、非洲、欧盟的商贸对接模式和合作网络，同时运用“以医带药”的国际化推广模式，开展中医药产品注册、进出口贸易、教育培训、人才培养等业务，促进中医药产品和技术在葡语系国家及周边国家的普及和推广。2019年，产业园被科技部认定为“国家级科技企业孵化器”；12月，被商务部和国家中医药管理局联合授予国家首批“国家中医药服务出口基地”称号。

（粤澳合作中医药科技产业园开发有限公司）

【广州加强与港澳医疗卫生合作】 2019年，广州市印发《广州市医疗卫生设施布局规划（2011—2020年）》修订版，将粤港澳国际健康产业城项目纳入规划，在穗港澳国际健康产业城内筹划建设国际医疗健康中心，深化与澳门中医药质量研究国家重点实验室、香港特别行政区政府中药检测中心合作。是年，广州市有港资医疗机构9个，其中医院3家、口腔门诊部2个、内科门诊部1个、医疗美容门诊部1个、综合门诊部1个、检验所1个。（蔡李强）

【珠海加强与港澳医疗卫生合作】 2019年，珠海市人民医院横琴分院启用，珠海市人民医院的“粤港澳大湾区心脏研究学院”项目揭牌运行。12月，珠海市中西医结合医院与粤澳合作中医药科技产业园牵手共建的“粤澳医疗机构中药制剂中心”揭牌。市妇幼保健院的“珠澳妇儿心理研究实习基地”项目揭牌运行。截至年底，儿童心理科接诊香港籍患者10人、澳门籍患者43人。开通港澳人员身份证等有效证件预约诊疗功能。配合落实港澳人员医保政策，落实港澳人员在珠海市就医市民待遇。做好“澳门新街坊”民生配套建设。落实参保澳门居民在横琴就医基本医疗保险就医待遇。建设横琴医保互通试点。与香港建立定期传染病疫情通报机制（月报），向周边城市通报传染病疫情并联合做好登革热等重点传染病防控。珠海市慢性病防治中心与澳门心身医学会联合成立珠澳心理危机干预服务队，与澳门镜湖医院签订《澳门镜湖护理学院与珠海市慢性病防治中心临床学习协议书》。（邓斐）

【东莞加强医疗卫生合作】 2019年，东莞市人民医院、东莞市中医院启动建设广东省高水平医院，先后通过三甲复审。东莞市人民医院与广东省人民医院建设广东省冠心病研究重点实验室东莞研究室，成立中德骨关节交流中心，与广东医科大学签约共建东莞临床医学院，启动临床诊治中心、中心实验室等建设。东莞市中医院与广州中医药大学初步达成校地共建合作协议，成立中德足踝交流中心、脊柱交流中心，引进暨南大学第一附属医院肾内科高层次医学团队，建设国医大师沈宝藩传承工作室。5所区域中心医院统一揭牌。启动东莞市东南部中心医院与广东医科大学合作共建直属附属医院。虎门中医院分别与南城社区卫生服务中心、东莞市人民医院建立粤港澳大湾区毫火针疗法专科联盟和毫火针疗法推广工作室，在东莞市基层及龙头医院传承毫火针特色疗法，培养毫火针疗法继承人。粤港澳大湾区（东莞）中医药健康产业园与广东食品药品职业学院签订战略合作框架协议，大健康e谷被授予广东食品药品职业学院“产学研基地”称号。

（东莞市人民政府地方志办公室）

【中山推动健康城市建设】 2019年5月28日，中山市在市博览中心召开全市爱国卫生暨健康城市建设工作推进会，会上邀请中山大学公共卫生学院专家团队就中山市健康城市基线调查结果作专题报告，并聘任中山大学公共卫生学院院长郝元涛等14名专家学者为中山市健康城市建设专家咨询组专家。形成“大健康、大卫生”医疗卫生发展格局，市博爱医院妇科大楼建设、市第二人民医院南区分院扩建等重点项目投入使用，市第三人民医院临时安置院区运作。组建健康城市建设专家库，启动健康城市工作在线评价系统，实施健康城市三年行动计划（2017—2019），全市新增市级健康社区试点20个、健康村试点10个。居民人均预期寿命提高到79.92岁，比全省77.2岁高出2.22岁；孕产妇死亡率降到2.35/10万，婴儿死亡率降到1.83‰。启动中山湾区国际医疗城规划建设。市卫生健康局与北京中医药大学、澳门科技大学、中大云康集团、金域医疗等机构洽谈合作，与澳门特别行政区卫生局合作培训全科医生；香港联合医务集团在中山设立工作室3个；香港城市大学与市人民医院共建教学基地；香港大学新发传染性疾病国家重点实验室和市疾控中心开展卫生科研活动；年内，举办第三届海峡两岸护理管理与持续质量改善（中山）高峰论坛、中山香港生物医药论坛、中山市ECMO华人高峰论坛。

（中山市人民政府地方志办公室）

【江门推动与港澳医疗卫生合作】 2019年，江门台山市起草《台山市助力打造粤港澳大湾区西翼医疗中心行动方案》，助推江门打造粤港澳大湾区西翼医疗中心。落实医疗保障领域合作措施，推动港澳人员参加江门市基本医疗保险并享受相应的待遇保障。其中，在江门市用人单位就业的港澳人员和深圳户籍人员，可参加江门市职工基本医疗保险，退休后可按规定继续参保，并享受相应的基本医疗保险待遇。在江门市就业参保的港澳人员和深圳户籍人员的新生儿子女，在江门市就读（含各类全日制普通高等院校、中职技校，全日制中小学、幼儿园、托儿所）的港澳学生和深圳户籍学生，可以城乡居民身份参加江门市基本医疗保险，并享受同等的财政补助和医保待遇。持有江门市居住证（含港澳台居民居住证）的港澳人员和深圳户籍人员可参加江门市城乡居民基本医疗保险并享受相应的基本医疗保险待遇。（江门市医疗保障局）

【第二届粤港澳大湾区卫生与健康合作大会】 2019年2月25日，第二届粤港澳大湾区卫生健康合作大会在深圳市召开，大会主题为“推动粤港澳大湾区卫生健康高质量发展”。会上，广东省卫生健康委员会、香港特别行政区政府食物及卫生局、澳门特别行政区政府卫生局三方签署《粤港澳大湾区卫生健康合作共识》，交换三地62个卫生健康合作项目签约文本，展示首届粤港澳大湾区卫生健康大会合作成果。广东、香港、澳门三地卫生行政部门，大湾区各市、省内高等院校代表，国内外专家学者，以及健康产业界和新闻媒体代表等约800余人参加大会。

（深圳市人民政府地方志办公室）

【澳门居民参加珠海医保试点】 2019年7月1日，珠海市展开常住横琴的澳门居民参加珠海市基本医疗保险试点工作，并在全国首创“政银医”合作模式，实现澳门居民参保“一站通”。该试点在不改变现有政策体系、经办模式的基础上，为澳门居民在横琴学习、生活和就业提供便利和保障。截至年底，澳门居民参保3045人。（刁志煌）

2019年7月4日，首批澳门居民在横琴新区综合服务中心领到“澳门居民参加珠海医保社会保障卡”（张婷 摄）

【广佛药品跨区域联合集团采购框架协议】 2019年，佛山市医保局与广州市医保局、广州公共资源交易中心签订《广佛药品跨区域联合集团采购框架协议》，佛山市加入广州药品集团采购平台，建立跨区域药品采购联盟，实现药品采购和使用广佛同城同价。（石唯廷 张世渊）

【东莞入选广东省整体推进国家基本药物制度试点城市】 2019年，东莞市被选为广东省整体推进国家基本药物制度试点城市。出台《东莞市整体推进国家基本药物制度实施方案》，强化国家基本药物配备使用管理、促进上下用药衔接、实施药品使用监测、药品临床综合评价、短缺药品监测预警与应对和降低慢性病门诊用药负担等工作，贯彻落实国家基本药物制度。落实国家基本药物主导地位，医疗机构配备和使用国家基本药物比例达到广东省要求水平。举办医疗卫生机构“新基药粤健康”临床合理用药技能竞赛。东莞市人民医院、东莞市松山湖中心医院、东莞市滨海湾中心医院、东莞市第八人民医院、东莞市黄江医院等医院开设药学门诊及药学联合诊室，为患者提供安全、合理用药咨询以及慢性病用药教育，提高群众安全合理用药素养。（东莞市人民政府地方志办公室）

【广州中医药大学惠州医院揭牌】 2019年8月14日，惠州市政府与广州中医药大学共建广州中医药大学惠州医院签约揭牌仪式举行。惠州市中医医院是继深圳市福田区中医院、佛山市顺德区中医院之后，广州中医药大学第三所参照直属附属医院管理的政校共建医院。根据《惠州市政府与广州中医药大学共建广州中医药大学惠州医院合作协议书》，惠州市中医医院参照广州中医药大学直属附属医院的标准运营和管理，为惠州及周边区域居民提供较高质量的医疗、预防和保健服务。通过合作共建，实现一块“牌子”管理运营，以“广州中医药大学惠州医院”为第一名称，保留惠州市中医医院名称及建制，保持医院的公立属性不变、原有隶属关系不变、原有人员身份不变。（惠州市人民政府地方志办公室）

【粤港澳大湾区病理前沿学术研讨会举行】 2019年12月6—8日，粤港澳大湾区病理前沿学术研讨会在中山市南区举行。会议由中国抗癌协会肿瘤病理专业委员会和国际病理学会香港分会主办，广东省抗癌协会肿瘤病理专业委员会、广东省人民医院、中山市人民医院和中山市南区医院承办，粤港澳大湾区 11 个城市和广西、海南、湖南等省病理专家 400 人参加会议。会议开展病理专题讲座、疑难病例展示和讨论等活动，为粤港澳三地提供病理前沿学术探讨、实践经验交流平台，是粤港澳三地病理学界首次联合举办、中国抗癌协会肿瘤病理专业委员会首次将高级别会议安排在地级市举办的活动。

（中山市人民政府地方志办公室）

食品食用农产品安全合作

【澳门加强食品安全合作】 2019 年 5 月，澳门特别行政区市政署与广州市农业农村局、广州海关签署《关于共同建立“粤港澳大湾区菜篮子”穗澳联席会议机制合作框架协议》；6 月，海关总署与澳门特别行政区签署《关于食品安全和动植物检验检疫的合作安排》；以中国代表团成员身份出席国际食品添加剂法典委员会会议、食品法典污染物委员会会议等。强化粤澳合作，为前线执法人员举办“第五届食材鉴定培训课程”；与海关总署联合主办“守望相助，携手共进——保障内地食品农产品安全供澳二十年工作纪实图片展”；举办年度“食品安全关注日”系列活动，以“齐来认识本澳食安标准”为主题，举办“粤、港、澳三地食品安全专家讲座”；与中山市市场监督管理局拍摄两地食安应急演练短片，加强联合应对食安事故的调查及处理能力。

（摘自《2020 澳门年鉴》）

【广州推进国家食品安全示范城市创建】 2019 年，广州市推进国家食品安全示范城市创建工作，打造粤港澳大湾区“菜篮子”平台，建立广州、深圳两市食品安全综合协调和监管合作机制，签署食品安全监管工作合作协议，推动两地食品、食用农产品安全监管紧密合作，建立食品、食用农产品安全综合协调和监管合作机制。市公安机关侦破特大生产、销售有毒有害食品案，发现新型食品非法添加物质（匹可硫酸钠、双醋酚丁等致泻物质），为全国办理类似形式案件提供“广州经验”。

（高文华）

【粤港澳大湾区“菜篮子”建设】 2019 年，广州市农业农村局协同广州海关、香港特别行政区政府食物及卫生局、澳门特别行政区市政署，破除体制机制障碍，加强粤港澳地区食用农产品安全合作，以“政府主导、企业主体、市场行为”建设模式推进粤港澳大湾区“菜篮子”建设，构建共建共治共享新格局。粤港澳大湾区“菜篮子”平台于是年 9 月 28 日启用，通过向国内外市场输送丰富优质农产品，推动广州打造全国优质农产品加工进出口的集散地，实现惠民惠商最大化。该平台是具有公益性、权威性、公正性、开放性的服务性平台，其运行模式为“三个一”（一个标准供应、一个平台流通、一个体系监管），即以供港澳质量安全标准为标杆，以“绿色食品”为质量发展方向，提供更优质的健康农产品；所有“菜篮子”农产品均通过统一信息平台流通，产品实行线上线下“一品一码”管理；相关地区的农业农村部门和海关通过城际合作机制形成统一的质量安全监管体系，确保产品质量安全符合出口港澳标准和国家标准，信息可溯源，质量安全全程监控。截至年底，有 86 个地级以上市加入合作共建行列，认定 3 批 517 个粤港澳大湾区“菜篮子”生产基地、44 家产品加工企业，有 1349 个粤港澳大湾区“菜篮子”销售点在全国开业。在认定的 517 个粤港澳大湾区“菜篮子”生产基地中，来自国家、省级扶贫开发工作重点县的粤港澳大湾区“菜篮子”生产基地 64 个。推动建设广东清远市、贵族黔南州等 14 个粤港澳大湾区“菜篮子”产品配送中心（分中心），采用供港质量安全标准和国家质量安全标准中的最严指标值，编制发布蔬菜、水果、畜禽和蜂产品、水产品、乳及乳制品五大类的质量安全监控指标体系。

（戴治国）

【深圳食品安全工作】 2019 年，深圳市加强食品安全监测，全面实施食品安全风险监测与评估，通过国家食源性疾病监测网上报病例 5645 例。落实疾控机构 24 小时食品安全应急值守制度，调查并上报食物中毒 20 起，妥善开展救治。加强碘缺乏病防治工作，与广东省政府签署《地方病防治专项攻坚行动（2019—2020 年）目标责任书》，组织相关单位召开深圳市地方病防治专项攻坚行动责任目标工作协调会。实施食品安全战略，深圳市 1.2 万家 200 平方米以上餐饮单位和 2600 多家学校食堂全面实现“互联网 + 明厨亮灶”智慧监管，建成“熟食中心”14 个，升级改造农贸市场 85 家，全市公办学校食堂 A 级率达到 100%。“一街一车一室一中心一基地”作用有效发挥，完成快检 160 万批次，开展各类科普活动 3700 场。食品追溯体系进一步完善，追溯系统覆盖全市学校食堂和 500 平方米以上商场超市。强化食品药品安全综合协调，由市长担任市食药安委主任。国家食品安全示范城市创建工作通过省食安办现场验收。成功举办首届深圳食品安全美食节。在全国率先实现食品从农田到餐桌全链条监管。制定发布小作坊生产加工团体标准。开展特殊食品专项整治行动。创新餐饮服务监管方式，在全国首创实施违法行为记分管理办法。完善食品抽检制度，全年抽检食品和食用农产品 13.6 万批次，抽检合格率 98.3%，抽检覆盖率 9.06 批次 / 千人，居全国首位。加大监管力度，组织开展微商、酒类、水产品等食品安全专项执法行动。推进食药志愿服务模式，志愿者人数超过 1 万名。

（深圳市人民政府地方志办公室）

【佛山食品安全工作】 2019 年，佛山市举办“粤港澳大湾区亲子佛山美食研学游”、“以食为媒 10 万港人游佛山”、2019 广东省促消费（秋季）暨第二届“食在广东”国际美食文化活动启动仪式、粤港澳大湾区“食在广东”佛山（顺德）美食文化周等活动。认定市级首批“佛味鲜生”优质食材供应基地 18 个，其中外延基地 1 个；顺德绿源水产、三水劲农蔬菜等 9 个生产基地被认定为粤港澳大湾区“菜篮子”基地。佛山市三水黑皮冬瓜被纳入 2019 年全国名特优新农产品名录。出台《佛山市食品安全委员会工作规则》《佛山市食品安全委员会成员单位食品安全监管事权清单》，明晰食品安全工作职责。

（史阳　何道哲）

【东莞开展整治食品安全问题联合行动】 2019 年，东莞市围绕国家食品安全示范城市创建工作，推进放心肉菜示范超市、示范市场、优秀餐饮街区、“明厨亮灶 + 互联网监管”、食品生产企业监督检查、食品小作坊综合治理和集中加工中心建设、校园食品安全监管等重点任务，牵头开展整治食品安全问题联合行动，推动深圳市、东莞市、惠州市、河源市、汕尾市五市食品安全综合监管区域合作。

（东莞市人民政府地方志办公室）

【中山“阳光食品”APP 上线】 2019 年 12 月，中山“阳光食品”APP 发布，中山市 1160 家餐饮店、学校食堂、养老机构食堂、集体用餐配送单位、中央厨房及下属门店、农贸市场和食品小作坊上线。该平台同时满足消费者、商户和监管部门等多方使用需求：消费者可查看商户食品安全信息，观看实时监控视频并开展评价、投诉；商户可开展食品自查安全管理，进行线上学习；监管部门可实现线上巡检、抽查考核等。年内，中山市先后印发《中山“阳光食品”APP 专项资金管理办法》《中山“阳光食品”APP 项目运维管理方案》《中山“阳光食品”APP 部门联络机制》等管理制度，保障项目正常规范运行。对接“中山食安”微信公众号，设立“阳光食品”专栏，实现上线单位“一店一码”，提升餐饮单位自律性。市民可通过扫描二维码查看“阳光食品”上线单位后厨情况，了解食品安全状况。

（中山市人民政府地方志办公室）

【江门打造粤港澳大湾区农业合作发展平台】 2019 年，江门市编制《江门市粤港澳大湾区高质量农业合作发展三年行动方案》，以国家现代农业产业园、广东江门国家农业科技园区、省农产品加工示范区和大湾区农产品交易流通中心四大载体为核心，打造粤港澳大湾区农业高质量合作发展平台，为珠江西岸新增长极和沿海经济带上的江海门户提供支撑。以供港澳农产品质量安全标准为标杆，以“绿色食品”为质量发展方向，建设粤港澳大湾区“菜篮子”和出口示范基地。2019年，江门市有14家企业（共三批）获粤港澳大湾区“菜篮子”生产基地证书，4家加工企业被认定为粤港澳大湾区“菜篮子”产品加工企业。

（江门市农业农村局）

【粤港澳大湾区肇庆（怀集）绿色农副产品集散基地建设】 2019年，肇庆海关配合打造粤港澳大湾区肇庆（怀集）绿色农副产品集散基地，该集散基地纳入《粤港澳大湾区发展规划纲要》点名项目。肇庆海关促成粤港澳大湾区肇庆（怀集）绿色农副产品集散基地投资环境推介暨农业项目签约系列活动7月28日在怀集召开。广州海关与肇庆市人民政府、广东省农业农村厅、广东省商务厅、广东省市场监督管理局共同签署《粤港澳大湾区肇庆（怀集）绿色农副产品集散基地食用农产品质量安全合作框架协议》。至年底，肇庆海关培育和备案供港澳蔬菜基地4个，供港澳蔬菜加工厂1个，初步与怀集县达成共建粤港澳大湾区肇庆（怀集）绿色农副产品检测中心的合作意向。

（肇庆市人民政府地方志办公室）

2019年7月28日，粤港澳大湾区肇庆（怀集）绿色农副产品集散基地投资环境推介暨农业项目签约系列活动在怀集举行 （刘春林 摄）

社会保障和社会治理合作

社会保障合作

【概况】 2019年3月22日，人力资源和社会保障部与广东省政府签署《深化人力资源社会保障合作推进粤港澳大湾区建设战略合作协议》，赋予广东省58个政策创新点，是《粤港澳大湾区发展规划纲要》公布后广东省与国家部委签署的首个战略合作协议。3月28日，广东省印发《广东省人力资源和社会保障厅关于推进粤港澳大湾区建设行动方案》，围绕2020年、2022年、2035年三个重要时间节点，重点推动粤港澳三地在就业创业、社保衔接、人力资源、劳动关系等领域实现从“交流”到“交往”再到“交融”发展。12月，广东省发布《关于进一步完善我省港澳台居民养老保险措施的意见》，明确：在广东省参加企业职工基本养老保险的香港、澳门、台湾居民，达到法定退休年龄时缴费不足15年、且在广东省累计缴费满10年的，可参照省内灵活就业人员缴费标准继续缴费至满15年；在广东省工作的港澳台籍居民，于2005年10月后与广东省内用人单位曾存在劳动关系，其间有未参保缴费年限的，可按规定进行补缴；明确符合参保条件的港澳台籍居民，应按规定参加机关事业单位养老保险，待符合条件时享受相应养老保险待遇；规定在广东省居住且办理港澳台居民居住证的未就业港澳台籍人员，可在居住证所在地参加城乡居民养老保险，并可按规定享受相应的待遇和财政补贴；明确在国家政策规定范围内，用人单位与职工一方可以在企业年金方案中约定向高层次人才倾斜的条款；规定港澳台居民中达到一定条件的高层次人才，如未曾在内地参加职工基本养老保险的，允许用人单位使用财政资金为其购买任期内商业养老保险，以利于保障其养老待遇。推动粤港澳企业养老保险关系接续，印发《关于做好我省港澳台居民社会保险业务经办工作的通知》，调整业务系统和细化经办流程，完善粤港澳大湾区社保经办服务，及时为达到法定退休年龄但缴费不足15年的港澳人员办理延缴、补缴或趸缴，解决早期来粤特别是高层次人才在粤享受企业养老待遇问题。协调公安、财政、港澳办和大湾区办等部门。实现在粤享受户籍人口同等待遇，实现粤澳社保关系互认，成立粤澳劳动及社会保障相关事务合作专责小组，建立定期交流机制，细化两地社保关系互认流程，实现在粤工作的澳门居民持“澳门特别行政区政府社会保障基金受益人供款记录”，可免除在广东就业期间的养老和失业保险缴费。

【大湾区社保卡金融功能跨境应用开展】 2019年12月，人民银行广州分行、广东省发展改革委、省科技厅、省工业和信息化厅、省人社厅、省卫健委六部门联合印发《转发中国人民银行等六部委办公厅关于开展金融科技应用试点工作批复文件的通知》，明确广东省参加国家金融科技应用试点工作。省人社厅联合开展“大湾区社保卡金融功能综合应用”，推动社保卡金融功能跨境应用，为港澳居民提供便利的民生服务。

（广东省人力资源和社会保障厅）

【香港居民移居粤闽社会保障】 1997年4月1日，香港社会福利署推出“综援长者自愿回广东省养老计划”，目的是为领取综合社会保障援助（简称综援）不少于3年并选择到广东省养老的受助长者继续获发综援。自2005年8月1日起，计划放宽至允许领取综援不少于1年的长者参加。计划的适用范围由广东省扩展至福建省。其名称亦同时更改为“综援长者广东及福建省养老计划”。2013年10月1日、2018年4月1日，香港特别行政区政府正式推行广东计划、福建计划，方便分别长期居住在广东省、福建省的合资格香港长者领取公共福利金计划下的高龄津贴（俗称“生果金”）。2019—2020年财政年度，广东计划的申请个案有18465宗，发放款项3.61亿港元；福建计划的申请个案有1795宗，发放款项3750万港元。

（香港历史研究基金会）

社会治理合作

【概况】 2019年5月15日，广东省监察委员会、香港特别行政区廉政公署及澳门特别行政区廉政公署在广州举行联合会议，初步商议三方就粤港澳大湾区廉政建设合作事宜。携手打击跨境贪污腐败罪行，共同维护大湾区廉洁发展环境，加强廉洁文化教育及宣传工作交流，致力构建清廉、健康、公开、透明的政商关系，加强廉政机制协同。三地加强大湾区内反贪机关、政府部门的交流互访和人员培训。在打击偷渡方面，香港特别行政区保安局与公安部召开5次打击偷渡联合工作会议，开展联合打击粤港边界偷渡活动的专项行动。是年，中山市文化广电旅游局与珠海市文化广电体育旅游局创新旅游市场执法监管方式，共建旅游执法协作联动机制，合力打击扰乱两地旅游购物市场秩序的违法行为。11月，广州、深圳、珠海和中山签订《广州深圳珠海中山四市加强旅游市场执法协作机制建设备忘录》，联合打击四地旅游市场违法经营行为。

（编辑部）

【粤港澳大湾区应急协调平台建设】 2019年，粤港两地建立健全应急救援指挥协调机制，建立突发事件应急处置联运协调机制。加强粤港两地安全事故应急预案衔接，指导港珠澳大桥管理部门完善港珠澳大桥应急救援体系和应急响应机制。10 月 16 日，召开粤港应急管理联动机制专责小组第九次会议，推动建立应急管理联席会议制度，建立健全安全生产和自然灾害风险定期会商评估工作机制。（香港历史研究基金会）

【深圳推进粤港澳大湾区优质生活圈消费一体化】 2019 年，深圳市推进粤港澳大湾区优质生活圈消费一体化。3 月，深圳市消费者委员会与澳门特别行政区消费者委员会签订合作协议，于 7 月首次合作开展面膜比较试验，促进两地产品质量提升。8 月，深圳市消费者委员会与香港特别行政区消费者委员会签署《港·深消费者组织合作协议》，建立异地消费维权合作机制。年内，深圳市消费者委员会处理消费者投诉 22 万宗，比上年增长 69.7%。加强消费监督，推进消费维权，促进消费并推进粤港澳大湾区优质生活圈消费一体化。（深圳市人民政府地方志办公室）

【《深化人力资源社会保障合作推进粤港澳大湾区建设战略合作协议》签署】 2019 年 3 月 22 日，人力资源和社会保障部（简称人社部）与广东省政府在粤签署《深化人力资源社会保障合作推进粤港澳大湾区建设战略合作协议》。根据合作协议，人社部、广东省政府将共同推动人力资源社会保障重点领域和关键环节深化改革、先行先试，为粤港澳大湾区建设提供人力资源社会保障支持服务。重点加强 5 个方面的战略合作：促进人力资源自由流动，打造国际人才新高地；拓展就业创业空间，打造宜业乐业优质圈；深化社会保障改革，打造普惠共享先行地；健全劳动维权长效机制，打造和谐劳动关系示范区；加强公共服务能力建设，打造优质服务排头兵等。人社部支持广东建设国家级人力资源产业园、全国工伤康复综合基地、粤港澳大湾区创新创业孵化基地、粤港澳大湾区人才港，支持广东加快推进粤港澳职业资格互认、支持粤港澳大湾区事业单位探索公开招聘和使用外籍专业技术人才办法等。广东省政府发挥政府主导作用，对人力资源社会保障领域政策制定、机构建设、人员编制、项目立项、资金投入等给予重点保障和支持。

（香港历史研究基金会）

【《香港、东莞消费者组织合作协议》签订】 2019 年 5 月 13 日，东莞市消费者委员会与香港消费者委员会召开消费维权跨境合作会议，在广东省消委会和中共东莞市委台港澳办代表的见证下，现场签订《香港、东莞消费者组织合作协议》，完善香港、东莞两地跨区域消费维权合作机制，推进消费维权资源共享和区域互动，促进两地经济社会和谐稳定发展。

【粤港澳大湾区消防救援队伍水域洪涝灾害跨区域救援实战演练暨消防协作机制研讨会】 2019 年 5 月 20 日，粤港澳大湾区消防救援队伍水域洪涝灾害跨区域救援实战演练暨消防协作机制研讨会举行，东莞市消防救援支队承办。应急管理部消防救援局、广东省消防救援总队，港澳消防单位，广东省水利厅、海事局、公安厅警务飞行队等社会联动单位以及东莞市政府、市消防安全委员会成员单位、粤港澳大湾区 10 个支队级单位代表 860 余人分别参加演练和研讨。实战演练采取“1 + 3”模式进行，主战场设在沙田镇立沙岛，分战场设在粤东片区（潮州）、粤北片区（韶关）、粤西片区（湛江）。演练模拟台风、强降雨等极端气候环境下，可能造成的山洪暴发、河流水位上涨、城市发生严重内涝等灾害事故，结合近年来抗洪抢险典型案例和消防救援队伍日常训练实际，制定舟艇救援技术、涉水救援技术和综合救援 3 个篇章 7 个类型不同救援技术的演练科目。主战场调集 20 艘冲锋舟、30 艘橡皮艇、15 艘摩托艇、15 架无人机、3 艘消防船、2 架直升机，并邀请广东省公安厅警务飞行队、东莞海事局和其他社会应急联动力量共同参与。该次演练有利于提升两地消防救援队伍实战水平，确保更好地服务两地社会民众，维护粤港澳大湾区消防安全。（东莞市人民政府地方志办公室）

【佛山市涉外涉港澳台商事纠纷诉调对接工作室揭牌】 2019年6月28日，佛山市中级人民法院与中国国际贸易促进委员会佛山市委员会签署《涉外涉港澳台商事纠纷诉调对接工作方案》，并为双方联合共建的佛山市涉外涉港澳台商事纠纷诉调对接工作室揭牌。佛山市涉外涉港澳台商事纠纷诉调对接工作室设在佛山市诉前和解中心，是佛山市首家涉外涉港澳台商事纠纷诉调对接工作室。 （陈瑶）

【《保护珠江生态环境和自然资源公益诉讼协作机制》签署】 2019年6月，东莞市人民检察院联合广州、深圳、佛山三市人民检察院会签《保护珠江生态环境和自然资源公益诉讼协作机制》。根据该协作机制，四地检察机关加强珠江河域公益诉讼工作中的信息共享、线索移送、案件协作及交流学习，指引四地检察机关通过协同办案，改善珠江河域生态环境，推动珠江流域沿岸经济绿色发展。是年，东莞市消防救援支队承办粤港澳大湾区水域洪涝灾害跨区域演练、部局无人机课题研发工作推进会；与香港坍塌拯救队开展车辆事故救援技术交流，实现区域联动、综合救援能力素质提升。 （东莞市人民政府地方志办公室）

【澳门街坊会联合总会中山办事处升格为广东办事处】 2019年7月，经广东省公安厅、民政厅等部门批准，澳门街坊会联合总会中山办事处升格为广东办事处，服务范围扩大为广东省内其他城市，服务内容以深化粤港澳大湾区在社会服务和社会治理领域合作交流为重点，向在粤港澳大湾区创业、就业、就学、居住、旅游以及养老的澳门居民和中山居民提供针对性、专业化、精细化的服务。11月30日，澳门街坊会联合总会广东办事处在中山市三乡镇揭牌。澳门街坊会联合总会成立于1983年，为非营利机构，以“坚持爱国爱澳、拥护一国两制、团结坊众、参与社会、关注民生、服务社群、共建和谐小区、促进特区发展”为宗旨，参与社会事务，持续关注社会保障、房屋、教育、治安、交通、环保、卫生等社会问题，建成覆盖全澳门、专业多元的社会服务网络，是澳门最具影响力的社会组织之一。澳门街坊会联合总会中山办事处于2018年11月30日在中山设立，是该会在内地设立的首个联络服务站点。 （中山市人民政府地方志办公室）

【粤澳应急管理联动机制专责小组第九次会议】 2019年10月16日，粤澳应急管理联动机制专责小组第九次会议在珠海市召开。会议由粤方专责小组组长单位广东省应急管理厅和澳方专责小组组长单位澳门警察总局共同组织。粤澳应急管理联动机制双方成员单位负责人、港珠澳大桥三地委办公室、港珠澳大桥管理局、珠海市政府及相关部门人员参会。会议总结回顾粤澳应急管理合作取得的主要成果，对进一步加强和完善粤澳应急指挥平台互联互通机制、港珠澳大桥救援体系及应急响应机制、粤港澳大湾区气象灾害预警发布应急联动协调机制和防台风应急合作机制建设，确保珠澳供水安全等议题进行研讨。

（珠海市年鉴编辑中心）

【广州知识产权法院东莞巡回审判法庭揭牌】 2019年12月26日，广州知识产权法院东莞巡回审判法庭揭牌仪式在东莞市松山湖知识产权综合服务中心举行。东莞市中级人民法院与东莞理工学院，广州知识产权法院与东莞理工学院，东莞市市场监督管理局与广州知识产权法院、东莞市中级人民法院分别签署知识产权战略合作框架协议。广州知识产权法院东莞巡回审判法庭是继惠州、佛山后广东省设立的第三个知识产权巡回审判法庭，集中审理东莞及周边地区属广州知识产权法院管辖的各类知识产权民事案件，为当事人就近提供案件受理、开庭审判、查询咨询、诉调对接、来访接待、法治宣传等诉讼服务，减少当事人知识产权维权成本。

（东莞市人民政府地方志办公室）

·责任编辑　王娜·

共同参与『一带一路』建设

综　述

【概况】　2019年，广东省和粤港澳大湾区各市贯彻落实《粤港澳大湾区发展规划纲要》，提升和优化珠三角九市投资和营商环境，推动大湾区市场一体化建设，对接国际高标准市场规则体系，构建开放型经济新体制，逐步形成全方位开放格局，粤港澳大湾区各市紧密合作，共同参与“一带一路”建设。截至是年底，珠三角九市进出口总额68281.91亿元，香港特别行政区进出口总额84041亿港元，澳门特别行政区进出口总额1029.26亿澳门元。

协同推进粤港澳大湾区合作　2019年，广东省与香港特别行政区、澳门特别行政区发挥粤港澳合作机制作用，全年举行粤港高层会晤3次、粤澳高层会晤2次，就推进粤港澳大湾区建设、服务贸易自由化、深化粤港澳合作等事项达成共识。5月16日和27日分别召开粤港合作联席会议第二十一次会议、2019年粤澳合作联席会议，将落实大湾区发展规划纲要、推进大湾区建设作为主题，推动签署系列合作协议，会后梳理会议重点工作责任清单，督促相关单位落实落地。广东省依托粤港、粤澳合作机制作用，统筹43个省直部门、珠三角九市与香港、澳门特区政府加强对接，围绕大湾区建设，研究制定实施粤港、粤澳合作框架协议2019年重点工作，由广东省省长与香港、澳门特区行政长官签署实施，更高规格推进落实。

推进粤港澳服务贸易自由化　2019年，广东省把握国家扩大开放机遇，研究形成压减《CEPA服务贸易协议》限制性措施建议稿，争取服务贸易开放政策。11月，《关于修订〈CEPA服务贸易协议〉的协议》分别在澳门、香港签署，在金融、法律、建筑等领域进一步放宽对港澳服务提供者的准入要求。12月5—6日举办服务贸易业务培训班，邀请商务部专家专题授课，组织来自省直单位、地市港澳办（局）、服贸合作平台等120名代表培训。强化13个粤港澳服务贸易自由化省级示范基地与港澳合作。

（广东省港澳办）

【一流营商环境打造】　2019年3月22日，广东省市场监管局与澳门贸易投资促进局共推“粤港澳大湾区九市商事登记便利服务”。3月22日，双方在澳门联合举办“粤澳跨境商事登记便利服务宣讲会”，向有意在大湾区内地九市开业投资的澳门企业介绍广东商事登记便利化改革动态及商事登记主要手续流程，并正式启动该项便利化服务。2019年4月25日，广东省市场监管局牵头推进的“开展深港工商跨境文书流转信息化改革”，在中国（广东）自由贸易试验区四周年发布会上被评选为5个国际化营商环境最佳案例之一，被认为具有突出的首创性、引领性、代表性和可复制可推广价值，进一步彰显广东自贸试验区“改革开放试验田”的重要作用。

（广东省市场监督管理局办公室）

【司法放管服改革深化与法治化营商环境打造】2019年，广东省着力创新监管方式，推进大湾区基层行政执法信息化、智能化，将广州南沙纳入综合行政执法信息化试点，将行政检查、处罚、强制三类行政职权事项纳入全省统一的行政执法信息平台和行政执法监督网络平台运行，同时推行三类案件全过程网上办理和移动执法，实现横向到边、纵向到底的综合执法办案平台应用。加快营造公平、可预期的法治化营商环境，粤港澳三地法律部门携手加强法律服务供给，推进健全完善营商纠纷多元化解机制。在2019年9月12日召开的首次粤港澳大湾区法律部门联席会议上，广东省司法厅、香港律政司和澳门行政法务司就推动在大湾区内建立共商、共建、共享的多元化纠纷解决机制达成共识。在10月26日举办的第二届粤港澳大湾区法治建设座谈会上，三地法律部门对进一步推广应用调解方式解决大湾区商事纠纷进行深入讨论。12月31日，广东省司法厅和省法院联合出台《广东自贸区跨境商事争议调解规则》，从调解收费、司法确认等五个方面完善相关规定，推动发挥调解化解国际商事争议的重要作用。同时，广东省加强大湾区公共法律服务体系建设，通过广东法律服务网三大平台，为港澳在粤人士免费提供法律咨询服务，推动完善商事纠纷预防化解机制。

（广东省司法厅）

【市场一体化推动发展】　2019 年 3 月 19—20 日，粤港澳大湾区竞争政策高级研讨会暨三地竞争执法部门磋商会议在广州南沙召开。会议由国家市场监管总局反垄断局指导、广东省市场监督管理局主办，共同探讨粤港澳大湾区竞争政策在执行层面上交流和合作，探索建立交流合作机制事宜。国家市场监管总局反垄断局、广东省市场监督管理局有关负责人，港澳竞争执法部门官员以及国务院反垄断委员会专家咨询组专家、粤港澳反垄断学者、地级以上市市场监管部门代表、省重点行业商（协）会和龙头骨干会员企业代表等 200 余人参加会议。2019 年 5 月 31 日，2019 年粤港澳大湾区“消费·维权”论坛在珠海横琴举办。论坛由中国消费者协会指导、广东省消费者委员会主办，珠海市消费者委员会和珠海横琴新区消费者协会承办，论坛围绕“加强维权联动促进消费融合打造优质生活湾区”主题，就加强粤港澳跨境消费投诉调解，促进粤港澳大湾区消费维权联动等方面进行研究探讨。2019 年 10 月 11 日，2019 年度粤澳质量和检测认证工作专责小组会议在珠海召开。该次会议是《粤港澳大湾区发展规划纲要》正式发布后粤澳双方在质量和检测认证领域的首次专责小组会议。会议交流了近年来粤澳双方在质量和检测认证方面的工作进展情况，就下一步粤澳双方在标准化、计量、质量、检验检测、认证认可等领域的交流与合作交换意见。2019 年 12 月 10 日，2019 年广东省食品安全示范性应急演练暨中山市较大食品安全事故（Ⅲ级）应急演练在中山举行。应急演练由省食品安全委员会办公室、省市场监督管理局、澳门特别行政区市政署食安厅、中山市食品安全委员会办公室共同主办。

（广东省市场监督管理局办公室）

【创新粤港澳大湾区口岸通关合作】　2019 年，广东省口岸办协调口岸联检单位和港澳特区政府有关部门，推动口岸通关模式创新和信息化建设，推进口岸查验模式创新和推广运用，创新粤港澳大湾区口岸通关合作，促进通关机制“软联通”，推动粤港澳大湾区通关便利化。一是推进深圳湾口岸分步、分阶段实施 24 小时通关与港方达成共识，即深圳湾口岸 2020 年 6 月推行私家车（小车）24 小时通关、9 月推行货检通道 24 小时通关、12 月全面推行 24 小时通关。二是支持深圳边检在文锦渡口岸推进小车通道免下车查验试点，在出入境各两条小车通道完成场地改造和设备安装，并于 2020 年 1 月 1 日投入试运行。三是协调解决供港砂石在广东口岸通关服务保障、横琴口岸重建期间供澳鲜活商品出入境等问题，保障港澳重点工程建设和居民生活物质供应。四是协调落实番禺莲花山港客运有限公司开展“南下挂港”业务；协同广州、佛山、肇庆市，支持配合广铁集团调整优化铁路客运口岸资源，暂停肇庆、佛山至香港（红磡）直通车运行，开行肇庆经佛山至西九龙高铁列车。

【高层次粤港澳大湾区联合推介和招商机制构建】　2019 年，为提升粤港澳大湾区的国际知名度和世界影响力，发挥香港、澳门海外资源优势，广东携手港澳联合在泰国、日本、美国等国家组织多场高层次粤港澳大湾区推介和招商活动，活动主题鲜明、高效务实、引起广泛关注、促成一批高质量合作项目，取得良好成效。省委、省政府主要领导率队开展粤港澳大湾区推介工作。在省委、省政府主要领导出访期间，分别在印度、泰国、俄罗斯、韩国举办经贸合作交流会，在日本东京粤港澳三地政府联合主办“粤港澳大湾区推介会”，向全球投资者推介粤港澳大湾区，促成一批重要合作项目。省政府有关领导赴国外开展专题推介活动。分别在墨西哥首都墨西哥城、美国旧金山举办经贸交流活动，阐释并推介粤港澳大湾区经贸合作机遇。省政府在澳大利亚悉尼举行第27次广东—新南威尔士州经济联合会议，与新州政府共同签署《第二十七次广东省—新南威尔士州联合经济会议联合声明》，双方同意在粤港澳大湾区框架下，进一步加强合作。粤港澳商务部门联合赴境外开展大湾区推介和招商。省商务厅与香港商务及经济发展局、香港贸易发展局分别联合组织粤港两地企业前往格鲁吉亚、匈牙利、法国、德国、以色列开展经贸交流活动，推介粤港澳大湾区，开拓“一带一路”沿线市场，取得良好成效。省商务厅联合港澳相关部门打造高水平“线上线下”经贸推介交流平台。粤港澳三地政府首次联合举办粤港澳经济技术贸易合作交流会。组织广东商务代表团参加香港“一带一路”高峰论坛和第24届澳门国际贸易投资展览会等活动。省商务厅还与香港贸发局、澳门经济局等联合举办多场调研、考察、经贸交流活动。充分发挥各类对外交流资源和平台优势推介粤港澳大湾区。组织参加粤商大会的港澳工商社团、海外粤商代表和知名企业家赴肇庆、惠州市考察。在第十八次中日韩泛黄海经济技术交流会、广东省商务发展情况通报会、上海跨国公司外资政策宣讲会上，推介粤港澳大湾区投资营商发展机遇。广东驻海外经贸办事处积极借助各类经贸活动推介粤港澳大湾区投资机遇。探索与美国旧金山湾区、日本东京湾区建立交流合作机制。在省政府与日本贸易振兴机构续签合作备忘录的框架下，省商务厅分别与日本贸易振兴机构、日本瑞穗银行研究搭建粤港澳大湾区与日本东京湾区合作机制。在第二届进博会期间举办“粤港澳大湾区经贸合作推介暨湾区经贸合作发展座谈会”，与参加进博会的跨国公司高层领导深度交流，与旧金山湾区签署深化合作框架协议。（广东省商务厅）

营商环境打造

放管服改革深化

【概况】 2019年，粤港澳大湾区各城市加快转变政府职能，优化办事流程，压缩行政审批时限，率先推进商事登记制度改革深化，“放管服”改革取得进展。广州实施营商环境2.0改革，推进全程电子化商事登记，推进“多证合一”改革，率先全国落实国家《关于对知识产权（专利）领域严重失信主体开展联合惩戒的合作备忘录》。深圳首设“企业家日”，企业“秒批”系统上线启用，优化口岸营商环境，正式实施特区知识产权保护条例。珠海市出台《珠海市深入推进审批服务便民化工作实施方案》，实现公共服务事项“一站式”办理、“一条龙”服务。佛山全面推进工程建设项目审批制度改革，启动扶持政策标准化改革试点。惠州印发《持续压缩企业开办时间实施方案》，推进证照分离改革，提高企业注销便利化水平。东莞市实现功能区与市级审批同权，梳理事项以开展标准化建设，上线全国首批银政通企业开办全流程智能服务一体机。中山市加强“商事登记全程电子化智能申报审批平台”建设。肇庆压缩企业办事手续和时间。江门推进“证照分离”改革。（编辑部）

【广州营商环境出新出彩行动】 2019年，广州市推进实施《广州市推动现代化国际化营商环境出新出彩行动方案》，实施新一轮商事制度改革，创新商事登记模式，全面完成政府机构改革任务。推进简政放权，下放、委托市级行政职权35项，取消市级证明351项。实施营商环境2.0改革。企业获得电力便利度国际领先，企业间不动产转移登记1小时办结、抵押登记1天办结。率先实施商事登记确认制和“跨境通”，信用联合奖惩”一张单”。市、区依申请事项全部实现可网上办理，行政许可事项基本实现“最多跑一次”，发行全国首个纯专利知识产权证券化产品，率先取消政府采购投标保证金。是年，广州开发区获评全国经开区营商环境综合指数第一位，全国首推“区块链 + AI”商事服务，首推“秒批”政务服务事项清单，企业开办实现“一天办，一键办，免费办”，投资建设项目审批时间从 110 个工作日压减至 15 个工作日。年内，广州市 39 个职能部门和驻穗机构形成《关于对知识产权领域严重失信主体及其有关人员开展联合惩戒的合作备忘录》，出台 32 项联合惩戒措施，广州市成为全国第一个落实国家《关于对知识产权（专利）领域严重失信主体开展联合惩戒的合作备忘录》的地区。中新国际知识产权创新服务中心投入试运行。是年，法治广东年度考评广州排名第一位。营商环境综合评价位居全国主要城市前列。

【广州商事登记改革创新】 2019 年，广州市推动“人工智能 + 机器人”全程电子化商事登记全业务、全流程、全区城覆盖，全面提升开办企业时效，推动企业“准入”“准营”同步接速。推进“多证合”一改革工作，落实市场准入便利措施，实现开办企业“线上办理一网一界面，线下办理一窗一表单”全流程 1 天办结，个体商事登记办理全程不受时间空间限制，实现从“人工核准”向智能确认的转变，构建更加开放透明的市场准入管理模式。

（广州市人民政府地方志办公室）

【深圳营商环境改革】 2019 年，深圳优化营商环境改革，在全国首设法定“企业家日”。10 月 31 日，深圳市六届人大常委会第三十六次会议表决通过关于确定 11 月 1 日为深圳企业家日的决定，深圳的企业家们有了属于自己的法定节日。这也是全国各城市中的第一个法定企业家日。11 月 1 日，深圳举行首个“深圳企业家日”系列活动。2019 年深圳发布 41 项优化营商环境举措，深圳市企业“秒批”系统正式上线启用。“秒批”系统将企业设立审批时限由一天大幅压缩至几十秒内。同时，“秒批”质检系统和“登管联动”机制同步建立，实现企业开办效率和质量“双提升”。据粤港澳大湾区研究院发布的《2018 年中国城市营商环境评价报告》，深圳营商环境指数全国排名第一位。在《全球城市竞争力报告 2018—2019》中，深圳经济竞争力排名全球第四位。截至年底，世界 500 强到深圳投资企业数超 290 家，全市累计商事主体超 320 万户，商事主体总量和密度居全国第一位。优化办事流程，在全国率先推进商事登记配套制度改革，企业注册登记时间由 20 个工作日直接缩短到 1 个工作日，在由中国城市竞争力研究会发布的 2018 中国十佳高效政府排行榜中位居榜首。年内，持续优化口岸营商环境，成立以分管副市长

2019 年 4 月 11 日，广州南沙开发区（广东南沙自贸区）发出全国首张商事登记确认制营业执照，在全国率先启动商事登记确认制改革，将企业设立登记的行为性质从行政许可改为行政确认

（广州市南沙区人民政府地方志办公室供稿）

为组长、市政府分管副秘书长和市口岸办、深圳海关负责人为副组长的深圳市优化口岸营商环境工作组，联合市发展改革委、市财政局、市交通运输局、市商务局、市市场监管局等成员单位，以优化流程、提升效能、降低成本、完善服务为重点，分设综合协调、收费督查、通关提效、物流提效、“单一窗口”5个专项小组，印发《深圳市优化口岸营商环境促进跨境贸易便利化工作实施方案》共38条改革措施。年内，持续优化商务领域营商环境。推进“放管服”改革。开展网上政务服务能力第三方调查评估迎检工作，建立审批服务事项例行监测机制，推进行政审批全流程网络办理，行政许可审批时限均压缩60%以上，全年共受理审批和服务事项超8万件，实现“零逾期、零差错、零投诉”。深化资金管理体制改革。制定财政专项资金管理、评审、审计等相关规定，简化审核流程、优化执行方式，从资金政策审核、资助计划复核、执行进度跟踪、资金评审管理等多维度提升专项资金执行率，加快释放政策效应，提升企业获得感。着力改善外商投资环境。开展与《中华人民共和国外商投资法》不相符的法规、规章和规范性文件清理工作，启动修订相关市政府规范性文件。加强外资企业权益保护，开展综合型外资企业权益保护和服务工作站建设，探索在重点产业园区设立工作站。推进国际贸易“单一窗口”建设。完成原产地证申请、出口退税等14项中央标准应用上线与推广，拓展国际结算、进口垫付税等本地特色应用创新项目，实现企业足不出户、线上办理购付汇、收结汇等标准化服务。平台新增注册企业超3万家，业务申报单量占全国的13.7%，占全省的57.8%，综合覆盖率达100%。

【“一带一路”环境技术交流与转移中心建设】 2019年，“一带一路”环境技术交流与转移中心（深圳）整体工作实现历史性突破。中心建成4300平方米总部服务平台，总投资3000万元，成为“一带一路”绿色发展国际联盟“环境质量改善与绿色城市”专题伙伴关系的中方召集机构之一。中心成功举办“一带一路”绿色创新大会暨中国环境与发展国际合作委员会（国合会）2019年圆桌会议和绿色可持续城市论坛，发布《环境质量改善与绿色城市专题伙伴合作倡议书》。紧抓生态环保产业和技术“走出去”“引进来”两大任务，洽谈扩大至17个国家和地区，聚集境外合作资源，推动环境技术与产业国际合作。

【国资国企服务大湾区建设】 2019年，深圳市国有资产监督管理委员会落实国家有关粤港澳大湾区建设的战略部署，推动市属国资国企参与粤港澳大湾区建设，完成《深圳市属国企参与粤港澳大湾区建设策略研究》，出台《深圳市属国资国企推进粤港澳大湾区建设三年行动方案（2019—2021年）》，明确市属国企参与粤港澳大湾区建设的总体要求和发展目标，提出空间格局优化、科创中心建设等“8大行动、29项任务、92条具体举措、122个重点项目”，推动市属国企主动融入粤港澳大湾区建设。

【深圳商事服务创新】 2019年，深圳市市场监督管理局升级“开办企业一窗通”服务平台，开办企业商事登记时限压缩至1个工作日内。推出“秒批”服务，个体户设立、注销以及自然人有限公司设立申请符合条件即时审批通过。推出深港通、深澳通“注册易”服务，实现足不出港澳，一站式注册深圳企业。联合税务、社保等部门建立“企业简易注销一窗通”平台，企业注销最快1个工作日内办结。在全市推广运用统一地址库开展商事登记，有效解决虚构地址问题。全市新登记商事主体50.5万户，累计实有商事主体达327.7万户。每千人拥有商事主体251.6户，总量和创业密度连续多年居全国首位。深圳市市场监督管理局整合食品、药品、医疗器械、化妆品、工业产品等行政审批服务，推进构建“大审批”体系。全年实现即来即办事项82项、“不见面审批”事项102项、“秒批”事项14项，推出“一件事一次办”场景式主题服务18项。食品经营许可“申请人承诺制”实施范围进一步扩大。动产抵押登记改革推进，登记业务下放辖区局办理。在全国率先实施商事主体滚动年报改革试点，创新建立市场监管联系人制度，年报质量提高。手机查档改革再次入选中国政府网“互联网+政务服务”典型案例。药品零售许可改革先进经验在全省推广。

（深圳市人民政府地方志办公室）

【珠海营商环境改革】 2019年8月，珠海市实施《珠海市〈落实广东省进一步深化营商环境改革2019年工作要点〉工作措施》，持续深化营商环境改革，增强发展活力。深化商事制度改革，深化工程建设项目审批制度改革，推进不动产登记改革，推进纳税便利化改革，推进跨境贸易便利化，优化水电气报装服务，打造更优信用环境，支持企业获得信贷，加快“数字政府”建设和政务服务与监管方式改革，加强产权保护和营商法治化建设等10个方面打造公平、透明、可预期的营商环境。

（赵彧）

【珠海“放管服”改革】 2019年，珠海市出台《珠海市深入推进审批服务便民化工作实施方案》。全市8个区级政务服务大厅和24个镇（街）、318个村（居）完成公共服务平台建设，实现公共服务事项“一站式”办理、“一条龙”服务。市、区、镇（街）三级面向自然人提供的现场办理事项，即办比例总体超过25%。依申请办理的政务服务事项扩展至8大类，市级1647个事项中1365项可在线办理，可办率82.88%；区级4818个事项中3173项可在线办理，可办率65.86%。推进政务服务“全城通办”，全市办理“全城通办”事项2763万件。各区（功能区）政务服务大厅4100项事项实现“最多跑一次”，占进驻事项87%。

（黄惠霞）

【中国（珠海）国际贸易“单一窗口”建设】 2019年，中国（珠海）国际贸易“单一窗口”新增项目20个，占总项目数的44.44%，比上年增长1.67倍，其中实现全省首票应用项目8个。全年申报单量396.52万票，其中通行珠海口岸报关单申报单量38.69万票，申报货值319.25亿美元。完成国务院和省、市下达的全口岸覆盖率和应用率100%的目标。截至年底，中国（珠海）国际贸易“单一窗口”上线运行项目45个，总申报单量达1096.21万票，总申报货值579.04亿美元。

（梁倩）

【佛山“放管服”改革深化】 2019年，佛山市以深化“放管服”（简政放权、放管结合、优化服务）改革为抓手推动营商环境不断优化。全面加大营商环境改革力度，创新性提出“1+7+N”（“1”是指1个顶层设计，即《佛山市深化营商环境综合改革实施方案》；“7”为7项企业关切和群众关注的重点改革举措，分别为深化商事制度改革、推进工程建设项目审批制度改革、不动产登记制度改革、推进政务服务“一网、一门、一次”改革、优化纳税营商环境、推进跨境贸易便利化、加强信用监管；“N”为围绕营商环境相关的N项优化措施，分别为获得用水用电用气便利化改革，公共资源交易制度改革，知识产权创造、保护与运用，获得信贷，劳动力市场监管等方面）优化营商环境工作体系，在首届（2019）珠三角地区营商环境发展水平评估中位列第三名。建立公平竞争审查制度，健全以信用为基础的新型监管机制，形成以法治为核心的公正有序透明的市场环境。在全国首创实体窗口、自助终端机、微信端、电脑端商事登记服务体系，入选中国“互联网+政务服务”50强优秀实践案例，被国家市场监管总局确定为“企业开办全程网上办”改革试点城市，“证照主题联办”获省复制推广。全面推进工程建设项目审批制度改革，搭建“1+3+X”一体化平台（“1+3+X”一体化平台是指工程建设项目联合审批系统、“多规合一”业务协同平台、施工图联合审图系统、工程建设效能监督系统等4个管理系统，以及统一身份认证、电子签章、电子表单、电子预档案等 14 个支撑系统)，实现全市工程建设项目“一个平台”（佛山市工程建设项目审批管理平台）全程管控，审批速度全省领先。深化外资准入改革，推进国际贸易“单一窗口”平台建设，对外开放水平进一步提升，便利友好的国际化营商环境加快形成。

（佛山市委改革办）

【佛山国际贸易“单一窗口”新上线功能推广应用】 2019 年，佛山市市、区口岸主管部门联合海关、海事、边检、税务、市贸促会等单位深化国际贸易“单一窗口”新上线功能应用，推进往来港澳小型船舶公共信息平台并入国际贸易“单一窗口”申报、原产地证书自助打印、减免税申报、出口许可证、报关代理委托、预约通关、转关申报、智能卡口、通关无纸化网上三方签约、集中申报功能、出口退税等新上线功能的推广应用，成功申报国际贸易“单一窗口”标准版减免税业务全国推广第一票、出口许可证全国第一票、出口退税功能（外贸全国版）全省第一票，组织举办推广培训 14 场次，培训企业 390 多家次，提高国际贸易“单一窗口”标准版企业知晓率和应用率。截至 2019 年底，佛山市通过国际贸易“单一窗口”标准版申报业务单量达 465.55 万票，国家标准版应用的 13 大项基本功能全部上线，其中货物申报、舱单申报、运输工具申报等主要应用项目覆盖率达 100%。

（黄海欣）

【佛山创新商事登记服务】 2019 年，佛山市推出“四位一体”（登记窗口、自助办照终端、手机微信端、电脑端）商事登记服务，申请人足不出户就能在电脑上申办营业执照，开办企业全流程平均用时仅需 0.57 天。截至年底，全市商事登记、公章刻制、申领发票企业开办全流程压缩至 0.57 天。是年，“四位一体”商事登记服务入选中国“互联网 + 政务服务”50 强优秀实践案例。创新推行“证照联办”改革，推出 69 个线上、54 个线下主题服务事项，打造涉企审批证与照“一窗受理、联合审批、同步发证”新模式，被省政府确定为向全省复制推广的 11 种改革创新模式之一。深化工业产品生产许可证“证照分离”改革，61 家市级发证企业全部实现“一企一证”（企业涉及多种工业产品生产的，只需办理一张生产许可证）。加速“佛港通办”项目落地，佛山成为全国首个公司类简化版香港公证文书跨域邮寄送达城市。在全国首创特种设备安全管理和作业人员自助办证便利化改革，在全省首推食品经营许可证自助打证服务。

（唐璐媛）

【佛山扶持政策标准化改革试点启动】 2019 年 8 月 16 日，佛山市组织召开扶持政策标准化改革试点启动会议，在禅城区启动扶持政策标准化改革试点。此次扶持政策标准化改革试点以“政策阳光兑现·暖企全年无休”为主题，以深化“放管服”改革、优化营商环境为目的，在佛山扶持通平台（2018 年 5 月正式上线）基本实现“一网通办”的基础上，利用禅城区政务服务优势，大幅压减政策兑现时间，促进平台更好发挥惠民利企作用。改革试点首批推出 6 个标准化政策事项，政策兑现时间全部压缩在 2 个月以内，最短的只需 20 个工作日，企业申报政府扶持资金更加便捷高效。截至 2019 年底，佛山扶持通平台企业注册量超 1.2 万家，累计发放扶持资金超 14.3 亿元。

（罗雅泉）

【惠州商事制度改革】 2019 年，惠州市调整以市政府副市长为组长的惠州市开办企业便利化改革工作领导小组，印发《惠州市持续压缩企业开办时间实施方案》，在压缩企业开办时间的基础上，着重从优化企业开办全流程服务，精简企业开办环节、材料和费用，推行线下“一窗受理、集成服务”，推行企业开办全流程“一网通办”，形成便利办事环境等方面着手，提升惠州市企业开办便利度，企业开办平均时间压缩至 1 个工作日，完成国务院、省政府提出的“全面压缩企业开办时间至 3 个工作日”工作目标。

推进证照分离改革。惠州市根据机构改革后市直部门新的设置和职能，对照《国务院关于在全国推开“证照分离”改革的通知》关于第一批106项涉企行政审批事项实施“证照分离”改革的要求，对改革涉及的事项进行重新梳理，逐一确定机构改革后的责任单位。按照《广东省人民政府关于印发广东省开展“证照分离”改革全覆盖试点实施方案的通知》要求，组织各有关单位，形成《惠州市开展“证照分离”改革全覆盖试点工作方案（送审稿）》，全面推进改革措施落地，组织各县（区）、各有关单位对照方案和事项清单，对接省对口部门，对清单所列事项逐项细化改革措施，明确加强事中事后监管的具体办法，推进改革任务落实。

加强“双随机、一公开”监管。惠州市推动建立以市政府副市长为召集人的“双随机、一公开”监管工作联席会议制度，成员单位39个；印发《惠州市关于在市场监管领域全面推行部门联合“双随机、一公开”监管工作实施方案》，明确目标要求、主要任务和工作保障；推进市场监管领域部门形成平等参与、密切配合、共同实施、务实高效的联合“双随机、一公开”常态化监管模式；推进“双随机、一公开”省级平台的推广应用，组织全市市场监管系统130人开展平台应用培训，统筹推动全市市场监管系统依托省级平台，开展2019年企业登记事项、公示信息双随机抽查工作，成效良好。

提高企业注销便利化水平。联合人社、税务等5个部门转发《关于推进企业注销便利化工作的通知》，聚焦企业注销中的“难点”“痛点”“堵点”，改革完善企业注销制度，降低企业办事成本。开通“企业注销网上服务专区”，为企业注销提供一站式服务，实现“一门受理、信息共享、并行办理、全程监督”，压缩办理时限。推行企业简易注销登记制度，符合条件的企业可选择简易注销，减少办事环节和时间。

（惠州市人民政府地方志办公室）

【东莞营商环境综合改革】 2019年，东莞市做好营商环境综合改革统筹。委托广东省省情调查研究中心开展营商环境评价工作。推动“互联网+不动产”改革。联合市不动产登记中心探索具有东莞特色的不动产改革之路。开发在线申请系统（即“虚拟窗口”）和商品房网上预（销）售备案电子签章系统，通过电子印章、人脸识别、电子签名等技术，攻克全程电子化审批“卡脖子”问题，推动从网签合同到审核发证实现统一办理、全程网办、免交纸质材料。推进建设工程审批制度改革。建成启用建设工程审批制度改革松山湖试点专区，并整体搬迁至市民服务中心，收件时长压缩至平均10分钟。建成一体化政务服务平台建设工程审批子系统运行。以工程建设项目为切入点，建设材料复用库，为3042个项目减免21.4万份材料，平均每个项目减免71份。改革后，政府投资项目审批流程压缩至53日，社会投资项目压缩至43日。

【东莞“放管服”改革深化】 2019年，东莞市推进简政放权，理顺权责机制。组织各部门全面梳理原下放给镇街（园区）的事权形成权责清单，重新签订委托协议、刻制执法专用章，用于各镇街（园区）事权委托工作。组织市级部门向功能区下放168项事权，实现功能区与市级审批同权。梳理事项，开展标准化建设。以范围最广、颗粒度最小为原则，梳理优化2000多个事项，将复杂的业务情形逻辑展现到一张结构化思维导图，实现标准化收件。规范中介，完善中介超市建设。全面推广使用网上中介服务超市，推动东莞市中介超市工作开展。更新出台323项中介服务事项清单，规范中介服务行为。5月，东莞市继2016年后，再次在深化商事制度改革加强事中事后监管领域获国务院督查激励。6月，东莞市获批全国知识产权运营服务体系建设重点城市。11月，“一平台三工程”市场监管体系纳入全省优化营商环境改革供借鉴的11项改革举措。12月，东莞市“深化商事制度改革”项目入围全国法治政府建设示范创建单项。推动

“互联网＋不动产”改革。是年，东莞市开发在线申请系统（即“虚拟窗口”）和商品房网上预（销）售备案电子签章系统，“银政通”企业开办一体机等六大改革品牌推出实施，包括“银政通”企业开办一体机、市政公用基础设施报装“一键装”、信用联合奖惩“一网通”、“一件事”一次办、惠企政策精准服务“一站享”、“不动产登记＋金融”一体办。

东莞市市场监管局开展“企业开办全程网上办”改革试点，上线全国首批银政通企业开办全流程智能服务一体机，获“2019年度粤港澳大湾区营商环境改革创新奖”优胜奖，并被市政府列为2019年“放管服”改革六大品牌之首。加强跨境商事登记改革探索，签订莞港商事登记合作、加强莞澳两地投资交流合作等协议，推动省跨境商事登记银政通改革在欧洲启动，东莞市成为全省首个在欧洲跨境发放营业执照的城市。全面推广“证照分离”改革，试点“证照同办”和简易注销改革，推行登记注册标准化审批，22名业务骨干、185项注册许可事项进驻市民服务中心，实现入驻事项办理时限均全面优于法定时限。全市新登记市场主体24万户。截至2019年底，市场主体总量近124万户，其中企业56万家，个体户68万户，均居全省地级市第一位。商事制度改革基地和体验馆纳入市接待考察点，成为东莞市“放管服”改革一张名片。松山湖以辖区市民中心为依托，推进功能区“一门式、一站式”改革，打通群众办事“最后一公里”，为全系统探索先行经验。

【东莞国际贸易“单一窗口”建设】 2019年，东莞市注册使用“单一窗口”（参与国际贸易和运输的各方，通过单一的平台提交标准化信息和单证）企业1.3万家，并常态化运作，全面实行免费申报，货物申报、舱单申报、交通工具申报三大主要业务应用率100%，申报量位居全省前列，其他功能应用稳步上量。在全市符合条件的水运口岸部署推广“口岸通关时效评估系统”。市商务局会同东莞港电子口岸中心于10月10日召开国际贸易“单一窗口”船舶运输工具——海事业务培训，16家企业25人参加。11月6日，在市行政办事中心北楼会议室召开国际贸易“单一窗口”标准版原产地证书业务培训推广会，162家企业200多名业务代表参加。12月18日，召开国际贸易“单一窗口”标准版出口退税功能培训推广会，581家外贸企业800人参加培训。与海关、边检、海事、贸促会、税务局沟通联系，推动贸促会原产地证书业务、出口退税功能、海事申报业务稳步上量。

（东莞市人民政府地方志办公室）

【中山市场准入制度改革】 2019年，中山市建立开办企业常态化评估报告发布机制，通过第三方机构开展评估调研并发布评估报告，优化镇区市场准入环境。加强“中山市商事登记全程电子化智能申报审批平台”建设，开办企业全流程办结（包括企业设立、印章制作、申领发票、用工和参保登记）平均时间缩至1.47个工作日，实现个体户办照即来即办、企业办照1个工作日内办结。全面推行“一网通办、一窗受理、并行办理”网上办理模式，运用电子营业执照进行企业身份认证和电子签名，企业设立实现全流程无纸化智能化零见面“指尖办照”，全市企业开办各类事项实现100%网上办。12月27日，中山市商事登记全程电子化智能申报审批平台开通“智能审批”功能，市民申请设立内资私营有限公司、个体工商户开业登记实现“机器人智能秒批”，半小时完成全部流程，并可当场自助打印执照。至年底，全市登记注册各类市场主体42.11万户、涉及注册资本（金）7139.65亿元，分别比上年增长10.04%和12.44%。其中，新登记注册各类市场主体8.79万户，比上年增长10.7%，日均新增238户。推进市场主体退出制度改革，支持未开业和无债权债务企业快速退出市场，促进无效市场主体存量加快出清。推广食品药品生产经营审批服务事项全流程网上审批，深化食品药品经营许可与商事登记“并联审批”改革，3154个单位实现营业执照和经营许可证一次性办理。推进工业产品许可事项改革，对耐火材料、危险化学品包装物、容器二类产品实行先发许可证，发证后再进行现场核查的“先证后核”制度，审批时限从20个工作日缩减至5个工作日。对压力锅一类产品实行“告知承诺许可”，审批时限从20个工作日缩减至1个工作日。对旧楼加装电梯办理特种设备使用登记证开通提供施工告知办理、精简申请材料、缩短审批时限、实行专人导办等服务，办证时间从15个工作日缩减至5个工作日以内。

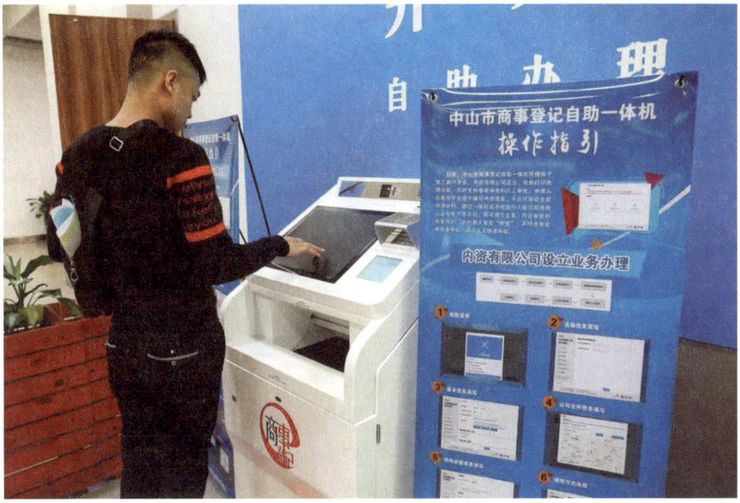

2019年12月27日，中山市商事登记全程电子化智能申报审批平台上线智能审批功能，实现“机器人秒批” （中山市市场监管局供稿）

【中山市场审慎包容监管机制建设】 2019年12月25日，首份《中山市市场监督管理轻微违法经营行为免罚清单》印发，对责令改正或警告前置的违法经营行为、证照管理类违法经营行为、广告类违法经营行为、商品标识标示类违法经营行为、其他轻微违法经营行为五大类别共27种情形的轻微违法经营行为免予处罚，探索审慎包容监管机制。坚持教育与处罚相结合的原则，对适用该清单的轻微违法经营行为，进行违法主体的宣传教育，通过责令改正、行政告诫、行政约谈、行政指导等柔性执法方式进行纠正教育，加强“双随机一公开”（在监管过程中随机抽取检查对象，随机选派执法检查人员，抽查情况及查处结果及时向社会公开）监管，促进各类市场主体依法开展经营活动。

【中山口岸“单一窗口”平台建设】 2019年，中山市推进口岸“单一窗口”平台建设，分别于1月、4月、6月、8月和11月在中山市商务局、中山海关、中山港海关、广东省电子口岸管理有限公司召开加贸业务政策宣讲会、原产地证书自助打印改革推介会以及来往港澳小型船舶及水运电子舱单、出口许可证、非机电和机电进口许可证等申报业务培训宣讲会，增强通关应用功能，提升通关申报便利化，全市407家企业共489人次参加。全年全市“单一窗口”主要应用实现100%覆盖。 （中山市人民政府地方志办公室）

【肇庆营商环境企业调查满意度排珠三角第二名】 2019年，《肇庆市建设粤港澳大湾区一流营商环境若干措施》出台，深化“放管服”改革，持续推进商事制度、投资项目审批、政务服务、行政审批和税收征管等体制机制改革，压减办事手续和时间。抓好“数字政府”改革建设，打造“数字化平台＋放管服改革”深度融合的“数字政府”。启用网上往来港澳商务签注备案系统，运用大数据、“互联网＋”与人工智能整合各类数据资源，为企业提供网上自助办理商务签注备案登记一站式服务。《南方都市报》发布的2019年度珠三角城市营商环境企业调查成果显示，企业对肇庆营商环境满意度达82.4%，位居珠三角第二位。

【肇庆出台营商环境 38 条】 2019 年，肇庆市为打造一流营商环境，制定《肇庆市建设粤港澳大湾区一流营商环境若干措施》，在“数字政府”改革建设、深化商事制度改革、加快工程建设项目审批改革、推动不动产登记改革、加大企业降费融资力度、加强人才创新创业就业扶持等 10 大方面出台 38 条改革举措。主要有：在企业开办方面，提出开办企业 1 个工作日完成并实现开办环节全程网上办理，同时推出“秒批即办”服务。在工程建设项目审批上提出“80、55、45”目标（从立项到竣工验收环节，将政府投资工程建设项目审批时间压减至 80 个工作日以内，一般社会投资项目审批时间压减至 55 个工作日以内，带方案出让土地项目审批时间压减至 45 个工作日以内）。在商事制度改革方面，明确提出企业注销“一天办成”，对于符合条件的纳税人注销营业执照办理时限压缩至 1 个工作日内，实现税务、社保账户、印章等注销即来即办。提出为新开办企业提供刻制印章、材料打印复印等业务免费服务。在为实体经济降成本减负担方面，部署降低企业用地、税费、运营成本、融资成本、简化水电气报装、小微企业就业补贴等工作，重点解决涉企收费、工业供地用地、水电气服务质量、企业融资、用工成本等方面的问题。如在降低用地成本方面，对省优先发展产业的土地出让金可按工业用地最低 70%收取。推动工业园区存量低效用地盘活利用，对有效盘活低效用地的企业给予适当奖励。在促进贸易便利化方面，进一步优化通关流程和作业方式，将货物港务费收费标准降低 15%。在与港澳规则对接方面，支持港澳青年来肇就业创业方面，加大对港澳人才安居保障、公共服务便利化、项目多层次融资、项目孵化平台扶持力度，将符合条件的来肇创业港澳人员纳入创业补贴扶持范围。鼓励来肇创业就业港澳青年申领人才绿卡，享受“直接落户”政策；实现港澳商务签注“即备即办”，降低商务备案准入门槛，备案人员社保缴纳期限由 6 个月缩短至 3 个月等。

（肇庆市人民政府地方志办公室）

法治化营商环境建设

【概况】 2019 年，粤港澳大湾区各城市加强司法交流与协作，推动建立共商、共建、共享的多元化纠纷解决机制。香港成立内地—香港联合调解中心，签订《关于内地与香港特别行政区法院就仲裁程序相互协助保全的安排》，为内地和香港提供解决跨境商业争议的平台。广东省、香港及澳门的法律部门设立联席会议机制，探讨和共同参与有助改善大湾区法律环境的项目，并于 9月召开首次联席会议。是年，推进国际仲裁中心建设。2 月，粤港澳大湾区仲裁联盟备忘录签订，会议召开，仲裁联盟工作进入常态化。珠三角九市通过联合举办研讨会、签订合作协议等形式，加强国际仲裁合作。组建“粤港澳大湾区调解联盟”，共同搭建跨境纠纷处理平台。

（编辑部）

2019 年 2 月 22—23 日，肇庆市召开推进“项目落地年”、“工业园区建设年”和“招商引资年”活动工作会议（刘春林　摄）

【粤港澳司法协助】 2019 年，香港国际仲裁中心所设的名册及名单包括各类仲裁员。该批仲裁员来自不同国家或地区，接受专业培训的司法管辖区及执业范畴各异，能够提供高素质的国际法律及争议解决服务。国际商会国际仲裁院、中国国际经济贸易仲裁委员会及中国海事仲裁委员会在香港均设立办事处或仲裁中心。中国国际贸易促进委员会与香港和解中心在香港成立“内地—香港联合调解中心”，为内地和香港提供解决跨境商业争议的平台。

2019年1月，香港签订《关于内地与香港特别行政区法院相互认可和执行民商事案件判决的安排》，是两地就相互认可和执行民商事判决所订立的第三项安排，通过立法实施后，可进一步减少在两地重复提出诉讼的情况。凭借香港在“一国两制”下的独特优势，香港特别行政区律政司在4月2日签订《关于内地与香港特别行政区法院就仲裁程序相互协助保全的安排》。当事人若以香港作为仲裁地，并由合资格的仲裁机构执行仲裁程序，便可向内地法院提出保全申请。香港成为中国内地以外首个和唯一一个享有该种安排的司法管辖区。

【香港与粤澳法律部门建立联席会议机制】 2019年，为推进粤港澳大湾区建设和应对相关的法律问题，广东省、香港及澳门的法律部门设立联席会议机制，举行定期会议，探讨和共同参与有助于改善大湾区法律环境的项目。首次会议于9月12日举行，会上探讨发展大湾区调解平台事宜，以提供统一标准和规则。9月7日，香港特别行政区律政司与广东省高级人民法院签署一项框架安排，根据该项安排，律政司在深圳和广州为香港、澳门和内地的法官、法律工作人员和法律执业者举办多项活动。律政司与商务部及国务院国有资产监督管理委员会为内地企业与香港法律界建立常设的三方交流平台，为内地企业与不同范畴的法律专家提供沟通渠道。该平台的首个研讨会11月26日在北京举行。

（香港历史研究基金会）

【广州法治化营商环境建设】 2019年，广州市两级人民检察院服务经济，依法批捕侵害涉民营企业犯罪532人、起诉390人。对涉案民营企业人员，在法治范围内能不捕的不捕、能不诉的不诉、能不判实刑的提出宽缓量刑的建议，不批捕314人，不起诉254人，建议法院判处缓刑332人。越秀区检察院办理的吴某某等3人虚开增值税专用发票案，入选最高人民检察院首批涉民营企业司法保护典型案例。海珠区、从化区检察院设立法治化营商环境检察服务室，制订服务保障大湾区建设三年工作计划。设立南沙自贸区检察院涉外民商事检察服务工作站，推出中英葡三语权利告知服务等举措。加强知识产权司法保护，批捕侵犯商标权、著作权、专利权等犯罪904人，起诉1007人，分别比上年增长6.48%和8.63%。知识产权行政执法衔接刑事司法，督促行政执法机关移送涉嫌侵犯知识产权犯罪案件线索7件，监督公安机关立案4件。黄埔区办理的龙某某等侵犯著作权、机某牛网络科技公司等帮助信息网络犯罪活动案，分别被高检院和国家版权局评为保护知识产权典型案例，全国打击侵权盗版十大案件。

【广州加强粤港澳大湾区仲裁合作】 2019年，广州仲裁委员会组织召开粤港澳大湾区仲裁联盟工作会议，推进联盟常态化运作。与香港、澳门有关机构签订共建协议，分别与香港仲裁司法学会、澳门仲裁协会在香港、澳门联合举办粤港澳大湾区仲裁发展研讨会。加大南沙国际仲裁中心建设力度，将南沙国际仲裁中心打造成推进自贸区高端法律服务业集聚发展，推动粤港澳大湾区仲裁合作、服务“一带一路”、开拓国际市场的重要平台。8月，南沙国际仲裁中心被评为依法治省先进单位。

【广州与“一带一路”沿线国家仲裁合作】 2019年，广州仲裁委员会举办粤港澳大湾区法律服务暨“一带一路”仲裁合作交流大会。在广交会中非商务及法律交流活动中与尼日利亚、坦桑尼亚、喀麦隆等国商会签订战略合作协议。与埃塞俄比亚驻广州总领事馆合作，推动以埃塞俄比亚作为窗口设立面向非洲的仲裁服务点。与泰国大拓律师事务所签订共建协议，成立中泰仲裁调解中心。加强与柬埔寨有关部门沟通协作，在金边设立工作联系点。与拉美国家加强合作交流，与商务部在巴西的窗口单位中国（巴西）投资开发贸易中心签署合作框架协议。

【南沙国际仲裁中心首创国际商事案远程庭审】2019年11月20日，南沙国际仲裁中心的仲裁庭通过远程庭审，依法不公开审理一件中方和柬埔寨方当事人之间的国际货物销售合同纠纷，从受理到当庭和解用时15天，开创国际商事仲裁案件远程庭审的先例。依托互联网仲裁远程庭审模式，同步运行中国内地、香港地区、澳门地区三套庭审模式，把涉“一带一路”商事纠纷导入粤港澳大湾区解决，探索形成国际商事仲裁“广州模式”。

【广州港澳籍仲裁员聘任试点】 2019年1月，自贸区南沙新区片区在全国率先试点开展聘任港澳籍劳动人事争议仲裁员工作。9月，首批7名港澳籍仲裁员（含香港籍5名、澳门籍2名）获聘为南沙区（自贸区南沙新区）劳动人事争议仲裁员。10月16日，全国首件由港澳籍仲裁员参审的劳动争议案件在南沙开庭，28日调解结案。

（广州市人民政府地方志办公室）

【深圳与国际和粤港澳台仲裁合作】 2019年，深圳国际仲裁院加大国际交流与合作力度，参与粤港澳大湾区和中国特色社会主义先行示范区建设。开展访问交流。访问西班牙，出席拉美仲裁日研讨会；访问新加坡，与新加坡国际仲裁中心（SIAC）联合举办研讨会，聚焦粤港澳大湾区企业在东盟国家投资的争议问题；受邀参加《新加坡公约》签署仪式，开拓多元化争议解决新局面；访问斯里兰卡，深化“一带一路”背景下中国与斯里兰卡的商事法律合作；访问中国台湾地区，出席“2019年台北国际仲裁规则研讨会”，访问台北中华仲裁协会等机构。联合研讨。先后与国际商会（ICC）仲裁院、香港国际仲裁中心（HKIAC）、新加坡国际仲裁中心（SIAC）等机构联合举办研讨会，共同推广国际仲裁。与新加坡国际仲裁中心合作逐步升级，纳入深圳与新加坡智慧城市合作框架。与香港国际仲裁中心（HKIAC）、LEB法务平台共同举办《关于内地与香港特别行政区法院就仲裁程序相互协助保全的安排》深度解析研讨会，共同携手推进粤港澳大湾区国际仲裁合作。加强合作。出席中非联合仲裁中心成员会议。接待来自埃及、南非、毛里求斯、坦桑尼亚等12个非洲国家的27名非洲法律界专家人士来访仲裁院。参与中非联合仲裁受案机制、仲裁员名册、案件管辖权、费用标准等问题的研究讨论。深化交流。与联合国国际贸易法委员会（UNCITRAL）、世界银行国际投资争端解决中心（ICSID）、国际商会（ICC）仲裁院、美国仲裁协会（AAA）、新加坡国际仲裁中心（SIAC）等国际组织和境外机构加强沟通联络。接待多个国外代表访问团。创新措施，推进粤港澳仲裁调解联盟合作升级。《粤港澳大湾区发展规划纲要》出台后，第一时间发布《服务粤港澳大湾区建设的十大措施》，推动粤港澳仲裁调解联盟于2月21日颁布《粤港澳仲裁调解联盟争议解决规则》，利用粤港澳三地仲裁及调解机构争议解决资源联合共享。推介路演。分别在中国香港、中国澳门、新加坡、中国台北、马德里等地举办与新规则相关的多场研讨会。与香港国际仲裁中心（HKIAC）举办仲裁规则研讨会，签署更紧密合作协议，推进大湾区国际仲裁合作。在北京、杭州等地举办面向国内外仲裁员的新规则解读交流会。新规则在国内外市场和业界备受瞩目，其中“选择性复裁程序”获得环球仲裁评论（GlobalArbitrationReview）年度创新奖提名。

（深圳市人民政府地方志办公室）

【珠海国际仲裁中心建设】 2019年，珠海市落实《粤港澳大湾区发展规划纲要》，推进机制体制改革，推动“一国两制三法域”法律服务深度融合。2月23日，珠海仲裁委员会与联盟其他成员单位共同签署《粤港澳大湾区仲裁联盟合作备忘录》。4月9日，珠海市人大常委会到珠海仲裁委员会调研，同意由市人大以地方立法的形式，推进珠海仲裁委员会机制体制改革，并由市人大常委会牵头撰写仲裁改革发展调研报告。11月1日，珠海市委、市政府相关负责人召开专题会议，就珠海仲裁委员会开展机制体制改革进行研究，达成初步共识，形成深化机制体制改革报告。12月18日，参加在深圳举办的中国自贸区仲裁合作联盟第二届圆桌会议，共同讨论、签署并发布《中国自贸区仲裁合作联盟宣言》。

【珠海地方立法先行先试】 2019年，珠海市横琴新区成立《珠海经济特区横琴新区条例》前期准备工作领导小组，完成条例修订系列材料并报送市司法局。参与市人大就相关法规进行的港澳调研等工作，推动地方立法为制度创新重点工作服务。9月27日，《珠海经济特区横琴新区港澳建筑及相关工程咨询企业资质和专业人士执业资格认可规定》经市人大常委会审议通过。

（珠海年鉴编辑中心）

【珠海营商纠纷多元化解机制建立】 2019年，珠海市设立“一带一路”国际商事调解中心（珠海调解室）。该中心通过在线与线下等方式，为西欧、拉美、东南亚、中亚地区20个国家的城市和国内20个省市提供线下国际商事调解服务。组建“粤港澳大湾区调解联盟”，共同搭建跨境纠纷处理平台。制定《涉港澳行政争议法律咨询服务窗口工作规则》，对涉及粤港澳大湾区企业和个人的行政复议案件，优先选择协商、调解、和解等方式解决争议。全年，全市各级人民调解组织受理涉港澳民间纠纷84件，调解成功81件，调解成功率96.4%。加强粤港澳司法交流合作。推动葡语国家商事法律查明中心建设。引入港澳籍法律人士担任特邀调解员。

【佛山粤港澳大湾区仲裁业务交流合作和国际仲裁中心建设】 2019年1月11日，香港中联办法律部及香港法律界人士访问团到访佛山仲裁委员会，参观佛山仲裁委办案场地，就“粤港澳大湾区建设中的商事仲裁及法律服务”与佛山仲裁委员会代表进行座谈。2月21—22日，佛山仲裁委员会应邀分别参加广州仲裁委员会举办的“粤港澳大湾区仲裁联盟”闭门会议和工作会议，与粤港澳大湾区“9＋2”其他城市仲裁机构代表签订“粤港澳大湾区仲裁联盟”备忘录。5月26日，澳门中联办法律部及澳门律师公会考察团到访佛山仲裁委员会，随后与佛山仲裁委员会、佛山市律师协会联合举行座谈会，就涉外及涉港澳仲裁案件类型、仲裁调解与商事调解的异同、内地关于仲裁管辖权的法律规定等与澳门律师进行互动交流。11月2日和12月27日，佛山仲裁委员会分别以“《仲裁法》修改理想与现实及涉港澳跨境商事纠纷解决”和“国际民商事争议解决司法合作的新起点——海牙2019年《承认与执行外国民商事判决公约》”为主题，举办2期粤港澳大湾区建设与商事仲裁发展仲裁员培训会，帮助仲裁员、律师及法官、其他法律工作者了解掌握国际民商事争议解决司法合作的最新动态和国际立法状况。

【佛山《协同解决知识产权纠纷合作协议》签订】 2019年5月28日，佛山仲裁委员会与佛山市知识产权保护中心签订《协同解决知识产权纠纷合作协议》，双方合作建立知识产权调解仲裁协同保护机制，并在保护中心设立知识产权纠纷调解与仲裁对接服务窗口。通过保护中心专利纠纷人民调解委员会调解的专利纠纷，达成的调解协议可以向佛山仲裁委员会申请仲裁。仲裁后的调解协议具有强制执行力，可以向人民法院申请强制执行。该举措便于纠纷当事人解决调解协议的履行问题，更有效地化解专利纠纷。

（梁咏童）

【佛山涉外民商事案件诉讼文书公证送达试点】 2019年2月18日，佛山市中级人民法院与佛山市南海公证处签订《委托送达涉外民商事案件诉讼文书合作协议》，试点开展委托送达涉外民商事案件诉讼文书项目，解决涉外案件中，大部分涉外当事人在国内没有住所，送达难度大、送达周期长，影响涉外审判效率的问题。截至年底，佛山市法院委托南海公证处送达涉外民商事案件诉讼文书22份，其中直接送达涉外当事人12人次，成功送达9人次，成功率为75%。

（易可欣）

【中山加强粤港澳大湾区市场监管合作】 2019年3月21日，“粤港澳大湾区九市商事登记便利服务”在澳门特别行政区启用，中山市作为首阶段服务城市，提供包括商事登记手续咨询、代收代办商事登记手续等服务。全年全市新增澳门投资企业113家，比上年增长1.4倍。与澳门共建粤港澳大湾区食品安全协作联动新格局。12月10日，联合广东省市场监管局和澳门特别行政区市政署食安厅举办2019年广东省食品安全示范性应急演练暨中山市较大食品安全事故（Ⅲ级）应急演练。与澳门、珠海（横琴）、江门共同签订“跨域视频调解机制”合作协议，上线“跨域视频调解平台”，实现合作各方在线视频“零跑动”解决消费纠纷。

（中山市人民政府地方志办公室）

创新政务服务与社会信用体系建设

【概况】 2019年，广东省营商环境综合改革持续深化。开展“证照分离”改革全覆盖试点，企业开办全流程平均不超过3个工作日，新登记市场主体221万户。推进企业投资项目分类管理和落地便利化改革，民用建筑项目政府审批时间不超过41个工作日，工业项目不超过45个工作日，92%的企业投资项目实现网上备案办理，项目核准、备案办理时间分别压减50%、40%。粤港澳大湾区各市创新“互联网+政务服务”模式，行政服务效率提升。广州加快“数字政府”建设，完善便民利企的政务服务体系，政务环境指数位列副省级城市和地级市第一位。深圳市手机查档改革再次入选中国政府网“互联网+政务服务”典型案例。珠海市依托广东政务服务网提供“一次认证、全网通行”的“一网通办”服务。佛山建立电子政务数据共享平台，实现“上连省厅、下连各区”的数据交换体系，上线“国际汇税通”服务平台。中山市实现水利工程项目“交易不见面、投标零跑动”的交易新模式。肇庆市“数字政府”改革建设实现“九个全省率先”。

是年，广东省首创信用服务“一网通查”机制，省公共信用信息管理系统归集入库数据7.14亿条，全省1116万户市场主体拥有“信用身份证”，“粤信融”帮助中小微企业获信用贷款2462亿元。大湾区内地九市加快社会信用体系建设，探索依法对区域内企业联动实施信用激励和失信惩戒措施。其中，珠海市建立完善守信联合激励和失信联合惩戒制度印发实施方案和实施细则，建立健全联合奖惩对象名单管理与应用制度。横琴新区推出的全国首个跨境信用平台“信易得”，获评2019年“新华信用杯”全国优秀信用案例。肇庆在全省率先落地“信易担”，在建设工程招投标领域推广使用电子保函，实现守信企业投标担保“网上办”“零跑腿”。国家发展改革委“信用中国”网站公布城市综合信用指数排名中，肇庆市在全国261个地级市中排名第21位。

（编辑部）

【广州“数字政府”建设】 2019年，广州市加快完善便民利企的政务服务体系，在“中国营商环境与民营企业家评价调查报告”对全国34个主要城市2018年营商环境的评估中以总95.62分位列全国第一位，在“政务环境指数”评分中，广州位列副省级城市和地级市第一位。打造“快办，便民，智能”的审批服务模式，最大限度减少企业和群众跑政府的次数。实现市本级行政许可事项办理时限压缩超 70%，免除 394 个事项身份证材料和 941 个事项的营业执照或其复印件，设立企业营业执照电子证照，残疾人证电子证照全市互认即办服务专区，实行“马上办理当场办结，立等即取”，超过 40%的市本级行政许可事项可在一天内办结；开通企业设立工商登记“立等可取”服务平均每件办理时长为 1 个小时，推行商事登记“跨境通”，开通“穗港通”，为拟在广州投资的港人港企提供“足不入境”的商事登记服务。推动外籍人才办理外国人工作许可证，工作类居留许可“一个窗口，1 次办完”。全市 172 个街（镇）、2857 个村（居）进驻省政务服务网，发布事项超 10 万项，实现四级服务全覆盖。市级部门 1400 多个许可事项，3400 多个公共服务事项 100%可网上办理。

（广州市人民政府地方志办公室）

【深圳创新政务服务】 2019 年，深圳市推出主题式政务服务创新模式，提升人民群众办事体验服务。“一件事一次办”从群众办事需求的角度而不是政府提供服务的角度，设计政务服务场景和服务产品，围绕群众办成一件事，将相关政府部门的服务事项进行打包归整，实现内部流程优化、机制创新和信息共享，实现群众一次办一件事。截至年底，深圳市在广东政务服务网推出包括“我要去澳门旅游”等 2497 个主题集成服务，涉及事项占常办事项的 80%左右，其中“一件事导办”服务 1134 个，旨在为申请人提供“一站导办、一份指南”的人性化服务，申请人可通过不同场景、不同条件或关键词进行检索，精准找到要办的业务及办理流程，一次获取所需的全部办事信息；“一件事一次办”服务 1363 个，即在“一件事导办”的基础上，进一步简化申请材料、压缩审批时限，实现申请人办成一件事，只需一份指南、一次申报、一套材料、一个流程，实行一口受理、一口出证。11 月，“一件事一次办”获评 2019 广东省“互联网 + 政务服务”创新案例。实行企业设立一站式办理。为优化营商环境，便利企业开办，依托“开办企业一窗通”平台，实现设立登记、申领发票、刻制印章、员工社保登记、银行开户预约等事项并联办理；实现多部门业务一网申请、数据共享、限时办结的“线上并联审批”。线下提供商事登记、税务申报、印章刻制、社保开户、结果领取、金融办理、资金扶持政策解读等“套餐服务”，实现企业设立“一次配齐、拎包入驻”，将企业开办整体时间压缩至 1 天内。依托“i 深圳”APP、广东政务服务网等一体化政务服务平台，对申请人申办的业务，在填报表单和上传材料过程中，基于刷脸或其他合规方式授权读取个人或企业电子证照或相关后台数据，由系统调取数据自动填充表单信息、自动推送电子材料，从而实现办事信息少填或不填、申请材料少交或不交。通过对政务服务事项进行全面梳理，制定第一批无感申办事项目录，制发业务规则和系统对接规范，于 9 月正式上线第一批无感申办事项。截至年底有市直 9 个部门及福田区共 78 项“秒报”事项在“i 深圳”实现，均为高频民生事项。11 月，“无感申办”获得 2019 中国数字政府示范引领奖。

全国首创政务服务容缺办理工作模式，对主审要件齐全但非主审要件暂有欠缺或瑕疵的业务实行容缺办理，审批部门提前介入开展审批，待材料补齐补正后正式作出审批决定。于 10 月 1 日出台《深圳市政务服务容缺办理管理办法》，引入事前、事中、事后信用监管为容缺办理护航，推进电子证照信息共享，大幅减少材料提交，对已实现共享的电子证照和加盖电子印章的电子材料，实行纸质材料免提交，大幅减少材料提交。与“互联网 +”深度融合，基于信息化支撑实现主动、精准、整体、智能政务服务，解决因申请材料不齐“多次跑”的问题。

【深圳推进社会信用体系建设】 2019 年，深圳市继续推进社会信用体系建设。扩大征信体系接入范围。至年底，全市征信系统接入机构 196 个，备案的企业征信机构 6 个，进一步增加征信市场有效供给，进一步满足市场各方的征信服务需要。人民银行深圳市中心支行与深圳中院、税务局、环保局、社保局等16家政府和公共部门建立信息共享失信联合惩戒工作机制，推动形成“一处违法、处处受限”的诚信营商环境。

（深圳市人民政府地方志办公室）

【珠海创新“互联网+政务服务”模式】 2019年，珠海市依托广东政务服务网提供“一次认证、全网通行”的“一网通办”服务。市级依申请办理的政务服务事项扩展至行政许可、行政给付等八大类，提供网上咨询、在线申办、进度查询等服务，九市本级可网上在线申办事项数占比96%，超过广东省对各地市70%的指标要求。开通“粤省事·珠海专版”微信小程序，可领取身份证、社保卡等电子证照50余种，并可一站式办理高频民生服务（含省统筹）400余项，涵盖出入境、住房、社保等30多个领域。全年，珠海市实名注册“粤省事”42万余人。是年，珠海市40个市直部门、12个区级部门、24个街（镇）、318个村（居）进驻省政务服务网，发布事项1.19万项。市区依申请行政权力事项6664项，84.3%可网上办理，98.36%最多跑一次可办理，59.11%一次不用跑可办理。政务服务网上全市依申请可网办事项接入省统一身份认证平台4831项。市电子证照系统和电子公文交换系统对接省统一电子印章平台，上报电子印章制作申请452个，完成制作47个。电子证照系统开通电子证照目录148种，签发750万张，应用22万次。“粤省事”移动政务服务平台接入珠海高频政务服务事项439项，可领取和使用电子证照54种，实名注册用户超过48万人。全市97%的实体大厅使用“好差评”系统进行评价，办件过程数据质检通过率96.18%，支持物流快递标签占比率84.20%，完成需要交费行政许可支付服务对接率95%。推行“一件事”主题服务，开设政务服务网便民利企专区。

【珠海因公赴港澳审批办证系统升级】 2019年，珠海市升级因公出境办证系统，提升窗口服务效率和水平。11月，因公赴港澳审批办证管理系统部署上线，开始试运行。12月，中共珠海市委台港澳办因公赴港澳审批办证窗口由原市外事局办事窗口搬迁至市委台港澳办办公大楼一楼新办事窗口。

（曾示男）

【珠海社会信用体系建设】 2019年，珠海市完善市场主体信用“黑名单”制度。在全国信用信息共享平台（广东珠海）可通过统一社会信用代码实现“黑名单”信息查询。建立健全联合奖惩机制。印发《珠海市建立完善守信联合激励和失信联合惩戒制度实施方案》和《珠海市建立完善守信联合激励和失信联合惩戒实施细则（试行）》，建立健全联合奖惩对象名单管理与应用制度。梳理出国家联合奖惩备忘录，涉及部门52个、联合奖惩措施类别446个、联合奖惩措施1406个。通过全国城市信用状况监测平台归集上报联合奖惩案例3872个，高于地级市平均水平（1963个）。加强社会信用体系平台建设。全国信用信息共享平台（广东珠海）归集部门单位68个，涉及信用信息目录3804个，归集信息数量1.14亿条，实现与省平台对接。创新建立珠海信用主体信用评级模型，嵌入全国信用信息共享平台（广东珠海）投入使用，为市直部门提供公共信用综合评价查询服务，为企业提供公共信用综合评价查询和报告打印服务。

（刘伯年）

【横琴信用体系建设】 2019年，珠海市横琴新区推出的全国首个跨境信用平台“信易得”，获评2019年“新华信用杯”全国优秀信用案例。截至年底，平台入驻商家308家，其中澳门诚信店276家、横琴诚信店28家。开展《横琴企业信用分类监管模型研发及制度设计》课题研究。完成信用横琴网一期改造升级，加快推进信用横琴网二期改造升级。出台实施《关于建立横琴新区信用承诺制度的实施方案》，与澳方联手，成立横琴新区国际知识产权保护联盟，引导建立琴澳诚信公约制度、信用承诺制度及签订互信互认的诚信公约。

（姚雪培）

2019年3月，全国首个跨境办公试点楼宇——横琴总部大厦正式挂牌
（李建东　摄）

【佛山创新"互联网+政务服务"模式】 2019年，佛山市编制出台《佛山市"一号一窗一网"政务服务体系标准汇编（试行）》，制定涉及大厅建设、服务标准、事项实施、服务评价等41个标准。设立综合窗口服务团队、申报辅导专员、重点项目代办专员和"12345"企业投资服务专线咨询服务专员，提供工程建设项目审批"一站式""一条龙""一网办"的综合性服务。推广"不动产登记+交易+契税""供电+供水+燃气+电视""企业登记+经营许可"等主题式联办服务。推进电子证照库建设，完成地税、国土、食药监、民政、工商、残联、卫计等证照目录的梳理和制证应用工作。建立佛山市电子政务数据共享平台，实现"上连省厅、下连各区"的数据交换体系，汇聚包括企业登记信息、税务登记信息和居民户籍信息等8.97亿条政务数据。全市2034项政务服务事项按415个标准要素进行"最小颗粒化"编制和推广应用。全市87%以上审批服务事项进驻综合服务窗口，每个综合窗口平均可办理322项事项。全市2947项政务服务事项实现县域范围、市域范围、广（广州市）佛（佛山市）肇（肇庆市）跨城3个层次的通办。全市所有审批服务事项实现"一网通办"，4606项事项实现"最多跑一次"可办理，400多项事项实现"零跑动"可办理。全市工程建设项目可全流程网上申报和审批，20个部门104项事项"一网通办、全程网办"。全市1250台"市民之窗"自助服务终端可全时段自助办理79项事项，有24小时自助服务区63个，全年业务量335万笔。全市企业注册登记5个部门59项事项，企业经营准入21个部门323项事项，工程建设项目审批20个部门104项事项，实施跨部门、跨层级联审联办。全市500多项事项申请表格实现自助填报，150多份电子材料不限期复用或有效期内复用，400多项事项电子材料在线核验审批。 （唐璐媛）

【佛山在全国首创"人工智能+双随机"精准市场监管】 2019年，佛山市市场监督管理局改革传统信用风险监管模式，依托佛山市市场监管服务信息化平台，在全国首创"人工智能+双随机"监管方式。该监管方式是采用人工智能技术，通过对市场主体进行违法概率计算，自动定向寻找高风险市场主体，以实施靶向性、差异性"双随机"抽查，协同构筑风险监管、智慧监管、精准监管的信用监管新机制。是年，佛山市市场监管局将计算研判的2.9万户高风险市场主体纳入部门"双随机"抽查计划，完成检查8213户，发现存在问题的市场主体7049户，预测精准度85%。"人工智能+双随机"监管模式可广泛延伸到各领域，具有复制推广价值。 （胡茄）

【"国际汇税通"在佛山率先上线】 2019年5月30日，佛山市税务局和外汇管理局佛山中心支局联合举行"国际汇税通"佛山上线发布会。佛山市粤港澳大湾区办、市金融局、市商务局等

部门及100多家佛山企业代表参加发布会。佛山市委常委、常务副市长蔡家华出席发布会。“国际汇税通”是集税收、付汇、金融为一体的一站式服务平台，系统集成企业、税务、外汇管理、银行4方数据，可对接全球174个国家（地区）的常见贸易活动类型。纳税人依托该平台办理付汇业务，只需在线填写备案表，数据即可自动传递至银行、税务部门及外汇部门，智能化完成对外付汇和纳税申报，实现业务办理“零跑动”，办理速度提升90%。（周鹏）

【惠州解决企业困难“直通车”活动】 2019年，惠州市创新开展解决企业困难“直通车”活动。该活动通过企业困难“直通车”全市统一网络平台（简称“直通车”平台）收集企业预约及诉求问题，通过市及各县（区）分会场举行线下现场接待活动，有关市、县（区）两级领导以及部门负责人面对面倾听企业诉求，研究解决企业遇到的疑难事务和问题。1月25日，“直通车”举行首场现场接待活动。全年开展12期、76场次。全市“直通车”平台收到企业诉求699宗，其中通过“直通车”现场活动协调处理的诉求411宗。全市“直通车”活动日现场企业反映的问题较为集中，其中土地问题222宗、市政工程及配套设施问题87宗、用人用工问题39宗、款项问题41宗、环保问题14宗、行政审批问题59宗、航道问题7宗、其他问题95宗，部分企业一项诉求里涉及多类型问题。全市“直通车”企业诉求整体办结577宗，未办结125宗，整体办结率82%（惠阳区有3宗企业诉求由乡镇直接收集上报，未经过“直通车”平台提出）。其中，参与“直通车”现场活动的企业诉求办结302宗，未办结109宗，办结率73%；未参与“直通车”现场活动的企业诉求办结275宗，未办结16宗，办结率95%。企业对“直通车”的活动效果和部门解决问题的结果，满意度总体达90%以上。《南方日报》刊发有关惠州“直通车”的报道超过12篇；南方+客户端刊发27条，被“学习强国”平台、广东省人民政府官网、人民网、南方网等转载；《惠州日报》主要见报稿件58篇，其中调查报道《“直通车”强力破除营商环境沉疴》被省委改革办旗下公众号“粤改粤好”转发。

（惠州市人民政府地方志办公室）

【东莞“数字政府”建设】 2019年，东莞市推进“数字政府”改革建设，制订《东莞市“数字政府”建设三年行动计划（2019—2021年）》，制定《东莞市“数字政府”建设总体规划（2019—2021年）》及一系列配套政策。创新“数字政府”建设体制机制，深化政企合作模式，通过竞争性磋商方式确定华为公司为东莞市“数字政府”项目总承包商，推动“数字政府”电子政务项目落地实施；夯实筑牢政府“数字底座”，加强“云网数”于一体的数字底座建设，强化数据共享汇聚和数据治理。强化公共服务支撑，推进电子证照应用，加快材料共享库建设，形成全市的“政务大数据汇聚中心”，推进政务数据汇聚和应用，加快政府数据开放。推进OA接入省协同办公平台，提升高效、协同办公能力，实现省电子公文交换系统省市之间非涉密文件的收发。

【东莞完善政务服务体系】 2019年，东莞市政务服务数据管理局建成东莞市民服务中心并投入使用，为市民提供“一站式”服务。首创公安业务一窗通办模式、首创联通全市的智能化“云叫号”系统等。完善一体化政务服务平台。建成逾20个子系统，支撑线下一窗受理、“最多跑一次”和线上“一网通办”、网上可办、全流程网办。2019年，广东政务服务网东莞市窗口上线政务服务事项1931项，其中可网上办理为1347项，网上可办率69.76%，“最多跑一次”事项1837项。打造“莞家政务”服务品牌。推出莞家政务APP、微信公众号、自助终端、粤省事、粤商通、湾区通办等系列产品。完善市镇村政务服务体系。基本建立全市实体政务大厅建设管理标准，建立全市系统网络，在南城、莞城、清溪、东城、万江等试点镇级政务服务中心以及东城、茶山的村级党群服务中心部署试运行。建成东莞市综合服务培训基地，开展近 30 场、800 余人次的窗口人员培训。创新“12345”政府热线服务。分流非警务类警情诉求，推动民生求助联动机制建设，整合全市非紧急类热线，压缩工单办件时间。获 2019 年度“中国最佳政府服务热线”“卓越百姓服务”“最佳服务案例”和“卓越质量管控”等奖项。打造阳光交易平台。创新性引入“竞争性磋商”“终次报价”“评定分离”等交易方式，应用于政府采购、土地拍卖、工程招标，其中“终次报价”省内首创，打破常规“价高者得”模式，为东莞市“数字政府”“治水治污”“乡村振兴”“企业倍增”等重大项目建设，提供交易服务保障。

（东莞市人民政府地方志办公室）

【中山商标受理窗口设立】 2019 年 9 月 20 日，国家知识产权局商标局中山商标受理窗口（简称“中山商标受理窗口”）在中山市行政服务中心正式对外服务。中山商标受理窗口一次性获得最高权限授权委托受理商标业务 29 项，其中受理商标申请业务 24 项、注册商标专用权质权登记业务 5 项。窗口提供服务包括接收、审核商标注册申请文件，确定符合受理条件的商标注册申请时间，收缴商标规费；代发商标注册证、通知书；管理商标注册申请文件等服务。全年窗口受理业务 730 件。（中山市人民政府地方志办公室）

【肇庆“数字政府”改革建设实现“九个全省率先”】 2019 年，肇庆市“数字政府”改革建设实现“九个全省率先”。率先实现企业开办“一天办成”。全区域全业务全覆盖企业开办时间从 2017 年起实现 7 天、3 天、1 天“三级跳”，企业设立登记办理时长控制在 2 小时内，比原办理时长压缩 70 小时，压缩比率 97.2%；刻章时间优化为 5 分钟，比原办理时长压缩 55 分钟，压缩比率 91.7%。年内，全市办理“企业开办 1 天办成”业务 7627 宗。率先实现不动产业务“一天办结”。全市不动产登记全面实现一窗受理、一套材料、一网通办、一天办结、一次办成，由至少提交 3 套材料、跑 5 次变成只需提交 1 套资料、最多跑 1 次。办理时限实现从 30 天到 3～5 天、再到 1 天的“三级跳”，全量业务一天办结率超 95%，半天办结率 75%，即办率超 43%。市“互联网 + 不动产”平台受理来自互联网和线下实体窗口业务 7.16 万笔，网上受理量 4.59 万笔，节约群众填写信息项约 80 万项，节约材料约 60 万份，群众少跑动约 120 万次，节约窗口办理时间约 160 万分钟。率先实现“肇商通·肇庆万企诉求服务平台”上线。2019 年 8 月 21 日，肇庆市上线万企诉求服务平台和成立万企诉求服务中心，建立“中心依托平台，平台支撑中心”的线上线下“一站式”服务模式，对企业诉求一管到底。该平台为 3000 多家企业提供服务，受理企业诉求 56 宗，办结率 100%。率先超额完成全年“粤省事”实名注册用户数指标。是年，“粤省事”肇庆专版实名注册用户数 123 万，完成全年 70 万实名注册用户数指标的 175%，完成率居全省第一位，成为第一个完成指标的地级市。上线“粤省事”肇庆专版民生服务事项 525 项，本地特色服务 48 项，特色事项数居全省第三位，实现零跑动事项 456 项，上线 65 种个人电子证照，业务量突破 615 万，减少用户跑动 1230 万次，节约办事时间 820 万小时，节约出行成本超 4920 万元。率先推出“一次办成一件事”智能引导创新模式。是年，肇庆市推出“一件事”主题集成服务，为群众提供材料解读、一表填报、百科词条和指南图解四大专属服务。全年推出特色服务 651 项，其中 321 项实现“在线”一站式办理。率先上线“粤好看·肇庆行”数字文旅公共服务平台 1.0 版。9 月 29 日，肇庆市在全省率先上线“粤好看·肇庆行”数字文旅公共服务平台，秉承“5 + ”（“公益 + 公信”“服务 + 监管”“旅游 + 文化”“线上 + 线下”“营商 + 便民”）理念，为市民游客提供一站式旅游服务。率先实现公办幼儿园到高中教育入学和考试报名全链条移动端教育服务。2019

年5月25日，肇庆市率先打造全省首个公办幼儿园、小学、初中入学和中考报名的全链条移动端教育服务，惠及超过2万户家庭，肇庆市民只需通过手机“刷脸”识别登录“粤省事”肇庆专版，选择“教育服务”进入报名系统，填写信息、点击提交，只用五步可完成报名。“粤省事”肇庆专版共办理教育服务相关业务2.34万宗，减少全市家长跑动4.68万次，节省办事时间1.56万小时。率先完成机构改革政务服务事项调整。2019年4月4日，肇庆市在全省率先启动机构改革政务服务事项调整工作，并于5月25日在全省率先完成，完成调整全市264个部门2.45万项涉改事项。率先实现市级统一申办受理平台与省政务大数据中心数据直连对接。2019年12月30日，肇庆市在全省率先实现市级统一申办受理平台与省政务大数据中心数据直连对接，改变以往通过前置对接的模式，完成省市两级数据资源共享交换平台的级联，实现数据实时推送，支撑增量数据实时汇聚，提供敏感信息溯源功能，开启跨区域、跨层级、跨部门信息实时共享应用。建立省、市数据对账机制，确保省、市数据变动同步、校验一致，提高数据交换准确性、时效性、安全性。

【肇庆城市综合信用指数在全国地级市排名第21位】 2019年，肇庆市打造大湾区一流营商环境新高地，推动社会信用体系建设，加快实现规则“软联通”。国家发展改革委“信用中国”网站公布城市综合信用指数排名，肇庆市在全国261个地级市中排名第21位，排广东省地级以上市第二名。双公示数量与工商企业总数的比值、诚信宣传活动信息、“诚信建设万里行”案例数量等指标位居全国前十。出台《肇庆市加快推进失信被执行人信用监督、警示和惩戒机制建设的实施方案》《肇庆市提升城市信用状况水平工作方案暨2019年开展“信用建设提升年”活动工作方案》《肇庆市人民政府办公室关于印发肇庆市加快推进社会信用体系建设构建以信用为基础的新型监管机制的工作方案的通知》等信用制度文件11份。市信用平台完成升级改造，归集市、县两级331个部门658个信息类，合计1.5亿条信息，比上年增长15.98倍。在全省率先落地“信易担”，在建设工程招投标领域推广使用电子保函，实现守信企业投标担保“网上办”“零跑腿”。创新成立市企业信用纠纷人民调解委员会，推动“信易收”暖企服务。实施“信用+审批”服务，推进产业项目建设“双容双承诺”改革、卫生许可告知承诺制改革等。探索“信用+监管”模式，针对不同风险等级、信用水平的检查对象采取差异化分类监管措施。在电子商务、汽车销售、家政服务等多个行业开展诚信主题实践活动，营造“知信、用信、守信”良好氛围。

（肇庆市人民政府地方志办公室）

市场一体化建设

投资便利化

【概况】 2019年，粤港澳大湾区各城市加强规则衔接，粤港澳三地要素流动便利水平提升。完善港澳企业在法律、会计、建筑等领域投资营商享受国民待遇的措施。开展贸易投资便利化试点，跨境人民币使用规模13.7万亿元，跨境付汇时间缩短至5分钟以内，试点运行广东自贸试验区复制FT自由贸易账户体系。加快商事登记制度改革，企业开办时间压缩到3个工作日以内，港澳企业商事登记服务实现“一网通办”。是年，内地与香港特别行政区就贸易投资便利化合作签订《内地与香港关于建立更紧密经贸关系的安排》，在贸易投资促进、通关便利化等领域开展贸易投资便利化合作。大湾区内地九市进一步扩大市场准入和对外开放，降低制度性交易成本，营造公平竞争、亲商安商氛围。

（编辑部）

【粤港贸易投资便利化合作】 根据《内地与香港关于建立更紧密经贸关系的安排》，内地与香港特别行政区就贸易投资便利化进行合作，双方同意在贸易投资促进，通关便利化，商品检验检疫、食品安全、质量标准，电子商务，法律法规透明度，中小企业合作，中医药产业合作7个领域开展贸易投资便利化合作。

（香港历史研究基金会）

【深圳重大投资项目服务】 2019年，深圳市商务系统挖掘招商引资重大项目316个。其中，境外资金项目83个，涉及投资总额275.8亿美元；内资项目233个，涉及投资总额4275亿元。同时重大项目纷纷落户深圳，城市投资吸引力不断增强。“投资深圳，共赢未来”理念得到广泛认同，围绕先进制造、新一代信息技术、商贸流通、绿色低碳、数字经济、高端服务等产业领域，面向世界500强企业、中国500强企业、行业龙头等企业，全市商务系统累计推动落户招商引资重大项目196个。其中，外资项目57个，新增注册资本95.7亿元；内资项目139个，新增注册资本1065.9亿元。主要落户重大项目包括：爱尔兰埃森哲全球创新研发中心、美国沃尔玛智能零售中心、美国波士顿咨询公司亚太区数字化中心、香港联想集团南方智能制造基地、中国建设银行理财子公司、美团点评集团大湾区新基地、小米集团国际总部、滴滴出行华南总部、物美集团南方总部、多点科技中国总部、碧桂园集团新兴产业总部、融创中国大湾区总部及冰雪文旅综合体项目、华侨城（亚洲）控股有限公司投融资总部、新希望集团国际总部、新华联集团光储一体化产品研发生产基地、华大九天公司EDA研发中心等一批代表性项目，初步形成经济社会效益。

【深圳外来投资者服务】 2019年，深圳市拟定并组织实施促进外商投资战略和优化外商投资环境的政策措施；依法管理外商投资企业和项目有关事项，依法监督检查外商投资企业执行有关法律法规情况并协调解决有关重大问题。推进外商投资管理体制改革。完善准入前国民待遇加负面清单管理模式，降低制度性交易成本，营造公平竞争、亲商安商氛围。落实国家有关规定，进一步扩大市场准入和对外开放，鼓励外商投资高端制造、智能制造、绿色制造等，有序放开金融、教育、文化、医疗等服务业领域。贯彻落实扩大开放政策。修订《深圳市关于进一步扩大利用外资规模提升利用外资质量的若干措施（修订版）》，从降低外资准入门槛、精准扩大招商合作、加强财政支持和用地保障、创造优良的营商环境等六大方面着力，进一步扩大利用外资规模，提高利用外资质量。简化外资企业设立程序。全面落实外商投资准入前国民待遇加负面清单管理模式，推行外商投资企业设立商务备案与工商登记“一口受理”改革，外资企业备案时间从3天缩短至1天。

（深圳市人民政府地方志办公室）

【珠港澳经贸合作】 2019年，珠海市为中国澳门及葡语系国家的企业提供与内地经贸交流、行政办公、财税金融、项目投资“帮办”等服务，格力电器、云洲智能、四维时代、小可乐科技等20家企业和机构进驻平台。依托2家有资质的对外劳务公司，搭建输澳劳务平台，为澳门输送住宿餐饮、医疗卫生、建筑、计算机服务和软件等行业工人。广东港珠澳供应链公司在珠海设立区域性国际贸易分拨中心，保税仓分拨业务运营，公司与和记物流（香港葵涌码头）、香港机场一号货栈、澳门机场明捷货栈、中国国际海运集装箱等50家境内外知名企业签订合作协议。制定《关于支持澳门会展业发展的工作方案》，举办首届澳珠企业家峰会等交流活动。

（黄诗琪　刘泽团）

【佛山提升投资便利化水平】 2019年，佛山市开展对外交流合作提升投资贸易便利化水平，出台“外资十条”，复制推广48项自贸区改革经验举措，实际利用外资50亿元，比上年增长6%。

国家级外贸转型升级示范基地增至5个，居全省首位。2019年，佛山市新批准外商直接投资项目702个，比上年下降6.52%；合同外资114.90亿元，增长32.45%；实际使用外资51.13亿元，增长11.81%。全年全市引进世界500强项目4个，其中新设项目2个，分别为三井物产投资的佛山宏聚光伏电力有限公司、LGDisplay公司投资的广东智美云创科技有限公司；增资项目2个，分别为中国五矿集团［外方为村田（中国）投资有限公司］投资的佛山村田五矿精密材料有限公司，三井物产投资的佛山宏聚光伏电力有限公司。全年全市新增超1000万美元外资项目42个，其中新批项目20个，增资项目22个。合同外资金额较大的项目有东丽膜科技（佛山）有限公司、奥创科技（佛山）有限公司、丝路咖精机（佛山）有限公司。至2019年，累计有65个世界500强企业在佛山投资项目122个。

制造业成为外资流入最主要行业。2019年，佛山市外商投资制造业项目90个，比上年增长21.62%，涉及合同外资33.37亿元，增长35.99%；制造业实际使用外资26.1亿元，增长91.89%。项目质量和体量明显提升，新增世界500强投资企业2家、投资项目3个，全年超1000万美元项目42个，比上年增长7.69%。

佛山获评“2019中国投资环境质量十佳城市”。2019年12月28日，由《环球时报》社主办，在北京举行的2019中国国际化招商引资合作与发展论坛暨“第九届环球总评榜”发布典礼上，佛山市在全面提升城市功能品质，不断深化开放与合作，营造适宜新经济成长的高质量发展等方面发展成效明显，获评第九届环球总评榜“2019中国投资环境质量十佳城市”。

（史阳　谢晓加　肖浩鸣）

【中山营商环境综合改革深化】 2019年，中山市细化行动方案确定的工作任务和责任分工，配套制定《中山市进一步深化营商环境综合改革2019年工作要点》（简称工作要点），针对企业全生命周期各环节的“痛点”、“堵点”和“难点”问题，提出商事制度改革、工程建设项目审批制度改革、不动产登记改革、纳税便利化改革、跨境贸易便利化、优化水电气及网络报装服务、打造更优信用环境、支持企业信贷融资、加快数字政府建设和政务服务与监管方式改革、加强产权保护和营商法治化建设十大方面共49项改革措施。至年底，工作要点已完成24项，部分完成6项，推进中19项，总体进展顺利。4月28日起，中山市取消企业银行账户许可，开户许可证不再作为企业办理其他事务的证明文件或依据，全市银行机构共办理新开立企业基本存款账户2.2万户。银行开户预约纳入省企业开办“一窗受理”系统，实现部门间信息共享。企业办税时间持续压缩，全市办税服务厅平均等候时间比上年下降25%，平均办税时间缩短51%，其中新办纳税人“套餐式”服务平均受理时间仅需0.21天。推进“互联网+税务”改革，推广电子税务局应用，拓宽“一网通办”，办税业务从“最多跑一次”升级优化成“一次不用跑”。中山市网上办税普及率、网上审批效率、网上开业办税覆盖面和便利度均位列全省前列，一类、二类、三类外贸企业无纸化申报超97.3%，出口退税平均办理时间为3.62个工作日，出口退税平均办理速度位居全省第五、大湾区城市第一；“互联网+税务”改革取得全方位突破，涉税业务电子化、一站式办理的新格局基本形成。

全面实施第一批全国“证照分离”改革事项，落实全市17个审批部门共63项审批事项的涉企行政审批制度改革，通过直接取消审批、将审批改为备案管理、实行告知承诺制、优化准入服务4类方式，压缩审批事项清单，缩短企业从申请设立到正式开业的时间。推动“多证合一”改革，选择省或市两级全程电子化商事登记系统提出申请，实现零跑动填报、上传“多证合一”备案信息，无需纸质材料，满足企业群众便捷办照、便捷备案的需求；以“为企业群众办成一件事”为导向，按照“减环节、减材料、减时限、减跑动”要求，再造服务流程，对涉及“一件事”办理的多个许可事项实施“一链式”并联审批，制定公布66个办成“一件事”主题式目录。优化不动产登记金融服务，打造不动产交易、税收征缴、登记“一窗受理”新模式，实现二手房交易业务“只跑一个窗、交一套材料、最多跑一次”，从交件到领证最快仅需80分钟。深化“不动产登记+金融服务”工作，与13家银行深入合作，开通便民服务点92个，金融平台的抵押注销登记实现立等可取；提升不动产登记质量，90%抵押登记业务实现2个工作日办结，不动产权注销登记调整为4个工作日；实施不动产登记“一证一码”，上线市不动产登记信息与法院司法网络查控系统，完善不动产自助查询端、线上移动端、线上网络端、窗口服务端“四个窗口”建设，全年办理不动产登记业务72.2万宗，比上年增长37.48%，核发不动产权证25.24万本，不动产证明20.13万份。完成全覆盖不动产权籍调查，建成中山市不动产登记信息管理基础平台，形成权籍调查测绘成果和不动产登记信息数据库。

加快推进工程建设项目审批事项改革，明确总投资1000万元以下的一般政府投资项目无须办理可研立项手续，实行节能审查、取水许可等事项承诺审批制度。在建设项目选址意见书、用地规划许可证等建设项目规划验收的管理过程中，实施公示公告听证工作制度。建立并应用“多规合一”业务协同平台，实行项目策划生成机制，各部门协同统筹项目实施，加快项目前期工作进度。

以中山市政务信息资源共享平台为基础，整合税务部门632个数据主题以及26个其他部门209个数据主题，梳理房地产全链条数据1890项，利用大数据技术实现“以数治税”，通过综合治税三期风控模型分析，产生风控提示疑点数据6536条。中山市综合治税管理平台在2019大数据产业峰会上获“第二届（2019年度）大数据星河奖”最佳行业大数据应用奖第二名。

推广使用“单一窗口”标准版，船舶进出口岸业务办理可通过系统直接申报并自助在系统下载打印进（出）口岸证书，无须到窗口递交纸质申请材料。新开发口岸通关监管信息平台，实现口岸经营单位业务系统与海关监管系统无缝对接，打造“既管得住又通得畅”的新型口岸智能验放系统。推动内外贸同船运输工作。2019年9月4日，在中山市口岸施行推出“深中同船货运巴士”，在海关有效监管的前提下，提高驳船满载率，减少码头装卸频次，降低企业运输成本，提高物流运作效率。优化水电气及网络报装服务，规范网络接入程序，建立项目通网2日通和7日通实施制度，从项目申请到交付谈判2日通，从工程竣工到实现通网7日通。精简水电气报装流程，企业报装申请时间在不涉及外线工程的项目压减至4个工作日内，总时限压减至10个工作日内。推进供电服务进驻政务服务中心，实行“一站式”服务。持续开展“减证便民”专项清理行动，通过清理，保留证明事项目录新增1项、取消证明事项目录新增29项、取消证明事项目录调整3项。建立完善行政执法民营企业投诉举报渠道，将40个部门的56条咨询、投诉、举报热线整合到“12345”投诉举报平台，企业可通过拨打“12345”热线电话、登录网站、关注微信等方式反映诉求。

（中山市人民政府地方志办公室）

【江门加强与港澳投资贸易合作】 2019年，江门市承接粤港澳大湾区投资超亿元项目86个，占全市投资超亿元项目数量的41.1%；投资额588.8亿元，占全市投资超亿元项目投资额的45.4%。分别与澳门厂商联合会、香港中华出入口商会签订《联合参与粤港澳大湾区建设经贸合作备忘录》，搭建深化贸易合作平台。与香港贸发局合作，采取“六合一”模式，开展全效外贸推广。组织企业组团参加港澳地区展会；邀请港澳有关机构来江门市参观考察和举办各类宣传推广活动。2019年江门与澳门金融合作新增730亿元。与澳门筹备打造“粤澳跨境电子直接缴费系统”，促进粤港澳大湾区金融的互联互通，拟选取试点对接粤澳跨境电子直接缴费系统。江门澳门金融信用评级互认推进。省地方金融监管局将江澳金融合作列入重点扶持项目，安排 300 万元财政资金支持江门跨境金融平台建设。

（江门市财政局）

【江门设立深圳招商办事处】 2019 年，江门设立国家高新区驻深圳招商办事处，组建博士级招商队伍，对接香港、深圳、广州等粤港澳大湾区核心城市重点发展产业开展招商考察 80 次，对接摩尔电子科技产业园、巴斯夫年产 20000 吨环保汽车涂料扩建项目等一批优质项目和增资扩产线索 80 条。引进亿元工业项目 29 个，其中 30 亿元项目 1 个，完成市建设“四个走在全国前列”示范城市绩效考核招商引资指标任务。优先引进用地少、排放少、亩产税收高、技术含量高等“两少两高”项目，项目投资强度平均每亩 800 万元，年创税平均每亩 50 万元，项目容积率平均 2.5。（江门市金融工作局）

【2019 穗澳合作专责小组会议】 于 2019 年 9 月 18 日在广州召开。穗澳双方代表围绕加强科研领域产学研合作，共同推进粤港澳大湾区“菜篮子”市场发展等议题进行探讨。双方表示，两地要紧抓粤港澳大湾区建设重大机遇，在以往良好合作的基础上，努力推动新时代穗澳合作迈上新台阶：携手落实《粤港澳大湾区发展规划纲要》，搞好协同发展的顶层设计；协同构建具有国际竞争力的现代产业体系，促进产业优势互补；共同参与“一带一路”建设，培育穗澳合作新优势，坚持以人民为中心的发展思想，共建宜居宜游的优质生活圈。双方签订《穗澳科技产业战略合作框架协议》等 3 份合作协议，加强穗澳在民生、科技、青年创业、中医药、文化等方面交流合作。其中，广州市南沙区青年联合会和澳门贸促局签订《关于共建葡语系国家（地区）商品展销中心（广州南沙）合作协议》。

（摘自《2020 澳门年鉴》）

贸易自由化

【概况】 2019 年 1 月，广东省政府印发《广东省优化口岸营商环境促进跨境贸易便利化措施》，从规范和降低口岸收费、提高口岸通关服务水平、加强国际贸易“单一窗口”建设、推动粤港澳大湾区口岸通关管理模式改革创新四方面，提出优化广东省口岸营商环境、促进跨境贸易便利化的措施，促进广东省外贸稳定健康发展。2 月，省政府印发《支持自由贸易试验区深化改革创新若干措施分工方案》，对《国务院关于支持自由贸易试验区深化改革创新若干措施的通知》所提改革创新措施逐项进行分工，推动有关深化改革创新措施在中国（广东）自由贸易试验区落地生效。3 月，省委、省政府印发《关于贯彻落实〈粤港澳大湾区发展规划纲要〉的实施意见》，提出要携手港澳建设富有活力和国际竞争力的一流湾区和世界级城市群，明确优化提升空间发展格局、强化粤

2019 年 3 月 27—28 日，江澳“奋进新时代　共建大湾区”对接会、江港“奋进新时代　共建大湾区”对接会先后在澳门、香港举行。图为对接会在澳门举行的现场　（江门市委统战部供稿）

港澳大湾区辐射带动作用、建设国际科技创新中心等66条举措。5月，省政府印发《关于复制推广中国（广东）自由贸易试验区第五批改革创新经验的通知》，要求复制推广20项改革创新经验，加强组织实施、宣传解读、督促检查。6月，省政府转发《国务院关于做好自由贸易试验区第五批改革试点经验复制推广工作的通知》，要求复制推广试点经验工作分工，及早取得实效。是年，内地与香港签署《货物贸易协议》正式实施，大湾区内地九市与香港推行贸易便利化措施，以促进粤港澳大湾区内生产要素便捷高效流动。大湾区内地九市强化与港澳的货物贸易往来。推广国际贸易“单一窗口”标准版应用。是年7月，珠海西域码头“珠港澳货栈”开通，区域性国际贸易分拨业务及其配套通关监管作业模式正式运营。　（编辑部）

【内地与港澳服务贸易自由化水平提升】　内地与香港于2018年12月14日签署《货物贸易协议》，2019年1月1日起实施。主要内容有优化原产地规则安排。通过引入新的“一般性原产地规则”及更新现有“产品特定原产地规则”，符合有关规则的港产货物可以立时以零关税进口内地。贸易便利化方面，新增“海关程序与贸易便利化”“卫生与植物卫生措施”及“技术性贸易壁垒”三个专章，订明双方在有关范畴便利两地贸易、简化海关程序、提高有关措施透明度和加强双方合作等承诺。设有“粤港澳大湾区贸易便利化措施”专章，同意珠三角九市与香港推行贸易便利化措施，以促进粤港澳大湾区内生产要素便捷高效流动。当中包括定期公布货物整体通关时间，进一步压缩货物整体通关时间；以及对原料来自内地的香港加工食品提供通关便利措施等。　（香港历史研究基金会）

【《关于修订〈CEPA服务贸易协议〉的协议》签署】　2019年11月，商务部与澳门特区政府在澳门签署《关于修订〈CEPA服务贸易协议〉的协议》。该次修订协议作用在于深化内地与澳门服务贸易自由化，加强双方经贸交流与合作，支持及鼓励澳门各界参与粤港澳大湾区建设，有助于推动澳门经济适度多元发展。同年11月，“内地与澳门经贸合作委员会第二次会议”在澳门举行。会上，双方就推进CEPA修订和落实，支持澳门参与“一带一路”建设、共同推进粤港澳大湾区建设、共同打造澳门中葡平台、支持澳门经济适度多元发展等工作达成共识。

（摘自《2020澳门年鉴》）

【深圳推进贸易自由化】　2019年，深圳市加快推进新一轮高水平开放发展，全面开放合作取得新进展。全面深化前海改革开放。推动面向港澳的全面服务贸易自由化，自由贸易账户体系获批。前海在投资便利化、贸易便利化、金融开放创新、事中事后监管、法治创新、人才管理改革、体制机制创新、党建创新8个领域新推出制度创新成果106项，累计520项，累计在全国复制推广50项，粤港澳大湾区复制推广5项，全省复制推广69项，全市复制推广122项。外商投资“一口受理”升级版等15项标志性成果被国务院自贸试验区工作部际联席会议简报刊载；国务院第五批18项自贸试验区改革试点经验中6项源自前海；广东省自由贸易试验区第五批20项改革创新经验有7项源于前海；省自贸办印发的第三批51个制度创新案例中，有26个由前海提前试点实施或上报。中山大学自贸研究院的评估结果显示，前海制度创新指数综合得分连续两年排名全国第一位。年内，前海推进“一带一路”法治地图，完成64个国家和地区的民商事法治地图，上线“Smart FTAX自由贸易协定优惠关税系统”。举办“阿根廷卡拉尔太平洋区域经济联盟推介会暨项目对接会”。至年末，有“一带一路”沿线41个国家在前海投资设立企业445家，合同利用金额21.55亿美元；前海企业累计向“一带一路”沿线17个国家设立企业（机构）50家，中方协议投资额12.34亿美元。

（深圳市人民政府地方志办公室）

【珠海推进贸易自由化】 2019年，珠海市按照全国一张清单的原则全面实施市场准入负面清单制度。印发《负面清单政策解读》，向全市各部门及各区宣传、解读2018年版负面清单政策。9月，协助国家发展改革委做好关于实施市场准入负面清单的调研工作。落实省、市“外资新十条”政策规定，扩大市场准入领域，在制造业、农业、煤炭业、非金属矿业、金融业等领域取消或放宽外资准入限制。落实《珠海市扩大对外开放促进外资增长若干政策精施》《珠海市加强招商引资促进实体经济发展办法》《珠海市加强总部企业发展实施办法实施细则》等政策，全年兑现市、区两级奖励资金5.61亿元，其中市级奖励资金3.33亿元。引入广东港珠澳供应链公司在珠海开展国际贸易分拨业务，7月9日西域码头“珠港澳货栈”开通，标志区域性国际贸易分拨业务及其配套通关监管作业模式运营，预计可带来超15亿美元外贸增量。成立珠海跨境电商综试区建设领导小组，出台《关于促进中国（珠海）跨境电子商务综合试验区的政策措施》《中国（珠海）跨境电子商务综合试验区发展规划》，跨境工业区1210监管场所建成运营，广丰物流园9610业务规模扩大，1—9月全市海关统计验放的跨境电子商务零售进口总票数121万票，总货值4.4亿元，比上年增长23.6倍。 （珠海年鉴编辑中心）

【佛山强化佛港澳经贸合作】 2019年，佛山市强化贸易往来，将港澳重点展会列为重点鼓励支持展会目录，组织佛山市企业参展，在香港“贸发网”设立“佛山专区”。香港皇权集团与深圳市国有免税商品集团合作，在顺德区乐从镇共同建设国际时尚产业城，打造国际进口贸易商集聚地。加大港澳资本引进力度，参加2019粤港澳经济技术贸易合作交流会、2019第四届香港“一带一路”高峰论坛等重大活动，在港澳举办各种形式的投资环境推介活动。全年新批香港直接投资项目228个（实际利用港资37.31亿元）、新批澳门直接投资项目33个（实际利用澳资9841万元），全市新增对香港直接投资企业14家（新增内地协议投资额5710.71万美元）。推进服务外包合作，全年承接港澳服务外包业务合同数738份（比上年增长43.02%），承接港澳服务外包合同执行金额7.04亿美元比上年增长70.5%。是年，佛山市对中国澳门进出口4.3亿元，比上年增长12.01%；对中国香港进出口464.5亿元，占同期全市进出口比重的9.62%。是年4月10日，香港特区政府驻粤办代表一行3人到佛山登宇通网络科技有限公司、佛山市顺德区德尔玛电器有限公司、佛山市南海必得福无纺布有限公司等3家企业开展调研，了解企业在港设立企业的经营情况及企业的问题和需求，向企业推介香港的投资环境及服务业优势，宣传香港特区政府的政策及服务。10月22日，佛山市商务局联合澳门贸易投资促进局组织葡语国家和澳门企业家代表团到佛山市进行访问，并举办经贸交流会议，近150名企业代表参与。是年，佛山实现外贸进出口总值4828亿元，比上年增长5%，对广东省外贸增量贡献率位居第二位，增速高出全省增速5.2个百分点，位居大湾区内地九市第一位。其中，出口3727.7亿元，比上年增长5.7%；进口1099.9亿元，增长2.6%。一般贸易进出口稳定增长，主导作用继续强化，全年佛山一般贸易方式进出口2600.5亿元，比上年增长5.3%。外贸新业态动能显著增强，通过海关跨境电商管理平台进出口77.4亿元，比上年增长1.3倍；以市场采购贸易方式出口868.4亿元，增长14.9%；外综服务企业进出口57.8亿元，增长7%。民营企业主力军作用继续增强，全年进出口2972.2亿元，比上年增长10.8%，占外贸进出口比重的61.6%。东盟、欧盟、美国为前三大主要市场，其中对东盟进出口837.4亿元，比上年增长15.8%；对欧盟进出口632.3亿元，增长10.2%；对美国进出口614.2亿元，下降3.9%。全市对“一带一路”沿线国家和地区进出口1546.9亿元，比上年增长10.3%，超过同期佛山外贸整体增速5.3个百分点。 （史阳 罗明艳）

【江门提升跨境贸易便利化水平】 2019年，江门市天马港区二期工程通过省对外开放验收，推动大广海湾保税物流中心（B 型）加快建设，推广国际贸易“单一窗口”标准版应用，推动口岸提效降费，提升跨境贸易便利化水平。不断压缩江门关区进口整体通关时间，在全省排名靠前。落实“稳外资”措施，宣传落实省“外资十条”等投资优惠政策，推动企业增资扩产。

（江门市商务局）

人员货物往来便利化

【概况】 2019 年，粤港澳大湾区各市有序开展标准衔接，促进人员货物往来便利化。推动与国家标准委共建粤港澳大湾区标准化研究中心，推进食品安全标准衔接，对港澳原产食品实施口岸快放，推动 703 个生产基地入选粤港澳大湾区“菜篮子”生产基地认证名单，对香港赛马会入境马匹实行“一次审批，多次往返”动植物检疫审批制度。是年，为推动粤港澳大湾区人员货物往来便利，香港海关提供高效率的货物清关服务，并持续与内地海关当局合作，推出多项措施加快人员、货物通关。广州采用“跨境一锁”推动穗湛开展“空陆跨境联运”和“卡车航班”运输服务。深圳边检总站实施因工作需要进出口岸限定区域人员凭居民身份证备案查验管理措施，启用沙头角边境特别管理区车辆快捷查验系统和边民“掌上通”无线查验模式，提高进出管理区人员和车辆查验效率。珠海市出台提高口岸通关服务水平、推动珠港澳口岸通关管理模式改革创新等通关便利化措施。佛山出入境边防检查站全面启用智能验证台和旅客自助验放通道提升通关效率。惠州、中山、江门等市加强口岸国际贸易“单一窗口”平台建设。

（编辑部）

【香港出入境便利化】 2019 年，香港有 14 个出入境管制站，合共设有 700 条多功能 e- 道，可因应不同客流情况灵活调配，供香港居民及访港旅客使用。约六成持电子往来港澳通行证的内地旅客均使用 e- 道办理出入境手续，e- 道取代传统柜位成为内地旅客往来香港的主流通关模式。香港对货物进出口只实施最低限度的发证管制，且不征收关税或增值税 / 销售税。根据世界经济论坛 2018 年发表的《全球竞争力报告》，香港海关流程效率全球排名第九位。香港海关一直提供高效率的货物清关服务，并持续与内地海关当局合作，推出多项便利措施，包括：“跨境一锁计划”：两地海关应用同一把电子锁和全球定位系统设备，减少同一批货物在进出口时须由两地海关重复检查，加快货物通关流程。由 2019 年 5 月起，“跨境一锁计划”在广东省内的清关点数目增至 52 个，其中 43 个覆盖粤港澳大湾区 9 个内地城市。这些清关点连同香港 12 个清关点，为业界提供超过 624 条路线选择；“认可经济营运商”互认安排指获两地海关认证为“认可经济营运商”的企业所付运的货物可享两地通关便利措施，例如减少海关查验及优先接受清关等。

（香港历史研究基金会）

【穗港澳便利化合作】 2019 年，广州市发挥穗港、穗澳合作专责小组机制作用，推进落实《粤港澳大湾区发展规划纲要》，推动穗港澳三地规则衔接，推进穗港澳交流合作，促进三地互利共赢发展。是年，广州市率先印发实施与港澳规则衔接事项清单 72 项。推动与港澳职业资格互认或单方认可，认可港澳 22 项工种职业资格（6 项建筑领域资格实现互认），在南沙自贸片区试点借鉴香港工程建设管理模式。采用“跨境一锁计划”推动穗湛开展“空陆跨境联运”和“卡车航班”运输服务。广州市接待港澳来穗考察团组 52 批 1253 人次。开展青年交流项目 300 多个，累计交流 5.4 万人次。实施粤港澳大湾区香港、澳门青年实习计划和港澳学生“百企千人”实习计划，提供 2000 多个实习岗位，吸引近 1500 名学生。深化粤港澳姊妹学校缔结计划，穗港澳姊妹学校达 250 对。

2019 年，广州市出台《发挥广州国家中心城市优势作用支持港澳青年来穗发展行动计划》，推动制定补助申报指南、个税优惠办法等配套文件。率先出台青年创新创业示范基地建设实施方案，评选首批5个青年创新创业示范基地，每个每年给予100万元运营资助，发起设立总规模10亿元的港澳青年创业基金，发布港澳青年来穗创新创业补助申报指南，穗港合作研发项目可获得最高450万元的资金支持。修订广州市就业补助资金管理办法，实现港澳居民同等享受各类就业补贴。举办2场粤港澳大湾区专场招聘会，提供约6000个招聘岗位。全市建成青年创新创业基地32个，累计孵化企业232家，创新创业人数1.3万人次，有2600名青年来穗创业发展。建设青年创业就业服务中心，开通“12355”青年热线，累计提供280多次青年咨询服务。在6所学校试点开设8个港澳子弟班；将港澳居民在市内各类全日制在校就读的子女纳入城乡居民医疗保险范围，2万多名港澳学生参加广州市城乡居民社会医疗保险。加快人才公寓筹集，南沙区推出首批人才公寓332套、首个共有产权人才住房251套；天河区将青年纳入人才公寓申报范围24名港澳青年正式入住天河区人才公寓。

【广州财政税务支持服务大湾区建设】 2019年，广州市向中央争取粤港澳大湾区个人所得税优惠等财税优惠政策，印发《广州市关于粤港澳大湾区个人所得税优惠政策财政补贴管理暂行办法》，从是年1月1日起对在广州市工作的境外高端紧缺人才在本市缴纳的个人所得税已征税额超过其按应纳税所得额15%计算的税额部分，给予财政补贴，补贴免征个人所得税，降低境外人才实际税负水平。对纳入大湾区战略部署的重大发展平台、重点项目、体制机制创新任务予以重点支持；对接省级财政专项资金扶持方向，推动广东省海洋实验室、华工国际校区、香港科技大学（广州）、乐金显示广州呼吸中心、高水平医院等项目得到省级扶持，对涉及大湾区建设的相关业务开通绿色通道，加快审核审批、资金拨付等进度；推进财政科研项目资金跨境使用，出台《关于市级财政科研项目资金绩效提升和管理监督办法》，探索市级财政科研项目经费“包干制”和构建跨境财政科研资金监管模式，明确资金跨境拨付流程。首笔财政科研资金3800万元于8月1日拨付至香港科技大学。出台支持港澳青年来穗创新创业政策，新增港澳青创孵化基地32个。

2019年，广州市提升税收服务大湾区建设水平，加强港澳税收规则对接，服务港澳青年创新创业，推动大湾区个税优惠政策落地，提出14项支持大湾区发展的政策建议；优化税收营商环境，推出“税收助力粤港澳大湾区建设服务‘一带一路’12条措施”，通过建设“12366”大湾区纳税服务中心（广东）、编印《粤港澳大湾区税收服务指南》、开设“大湾区纳税人学堂”、推进“无差别办税服务”等举措优化大湾区纳税人办税体验。建立“一项一策、因项施策”服务机制，支持南沙自贸片区深化税收改革创新，最大限度赋予南沙区税务局改革自主权，推动南沙金融保险机构属地管理，给予南沙区税务局改革保障和支持。（余凯玲）

【深圳人员货物往来便利化】 2019年，深圳边检总站全力助力粤港澳大湾区和深圳先行示范区建设发展，成立专项工作领导小组，推出系列服务措施。优化口岸边境查验管理模式，实施因工作需要进出口岸限定区域人员凭居民身份证备案查验管理措施，取消实体口岸证件，简化申请手续，加快审批速度，提高安全管理水平；启用沙头角边境特别管理区车辆快捷查验系统和边民“掌上通”无线查验模式，提高进出管理区人员和车辆查验效率；启用“深圳边检流渔系统”，规范流动渔船查验流程，确保流动渔船查验便捷、管控安全、服务高效。优化空港口岸管理服务措施，在深圳机场、潮汕机场口岸实施广东省外国人144小时过境免签政策。在机场口岸设置“一带一路”沿线国家人员便利通道，实行公务机预约式查验服务，按照“提前预约、专人保障、即到即办”查验模式，确保公务机查验高效便捷。

【深圳“智慧边检”建设】 2019年，深圳边检总站推进大数据智能化建设应用，着力提升边检工作战斗力。构建大数据支撑平台，建立数据分析模型，通过数据排查查获变换身份在逃人员100余人。研发应用穿戴式"智能眼"、粤港澳三地车牌智能识别系统等11项新成果，在全国率先启用步态侦测自助通道防尾随系统，推进高新科技与基础工作深度融合。部署4G无线应急系统，完善技术巡检、保障前置、安全防护等机制，实现原边防工作站及流动渔船执勤点的通信、网络、监控系统全覆盖，确保应急保障体系安全高效。推广"互联网+"应用，通过微信小程序、手机APP等互联网公众平台实现预约通关、往来港澳小型船舶备案申报等部分边检业务网上受理应用，为出入境旅客提供零距离贴心服务。（深圳市人民政府地方志办公室）

【珠海人员货物往来便利化】　2019年，珠海市牵头制定《珠海市优化口岸营商环境促进通关便利化工作方案》，出台提高口岸通关服务水平、加强国际贸易"单一窗口"建设、推动珠港澳口岸通关管理模式改革创新等31项通关便利化措施，全面提升口岸营商环境。更新完善口岸收费目录清单，规范和降低口岸收费，定期通报各口岸货物整体通关时间和各作业单位（环节）作业时间，建立等级评定机制，进口整体通关时间为10.76小时，在全省21个地级市中排名第七名，出口整体通关时间为1.07小时，在全省21个地级市中排名第四名，珠海地区通关时间位居全国、全省领先水平。成功上线中国（珠海）国际贸易"单一窗口"运行项目44个，其中新增项目19个，8个应用项目实现全省首票应用，全市国际贸易"单一窗口"系统注册用户超过1万家，总申报单量达974.4万票，申报金额7.78亿元，实现全口岸覆盖率100%，主要业务（货物、舱单、运输工具申报）应用率100%。

（珠海年鉴编辑中心）

【珠海口岸营商环境优化】　2019年，珠海市开展口岸营商环境监测和评估工作，形成《珠海口岸优化营商环境评估报告》，对珠海口岸营商环境形成客观、全面的总体评价，梳理口岸经营服务单位提出的影响口岸通关时效的痛点、堵点问题，提出持续优化珠海口岸营商环境切实可行的措施，建立健全口岸营商环境常态化监测评估机制。持续优化国际贸易"单一窗口"，压缩珠海口岸环节整体通关时间，珠海市位居全省前列，进出口货物整体通关时间分别压缩至6.98小时和0.76小时。降低珠海口岸整体通关成本，全年集装箱进口通关及口岸作业成本2114元，比上年下降12%，出口通关及口岸作业成本1791元，下降16%。（赵彧）

【珠海创新跨境车辆管理】　2019年，珠海市向1884辆澳门机动车发放入出横琴资格，截至年底，资格有效期内车辆1610辆。全年澳门单牌车出入境超15万辆次。2019年11月29日起，对澳门单牌车发放电子临时入境机动车牌证，车牌的有效期从原来的3个月延长至1年。推动省市相关部门研究制定香港单牌车入出横琴的政策措施。（珠海年鉴编辑中心）

【澳门获授权对横琴口岸澳方口岸区实施管辖】2019年10月26日，全国人大常委会表决通过《全国人民代表大会常务委员会关于授权澳门特别行政区对横琴口岸澳方口岸区及相关延伸区实施管辖的决定》。澳门特别行政区政府以租赁方式取得横琴口岸澳方口岸区及相关延伸区的使用权，租赁期限自有关区域启用之日起至2049年12月19日止。租赁期限届满，经全国人民代表大会常务委员会决定，可以续期。决定旨在促进实现澳门与珠海之间基础设施的互联互通，为两地交通运输、人员往来和经贸活动提供便利。（姚雪培）

【珠海口岸建设与开放】　2019年，珠海市推进青茂口岸建设，并顺利封顶。推进新横琴口岸珠澳客货车"一站式"合作查验模式创新、海关小客车查验设备共享以及旅检大厅"合作查验，一次放行"查验模式优化等工作。完成九洲港口岸临时旅检大厅和配套项目建设。推动九洲港永久口岸规划工作。加快湾仔口岸临时旅检大厅修复加固工程的建设。完成拱北口岸临时出入境风雨连廊及口岸受损构（建）筑物还建项目施工，确保口岸通关安全。优化口岸布局，将5个一类港口口岸整合为“珠海港口岸”并扩大对外开放。整合二类口岸资源，关闭16个无业务的内设码头，将原珠海保税区装卸点的西域码头、洪湾港区二期集装箱码头、原新环装卸点的斗门港货运码头3个内设码头纳入珠海港口岸范围。推动粤港澳游艇自由行全面落地实施，协调解决万山区游艇码头建设用地争议问题，规划游艇码头建设方案。探索在九洲港先行开展粤港澳游艇自由行。重新划定明确原九洲港口岸、湾仔口岸、斗门港口岸和原万山港口岸的大万山岛、外伶仃岛2个作业区的水域开放范围。制定《珠海市加快珠海机场口岸对外开放工作方案》，编制珠海机场航空口岸对外开放可行性研究报告，协调上级部门批复同意开放公务机临时口岸。

2019年，珠海机场公务机临时口岸获国家口岸办公室批复同意第五次续期开放，时间为3月18日至8月30日；印发《珠海市加快珠海机场口岸对外开放工作方案》，各单位按职责推进工作；完成珠海机场航空口岸对外开放可行性研究报告编制，获专家评审通过。12月5日，港珠澳大桥珠海公路口岸珠澳通道增加货运车辆通行功能获国务院批复同意。珠澳跨境工业区专用口岸临时开放增加供澳门鲜活商品运输车辆入境功能获国家口岸办批复同意，时间为2019年12月2日至2020年6月1日。整合和扩大水域开放，相关请示由省政府上报国务院。推进高栏港烽火海洋码头、高栏国码2个10万吨级泊位以及宝塔石化码头、港务码头、三一重工码头开放工作。加快建设鸡啼门游艇公共查验码头。推进内外贸易航线同船和海上过驳业务。（赵彧）

【珠海通关模式改革创新】 2019年，珠海市和澳门特别行政区两地口岸部门研究推进旅检通道“合作查验，一次放行”查验模式优化，扩大适用人员范围；研究探索横琴新口岸珠澳客货车“一站式”合作查验模式创新、海关小客车查验设备共享等。9月26日，中国（珠海）国际贸易“单一窗口”实现粤港澳大湾区跨界车辆信息管理综合服务平台自动备案，实现粤港澳大湾区跨界车辆部分功能通过综合服务平台“网上办”。10月23日，完成对拱北、横琴口岸车辆“一站式”电子验放系统的过渡期改造，实现粤港澳大湾区跨界车辆多口岸通行，并经车辆“一站式”系统自动验放。协调驻珠查验单位持续简化澳门单牌车出入横琴备案手续，实施小客车机检结果互认参考等，全年澳门单牌车出入横琴17.53万辆次；采取直通放行、预约报关和集中申报等方式保障供澳门鲜活产品顺畅安全通关，全年供澳门鲜活产品7.1万批30.2万吨。（梁倩）

【珠澳海关合作开放】 2019年，拱北海关参与建设“智慧海关、智能边境、智享联通”。完善沟通联络机制，与香港、澳门特别行政区政府部门开展交流互访58次。探索“一国两制”下海关监管“前推后移中优”理念创新。巩固港珠澳大桥珠澳口岸旅客卫生检疫“合作查验、一次放行”的创新做法，并复制推广至新横琴口岸、青茂口岸。与澳门海关携手试点旅客行李物品监管“执法互助、便捷通关”。创新横琴口岸监管模式，与澳门海关达成《新横琴口岸珠澳海关监管合作框架》。与澳门特区行政署签署供澳花卉苗木“检疫前推，合作监管”合作备忘录；联合探索开展澳门制造食品输入内地“检验前推”，并作为海关总署与澳门行政法务司合作项目。支持澳门多元化发展，配合澳门《金伯利进程国际证书制度》实施。支持澳门CEPA持续健康发展，自2004年以来累计进口澳门CEPA货物3881票，货值4.18亿元，占全国进口澳门CEPA货值40%以上，优惠税款3151.7万元。深化监管执法互认，分别验放粤港、粤澳“绿色关锁”货物130批次、427批次，逐步拓展至小客车机检结果参考互认。实施粤港海关“跨境一锁”。创新开展港珠澳大桥口岸病媒生物三方联合调查。推动粤澳货物“一单两报”综合服务平台建设。推动香港特别行政区渔护署同意对马匹、鸡苗等非食用活动物经大桥运输通行；力促两地马匹运营企业隔离场改造、香港马匹进口等事宜。（黄孝永）

【港珠澳大桥口岸管理】 2019年，港珠澳大桥边检站联合口岸各单位建立一整套车辆查验故障处理机制，推动修复系统问题隐患47处，通过港澳复活节、圣诞节等车流高峰期考验，创下单日客流量11.3万人次记录，全年验放旅客1208.8万人次、车辆80.1万辆次。加强澳门回归祖国20周年安保工作联动协作，与市公安局成立联合指挥部，组建联合处置小组，在港珠澳大桥东人工岛建立安全检查站，实现安保期间无一人漏管失控、无一起旅客投诉、无一宗负面舆情。强化应急处突常备力量，增加在东人工岛常态化处突警力，口岸人工岛常备应急处突力量，全年开展“小演练”“小测试”“小拉动”260余次。主动服务温暖湾区旅客，增建旅检通道37条，突破高峰疏导的硬件瓶颈，实现珠港出境大厅查验能力翻倍；优化升级珠港跨境学童随车验放便利措施，惠及学童1.8万人次；简化救护车辆通行手续，为危重伤病旅客提供便利59人次。

【珠澳边检执法合作】 2019年，珠海边检总站加强与港澳出入境管理部门等相关单位的执法合作，利用边境联络机制加强与港澳出入境管理部门沟通联络，在重大节假日和敏感节点前开展边境会晤，及时协商客流疏导、口岸管控、应急联动、遣返遣送等事宜，与澳门特别行政区警方签订《横琴口岸珠澳边检执法合作协议》和《港珠澳大桥口岸珠澳边检执法合作补充协议》，明确新横琴口岸开通后珠澳边检执法合作联络机制，共同提高粤港澳口岸通关便利化水平，全力确保粤港澳口岸边境安全稳定。（叶嘉骏）

【珠港澳物流交流合作】 2019年，珠海市对接港澳地区物流组织及团体，紧密联系香港特别行政区贸发局、香港付货人委员会、香港航运物流协会等组织，全年接待160余名港澳及海外地区客商来珠考察，组织本地30余家物流企业参加交流洽谈，开展商业配对活动。推进广东港珠澳供应链公司区域性国际贸易分拨中心珠海项目启动，该项目保税仓分拨业务正式运营。（罗祖娟）

【佛山人员货物往来便利化】 2019年，佛山出入境边防检查站对接佛山市政府改革创新工作部署，推进边检“放管服”改革，落实广州出入境边防检查总站服务粤港澳大湾区建设9项措施，推出4类13项措施对接佛山市外贸工作，优化口岸通关环境。全面启用智能验证台和旅客自助验放通道提升通关效率，并为旅客提供有针对性的“贵金属特别监护”（在火车站候检区域划设特别监护区，为贵金属加工企业业务员提供优先通关服务，保障贵金属在口岸期间绝对安全）、“老弱病残孕优先检查”等人性化服务，中国公民出入境排队不超过30分钟，旅客通关最快只需5秒钟。全面推行国际贸易“单一窗口”平台申报，实施“联检部门联合登临”制度，畅通“绿色速航通道”，往来港澳小型船舶100%无纸化申报、100%24小时随报随检、100%通关“只跑一次”，“一站式”通关服务获口岸经营公司和出入境船舶员工赞誉。4月1日，佛山“智慧码头”公共服务系统上线试运行，首批上线试用的码头分别是三山港、三水港、容奇港、北滘二期和高明珠江码头。“智慧码头”公共服务系统是依托中国（广东）国际贸易“单一窗口”佛山分平台，以嵌入佛山分平台的方式，实现海关与佛山市所有口岸码头系统自动对接与数据共享利用，具有公共数据交换功能、综合查询服务功能及口岸物流监控预警功能的公共服务系统。

（黄海欣　刘斯芬）

【佛山港了哥山港口岸对外开放】 2019年4月16日，佛山港了哥山港口岸正式对外开放，为二类货运口岸。佛山港了哥山港区位于顺德区西江干流杏坛南华岸线，拥有岸线长度438米，陆域堆场18.4万平方米，4个3000～5000吨级的多用途泊位，年通过能力件杂货200万吨，集装箱50

万标准箱（TEU）。了哥山港区是招商局港口控股有限公司和广东顺德控股集团有限公司联合打造的第一个内河港口。2017 年 12 月 6 日，经省口岸办批准，滘口口岸搬迁至顺德区了哥山港。2019 年 3 月 21 日，省口岸办组织海关总署广东分署、广东海事局、广州边检总站、佛山海关驻顺德办事处组成联合验收组对佛山港了哥山港区对外开放启用前准备工作进行验收，并于 3 月 25 日批复同意了哥山港对外开放。（黄海欣）

【佛山成为全国首个公司类简化版香港公证文书跨域邮寄送达城市】 2019 年 9 月 12 日，佛山市市场监督管理局与中国法律服务（香港）有限公司、中国委托公证人协会有限公司达成协议，约定公司类简化版香港公证文书采取由中国法律服务（香港）有限公司以跨域邮寄方式送达并将简化版香港公证文书全面应用于开办企业，标志着佛山成为全国首个公司类简化版香港公证文书跨域邮寄送达城市。简化版香港公证文书以便民高效为原则，保留采集公司基本情况的最终信息，不再关注企业名称、编号、地址、股东和董事等的变更过程及投资者年报信息，最大程度地压减证明文件和节省企业办理公证费用。市场监管部门与其他用证部门达成一致，确保简化版公证文书在佛山市各相关领域通行有效，使香港居民或企业在佛山市开办公司流程更加便捷快速。（胡茄）

【惠州口岸通关服务优化】 2019 年，惠州口岸整体通关时间显著下降，12 月份进口整体通关时间 2.02 小时，比 2017 年缩短 85.7%，出口整体通关时间 1.36 小时，缩短 63.89%，压缩通关时间超二分之一，超额完成年度通关时间压缩三分之一的目标任务。口岸收费目录清单公示完成，至年末，27 家企业在中国（广东）国际贸易“单一窗口”进行公示。发挥惠州市清理口岸收费工作小组的作用，全面规范和完善口岸作业与处理环节的收费，取消口岸经营服务单位不合理或明显高于市场调节的收费价格，清单之外一律不得收费，降低进出口企业通关费用。推广国际贸易“单一窗口”标准版各项应用功能上线应用，至年末，全市口岸进出口货物、水运仓单和运输工具申报覆盖率为 100%，其他应用功能覆盖率稳步推进。继续实施免除查验未发现问题外贸企业吊装、移位、仓储费用试点。“惠盐组合港”监管模式启动实施，10 月，深圳海关启动在惠州港和深圳盐田港之间实施“惠盐组合港”监管模式，以盐田港为枢纽、惠州港为支线，实现“两港合一”组合，通过海关监管机制创新、海关监管资源互补、海关通关服务优化，提高通关效率、降低企业物流成本。

（惠州市人民政府地方志办公室）

【中山市国际货运代理协会成立】 2019 年 11 月 21 日，第六届中山货运代理人交流大会暨中山市国际货运代理协会成立庆典在中山希尔顿酒店举行。来自韩国、加拿大等 20 个国家、地区和城市的代表 500 人参会。协会由深圳海元国际物流股份有限公司中山分公司董事长林浩彬担任会长，深圳市美宏联运国际货运代理有限公司中山分公司董事长张作宏担任副会长，50 多家中山本地国际货运代理企业组成会员单位。协会立足中山实际，以国际视野探索新型的国际货运代理新模式、新方法。成立庆典活动期间，由中山市国际货运代理协会主办以“与智者为伍，方能远行”为主题的第六届中山货运代理人交流大会，共设置“扬帆起航·中远海运”“预见未来”等 5 个交流专题。

【中山口岸通关便利化】 2019 年，中山市推动口岸提效降费工作，推进口岸通关便利化。开展口岸收费情况和通关效率调研工作，形成《中山口岸通关效率及成本研究报告》。7 月 16 日，印发《中山市优化口岸营商环境促进跨境贸易便利化措施的通知》，落实保障提效降费工作。开展口岸收费清单“再回头看”公示检查工作。组织相关行业主管部门督查中山港口岸，督促各港区驻点口岸办分片检查及时落实整改。确保落实收费公示制度，全面检查全市口岸现场提供服务收费主体的收费目录清单。督促5家码头公司代征货物港务费收费标准降低15%，免收港口设施保安费，统一在“单一窗口”平台上公示更新内容。推动各港口码头和保税物流中心制定码头及监管场所现场作业时限表，并在营业现场与“单一窗口”平台上公示。9月4日起，在中山港口岸航运码头和外运码头推动内外贸同船运输工作，降低企业运输成本，提高物流运作效率。2019年，中山口岸整体进口通关时间8.44小时，比2017年压缩72%；出口通关时间0.55小时，比2017年压缩84%。

2019年，中山市打造外贸新平台新动能，配合申建综合保税区，争取广东自贸区扩区。推动新业态发展，全年市场采购业务申报出口货值116.9亿元；跨境电商进口保税网购业务落地，8月22日，价值14.3万元的“十分裤、连裤袜丝袜”在中山海关监管下完成通关。推进原产地证书自助打印工作，签发各类原产地证书11.74万份，为企业减免关税1.52亿美元。8月20日，中山海关为广东格兰仕微波生活电器制造有限公司签发拱北关区首份中国—东盟新版原产地证书，使该批出口至越南的价值8.99万元的微波炉享受进口国零关税优惠，为企业减免关税0.9万元。

【香港—中山快速跨境通关模式】 2019年，中山海关推出“跨境一锁”电子关锁业务。中山企业悬挂粤港两地车牌的货车提前向香港海关、拱北海关报备，应用同一把电子关锁及全球定位系统设备，可减少同一批货物在两地入境和出境时被重复查验的概率。6月5日，中山海关完成首宗“跨境一锁”进口业务。7月29日，中山首宗“跨境一锁”出口货物从中山保税物流中心“跨境一锁快速通道”出发，在入境和出境口岸走专用跨境快速通道，通过港珠澳大桥快速到达香港机场，货物转关流程运输时间从5个小时缩短至3个小时。

（中山市人民政府地方志办公室）

【江门提升口岸通关效率】 江门市推进国际贸易“单一窗口”平台的应用推广，压缩进出口整体通关流程时间。2019年，开平口岸进口平均整体通关时间9.17小时，与2017年同期对比压缩81.10%，出口平均整体通关时间1.57小时，与2017年同期对比压缩74.88%。

（开平市人民政府地方志办公室）

【江门贯彻落实粤港澳大湾区个人所得税优惠政策】 根据《关于粤港澳大湾区个人所得税优惠政策的通知》，广东省财政厅、省税务局于6月17日印发《关于贯彻落实粤港澳大湾区个人所得税优惠政策的通知》。江门市财政局会同市人才局、市人力资源社会保障局、市税务局研究制定符合江门市实际情况的人才认定和补贴发放办法，在质量上、效率上提高补贴申领的便捷度，更好地发挥政策在聚英才方面引导和推动作用，确保政策落地见效。（江门市财政局）

开放合作

全面参与国际经济合作

【概况】 2019年，粤港澳大湾区整合内部资源，全面协作，共同参与国际合作。广东省商务厅联合港澳相关部门建设“线上线下”经贸推介交流平台。广东省人民政府、香港特别行政区政府、澳门特别行政区政府首次联合举办粤港澳经济技术贸易合作交流会。广东省商务厅还与香港贸发局、澳门贸易投资促进局三方共同建设“粤港澳经贸合作信息平台”。在广东省政府与日本贸易振兴机构续签合作备忘录的框架下，广东省商务厅分别与日本贸易振兴机构、日本瑞穗银行研究搭建粤港澳大湾区与日本东京湾区合作机制。在第二届中国国际进口博览会期间举办“粤港澳大湾区经贸合作推介暨湾区经贸合作发展座谈会”，与旧金山湾区签署深化合作框架协议。是年，粤港澳大湾区各市开拓国际市场，加强与“一带一路”沿线国家的经济贸易合作，境外合作区、产业园、商务交流处建设成效显著。（编辑部）

【香港拓展国际经济合作】 根据世贸组织的数据，2019年，中国香港是全球第八大商品贸易经济体系，也是全球第十八大商业服务经济体系。是年，香港的全球商品贸易总额达84040亿港元。香港的主要贸易伙伴为内地和东南亚国家联盟（东盟）、欧洲联盟以及美国。随着中国香港与澳大利亚于2019年3月26日签订《自贸协议》，香港已与20个经济体达成了8份《自贸协议》。特区政府亦完成了与马尔代夫的《自贸协议》谈判。除了正寻求与太平洋联盟（即智利、哥伦比亚、墨西哥和秘鲁4国）缔结《自贸协议》，特区政府计划在东盟与相关经济体完成《区域全面经济伙伴协议》的谈判后，根据当中有关新成员加入的条款，寻求加入该协议。中国香港与英国已开展“贸易伙伴策略对话”，双方正探讨在英国脱欧后订立双边《自贸协定》。香港已与海外经济体签订了20份《投资协议》。特区政府亦分别与巴林、马尔代夫、墨西哥、缅甸和阿拉伯联合酋长国完成谈判，并会在双方完成所需内部程序后安排签署《投资协议》。特区政府也正与伊朗、俄罗斯和土耳其开展磋商。中国香港与东盟的自贸协定亦于2019年6月生效。自贸协议为香港商家及投资者提供更优惠的市场进入条件及创造更多商机，加强香港与自贸协议伙伴在贸易和投资方面的交往。香港扩展海外经济贸易办事处的网络，尤其是有密切经贸联系和具潜力的新市场，为港商发掘更多商机和促进香港的外來直接投资。驻曼谷经贸办于2019年2月开始投入运作，进一步协助香港扩展与东盟的商贸关系。计划继续与贸易发展局组织商贸考察团，带领业界开拓市场，以及协助业界把握例如“一带一路”倡议等国家发展策略带来的机遇。金管局基建融资促进办公室与主要持份者合作，促进可持续基建和绿色发展的投资及融资，从而提升香港作为国际基建和绿色发展融资中心的地位。截至2019年年底，该办公室共有95个来自香港、内地和海外的机构加入成为合作伙伴，与主要持份者合作密切。一带一路保险交流促进平台保监局在2018年推出“一带一路保险交流促进平台”，旨在帮助“一带一路”项目拥有者和投资者规划风险管理和保险需求，并找出保险相关的解决方案，共同促进风险管理和保险信息交流，以及缔结联盟。截至年底，有41家保险公司、再保险公司、专属自保保险公司、保险经纪公司和律师事务所加入为成员。

【强化香港全球离岸人民币业务枢纽地位】 中国香港是领先和最重要的离岸人民币业务枢纽。2019年底，整体离岸人民币存款（包括客户存款和未偿还存款证）总额达6580亿元人民币，银行人民币贷款额和未偿还人民币债券余额分别为1537亿元人民币及1686亿元人民币。2019年，经香港银行处理的人民币贸易结算额达5.4万亿元人民币。合资格机构通过人民币合格境外机构投资者计划、沪港通和深港通、债券通及内地银行间债券市场等平台，发展多元化的产品供投资于内地在岸市场。截至年底，有33家基金管理公司管理共42只获证监会认可并以人民币计价的非上市基金，通过上述渠道主要投资于内地在岸市场，其累计资产净值为77亿元人民币；25只获证监会认可并以人民币计价的交易所买卖基金，通过上述渠道主要投资于内地在岸市场，其累计资产净值达573亿元人民币。财政部自2009年起连续11年在香港发行人民币国债，包括于2019年发行150亿元人民币债券。中国人民银行在2018年首次在香港发行人民币票据，建立在港发行中央银行票据的常态机制，丰富香港的人民币金融产品和推动人民币国际化。2019年共发行1500亿元人民币票据。

（香港历史研究基金会）

【澳门建立合作网络】 澳门消委会于1997年成为国际消费者联会正式会员。海外合作方面，先后与葡萄牙、西班牙、巴西、新加坡及韩国的消费者部门或机构签定合作协议书，2014年，消委会成为国际葡萄牙语消费者协会组织的观察成员。与内地合作方面，至2019年消委会与各省市、香港及台湾地区共30个消费者组织签订消费维权合作协议书，相互交换信息，进行各类合作计划。2018年4月，粤港澳大湾区广东省9个城市及香港、澳门2个特别行政区的消费者组织在澳门签署《粤港澳大湾区消费维权合作备忘录》，备忘录指定澳门消委会是大湾区各城市群与葡萄牙消保组织投诉个案的转办平台。

【澳门旅游国际与区域合作】 在国际合作方面，澳门于2019年参与多个国际旅游组织的会议、研讨会及活动，提升澳门在国际旅游事务上的参与度及知名度。旅游局代表团以准成员身份参加联合国世界旅游组织（UNWTO）举办的多项活动，包括第三十一届东亚及太平洋地区委员会及南亚地区委员会联合会议暨藉旅游实现可持续发展区域研讨会以及第二十三次全体会员大会，发表意见并开展交流。旅游局局长以亚太旅游协会（PATA）秘书兼司库身份出席亚太旅游协会执行理事会会议、亚太旅游协会2019年年度峰会，赞助并出席2019亚太旅游协会金奖晚宴及颁奖礼。亚太经合组织（APEC）方面，旅游局以客席经济体身份派员参加第五十四次亚太经合组织旅游工作组会议及第五十五次亚太经合组织旅游工作组会议。区域合作方面，粤港澳大湾区城市旅游联合会于6月在香港召开第二次年度会议，落实推进多项区域合作重点工作。此外，发挥“促进澳门世界旅游休闲中心建设联合工作委员会”（联委会）机制作用，促进澳门世界旅游休闲中心建设，联委会10月于澳门召开2019年度工作会议，澳门特别行政区政府社会文化司、文化和旅游部及中央人民政府驻澳门特别行政区联络办公室等多个相关单位的领导及代表出席。北京市文化和旅游局与澳门特区政府旅游局签署《北京·澳门世界遗产开发利用推广合作协议书》，促进京澳两地在世界遗产推广范畴的交流和合作。

（摘自《2020澳门年鉴》）

【中新知识城中新合作全面深化】 2019年，知识城加强中新合作，组建副省级联合实施委员会中方架构，形成“国家—省—市”三级工作机制，建成中慧科技园首期面积5.7万平方米，中新国际联合研究院研发平台6个，实验室23个，启动产业化项目44个，聚集科研人员240多人，推进新加坡南洋理工大学、中国科学院大学合作共建南洋理工大学研究生院，吸引新加坡国际制造创新中心（SMIC）落户腾飞园。

【“广州—奥克兰—洛杉矶”三城经济联盟】 2019年5月，广州市与奥克兰、洛杉矶三城经贸合作活动围绕影视创意、大健康、公共创新等产业领域开展活动，参会人数约600人。37家广州企业和机构参与广药集团、市城投集团、科大讯飞、广汽集团研究院等6家企业现场对接，签署合作协议。

【广州参与“一带一路”建设】 2019年，广州市推进落实《广州市参与国家“一带一路”建设三年行动计划（2018—2020年）》，调整广州市参与“一带一路”建设工作领导小组成员和计划分工，修订完善工作规则。

是年，白云国际机场新开及加密航线16条，新开国际航点6个。航线网络覆盖全球220多个航点，辐射29个“一带一路”沿线国家50个城市。中欧班列常态化运行，全年广州中欧班列发运68列，出口货值4.48亿美元。是年，广州市对“一带一路”沿线国家进出口总额2409.3亿元，在“一带一路”沿线国家投资设立44家企业（机构），比上年增长20.41%，中方协议投资金额4.51亿美元，占同期中方协议投资额的24.59%；“一带一路”沿线国家在广州实际投资3.27亿美元，增长19.9%。是年，广东21世纪海上丝绸之路国际博览会首次设置“一带一路”沿线国家展区，有92个国家和地区的553家企业参展，62个国外展团设立形象展示区。举办2019年海丝保护和联合申遗城市联盟联席会议，组织海上丝绸之路国际学术研讨会，举办

“丝路花语——海丝文化之旅”活动，建立微信公众号“丝路云帆”，借助《丝路邮报（英文）》全媒体英文平台等渠道向国际社会进行全媒体宣传。举办5场2019广州文化周活动，以“一带一路，旅游共荣”为主题，组织广州国际友城文化艺术团亮相迪拜旅游展中国展台，广州市新增3对“一带一路”沿线国际姊妹学校，广州国际友城大学联盟新增1个“一带一路”国家高校成员。举办首届华侨华人大会，“一带一路”沿线国家400多名华侨华人代表人士出席。（李祚松）

【深圳招商引资精准出击】 2019年，深圳市精准出击，确保招商引资亮点纷呈。持续引进大型企业投资项目。开展年度重点投资推广目标项目入库遴选工作，确定重点引进目标企业1218家，先后引进世界500强项目10个。市区联动推进招商引资和项目落地，法国赛诺菲公司高端流感疫苗项目、德国欧绿保集团深圳运营中心项目分别在中法两国元首、中德两国总理见证下签约。举办招商引资大会。全市投资推广系统围绕生命健康、智能制造、信息技术、传统金融等产业领域在省内外共举办80余场招商引资大会，推广宣传深圳投资环境，稳定重大优质项目用地预期，其中“7·12”招商引资大会签约总投资额463亿元，全球招商大会签约总投资额超5600亿元。首次举办零售商业招商大会。沃尔玛、物美、京东等300余家国内外知名零售企业齐聚深圳，共享发展机遇。联合埃森哲、麦肯锡、凯德置地等国际顶尖商业咨询机构发起成立“深圳市零售商业发展国际智库联盟”，为国际消费中心城市建设提供强大智力支撑。加快引进补链强链延链项目。梳理确定8个产业领域和32个细分领域中产业缺失、薄弱和关键环节，加大力度开展精准招商，华大九天EDA研发中心、新华联集团光储一体化产品研发生产基地、大唐集团未来能源科技创新中心等一批关键项目相继落户。大力拓展项目资源储备。挖掘外商投资潜力，与瑞士ABB集团、法国达索系统等建立工作联系。不断拓展内资项目，赴国内重点城市开展“小分队”招商，拜访企业和机构100余家，接待行业领先企业超过300家。开展市商务局领导挂点招商工作，跟踪服务美国福特汽车、苏宁易购集团等在深圳投资运营。

【深圳对“一带一路”沿线国家投资合作】 2019年，深圳市推进对“一带一路”沿线国家投资合作，在“一带一路”沿线国家地区中的33个国家新签承包工程项目合同366份，新签合同额130.50亿美元，比上年增长69.09%，占总额的57.02%；完成营业66.43亿美元，占总额的47.47%。深圳市企业对“一带一路”沿线的24个国家（地区）新增投资87家企业和机构，合计中方协议投资额10.83亿美元，占同期总额的17.00%，比上年增长3.96倍。

【深圳境外投资结构持续优化】 2019年，深圳市对外投资结构持续优化。境外投资前三位行业是：“制造业”，备案企业74家，占15.78%；“批发和零售业”，备案企业131家，占27.93%；“信息传输、软件和信息技术服务业”，备案企业65家，占13.86%。中方协议投资额分别比上年增长88.83%、404.77%和150.33%。深圳市企业境外投资前三位是：中方协议投资额中国香港地区17.08亿美元、越南8.39亿美元和美国4.56亿美元，分别占全市26.81%、13.17%和7.16%。

【深圳“一带一路”支点建设】 2019年，深圳前海突出“面向世界”使命，参与“一带一路”建设。推进“一带一路”法治地图，完成64个国家和地区的民商事法治地图，上线“SmartFTAX自由贸易协定优惠关税系统”。举办“阿根廷卡拉尔太平洋区域经济联盟推介会暨项目对接会”。至年末，有“一带一路”沿线41个国家在前海投资设立企业445家，合同利用金额21.55亿美元；前海企业累计向“一带一路”沿线17个国家设立企业（机构）50家，中方协议投资额12.34亿美元。年内，深圳市侨务办公室圆满完成第五届国际深圳社团大会工作。10月

28日—29日，第五届国际深圳社团大会在泰国曼谷举行，全球五大洲的深圳籍华侨华人社团领袖、华商企业家600多人参加大会。支持举办第五届华人华侨产业交易会，来自20个国家和地区的518家展商参展，国内外67个城市交流展示，吸引超过5万人观展。同期举办2019首届粤港澳大湾区侨商论坛、第六届国际民间交流对接会、粤港澳大湾区侨联（侨界组织）走进深圳主题活动日等活动。举办第二届“智荟深圳·海外专才深圳行”活动，邀请来自美国、加拿大等13个国家近70位海外专才和相关协会代表携46个项目到深圳开展交流对接。举办深圳营商环境推介会。先后在新加坡、泰国曼谷、马来西亚、新西兰、瑞典、斯德哥尔摩、西班牙巴塞罗那开展深圳营商环境推介会。

（深圳市人民政府地方志办公室）

【珠海开放型经济发展】 2019年，珠海市外资外贸规模保持全省前列，全市实际吸收外资163.9亿元，比上年增长4.9%，规模位居全省第三位。招商引资提质增效，新签约重点招商项目134个，投资总额1009.4亿元。企业“走出去”步伐加快，新增对外投资备案项目40个，实际对外投资额1.50亿美元。贸易新业态加快发展，全市实现服务外包执行金额12.8亿美元，比上年增长114.5%。全市纳入海关统计的跨境电商零售进出口总货值9.15亿元，比上年增长440%。2019年，珠海市新设外商投资企业1176家，其中合同利用外资金额1000万美元以上44家。实际利用外资金额24.24亿美元，比上年增长1.3%。制造业实际利用外资3.07亿美元，比上年下降62.5%；服务业利用外资21.07亿美元，比上年增长42.3%。是年，珠海市外贸进出口额2908.89亿元，比上年下降10.4%。其中，出口额1654.55亿元，比上年下降12.3%；进口额1254.33亿元，下降7.8%。进出口额、出口额、进口额在全省分别位居第五位、第七位、第四位。

【珠海跨境电商综合试验区建设】 2019年，珠海市推进横琴新区、珠海保税区、珠澳跨境工业区珠海园区跨境电商查验场规划建设，建成运营监管场所1210个。出台《关于促进中国（珠海）跨境电子商务综合试验区的政策措施》《中国（珠海）跨境电子商务综合试验区发展规划》，印发《珠海跨境电子商务综合试验区重点任务分解表》，明确跨境电子商务建设重点任务45项。制定跨境电子商务综合试验区服务体系建设专项资金申报指南，线上综合服务平台及线下载体平台项目获2600万元资金支持。落实《珠海市关于加快电子商务发展的实施意见》，国家知识产权运营公共服务平台金融创新（横琴）试点平台等5个项目获660万元资金支持。加强跨境电商人才培训，举办首期跨境电商培训班。广丰物流园与京东拓展开展“9610”（直购进口）业务，深圳一棵树跨境电商产业总部项目、云集电商平台公司华南仓储总部项目落地，菜鸟科技与珠海邮政、珠海易跨境达成合作。 （赵彧）

【横琴招商引资】 2019年，珠海市横琴新区招商选资服务重点产业重点加强与澳门优势产业合作，引进澳门经济局跨境电商领域合作机构澳门易享科技网络有限公司、港珠澳供应链管理有限公司，在粤港澳物流园区投资建设“区域性国际贸易分拨中心”项目，引进广药集团并推动项目落户粤澳合作中医药科技产业园。截至年底，签署合作协议、框架协议的产业用地项目12个，签署合作协议、框架协议非用地项目5个。引进金融机构年内新增融资租赁企业641家，注册资本合计1127.98亿元；商业保理企业38家，注册资本合计32.61亿元；交易平台5家，注册资本合计5亿元；小额贷款机构3家，注册资本合计8.1亿元；融资担保企业2家，注册资本合计4亿元。引进省内首家外资独资的私募基金管理人迈德瑞投资管理有限公司，以及银华资本、深创投S基金、高瓴资本旗下珠海明骏合伙企业、伊利集团旗下私募基金管理人等知名企业，完成康美交易中心迁入登记工作。截至年底，横琴新区有金融和类金融企业6565家，注册资本达1.09万亿元；私募基金管理人545家，管理基金规模2856.83亿元；私募基金1259只，管理基金规模3245.64亿元。政策优势促进总部经济发展，完成2018年度总部企业认定及奖励，58家企业被认定为横琴新区2018年度总部企业，奖励总额1.95亿元。梳理与新区有合作协议的重点企业，检查其落实协议承诺情况，奖励企业59家，合计金额1.6亿元。完成其他政策扶持奖励金额8027万元。举办2019粤澳跨境电商交流会、2019智利企业家中国横琴行活动、澳珠企业家峰会专业服务对话会、横琴旅游产业招商推介会（上海站）等宣传推介活动，扩大横琴引资影响力。（姚雪培）

【佛山全面参与国际经济合作】 2019年，佛山市新增对外直接投资企业（含机构）45家，比上年下降8.16%；新增中方协议投资总额1.53亿美元，下降44.96%。全市企业对外投资中，新增中方协议投资额超1000万美元的项目4个，合计中方协议投资总额8610.8万美元，占中方协议投资总额的56.23%。其中广东科达洁能股份有限公司在中国香港设立科裕国际（香港）有限公司、佛山市南海必得福无纺布有限公司在中国香港设立香港稳德福控股有限公司、广东邦普循环科技有限公司在印度尼西亚设立印尼普循环科技有限公司、广东伊之密精密机械股份有限公司出资在印度设立伊之密先进成型技术私人有限公司。是年，佛山市签订对外并购项目8个，新增中方协议投资额1714.16万美元。其中，佛山市南海区连丰盛寝饰用品有限公司出资54万美元并购马来西亚连丰寝具有限公司90%股权。2019年，佛山市3家企业获得中央财政外经贸发展专项资金（促进对外投资合作事项）376.48万元，5家企业获得广东省促进经济发展专项资金（双向投资方向）约1650万元。市商务局继续组织企业申报2019年佛山市促进对外经济合作专项资金，9家次开展对外投资与承包工程企业获得专项扶持资金（对外投资合作部分）957.73万元；28家参加佛山市商务局组织的经贸活动的行业协会和企业获得专项扶持资金（经贸活动部分）32.73万元。（吴晓荧）

【佛山打造“一带一路”建设重要支撑区】 2019年，佛山市加强与“一带一路”新兴国家和地区贸易投资合作，新增赴“一带一路”沿线国家直接投资企业（含机构）19家，新增中方协议投资额7019万美元，比上年增长67.5%；对“一带一路”沿线国家和地区进出口1546.9亿元，增长10.3%。持续深化国际交流，与吉尔吉斯斯坦奥什市缔结为国际友好城市。新增中德工业城市联盟德方成员2个，总数达43个，在德国美因茨市举办“发现佛山·全球路演”城市推介活动。（王英）

【中韩（惠州）产业园建设】 中韩（惠州）产业园是国务院批复同意设立的三个中韩产业园之一，也是目前广东省唯一经国务院批准的中外共建产业园。产业园分为核心组团和联动组团，其中核心组团规划面积94.1平方千米，包括仲恺高新区高端产业合作区及潼湖生态智慧区、大亚湾化工及海港保税区、惠州空港经济产业园、惠城区高新科技产业园、罗浮新区康养国际合作园等5大片区，重点发展电子信息、半导体、智能制造、石化、新能源、新材料、生命健康、创意与设计、科技服务等产业。中韩（惠州）产业园区位优越，交通便捷。惠州地处广东省东南部、珠江三角洲东北端，毗邻广州、深圳、香港，是粤港澳大湾区辐射带动粤东北乃至中南地区的重要节点。惠州境内空港、海港、高铁、高速公路齐备，惠州机场开通36条航线，与全国31个主要城市实现互通；沿海港口有生产性码头泊位46个，总吞吐能力超过亿吨；开通厦深高铁、莞惠城轨；全市高速公路总里程732千米，实现中心城区15分钟上高速，融入粤港澳大湾区“半小时生活圈”。产业园产业集聚，基础厚实。园区依托大亚湾（国家级）经济技术开发区、仲恺（国家级）高新技术产业开发区、潼湖生态智

2019年，惠州供电局500千伏博罗站运用巡检机器人完成日常设备相片留档工作　（葛海麟　摄）

慧区等园区，结合惠州加快发展石化能源新材料、电子信息两大产业集群，培育壮大生命健康支柱产业的导向，深化与韩国的产业合作。2019年，园区及周边拥有LG化学、东进世美肯、可隆、LG电子、晓星金融设备、凯赫威等117家韩资企业，以及荷兰皇家壳牌、埃克森美孚、中海油、巴斯夫、李长荣、三菱丽阳、科莱恩、TCL、旭硝子、德赛西威、亿纬锂能、比亚迪电子、科锐、伯恩光学等一大批国内外知名企业。惠州大亚湾石化区形成2200万吨炼油、220万吨乙烯生产的规模，炼化一体化规模跃居全国第一位，综合实力排名中国化工园区30强第一位。2019年惠州电子信息产业总产值接近3200亿元，排名全省第三位。规模以上电子信息企业超过500家，形成较为完整的移动通信、平板显示、汽车电子、LED和新能源电池五大产业集群。中韩（惠州）产业园营商环境优良，服务高效。惠州先后出台促进外商投资、降低制造业成本以及促进中小企业发展等政策措施；开展“减证便民”行动，推进“集成办理、一次搞定”政务改革，企业开办和工业投资项目备案、核准办结快速便捷；定期开展解决企业困难“直通车”等活动，帮助企业解决实际问题。惠州政府公共服务满意度连续多年排广东第一位。严格遵循WTO规则和国际惯例，被世界银行列入中国投资环境50优城市和最具投资价值的20个城市。年内，中韩（惠州）产业园建设工作领导小组调整成员，由市政府主要领导任组长，领导小组办公室由设在潼湖生态智慧区管委会调整至设在市商务局；《中韩（惠州）产业园核心组团空间发展总体规划》批复实施，核心组团各片区产业规划完成并报市政府审批，加快起步区基础设施建设；委托广东外语外贸大学撰写中韩产业园中长期合作方向和实施路径；深化与中韩（烟台、盐城）产业园合作交流；推动产业园申报纳入省产业转移园管理，全面启动产业园六大片区建设。至年末，中韩（惠州）产业园核心组团各片区引进项目63个，计划投资额621.47亿元，其中已动工项目30个。其中，起步区引进项目30个，计划投资额172.8亿元，动工10个；仲恺高新区高端产业合作区引进项目21个，计划投资额333.3亿元，动工13个；惠城区高新科技产业园引进项目5个，计划投资额22.1亿元，动工3个；惠州空港经济产业园（惠阳片区）引进项目4个，计划投资额9.9亿元，动工4个；惠州空港经济产业园（惠东片区）引进项目2个，计划投资额3.37亿元；罗浮新区康养国际合作园引进项目1个，计划投资额80亿元。

（惠州市人民政府地方志办公室）

【东莞港对外开放水平提高】　2019年12月4日，东莞市虎门港沙田港区三期工程项目（虎门港9号、10号泊位）及西大坦作业区驳船码头经省口岸办批复同意，对外开放；协调配合东莞港于2019年3月、10月、11月开通柬埔寨、马来西亚、泰国航线。截至2019年底，东莞港对外开放一类码头26座，泊位66个，水运一类客运口岸一个，水运二类码头6座，开辟集装箱外贸直航7条，其中2条中国台湾地区航线，2条越南海防线，1条越南胡志明线，1条柬埔寨/泰国航线，1条马来西亚航线。

【东莞国际班列开行】 2019年，东莞市国际班列开行210列，比上年增长72.13%；集装箱1.85万标准箱，增长61.66%，货运量13.03万吨，增长53.37%；货物贸易额8.12亿美元，增长59.23%。其中，“粤新欧”中亚班列93列，比上年增长45.31%；出口集装箱8008标准箱，增长27.64%，货运量6.68万吨，增长23%，出口货物贸易额2.02亿美元，增长1.76%。“粤满俄”中欧班列117列，比上年增长1.02倍；进出口集装箱1.05万标准箱，增长1.03倍，货运量6.35万吨，增长107.14%；进出口货物贸易额6.1亿美元，增长95.82%。东莞市国际班列运送商品80%来源于省内市外，20%来源于东莞市内。

【广东省首趟进口中欧班列抵达东莞】 2019年8月28日，广东省首列进口中欧班列接车仪式在东莞市石龙镇举行。班列于7月31日从白俄罗斯明斯克发出，经满洲里口岸入境，运输里程11884千米，横跨亚欧大陆，经过28天的奔跑，于8月28日抵达东莞石龙镇。中欧班列节约大量运输时间，减少内贸转运环节，降低物流成本，深化广东省与“一带一路”沿线国家的互联互通。 （东莞市人民政府地方志办公室）

【中山港外运码头内外贸同船运输业务启动】 2019年，中山市优化口岸营商环境，促进贸易便利化，降低通关物流成本。9月4日，中山市商务局会同中山港海关举办内外贸同船运输政策宣讲会，详细介绍内外贸同船运输政策的管理规定、适用范围以及申报方式等，并与企业进行问答互动，全市45家企业参会。会议标志中山港海关在中山市口岸全面启动实施内外贸同船运输工作，在海关有效监管的前提下，内外贸同船运输业务可有效提高驳船满载率，减少码头装卸频次，提升船运效益。同日，中山港外运码头的内外贸同船运输业务启动。

2019年，东莞国际班列开行。中欧（粤满俄）班列从东莞石龙首发，15天跨越11000多千米抵达俄罗斯莫斯科

（东莞市人民政府地方志办公室供稿）

【中山市“走出去”综合服务信息平台】 2019年，中山市完善“走出去”综合服务信息平台建设，建成“一网多联”、线上线下的立体服务平台。至年底，中山市发展改革局、市税务局等完成平台政务服务布局，有进驻东道主国投资促进机构和专业服务机构70个、注册企业540家，对外投资领域从设立境外传统贸易公司发展为在境外设立研发中心、生产基地、营销平台

等，海外并购从获取生产要素升级为完善产业布局和在全球范围内配置资源，涉及新能源、生物医药、电光源制造业等领域。

（中山市人民政府地方志办公室）

【江门推动“一带一路”建设】 江门市响应国家“一带一路”倡议，发挥区位条件优越、产业基础扎实、华侨资源丰富等优势，在16个国家和地区建立19个境外商务交流处，主动参与“一带一路”建设。举办2019江门市境外商务机构经贸合作交流会，为江门企业“走出去”当好“引路人”，促进江门与“一带一路”沿线国家和地区的经贸合作和双向投资。2019年，江门市组织企业参加20多场在“一带一路”沿线国家和新兴市场国家举办的展览会，对“一带一路”沿线国家进出口额达322.4亿元。截至2019年底，江门市赴“一带一路”及沿线国家投资企业20家，投资总额超过5600万美元；到江门市投资的“一带一路”沿线国家企业有208家，合同外资超过14亿美元，实际利用外资金额11亿美元。

（江门市商务局）

【第三届“21世纪海上丝绸之路”中国（广东）国际传播论坛】 于2019年10月22日在珠海国际会展中心举行。论坛以“大湾区建设助力‘海上丝路’交融”为主题，同时开设“粤港澳大湾区建设的对外传播”“媒体融合助力国际传播创新”和“‘一带一路’建设中的城市形象塑造”3个分论坛，海内外知名专家学者、知名企业负责人及媒体人300余名嘉宾出席。

（珠海年鉴编辑中心）

国际市场开拓

【概况】 2019年，粤港澳商务部门联合赴境外开展大湾区推介和招商。广东省商务厅与香港商务及经济发展局、香港贸易发展局分别联合组织粤港两地企业前往格鲁吉亚、匈牙利、法国、德国、以色列开展经贸交流活动，推介粤港澳大湾区，开拓“一带一路”沿线市场。加强与“一带一路”沿线国家的经济贸易合作，境外合作区、产业园、商务交流建设成效突显。

【粤港澳基础设施与建设领域合作交流】 2019年，广东省住房和城乡建设厅分别与香港特别行政区政府发展局、香港贸易发展局在广州联合举办“未来建设·建设未来”论坛、南海·香港建设工程管理服务创新论坛，以及项目对接会等活动，促成300多个工程项目对接。5月30—31日，组织100多名企业代表参加在澳门举办的国际基础设施投资与建设高峰论坛。9月11日，组织广东省120多名企业代表参加在香港举办的“一带一路”高峰论坛。12月17—20日，组织近2000名企业代表参加在香港举办的2019建造创新博览会，促成省内企业与“一带一路”沿线国家和地区500多个项目，以及100多家港澳建筑服务企业进行合作对接。

（广东省住房和城乡建设厅供稿）

【澳门深化中葡平台建设】 2019年9月，第十六届中国—东盟博览会在南宁市举行。澳门贸促局在活动期间设置面积63平方米的“澳门馆”。是年10月，“2019央企支持澳门中葡平台建设高峰会”在澳门举行，由澳门特别行政区政府、国务院国有资产监督管理委员会主办。逾400名企业及部门机构代表参会。11月，第二届中国国际进口博览会由国家商务部及上海市人民政府主办，在上海市举行。活动期间，澳门贸促局于“食品及农产品展区”以及“服务贸易展区”分别设置面积为600平方米及60平方米的展馆，共有42个展商，100名企业家参会。与此同时，澳门贸促局举办“澳门投资合作论坛——中国与葡语国家商贸合作服务平台推介”活动。同年11月，沪澳双方签署《关于建立沪澳合作会议机制的安排》，以推进沪澳两地经济社会发展。

2019年6月，“认识澳门营商优势：中国与葡语国家商机及特色金融推介会”分别在肇庆市以及佛山市举行。8月，广东21世纪海上丝绸之路国际博览会在广州市举行，澳门贸促局设置面积396平方米的“澳门馆”，并组织逾30名企业家参会。9月，第五届中国环博会广州展在广州州举行，澳门贸促局设置面积36平方米的“澳门馆”。“认识澳门营商优势：中国与葡语国家商机及特色金融推介会—惠州站”举行。10月，第一百二十六届中国进出口商品交易会（第三期）在广州市举行，澳门贸促局设置面积180平方米的“澳门馆”，并组织17名企业家参会。2019澳珠企业家峰会在珠海市举行，会上签署20份合作项目，吸引逾1200人参会。

（摘自《2020澳门年鉴》）

【广州对外经贸促进】 2019年，中国国际贸易促进委员会广州市委员会（简称广州市贸促会）主要举办以下经贸活动：5月15—24日出访新西兰、汤加、斐济三国，举办“南太平洋·广州经贸周”活动，开展2019广东21世纪海上丝绸之路国际博览会及主题论坛的宣传推介。先后在新西兰奥克兰、斐济苏瓦和汤加努库阿洛法组织3场经贸交流推介会、4场行业交流和经贸项目配对洽谈。5月28日至6月1日，组织参加“泰国亚洲世界食品博览会”广州市11家食品企业参展，展览面积117平方米。5—12月，举办2019年“广州名品·世界巡展”系列活动。在法国、泰国、土耳其、俄罗斯、印度和中国香港等国家和地区举办7个“广州名品·世界巡展”项目对外出展面积1323平方米，参展企业89家，参展人数205人次。6月27—29日，在广州琶洲保利世贸博览馆举行第八届广州国际食品食材展，展出面积4.5万平方米，参展企业有1200多家，展示优质品牌产品2000多个，比上年增长20%，展会吸引观众和专业买家超6.5万人次，洽谈意向金额近4亿元，展期策划近40场行业权威活动。8月22—24日，广东21世纪海上丝绸之路国际博览会主题论坛举行。来自40多个国家和地区代表与会。首创院士论坛，邀请7位来自中国科学院、中国工程院、俄罗斯工程院的院士，探讨凝聚科技力量。同期举办2020年迪拜世博会路演。特邀多国部长级以上官员与中国企业开展对接会。9月3—7日，以“香港钟表展”为平台，组织13家国内知名钟表品牌企业开展“广州名品·世界巡展”香港站展览活动，参展面积255平方米。9月10—13日，在俄罗斯莫斯科举办“广州名品·世界巡展”经贸活动，组织28家企业，46个企业代表参展。9月15—24日，组织广州市11家纺织服装行业企业参加中国纺织品服装贸易展（巴黎）暨巴黎国际服装服饰采购展，开展“广州名品·世界巡展”（法国站）活动。活动展出面积近150平方米，参展企业接待高质量买家超1000人次，达成意向订单300多单，意向成交金额800万美元，参展期间，组织1场经贸推介会，拜访5个贸易促进机构，与3个贸促会驻外代表处及30多家当地企业进行交流座谈。

（广州市贸促会）

【广州境外产业园建设】 2019年广州企业直接投资的境外经贸合作园区有乌干达—中国（广东）国际产能合作工业园、肯尼亚珠江经济特区、尼日利亚广东经济贸易合作区、一带一路产业园，均在非洲。是年，广州市纳入商务部统计的3个园区累计实现投资超6.3亿美元，园区入驻企业72家，其中中资控股企业65家，月末从业人数4981人，其中外籍4677人。累计实现合作区产值8.45亿美元，是年合作区产值2.78亿美元；累计上缴东道国税费980年万美元，是年上缴东道国税费233年万美元。

（广州市人民政府地方志办公室）

【深圳对“一带一路”沿线国家地区进出口额连续四年增长】 2019年，深圳对“一带一路”沿线国家地区进出口额连续4年保持增长。年内，深圳市进出口额2.98万亿元，比上年下降0.6%，规模位居全国大中城市第二位，占全省比重为41.7%。其中，出口1.67万亿元，比上年增长2.8%，实现全国大中城市27连冠，占全省比重为38.5%，对全省出口增长的贡献率达66.6%；进口1.31万亿元，比上年下降4.6%，规模位居全国大中城市第三位，占全省比重为46.6%。其中，机电产品与高新技术产品出口平稳。机电产品出口额1.28万亿元，比上年增长0.3%，占全市出口额比重为76.5%。高新技术产品出口8088.2亿元，比上年下降2%，占全市出口额比重为48.4%。年内，深圳市对主要市场出口实现增长，对“一带一路”沿线市场出口大幅增加。除中国香港和美国、印度市场外，深圳市前十大出口市场中有7个实现正增长。传统市场方面，对欧盟出口额2372.0亿元，比上年增长15%，欧盟超美国成为深圳市第二大出口市场；对美国出口额2320.5亿元，下降2.7%。新兴市场方面，对“一带一路”沿线市场出口额3381.8亿元，比上年增长10.9%。其中，对东盟出口额1502.6亿元，比上年增长13.1%。深圳海关参与国际规则制定修订，推动估价、归类领域2项议题在WCO相关会议上通过；13项特别贸易关注议题被列入中国WTO/TBT委员会对外交涉议题，居全国海关第一位。

【深圳境外合作区建设】 2019年，深圳市境外合作区建设成效显著。至年底，中国·越南（深圳—海防）经贸合作区企业投资额累计1.79亿美元，基础设施建设投资额累计8776.31万美元，有合作区面积196万平方米，累计总产值9793.5万美元，吸引入驻园区企业22家（其中深圳企业19家），从业人员4836人。年内，深圳市对外承包工程向高质量发展迈进。对外承包工程新签合同额在1000万美元以上的项目115个，比上年同期增加26个，占新签合同总额的99.24%。新签合同额排名前五位的国家依次为缅甸、西班牙、埃及、巴西和法国，分别占全市的15.54%、8.71%、5.80%、5.65%和5.39%。

（深圳市人民政府地方志办公室）

【珠海国际市场开拓】 2019年，珠海市组织305家次企业参加欧非中东打印耗材展、香港春秋电子展、俄罗斯打印耗材展等20场展览和采购活动，拨付企业参展展位费用1130余万元，协助企业抢抓外贸订单。提高出口高附加值产品企业的奖励额度，新增海关AEO高级认证企业扶持、稳外贸贡献奖励等项目，先后拨付市外贸稳增长资金4500万元。优化全市“走出去”综合公共服务平台信息平台服务功能，自动抓取“走出去”商务合作信息2.14万条，惠及454家“走出去”企业。支持18家“走出去”企业申报省市“走出去”资金1242万元。加快推动集体商标注册使用，“珠海软件”集体商标9类、35类和42类通过马德里国际商标注册，农产品基地新增商标类别注册两项，生物医药基地成功注册4个集体商标，打印耗材基地新增英国、美国境外集体商标。利用香港亚洲物流与航运会议、澳门国际贸易投资博览会等会展活动，加强对珠海物流发展环境的宣传推介，提升投资吸引力。加大与港澳会展行业合作力度，共同推介三地会展政策环境，携手竞投国际重大展会活动，合力打造“港珠澳大桥会展旅游带”。2019年，珠海市组织45家企业参加第六届中国—俄罗斯博览会、第三届中国—太平洋岛国经济发展合作论坛、2019年深化越南—中国（广东）投资贸易合作论坛等4场国际经贸交流活动，协助企业寻找合作商机。组织格力精密模具等10家知名制造业企业以及2家商协会赴德国、瑞典开展经贸交流活动，与瑞中企业家协会签署《框架性战略合作协议》。组织逾80家次企业参加2019年香港国际资讯科技博览会、中国（上海）国际技术进出口交易会等6场专业性服务贸易展会，参会人数超过200人次，签订意向合同8项，涉及金额600万元。

【佛山国际市场开拓】 2019年，佛山市鼓励佛山企业“走出去”深耕“一带一路”市场，组织1000余家佛山企业参加香港家庭用品展、南非国际贸易博览会、巴西消费电子展等展会，全市对“一带一路”市场进出口总额比上年增长7.7%，高于全市外贸总额增速。是年，在中国与吉尔吉斯斯坦两国元首共同见证下，佛山市与奥什市缔结为国际友好城市。

2019年，中国国际贸易促进委员会佛山市委员会发挥贸促系统强大的国际国内资源优势，借助国际国内会展、论坛为广大企业“走出去”“引进来”搭建平台。举办“第七届中国中小企业创新服务大会”平行论坛——中国中小企业“走出去”50人论坛，近200名企业家代表到会，围绕中国中小企业“走出去”的相关话题发表精彩演说，交流经验。组织18家企业赴澳门参加2019年澳门国际环保展，在展会现场设立162平方米的“佛山环保产业专区”，展示佛山大气和水体检测、污染治理，绿色节能建材，环保家电、服装等系列产品。与市工商联共同举办佛山市—卢旺达“一带一路”企业家交流合作对接会，卢旺达驻华大使查尔斯·卡勇加率领30余家卢旺达企业代表与佛山市60余名中外企业嘉宾进行对接洽谈，促进佛山市企业了解卢旺达营商环境。与广东省不锈钢材料与制品协会主办第十三届华南不锈钢·金属材料展览会，展出传统管材、板材、专属化精工定制产品等高附加值不锈钢精品，以及一批智能化、自动化、精度高的不锈钢新技术新设备和优质系列配套产品。指导佛山天安数码城举办2019年佛山天安数码城国际贸易产业高峰论坛，外贸领域专家、律师和企业家等80多人出席活动。组织19家佛山企业40人参加第二届中国国际进口博览会。

2019年4月17日，佛山市—卢旺达“一带一路”企业家交流合作对接会在佛山举行
（佛山市贸促会供稿）

（黄诗琪　刘泽团）

【佛山与吉尔吉斯斯坦奥什市缔结友好城市】 2019年6月11—14日，中共佛山市委书记鲁毅率团访问吉尔吉斯斯坦，开展友好交流活动。当地时间6月13日，在中国和吉尔吉斯斯坦两国元首的共同见证下，鲁毅和奥什市市长萨雷巴邵夫交换双方正式签署的建立友好城市关系协议书。至此，佛山市及各区缔结国际友好城市16对。佛山市和奥什市以缔结友好城市为契机，在“一带一路”倡议和上海合作组织发展框架下，加强在经贸、科技、文化、教育、体育、卫生等领域交流合作，促进共同发展、共同繁荣。（蒋淑君）

【南非泛家居品牌非洲展示体验馆成为国家级国际营销服务公共平台】 2019年10月9日，商务部发布《关于认定首批国家级国际营销服务公共平台的通知》，博达泛家居品牌非洲（南非）展示体验馆等6个平台被认定为首批国家级国际营销服务公共平台。博达泛家居品牌非洲（南非）展示体验馆由佛山市广东博达科技有限公司建设，位于南非约翰内斯堡，占地面积约1万平方米，可为入驻企业提供融资、报关清关、物流仓储、展示销售等多样化服务，信息化系统可帮助入驻企业及时掌控从下单到境外入库的供应链全流程。馆内展示经营的产品包括瓷砖、五金、家电、快消、日用百货、家具等，在南非合作的当地经销商大客户2000多家，覆盖南非的9个省，并通过保税仓将产品销售辐射到南部非洲的纳米比亚、博茨瓦纳、津巴布韦等国。

（史阳　罗明艳）

【东莞成为广东省第一个在欧洲跨境发放营业执照的城市】 2019年9月25日（法国巴黎时间），由广东省市场监督管理局、中国银行巴黎分行和中国银行广东省分行联合主办的跨境商事登记银政通启动会暨法国巴黎首张电子证照卡颁发仪式在巴黎举行。借机促成东莞市市场监管局与TUV南德意志集团签订合作框架备忘录。东莞市市场监管局颁发外商投资营业执照和电子证照卡，标志着广东省跨境商事登记银政通改革在欧洲启动。是日起，欧洲投资者可以通过“银政通”企业开办全流程智能服务一体机，在巴黎申请广东各地营业执照。东莞市成为全省第一个在欧洲跨境发放营业执照的城市。

（东莞市人民政府地方志办公室）

【中山市南头镇国家外贸转型升级基地（家电）建设】 2019年7月15日，中山市南头镇家电基地通过商务部考核，获批成为“国家外贸转型升级基地（家电）”。南头镇坚持走科技立镇和创新发展道路，实施多元化市场战略，加强品牌、质量、标准化建设，推动家电传统产业结构向以创新驱动为核心的发展转变，实现新旧动能转换，优化外贸产品结构，推动外贸转型升级，扩大家电产业集聚效应、规模效应、品牌示范效应。镇内聚集家电产品及配套企业3000多家，规模以上和限额以上企业302家，高新技术企业96家，有家电品种165个，国家级、省级名牌名标50个，聚集TCL空调器（中山）有限公司、TCL家用电器（中山）有限公司、广东奥马电器股份有限公司、广东奥马冰箱有限公司、中山长虹电器有限公司、广东长虹电子有限公司、中山市樱雪集团有限公司、中山市凯腾电器有限公司等行业领先企业，其中奥马冰箱连续10年获中国冰箱出口冠军、凯腾红酒柜出口行业排名第一位。通过市镇联动，组织商协会和重点企业参加国外出口展销会，为企业和市场之间搭建桥梁，巩固传统市场，开拓“一带一路”沿线市场，先后在南非、德国、印度尼西亚等地成立南头家电品牌海外销售馆，提升品牌影响力，促进出口家电产品转型升级。至年底，中山市有国家级外贸转型升级基地3个（古镇镇灯饰基地、小榄镇锁具基地、南头镇家电基地），省级外贸转型升级基地1个（沙溪镇休闲服装基地）。

（中山市人民政府地方志办公室）

【“一带一路”绿色创新大会暨国合会2019年圆桌会议】 于2019年12月3日在深圳开幕，来自中国、东盟、南亚、非洲等国家及地区150余名代表与会。开幕式上，“一带一路”生态环保大数据服务平台APP发布，同时举行“一带一路”环境技术交流与转移中心合作项目系列签约活动。开幕式后，会议主办方先后举办中国环境与发展国际合作委员会2019年圆桌会、生态文明与绿色技术国际开放新格局专题对话、“一带一路”固体废物管理和资源循环能力建设等活动。此次“一带一路”绿色创新大会的主题是：共创繁荣绿色技术市场，共建可持续发展高地。此次活动充分发挥中心平台和纽带作用，通过主题发言、合作签约、讨论交流，服务环保信息流通，推动优势资源集聚深圳，发挥深圳市在粤港澳大湾区建设中的核心引擎作用，抓住中国特色社会主义先行示范区建设的重大机遇，服务深圳生态文明建设成果“走出去”，促进先进环保技术、先进环境政策“走进来”，为天更蓝、山更绿、水更清的深圳建设作出贡献，推进国内国际环保合作，促进环保产业创新升级。此次活动由“一带一路”环境技术交流与转移中心（深圳）承办。该中心由生态环境部与深圳市人民政府指导，由生态环境部对外合作与交流中心、深圳市生态环境局和龙岗区人民政府共建，是全国首个以推动“一带一路”生态环保合作为主的国家级平台。

【2019“一带一路”国际安保论坛】 2019年10月30日，由中国保安协会、中国安全防范产品行业协会指导，深圳市保安协会、深圳市安全防范行业协会主办的“2019‘一带一路’国际安保论坛”在深圳举行。来自全球10个国家和地

2019 年 12 月 3 日，“一带一路”绿色创新大会暨国合会 2019 年圆桌会在深圳举行　　（深圳市生态环境局供稿）

区的安保行业代表，与陕西、广西、宁夏、福建等省（自治区）和西安、南宁、银川、武汉、中卫等市共 18 个地区的保安协会负责人和安保企业的负责人共 200 余人，共同研讨智慧安保的创新发展与前景。

【2019“一带一路”沿线国家主流媒体湾区行】 于 2019 年 10 月 18 日在深圳启动。该活动由广东省人民政府新闻办公室主办，中央广播电视总台国际在线承办，活动为期 5 天。来自阿富汗、巴基斯坦、马尔代夫、孟加拉国、尼泊尔、斯里兰卡、印度、菲律宾、柬埔寨、老挝、蒙古、缅甸、斐济、汤加等 14 个“一带一路”沿线国家的 15 名主流媒体记者组成采访团，走进深圳、江门、珠海等地，体验广东城市魅力，增进“一带一路”沿线国家与地区之间的交流。10 月 18 日，采访团率先来到“特区中的特区”——深圳前海，感受中国（广东）自由贸易试验区深圳前海蛇口片区勇立潮头、创新发展的魄力。

【“一带一路”装备制造合作对接会】 于 2019 年 11 月 26 日在深圳召开。中国机械工业联合会和香港讯通展览公司以“借助大湾区独特优势，推进‘一带一路’装备制造合作”为主题联合主办，会议邀请“一带一路”沿线，以及与中国机械工业联合会一直保持密切合作关系的 10 多个国家和地区的对口行业组织、装备制造企业和高校的负责人等 20 多位高级代表参加。在对接会上，与会代表发言，推介各自的商务信息；在一对一交流环节，与会嘉宾围绕具体的对接合作项目深入交流。

（深圳市人民政府地方志办公室）

·责任编辑　董泽国·

粤港澳合作发展平台共建

综　　述

【概况】　2019年，广东省制定贯彻落实《粤港澳大湾区发展规划纲要》的实施意见和若干政策措施，以“湾区通”工程为抓手，推动三地规则衔接，落实粤港澳大湾区高端人才和紧缺人才个人所得税优惠政策，建筑、旅游、医疗等职业资格认可取得新进展。实施推进国际科技创新中心建设方案和重大方案、重大政策、重大项目3张清单，初步构建深港河套、珠海横琴“两点”和广深港、广珠澳“两廊”的建设框架。抓好重大平台建设，引领开放合作迈上新台阶，推动自贸试验区先行先试。形成456项制度创新成果，在全省范围复制推广122项改革创新经验，推出143个制度创新案例。首期200亿元的粤澳合作发展基金运作顺利，投资142亿元支持12个基础设施和民生项目建设。是年，新建10家粤港澳联合实验室，深港科技创新合作区首批5条先行先试政策获国家批复实施。编制基础设施互联互通、城际铁路建设等专项规划，港珠澳大桥运营管理水平提升，南沙大桥建成通车，深中通道海底隧道开建，横琴口岸旅检大楼建成使用，莲塘/香园围口岸、粤澳新通道加快推进。

【推进粤港澳平台建设】　2019年，广东省和粤港澳大湾区各市深化示范平台产业合作。建设南沙国际金融岛、中科院明珠科学园。在深圳前海成立香港保险业大湾区服务中心，汇丰前海、东亚前海2家粤港合资证券公司获批在深圳前海成立。建设粤澳跨境金融合作示范区，澳门大西洋银行横琴分行等3家企业入驻。粤澳合作中医药科技产业园注册澳门企业39家。推进特色平台建设。推进广州南沙粤港深度合作园、中新广州知识城、广州人工智能与数字经济试验区、东莞滨海湾新区建设发展。编制佛山三龙湾高端创新集聚区发展规划，推进肇庆新区建设。

（广东省发展改革委员会）

【民生领域合作交流】　2019年，广东省和粤港澳大湾区各市将港澳创业者纳入内地创业补贴扶持范围。香港科技大学（广州）落户南沙，全省可招收港澳学生高校达54所。建成面向港澳青年的创新创业平台50个，吸纳600多个港澳青年创业项目入驻孵化。

【自贸试验区改革创新成效明显】　2019年，广东省制定广东自贸试验区对港澳跨境服务贸易负面清单，实施商事登记确认制、交地即开工等首创性改革，拓展国际中转、全球分拨等新业态，获批准推广自由贸易账户体系，累计形成456项制度创新成果。

（编辑部）

深圳前海深港现代服务业合作区

【概况】　中国（广东）自由贸易试验区深圳前海蛇口片区（简称前海蛇口自贸片区）、深圳前海深港现代服务业合作区（简称前海合作区）位于广东省深圳市西部，珠江口东岸，南山半岛西侧，毗邻港澳。地处深圳、广州、珠海、澳门、东莞、中山等城市1小时交通圈。交通便利，紧邻深圳机场、香港机场及深圳西部客货运港口群，区域内汇聚港深西部快速轨道、穗莞深城际线、深圳地铁1号线、5号线、9号线、11号线等轨道线，集“海、陆、空、铁”和保税港、口岸功能于一体。2010年，前海合作区成立时规划面积15平方千米（包括前海湾保税港区3.71平方千米），由桂湾、前湾、妈湾3个片区组成。2015年，前海蛇口自贸片区成立时规划面积28.2平方千米。其中，前海区块面积15平方千米，范围东至月亮湾大道，西至海滨岸线，南至妈湾大道，北至双界河、宝安大道；蛇口区块面积13.2平方千米，范围东至后海大道—金海路—爱榕路—招商路—水湾路，西至珠江口，南至深圳湾，北至东滨路、大南山山脚、赤湾六路及赤湾二路，区块与香港新界的元朗和流浮山隔海相望。2015 年 4 月 27 日，中国（广东）自由贸易试验区深圳前海蛇口片区在前海挂牌。2019 年，前海实现注册企业增加值 2566.35 亿元，比上年增长 12.6%。其中，前海片区 2288.99 亿元，增长 14.4%；蛇口片区 277.36 亿元，下降 0.1%。第三产业注册企业增加值 2410.97 亿元，比上年增长 17.9%。第二产业、第三产业注册企业增加值比例 6.1∶93.9。固定资产投资 513.26 亿元，比上年增长 10.3%。税收 525.11 亿元，比上年增长 18.8%。预算收入 128.18 亿元，预算支出 99 亿元。注册金融企业 5.01 万家，现代物流企业 3.24 万家，信息服务企业 1.35 万家，科技服务业企业 2.7 万家。前海外经外贸新签外商直接投资合同项目 1610 个，比上年下降 60.8%。合同利用外资 106.23 亿美元，比上年下降 28.9%。其中"一带一路"沿线国家合同利用外资 2.14 亿美元。实际利用外资 41.62 亿美元，比上年增长 11%，占全市、全省、全国的比重分别为 53.3%、20.6%、3.0%。进出口总额（按关区口径）8721.91 亿元，比上年增长 29.1%。其中，进口总额 1492.42 亿元，比上年增长 21.2%；出口总额 7229.49 亿元，增长 30.9%。自贸片区进出口规模（关区口径）占全市比重由上一年同期的 22.5%增至 29.3%。经核准备案对境外投资企业 51 家；协议投资额 12.04 亿美元，比上年增长 324.7%。其中，对香港投资企业 30 家；协议投资额 6.38 亿美元，增长 647.6%；对"一带一路"沿线国家中方协议投资额 198.38 万美元。 （余璐）

【前海协同发展】 2019 年，前海突出"服务内地"的使命，加强区域合作，协同发展。倡议发起全国自贸片区创新联盟，全国参与自贸片区 28 个，举办两次全体成员会议和对接大会，"服务内地"项目签约金额 420.9 亿元。先后与内蒙古自治区和林格尔新区管理委员会、陕西省西安高新区、黑龙江省哈尔滨市香坊区及广州开发区、广东省梅州市等开展合作。推动建设自贸试验区改革创新协同发展示范区，与深圳福田、南山、宝安、大鹏和光明等区域签署《合作框架协议》，搭建起"四清单、一评估、一机制、两体系"的工作体系。2019 年 4 月 24 日，由前海蛇口自贸片区倡议，广东、福建、浙江、河南、四川、陕西、湖北、重庆、辽宁、海南等地 21 个自贸片区或区域共同发起的全国自贸片区创新联盟在前海成立。是日，联盟举行第一次全体会议，通过《全国自贸片区创新联盟成立宣言》和《全国自贸片区创新联盟建设方案》。联盟计划以组建自贸试验区片区政府机构合作为基础，建立自贸试验区企业、智库和国际合作网络；坚持友好合作、开放互赢原则，以制度创新为切入点，以产业合作为突破口，以自贸试验区协同创新和协调发展为目标，以"一带一路"倡议为延伸，拓展服务内地、面向世界的经贸合作网络，深化多层次合作模式；到 2022 年，形成包括沿海、沿边和内地各种类型自贸片区政府机构、企业、智库参加的全面自贸片区创新联盟；显现自贸试验区在创新驱动发展、"一带一路"建设等领域的支撑作用。

【前海深港合作强化引擎】 2019 年，前海新增港资注册企业 1336 家，注册资本 876.98 亿元，累计注册港资企业 1.21 万家，累计注册资本 1.3 万亿元。港资企业实现增加值 403.73 亿元，比上年增长 28.5%，占比 15.7%；纳税总额 110.09 亿元，增长 32.4%，占比 20.96%；完成固定资产投资 140.96 亿元，占比 27.5%；实际利用港资 36.47 亿美元，增长 13.2%，占比 87.6%。是年，中央广播电视总台粤港澳大湾区中心落户前海；举办 2019 前海合作论坛；前海深港基金小镇投入使用；前海深港设计创意产业一期开运营，首批 50 家香港文化创意企业入驻园区。参加香港贸发局组织的"一带一路"国际合作高峰论坛、亚洲金融论坛等活动，推进组建大湾区共同家园发展基金。实施"深港通注册易""深澳通注册易"，实现服务港澳企业"零跑动"。健全完善深港合作共赢的体制机制，创建香港参与前海开发建设的多层面的交流合作机制。建立香港参与开发建设的咨询机制，成立前海合作区咨询委员会以及金融、法制、规划建设、青年事务4个专家咨询委员会，港方委员均占1/3以上。与特区政府驻粤、驻深机构加强沟通，设立驻港联络机构，聘用香港本土知名人士担任首席联络官，推进对香港各界的宣介推广。与香港工商社团建立战略合作机制，相继与香港总商会、香港中华总商会等工商社团签订战略合作协议，推动香港工商界全面参与前海开发建设。建立深港合作落实机制，以《粤港澳大湾区发展规划纲要》为基础，制订《前海深港合作专项行动计划（2018—2020）》。深港通关合作全国首创深港“供应链协同”改革项目，通过前海深港合作机制发挥香港作为全球供应链中枢的优势，高效链接全球资源，支持港企拓展内地航运市场。推进深港跨境通关合作，采用陆路跨境快速通关和先入区后报关模式，企业入区货物通关时间缩减70%以上，节约货运成本超过10%。建立“前店后仓”运作模式，实行“集检分出”检验检疫监管，确保储运货物便捷通关。运行“离港空运服务中心”，开展前海离港空运服务，专门服务于内地经香港机场的出口货物，改变以往货物需先办理通关手续后再打板理货的通关模式，解决企业重复理货、时间不可控痛点。开展深港法治合作，成立全国第一家港澳台和外国法律查明基地，第一家按法定机构模式治理的仲裁院，第一家借鉴香港廉政监督模式的廉政监督局，第一家粤港澳合伙型联营律师事务所。年内，前海共有律师事务所及分所26家，全国11家粤港澳联营律师事务所中有7家落户。前海法院首创“港籍陪审”和“港籍调解”制度，共受理涉外涉港澳台商事案件6899件，其中涉港案件数量居全国第一位。首创适用香港法律审结经济纠纷案件，有42件案件当事人在合同中选择适用香港法律。

【前海改革创新】 2019年，前海在投资便利化、贸易便利化、金融开放创新、事中事后监管、法治创新、人才管理改革、体制机制创新、党建创新8个领域新推出制度创新成果106项，累计520项，累计在全国复制推广50项，粤港澳大湾区复制推广5项，全省复制推广69项，全市复制推广122项。外商投资“一口受理”升级版等15项标志性成果被国务院自贸试验区工作部际联席会议简报刊载；国务院第五批18项自贸试验区改革试点经验中6项源自前海；广东省自由贸易试验区第五批20项改革创新经验有7项源于前海。中山大学自贸研究院的评估结果显示，前海制度创新指数综合得分连续2年排名全国第一位。

2019年2月13日，深圳市推进粤港澳大湾区建设重大项目集中开工仪式在前海合作区举行　　（深圳市人民政府地方志办公室供稿）

【前海营商环境】 2019年，前海蛇口自贸区管委会、前海管理局推出前海综合营商环境改革49条措施，普华永道评估2019年前海营商环境全球排名第22位。推动《前海合作区条例》修订和《前海蛇口自贸片区条例》立法，印发《落实〈粤港澳大湾区发展规划纲要〉法治建设行动方案》，协调深圳知识产权法庭、广州海事法院深圳法庭落户。推出前海企业开办“一窗通”升级版，率先实现内外资企业开办1个工作日完成，商事制度改革持续走在全国前列。持续精简行政审批，审批时限整体下降71%、审批材料整体下降25%。深入实施企业所得税优惠，全年为218户企业减免税额21.48亿元。上线图通前海大数据平台，获得“数字政府创新案例奖”。创建信用经济试验区，前海信用平台案例入选全国自贸试验区第三批最佳创新案例，并获全国信用优秀案例奖。

【前海招商引资】 2019年，前海新签外商直接投资合同项目1610个。合同利用外资106.23亿美元，其中“一带一路”沿线国家合同利用外资2.14亿美元；实际利用外资41.62亿美元，比上年同期增长11%，占全市、全省比例分别为53.3%、20.6%。租赁和商务服务业是利用外资规模最大的行业，实际利用外资21.68亿美元，比上年增长81.2%，占比52.1%；信息服务业利用外资规模逐渐扩大，实际利用外资6.98亿美元，增长1.65倍，占比16.8%。是年，前海大力招商，培育高质量发展新增长点，分别在5月、7月、12月举办3场“投资前海、共赢未来”大型招商推介会，每场人数突破450人。推进产业链招商，聚焦人工智能、金融科技、生物科技、数字经济等新兴前沿产业，在5G短视频领域吸引来画视频“归巢”，带动抖音、快手、二更等企业在前海集聚；在智慧城市领域引入平安智慧城市板块、商汤科技、华为等行业巨头。在医疗健康领域引入华润网络可穿戴医疗器械板块、糖组学研究院、泰国正大集团健康医疗总部等医疗资源。在机器人领域引入镁伽机器人、达闼科技、工匠社格斗机器人等产业板块，形成产业链集聚势能。新增注册资本超10亿元项目，包括恒大博瑞动力、恒大新能源科技、中集来福士等。新增世界500强投资企业，包括韩国SK集团投资的深圳长悦科技公司等。新增内地上市公司投资企业，包括中集资本控股、新大陆、华夏幸福（深圳）运营管理、南玻旗下深圳南玻科技等。培育与引进独角兽企业，将联易融和平安壹账通科技培育为新晋独角兽企业，推动点猫科技、达闼科技等企业落户前海。推动外资知名企业投资布局，其中有波士顿咨询亚太区数字化中心、美国嘉吉集团旗下华南区结算中心嘉悦丰实业、维基链、香港中电集团旗下华灯能源等。年内，深圳市授予2018年度外商投资企业突出贡献奖企业10家，前海有5家，包括菜鸟网络科技有限公司、安谋科技（中国）有限公司、建滔科技（中国）有限公司、东亚前海证券有限责任公司、招商局重工（深圳）有限公司。

【前海城市新中心建设】 2019年，前海实现固定资产投资513.26亿元，比上年增长10.3%。其中，前海片区完成411.35亿元，与上年持平；蛇口片区101.91亿元，增长88.5%。“五大军团”完成投资258.80亿元，比上年增长45.1%。其中，招商局集团完成66.22亿元，增长66.4%；中集集团完成44.97亿元；地铁集团完成69.50亿元，增长43.3%；深圳市前海蛇口自贸投资发展有限公司完成33.13亿元，增长0.3%；深圳市前海开发投资控股有限公司完成44.98亿元。全年累计集中开工38个项目，包含产业、公建、人才住房、环境提升以及市政基础设施等类型，涉及投资506.2亿元。是年，首次实现4个季度都举行重大项目集中开工仪式，首次实现已出让地块全部开工建设。市政基础设施建设地铁开通、道路建成、公交运行，前海交通改善。轨道交通方面，推动5号线南延线、9号线西延线分别提前3个月和1个月开通，前海提升至4线9站点，覆盖3区连通地块。市政道路方面，分2批集中开通29条段市政主次干道和3座景观桥，形成“四纵十横”的区域路网，外部连通宝安，使宝安中心区成为前海片区重要的生活商业配套。公交巴士集团全面进驻，开通15条线路，内部连通前海3片区，串联各重点区域和地铁站点，外部连通福田、宝安、南山、龙华4区。景观环境质量不断提升，运动公园开园，全区域累计覆绿面积约200万平方米。深圳市前海—南山排水深隧系统工程、妈湾跨海通道（月亮湾大道—沿江高速）工程、新城立交完善工程、月亮湾大道快速化改造工程先期实施项目沿江立交D匝道工程、前海桂湾和前湾配电网建设等重点市政项目加快建设。全年分4批集中开工桂湾人才住房项目、招联金融项目、新华保险项目等22个产业项目，总投资437亿元。全年实现前海冠泽金融中心、民生互联网大厦、前海深港青年梦工场二期、控股大厦、腾讯数码大厦等12栋塔楼主体结构封顶，累计实现89栋100米以上建筑封顶（部分已建成投入使用），刷新前海天际线新高度。其中，前海世茂金融中心、前海香缤大厦、信利康大厦等6个重要产业项目投入使用。重点单元街坊建设水、电、气等配套工程全面完成，初步形成功能完善、配套成熟、有活力的单元街区。十九单元整个街坊可提供38.8万平方米办公空间，入驻企业50家、人员6000人。桂湾金融峡谷可提供办公空间33.9万平方米、商业空间5.6万平方米、居住空间14.6万平方米。年内，金融峡谷及基金小镇入驻企业250家、人员7000人。前海国际会议中心、新中心地标等一批重点公共设施规划建设加快推进。国深博物馆（暂用名）选址前海，被列入深圳市“新十大文化设施”；前海国际会议中心项目地下室结构基本完成；前湾信息枢纽旋喷桩、旋挖桩及地连墙导墙施工完成，进行工程桩施工作业。年内，第三方共巡查项目4953次，单项目巡查频率4.12次/月，排查隐患1.29万项，全部督促整改。开展一线工人安全培训207场，培训1.37万人，单次培训时间1.5～2小时。推行安全文明施工标准化。开展围挡提升，有30个项目实施生态围挡，覆盖前海主要路段，总计长度8950延米。引导项目创新举措，12个在建项目配备污水净化处理设备，效果良好；推行装配式建筑，新出让的住宅用地项目和人才住房项目全面实施装配式建筑。

（深圳市人民政府地方志办公室）

广州南沙粤港澳全面合作示范区

【概况】　2019年，中国（广东）自由贸易试验区广州南沙新区片区（简称自贸区南沙新区片区）新增改革创新成果91项，累计形成506项，其中在全国复制推广42项，累计在全省复制推广104项，在全市推广实施196项。进口汽车便利通关及保税展示交易新模式，企业开办“一口受理6+X证照联办”模式，率先出台对外开放清单指引，全球首个“香港+保税港区”飞机跨境转租赁项目。全国首单“银行间市场央企供应链应付账款资产支持票据（ABN）”业务入选广东自由贸易试验区四周年制度创新最佳案例。“智能化地方金融风险监测防控平台”入选商务部第三批“自贸试验区最佳实践案例”。自贸区南沙新区片区加快发展战略性新兴产业，打造人工智能、新能源汽车、先进制造、生物医药等新兴产业集群。

【落实规划建设】　2019年，广州南沙开发区建立全国首个常态化粤港澳规则对接平台，编制实施首批26条与港澳规则衔接工作清单，推出342项“湾区通办”事项。落户粤港澳院士专家创新创业联盟，粤港澳（国际）青年创新工场、“创汇谷”入驻215个穗港澳青年创业团队，与深圳前海签订深化合作协议。设立大湾区国际人才“一站式”服务窗口，出台港澳专业人才资格认可10项措施和支持港澳青年创新创业实施办法，人才工作获评全国最佳创新案例。是年，南沙大桥建成通车，深中通道、广中江高速（南沙段）等项目加快建设；南沙港铁路龙穴南水道特大桥合龙，庆盛高铁站、南沙客运港班次加密。首个战略性投资项目珠三角水资源配置工程在南沙动工；香港科技大学（广州）、新鸿基庆盛枢纽站场综合体等大湾区重大工程和标志性项目启动建设。

蕉门河中心区区块　推进蕉门水岸广场项目、南沙体育馆片区项目、星月湾项目、海语熙岸等重点项目规划报建审批；加快推进金洲冲尾村、东湾村全面改造，金洲冲尾村旧改项目实现当年批复、当年签约、当年拆迁、当年开工；开展各管线专业规划和控制性详细规划的衔接工作，探索编制蕉门河中心区地下管线综合规划（2018—2030），并完成初步成果。

南沙湾区块　南沙湾地区控制性详细规划获批复同意。该区块规划定位为粤港澳大湾区创新合作区先行区、粤港澳大湾区海上门户、广州国际海洋文体休闲中心，依托现有科技创新基础及邮轮、游艇的产业优势，构建科技创新、游憩商务、海洋文体休闲三大主导产业生态圈。

万顷沙保税港加工制造业区块　恒大纯电动车研发制造项目、联晶智能 LED 车灯模组研发和生产基地项目、芯聚能新能源汽车第三代半导体研发和生产基地等智能网联汽车产业项目落户。完成建设安置区一期与二期、十涌西等 6 条市政道路、红莲大桥、万泰路桥、综合管廊、九涌河涌整治、污水处理厂及 2 个水闸泵站工程。

庆盛枢纽区块　启动建设庆盛枢纽区块综合开发项目，完善区块的基础设施建设，总投资额 340 亿元。广州人工智能全球示范中心、新鸿基庆盛交通枢纽综合体项目、香港科技大学（广州）校区项目、丽新集团一带一路总商会（大湾区）总部项目等粤港产业深度合作、国际教育、总部研发、人工智能、新一代信息技术产业落户。区块内 500 千伏沙广甲乙线、顺广甲乙线搬迁工程和 220 千伏乌番线临迁工程与广州市供电局签订补偿协议；完成新鸿路、横二路、横三路、横四路、横六路、纵三路、纵十路、纵十一路、纵十二路、纵十三路、纵十四路等 15 条道路软基处理。

海港区块　南沙港四期工程开工建设，有 15 万吨级专业化集装箱泊位 16 个。全年南沙港实现集装箱吞吐量 1684.85 万标准箱，比上年增长 7.4%；累计开通航线 136 条。沙仔岛建成汽车滚装船泊位 5 个，全年商品车吞吐量突破 110 万辆；完成平行进口整车到港 1 万辆，保持全国平行进口汽车第二大口岸地位；海嘉码头建成。

明珠湾起步区区块　起步区规划面积 33 平方千米，其中 9 平方千米为自贸区范围。至年底，累计完成投资 218.4 亿元，区块整体累计完成投资 565.7 亿元。其中，基础设施建设项目累计完成投资 185.1 亿元，全年度累计完成投资 47.2 亿元；招商项目累计完成投资 380.6 亿元，全年累计完成投资 171.2 亿元。灵山岛尖市政基础配套服务设施建设基本完工。横沥岛尖国际金融岛项目启动建设，完成场地平整工程总平整面积 407 万平方米。

【外商投资负面清单管理模式深化】　2019 年，自贸区南沙新区片区梳理在金融、法律、卫生医疗等领域扩大开放政策诉求，降低外商投资者准入门槛，缩减外商投资准入负面清单，提出清单具体条文修改等意见及行业开放诉求并被采纳。出台全国首张专业服务业、航运物流业、医疗教育行业的对外开放清单指引——《中国（广东）自由贸易试验区南沙片区专业服务业对外开放清单指引（2018 年版）》《中国（广东）自由贸易试验区南沙片区航运物流业对外开放清单指引（2019 年版）》《中国（广东）自由贸易试验区南沙片区医疗教育行业对外开放清单指引（2019 年版）》。

【人工智能产业发展】　2019 年，南沙开发区培育、集聚人工智能龙头企业 180 多家。依托广州国际人工智能研究院平台引进华见智能等高端人才团队 13 个，暗物智能科技人工智能研究中心集聚人才 200 多人。云从科技获批省新一代人工智能开放创新平台，小马智行建立合作推进自动驾驶产业化，省重点项目中航云电信总部基地落地。全球首家数字电网研究院南方电网数字电网研究院挂牌成立。场景应用逐步开放，打造自动驾驶车队、人工智能医学影像辅助诊断系统等人工智能应用示范项目。深化人工智能在自主运输、城市交通、机器视觉等领域融合，蓝胖子机器人全国总部及研发运营中心、方纬科技 IDPS 城市交通大脑、慧眼智能科技研究院等项目落地运营。

【聘任港澳籍仲裁员试点】 2019 年 1 月，自贸区南沙新区片区在全国率先试点开展聘任港澳籍劳动人事争议仲裁员工作。9 月，首批 7 名港澳籍仲裁员（香港籍 5 名、澳门籍 2 名）获聘为南沙区（自贸区南沙新区）劳动人事争议仲裁员。10 月 16 日，全国首件由港澳籍仲裁员参审的劳动争议案件在南沙开庭，28 日调解结案。

【粤港澳大湾区首个“香港＋保税港区”飞机跨境转租赁项目】 2019 年 3 月，美国航空租赁公司（ALC）在香港设立的项目公司（SPV）将一架波音 787-9 梦想客机租赁给南沙保税港区 SPV 项目公司——南航二十六号租赁（广州）有限公司，再转租给中国南方航空股份有限公司使用。该项目是国际飞机租赁商在全球首次使用“香港＋保税港区”双 SPV 架构实现飞机跨境转租赁业务。

【国际金融论坛（IFF）永久会址项目启动建设】 2019 年 11 月，国际金融论坛（IFF）永久会址项目启动建设。该项目选址明珠湾区起步区横沥岛尖，投资规模 35 亿元，用地规模 24.2 万平方米，总建筑面积 32.3 万平方米。IFF 联合广州市政府、南沙开发区管委会打造全国首个国际金融岛，促进大湾区全面合作示范区、“一带一路”金融合作示范区和金融改革创新试验区的建设。

【广州南沙国际邮轮母港开港运营】 2019 年 11 月 17 日，全国规模最大的邮轮母港综合体——广州南沙国际邮轮母港（简称“邮轮母港”）开港运营，“新浪漫号”首航。邮轮母港位于自贸区南沙片区南沙湾区块、粤港澳大湾区的地理几何中心，规划岸线 1600 米，建设 10 万总吨和 22.5 万总吨邮轮泊位各 2 个。是年，建设一期工程岸线总长 770 米，建成 22.5 万总吨和 10 万总吨邮轮泊位各 1 个，以及建筑面积 6 万平方米的航站楼，可停靠当前世界上最大的邮轮，年设计通过能力 75 万人次。

【世界首艘千吨级新能源纯电动散货船接船仪式】 2019 年 1 月 18 日，世界首艘千吨级新能源纯电动散货船“河豚”号在南沙区广州发展燃料港口有限公司 2 号泊位举行接船仪式。“河豚”号电动船由广州发展瑞华新能源电动船有限公司投资研发，广船国际有限公司负责建造，是世界上第一艘千吨级纯电池推动载重船舶。该船总长 70.5 米、型宽 13.9 米、型深 4.5 米，设计吃水 3.4 米，设计载货量 2000 吨，拥有超级电容＋超大功率的锂电池双电管理系统、电力推进控制系统等专利成果。该船舶航行全程不消耗燃油，碳、硫等废气污染物及 $PM_{2.5}$ 颗粒实现零排放，获得中国船级社《内河绿色船舶规范》Ⅲ的最高等级标志。

【自贸区挂牌四周年系列活动】 2019 年，自贸区南沙新区片区出台国内首个自贸区制度创新地方规范性文件——《广州南沙开发区（自贸区南沙片区）制度创新促进试行办法》。在明珠湾展示中心设立制度创新成果展示区，发布十大制度创新成果和 30 项最佳制度创新案例，出版《中国（广东）自由贸易试验区广州南沙新区片区制度创新案例汇编》。举办专题宣传活动 12 场。

（李芳）

珠海横琴粤港澳深度合作示范区

【概况】 2019 年，珠海市优化横琴工作重点，在拓展合作空间、加强政策扶持、发展特色产业、丰富合作内涵等方面，全面深化对澳门合作，全力支持澳门产业多元发展。年内，横琴新增澳资企业833家、累计2232家。暂缓横琴非涉澳项目用地审批，收回0.81平方千米未开工和进度缓慢项目用地。加快粤澳合作产业园建设，剩余2.57平方千米交由澳门特别行政区政府主导。粤澳跨境金融合作（珠海）示范区挂牌，横琴港澳金融类企业达186家。粤澳合作中医药科技产业园新引进广药国际、丽珠圣美等企业60家，中药材现货交易中心落户。新兴产业加快发展，旅游业纳入15%企业所得税优惠目录，FT自由贸易账户、合格境外有限合伙人（QFLP）政策试点在横琴实施。首个粤澳共享贷、首款跨境医疗产品、首单公募公司债券发行。青茂口岸完成封顶，新横琴口岸全面具备通关条件。单向认可港澳执业资格，港澳导游及领队、建筑领域专业人士可在横琴执业。支持澳门青年在横琴创新创业，横琴·澳门青年创业谷累计孵化澳门创业项目225个，获评“港澳青年创新创业基地”。民生领域合作不断深化，全国首个跨境服务应用程序“琴澳通”发布，澳门街坊联合总会横琴综合服务中心揭牌，横琴医院建成启用，3723名澳门居民在珠海参加社保。研究出台一系列便利澳门居民在珠海创新创业、居住生活的政策举措，开通琴澳跨境通勤专线，免费接送澳资企业员工和澳门居民超11万人次。对澳门输电第三通道（珠海段）竣工，第四条对澳门供水管道通水。 （赵彧）

2019年12月22日，澳门珠海首次联合举办烟花汇演活动

（李建東　摄）

【落实规划建设】　按照横琴新区、保税区、洪湾片区一体化发展规划，加快土地资源整合，优化城市功能布局，推进城市配套建设。2019年，启动《一体化发展区域城市设计导则》《一体化地区公共交通设施专项规划》等规划编制，高标准绘制一体化区域发展蓝图。加快建设“三横五纵”交通骨干路网。加快保税区二期一级开发，制定《珠海保税区新中心核心区地下空间开发利用建设规划》，清理闲置土地38.77公顷，完成道路建设7.8千米。全年一体化区域安排重点项目64个，其中政府投资项目22个、社会投资项目42个，总投资955.7亿元。解决利是达、康乐保、汇道等25家沿线企业征拆问题，南湾大道施工改造，情侣南路、黑白面将军山隧道等重点市政交通项目加快建设，华发新经济总部大厦、华发研发中心等社会投资项目动工。南琴路绿化改造、洪湾物流园周边道路及洪湾港码头、西域码头周边道路整治和环境提升工程全部完成。保税区第一小学、十字门小学动工建设。

（刘伯年）

【对澳合作】　2019年，横琴新区新增澳资企业833家，累计登记注册澳资企业2232家，覆盖国民经济行业17个门类，主要涉及商务服务、休闲旅游、文化创意、医药健康、特色金融、科教研发、仓储物流等领域。年内，粤澳合作产业园供地项目1宗，面积2.2万平方米。截至年底，横琴历年实际对澳门供地32宗（其中粤澳合作产业园项目25宗），面积4.43平方千米（含粤澳合作产业园项目1.38平方千米）。支持港澳企业跨境办公。出台《鼓励澳门企业在横琴跨境办公的暂行办法》《关于鼓励澳门企业在横琴跨境办公的暂行办法实施细则》《跨境办公试点楼宇管理办法》等政策措施，确定除博彩业及内地法律明确禁止行业外，符合条件的澳门企业无需在横琴办理工商登记注册和税务登记手续，仅向横琴相关部门备案便可签约入驻办公，且可享受最高每月每平方米70元的租金补贴。截至年底，跨境办公企业有37家，租用办公空间约1万平方米。加快推进"澳门新街坊"项目建设。珠澳双方明确"澳门新街坊"项目占地面积18万平方米，项目土地向澳门公营机构进行出让。项目仅面向澳门居民，直接挂钩澳门的教育、医疗等社会福利，采取限地价、限房价方式真正惠及澳门百姓。珠澳双方分别成立专责小组，对项目竞买人资格、住宅购买者资格、公益性配套设施的方案等达成一致意见。

配合澳门特色金融业发展，年内，出台《横琴新区支持粤澳跨境金融合作（珠海）示范区发展的暂行办法》，14家澳门金融企业入驻。自由贸易账户在横琴实施。横琴人寿发布首款跨境医疗保险产品，中国银行首发粤澳共享贷。大横琴投资公司同步在港澳发行40亿元债券，是粤港澳大湾区首支双币种国际绿色债券。中国人民银行支持澳门中国银行用户在内地商户进行线下扫码支付。截至年底，横琴港澳资金融类企业186家，其中澳资金融类企业27家，注册资本119.13亿元。

【支持创新创业】 2019年，珠海市参与广珠澳科技创新走廊建设。支持澳门大学、澳门科技大学在横琴设立产学研示范基地，引进澳门4个国家重点实验室在横琴设立分部。联合澳门科技发展基金会启动第二届横琴科技创新创业大赛。开通横琴新区国际互联网数据专用通道。与中科院合作共建先进智能计算平台，并用专线联通澳门大学。

支持澳门青年在横琴创业就业。出台《关于进一步支持澳门青年在横琴创新创业的暂行办法》，为港澳青年创新创业提供资金扶持与服务保障；出台《横琴新区关于加快推进澳门投资项目建设的若干措施》《横琴新区促进澳门中小企业发展办法（试行）》等专项政策，解决澳企办公、融资、人才和通关等难题。持续开展创业大讲堂、澳门青年创业训练营、青年创新创业成果展暨项目对接会等活动。给获首届横琴科技创业大赛冠军的澳门人何国涛"普强AI汽车芯脑"项目发放1亿元无偿研发资助。是年，横琴·澳门青年创业谷（含创意谷）孵化港澳项目35个（澳门项目33个，香港项目2个）。截至年底，横琴·澳门青年创业谷（含创意谷）累计孵化港澳项目251个（澳门项目229个，香港项目22个）；累计培育和引进高新技术企业48家；24家企业获风险投资资金，融资额突破4.36亿元。

【支持澳门世界旅游休闲中心建设】 2019年，横琴国际休闲旅游岛建设方案获批，旅游业纳入15%企业所得税优惠目录。与澳门特别行政区旅游局签订旅游合作备忘录，共建世界级旅游目的地。澳门旅游学院粤港澳大湾区旅游教育合作中心在横琴设立。狮门娱乐天地和国家地理探险家中心等文旅项目建成运营。开通横琴环岛旅游专线，横琴游客服务中心和全域旅游地图投入使用，琴澳旅游服务保障体系加快完善。

【对澳合作内容拓展】 2019年，珠海市发挥先天优势，强化跨境改革创新要素，促进珠澳深度合作。开展常住横琴且办理居住证的澳门居民参加珠海基本医疗保险试点，开通首条对澳跨境直达通勤专线，在横琴、澳门两地设置站点12个，每日往返26班次，全年运送跨境客流9.6万人次。是年，290名港澳导游及领队获横琴执业资格。21名建筑领域专业人士和8家港澳企业递交在横琴执业申请。澳门街坊会联合总会广东办事处横琴综合服务中心成立，首批4名澳门社工在横琴执业获确认。全国首个跨境服务创新平台

2019年国庆黄金周，首批领证的澳门导游或领队正式获准在珠海横琴执业　　（南方日报社供稿）

"琴澳通"发布。"跨域视频调解机制"处理跨境消费投诉23件，为澳门消费者挽回经济损失636.36万元。横琴中小学与澳门学校建立友好学校、缔结姊妹学校。在横琴就读的港澳学生有106人。推进粤澳信息港建设。与中国法律服务（澳门）公司合作设立"服务专窗"，满足澳门企业及居民办理公证的需要。建立港澳中小企业法律服务互动中心，为港澳资背景中小企业提供法律服务。创新"自贸区博士后工作"新模式，探索境内外博士后培养合作新机制。加强文化交流。举办珠港澳草地滚球、琴澳网球嘉年华、粤港澳高校网球邀请赛、2019横琴天沐河名校赛艇邀请赛等赛事。开展澳门大学生暑期实习、游学等活动。联合澳门旅游局举办迎接澳门回归祖国20周年珠澳联合烟花汇演、珠澳青少年交响乐"快闪"、交流音乐会等活动，促进民心相通。　　（姚雪培）

【国有企业助推珠澳合作】　2019年，珠海市发挥国有企业引领作用，加强珠澳合作，助推粤港澳大湾区建设。加强涉澳基础设施建设。水控集团对澳门特别行政区供水第四条管道工程完工通水，供水能力从50万立方米/天提高至70万立方米/天。珠光集团承建路环—九澳隧道工程竣工；参与建设澳门重大民生工程——澳门内港挡潮闸项目。珠海港集团承建的珠海拱北—澳门青州管道连接工程竣工验收。交通集团与澳门大学签订合作框架协议，在交通基础设施关键施工技术研究和应用、监测技术研究和应用、智慧城市物联网合作等方面展开合作，共同服务粤港澳大湾区交通基础设施建设。推动澳门产业适度多元发展。格力集团深化产业投资，与深创投、广发信德等大湾区投资机构合组多个产业投资基金，助力珠海及粤港澳大湾区产业发展。华发集团打造首批珠澳合作示范项目18个，重点项目取得阶段性成果。参与澳门特色金融创新，首批境内企业在澳金公司发行上市粤港澳大湾区澳门莲花债。珠光集团全面启动珠澳经贸合作平台、澳门特色金融产业服务基地等项目建设运营，创建珠澳经济互动平台。九洲港粤港澳游艇"自由行"项目获市政府批复。免税集团中标港珠澳大桥珠海公路口岸珠港和珠澳进境免税店10年租赁项目，与澳门企业合作成立公司投资运营澳门市内项目。

推动澳珠两地交融互动。珠光集团发挥珠光澳门职业介绍所优势，输澳门劳务业务居全国前列，在澳门劳务有近两万人。加强两地人才交流，启动跨境人力资源和教育平台建设运营，实现澳门旅游学院粤港澳大湾区旅游教育合作中心挂牌、澳珠金融人才培训合作签约。航空城集团开展中华青年民族学习交流营、大湾区青少年航空爱国教育等活动，加强珠港澳台青少年交流交往。会展集团参与举办珠海市第一届青少年（第二届中小学生）机器人大赛暨珠港澳青少年机器人横琴邀请赛，打造粤港澳大湾区科学创新活动品牌。公交集团与香港冠忠巴士集团合作的联程联运线上售票系统上线。

率先实现港澳旅游行业人才单向认可，对取得横琴专用导游证的导游和领队，给予一次性奖励人民币 3000 元，对港澳导游和领队年度带满 30 天和 45 天且没有违法违规行为的，分别一次性奖励人民币 2 万元和 3 万元。推出支持和服务澳门发展特色金融业若干措施。内地首家以“准入前国民待遇加负面清单”模式设立的大西洋银行横琴分行在横琴开业，也是内地首家澳门银行营业性机构。澳门国际银行设立横琴代表处，成为 CEPA 框架下第一家进驻内地的澳资银行。深化“证照分离”改革，推进商事登记全程电子化，启用网上审批中心，通过建立准入政策、许可制度、审批流程、申报材料、表格填报用语等标准，将商事登记申请由自主申报转为自由选择与自动生成，破解港澳企业办理商事登记的难点痛点，企业开办时间由 4 天缩短至 1 天，最快 10 分钟即可完成企业开办手续。 （姚煜奎）

【投资建设项目管理体制机制改革】 2019 年，珠海市出台《珠海市人民政府关于印发珠海市全面开展工程建设项目审批制度改革实施方案的通知》，开展工程建设项目审批制度“全流程、全覆盖”改革。出台《珠海经济特区横琴新区港澳建筑及相关工程服务企业资质和专业人士执业资格认可规定》，允许具有港澳执业资格的建筑领域专业人才，经相关部门和机构备案后，按规定范围为横琴新区内企业和港澳项目提供专业服务，推动内地与港澳人员跨境便利执业。横琴新区先行先试，选取香港丽新集团创新方项目试行香港工程管理模式，5 月 31 日核发首张试行香港工程管理模式施工许可证；选取澳门信德项目试行澳门工程管理模式，9 月 16 日核发首张具有澳门工程管理元素的施工许可证。 （黄惠霞）

特色合作平台

深港科技创新合作区

【概况】 深港科技创新合作区位于深圳市福田区南部与香港特别行政区接壤处，面积约 4 平方千米，包括位于落马洲河套地区占地约 0.87 平方千米的港深创新及科技园、深圳河北侧深圳市福田区毗邻河套地区占地约 3 平方千米的深方科创园区。2019 年，深港科技创新合作区聚焦深圳园区发展定位、发展目标、空间布局、重点任务、保障机制等方面进行系统研究，深圳园区发展规划初稿编制完成。

【制度创新】 2019 年，深港科技创新合作区实施 5 项创新政策，科研人员、物资、实验样本等创新要素跨境便捷流动取得突破。针对深圳园区的法律适用、税务安排，知识产权保护、商事制度改革、就业和社会保障等方面，先后开展多轮政策研究。深港科技创新合作区围绕深圳园区在科创资源导入、财政资金支持、产业空间保障等方面遇到的瓶颈，研究编制《关于支持深港科技创新合作区深圳园区建设国际开放创新中心的若干意见》，支持合作区深圳园区快速建设中需要的资金、空间、配套等需求。

【项目引进】 2019 年，深港科技创新合作区会同合作区领导小组办公室编制实施《深港科技创新合作区深圳园区先期引进国际高端科研项目工作方案（试行）》，重点支持香港高校在合作区深圳园区开展基础研究、应用基础研究、技术开发等科研项目，香港大学、香港城市大学等香港高校提出的首批科研项目经专家评审后，按程序组织实施。 （深圳市人民政府地方志办公室）

中新广州知识城

【概况】 中新广州知识城（简称知识城）位于广州市黄埔区北部，规划总面积178平方千米。知识城是中国与新加坡的国家级双边合作项目，作为广州国际科技创新枢纽，与广州国际航运枢纽（南沙自贸区）、广州国际航空枢纽（空港经济区）共同构成的广州“外三角”空间布局，致力于推进科研成果创新转化，建设知识创造示范区，打造大湾区高质量发展重要引擎，建设知识城粤港澳大湾区知识创造示范区。2019年2月，知识城列入《粤港澳大湾区发展规划纲要》重大创新载体。

【基础设施建设】 2019年，知识城加快推进“857”（8条轨道交通+5条高速公路+7条城市快速路）交通体系建设。其中，广州地铁21号线、14号线、14号线知识城支线通车，穗莞深城际轨道开工，广河高速公路、北三环高速公路完工通车，花莞高速公路开工；永九快速路、东部快速路、知识大道、钟太快速路、广汕快速路5条城市快速路开工建设，知识城至广州市中心区快速路车陂路北延线段开工。粤芯项目配套道路工程、凤凰五路东延线等8条大路完工，玉麟一路、康耀二路、腾龙大道等38条道路开工或续建，玉麟大道、人才一路等44条道路启动前期工作。

【生态智慧城市样板建设】 2019年，知识城构建公共服务中心体系，规划建设邻里中心18个。建设南起步区“全覆盖”风雨连廊，为居民提供“最前1公里与最后1公里”步行体验。沿九龙湖布局国际会议中心、图书馆、博物馆等文化设施，建设知识城南方医院等医疗设施，布局新加坡南洋中学等中小学校、幼儿园，建设国家智能电网示范区，规划建设10座智能变电站。建成城市综合管廊10.5千米。打造低碳生态智慧城区，获批全国首批智慧城市创建试点，基本完成智慧政务、智慧城管等47项创建任务。以凤凰湖、九龙湖及河涌综合整治工程为重点，打造全国独特“大海绵体”。制定绿色建筑星级分布专项规划，打造特色绿色建筑体系，绿色建筑率达100%。

【高端产业集聚】 2019年，知识城围绕战略性新兴产业进行布局，累计注册企业1691家，累计注册资本金额1402亿元，全年导入特沙生物医药、量子高科、国际创新驱动中心等重大知识密集型产业项目，签约总额110多亿元。GE（通用）生物科技园、卡尔蔡司新视界、香雪兆阳等15个项目于年底竣工，粤芯12英寸芯片9月正式投产，百济神州生物药业一期项目9月竣工。GE生物招商模式获联合国“2019年度全球杰出投资促进机构大奖”。

【中新合作全面深化】 2019年，知识城加强中新合作，组建副省级联合实施委员会中方架构，形成“国家—省—市”三级工作机制。建成中慧科技园首期面积5.7万平方米、中新国际联合研究院研发平台6个、实验室23个，启动产业化项目44个，聚集科研人员240多人。推进新加坡南洋理工大学、中国科学院大学合作共建南洋理工大学研究生院，吸引新加坡国际制造创新中心（SMIC）落户腾飞园，引进新加坡先进制造业公司8家。加快中新升级合作示范区规划编制工作和默沙东生物、龙沙生物、凯德大湾区金融创新中心等重点项目引进，推进知识城腾飞园建设，启动建设中新国际智慧产业园。

【征地拆迁安置】 2019年，知识城新征地面积477.5公顷，交地面积408.1公顷，完成百济二期、恒瑞医药等重点项目交地。全年拆迁主体房屋、附属物和企业面积86万平方米，实现管线迁改3.89万米，完成房屋、附属物和企业拆迁以及管线迁改补偿金额5.81亿元，完成九龙湖一二标、福山立交匝道、京东二期、凤尾坑整治工程、九龙大道南端扩建等重点项目拆迁工作，拆迁面积比上年增长2.2倍。加快九龙湖、花莞高速、永九快线、东部快速、平岗河整治工程、九龙大道北改造工程等基础设施项目建设，保障诺诚健华、京东二期等重点企业加速落地以及四大价值创新园区的土地收储。

【环湖总部经济带项目集中动工】 2019年9月27日，中新广州知识城举行环湖总部经济带动工暨穗港澳通用航线启动。知识城九龙湖总部集群项目、国际创新驱动中心等14个重大项目集中动工，总投资额523亿元。建设创新载体，动工国际创新驱动中心、广州知识城国际领军人才集聚区（一期）等创新平台项目，打造涵盖创新研发平台、总部经济办公、高端科技金融和人才服务等产业链全覆盖的国际创新资源集聚区，形成龙头科技企业＋上下游科技企业＋科技创客（研发团队）的良性产业生态环境。启动广东省知识产权服务业集聚中心建设，建设粤港澳航空产业基地项目，启动粤港澳通用航线试飞活动，开通首条市区至香港、澳门的跨境直升机航线。建设广州巴塞罗那国际医院、南洋华侨中学、广州实验中学，推动高端医疗、教育机构等资源集聚。 （田果）

光明科学城

【概况】 光明科学城占地约99平方千米，核心片区包括光明中心区、光明云谷片区和光明凤凰城。光明中心区于2019年4月启动建设，助力打造深圳北部“城市心脏”，光明云谷片区作为科学城配套区，于2019年6月重点项目集中开工，加快布局综合服务大楼、国际会议中心、精品酒店等高端综合配套项目。光明凤凰城作为产业转化区，推动形成以华星光电为龙头，旭硝子、日东光学和莱宝高科等企业为代表的完整液晶显示产业链，逐步建设成为功能完善的“城市会客厅”。截至年底，光明科学城已规划布局建设8个重大项目。其中，未来网络试验设施深圳分系统初步设计方案目前已获得深圳发展改革委批复，现正等待国家发改委批复项目概算。材料基因组大科学装置平台、脑解析与脑模拟设施、合成生物研究设施等3个重大科技基础设施可研报告已批复，已开展初步设计和概算编制工作。精准医学影像大设施、空间环境与物质作用研究、空间引力波探测地面模拟装置、超算中心二期等项目已完成立项。市发展改革委积极谋划布局标志性、稀缺性重大科技基础设施，编制形成《深圳综合粒子设施研究院组建方案（征求意见稿）》，推动组建深圳综合粒子设施研究院，支撑同步辐射光源、X射线自由电子激光、质子源、超高时空分辨率电子显微镜等部分建设。

【战略定位】 2019年，光明科学城确立战略定位为：争创综合性国家科学中心。集中布局建设空间分布上集聚、研究方向上关联的重大科技基础设施集群，形成与落马洲河套地区、香港科学园等重点区域协同配合、错位发展的合理布局。原始创新和未来产业策源地。加快推进科技成果向现实生产力转移转化，孕育引领发展的未来产业，支撑培育壮大新兴产业集群，推动经济发展质量变革、效率变革、动力变革，提升区域发展科技内涵。世界级大型开放创新网络枢纽。准确把握新一轮科技革命和产业变革历史机遇，前瞻布局世界一流科技设施集群，建设国际一流大学和科研院所，汇聚全球顶尖科技创新人才和创新团队，代表国家参与全球科技竞争与合作。深化科技创新体制机制改革前沿阵地。建立科学家自由探索、潜心研究的学术氛围，营造全球一流的创新创业环境，吸引全球范围的高端人才、技术、资金等创新要素向科学城聚集，最大限度激发各类主体的创新动力和活力。粤港澳大湾区国际科技创新中心战略支撑。充分发挥光明科学城区位、交通和科教设施集聚优势，强化与大湾区内重点科教资源和优势产业集群的协同联动，辐射引领粤港澳大湾区走创新发展道路。

【发展目标】 光明科学城确立发展目标分3个阶段：启动布局阶段（至2020年），初步确立光明科学城建设的基本框架体系，制定科学合理的科学城管理架构和运行机制，一批重大项目、重大工程、重大改革任务启动实施；全面建设阶段（至 2025 年），初步形成世界级科学城的核心功能，重大科技基础设施集群初具雏形，在建和运行设施达到 6 个，生命、信息等领域形成独特优势；跨越发展阶段（至 2035 年），基本建成高度国际化的综合性国家科学中心核心承载区，形成学科与功能布局合理、性能水平全球领先的重大科技基础设施集群，成为全球重要的原始创新思想、创新成果汇聚地。

（深圳市人民政府地方志办公室）

佛山南海粤港澳合作高端服务示范区

【概况】 2019 年，佛山市南海区起草《佛山南海粤港澳合作高端服务示范区建设实施方案》，提出构建佛山南海粤港澳合作高端服务示范区“两核三片区”功能布局，包括三龙湾（南海片区）科创极核、千灯湖金融极核、佛山西站枢纽新城片区、大沥国际商贸片区、南三合作智慧物流片区，规划面积 74 平方千米。

三龙湾（南海片区）科创极核位于南海区桂城街道，规划面积 30.3 平方千米，依托季华实验室（先进制造科学与技术广东省实验室）重大科技基础设施和香港理工大学（佛山）的高校科研、人才资源，深化粤港澳创新合作，促进科技成果转化，加强产学研深度融合，重点发展科研创新和文化创意。

千灯湖金融极核位于南海区桂城街道，规划面积 14.84 平方千米，依托广东金融高新区发展特色金融服务业，深化与港澳金融合作，扩大金融业对外开放，探索跨境投融资创新，大力推动“区块链 +”金融科技创新与应用，重点发展产业金融和金融科技。

佛山西站枢纽新城片区位于南海区狮山镇，规划面积 8.58 平方千米，建设粤港澳大湾区西部枢纽和辐射带动泛珠三角区域发展的重要支点，打造粤港澳大湾区先进制造业与现代服务业融合发展先导区，重点发展信息服务和总部经济。

大沥国际商贸片区位于南海区大沥镇，规划面积 16.32 平方千米，建设现代生产性服务业集聚区，强化与广州南沙自贸区联动，加快复制推广改革创新经验，重点发展国际贸易和展会展览。

南三合作智慧物流片区位于南海区狮山镇，规划面积 4 平方千米，建设佛山生产服务型国家物流枢纽，建设面向粤港澳大湾区和“一带一路”沿线国家的国际陆地港，重点发展多业态物流和供应链服务。

（邓栩峰）

【三龙湾高端创新集聚区南海片区】 三龙湾高端创新集聚区南海片区以科创作为发展核心和方向，整体产业布局为“一轴一带三板块”。“一轴”是指沿港口路形成南北向的广佛科创中轴，“一带”是指沿三龙湾大道东西向的 400 公顷制造产业带，从佛罗伦萨小镇路段开始，分布着平洲、平南、平胜三大工业园，均为产业保护区，计划通过“工改工”的方式，加快建设新型产业园区、工业大厦，预留空间让新技术、新经济就近就地转化和加速，集聚高端制造、智能制造、非标定制等生产性产业。“三板块”是指文翰湖板块、林岳南板块和三山北板块。文翰湖板块规划面积 2 平方千米，打造环文翰湖国际科创小镇，以季华实验室为龙头，借鉴广东金融高新区引入 AIA 竖起旗帜的经验，聚集一批具有知名度和影响力的国际科创企业，建设公司总部、湾区总部、研发中心、新业务中心，竖起佛山新技术、新经济、三龙湾科创的旗帜，打造佛山新技术新经济的最高地和引擎。三山北板块主要是三山大道以北和港口路以东及环岛南路以北的片区，规划面积 3 平方千米，定位为科创企业总部集聚区域，是广佛城市重要门户，将通过港口路北延、地铁 11 号线过江、三山国际码头搬迁等措施，串联起岭南 V 谷、广钢新城等重要节点，引导片区改功能、改形态、改业态，携手广州市荔湾区打造广佛国际科创港、数字经济港。林岳南板块规划面积 2 平方千米，与广州南站一河之隔，计划建设成大广州南站的国际商务区，广佛中轴的 CBD 中央商务区。

2019 年，三龙湾高端创新集聚区南海片区签约落户或战略合作企业共 15 家，包括交永旺梦乐城、交控科技湾区总部、澳门城、伟邦电子等知名企业。8 个已落户项目开工，含电竞产业园、国际创智园三期、三山科创中心二期等。“香港城”“澳门城”、高铁公园、三龙湾大道改造提升等重大项目稳步实施。季华实验室一期实验楼顺利封顶，获批国家级、省级重大科研项目 5 个。三大产业园区——三山科创中心、丰树国际创智园、虹港国际增资扩建，招商引资工作成效明显。南海片区建设局主要实施的政府财政投资类重大项目共 35 个，总投资 31.07 亿元，已开工的项目 15 个，投资 10.17 亿元；开展前期工作的项目 20 个，投资 20.9 亿元。（马力）

【广东金融高新技术服务区】 广东金融高新技术服务区（简称“广东金融高新区”）于 2007 年 7 月由广东省政府授牌成立，位于南海区千灯湖畔，是金融强省战略七大基础性平台之首，定位为“国际金融后台基地”“现代产业金融中心”。2019 年，广东金融高新区坚持金融服务实体经济与支持创新创业，深化千灯湖创投小镇建设，加快打造“区块链 + ”金融科技集聚区。全年引进中国工商银行集约运营中心、瑞致达集团共享服务中心等项目 268 个，比上年增长 70.7%，新增注册资本超过 225 亿元。至年底，广东金融高新区核心区累计引进项目 791 个，总投资规模超过 1238 亿元，吸引金融人才 6 万多人。广东金融高新区上榜“2018 年度中国最具影响力科技服务园区十强”。

千灯湖创投小镇建设 2019 年 8 月 28 日，千灯湖创投小镇开园，是广东省首批省级特色小镇创建对象中唯一的金融类特色小镇。千灯湖创投小镇位于广东金融高新区 C 区，东至华翠北路，西至桂澜路，南至佛平路，北至海五路。小镇拟分两期建设，其中一期为已开发区，占地面积 1.03 平方千米，总建筑面积约 235 万平方米；二期为预留开发区，占地面积 0.77 平方千米，可建总建筑面积约 147 万平方米。主要分为基金创投集聚区，创新金融及中介服务集聚区，综合服务展示区，孵化器、加速器集聚区，人才公寓、运动生活休闲配套区五大功能区。至是年底，小镇集聚私募基金类机构 602 家，募集资金总额超过 726 亿元，项目包括粤科、深创投、IDG、中银粤财、中科科创、清控银杏等。小镇范围内的基金机构已投项目 302 个，其中投向佛山地区项目 97 个，涵盖互联网、信息服务业、生物医药等国家重点支持的产业。千灯湖创投小镇核心区提升改造项目于 2018 年 3 月全面动工，通过对建筑和环境的提升改造，打造为创投小镇的启动区和核心区。其中，一期重点对现存的建筑进行拆除、改造，新建商业办公楼、综合楼、长廊及配套用房等；二期以“超高层 + 中心绿化广场”为设计方向，拟建总建筑面积约 10 万平方米的商业办公综合体项目。至是年底，一期工程展示中心改建工程、新建建筑、原有建筑外立面改造、景观绿化提升改造工程办理竣工验收手续。配套工程完成广东高校科技成果转化中心建设、电力改造、亮化工程、燃气改造工程、智能化工程建设。

“区块链 + ”金融科技创新与应用高地建设 2019 年，广东金融高新区持续发力“区块链 + ”金融科技产业，出台“区块链 + 金融科技十条”措施，建设运营省内首家“区块链 + ”金融科技产业孵化中心，引导设立“区块链 + ”金融科技领域的私募股权投资基金，成立集学术、技术、投资于一体的“区块链 + ”金融科技专家库，发布广东金融高新区投资联盟链、中机联工业智能联盟链以及粮食流通和安全溯源联盟链——“粮通链”。年内，广东金融高新区吸引 40 多家金融科技创新团队进驻，其中 10 家企业被认定为广东金融高新区“区块链 + ”金融科技企业，涵盖智能零售、供应链管理、绿色环保、知识产权保护等。10—12 月，举办第七届“灯湖论剑”广东金融高新区“区块链+”金融科技创新大赛，在广州、深圳、杭州、成都四地进行项目选拔，来自全国各地的11支团队进入决赛，来自广州的联合实验室获冠军。

金融行业品牌活动举行　2019年，广东金融高新区举办、承办多项金融行业品牌活动。1月7日，以“金融改革开放合作共融的新机遇”为主题的首届粤港澳大湾区金融发展论坛举行。来自国务院发展研究中心、香港国际金融协会和粤港澳三地金融监管部门的专家学者，围绕“粤港澳大湾区金融发展新使命”“大湾区地方金融监管与发展”“大湾区金科产融合助力迈向高质量发展”等话题进行探讨。5月24日，以“中国制造与租赁担当”为主题的2019年中国融资租赁业高质量发展峰会举行，全国各行业协会、融资租赁机构和企业代表约300人参加活动。7月31日，2019中国股权投资论坛@佛山暨第十届金融·科技·产业融合创新洽谈会举行。交通银行首席经济学家连平，松禾资本创始合伙人罗飞，启赋资本董事长、创始合伙人傅哲宽等国内知名经济学家、投资机构代表及企业家600余人参加会议。11月16日，2019年中国金融论坛——第五届广金·千灯湖金融峰会举行。峰会主题为“深化金融供给侧改革——增强‘双区’金融服务实体经济能力”，来自政府、学界、社会、行业的代表共1600人参加活动。是日，胡润研究院携手千灯湖创投小镇发布“2019胡润全球独角兽活跃投资机构百强榜”。

广东金融高新区C区建设　2019年，广东金融高新区C区紧抓千灯湖创投小镇建设机遇，重点推进夏北旧村改造、千灯湖创投小镇及民间金融街配套工程、金融C区基础及公建配套工程等工作，在旧村改造、城市形态建设等方面取得新的提升和突破。年内，夏北永胜、洲表、聚龙南、聚龙北及宝华5个村组选定旧村居改造项目合作开发企业，其中永胜村率先经成员大会表决通过改造及拆迁安置补偿方案，其余4个村组进入编制改造及拆迁安置补偿方案阶段。加快基础设施建设，完成220千伏雷都线迁改工程、宝翠北路（清风路—夏平路）市政工程2个区（街道）重点项目建设，启动灯湖中学（夏滘）项目建设，推进佛山民间金融街提升改造。（陈敏仪）

惠州潼湖生态智慧区

【概况】　2019年，惠州潼湖生态智慧区以规划为引领，以推进基础设施建设、项目招商落地为主线，编制完成国际合作产业园中区及西区、东升片区、潼侨镇西北片区、创新与总部经济区等5个近期重点建设片区的控制性详细规划。基础设施建设加快推进，国际合作产业园片区“两纵两横”4条主干道及5条支路网同步进行清表和动工建设，创新与总部经济区片区首期6条道路全部完成，大数据产业园片区第二批市政道路智慧东路南沿线、智能科技聚集园片区滨河大道、纵二路、红岗新河综合整治工程以及潼湖湿地公园等项目建设顺利推进。招商引资情况良好，引进各类项目30个，计划总投资超过170亿元，首批10个项目集中动工。总投资100亿元的创新小镇以及总投资100亿元的思科潼湖科学城等在建项目建设进展顺利。

【2019年第八届粤港云计算大会】　2019年12月14日，第八届粤港云计算大会、第三届粤港澳大湾区ICT大会、中国国际物联网创新应用大会在惠州潼湖科技小镇举行。大会由广东省工业和信息化厅、香港政府资讯科技总监办公室指导，惠州市工业和信息化局、广东软件行业协会、香港数码港管理有限公司、澳门电脑学会、广东省大数据协会与惠州潼湖碧桂园产城发展有限公司联合主办。广东省工业和信息化厅、香港政府资讯科技总监办公室、全省21个地市工业和信息化主管部门相关负责人，相关行业协会，粤港澳三地专家，高校、企业、学生代表，以及广东软件行业协会、广东省大数据协会、广东省云计算产业联盟、广东省信息技术应用创新联盟、广东省数据中心产业联盟、广东省人工智能产业联盟等20多家社会组织近550人参加大会。

大会“以新一代信息技术融合创新、促粤港澳大湾区共赢发展”为主题，通过专家主题演讲、优秀软件产品展示、资源对接座谈、签约合作、创新创业比赛等形式，共同探讨软件产业、云计算、5G、物联网、智慧城市等产业发展趋势，并建设成为行业间交流对接的高端平台，为粤港澳大湾区经济创新发展提供支撑。

2019 年 12 月 14 日，第八届粤港云计算大会在惠州市仲恺高新区潼湖科技小镇举行 （惠州市仲恺高新区供稿）

大会分为主论坛和两个分论坛，即智慧城市论坛和 5G 应用论坛。香港数码港管理有限公司、广东电信、华为技术有限公司、博智林机器人有限公司相关负责人分别进行主题分享。分论坛上，来自广东电信、广东联通、微众银行、中兴通讯、广电运通、碧城智慧科技、北明软件等单位的 17 位专家与全国各界与会人员交流。大会设置粤港澳 5G 应用及优秀软件产品和服务展览、2019 年亚太信息通讯科技赛获奖项目展示、2019 年“创客东”新一代信息技术中小企业创新创业赛获奖项展示等。大会期间，中国电信股份有限公司广东分公司与碧桂园控股有限公司签署 5G 战略协议。大会举行粤港澳大湾区新一代信息技术创新创业大赛启动仪式、第七届粤港青年创业计划颁奖暨第八届数码港大湾区青年创业计划启动仪式，推动青年创新创业。并评选出 2019 年广东省前 15 位名牌软件、2019 年广东省前 25 位创新软件和 97 个 2019 年广东省优秀软件产品。

（惠州市人民政府地方志办公室）

东莞滨海湾新区

【概况】 2019 年，东莞滨海湾新区（简称“新区”）范围包括交椅湾、沙角半岛和威远岛以及邻近海域，东至茅洲河，西至太平水道，北至沿江高速及规划海堤路，南至东莞管辖海域。新区规划总面积 84.1 平方千米，其中，现状陆域面积 51.8 平方千米，现状海域面积 32.3 平方千米。2 月，《粤港澳大湾区发展规划纲要》印发，将新区开发建设纳入国家战略，提出支持东莞与香港合作开发建设东莞滨海湾地区，集聚高端制造业总部、发展现代服务业，建设战略性新兴产业研发基地，打造粤港澳大湾区特色合作平台。6 月，广东省印发《东莞滨海湾新区发展总体规划（2019—2035 年）》，明确新区粤港澳大湾区协同发展特色平台、珠三角核心区融合发展战略节点、东莞高质量发展创新引擎和滨海生态宜居智慧新城发展定位。

【规划编制】 2019 年，东莞滨海湾新区高标准编制发展总体规划与城市总体规划，高规格开展起步区、滨海景观活力长廊、滨海湾大桥等多项规划设计国际竞赛，推动产业发展、基础设施建设、生态环保、海绵城市等专项规划互相衔接互为支撑。新区发展总体规划经省政府同意印发，城市总体规划获市政府批准，东莞港总体规划上报省政府审批，产业发展、基础设施建设、生态环保 3 个专项规划提交市政府审定，市政专项、海绵城市、防洪排涝专项规划通过专家评审会，综合交通、绿地系统等专项规划形成深化成果，控制性详细规划加快推进，新型智慧城市专项规划、国土空间规划编制等建设启动。

【基础设施建设】 2019 年，东莞滨海湾新区交椅湾板块“五纵两横”骨干道路全面启动，兴海路、湾区大道、海芯大道、湾区东二路、交椅湾大道、滨海湾大道及东宝公园动工建设，完成投资额 5.88 亿元。全速推动湾区 1 号项目建设，一期项目企业服务中心展示“滨海湾速度”“滨海湾品质”。全年建设工程安全生产零事故。

【招商引资】 2019 年，东莞滨海湾新区围绕人工智能、生命健康两大产业方向，搭建全球招商网络，参加莞港现代服务业对接交流会、“台商再出发，融入大湾区”、“湾区都市、品质东莞”价值分享交流会等，新引进正中创新综合体、中建五局华南区域总部、国际商品交易中心、大湾区产业发展基金等一批重大项目，截至是年底，累计协议投资额 4206.48 亿元。

【重点建设项目】 2019 年，东莞滨海湾新区并联推进土地出让各项前期工作，加速推进存量产业项目动工建设。9 月 25 日，滨海湾新区欧菲等 3 个项目参加东莞市推进粤港澳大湾区建设第三批重大项目集中开工仪式，3 个项目总投资 758 亿元，占动工项目总投资额 1118 亿元的 70%。至年底，欧菲等 4 个省重点建设项目累计完成投资额 34.58 亿元，完成年度投资计划 125.29%；列入市重大项目 21 个，年度完成投资额 55.65 亿元，完成年度投资计划 108%。

【湾区合作推进】 2019 年，东莞滨海湾新区以项目为带动，规划建设 100 公顷滨海湾青创城，为港澳同胞创新创业提供场地。联合港铁公司对标香港“西九龙站”，计划将“滨海湾站”打造为“三铁合一、综合交通、站城一体”城市综合体。虎门港澳客运码头开通虎门到澳门的水路客运航线。与广州南沙、深圳前海、珠海横琴等自贸片区对接，在基础设施互联互通、产业资源协同共享等方面取得初步合作共识。国际贸易“单一窗口”国家标准版应用推广工作推进，报关报检申报单量在全省排名前列。

【城市品质提升】 2019 年，东莞滨海湾新区规划生态空间格局，成立磨碟河指挥部，推进威远岛森林公园经营范围调整和总规修编，滨海湾中心农业公园项目纳入省级现代农业产业园建设名单，成功申报全省第一批海岸带保护与利用综合示范区。提升交椅湾环境品质、大岗山景观，沙

东莞滨海湾新区外貌（2019 年） （东莞市人民政府地方志办公室供稿）

涌、苗涌、塞古涌等河涌清污修复初见成效。沿江高速桥底脏乱空间改造为停车场、球场。系统谋划新区公共配套，大湾区大学初步敲定落户新区，康华医疗集团项目选址方案初步确定。推进城市精细化管理，垃圾处理设施建设稳步推进，精品厕所工程基本完工。全年出动执法人员约3400人次、执法车辆800辆次，打击固体废物非法转移和倾倒行为。整合片区公交资源。7月1日起统筹运营片区公交线路，开通公交线路75条，投入运力1052辆，片区各镇街退出“一镇一公汽”模式。12月，完成全部纯电动车投放运营，实现100%公交纯电动化。

【城市更新】 2019年，东莞滨海湾新区争取粤港澳大湾区自然资源管理示范区建设试点。推进城市更新项目，成立站北市政公园城市更新工作专班组，推进市政公园城市更新项目。滨海湾青创城项目完成前期服务商采购工作，项目意愿征询、测绘及核权等工作有序开展。天安AI+未来产业园筹备前期服务商招标工作。关停沙角电厂A2、A3和B1 3台机组，实现沙角B电厂全部机组关停，东莞替代电源项目按时开工建设。摸清虎门环保专业基地（B区）基本情况，开展搬迁转型发展方案研究。粤港澳文化街、深圳海洋研发服务基地两个项目完成生态修复方案并获省政府批准继续实施填海。加强违法建筑治理，强制拆除铁皮窝棚、废弃木屋等违章建（构）筑物36间。

【营商环境优化】 2019年2月25日，滨海湾市场监管分局挂牌组建。7月1日，承接交椅湾、威远岛、沙角半岛等辖区市场主体登记注册、市场监督管理和行政执法职能。2019年，分局持续深化准入改革，服务新区企业注册，办理虚拟地址登记注册68件，办理市场主体营业执照登记业务1687件，食品药品医疗器械经营许可445件。开展食品药械、产品质量、商品价格、食堂餐饮等日常监管检查1792户次，组织专项整治行动18次，开展食品安全抽检582批次。新区管委会与中国版权保护中心签订《版权战略合作框架协议》，共同打造国内首个面向区域版权产业集聚赋能的滨海湾版权产业服务中心，为新区文化创意及高新技术繁荣发展提供更加高效便捷的综合版权服务及核心要素支撑。

【“高层次人才项目路演——滨海湾新区专场”活动】 2019年11月22日，2019东莞高层次人才活动周“高层次人才项目路演——滨海湾新区专场”活动在滨海湾新区湾区一号举行。活动吸引海内外高层次人才和一批金融机构、投资企业、新型研发机构、科技孵化器等高管参加。6个有关人工智能、生命健康领域的前沿科技路演项目现场签约，促成人才、技术与企业在新区合作共赢。 （东莞市人民政府地方志办公室）

中山翠亨新区

【概况】 中山翠亨新区位于中山市东部临海区域，总规划面积230平方千米，包括马鞍岛和南朗镇全境，其中起步区规划面积56平方千米，陆域面积35平方千米，包括马鞍岛、横门西水道西侧区域及周边水域。地处粤港澳大湾区地理核心圈层，50海里范围内可抵香港、广州、深圳、珠海4个国际深水港，100千米范围内可抵香港、澳门、广州、深圳4个国际机场，1小时内可通达珠江三角洲4个国际机场和3个港口。有广珠城际铁路、京珠高速公路、广澳高速公路、深中通道、中开高速紧密环绕，拥有中山港澳码头等粤港澳大湾区重大交通基础设施，是珠三角西岸腹地承接深港地区高端产业和优质要素的桥头堡和粤港澳大湾区建设的重点战略平台。2019年，中共广东省委、省人民政府印发《关于贯彻落实〈粤港澳大湾区发展规划纲要〉的实施意见》，明确提出共建粤港澳合作发展平台，支持中山翠亨新区建设，高水平建设翠亨科学城，加快打造国际化现代化城市新中心、珠江两岸融合发展示范区、粤澳全面合作示范区。《中山翠亨新区起步区控制性详细规划（2019）》

和中山翠亨科学城城市设计成果先后于7月、8月公布。总体定位上，翠亨新区走文化引领、生态优先、产城融合、科技创新的新型城市化道路，打造中山参与粤港澳大湾区建设的主阵地，建设国家一流的创新型城市新中心。空间布局方面，在保护好生态环境的基础上，抓住粤港澳大湾区和深圳建设中国特色社会主义先行示范区“双区驱动”重大历史机遇，调整规划，明确发展定位，形成“一轴、三心、九区、多廊”的空间发展格局。一轴指沿中心河和翠海道，打造蓝绿交织的生态发展轴；以及集休闲游憩、产业研发、商业商务等功能配套的城市发展轴。三心：指以翠湖公园为中心，打造北部综合性生活休闲中心；以科学城为中心，打造集休闲、商业、文化、科研等功能于一体的南部城市创享中心；以粤港澳合作示范区为中心，打造中部工业邻里中心。九区：指产研一体示范区、北部综合服务区、产城融合发展区、创新产业集聚区、先进智能产业区、科创研发启动区、南部品质生活区、门户交流服务区、湿地生态休闲区。多廊：指沿南北向的中心河和东西向的河涌水系打造景观廊道和视线通廊，形成水城共融的空间形态。产业规划方面，以“前瞻性、根植性、错位性、融合性”为产业选择原则，实施“3+1”的产业导向，即重点发展生物医药、精密制造和新一代信息技术，择优选择占地面积小、效益好、附加值高的现代服务业，明确翠亨新区起步区优先发展生物医药、先进装备制造、新一代信息技术和现代服务业产业，同时调整产业用地规模比例，与临近地区实现错位发展，将翠亨新区打造成产业结构高级化、产业发展集聚化、产业竞争力高端化的重大合作平台。是年，翠亨新区起步区实现规上企业总产值83.70亿元，完成固定资产投资58.08亿元。

【重点项目建设】 2019年，翠亨新区落实项目专责小组工作制度和省市重点项目班子成员挂钩制度，加强项目全生命周期监管服务，探索施工报建并联审批等政务创新，优化项目建设流程，加快施工进度，提高工程质量。

交通基础设施建设 是年，翠亨新区有在建项目17个，其中省重点项目6个、市重点项目3个，计划投资28亿元，实际完成投资31.97亿元。建成道路15.46千米，和信路、和丽路、翠澜道等6个项目竣工通车。3个政府与社会资本合作（PPP）项目完成年度产值24.33亿元，占计划比例133.4%。其中，环岛路完成年度产值2.93亿元；翠城道北段地下综合管廊及同步建设工程累计完成管廊2.54千米，年度产值10.4亿元；翠海道地下综合管廊及同步建设工程年度产值11亿元。翠微道南段、翠澜道南段、和信路西段、和清路改扩建等6个新增道路项目启动初步设计。协助推进国家和省市重点工程深中

2019年6月24日，香港、中山消委会签署《香港、中山消费者组织合作协议》，强化香港、中山两地消费者权益保护

（中山市市场监督管理局供稿）

通道、中开高速公路、中山港新客运码头港池建设。

重点区域城市建设　是年，翠亨新区起步区北部临海科技新城片区建设加速，一期专家楼主体结构、室内装修基本完成，二期建筑实现主体结构封顶，完成年度投资 3.87 亿元。翠亨新区智创中心完成采购施工总承包招标工作。南部科学城区域围绕港澳客运码头综合片区、智创中轴南塔北塔地标建筑、湾区国际医疗城、湾区国际设计港、湾区国际创新园等优先开发区域建设，梳理区域内的土地整理、交通基础设施和城市配套设施项目，推进管廊、道路、堤围、水闸、公共配套等基础设施建设。

【产业发展】　2019 年，翠亨新区完成翠亨科学城城市设计国际咨询成果整合和起步区控制性详细规划修编并获市政府批准实施。优化提升翠亨新区城市空间布局、国土开发利用和产城融合发展。展开起步区产业空间布局和科学城产业发展规划等产业发展研究，制定起步区产业发展空间布局指导意见，围绕生物医药、先进装备制造、新一代信息技术等重点产业链上下游整合项目。全年，有省重点项目 12 个、市重点项目 25 个，其中重点产业项目 23 个，总投资 238.84 亿元。动工项目 10 个，其中亿元以上项目 7 个、新投产项目 8 个。至年底，起步区入园企业 125 家，投产 73 家，年内完成固定资产投资 58.08 亿元，完成规模以上企业产值 83.7 亿元。

产业布局　翠亨新区聚焦高端装备制造业和现代服务业，推进哈工大智能装备产业园、深圳医疗器械产业园、精密制造（钟表）产业园等专业园区建设。落户哈工大机器人集团华南总部的 10 个项目中有 9 个投产，推进哈工大机器人（中山）无人装备与人工智能研究院建设。引进中国科学院药物创新研究院（简称“中科院药创院”）中山研究院、中深科技创新产业园、海雅粤港澳创客中心等产业创新平台。12 月，中科院药创院中山研究院新药研发公共技术服务平台落成并试运行。

重大产业项目招商落地　翠亨新区围绕生物医药、新一代信息技术和现代服务业等主导产业以及世界 500 强、中央企业、省属企业等旗舰型重大项目，先后赴北京、上海、天津等重点城市和香港、澳门、深圳等粤港澳大湾区核心城市，以及德国、奥地利、瑞士等欧美国家开展招商，康方制药、金雅福、中深科技园、海雅、星光达、华润燃气等 6 个产业项目落地，投资额超 106 亿元。

2019 年 4 月 2 日，粤港澳大湾区中山生物医药产业高峰论坛暨 2019 翠亨新区海归创业春季峰会在中山举行　　（中山市地方志办公室供稿）

科技金融产业融合发展　翠亨新区企业研发机构建设持续提速，年内新增市级工程中心认定企业 7 家、高新技术企业 16 家。在孵企业 11 家，总孵化载体面积 8 万平方米，总在孵企业 40 家，形成“众创空间—孵化器—产业园”的全链条产业培育体系。以发展股权投资基金促进科技创新、汇聚资本力量、吸引高端金融人才、实现资本招商为抓手，提升金融服务力，推动科技、金融、产业融合发展。借助传统商业银行力量，促成农业银行对鸿利达、哈工大属下华粹、华奥等企业的科技信贷支持，全年实际发放科技信贷资金 1960 万元。

【城市管理与建设】 2019 年，翠亨新区完善起步区专职队伍建设，健全起步区城市管理体制机制，加强对起步区市政、路灯、环境卫生等工作的网络化管理；落实安全生产责任制，开展重点行业、领域的安全专项隐患排查，消除各类安全隐患盲点。健全区三防应急机制，完善法制机构、依法行政、规范性文件合法性审查和合同审核等法律服务工作。开发投资审核系统，推进建设工程结算审核工作，保障建设资金安全。

优化行政服务。推进简政放权、放管结合、优化服务的“放管服”改革。打造审批服务全流程、企业展示全方位、人才服务一站式的翠亨新区政务客厅。推动市自然资源局第五分局派驻翠亨新区办公，提升行政服务效能。以政务服务为纽带，整合企业服务、审批导办、水电供应、通信保障等职能。承接新一批市级经济管理权限，新增交通、城市管理、水务等部门事项，政务服务事项数量从 144 项调整至 282 项。项目前期审批工作用时压缩至 180 天，部分项目从规划报建到施工许可仅用 56 天。全年受理涉及住建、发改、商务、环保等事项行政审批 530 宗，办结 512 宗，比法定期限平均提速 54.79%；全部办结企业投诉 171 宗；服务窗口累计办理专业技术人才考核评审业务 82 宗、户口迁移业务 45 宗，协调解决起步区企业员工子女入学事项 44 件。

完善公共服务配套。落实河长制，推进滨河整治水利景观工程建设。完善城市防洪（潮）体系建设，启动南部水利工程前期工作，开展西海堤、西五围段落规划用地的土地平整工程。推进港澳码头综合体和联检大楼的方案设计工作。启动污水管网二期工程建设。优化公交线路，完善公交出行圈。新增 G098 公交线路作为高峰期补充路线，实现 6 条公交线路通往市区，其中 095、096、098 路公交线路为免费出行路线。9 月 3 日，中山纪念小学建成并投入使用，269 名新生入读一年级 6 个班级。完善翠湖公园配套设施。12 月 30 日，中山翠亨国家湿地公园对公众开放。

【创新发展】 2019 年，翠亨新区创新完善人才服务，增强企业创新活力。新认定第二层次人才等全市紧缺适用高层次人才 51 人，比上年增长 113%。全年新增“展翅计划”人才 235 人，发放人才津贴逾 43 万元。发动企业参加线上线下招聘会，年内举办大型招聘会 20 场，招聘博士 19 人、硕士 30 人、本科学历者 100 人、大专及以下学历者 600 人。公开招聘专业人才，以法定机构作为政府人才引进平台，招募来自国内“双一流”高校毕业生 12 名以及资深行业专家一批，提升翠亨新区干部队伍储备与整体竞争力。年内，企业专利申请量 418 件，专利授权量 176 件。新增市级创新创业科研团队 2 支，3 家企业在广东省创新创业大赛中获奖。

（中山市人民政府地方志办公室）

广东（江门）大广海湾经济区

【概况】 广东（江门）大广海湾经济区（简称“大广海湾经济区”）是省政府 2013 年批准成立的省级新区，位于江门市东南部，东邻中山、珠海，西连阳江，北接江门主城区，邻近港澳，是珠江口西岸新一轮开发建设的重点地区。根据《江门大广海湾经济区发展总体规划（2013—2030 年）》，总规划面积约 3240 平方千米。核心区位于银湖湾——广海湾滨海地区面积约 520 平方千米。2019 年，大广海湾经济区规模工业以上增加值总量 151.56 亿元，其中起步区总量为 44.6 亿元；固定资产投资 295 亿元，起步区 61.25 亿元。一般公共预算收入（全库口径）统计，是年大广海湾经济区财政收入 44.2 亿元，比上年增长 13.69%；起步区财政收入 7.95 亿元，增长 12.56%。

【战略地位提升】 自大广海湾经济区获批成为省级新区以来，江门市紧扣省委、省政府赋予大广海湾的五大发展定位，加强发展路径谋划，加快推动重大项目和基础设施建设，大广海湾区域合作平台作用凸显，各项工作取得新成效。

2019 年，大广海湾经济区先后被写入国务院印发的《关于深化泛珠三角区域合作发展的指导意见》、国家发改委和粤港澳四方签署的《深化粤港澳合作 推进大湾区建设框架协议》及江门市与澳门特区政府签署《关于推动粤澳共建江门大广海湾经济区的框架协议》等多个文件。2019 年 2 月 18 日，《粤港澳大湾区规划纲要》发布，提出“支持江门与港澳合作建设大广海湾经济区，拓展在金融、旅游、文化创意、电子商务、海洋经济、职业教育、生命健康的领域合作”。大广海湾经济区也成为广东首批粤港澳服务贸易自由化重点示范基地之一。

【产业集聚加强】 2019 年，大广海湾经济区继续围绕珠三角实现大跨越发展新增长极的定位，推动银洲湖、广海湾、镇海湾三大片区的开发建设。银湖湾滨海新区覆盖的粤澳（江门）产业合作示范区、珠西新材料集聚区均纳入省产业转移园，粤澳（江门）产业合作示范区完成整体产业规划，澳葡青年创业园风评机制和首期控制性详细规划，环保产业园和澳葡青年创业园完成征地 228.86 公顷，平整土地 58.66 公顷。澳葡青年创业园基础配套设施 PPP 工程于 2019 年 9 月开标。珠西新材料集聚区完成系列规划，征收土地 351.66 公顷、平整土地 120 公顷。园区电力、污水处理厂集中供热和固体废物处理中心等基础设施加速建设，成功引进芳源、威立雅等 7 个项目，总投资 40 亿元。推进园区扩展相关前期工作，初步选址沙堆镇，规划面积 623.8 公顷，园区土地集约利用评价工作于 9 月完成，并通过省自然资源厅审批。广海湾工业园区土地集约利用评价工作通过省自然资源厅审批，完成《广东广海湾国家级新区总体方案研究》，启动广海湾香港惰性拆建物料综合处置项目前期工作，推进海域使用权证办理。跟进与深圳盐田港集团的战略合作。推进与中铁建集团的战略合作及大广海湾基础设施综合开发项目。

（江门市发展和改革局湾区办）

肇庆新区

【概况】 肇庆新区（简称新区）位于肇庆市鼎湖区中部，2012 年成立。规划面积 115 平方千米，规划总人口 60 万人。西以鼎湖区凤凰大道为界，东至珠三角环线高速公路，南临西江，北至鼎湖山山脉。其中起步区范围 18 平方千米，西起鼎湖区凤凰大道、东至新区中路、南临鼎湖大道（新区段）、北接国道 G321 线，涵盖行政办公、总部经济、文化体育、商务中轴 4 个组团。周边划定 585 平方千米协调发展区（不含新区范围），紧挨广（州）佛（山），地处粤港澳大湾区通往东盟经济区和西南地区的咽喉位置，是肇庆市各功能区紧密连接的主要纽带和广佛肇经济圈的重要发展腹地。新区内拥有立体交通运输体系，二广、广昆、珠三角环线、广佛肇高速公路经过，广佛肇城际轨道、南广高速铁路、贵广高速铁路交会设站于肇庆东站，肇庆新港实现 5000 吨轮船通江达海。新区河网密布、基塘成片，是典型的岭南水乡；林地资源丰富，包括 4 个自然保护区和 6 个森林公园。主要旅游景点有鼎湖山、九龙湖、砚洲岛、羚羊峡等。新区是全省重大发展创新平台、全市“一主两翼”城市扩容提质主战场，以“绿色、人本、智慧、包容”为发展理念，以“国家低碳绿色发展示范区”“珠三角健康宜居理想城市”“肇庆行政商务文化中心”为战略定位。2019 年，肇庆新区围绕加快建设成为国家级新区、肇庆建设粤港澳大湾区面向大西南枢纽门户城市的核心载体和大湾区高质量发展新引擎三大目标，以成功承办省运会为新起点，紧抓粤港澳大湾区战略发展机遇，做好重点项目、招商引资、项目落地、园区建设、财政金融、土地管理等各项重点工作。是年，新区地区生产总值 59.85 亿元，比上年增长 7.5%；规模以上工业增加值 20.01 亿元，增长 4.5%；固定资产投资 111.5 亿元，增长 23.0%；商品房销售面积 26.9 万平方米，增长 45.4%，销售额 21.32 亿元，增长 53.7%；财政一般公共预算收入 2.75 亿元，增长 33.7%；税收收入（全额）5.84 亿元，增长 39.4%，其中市县区级税收收入 2.59 亿元，增长 54.3%；外贸进出口总额 8.81 亿元，完成进度 100.1%；实际利用外资 1.58 亿元，完成进度 80.5%。

【规划编制】 2019 年，新区编制的《肇庆工业园（含扩园）控制性详细规划》获肇庆市人民政府批复，《肇庆新区村庄规划》获鼎湖区人民政府批复。启动《肇庆东站枢纽概念性规划》《肇庆新区永安产业片区测绘、防洪排涝及城市竖向一体化规划》等规划编制。开展土地利用规划调整，完成 8 个土地利用规划调整方案，精准投放规模 492.93 公顷。落实综合保税区项目、肇庆华侨城卡乐文化旅游科技产业小镇、京东肇庆电子商务产业园、肇庆工业园区（永安）污水处理厂和妇幼保健院等重大项目用地规模需求，提升城乡规模利用率。

【重点项目建设】 2019 年，新区确定"一项目一专班"（一个项目配备一个专班团队跟踪服务），重点建设项目 57 个，总投资额 1039.29 亿元，完成投资 162.7 亿元。其中纳入市重点建设项目 34 个，总投资 733 亿元，年度计划投资 128.59 亿元，实际完成投资 132.53 亿元（含省重点建设项目 21 个，总投资 499.4 亿元，年度投资计划 82.35 亿元，实际完成投资 85.80 亿元）；非市重点建设项目 23 个，总投资 306.29 亿元，完成投资 30.17 亿元。城市建设顺利推进，综合管廊施工里程累计完成 35.97 千米，建成砚阳调洪湖水系工程、长利湖水系综合整治工程（沙滩公园）；广东肇庆工业园区（永安）污水处理厂首期工程竣工投产；中山大学附属第三医院肇庆医院完成土建工程。

【招商引资】 2019 年，新区经济促进局坚持实施工业发展"366"工程和创新驱动"1133"工程，瞄准核心城市产业、人才等创新资源溢出效应，针对性开展招商引资和招才引智。引进肇庆奥士康科技产业园、肇庆本田金属汽车精密零部件生产基地、平谦国际（肇庆）现代产业园、广州大学松田学院等项目 11 个，投资金额 456.23 亿元。

【园区基础建设】 2019 年，新区新开发及盘活土地 387.64 公顷。其中，新开发土地 369.09 公顷，盘活土地 18.55 公顷，完成年度目标任务 145.36%。土地收储 421.87 公顷，为多个重点项目提供用地保障。年内完成搬迁签约 1681 户共 2704 套房屋，累计完成签约 5801 户共 10411 套房屋，其中广利街道龙头一、二、三队，永安镇新围二队完成整村搬迁安置。新建成通用厂房面积 12.06 万平方米，其中通用厂房 8.06 万平方米，科技孵化器厂房 4 万平方米，完成年度目标任务 100.5%。持续完善园区产业平台，将永安工业园纳入广东肇庆工业园统一规划，完成工业园控规编制。继续推进基础设施建设，大湾区生态科技产业园市政基础设施建设工程持续投入建设，园区主干道永安大道通车。启动永安产业片区市政基础设施建设工程。新区 12 个在建重点基础设施项目年度累计完成投资 53.84 亿元。

【财政金融支持】 2019 年，新区做好已批融资项目的贷款后续提款工作，锁定存量融资项目不受信贷政策变化影响；继续寻求国企经营性项目融资，推动国有企业通过市场化运作的方式，依法合规承接公益性项目，实行市场化经营、自负盈亏；继续探索与社会资本、民间资本的合作模式，引导资本进入污水处理项目等有收益、可市场化运作的领域，降低政府负担，提高资本效益；引进更多的金融机构落户新区开展营业，完善金融服务，深化政银企合作，激发经济活力。

农村商业银行、工商银行、广州银行和建设银行4家银行机构进驻肇庆新区。至年末，新区累计获批融资额度475.26亿元，累计提款357.01亿元；年度新增获批融资21.27亿元，新增放款36.8亿元。

【行政审批服务】 2019年，肇庆新区·鼎湖区行政服务中心办事大厅进驻部门和社会服务机构44个，进驻事项1282项，设有对外服务窗口87个。中心实体窗口受理业务156489件，办结150215件（其中，受理即办件88647件），处理业务咨询69531件。

【招商蛇口肇庆公司揭牌】 2019年7月31日，招商蛇口肇庆公司揭牌仪式在肇庆新区举行。招商蛇口肇庆公司是招商局集团各重点项目在肇庆落地实施的先行兵和桥头堡，也是招商蛇口华南区域后续发展的重要基础，将围绕肇庆新区粤港澳特别合作示范区的发展战略，按照“政府所需、招商所能、商业可行”的原则与肇庆市开展战略性合作。

【砚阳湖公园建成】 2019年9月30日，位于新区的砚阳湖公园建成。该湖水域面积99万平方米，总容量396万立方米，湖岸护岸总长4.8千米。水面面积100多公顷。沿湖岸设置休闲绿地、健身娱乐场地，成为市民运动休闲的好去处。

【广东喜珍科技产业园项目奠基】 2019年11月5日，占地面积26.67公顷、总建筑面积48万平方米、投资金额35亿元的广东喜珍科技产业园项目奠基仪式在肇庆新区举行。喜珍科技产业园旨在打造环保型、智能型、创新型科学园，园区配套产业以智能化、规模化、集约化为主，项目建成后，预计年产值80亿元，年税收4亿元。

【长利湖沙滩公园建成】 2019年12月30日，位于新区的长利湖沙滩公园投入使用。公园总体规划面积32.53公顷，其中水域面积13.53公顷。沙滩公园拥有1.6万平方米沙滩、1万平方米露天泳池和水上娱乐场、13.5万平方米湖面、1220米的亲水栈道和1400米的滨水步道。该项目是肇庆首个大型沙滩泳场，可举办各种水上和沙滩健身休闲娱乐活动。

（肇庆市人民政府地方志办公室）

·责任编辑　王海燕·

统计资料

粤港澳大湾区内地九市主要经济指标

(2019 年)

地区	土地面积(平方千米)	地区生产总值			人均地区生产总值		
		绝对值(亿元)	绝对值(亿美元)	指数(上年=100)	绝对值(元)	绝对值(美元)	指数(上年=100)
广州	7249.27	23628.60	3425	106.8	156427	22676	103.9
深圳	1997.47	26927.09	3903	106.7	203489	29498	103.0
珠海	1736.46	3435.89	498	106.8	175533	25445	99.8
佛山	3797.72	10751.02	1558	106.9	133850	19403	103.6
惠州	11347.39	4177.41	606	104.2	86043	12473	103.1
东莞	2460.08	9482.50	1375	107.4	112507	16309	106.6
中山	1783.67	3101.10	450	101.2	92709	13439	99.4
江门	9506.92	3146.64	456	104.3	68194	9885	103.5
肇庆	14891.23	2248.80	326	106.3	53936	7818	105.3

地区	年末人口(万人)	从业人员(万人)	港口集装箱吞吐量(万标准集装箱)	进出口总额(亿美元)	出口总额(亿美元)	进口总额(亿美元)
广州	1530.59	1125.89	2323.62	1450.54	762.24	688.29
深圳	1343.88	1283.37	2576.91	4315.70	2422.16	1893.54
珠海	202.37	161.17	255.58	422.15	239.89	182.26
佛山	815.86	531.43	443.88	700.67	540.88	159.79
惠州	488.00	318.29	41.27	393.60	264.61	129.00
东莞	846.45	711.11	404.77	2006.17	1255.11	751.05
中山	338.00	237.21	144.30	346.75	280.24	66.51
江门	463.03	272.27	158.27	206.89	164.89	42.00
肇庆	418.71	231.64	66.87	58.66	39.33	19.33

粤港澳大湾区内地九市工业企业主要指标
(2019年)

单位：亿元 上年=100

项 目	企业单位数(个)	#亏损企业	工业总产值(当年价)	工业增加值(收入法)	年末资产总计	#产成品	流动资产合计	年末负债合计
总计	46213	6842	126128.47	27962.44	119396.39	5661.01	74514.58	67842.74
按经济类型分								
在总计中：国有控股经济	805	149	16270.49	3814.68	22330.77	444.99	7855.58	11452.20
国有经济	39	7	138.80	39.18	340.09	8.36	74.73	198.35
集体经济	80	12	103.17	34.27	73.41	1.76	40.91	48.30
股份合作经济	22	4	55.87	10.53	14.04	1.66	9.87	8.12
股份制经济	34112	4511	78273.74	17361.98	76768.17	3538.50	47833.17	45085.58
外商投资经济	3763	735	24427.54	5080.42	20599.33	906.26	12262.86	11120.15
港澳台投资经济	7346	1522	22200.10	5258.05	21289.84	1192.70	14117.25	11213.90
按轻重工业分								
轻工业	20889	3093	37812.08	9261.28	34108.66	2256.83	23120.82	18796.59
重工业	25324	3749	88316.39	18701.16	85287.72	3404.18	51393.75	49046.15
按企业规模分								
大型企业	1293	126	63016.34	14770.32	63814.35	2710.11	38903.72	36872.27
中型企业	5976	854	27185.13	6230.98	25457.24	1269.30	15226.41	13088.13
小微型企业	38944	5862	35927.00	6961.13	30124.80	1681.60	20384.45	17882.34
按行业分								
煤炭开采和洗选业	0	0	0.00	0.00	0.00	0.00	0.00	0.00
石油和天然气开采业	3	0	464.96	356.89	722.73	1.49	133.57	318.62
黑色金属矿采选业	4	1	5.96	2.38	10.46	0.33	1.85	4.49
有色金属矿采选业	3	1	17.40	1.92	3.83	0.16	1.01	1.01
非金属矿采选业	76	5	114.55	26.15	54.95	2.02	28.14	32.96
开采辅助活动	3	0	25.49	6.73	70.30	0.01	28.59	24.24
其他采矿业	0	0	0.00	0.00	0.00	0.00	0.00	0.00
农副食品加工业	519	108	2071.48	210.16	1148.20	71.68	799.39	669.97
食品制造业	458	83	1633.37	590.53	1345.73	76.57	831.43	602.51
酒、饮料和精制茶制造业	137	20	885.09	263.57	795.59	27.07	479.82	368.24

（续表）

项目	企业单位数（个）	#亏损企业	工业总产值（当年价）	工业增加值（收入法）	年末资产总计	#产成品	流动资产合计	年末负债合计
烟草制品业	7	1	289.51	236.93	291.91	2.68	223.73	45.98
纺织业	1105	172	1744.78	374.70	1105.60	72.52	638.94	543.12
纺织服装、服饰业	1897	325	1865.39	520.52	1434.84	165.81	1013.67	763.82
皮革、毛皮、羽毛及其制品和制鞋业	1402	225	1170.41	317.93	704.26	54.06	511.72	403.52
木材加工和木、竹、藤、棕、草制品业	354	44	388.90	90.22	316.95	18.82	193.84	155.70
家具制造业	1643	241	1960.05	466.11	1474.67	74.71	1010.32	822.71
造纸和纸制品业	1169	155	2048.08	403.06	1746.11	65.77	1037.05	859.06
印刷和记录媒介复制业	855	123	1113.58	295.87	1053.16	41.11	622.26	525.87
文教、工美、体育和娱乐用品制造业	1321	236	2681.73	485.11	2158.00	526.83	1760.89	1409.10
石油加工、炼焦和核燃料加工业	72	4	1707.72	360.73	985.19	39.56	483.14	610.88
化学原料和化学制品制造业	2207	273	4831.54	950.58	4272.59	171.75	2473.76	2108.09
医药制造业	332	36	1242.34	430.32	2267.69	91.57	1347.33	969.34
化学纤维制造业	56	14	164.20	35.91	138.06	11.60	64.46	59.49
橡胶和塑料制品业	4060	504	4848.27	1084.26	3835.72	203.66	2467.16	2112.78
非金属矿物制品业	1859	221	4022.98	890.46	3441.27	170.28	2071.67	2030.12
黑色金属冶炼和压延加工业	305	43	1263.32	134.87	718.56	49.25	371.37	458.26
有色金属冶炼和压延加工业	745	106	2480.17	353.57	1276.20	62.99	842.61	879.90
金属制品业	4384	488	5716.55	1246.91	4037.11	233.94	2582.87	2243.26
通用设备制造业	2637	399	4492.19	928.38	4541.67	314.97	3326.90	2486.07
专用设备制造业	2776	381	3777.18	1052.28	4190.79	260.95	2838.60	2126.72
汽车制造业	884	145	8063.12	1790.92	6228.99	221.29	4077.31	3818.48
铁路、船舶、航空航天和其他运输设备制造业	414	91	961.63	183.02	1143.42	53.17	732.42	684.72
电气机械和器材制造业	5855	846	14238.50	3260.82	15058.09	819.01	10805.72	8993.06
计算机、通信和其他电子设备制造业	6767	1296	40282.96	8418.07	36743.25	1613.63	26411.84	22731.54
仪器仪表制造业	835	121	1256.10	341.86	1483.56	93.24	1087.26	763.28

(续表)

项　目	企业单位数(个)	# 亏损企业	工业总产值(当年价)	工业增加值(收入法)	年末资产总计	# 产成品	流动资产合计	年末负债合计
其他制造业	348	41	339.13	86.16	276.66	19.43	183.67	140.50
废弃资源综合利用业	114	17	841.37	93.96	422.91	13.37	315.90	297.84
金属制品、机械和设备修理业	47	8	205.57	61.36	228.37	5.58	161.28	130.37
电力、热力生产和供应业	203	26	5327.86	1190.21	10747.68	2.85	1807.78	4916.21
燃气生产和供应业	112	13	1121.70	210.70	883.78	6.27	308.83	494.96
水的生产和供应业	245	29	463.30	208.29	2037.52	1.02	436.48	1235.95

项　目	主营业务收入	主营业务税金及附加	利润总额	# 亏损总额	利税总额	本年应交增值税	全部从业人员年平均人数(万人)
总计	126743.29	1107.86	7832.82	878.87	11623.53	2682.85	1143.11
按经济类型分							
在总计中：国有控股经济	16504.68	516.27	999.42	207.86	1842.75	327.05	56.85
国有经济	135.90	0.73	−1.88	9.11	1.65	2.79	1.51
集体经济	103.20	0.50	2.34	2.03	4.84	1.99	3.32
股份合作经济	54.06	0.44	1.61	0.01	3.52	1.47	0.21
股份制经济	78609.48	679.21	4886.88	512.07	7367.64	1801.55	618.25
外商投资经济	24906.64	285.70	1486.48	195.56	2239.35	467.17	190.14
港澳台投资经济	22022.89	136.54	1405.80	159.54	1926.92	384.58	322.22
按轻重工业分							
轻工业	38683.32	353.04	2645.98	222.24	3964.03	965.01	490.85
重工业	88059.96	754.83	5186.84	656.63	7659.50	1717.83	652.26
按企业规模分							
大型企业	63348.80	738.56	4565.19	252.92	6746.52	1442.78	423.12
中型企业	27083.05	201.90	1837.37	231.21	2578.10	538.83	337.23
小微型企业	36311.45	167.40	1430.26	394.73	2298.90	701.24	382.76
按行业分							
煤炭开采和洗选业	0.00	0.00	0.00	0.00	0.00	0.00	0.00
石油和天然气开采业	394.38	22.36	212.76	0.00	269.51	34.39	0.32
黑色金属矿采选业	6.18	0.08	0.38	0.01	0.72	0.26	0.09

(续表)

项　目	主营业务收入	主营业务税金及附加	利润总额	#亏损总额	利税总额	本年应交增值税	全部从业人员年平均人数（万人）
有色金属矿采选业	17.23	0.05	0.64	0.02	0.74	0.05	0.07
非金属矿采选业	105.01	2.34	10.37	0.11	15.72	3.01	0.50
开采辅助活动	25.49	0.03	1.48	0.00	1.51	0.00	0.08
其他采矿业	0.00	0.00	0.00	0.00	0.00	0.00	0.00
农副食品加工业	2233.21	3.48	84.54	8.63	102.75	14.73	6.80
食品制造业	1779.58	13.67	191.13	6.78	294.96	90.17	14.14
酒、饮料和精制茶制造业	877.83	17.98	104.08	1.93	154.07	32.00	5.79
烟草制品业	323.72	150.09	21.84	0.02	202.72	30.78	0.56
纺织业	1702.15	7.93	98.78	6.56	144.62	37.90	19.69
纺织服装、服饰业	1825.41	9.96	67.39	15.41	122.10	44.74	44.67
皮革、毛皮、羽毛及其制品和制鞋业	1164.89	6.16	24.44	12.35	52.11	21.51	32.77
木材加工和木、竹、藤、棕、草制品业	391.15	2.63	23.15	1.52	37.15	11.36	4.10
家具制造业	1955.12	10.41	125.52	7.77	179.83	43.90	31.07
造纸和纸制品业	2028.51	9.11	90.42	13.47	152.61	53.08	18.04
印刷和记录媒介复制业	1095.65	5.31	59.27	4.44	90.03	25.45	18.86
文教、工美、体育和娱乐用品制造业	2779.04	8.83	98.05	29.81	130.28	23.40	43.77
石油加工、炼焦和核燃料加工业	1756.48	202.90	37.29	11.54	268.40	28.20	1.48
化学原料和化学制品制造业	5013.54	24.39	361.31	19.25	510.09	124.38	26.22
医药制造业	1211.23	10.35	207.64	11.21	284.27	66.28	10.61
化学纤维制造业	161.23	0.67	13.84	1.60	18.29	3.78	1.02
橡胶和塑料制品业	4846.48	21.53	242.81	33.44	354.91	90.56	74.11
非金属矿物制品业	3997.72	21.84	256.98	21.57	384.40	105.58	35.09
黑色金属冶炼和压延加工业	1277.32	3.92	46.78	11.28	67.36	16.66	3.65
有色金属冶炼和压延加工业	2676.29	5.93	84.40	4.31	120.92	30.58	11.72
金属制品业	5691.63	30.92	287.53	29.82	440.81	122.35	72.91
通用设备制造业	4472.44	19.67	274.12	33.02	376.26	82.47	50.14

（续表）

项　目	主营业务收入	主营业务税金及附加	利润总额	#亏损总额	利税总额	本年应交增值税	全部从业人员年平均人数（万人）
专用设备制造业	3605.21	20.49	316.55	37.06	420.69	83.65	52.35
汽车制造业	8281.08	211.98	526.29	87.75	906.79	168.52	39.02
铁路、船舶、航空航天和其他运输设备制造业	948.35	5.08	26.81	29.07	44.88	12.99	10.34
电气机械和器材制造业	14838.16	72.12	1079.39	68.35	1508.34	356.84	162.76
计算机、通信和其他电子设备制造业	39640.52	138.69	2091.95	274.77	2984.69	754.04	303.18
仪器仪表制造业	1262.20	6.37	87.64	27.45	129.38	35.37	19.31
其他制造业	333.92	1.78	16.99	1.01	23.96	5.18	7.02
废弃资源综合利用业	747.94	2.25	44.59	0.76	60.23	13.39	1.51
金属制品、机械和设备修理业	208.36	1.28	13.79	2.80	19.10	4.03	1.84
电力、热力生产和供应业	5445.51	29.35	485.91	19.32	605.36	90.11	11.70
燃气生产和供应业	1146.65	2.32	32.86	42.98	42.21	7.03	1.54
水的生产和供应业	476.45	3.58	83.09	1.68	100.79	14.12	4.27

说明：统计范围为年主营业务收入 2000 万元及以上的工业法人企业

粤港澳大湾区内地九市地区生产总值和指数（2009—2019 年）

单位：亿元　上年 =100

市　别	2009 年		2010 年		2011 年		2012 年	
	地区生产总值	指数	地区生产总值	指数	地区生产总值	指数	地区生产总值	指数
广州	9146.74	319.7	10640.67	361.2	12199.69	402.3	13194.69	444.0
深圳	8514.47	358.6	10069.06	402.8	11922.81	443.5	13496.27	488.6
珠海	1056.87	302.2	1241.74	342.3	1460.07	382.6	1583.66	412.3
佛山	4842.58	397.8	5665.45	454.5	6231.40	506.8	6642.95	548.0
惠州	1413.08	316.2	1723.56	373.6	2080.14	429.7	2352.46	483.8
东莞	3816.83	428.6	4339.85	473.2	4887.26	512.8	5190.20	545.2
中山	1556.11	410.6	1808.48	467.3	2102.58	528.4	2306.52	586.9
江门	1337.92	257.9	1574.73	295.2	1836.72	333.5	1892.98	360.9
肇庆	793.41	293.8	965.12	339.4	1169.41	385.8	1279.64	423.6

（续表）

市别	2013年		2014年		2015年		2016年	
	地区生产总值	指数	地区生产总值	指数	地区生产总值	指数	地区生产总值	指数
广州	15050.40	495.3	16135.95	537.3	17347.37	581.8	18559.73	626.1
深圳	15234.24	540.5	16795.35	588.7	18436.84	641.5	20685.74	701.5
珠海	1780.87	457.4	2008.86	505.0	2216.54	555.4	2452.61	600.6
佛山	7064.30	601.5	7509.96	650.9	8107.60	704.3	8756.31	760.0
惠州	2674.50	550.2	2959.11	605.1	3090.22	661.2	3359.52	714.5
东莞	5740.44	599.9	6174.83	648.0	6665.34	702.3	7260.92	758.1
中山	2470.06	643.9	2580.59	692.1	2711.36	748.7	2830.43	781.0
江门	2020.97	395.6	2099.29	425.2	2274.26	460.8	2480.94	494.7
肇庆	1437.04	464.8	1580.50	510.0	1691.85	550.5	1810.67	578.1

市别	2017年		2018年		2019年	
	地区生产总值	指数	地区生产总值	指数	地区生产总值	指数
广州	19871.67	668.2	21002.44	708.6	23628.60	756.8
深圳	23280.27	763.3	25266.08	822.4	26927.09	877.6
珠海	2943.83	667.2	3216.78	720.1	3435.89	769.1
佛山	9382.16	820.6	9976.72	872.8	10751.02	933.0
惠州	3745.75	771.2	4003.33	816.4	4177.41	850.7
东莞	8079.20	824.7	8818.11	886.2	9482.50	952.0
中山	2939.52	811.1	3053.73	836.3	3101.10	846.3
江门	2745.89	534.7	3001.24	576.4	3146.64	601.2
肇庆	1964.97	607.7	2102.29	647.2	2248.80	687.7

说明：2017年起，深圳市地区生产总值数据包含深汕合作区

主要年份粤港澳大湾区内地九市第三产业增加值和指数

单位：亿元　上年 =100

市别	2000年		2005年		2010年		2013年		2014年	
	第三产业增加值	指数	第三产业增加值	指数	第三产业增加值	指数	第三产业增加值	指数	第三产业增加值	指数
广州	1381.27	116.4	2990.63	113.3	6418.75	113.2	9535.82	111.9	10287.29	109.3
深圳	1094.87	113.8	2316.34	112.3	5335.01	110.7	8563.15	111.5	9557.43	109.9
珠海	144.35	108.9	273.71	109.2	541.10	107.5	869.92	110.1	997.47	108.8
佛山	435.03	113.6	880.70	112.2	1985.13	113.0	2565.17	108.3	2635.69	107.1
惠州	121.70	108.6	273.22	117.3	600.68	110.3	994.52	113.0	1109.26	107.7
东莞	343.76	120.0	935.50	119.4	2011.28	103.3	2738.29	107.8	2899.48	106.1
中山	141.09	110.0	315.67	126.0	690.54	111.4	1002.67	108.7	1047.09	107.1
江门	199.72	110.2	303.66	104.0	590.47	111.9	872.89	109.4	929.98	106.0
肇庆	104.93	112.2	200.37	120.2	427.18	110.2	537.32	102.9	587.25	110.1

市别	2015年		2016年		2017年		2018年		2019年	
	第三产业增加值	指数	第三产业增加值	指数	第三产业增加值	指数	第三产业增加值	指数	第三产业增加值	指数
广州	11363.68	109.3	12530.25	108.8	13750.61	107.9	14663.32	106.4	16923.22	107.5
深圳	10742.22	110.3	12353.36	110.2	13923.18	108.7	15247.60	106.7	16406.06	108.1
珠海	1124.55	110.1	1288.60	109.3	1594.63	110.8	1711.86	103.8	1849.79	109.2
佛山	2976.96	110.2	3309.77	109.3	3782.81	108.0	4168.66	107.0	4549.48	108.1
惠州	1199.48	108.9	1339.42	108.6	1595.02	116.1	1705.00	106.0	1802.79	106.8
东莞	3166.37	110.9	3378.74	104.8	3639.82	106.7	3831.87	106.0	4092.52	107.2
中山	1135.19	110.3	1231.30	108.6	1371.08	108.6	1451.32	105.9	1516.68	104.4
江门	1042.13	109.1	1176.38	108.7	1305.26	108.6	1470.76	108.3	1539.87	105.8
肇庆	619.76	107.6	693.34	110.6	804.42	109.6	886.79	105.5	937.33	107.0

粤港澳大湾区内地九市人均地区生产总值和指数（2009—2019 年）

单位：元　上年 =100

市　别	2009 年		2010 年		2011 年		2012 年		2013 年	
	人均地区生产总值	指数	人均地区生产总值	指数	人均地区生产总值	指数	人均地区生产总值	指数	人均地区生产总值	指数
广州	79457	105.2	86582	105.8	95830	107.5	103123	109.8	116825	110.8
深圳	87360	106.8	99095	107.8	114426	107.4	128445	109.2	143880	109.8
珠海	69235	104.4	80024	111.4	93319	110.9	100544	107.1	112255	110.1
佛山	72013	108.2	80511	109.2	86367	108.8	91672	107.7	97054	109.3
惠州	33104	108.9	38507	112.7	45050	111.5	50549	111.7	57062	112.9
东莞	49676	101.0	53959	105.5	59313	105.8	62732	105.9	69125	109.6
中山	53800	104.8	59411	108.2	67122	109.9	73254	110.5	78056	109.2
江门	30930	107.7	35719	112.3	41199	111.7	42310	107.8	45009	109.2
肇庆	20759	112.2	24875	113.8	29705	112.0	32258	109.0	35906	108.8

市　别	2014 年		2015 年		2016 年		2017 年		2018 年		2019 年	
	人均地区生产总值	指数	人均地区生产总值	指数	人均地区生产总值	指数	人均地区生产总值	指数	人均地区生产总值	指数	人均地区生产总值	指数
广州	124088	107.5	130522	105.9	134761	103.9	139246	103.0	142860	102.9	156427	103.9
深圳	156909	107.7	166415	105.3	177658	104.0	189993	104.0	197740	103.3	203489	103.0
珠海	125377	109.3	136474	108.5	148221	106.1	171118	106.8	175949	101.6	175533	99.8
佛山	102551	107.6	109701	107.2	117587	107.1	124108	106.4	128216	103.3	133850	103.6
惠州	62782	109.4	65180	108.6	70500	107.5	78429	107.7	83342	105.3	86043	103.1
东莞	74129	107.7	80319	108.8	87928	108.5	97317	108.2	105387	106.6	112507	106.6
中山	81066	106.9	84700	107.6	87907	103.7	90586	103.0	92960	101.9	92709	99.4
江门	46604	107.1	50366	108.1	54746	107.0	60311	107.6	65530	107.2	68194	103.5
肇庆	39229	109.0	41798	107.4	44465	104.4	47926	104.4	50859	105.6	53936	105.3

主要年份粤港澳大湾区内地九市地方一般公共预算收支情况

单位：亿元

市别	地方一般公共预算收入								
	2000 年	2005 年	2010 年	2014 年	2015 年	2016 年	2017 年	2018 年	2019 年
广州	200.55	371.26	872.65	1243.10	1349.47	1393.64	1536.74	1634.22	1699.04
深圳	221.92	412.38	1106.82	2082.73	2726.85	3136.49	3332.13	3538.44	3773.38
珠海	24.23	48.97	124.53	224.31	269.96	292.37	314.38	331.47	344.49
佛山	59.53	130.85	306.05	501.19	557.55	604.50	661.58	703.14	731.62
惠州	12.94	34.72	131.23	300.75	340.02	361.30	389.08	393.01	400.86
东莞	30.22	103.97	277.84	455.21	517.97	544.75	592.07	649.91	673.27
中山	17.46	54.26	139.38	251.74	287.51	295.04	312.76	315.23	283.42
江门	21.24	41.63	104.29	177.20	199.01	204.17	222.37	244.05	256.83
肇庆	10.97	20.44	76.80	139.13	143.36	91.70	94.85	106.04	114.21

市别	地方一般公共预算支出								
	2000 年	2005 年	2010 年	2014 年	2015 年	2016 年	2017 年	2018 年	2019 年
广州	240.72	438.41	977.32	1436.22	1727.72	1943.75	2186.01	2506.18	2865.33
深圳	225.04	599.16	1266.07	2166.18	3521.67	4211.04	4593.80	4282.56	4552.73
珠海	31.14	57.77	166.41	275.90	388.77	417.16	493.89	572.52	615.74
佛山	72.48	150.85	363.35	525.01	799.93	695.85	774.96	806.54	941.32
惠州	20.14	52.41	185.44	372.97	486.07	509.08	554.01	544.22	614.86
东莞	33.61	117.04	289.83	457.68	581.24	599.29	667.65	765.41	863.01
中山	19.24	56.71	145.85	261.46	355.37	367.57	455.22	437.92	411.74
江门	28.18	54.24	132.98	236.10	292.90	293.21	333.26	377.88	421.24
肇庆	20.09	40.64	127.66	241.71	267.71	248.16	271.15	315.72	351.65

主要年份粤港澳大湾区内地九市人均地方一般公共预算收入情况

单位：元

市　别	2000 年	2005 年	2010 年	2014 年	2015 年	2016 年	2017 年	2018 年	2019 年
广州	2061.72	3875.93	7100.70	9559.65	10153.45	10119.18	10768.28	11116.11	11248.07
深圳	3327.64	5064.37	10892.78	19457.70	24613.26	26937.59	27271.52	27692.86	28515.59
珠海	2024.57	3492.54	8025.47	13999.46	16621.83	17668.96	18273.96	18130.46	17599.19
佛山	1146.57	2265.69	4349.20	6843.94	7544.00	8117.75	8751.43	9036.42	9108.59
惠州	408.85	946.27	2931.87	6380.78	7171.79	7582.07	8146.65	8181.66	8256.63
东莞	503.97	1585.20	3454.53	5464.83	6241.63	6596.89	7131.68	7767.23	7988.12
中山	762.08	2231.98	4578.83	7908.30	8981.32	9163.25	9638.12	9595.95	8472.91
江门	540.87	1014.97	2365.62	3933.88	4407.32	4505.42	4884.25	5328.61	5566.01
肇庆	325.95	558.68	1979.41	3453.32	3541.77	2251.91	2313.52	2565.42	2739.21

说明：按年中常住人口数计算

粤港澳大湾区内地九市全体、城镇、农村常住居民人均可支配收入与消费支出情况（2019 年）

单位：元

市　别	全体常住居民		城镇常住居民		农村常住居民	
	人均可支配收入	人均消费支出	人均可支配收入	人均消费支出	人均可支配收入	人均消费支出
广州	60073.8	42308.7	65052.1	45049.3	18818.4	22521.9
深圳	62522.4	43112.7	62522.4	43112.7	28867.9	
珠海	52495.1	38211.8	55219.3	40030.5		22573.0
佛山	54042.7	37160.3	55232.8	37970.2	17735.3	21822.5
惠州	37159.6	26610.7	42999.4	30008.8	16447.2	18387.4
东莞	53657.2	35729.7	55155.9	36198.4	16304.7	27720.6
中山	50477.6	33959.0	52502.4	35173.2	35904.5	24750.6
江门	32323.3	21647.4	38595.2	25679.4	35121.6	13643.5
肇庆	26121.5	17021.7	33259.8	21685.4	18482.2	12510.3

说明：按照国家统计局的统一部署，广东省分市县城乡一体化住户调查工作从 2013 年底正式启动，从 2014 年开始正式对外发布分市全体居民人均可支配收入数据

粤港澳大湾区内地九市农林牧渔业总产值和指数（2019 年）

单位：亿元　上年 =100

市　别	总产值						指　数					
	农林牧渔业总产值	农业产值	林业产值	牧业产值	渔业产值	农林牧渔服务业产值	农林牧渔业总产值	农业产值	林业产值	牧业产值	渔业产值	农林牧渔服务业产值
广州	446.31	250.46	2.42	44.13	88.89	60.42	103.2	105.0	95.3	91.0	106.7	100.2
深圳	48.16	12.17	0.39	3.33	30.39	1.88	105.7	87.8	104.5	103.4	115.2	91.3
珠海	105.31	15.71	0.02	6.66	74.28	8.64	101.6	112.0	7.9	45.4	110.2	96.8
佛山	319.56	94.20	1.17	63.17	137.56	23.46	104.5	107.6	72.4	99.9	103.0	114.3
惠州	328.08	234.94	8.15	53.73	26.65	4.60	101.8	103.4	131.4	91.4	101.1	103.8
东莞	43.98	32.49	0.31	0.45	9.35	1.38	109.2	104.8	96.8	57.7	135.2	101.8
中山	104.61	29.53	0.05	3.87	68.70	2.46	95.5	101.6	53.9	57.6	96.1	99.4
江门	459.25	143.29	9.39	89.50	202.81	14.27	104.9	106.8	94.0	105.8	103.1	111.3
肇庆	590.06	285.55	86.99	120.61	77.55	19.37	104.9	107.8	106.5	82.2	121.8	205.4

说明：总产值按当年价格计算，指数按可比价格计算

粤港澳大湾区内地九市社会消费品零售总额（2019 年）

单位：亿元

市　别	社会消费品零售总额	按消费形态分		按城乡分	
		商品零售	餐饮收入	城　镇	乡　村
广州	9551.57	8313.69	1237.88	9265.02	286.55
深圳	9144.46	7957.51	1186.95	9123.43	21.03
珠海	996.30	857.81	138.49	968.70	27.60
佛山	3685.27	3276.20	409.06	3249.67	435.60
惠州	1924.55	1756.92	167.63	1541.57	382.99
东莞	4003.89	3622.72	381.17	3614.71	389.18
中山	1617.09	1468.80	148.29	1484.32	132.76
江门	1206.96	1075.40	131.56	916.20	290.76
肇庆	1107.52	990.68	116.84	778.48	329.05

粤港澳大湾区内地九市限额以上批发零售企业商品购、销、存总额（2019年）

单位：万元

市别	商品购进总额	#进口	商品销售总额	批发额	#出口	零售额	年末库存总额
批发业							
广州	330682281	14518581	342461392	337102329	9509009	5359063	15473133
深圳	242260166	27170575	263740317	261127551	13897472	2612766	15779900
珠海	35182588	9283473	37249129	36747331	2690295	501798	2939326
佛山	83312096	1830323	90405768	88191064	5379390	2214704	3925942
惠州	4748062	57739	5533254	5110560	156839	422694	263873
东莞	43315093	2811453	49320656	47746816	5715778	1573840	2808139
中山	11017080	440113	12043234	11904001	3067028	139232	795136
江门	9044432	757480	9848030	9321651	2363078	526379	549976
肇庆	2323036	212510	2936889	2901707	172590	35182	209807
零售业							
广州	36909638	1407059	44768739	4246501	11084	40522237	3346549
深圳	30822839	1251847	36595347	4685565	22978	31909782	3975114
珠海	2716954	210087	3303645	387165	5095	2916481	414748
佛山	7443881	409333	8428134	404118	1658	8024017	789204
惠州	4168391	155681	5692357	806202	2230	4886155	309012
东莞	11092416	557307	13616276	436790	795	13179486	847599
中山	3822155	77781	5522548	349682	1499	5172866	484191
江门	2765987	65179	3193068	235816	0	2957253	277169
肇庆	3072405	48599	3958698	333624	7219	3625074	130617

粤港澳大湾区内地九市限额以上住宿餐饮业经营情况（2019年）

单位：万元

市　别	企业（单位）数（个）	营业额	#客房收入	#餐费收入	#商品销售收入
住宿业					
广州	720	1670975	938597	434894	18765
深圳	507	1623717	1027115	403769	9082
珠海	177	356295	215618	90974	18110
佛山	195	314534	141645	135070	8592
惠州	138	221160	117674	78092	6064
东莞	211	494034	215499	215504	5973
中山	127	172028	79584	66251	2111
江门	120	170633	71566	59315	7822
肇庆	63	62596	37602	20173	880
餐饮业					
广州	1373	4007243	42010	3733450	172414
深圳	1049	3900398	44876	3684042	81552
珠海	262	331351	1092	321681	5167
佛山	358	412833	16016	368899	14679
惠州	201	188594	17574	156654	7394
东莞	521	795688	370	697819	86844
中山	289	322109	363	311311	2546
江门	294	257882	4271	244254	1666
肇庆	129	84359	5667	71742	4058

粤港澳大湾区内地九市旅游宾馆（酒店）住宿设施情况（2019 年）

市　别	宾馆（酒店）（家）	五星级	四星级	三星级	二星级	一星级	客房（间）	床位（张）	客房出租率（%）
广州	3141	23	29	93	16	0	232812	334820	69.8
深圳	764	24	22	38	10	0	113214	160903	64.4
珠海	613	8	7	42	3	0	56993	83038	62.3
佛山	492	9	15	13	0	0	30429	46418	55.9
惠州	1560	5	8	17	0	0	86258	130000	53.9
东莞	1479	13	11	4	1	0	113800	147600	40.0
中山	639	2	2	9	1	1	45901	60201	48.0
江门	936	4	1	6	0	0	46407	69119	63.3
肇庆	1023	1	1	12	4	0	38600	70000	67.3

说明：本表星级宾馆（酒店）指截至 2019 年底已得到文化和旅游部或广东省文化和旅游厅批准的，不包已报未批部分

粤港澳大湾区内地九市旅游业收入情况（2018—2019 年）

单位：亿元

市　别	收入合计		旅游外汇收入		国内旅游收入	
	2018 年	2019 年	2018 年	2019 年	2018 年	2019 年
广州	4008.19	4454.58	428.95	451.22	3579.24	4003.36
深圳	1609.31	1715.17	338.87	345.71	1270.44	1369.46
珠海	466.15	541.52	97.16	113.99	368.99	427.53
佛山	809.13	891.86	106.60	74.66	702.53	817.20
惠州	500.36	574.26	69.01	73.89	431.35	500.37
东莞	529.37	574.17	107.87	109.94	421.50	464.23
中山	294.11	303.78	18.02	21.09	276.09	282.69
江门	586.83	690.52	89.54	122.15	497.29	568.37
肇庆	322.99	340.82	23.92	15.17	299.07	325.65

粤港澳大湾区内地九市普通中学情况（2019年）

市　别	学校数（所）	毕业生数（人）			招生数（人）
			高中	初中	
广州	534	164047	56484	107563	184705
深圳	417	132870	41739	91131	174054
珠海	77	29364	9670	19694	35721
佛山	212	107020	38582	68438	125695
惠州	277	93515	30256	63259	118346
东莞	246	96201	27135	69066	128042
中山	103	50034	15401	34633	58058
江门	193	67939	24460	43479	77810
肇庆	187	75472	25754	49718	81525

市　别	在校学生数（人）			教职工数（人）	
		高中	初中		# 专任教师
广州	526222	159355	366867	66235	56217
深圳	477390	137539	339851	81855	67614
珠海	100614	31909	68705	10444	9147
佛山	356309	120734	235575	35280	30734
惠州	327725	95151	232574	35667	30788
东莞	349043	85561	263482	48863	37028
中山	165060	47790	117270	18841	15833
江门	220109	78321	141788	20622	18720
肇庆	232264	70345	161919	21139	19008

说明：普通中学各地市教职工未进行折算

粤港澳大湾区内地九市中等职业教育基本情况（2019 年）

市　别	学校数（所）	毕业生数（人）	招生数（人）	在校学生数（人）	教职工数（人）	
						# 专任教师
广州	82	58192	63539	180990	11357	7926
深圳	15	12861	13835	39442	3584	2747
珠海	8	7059	6744	18493	1123	916
佛山	31	21167	27862	64974	4625	3827
惠州	25	16611	16775	48687	2674	1945
东莞	21	18574	19515	56962	4391	3030
中山	11	7193	8535	23847	1847	1570
江门	18	13228	11719	33725	2274	2016
肇庆	17	18291	20496	54052	3186	2590

粤港澳大湾区内地九市小学情况（2019 年）

市　别	学校数（所）	毕业生数（人）	升学率（%）	招生数（人）	在校学生数（人）	教职工数（人）	
							# 专任教师
广州	980	147700	89.08%	210895	1104714	52116	47997
深圳	340	139895	89.24%	203957	1068992	33069	29258
珠海	131	25385	97.59%	34809	181989	8318	7799
佛山	417	82950	100.74%	117468	616570	30463	28425
惠州	554	86235	97.78%	113801	609393	24235	22652
东莞	331	112400	87.03%	160064	837399	31699	26130
中山	212	44465	91.94%	61802	326422	13938	12599
江门	326	50390	98.35%	63474	348700	15353	14785
肇庆	233	57164	99.14%	72484	400466	18632	17838

说明：1. 各地市小学毕业生升学率，由于跨地市流动学生较多，如按教育部口径计算将与实际差异较大，因此采用各地填报的小学升上本

2. 2011 年起小学教职工、专任教师数包含小学、教学点，不含九年一贯制和十二年一贯制学校小学部的教职工和专任教师数

粤港澳大湾区内地九市学龄儿童入学情况（2018—2019年）

市别	2018年			2019年		
	学龄儿童人数（人）	已入学人数（人）	入学率（%）	学龄儿童人数（人）	已入学人数（人）	入学率（%）
广州	1042345	1042345	100.0	1085797	1085793	100.0
深圳	1012801	1010252	99.7	1048694	1048694	100.0
珠海	166411	166411	100.0	175772	175772	100.0
佛山	571343	571343	100.0	603925	603925	100.0
惠州	582320	582320	100.0	606649	606649	100.0
东莞	784152	784152	100.0	820212	820212	100.0
中山	307057	307057	100.0	322452	322452	100.0
江门	322853	322853	100.0	334937	334937	100.0
肇庆	319549	319549	100.0	366780	366780	100.0

粤港澳大湾区内地九市工业企业R&D活动人员和经费（2017—2019年）

市别	R&D活动人员（人）			R&D经费内部支出（亿元）		
	2017年	2018年	2019年	2017年	2018年	2019年
广州	97894	95562	99979	254.86	267.27	286.24
深圳	232421	289422	302042	841.10	966.75	1049.92
珠海	23152	30808	34234	59.09	82.77	93.33
佛山	96072	93256	92022	216.02	235.17	259.71
惠州	43255	50199	56291	80.31	89.32	99.78
东莞	73644	111969	124459	161.42	221.24	260.57
中山	45301	36620	31176	76.60	59.28	59.66
江门	22902	30145	33170	48.45	58.35	65.07
肇庆	11611	12524	10640	23.42	22.03	23.35

说明：统计范围是规模以上工业企业

粤港澳大湾区内地九市工业企业新产品产出情况（2018—2019年）

单位：万元

市别	2018年			2019年		
	新产品产值	新产品销售收入	#出口	新产品产值	新产品销售收入	#出口
广州	48406950	48522236	6386057		56428622	7211965
深圳	128420224	120512172	47210109		142386906	49375657
珠海	15205007	14180174	4592020		15171752	5120566
佛山	40981933	40405005	8663560		44843616	8747333
惠州	30014544	28542639	10815974		27597444	10918449
东莞	79580277	90096776	14417471		91549452	24462335
中山	11326795	11307042	3632154		11834232	4416744
江门	11258513	11084397	2924791		11863008	3260897
肇庆	4697974	4588247	394396		3936142	505841

说明：统计范围是规模以上工业企业

粤港澳大湾区内地九市文化、文物事业机构数（2019年）

单位：个

市别	艺术表演团体	文化馆	公共图书馆	博物馆（含美术馆）	档案馆
广州	7	12	13	28	14
深圳	2	8	11	55	11
珠海	1	4	3	3	6
佛山	2	7	6	21	7
惠州	1	6	5	9	8
东莞	—	1	1	16	3
中山	—	1	1	9	2
江门	2	8	8	13	12
肇庆	2	9	9	8	11

说明：1. 自2013年起，艺术表演团体分为公有制艺术表演团体（事业）和公有制艺术表演团体（企业）
2. 各市不包省直单位部分

粤港澳大湾区内地九市广播、电视事业机构数（2019年）

单位：个

市别	广播电台	中波广播发射台和转播台	电视台	100瓦及以上电视发射台和转播台	广播电视台
广州	—	1	—	2	5
深圳	1	2	2	1	—
珠海	—	—	—	1	2
惠州	—	—	—	5	5
东莞	—	—	—	1	1
中山	—	—	—	2	1
江门	—	—	—	4	6
佛山	1	—	1	7	—
肇庆	—	—	—	7	7

粤港澳大湾区内地九市医疗卫生机构、床位和人员数（2019年）

市别	机构（个）	#医院（所）	床位数（张）	#医院床位	卫生工作人员（人）	#卫生技术人员	执业（助理）医师（人）
广州	5093	269	100080	90940	202725	168056	58671
深圳	5010	144	48145	44738	125142	102831	40338
珠海	936	44	10233	9186	23690	19773	7740
佛山	2097	127	38085	35530	68092	58215	20937
惠州	3013	78	21852	16354	43040	36112	13992
东莞	3055	110	33041	32181	68014	57332	20818
中山	986	67	16124	16008	29171	25398	9321
江门	1658	48	24248	17632	37841	32010	10934
肇庆	3175	59	18477	13791	32947	25656	8471

说明：机构、人员数含村卫生室数

粤港澳大湾区内地九市社会保险参保人数（2019年）

单位：万人

市　别	城镇职工基本养老保险参保人数	城乡基本养老保险参保人数	城镇职工基本医疗保险	城乡居民基本医疗保险参保人数	失业保险参保人数	工伤保险参保人数	生育保险参保人数
广州	768.99	140.09	803.12	499.08	644.20	732.27	628.13
深圳	1213.69	1.02	1239.57	297.02	1166.64	1186.15	1246.71
珠海	135.04	9.52	134.83	62.99	108.62	110.42	110.64
佛山	385.55	52.88	347.70	228.44	283.23	316.51	283.32
惠州	186.64	107.74	172.04	251.75	137.32	146.48	172.04
东莞	586.60	6.47	615.50	0.00	431.16	448.53	487.03
中山	227.23	0.28	283.71	0.00	157.94	162.68	159.35
江门	148.03	152.92	141.93	249.43	89.04	101.16	93.62
肇庆	73.67	160.09	74.94	339.83	54.22	56.85	54.81

说明：1. 各市不包省直单位部分

2. 2012年8月起，新型社会农村养老保险和城镇居民社会养老保险制度全覆盖工作全面启动，合并为城乡居民社会养老保险

粤港澳大湾区内地九市邮电业务情况（2019年）

市　别	业务总量（亿元）		函件（万件）	报刊累计数（万份）	快递（万件）	移动电话用户（万户）	本地电话用户（万户）
		#电信					
广州	3814.51	2453.20	11174.46	14798.68	634680.35	3200.02	371.57
深圳	3998.91	2376.10	16931.39	9260.41	421670.16	2896.48	430.76
珠海	315.81	289.27	2885.00	1962.79	10773.05	386.86	66.11
佛山	1050.49	894.60	2633.40	5410.42	69114.65	1288.33	226.82
惠州	606.36	538.47	316.10	3877.98	32574.12	736.52	113.95
东莞	1947.19	1537.80	8968.87	3338.28	163009.34	1716.02	240.78
中山	628.18	530.96	411.42	1892.38	44532.19	683.61	92.79
江门	382.65	355.16	555.49	3916.07	9879.91	551.93	98.82
肇庆	270.97	247.26	80.17	1979.00	9943.84	395.27	65.28

粤港澳大湾区内地九市私人汽车拥有量（2019年）

单位：辆

市别	汽车总计	载客汽车		载货汽车	其他汽车
			#轿车		
广州	2169343	1993129	1225819	170971	5243
深圳	2730058	2640113	1668693	86476	3469
珠海	600374	568855	391069	30863	656
佛山	2480848	2336066	1566354	142528	2254
惠州	1153860	1095727	753969	56579	1554
东莞	2864868	2749013	1774796	113744	2111
中山	1111311	1019861	682287	90572	878
江门	803266	742224	529648	60304	738
肇庆	557809	503972	332884	53049	788

粤港澳大湾区内地九市公路基本情况（2019年）

单位：千米

市别	通车里程	按等级分		按路面分			桥梁	
		等级路	等外路	有铺装路面	简易铺装路面	未铺装路面	数量（座）	长度（米）
广州	8999	8999	0	8987	12	0	3377	612132
深圳	736	736	0	736	0	0	653	124316
珠海	1463	1463	0	1463	0	0	456	129896
佛山	5309	5309	0	5309	0	0	2442	468735
惠州	13216	13211	5	12762	45	409	3306	248352
东莞	5284	5284	0	5284	0	0	1518	295463
中山	2671	2671	0	2666	5	0	1234	184310
江门	9515	9509	6	9285	4	225	2773	195824
肇庆	14306	14306	0	13578	184	544	2698	224498

主要年份粤港澳大湾区内地九市金融机构本外币存贷款

单位：亿元

市别	各项存款								
	2000年	2005年	2010年	2014年	2015年	2016年	2017年	2018年	2019年
全省	19083.64	38119.91	82019.40	127881.47	160388.22	179829.19	194535.75	208051.16	232458.64
广州	6200.47	11734.10	23953.96	35469.29	42843.67	47530.20	51369.03	54788.09	59131.20
深圳	3942.00	9486.76	21937.89	37350.50	57778.90	64407.81	69668.31	72550.36	83942.45
珠海	521.71	1014.08	2748.70	4570.67	5383.73	6124.26	6928.74	7542.91	9047.24
佛山	2119.08	3906.93	8462.33	11275.63	11867.67	13281.61	14042.40	15372.81	16948.10
惠州	394.44	823.96	2090.14	3394.60	3836.10	4974.48	5485.55	6171.35	6558.61
东莞	1327.79	3036.77	6077.87	9323.28	9968.80	11545.10	12497.97	14157.22	16426.44
中山	619.44	1186.76	2665.35	4149.69	4378.36	5031.00	5413.77	5930.49	6345.05
江门	805.18	1279.67	2285.75	3587.64	3766.81	4030.37	4271.88	4528.88	4946.81
肇庆	281.64	493.23	1072.54	1679.26	1785.01	2041.58	2259.76	2495.80	2642.47

市别	各项贷款								
	2000年	2005年	2010年	2014年	2015年	2016年	2017年	2018年	2019年
全省	13227.62	23261.21	51799.30	84921.79	95661.12	110928.41	126031.95	145169.39	167994.58
广州	4226.65	7622.20	16284.31	24231.71	27296.16	29669.82	34137.05	40749.32	47103.31
深圳	3032.13	7596.72	16808.12	27922.13	32449.04	40526.90	46329.33	52539.79	59461.39
珠海	349.20	486.72	1472.54	2426.24	2969.70	4098.08	4806.88	5238.24	6358.61
佛山	1581.90	2122.74	4868.99	7595.79	7950.53	8717.81	9376.97	10457.65	12175.18
惠州	221.42	409.44	1225.71	2436.97	2701.60	3460.97	4012.86	4886.82	5848.89
东莞	642.33	1540.48	3441.99	5562.36	5980.90	6545.66	6986.26	8209.70	10132.14
中山	382.09	498.05	1373.62	2644.90	2894.32	3367.09	3734.93	4036.39	4912.91
江门	574.26	565.45	1032.46	2024.51	2218.01	2469.83	2796.77	3140.85	3667.71
肇庆	217.44	232.13	652.01	1172.51	1281.52	1293.43	1501.96	1825.47	2156.79

（广东省统计局）

中国香港特别行政区主要社会经济指标

指　　标	2000 年	2010 年	2018 年	2019 年
本地生产总值				
按 2017 年环比物量计算①				
本地生产总值年增长率（%）	7.7	6.8	2.9	−1.2
本地生产总值（亿港元）	14551	21687	27355	27030
人均本地生产总值（港元）	218318	308753	367130	360042
按当年价格计算				
本地生产总值年增长率（%）	4.0	7.1	6.6	1.2
本地生产总值（亿港元）	13375	17763	28351	28682
人均本地生产总值（港元）	200675	252887	380503	382046
人口及生命统计				
年中人口（万人）	666.5	702.4	745.1	750.7
粗出生率（‰）	8.1	12.6	7.2	7.0@
粗死亡率（‰）	5.1	6.0	6.4	6.5@
劳动、就业⑥				
劳动人口（万人）	337.4	363.1	397.9	396.6
劳动人口参与率（%）	61.4	59.6	61.2	60.6
失业率（%）	4.9	4.3	2.8	2.9
政府收支、货币、金融（亿港元）				
政府收入总额②	2251	3765	5449	4913
政府支出总额②	2329	3014	4607	5357
货币供应量 M3	36928	71563	144037	147864
居民消费物价指数（2014 年 10 月至 2015 年 9 月 =100）				
综合消费物价指数	78.4	81.8	107.0	110.1

（续表）

指　　标	2000 年	2010 年	2018 年	2019 年
工业生产				
工业生产指数③（2015 年 =100）		101.9	101.3	101.7
工业电力消费量（万亿焦耳）	17769	11080	11081	10815
工业煤气消费量（万亿焦耳）	982	917	1717	1824
运输、旅游				
进出香港的货物				
总卸下（万吨）	13035	17282	17543	18584@
总装上（万吨）	8692	12882	10975	10236@
集装箱吞吐量④（万标准集装箱单位）	1810	2370	1960	1830
访港旅客⑤（万人次）	1306	3603	6515	5591
酒店入住率（%）	83	87	91	79
对外商品贸易				
港产品出口（亿港元）	1810	695	463	478
转口（亿港元）	13917	29615	41118	39409
进口（亿港元）	16580	33648	47214	44154
教育				
小学学生人数⑦（人）	498175	334415	376310	377202
中学学生人数⑦⑧（人）	490039	486817	341388	343526

说明：本表数据由香港特别行政区政府统计处提供，国家统计局整理编辑

@数字将于日后进行修订

①以环比物量计算的本地生产总值及其组成部分的参照年为 2017 年

②财政年度数字。指当年 4 月 1 日至第二年 3 月 31 日

③自 2005 年统计年度开始，所有工业生产指数均按《香港标准行业分类 2.0 版》编制

④1998 年起，采用一系列新的集装箱吞吐量数字，与 1998 年以前的数字不可比

⑤1996 年及以后的数字包括澳门访港的非澳门居民旅客人数

⑥统计数字在编制过程中涉及应用人口数字。数字已就 2016 年中期人口统计的结果而作出了修订。2016 年中期人口统计的结果提供了一个基准，用作修订自 2011 年人口普查以来编制的人口数字

⑦数字包括特殊学校的学生人数

⑧数字亦包括夜校、技工级课程及毅进文凭课程的学生人数

中国澳门特别行政区主要社会经济指标

指　　标	2000 年	2010 年	2018 年	2019 年
本地生产总值[①]				
以 2017 年环比物量计算				
本地生产总值实际增长率（支出法）（%）	5.7	25.3	5.4	-4.7
本地生产总值（亿澳门元）	1117.8	3261.1	4295	4092.6
人均本地生产总值（万澳门元）	26.0	60.7	65.1	60.8
按当年价格计算				
本地生产总值名义增长率（支出法）（%）	4.0	31.3	9.2	-2.2
本地生产总值（亿澳门元）	539.4	2250.5	4446.7	4346.7
人均本地生产总值（万澳门元）	12.5	41.9	67.3	64.5
人口及生命统计				
年中人口（万人）	43.1	53.7	65.9	67.2
出生率（‰）	8.9	9.5	9.0	8.9
死亡率（‰）	3.1	3.3	3.1	3.4
劳动、就业[②]				
劳动人口（万人）	20.9	32.4	39.2	39.5
失业率（%）	6.8	2.8	1.8	1.7
对外商品贸易				
出口（亿澳门元）	203.8	69.6	121.9	128
本地产品出口（亿澳门元）	170.8	23.9	15.3	15.1
转口（亿澳门元）	33.0	45.7	106.6	112.8
进口（亿澳门元）	181.0	441.2	901.0	901.3
工业生产				
工业电力消耗量（亿千瓦小时）	1.5	1.5	1.6	1.5

（续表）

指　　标	2000 年	2010 年	2018 年	2019 年
运输、旅游				
进出澳门货运车辆数目②（万辆）	45.4	35.8	34.8	34.1
访澳旅客③（万人次）	916.2	2496.5	3580.4	3940.6
酒店入住率（%）	58	80	91	91
政府收支、货币、金融				
政府总收入①（亿澳门元）	153.4	884.9	1413.1	1335.1
政府总开支①（亿澳门元）	150.2	383.9	803.3	821.0
货币供应（广义货币供应量 M2）（亿澳门元）	849.2	2430.5	6514.5	6875.3
消费价格指数（2018 年 4 月至 2019 年 3 月 =100）				
综合消费价格指数	56.90	70.66	99.05	101.78
教育④				
小学生（人）	46260	23785	32530	33961
中学生（人）	39673	37224	26022	26396
高等教育学生（人）	9000	25539	34279	36107

说明：本表数据由澳门特别行政区政府统计暨普查局提供，国家统计局整理编辑

①数字在日后得到更多资料时会作出修订

②自 2000 年开始包括进出关闸及路（氹）城边检站的数字。而自 2007 年开始亦包括进出跨境工业区边检站的数字

③自 2008 年开始，访澳旅客不包括外地雇员及学生等

④不包括特殊教育学生。第 n 年的学生人数是指 n/n+1 学年年底学生人数。2007/2008 学年起不包括回归教育学生人数；2010/2011 学年起为注册学生人数

·责任编辑　董泽国·

文献选录

中共广东省委　广东省人民政府关于贯彻落实《粤港澳大湾区发展规划纲要》的实施意见

（2019年7月5日发布）

为深入学习贯彻习近平总书记关于粤港澳大湾区建设重要讲话精神，深入贯彻落实《粤港澳大湾区发展规划纲要》（以下简称《规划纲要》），把粤港澳大湾区建设作为广东改革开放的大机遇、大文章抓紧做实，携手港澳建设富有活力和国际竞争力的一流湾区和世界级城市群，打造高质量发展的先行区、示范区，结合我省实际，提出如下意见。

一、重大意义和总体要求

（一）重大意义

粤港澳大湾区建设是习近平总书记亲自谋划、亲自部署、亲自推动的重大国家战略，是新时代推动形成我国全面开放新格局的新举措，是推动“一国两制”事业发展的新实践，对广东深化改革、扩大开放具有重要的里程碑意义。推进粤港澳大湾区建设，有利于我省深化与港澳互利合作，促进港澳保持长期繁荣稳定、更好融入国家发展大局，充分彰显“一国两制”强大生命力；有利于我省贯彻落实新发展理念，深入推进供给侧结构性改革，推动经济发展质量变革、效率变革、动力变革，打造高质量发展的典范；有利于推动广东改革开放在新时代、新起点上再出发，全面对接国际高标准市场规则体系，加快构建开放型经济新体制，高水平参与国际经济合作和竞争；有利于我省深度参与“一带一路”建设，携手港澳构建陆海内外联动、东西双向互济的全面开放新格局，构筑“一带一路”对接融汇的重要支撑区。

（二）指导思想

以习近平新时代中国特色社会主义思想为指导，全面贯彻党的十九大和十九届二中、三中全会精神，深入贯彻习近平总书记对广东重要讲话和重要指示批示精神，全面准确贯彻“一国两制”方针，严格依照宪法和基本法办事，坚持新发展理念，切实担当好粤港澳大湾区建设的重要职责，把粤港澳大湾区作为引领全省工作的“纲”，举全省之力推进实施，携手港澳建设充满活力的世界级城市群、具有全球影响力的国际科技创新中心、“一带一路”建设的重要支撑区、内地与港澳深度合作示范区、宜居宜业宜游的优质生活圈，引领广东实现“四个走在全国前列”、当好“两个重要窗口”。

（三）实施原则

坚持严格遵循中央顶层设计。把坚决维护习近平总书记党中央的核心、全党的核心地位，坚决维护党中央权威和集中统一领导贯彻到粤港澳大湾区建设全过程各方面，坚持在中央顶层设计下想问题、作决策、抓落实，严守政治纪律和港澳工作纪律，时时事事处处对表对标中央要求。

坚持“一国两制”。在坚守“一国”之本前提下用好“两制”之利，积极寻求最大公约数，把制度差异转化为制度优势、发展动能。严格依照宪法和基本法办事，注重运用法治化市场化方式推进与港澳合作。

坚持新发展理念。牢固树立和全面贯彻创新、协调、绿色、开放、共享的发展理念，用好我国发展的重要战略机遇期，坚定不移走高质量发展之路，大力提升经济创新力和竞争力，强化辐射带动作用，不断增强发展的整体性，推动大湾区建设成为展示新发展理念的重要窗口。

坚持改革创新。在遵循中央顶层设计前提下

大胆探索、先行先试，对标国际国内最高最好最优，认真学习借鉴国际一流湾区和世界级城市群建设经验，以规则相互衔接为重点，着力破除制约大湾区建设的体制机制障碍，促进各类要素在大湾区便捷流动和优化配置。

坚持互利共赢。全面深化与港澳互利合作，主动携手港澳做好谋划落实工作，大力促进三地经济发展、民生改善。充分发挥三地综合优势，强强联手，构建具有国际竞争力的现代产业体系，打造引领高质量发展的重要动力源。

（四）发展目标

按照“三步走”的安排，携手港澳有力有序推进粤港澳大湾区建设。

第一步，到2020年，粤港澳大湾区建设打下坚实基础。构建起协调联动、运作高效的大湾区建设工作机制，搭建起我省贯彻实施《规划纲要》、推进大湾区建设的“四梁八柱”，在国际科技创新中心建设、基础设施互联互通、现代产业体系构建、生态文明建设、优质生活圈建设、全面开放新格局构建、合作发展平台建设等方面取得重要进展，在促进人员、物资、资金、信息便捷有序流动方面取得重大突破，高质量全面建成小康社会。

第二步，到2022年，粤港澳大湾区基本形成发展活力充沛、创新能力突出、产业结构优化、要素流动顺畅、生态环境优美的国际一流湾区和世界级城市群框架。分工合理、功能互补、错位发展的城市群发展格局基本确立；协同创新环境更加优化，创新要素加快集聚，新兴技术原创能力和科技成果转化能力显著提升；供给侧结构性改革进一步深化；交通、能源、信息、水利等基础设施支撑保障能力进一步增强；绿色智慧节能低碳的生产生活方式和城市建设运营模式初步确立；粤港澳市场互联互通水平进一步提升，各类资源要素流动更加便捷高效，开放型经济新体制加快构建；经济高质量发展的体制机制、现代化经济体系基本建立，综合实力显著增强。

第三步，到2035年，粤港澳大湾区全面建成宜居宜业宜游的国际一流湾区。区域发展协调性显著增强，对周边地区的引领带动能力进一步提升；全面建成内联外通、综合立体、开放融合的综合交通网络；资源节约集约利用水平显著提高，生态环境质量实现根本性改善；人民生活更加富裕，社会文明程度达到新高度，文化软实力显著增强，多元文化交流融合；与港澳市场高水平互联互通基本实现，各类资源要素高效便捷流动；形成以创新为主要支撑的经济体系和发展模式，经济实力、科技实力大幅跃升，国际竞争力、影响力进一步增强，为我国基本实现社会主义现代化提供坚强支撑。

二、优化提升空间发展格局

优化区域功能和空间布局，构建极点带动、轴带支撑的网络化空间格局，推动大中小城市合理分工、功能互补，以提高珠江西岸发展水平为重点，进一步提高区域发展协调性，辐射带动周边地区加快发展。

（五）发挥极点带动作用。以香港、澳门、广州、深圳四大中心城市作为区域发展的核心引擎引领粤港澳大湾区建设，发挥香港—深圳、广州—佛山、澳门—珠海强强联合的引领带动作用，推动大湾区深度参与国际合作，提升整体实力和全球影响力。深化深港合作，加快打造深港合作机制创新升级版，以现代服务业、科技创新合作为重点，优化提升前海深港现代服务业合作区功能，推进深港科技创新合作区建设，共建粤港澳大湾区创新发展重要引擎。加快广佛同城化发展，形成一批具有全球影响力的枢纽型基础设施、世界级产业集群和开放合作高端平台，建成具有全球影响力的现代产业基地，打造服务全国、面向全球的国际大都市区。深化珠澳合作，协同推进特色金融、休闲旅游、高端装备制造、生物医药、文化创意等产业发展，共同推进珠海横琴新区开发建设，打造粤港澳大湾区经济新增长极。

（六）强化轴带支撑功能。依托以高速铁路、城际铁路和高等级公路为主体的快速交通网络与港口群和机场群，加快形成高效连接的网络化空间格局。充分发挥广深港高铁重要作用，促进粤港人员往来更加高效、便捷，支持在高铁沿线和高铁站周边建设合作平台载体，为深化粤港合作提供支撑。加快珠江口东西两岸融合互动发展，推进跨珠江口通道建设，充分发挥港珠澳大桥等既有通道作用，科学谋划新的过江通道，构建区域经济发展新轴带。拓展完善珠江西岸地区交通网络，加快快速通道建设，布局建设江珠高端产业集聚发展区等一批新的重大发展平台，增强珠江西岸发展动能。

（七）优化城市功能布局。强化广州、深圳的引领带动作用，发挥重要节点城市比较优势，加强与港澳的协同互补，加快形成分工有序、功能互补、高效协同的城市体系。支持广州实现老城市、新活力，在综合城市功能、城市文化综合实力、现代服务业、现代化国际化营商环境等方面出新出彩。支持深圳朝着建设中国特色社会主义先行示范区的方向前行，打造全面深化改革开放试验区、高质量发展先行样板、粤港澳大湾区建设核心引擎、践行新发展理念城市标杆、可持续发展议程创新示范区，努力创建社会主义现代化强国的城市范例。支持珠海经济特区发展，培育珠江口西岸核心城市。支持佛山、惠州、东莞、中山、江门、肇庆等重要节点城市充分发挥自身优势、突出产业特色、增强综合实力，共同提升大湾区城市群发展质量。

（八）促进城乡融合发展。建立健全城乡融合发展体制机制和政策体系，推动城乡基础设施互联互通、公共服务普惠共享、资源要素平等交换、生产要素充分对接，努力把短板变成“潜力板”。实施乡村振兴战略，推进农业供给侧结构性改革、农村人居环境整治，打好精准脱贫攻坚战，加快补齐农村基础设施和公共服务短板。以都市现代农业为方向，大力发展现代高科技农业、绿色农业、休闲农业、乡村旅游等，打造一批集生态、教育、文化、休闲、观光功能于一体的现代农业公园、休闲农业、田园综合体等农业功能区，建设一批农村一、二、三产业融合发展的现代农业产业园和先导区。建设广州国家现代农业产业科技创新中心。加快新型城镇化建设，大力发展特色城镇，培育一批具有特色优势的魅力城镇，形成优化区域发展格局的重要支撑。依托智慧小镇建设开展智能技术应用试验，探索未来城市发展模式。推进特大镇行政管理体制改革，在降低行政成本和提升行政效率的基础上不断拓展特大镇功能。进一步优化“三旧”改造和城市更新政策，加快盘活利用各类低效城镇建设用地。

（九）推进区域深度融合发展。强化基础设施、政策平台等重大功能统筹布局，推动大湾区内地在产业、营商环境、生态环境保护、基本公共服务等重点领域率先实现一体化。支持开展大湾区内地跨行政区经济合作探索，推进广佛肇（怀集）经济合作区、深莞惠区域协同发展试验区建设。消除区域市场壁垒，打破行政性垄断，加快探索建立规划制度统一、发展模式共推、治理方式一致、区域市场联动的区域市场一体化发展新机制，建立区域协调发展评价指标体系。探索建立区域一体化利益共享和利益补偿机制，统筹推进邻避型设施共建共享、交通基础设施对接合作、跨界流域上下游协同治理。

三、强化粤港澳大湾区辐射带动作用

以粤港澳大湾区为引领，统筹大湾区与粤东粤西粤北地区生产力布局，带动珠江—西江经济带创新绿色发展，推动大湾区与周边区域协调、协同、共同发展。

（十）推动构建“一核一带一区”区域发展新格局。深化大湾区与东西两翼沿海地区和北部生态发展区合作，推动全省全域参与大湾区建设，促进全省区域协调发展。加快建设大湾区连通东西两翼沿海地区和北部生态发展区以及贯通沿海经济带的快速大通道，推动珠三角地区世界级机场群建设，带动揭阳、湛江、梅县、韶关等机场协同发展，推动形成以大湾区世界级港口群为主体、粤东和粤西港口群为两翼的港口发展格局。加强大湾区与东西两翼沿海地区和北部生态发展区创新资源、创新市场对接，促进科技创新资源有序流动。支持大湾区优势企业参与东西两

翼沿海地区和北部生态发展区重大产业项目建设，深化产业协同共建。推动大湾区与东西两翼沿海地区和北部生态发展区加强生态环境保护合作，建立市场化、多元化生态保护补偿机制。支持东西两翼沿海地区和北部生态发展区打造对接服务大湾区的旅游休闲目的地。积极构建开放互通的政策环境和相互衔接的公共服务体系，改善区域整体营商环境。以广清一体化为示范，推动环珠三角地区与大湾区一体化融合发展。推进深汕特别合作区、广清产业园、广梅产业园等区域合作平台建设，开展高水平对口帮扶，共享改革发展成果。

（十一）带动珠江—西江经济带创新绿色发展。加快构建以粤港澳大湾区为龙头，以珠江—西江经济带为腹地，带动中南、西南地区发展，辐射东南亚、南亚的重要经济支撑带。推进珠江—西江经济带、琼州海峡经济带、粤桂黔高铁经济带等沿江、沿海、沿重要交通干线的经济带和粤桂合作特别试验区等跨省区合作平台建设，促进区域要素流动和产业转移，有序发展“飞地经济”，形成梯度发展、分工合理、优势互补的产业协作体系。推动大湾区与海峡西岸城市群和北部湾城市群联动发展。加强粤港澳大湾区建设与京津冀协同发展、长江三角洲区域一体化发展、长江经济带发展、海南自由贸易试验区和自由贸易港建设的协调对接。

四、建设国际科技创新中心

深入实施创新驱动发展战略，大力加强创新基础能力建设，全力组织实施关键核心技术攻关，加快提升自主创新和科技成果转化能力，不断优化区域创新环境，打造全球科技创新高地和新兴产业重要策源地。

（十二）加强创新基础能力建设。携手港澳加快推进重大科技基础设施、重要科研机构和重大创新平台建设，在重要科技领域、新兴前沿交叉领域提升原始创新能力。依托粤港澳大湾区重大科技基础设施建设基础，选择“广州—深圳—香港—澳门”科技创新走廊的特定区域，携手香港和澳门共建综合性国家科学中心，争取国家支持集中布局建设世界一流的重大科技基础设施集群，集聚具有国际先进水平的实验室、研发机构、科研院所、研究型大学以及顶尖科学家和高层次人才，重点开展基础研究和应用基础研究，打造重大原始创新的重要策源地。推进散裂中子源、江门中微子实验站、强流重离子加速器装置、加速器驱动嬗变研究装置等国家重大科技基础设施建设，推动国家超级计算中心广州中心和深圳中心扩容升级，推进与中科院共建太赫兹国家科学中心、寒武纪智能超算平台等重大创新平台。加快推进再生医学与健康、网络空间科学与技术、先进制造科学与技术、材料科学与技术等省实验室建设，启动化工、海洋、能源、环境、农业等领域省实验室建设，争取国家支持在大湾区布局国家实验室。联合港澳围绕网络空间、现代物理、清洁能源、再生医学、健康科学、材料科学、先进制造、海洋等重点领域，打造一批前沿科学交叉研究平台。支持大湾区内地科技人才联合港澳及国际科技人才组建创新科研团队，开展原创性基础研究和技术研发产业化。鼓励境内外投资者设立研发机构和创新平台。实施粤港澳科技创新合作发展计划和粤港粤澳联合创新资助计划，香港、澳门在我省设立的研发机构按照与内地研发机构同等待遇原则，享受国家和我省各项支持创新的政策。建设粤港澳大湾区全球大数据硅谷和国际数据经济创新中心。搭建大湾区大数据、科技服务、知识产权服务、品牌和质量检测等共享平台。争取国家支持自然科学基金委与粤港澳三地开展联合资助，支持粤港澳有关机构积极参与国家科技计划（专项、基金等）。支持依托深圳国家基因库发起设立“一带一路”生命科技促进联盟。

（十三）强化关键核心技术攻关。协同港澳面向重大技术领域持续攻坚，努力突破关键核心技术，抢占科技竞争和未来发展制高点，早日解决“卡脖子”问题。组织实施新一代信息技术、高端装备制造、绿色低碳、生物医药、数字经济、新材料、海洋经济、现代种业和精准农业、现代工程技术等重点领域研发计划。发挥企业创新主体作用，发挥市场对技术研发方向、路线选择、要素价格、各类创新要素配置的导向作用。实施高新技术企业树标提质行动、新型研发机构高质量发展计划，鼓励企业建设产业技术研发和转化平台。支持粤港澳企业、科研机构参与国际科技创新合作，与发达国家和地区合作建立国际产学研创新联盟，设立全球领先的科学实验室和研发中心。支持企业到海外设立研发机构、创新孵化基地。联合港澳积极牵头组织或参与国际大科学计划和大科学工程，积极参与中外科技伙伴计划，共建粤港澳大湾区大数据中心和国际化创新平台。

（十四）深化区域创新体制机制改革。推动将粤港澳深化创新体制机制改革的相关举措纳入全面创新改革试验。积极构建符合科技创新规律的体制机制，推动人才、资本、信息、技术等创新要素在大湾区便捷高效流动。出台支持港澳高等院校、科研机构参与广东省财政科技计划的政策措施，鼓励港澳符合条件的高校、科研机构申报。设立粤港澳联合创新专项资金，开展重大科研项目合作，支持相关资金在大湾区跨境使用。组建省基础与应用基础研究基金，设立港澳基础研究专项及粤港澳研究团队项目。开展外籍创新人才创办科技型企业享受国民待遇试点，简化企业设立审批流程。对在大湾区内地工作、符合一定条件的境外（含港澳台）高端人才和紧缺人才，配合国家制定个人所得税税负差额补贴政策措施。推动建立健全大湾区重大科研基础设施和大型科研仪器共享使用机制。支持科研合作项目需要的医疗数据和血液等生物样品跨境在大湾区内限定的高校、科研院所和实验室使用，促进临床医学研究发展。与港澳共同研究允许科研、医疗仪器设备及药品在港澳和大湾区内地异地购置使用政策。争取国家允许粤港澳联合设立的高校、科研机构建立专用科研网络，实现科学研究数据跨境互联。

（十五）优化区域创新环境。大力推动科技金融服务创新，强化知识产权保护和运用，打造具有国际竞争力的科技成果转化基地。充分发挥香港、澳门、深圳、广州等资本市场和金融服务功能，合作构建多元化、国际化、跨区域的科技创新投融资体系。鼓励港澳在大湾区设立创投风投机构，鼓励社会资本设立科技孵化基金，推动设立粤港澳大湾区科研成果转化联合母基金，引导风险投资和天使投资投向种子期、初创期的科技企业，建立天使投资风险补偿制度。依托区域性股权交易市场，建设科技创新金融支持平台。支持香港私募基金参与大湾区创新型科技企业融资，鼓励符合条件的创新型科技企业进入香港上市集资平台。探索内地与港澳创新基金双向募集、双向投资、双向流动的新模式。强化知识产权行政执法和司法保护，更好发挥广州知识产权法院、深圳知识产权法庭等机构作用，加强电子商务、进出口等重点领域和环节的知识产权行政和司法保护。探索制定新形态创新成果的知识产权保护办法，推进电子商务领域知识产权保护地方立法，建立健全大湾区知识产权纠纷多元化解决机制。发挥知识产权服务业集聚发展区的辐射作用，促进高端知识产权服务与区域产业融合发展。建立大湾区知识产权信息交换机制和信息共享平台。争取国家支持，推动建立粤港澳大湾区知识产权交易平台，完善知识产权评估机制、质押融资机制，探索开展知识产权融资租赁服务、知识产权投贷联动融资服务和知识产权证券化试点。开展知识产权保护规范化市场培育和“正版正货”承诺活动。加快推进中国（广东）知识产权保护中心、中国（佛山）知识产权保护中心的建设与运营，支持中新广州知识城开展国家知识产权运用和保护综合改革试验，推进珠海横琴国际知识产权交易中心和中国（南方）知识产权保护中心建设。加快构建跨境产学研合作机制，完善科技企业孵化育成体系，推动珠三角国家科技成果转移转化示范区建设，支持设立粤港澳产学研创新联盟，完善“省部院”产学研合作机制、产学研深度融合创新体系，培育建设华南技术转移中心、国家技术转移南方中心等。建设企业技术需求数据库，推动科技成果与企业技术需求有效对接。加快建设一批面向港澳的科技企业孵化器，联合港澳共建国际科技成果孵化基地。支持掌握关键核心技术、拥有自主知识产权的港澳科技人才或团队在大湾区内地落地转化科技成果。

（十六）打造高水平科技创新载体和平台。推动“广州—深圳—香港—澳门”科技创新走廊建设，以沿线的科技（学）城、高新区、高技术产业基地等创新载体建设为抓手，打造创新要素流动畅通、科技设施联通、创新链条融通的跨境合作平台。在深港科技创新合作区及深港双方毗邻区域、珠海横琴粤澳合作中医药科技产业园及周边适宜开发区域、广州南沙粤港深度合作区及庆盛科技创新产业基地等区域，建设三大科技创新合作区，打造深化港澳与内地合作的改革试验田。加快中新广州知识城、深圳光明科学城、佛山三龙湾高端创新集聚区、东莞中子科学城等重点创新平台建设，研究建设琶洲数字经济试验区。加强高新技术产业园区建设，推动国家高新区扩容，将高新区建设成为区域创新的重要节点和产业高端化发展的重要基地。支持专业性园区、产业转移工业园区转型升级为省级高新区，探索高新区“一区多园”管理模式。推进国家自主创新示范区建设，促进自创区与自贸区“双自联动”。推动珠三角九市军民融合创新发展，推进军民融合创新示范区创建，支持广东国防科技工业技术成果产业化应用推广中心建设。

五、构建现代化基础设施体系

以交通、信息、能源、水利基础设施为重点，携手港澳推进大湾区基础设施“硬联通”和机制“软联通”，形成内联外通、高效衔接的基础设施网络，建设一体化、便捷化、智能化的现代基础设施体系。

（十七）打造大湾区1小时交通圈。以连通珠江口东西两岸为重点，构建城际快速交通网络，提升客货运输服务水平，实现大湾区主要城市间1小时通达。加快深（圳）中（山）通道、虎门二桥、莲花山通道等过江通道建设，启动狮子洋通道（广州南沙至东莞虎门）、伶仃洋通道前期研究工作。与港澳共同研究完善港珠澳大桥、广深港高铁的运营管理机制。编制实施粤港澳大湾区城际（铁路）建设规划，完善大湾区铁路骨干网络，加快推进穗莞深等城际轨道项目建设，支持符合条件的城市有序发展适宜的城市轨道交通。与香港合作推动深港西部快速轨道的论证和规划建设，支持澳门轻轨延伸至横琴与内地轨道交通便捷衔接。统筹研究解决轨道枢纽、航空枢纽、高速公路出入口接驳道路拥堵问题。启用莲塘/香园围口岸，加快建设粤澳新通道（青茂口岸）、横琴口岸（探索澳门莲花口岸搬迁）等新口岸项目，提升文锦渡、沙头角等口岸功能。推进大湾区城际客运公交化运营，推广“一票式”联程和“一卡通”服务，构建一体高效、无缝衔接的综合客运网络。强化铁路和公路站场、港口、机场等货运枢纽的集疏运功能，推动发展“一单制”联运服务，构建“铁、公、水、空”一体化衔接的多式联运系统。推进货物运输结构调整，减少公路运量比重，增加铁路、水路运量比重。推进智能交通发展，建设综合运输管理服务云平台和公共信息大数据平台，推进物联网、云计算、大数据等信息技术在交通运输领域的创新集成应用。

（十八）畅通对外综合运输通道。加快构建以广州、深圳为枢纽，高速公路、高速铁路和快速铁路等出省通道为骨干，连接泛珠三角区域和东盟国家的陆路国际大通道。加快推进广州经湛江至海口、广州经汕尾至汕头、深茂铁路深圳至江门段、赣州至深圳、岑溪至罗定等铁路项目建设。争取国家支持，规划建设广州至河源、深圳至汕尾、珠海经江门至肇庆等高铁项目，研究谋划广州至清远（研究延伸至永州）、深圳经江门至南宁、广中珠澳、广深第二高铁等高铁项目。规划建设黄茅海通道，提升沿海高速公路通行能力。加快沈海高速（G15）和京港澳高速（G4）、长深高速（G25）等交通繁忙路段扩容改造。

（十九）提升珠三角港口群国际竞争力。推进珠江口港口资源优化整合，促进规模化、集约化、高端化发展，与香港形成优势互补、互惠共赢的港口、航运、物流和配套服务体系，增强大湾区港口群整体国际竞争力。增强广州、深圳国际航运综合服务功能，进一步提升港口、航道等基础设施服务能力。推进广州南沙港区、深圳盐田港区和南山港区、珠海高栏港区等专业化码头和深水泊位建设。拓展港口腹地范围，推进广州南沙港铁路等疏港铁路改造建设，加快西江干线、北江干线至珠江口高等级航运主通道建设，研究东江航道扩能升级，加强与泛珠三角地区口岸合作，共建内陆无水港、沿海飞地港。研究探索在珠江口合作开发深水港区。深化珠澳港口合作。推动粤港澳在航运支付结算、融资、租赁、保险、法律服务等方面实现服务规则对接，提升大湾区内地港口航运服务国际化水平。

（二十）建设世界级机场群。推动大湾区内地机场资源整合，优化调整空域结构，深化低空空域管理改革，提升广州和深圳机场国际枢纽竞争力，增强珠海机场功能，加强与香港、澳门机场合作，共同打造国际航空枢纽。加快推进广州、深圳、珠海、惠州等机场改扩建，新建珠三角枢纽（广州新）机场，规划建设一批支线机场和通用机场。进一步扩大大湾区境内外航空网络，积极推动开展多式联运代码共享。推进高速铁路、城际铁路、城市轨道和高速公路等引入大型机场，提升机场集疏运体系和综合交通枢纽功能。加快通用航空发展，稳步发展跨境直升机服务，加快推进广州等临空经济示范区和深圳、珠海通用航空产业综合示范区建设。培育和建设一批特色临空产业基地和航空小镇。

（二十一）打造智慧城市群。推进珠三角国家大数据综合试验区和新型智慧城市试点示范建设，加快建设新一代信息基础设施，推进与港澳信息基础设施互联互通，推广信息化技术在城市建设管理中的应用，大力发展智慧交通、智慧能源、智慧市政、智慧社区，建设大湾区智慧城市群。实施信息基础设施建设行动计划，推动光纤宽带网、无线宽带网、移动物联网深度覆盖。建设下一代移动通信网络，优化4G网络基站和室内分布系统建设，加快5G通信基站建设和网络应用。推进骨干网、城域网、接入网、互联网数据中心和支撑系统的互联网协议第六版（IPv6）升级改造。加快互联网国际出入口带宽扩容，全面提升流量转接能力。编制实施粤港澳量子通信骨干网规划，布局建设量子卫星地面站。建设超高清互动数字家庭网络。建设物联网与智慧城市应用示范区，推进供水、供电、供气、排水等城市智能感知网络全面覆盖。深化粤港澳智慧城市合作，探索建立统一标准，开放数据端口，建设互通的公共应用平台，建设全面覆盖、泛在互联的智能感知网络以及智慧城市时空信息云平台、空间信息服务平台等信息基础设施。推进粤港澳网间互联宽带扩容。推动降低粤港澳手机长途和漫游费，推进大湾区通信一体化结算。推进粤港、粤澳电子签名互认。推动大湾区移动支付便利使用。探索推动区块链等先进技术在广州、深圳等城市使用，促进量子通信等保密通信技术在政府部门、金融机构等应用。建立健全网络与信息安全信息通报预警机制，加强实时监测、通报预警、应急处置工作，构建网络安全综合防御体系。

（二十二）建设能源安全保障体系。推进能源生产和消费革命，优化大湾区能源结构和布局，深化能源管理体制机制改革，保障对港澳能源供给安全，构建大湾区优质能源供给体系。大力发展绿色低碳能源，加快非化石能源利用，依托国家骨干天然气管线布局建设配套支线，扩大油气管道覆盖面，提高油气储备和供应能力，统筹推进新建液化天然气（LNG）接收站和扩大已建LNG接收站储转能力，研究推动在粤设立区域性天然气交易机构。有序开发风能资源，加快建设珠海桂山、金湾，惠州惠东港口等海上风电场。因地制宜发展太阳能光伏发电、生物质能。积极接收“西电”，安全高效发展核电，按照国家部署推进惠州核电项目建设，有序开展台山核电二期、岭澳核电三期工程前期工作。鼓励发展工（产）业园区天然气热电联产和分布式能源。大力推进煤炭清洁高效利用，严格控制煤炭消费总量，逐步消除煤炭散烧，有序推进沙角电厂、广州发电厂等老旧机组关停，适度建设天然气发电调峰电源。推进广州、珠海等国家煤炭储备基地建设，建成煤炭接收与中转储备梯级系统。加强周边区域向大湾区以及大湾区城市间送电通道等主干电网建设，完善城镇输配电网络，提高电网输电能力和抗风险能力。深化电力市场化改革，扩大电力市场交易规模，建设电力现货市场，推进增量配电业务放开。理顺天然气管网建设运营机制，形成公平开放、互联互通、竞争有序的管网输送平台，减少管网层级，降低用气成本。多渠道、多主体增加气源供应，促进接收站和储气库向第三方开放，推动天然气、液化石油气供气设施向农村延伸。研究完善对港澳输电网络、供气管道，确保港澳能源供应安全和稳定，大力发展“互联网＋”智慧能源，探索建设农村能源革命示范区。

（二十三）强化水安全保障。加快完善水资源保障体系，推进建设完善的水利防灾减灾体系，提升大湾区水安全保障能力。实施最严格的水资源管理制度，配合国家制定珠江水量调度条例，严格珠江水资源统一调度管理。加快推进珠江三角洲水资源配置工程和对澳门第四供水管道建设。加强西江、北江、东江等核心水源保护，科学实施江河湖库水系连通工程。加强饮用水水源地和备用水源安全保障达标建设及环境风险防控工程建设，保障大湾区供水安全。加强粤港澳水科技、水资源合作交流。加强珠江河口综合治理与保护，推进珠三角河湖系统治理。推进中小河流治理、海堤达标加固、病险水库（水闸）除险加固、珠江干支流河道崩岸治理等工程建设，适时开展西江大湾水利枢纽、北江横岗水利枢纽项目前期工作。强化城市内部排水系统和蓄水能力建设，建设和完善珠海、中山等防洪（潮）排涝体系，有效解决城市内涝问题。加强珠江河口水文水资源监测，共同建设灾害监测预警、联防联控和应急调度系统。

六、协同构建具有国际竞争力的现代产业体系

坚持以供给侧结构性改革为主线，建设世界级先进制造业集群，推动传统产业改造升级，培育壮大战略性新兴产业，做优做强高端现代服务业，实现粤港澳产业优势互补、紧密协作、联动发展，加快构建以创新为战略支撑、先进制造业为主体，现代金融、人力资源相配套的现代产业体系。

（二十四）加快发展先进制造业。坚持制造业立省不动摇，突出优势主导产业，加快打造电子信息、汽车、智能家电、机器人、绿色石化五个世界级先进制造业产业集群，建设具有国际竞争力的先进制造业基地。以“芯、屏、机、核”为重点优化提升珠江东岸电子信息产业，支持珠江西岸集聚攻坚先进装备制造产业，提升国家新型工业化产业示范基地发展水平。以广州、深圳为重点，珠海、惠州、东莞、中山、肇庆等市协同参与，推动在高端芯片、新一代显示技术、新一代通信技术等关键技术、高端制造装备与检测装备、核心零部件和材料上取得突破，加快建设电子信息产业集群。以广州、深圳、佛山为重点，珠海、惠州、东莞、江门、肇庆等市协同参与，推动在新能源汽车电池、智能网联技术、氢能源电池上取得突破，加快建设智能汽车产业集群。以珠海、佛山为重点，深圳、中山、江门、肇庆等市协同参与，推动在节能环保、智能产品等关键技术和制造工艺技术上取得突破，加快建设智能家电产业集群。支持广州、深圳、珠海、佛山、惠州、东莞发挥各自细分领域优势，在伺服系统、减速器、传感器等关键核心部件的研发制造上取得突破，协同推进机器人产业集群建设。以广州、惠州等市为重点，强化石油化工产业空间集聚，延伸和完善石化深加工、精细化工产业链，培育壮大绿色石化产业集群。

（二十五）加快传统产业转型升级。推动互联网、大数据、人工智能和实体经济深度融合，加快推动传统产业智能化、服务化、绿色化发

展，增强传统产业核心竞争力，集中力量在高端环节形成新优势。大力发展智能制造，以基础制造装备、流程制造装备和离散型制造装备为重点，加快智能化装备的产业化和示范应用，培育一批智能制造骨干企业和智能制造系统集成公共技术支撑平台。建设国家级工业互联网创新中心，推动工业企业利用工业互联网新技术实施数字化转型。大力发展服务型制造，鼓励制造企业发展精准化定制服务等服务型制造新模式，培育一批服务型制造示范企业和项目，建设一批生产性服务业公共服务平台。大力发展绿色制造，培育壮大新能源、节能环保等产业，加快节能环保技术研发和装备推广应用，创建一批绿色工厂和绿色园区，支持企业开发绿色设计产品、打造绿色供应链。推动工程机械、机床、医疗设备等领域再制造产业集聚发展。完善制造业创新发展生态体系，实施企业创新能力和质量效益“倍增计划”，培育一批高成长高创新的“独角兽”和“瞪羚”企业。联合港澳打造若干新兴产业创新中心、制造业创新中心和技术创新中心。实施品牌战略，对标国际先进质量标准，开展质量提升行动和对标达标专项行动。加大要素保障力度，强化股权投资、贷款贴息、事后奖补等政策支持，切实降低实体经济要素成本和制度成本。支持东莞等市推动传统产业转型升级，支持佛山深入开展制造业转型升级综合改革试点。

（二十六）培育壮大战略性新兴产业。依托香港、澳门、广州、深圳等中心城市的科研资源优势和高新技术产业基础，聚焦新一代信息技术、高端装备制造、绿色低碳、生物医药、数字经济、新材料、海洋经济等战略性新兴产业，实施一批战略性新兴产业重大工程，形成若干产值超万亿元的新支柱产业。以芯片设计为基础，拓展建立完整的集成电路产业链，加快建设5G试验网、“芯火”双创基地、超高清视频产业基地，推进打造新型显示“材料—面板—模组—整机”纵向产业链。推进高档数控机床与工业机器人、增材制造装备等关键技术装备研发，加快发展智能传感器、精密减速器、智能仪表仪器等产业，建设国内领先的高端装备基地。培育壮大新能源、节能环保等产业，形成以节能环保技术研发和总部基地为核心的产业集聚带，推进佛山（云浮）跨区域氢能产业合作，支持建设国家级产业标准创新生产基地（氢能）。加快高通量测序、基因合成、细胞治疗等新技术转化应用，加速仿生医学、组织工程与再生医学技术发展，推进名优中成药二次开发。加快人工智能、区块链、大数据技术的研究与运用，与港澳在动漫游戏、网络文化、数字文化装备、数字艺术展示等数字创意产业开展全面合作，推动数字创意在会展、电子商务、医疗卫生、教育服务、旅游休闲等领域应用，共建数字创意产业基地。以广州新材料产业国家高技术产业基地、江门珠西新材料集聚区等为重点，在先进基础材料、关键战略材料、前沿新材料等方面加快建设一批特色新材料基地。

（二十七）携手港澳建设国际金融枢纽。坚持金融服务实体经济，重点支持广州、深圳、珠海、佛山等市金融业错位发展、优势互补，加快发展科技金融、绿色金融，推进与港澳金融市场互联互通，携手港澳建设国际金融枢纽。推进广州完善现代金融服务体系，建设区域性私募股权交易市场，建设产权、大宗商品区域交易中心，加快建设广州国际金融城。推动深圳依规发展以深圳证券交易所为核心的资本市场，争取国家支持扩大“深港通”每日额度，建设科技产权交易中心、创新资本形成中心。推进澳门—珠海跨境金融深度合作，探索建设澳门—珠海跨境金融合作示范区，支持与葡语系国家的人民币结算业务发展。支持佛山依托广东金融高新技术服务区，打造现代金融后援服务基地。大力发展特色金融产业，加快推进广州绿色金融改革创新试验区建设，探索设立服务绿色企业的现代绿色金融服务机构，研究设立以碳排放为首个交易品种的创新型期货交易所。加快推进深圳保险创新发展试验区建设，支持在前海开展再保险产品和制度创新，研究推出巨灾债券，创新发展航运保险、物流保险、融资租赁保险、邮轮游艇保险、跨境电商保险等业务。探索粤港澳大湾区保险服务中心建设。争取国家支持设立粤港澳大湾区绿色技术银行。推进深港金融市场互联互通和深澳特色金融合作，开展科技金融试点，加强金融科技载体建设。鼓励开发性、政策性金融机构和商业银行推进大湾区客户认定、授权管理、授信政策以及产品创新的一体化。加大投融资模式创新，积极探索REITS等创新金融产品，盘活存量资产，形成投融资良性循环。推动逐步扩大大湾区内人民币跨境使用规模和范围，支持大湾区银行机构按规定开展跨境人民币拆借、即期结售汇业务以及人民币与外汇衍生产品业务、理财产品交叉代理销售业务。支持大湾区内的企业按规定跨境发行人民币债券。在依法合规前提下，研究大湾区内基金、保险等金融产品跨境交易，不断丰富投资产品类别和投资渠道，建立资金和产品互通机制。支持大湾区保险机构开展跨境人民币再保险业务。支持符合条件的港澳银行、保险机构在深圳前海、广州南沙、珠海横琴设立经营机构。鼓励省内基金公司参与内地与香港公开募集证券投资基金互认工作。支持有序开展合格境外有限合伙人（QFLP）业务，争取国家支持扩大合格境内有限合伙人（QDLP）试点。依托全省金融资产交易市场，构建服务大湾区资源要素市场化配置和流转的金融基础设施平台。探索粤港澳保险机构在符合法律法规及监管要求的前提下，合作开发创新型跨境机动车保险和跨境医疗保险产品，为跨境保险客户提供便利化承保、查勘、理赔等服务。推进跨境电子支票联合结算、跨境电子账单直接缴费、支付工具跨境使用等金融服务创新。推动建立大湾区金融监管协调沟通机制，加强跨境金融机构监管和资金流动监测分析合作。完善粤港澳反洗钱、反恐怖融资、反逃税监管合作和信息交流机制。建立和完善系统性风险预警、防范和化解体系，共同维护金融系统安全。

（二十八）构建现代服务业体系。依托港澳现代服务业优势，以航运物流、旅游服务、文化创意、人力资源服务、会议展览及其他专业服务等为重点，构建错位发展、优势互补、协作配套的现代服务业体系。推进电子商务与快递物流协同发展，大力发展第三方物流和冷链物流，加强快递物流标准体系建设，携手港澳建设国际物流枢纽。推动粤港澳深化工业设计合作，促进工业设计成果产业化。深化粤港澳文化创意产业合作，有序推进市场开放。联合港澳引进国际知名展览品牌和配套服务企业。鼓励粤港澳共建专业服务机构，促进会计审计、法律服务等专业服务加快发展。支持大湾区企业使用香港的检验检测认证等服务。引进港澳发达成熟生活性服务业，促进健康服务、家庭服务、文化旅游等生活性服务业向精细和高品质转变。

（二十九）大力发展海洋经济。坚持陆海统筹、科学开发，联合港澳拓展蓝色经济空间，共同建设现代海洋产业基地。优化海洋开发空间布局，科学统筹海岸带（含海岛地区）、近海海域、深海海域利用。重点发展海洋电子信息、海上风电、海洋高端智能装备、海洋生物医药、天然气水合物、海洋公共服务等海洋产业，培育壮大海水淡化和综合利用、海洋可再生能源等海洋新兴产业。加快推进海洋交通运输、海洋油气、船舶制造、临海石化、海洋渔业等海洋传统产业转型升级。推动粤港澳海洋旅游、海洋文化、海洋金融和航运服务等海洋服务业融合发展。加强海洋科技创新平台建设，促进海洋科技创新和成果高效转化。加快“智慧海洋”建设，提升粤港澳海洋观测、监测、预报能力，提高海洋防灾减灾水平。支持深圳建设全球海洋中心城市，支持建设国家深海科考中心、南方海洋科学城。探索在境内外发行企业海洋开发债券，鼓励产业（股权）投资基金投资海洋综合开发企业和项目，依托香港高增值海运和金融服务的优势，发展海上保险、再保险及船舶金融等特色金融业。

七、推进生态文明建设

牢固树立和践行绿水青山就是金山银山的理念，把生态保护放在优先位置，实行最严格的生态环境保护制度，携手港澳加强污染联防联治，推动形成绿色发展方式和生活方式，实现粤港澳大湾区天更蓝、山更绿、水更清、环境更优美。

（三十）筑牢生态防护屏障。建立完善自然生态空间用途管制体系，科学划定县域城镇、农业、生态空间和生态保护红线、永久基本农田、城镇开发边界等“三区三线”，强化国土空间用途管制。实施重要生态保护和修复重大工程，统筹山水林田湖草系统治理，构建生态廊道和生物多样性保护网络。加强珠三角周边山地、丘陵及森林生态系统保护，推进粤北连绵山体森林生态屏障建设，深入实施新一轮绿化广东大行动，加快建成珠三角国家森林城市群。实施濒危野生动植物保护工程，加强珍稀濒危动植物及其栖息地的保护。推进珠三角绿色生态水网建设，建立湿地保护分级体系，加快建设一批湿地公园，健全河长制湖长制，强化与港澳水生态环境保护领域合作，打造区域水生态文明建设合作典范。严格落实海洋功能区划，实行岸线分级分类管理，建立健全海岸线动态监测机制，强化近岸海域和海岛生态系统保护与修复，推进重要海洋自然保护区及水产种质资源保护区建设与管理，实施水生生物资源养护工程，加强滨海湿地、河口海湾、红树林、珊瑚礁等重要生态系统保护，鼓励人工岸线生态化改造，携手港澳开展滨海湿地跨境联合保护，建设粤港澳大湾区水鸟生态廊道。

（三十一）加强环境保护和治理。坚持以预防为主，推进综合治理，强化水、大气、土壤等污染防治，切实提升环境质量。统筹陆海水环境综合整治。实施东江、西江及珠三角河网区污染物排放总量控制，重点加强东江下游支流沙河、公庄河、小金河污染治理。实施重要江河水质提升工程，重点整治珠江东西两岸污染，规范入河（海）排污口设置。推进深圳河、广佛跨界河流、茅洲河、淡水河、石马河、东莞运河等流域综合整治，全面消除劣V类断面，消除珠三角城市建成区黑臭水体，实现重点河流水质明显改善。开展珠江河口区域水资源、水环境及涉水项目管理合作，贯通珠江三角洲水网，构建全区域绿色生态水网。深入开展“蓝色海湾”整治行动，推进珠江口近岸海域综合整治，建立重点海域入海污染物总量控制制度，大力整治不达标入海河流，建立海洋环境实时在线监测系统，建立健全跨境海漂垃圾信息通报和联合执法机制。实施更严格的清洁航运政策，联合港澳建立船舶排放控制监管联动机制，共同推进珠江口水域船舶排放控制管理工作，提高港口岸电使用率。强化区域大气污染联防联控。完善粤港澳区域大气污染联防联治合作机制，采取硬措施整治大气污染，实施粤港珠三角空气质素管理计划，统筹防治臭氧和细颗粒物（$PM_{2.5}$）污染。推进粤港澳空气质量预报预警合作，联合开展挥发性有机物在线监测，建设华南区域空气质量预测预报中心。制定挥发性有机物总量控制指标审核及管理办法，实施挥发性有机物排放量两倍削减替代，全面完成工业涂装、印刷、制鞋等重点工业企业低挥发性原料改造。大力推进燃煤锅炉和窑炉清洁能源替代，推进重点行业“煤改气”。加强“车、油、路”统筹，加快推进机动车污染综合防治，提前实施机动车国Ⅵ排放标准，实现车用柴油、普通柴油和部分船舶用油“三油”并轨。探索建立新车注册登记环节环保查验制度，推动珠三角各市建设机动车遥感监测系统并与省平台联网。加强土壤污染和固体废物防治。开展粤港澳土壤治理修复技术交流与合作，推进受污染土壤的治理与修复示范，有效遏制土壤污染加重趋势。实施农用地分类管理，防控农业面源污染。实施生活垃圾强制分类制度，推广餐厨废弃物的资源化利用和无害化处理。加强危险废物处理处置能力建设，推进一般工业固体废弃物资源化利用，探索建立粤港澳固体废物再生循环利用合作机制，强化跨境转移监管，全面禁止“洋垃圾”入境。

（三十二）创新绿色低碳发展模式。建设绿色发展体系，变革传统生产方式、生活方式、消费方式，实现绿色低碳循环发展。创新绿色低碳发展体制机制，研究建立资源环境承载能力监测预警机制和大湾区绿色低碳发展指标体系，推动大湾区开展绿色低碳发展评价，力争碳排放早日达峰。推动建立大湾区绿色产品标准、标识和认证制度。深化碳排放权交易试点，低碳城市、城镇试点示范，推广深圳东部、东莞国家生态文明先行示范区建设经验，推进广州、深圳、中山等国家低碳城市试点，支持佛山禅城低碳发展示范区建设和中山小榄北区近零碳排放社区建设，实施近零碳排放区示范工程试点项目，推广碳普惠制试点，推动粤港澳碳标签互认机制研究与应用示范。调整产业结构、能源结构，加快落后产能退出，完成“散乱污”工业企业（场所）综合整治。推进资源节约利用和循环利用，严控水资源消耗总量和强度，建立节约集约用地激励和约束机制，全面开展省级以上园区循环化改造升级。推进粤港清洁生产伙伴计划。推动佛山南海国家环境服务业华南集聚区、粤澳（江门）产业合作示范区环保产业园、肇庆环保科技城等节能环保产业基地建设。依托粤港澳三地环保展览或论坛，积极搭建国内外低碳节能环保技术装备展示和项目对接平台。加快建设“一带一路”环境技术交流与转移中心（深圳）、粤港澳大湾区环境科学实验室、粤港澳大湾区（中山）生态环境保护联合创新中心。加强粤港澳环境保护宣传交流合作，共同倡导简约适度、绿色低碳的生活方式。推广绿色消费，规范快递业、共享经济等新业态、新消费的绿色标准，实行生产者责任延伸制度，推动生产企业落实废弃产品回收责任。加快推进绿色建筑发展，严格执行新建建筑节能监管措施，推动既有建筑节能改造，支持绿色生态小区建设。倡导绿色出行，加强绿道、古驿道与公共交通的衔接，培育慢行交通网络。大力推进公交电动化和其他领域新能源汽车推广运用，加快充电设施网络建设。

（三十三）完善环境保护机制。落实领导干部任期生态文明建设责任制，实行自然资源资产离任审计制度，严格环境损害责任追究和惩戒。建立完善粤港澳环保交流合作机制与平台，协调解决粤港澳大湾区生态环境保护和应对气候变化等重大问题。加强对台风等灾害性天气的联合预警预报，与港澳联合建设大湾区气象监测预警预报中心。实施最严格的环保法规标准、环境准入制度，建立健全环境污染“黑名单”和环保信用评价、信息强制性披露、严惩重罚等制度。

八、建设宜居宜业宜游的优质生活圈

坚持以人民为中心的发展思想，始终把人民对美好生活的向往作为奋斗目标，拓展与港澳在教育、文化、旅游、创业、医疗、社会保障等领域合作，积极引进港澳优质公共服务，完善便利港澳同胞在大湾区内地发展的配套政策，构建与国际接轨的公共服务体系，共同打造宜居宜业宜游的优质生活圈。

（三十四）打造教育高地。积极引进港澳和国际教育资源，加强教育交流合作，便利粤港澳居民共享优质教育资源。推动港澳高校到大湾区内地合作办学，共建优势学科、实验室和研究中心。推进香港科技大学、香港城市大学、澳门科技大学及香港大学（医学院）、香港中文大学（医学院）落户广东。支持粤港澳高校联盟建设发展，推动三地高校探索开展相互承认特定课程学分、实施更灵活的交换生安排、科研成果分享转化等方面的合作交流。实施大湾区高校联合实验室、协同创新中心建设计划。推进世界一流大学和一流学科建设，引进世界知名大学和特色学院，探索建设国际化大学城园区，打造大湾区国际教育示范区。争取国家支持，推动高起点创建大湾区大学，创新办学机制，建设高水平民办应用型本科高校，研究建立粤港澳大湾区教师教育学院，扩大广东高校对港澳、“一带一路”沿线国家和地区招生规模，提升留学人才培养质量，打造留学生集聚地。争取国家支持与港澳共同制定粤港澳大专（副学位）学历分批实施互认方案。推进粤港澳职业教育合作，支持各类职业教育实训基地交流合作，共建一批特色职业教育园区，建立职业教育资源共享机制。支持建设港澳子弟学校或设立港澳儿童班并提供寄宿服务。鼓励三地中小学校结为“姊妹学校”，研究探索三地幼儿园缔结“姊妹园”。制定在粤就读持港澳居民来往内地通行证学生与内地学生同等享受交通、旅游门票等优惠政策。完善跨区域就业人员随迁子女就学政策，推动实现平等接受学前教育、义务教育和高中阶段教育，确保符合条件的随迁子女顺利在流入地参加高考。落实港澳居民到广东考取教师资格并任教政策规定。

（三十五）建设人才高地。借鉴港澳吸引国际高端人才的经验和做法，实行更积极、更开放、更有效的人才引进政策，创造更具吸引力的引进人才环境。建立紧缺人才清单制度，定期发布紧缺人才需求，拓宽国际人才招揽渠道，引进一批站在世界科技前沿、处在创新高峰期的创新领军人才和高层次创新团队，凝聚海外留学归国青年人才。实施省重点研发项目联合招才计划、省重大实验室访问学者计划等，联合港澳开展招才引智工作，推动以侨引才。探索采用法定机构或聘任制等形式引进人才参与大湾区的建设和管理。加快建设粤港澳人才合作示范区，推进粤港澳职业资格互认，拓宽港澳专业人士在大湾区内地的执业范围。建立完善外籍、港澳台人才认定标准体系和人才认定机制。争取国家支持，率先实施更优人才居留政策，推动在技术移民等方面先行先试，缩短外籍人才申请永久居留的审批期限，允许符合认定标准的外籍高层次人才及其配偶和未成年子女随同申请永久居留。完善国际化人才培养模式，加强人才国际交流合作，推进职业资格国际互认。完善人才激励机制，健全人才双向流动机制。建设粤港澳大湾区（广东）人才港。推进广州、深圳等国家级人力资源服务产业园建设，建立粤港澳人力资源服务产业园联盟。加快江门人才岛、全国博士后创新（江门）示范中心建设。

（三十六）共建人文湾区。发挥粤港澳地域相近、文脉相亲的优势，完善大湾区公共文化服务体系，打造文化精品，共同推进中华优秀传统文化创造性转化、创新性发展。建立粤港澳大湾区文化合作工作机制，促进大湾区文化事业与文化产业发展。推进粤港澳在保护利用世界文化遗产、传承弘扬岭南文化等方面的合作，推动岐澳古道与世界文化遗产澳门历史城区步行系统连接，充分挖掘利用大湾区内文物古迹、世界文化遗产和非物质文化遗产、古驿道等资源，构建大湾区文化遗产游径系统。加强粤港澳文艺精品生产与推广，打造“广东文化精品丝路行”等文化交流品牌，举办粤港澳大湾区艺术精品巡展巡演、经典粤剧大湾区巡演等文化展演活动。吸收中华优秀传统文化精华，大力弘扬廉洁修身、勤勉尽责的廉洁文化，形成崇廉尚洁的良好社会氛围，共同维护向善向上的清风正气，构建亲清新型政商关系，推动廉洁化风成俗。加强与港澳在广播影视生产、演艺人才交流等方面的合作，推动建设影视文化和音乐产业基地，探索中外合作摄制电影片相关审批绿色通道。加强大湾区艺术院团、演艺学校及文博机构交流，支持博物馆、美术馆合作策展。支持建立大湾区演艺联盟，便利艺术院团在大湾区内跨境演出。联合港澳打造一批国际性、区域性的文化演艺活动和体育品牌赛事。加强香港与广州从化无规定马属动物疫病区在进出境检验检疫和通关等方面合作，推进马匹运动与相关产业发展。支持广州建设岭南文化中心和对外文化交流门户，支持深圳发展时尚文化产业，支持珠海与澳门联合共建亚洲（中国）设计博物馆，支持中山建设孙中山文化国际交流中心，支持江门建设华人华侨文化交流合作重要平台，支持肇庆府城复兴项目建设，支持共建世界美食之都，加快推进“粤菜师傅”工程。

（三十七）加强粤港澳青少年交流。搭建港澳青年在大湾区交流学习项目平台，推动青年交往交流、交心交融。共同组织开展粤港澳大湾区香港/澳门青年实习计划、青年同心圆计划、澳门青年到深圳实习及就业项目等活动，稳步扩大港澳青年来粤实习规模。支持粤港澳大湾区青年行动联盟发展，建设一批粤港澳大湾区青年家园。共同组织粤港澳三地师生旅游研学活动，开展港澳青少年国学夏令营、粤港澳青年文化之旅、粤港澳大学生岭南文化研修班、香港青少年国防体验营等项目，共建一批研学旅游示范基地。开展宪法和基本法、国家历史、民族文化教育宣传活动。举办粤港澳大湾区青年高峰论坛、粤港澳台暨海外华裔青少年文化交流等活动。

（三十八）构筑休闲湾区。依托大湾区特色优势，建设多元旅游平台，构建休闲度假、养生保健、邮轮游艇等多元旅游产品体系，开发高铁“一程多站”旅游产品，建设粤港澳大湾区世界级旅游目的地。联合港澳共建深圳太子湾、广州南沙湾、香港启德港邮轮母港集群。支持深圳、广州建设中国邮轮旅游发展实验区，进一步增加国际班轮航线，探索研究简化邮轮、游艇及旅客出入境手续。研究探索内地邮轮旅客以过境方式赴港参与全部邮轮航程。推动划定游艇自由行活动水域，建立高效便捷的游艇自由行管理机制。推动珠三角城市建设国家全域旅游示范区。建设贯通潮州到湛江并连通港澳的滨海旅游公路，推动滨海旅游业高品质发展，完善滨海旅游基础设施及公共服务体系，将海湾、沙滩、海岛、渔村串联起来，打造蓝色旅游经济带。支持利用大湾区海岸线资源发展帆船、冲浪、海钓、潜水等滨海体育休闲项目。大力发展乡村旅游，实施产区变景区、田园变公园、劳作变体验、农房变客房“四变工程”，拓展农业农村的休闲、康养、观赏等功能。支持广州南沙国家健康医疗旅游示范基地建设。支持珠海、江门等开发滨海康养旅游产品。加快建设珠海万山群岛、江门川山群岛、惠州稔平半岛、深圳大鹏半岛等一批滨海旅游度假区，加快建设一批产业、文化、旅游“三位一体”的滨海特色风情小镇，探索以旅游等服务业为主体功能的无居民海岛整岛开发方式。探索开通香港—深圳—惠州—汕尾海上旅游航线。

（三十九）拓展就业创业空间。完善区域公共就业服务体系，建设公共就业综合服务平台，便利港澳居民在大湾区内地就业创业。完善取消港澳居民来粤就业许可制度配套政策措施。制定港澳居民中的中国公民参加大湾区内地事业单位公开招聘实施办法，建立以直接考核方式招聘高层次急需紧缺人才的“绿色通道”。按照国家部署，推进港澳居民中的中国公民依法报考内地公务员工作。建设粤港澳公共就业综合服务平台，探索推动三地在服务项目、内容、流程、标准等方面业务协同。推动在粤就业的港澳居民同等享受各类创业就业补贴政策。推动在深圳前海、广州南沙、珠海横琴建立港澳创业就业试验区，试点允许取得建筑及相关工程服务等港澳相应资质的企业和专业人士为内地市场主体直接提供服务，并研究推出更多试点项目和开放措施。加快推进粤港澳青年创新创业基地建设，重点建设粤港澳大湾区（广东）创新创业孵化基地、深港青年创新创业基地、前海深港青年梦工场、南沙粤港澳（国际）青年创新工场、中山粤港澳青年创新创业合作平台、中国（江门、增城）“侨梦苑”华侨华人创新产业聚集区、东莞松山湖（生态园）港澳青年创新创业基地、惠州仲恺港澳青年创业基地等。鼓励社会资本探索设立港澳青年创新创业基金，鼓励更多港澳青年进驻基地创新创业。

（四十）塑造健康湾区。推动优质卫生资源紧密合作，争取国家放宽大湾区内地医疗领域限制，加强食品安全合作，打造健康湾区。支持港澳医疗卫生服务提供主体在珠三角九市按规定以独资、合资或合作等方式设置医疗机构，便利港澳医师注册执业，争取国家放宽使用境外药品及医疗器械等有关限制。与港澳合作发展区域医疗联合体和区域医疗中心，打造国际化的医疗技术人员和管理人员培训基地。将符合条件的港资、澳资医疗机构按规定纳入医疗保险协议管理范围。建立与香港、澳门中药质量研究机构合作机制，共同研究制定国际认可的中医药产品质量标准。建立区域内重症传染病人会诊机制，完善紧急医疗救援联动机制。加强医疗卫生人才联合培养和交流，推动粤港澳医务人员开展学术交流。支持粤澳合作中医药科技产业园发展，开展中医药产品海外注册公共服务平台建设。推进健康城市、健康村镇建设。支持中山创建国家生物医药科技国际合作创新区。支持江门建设粤港澳大湾区医疗养生基地。支持肇庆建设粤港澳大湾区南药健康产业基地。加强食品食用农产品安全合作，完善港澳与内地间的食品安全溯源体系，与港澳共同建立食品安全信息通报案件查处和食品安全事故应急联动机制。建立完善粤港澳进出口食品农产品合作制度。支持港澳参与广东出口食品农产品质量安全示范区和“信誉农场”建设，高水平打造惠州粤港澳绿色农产品生产供应基地、肇庆（怀集）绿色农副产品集散基地。

（四十一）促进社会保障和社会治理合作。完善社会保障领域制度建设，推动港澳居民在医疗、养老、住房等民生方面享有与内地居民同等待遇。推进社会保障合作，推动进一步完善在粤就业港澳人员参加社会保险有关政策，贯彻落实国家关于持有居住证的港澳居民参加城乡居民养老保险、医疗保险政策。推动港澳在我省实施异地就医费用结算，增加在粤试点医院数量，直接结算港澳居民在试点医院的医疗费用。完善便利港澳居民在大湾区内地购房（租房）政策。深化养老服务合作，支持港澳投资者在珠三角九市按规定以独资、合资或合作等方式兴办养老等社会服务机构，港澳投资者在粤兴办养老机构与内地民办养老机构享受同等待遇。推进国家级医养结合试点，建设一批区域性健康养老示范基地。探索与港澳共建跨境社会救助信息系统，开展社会福利和慈善事业合作。深化社会治理合作，支持珠三角九市县（市、区）与香港、澳门片区、堂区建立结对交流合作机制，为港澳居民提供参与志愿服务、社区活动、文化交流的渠道。建立社会治安治理联动机制，加强粤港澳警务合作交流，强化矛盾纠纷排查预警和案件应急处置合作，联合打击跨境犯罪活动，统筹应对传统和非传统安全威胁。建立粤港澳突发事件应急处置联动机制和应急协调平台，制定重大突发事件应急预案，不定期开展应急演练，提高应急合作能力。

九、加快形成全面开放新格局

充分发挥港澳在对外开放中的功能和作用，进一步优化珠三角九市投资和营商环境，提升大湾区市场一体化水平，实现粤港澳开放资源融合、开放优势互补、开放举措联动，引领形成陆海内外联动、东西双向互济的开放格局，打造“一带一路”建设重要支撑区。

（四十二）打造国际一流的营商环境。深化“放管服”改革，加快转变政府职能，推进营商环境法治化建设，加快社会信用体系建设，形成稳定、公平、透明、可预期的一流营商环境。支持广州、东莞等开展深化营商环境综合改革试点，支持深圳、广州开发区创建营商环境改革创新实验区。深化商事制度改革，加强事中事后监管，推广“证照分离”，推进“照后减证”，进一步压缩企业开办时间。深化投资项目审批改革，进一步清理精简审批、核准等事项，压缩全流程审批时间。推动商事登记“银政通”服务向港澳、“一带一路”沿线国家和地区拓展，实现商事登记服务前移、离岸受理、远程办理。探索简化港澳资企业商事登记公证文书，推进粤港澳投资跨境商事登记全程电子化。推行权力清单、责任清单等管理制度，提高行政效能。加强市场综合监管，健全以“双随机、一公开”监管为基本手段、以重点监管为补充、以信用监管为基础的新型监管机制。建立健全行业协会法人治理结构，鼓励行业协会商会制定行规行约，充分发挥行业协会商会在制定技术标准、规范行业秩序、开拓国际市场、应对贸易摩擦等方面的积极作用，探索将行业管理与协调性职能、社会事务管理与服务性职能、技术服务性职能与市场自律职能依法转移给具有相应资质的社会组织。探索开展营商环境地方立法工作。依法平等保护各种所有制经济产权，依法保护民营企业、中小企业的合法权益，营造公平竞争环境，着力激发微观主体活力，按国家部署建立因政府规划调整、政策变化造成企业合法权益受损的依法依规补偿救济机制。加强粤港澳司法交流与协作，推动建立共商、共建、共享的多元化纠纷解决机制，推动建设大湾区国际仲裁中心。推动成立服务参与“一带一路”建设的法律类社会组织，加快推进“一带一路”法治地图建设。创新涉外法治人才培养培训机制，建设涉外法律人才教育培养与科研创新基地。研究制定广东省社会信用条例，建立全覆盖的信用信息归集和共享机制、“红黑名单”和信用联合奖惩制度。加强信用信息标准规范、企业信息公开、个人隐私保护、信用服务市场化、个人诚信分、诚信店品牌等方面建设。推动与港澳开展信用信息共享、信用评价标准对接、信用产品互认、信用服务机构资质互认等合作，探索依法对区域内企业联动实施信用激励和失信惩戒措施。推动法治化营商环境同社会信用体系建设、市场伦理建设、营商操守建设、行业自律建设相结合，倡导诚实经营、诚信经商，形成人人遵纪守法、个个诚信守信的营商文化氛围。积极学习借鉴港澳在政务服务、社会治理、城市管理等方面经验，探索在深圳前海、广州南沙和珠海横琴特定区域建立与港澳趋同的服务管理模式。

（四十三）加快数字政府建设。创新“互联网+政务服务”模式，实现政务数据融合汇集，提高行政服务效率。落实《广东“数字政府”改革建设方案》，优化建设“广东政务服务网”。加快清理整合分散独立的政务信息系统，建设在线智慧政府，建好“粤省事”综合服务平台，打破“信息孤岛”，提高行政服务效率。加快“多证合一”系统、“开办企业一窗受理”、中介服务超市等营商主题服务系统建设，推行数字政府“指尖计划”，持续开展减证便民行动。推进广东自贸试验区“企业专属网页”优化办事流程，逐步实现“零跑动”。探索建立数据交易中心和政府数据运营中心，建立数据开放和交易规则，推动跨部门综合专网建设和电子政务数据开放。

（四十四）高标准建设广东自由贸易试验区。发挥自贸试验区的试验田作用，统筹抓好广州南沙、深圳前海蛇口、珠海横琴3个片区建设，打造高水平对外开放门户枢纽。加快推进《进一步深化中国（广东）自由贸易试验区改革开放方案》各项试点任务，落实《国务院关于支持自由贸易试验区深化改革创新若干措施的通知》，积极承接国家部委下放的各项管理权限，研究向片区下放新一批省市级管理权限，赋予自贸试验区更大改革自主权，争取形成更多可复制可推广的改革创新经验。研究制定广东自贸试验区对外开放负面清单指引，营造更加开放透明的投资环境，建设开放型经济新体制先行区。推动全球报关服务系统、全球进出口商品质量溯源体系、粤港澳自贸通等重点制度创新事项落地实施，加快发展离岸贸易、国际分拨、中转集拼等新型贸易模式，打造国际航运枢纽和国际贸易中心。推动将合格境内投资者境外投资试点范围扩大到广州南沙、珠海横琴片区，建设金融业对外开放试验示范窗口。争取自贸试验区扩区，建设粤港澳大湾区自由贸易通道。

（四十五）推进投资贸易自由化便利化。全面实施准入前国民待遇加负面清单管理制度，继续在自贸试验区进行开放试点。在CEPA框架下积极争取扩大港澳资金融机构业务范围，扩大教育、文化、医疗、法律、建筑、航运等专业服务业市场准入。争取国家支持，推动允许港商独资或控股的开发建设项目试点采用香港工程建设管理模式，推动全面放开港澳居民个体工商户经营范围，实现与大湾区内地个体工商户享有同等待遇。完善全省统一的电子口岸平台建设，推广应用“单一窗口”新上线的跨境电子商务、公路及空运舱单等功能模块。探索实施更高标准的“一线放开、二线安全高效管住”贸易监管制度。深入推进粤港澳服务贸易自由化，研究制定相关港澳专业人士执业管理办法，探索在广东自贸试验区允许具有港澳执业资格的金融、建筑、规划、专利代理等领域专业人才，经相关部门或机构备案后，按规定范围为自贸试验区内企业提供专业服务，试点成熟后，在大湾区内复制推广。拓展“一试三证”（一次考试可获得国家职业资格认证、港澳认证及国际认证）范围，促进粤港澳在与服务贸易相关的人才培养、资格互认、标准制定等方面加强合作，有序推进制定与国际接轨的服务业标准化体系。加强质检资源共享和检测认证结果互认，推动建立粤港澳品牌认证联盟并构建互认机制。支持广州、佛山、中山市开展市场采购贸易方式试点。推进广州、深圳、珠海、东莞跨境电子商务综合试验区建设。

（四十六）促进人员车辆货物往来便利化。制定便利签注政策，推广快速通关模式，降低货物通关成本，促进粤港澳大湾区要素有序流动。推动完善大湾区内地居民申领港澳商务签注人员范围及签注有效期等相关规定。推动港澳居民可持用回乡证在大湾区内地便利使用。争取国家支持，在大湾区内地全面实施部分国家外国人 144 小时过境免签政策，允许已抵达港澳的外国人向口岸签证机关申请办理旅游签证，在港澳工作居住的外国人申请办理有效期 5 年以内的多次入境有效签证。加强与港澳口岸部门协作，强化电子化、信息化等手段运用，推广快速查验模式和新型查验技术，依法推动在粤港澳口岸实施更便利的通关模式，推动莲塘 / 香园围口岸车辆实施“一站式”查验。进一步完善澳门小汽车便利入出横琴的政策措施，研究制定全面放开香港和澳门私家车经港珠澳大桥珠海公路口岸入出内地的政策。完善粤港、粤澳两地牌机动车管理政策措施，研究探索允许两地牌机动车通行多个口岸。深化信息互换、监管互认、执法互助大通关改革，推进建设“线上海关”，在大湾区具备条件的口岸全面推广实施“一站式”通关，推进口岸查验单位一次性联合检查，进一步压缩通关时间。研究对大湾区内地出口港澳货物、从港澳或国际经大湾区内地口岸转口的货物，除国家规定特殊情形或港澳要求外，试点推行更加便利的货物通关查验模式。

（四十七）打造“一带一路”建设重要支撑区。发挥港澳优势，携手参与国际物流、国际航线、国际金融等方面建设，深化与相关国家和地区合作交流。落实粤港、粤澳携手参与国家“一带一路”建设合作意向书。推进川贵广—港澳—南亚国际物流大通道、粤港澳物流合作园、广州大田、广东（石龙）铁路跨境国际物流基地建设，加大广东“中欧班列”政策扶持力度，加快开通一批面向“一带一路”沿线国家和地区的国际直飞航线和旅游包机航线。支持广州港、深圳港拓展全球海运网络。推动粤港澳金融机构在跨境融资、资产转让、跨境担保等跨境人民币同业合作，打造人民币跨境使用示范区。办好广东 21 世纪海上丝绸之路国际博览会，积极参与香港“一带一路”高峰论坛、澳门国际贸易投资展览会。

（四十八）全面参与国际经济合作。发挥港澳在对接国际市场方面重要的桥梁纽带作用，支持大湾区优质企业和优势产品走出去，开展跨国并购和全球营销，强化对重点国别和地区的招商引资，高水平引进外资，提升大湾区参与国际合作的竞争力。支持大湾区企业联手走出去，推动广东制造业、建筑业、能源资源行业与港澳会计、投资、法律、保险、商务咨询等服务业合作，开展跨国投资、跨国并购。加强粤港澳港口国际合作，与相关国家和地区共建港口产业园区，建设区域性港口联盟。建立走出去专业服务联盟、建设走出去信息服务平台和重点项目库。支持符合条件的粤港澳机构合作设立人民币海外投贷基金，为企业走出去开展投资、并购提供投融资服务。健全大湾区国际产能合作机制，打造中白工业园广东光电科技产业园、中国·越南（深圳—海防）经贸合作区、尼日利亚广东经贸合作区、肯尼亚珠江经济特区、华坚埃塞俄比亚轻工业城、中国（广东）—乌干达国际产能合作工业园等一批高水平国际产能合作园区。支持企业在香港设立资本运作中心及企业财资中心，开展融资、财务管理等业务，提升风险管控水平。推进粤港澳专业展会合作，建设广东产品全球展览平台网络。支持佛山与香港开展离岸贸易合作。举办粤澳商品系列展会，支持澳门建设葡语国家商品集散中心，合作开拓葡语国家和其他地区市场。加大引进外资力度，完善与世界主要经济体交流合作机制，联合港澳开展投资营商环境推介，建立大湾区投资信息服务平台，组织开展中国（广东）—美国投资合作交流会、中国（广东）—欧洲投资合作交流会，吸引跨国公司总部和国际组织总部落户大湾区。高水平建设中新广州知识城、中韩（惠州）产业园等国际合作园区。

十、共建粤港澳合作发展平台

加快推进深圳前海、广州南沙、珠海横琴等

重大平台开发建设，发展一批特色合作平台，充分发挥其在进一步深化改革、扩大开放、促进合作中的试验示范作用，引领带动粤港澳全面合作。

（四十九）优化提升深圳前海深港现代服务业合作区功能。深化深港合作，依托香港、服务内地、面向世界，坚持并不断完善前海发展模式，促进现代服务业集聚发展，在参与“一带一路”建设、推进大湾区建设、高水平参与国际竞争合作方面发挥更大作用，创造出更多可复制推广的经验。推进扩容提质发展，推动修编出台前海深港现代服务业合作区总体发展规划，争取国家将前海先行先试政策和支持措施整体适用于扩大后的范围。加强与香港基础设施高效联通。扩大香港工程建设模式实施范围，推广建筑信息化模型（BIM）技术应用。借鉴香港经验提升城市建设和运营管理水平，建设国际一流森林城市，突出水城共融城市特色，打造可持续发展的绿色智慧生态城区。加快前湾国际学校、国际医疗中心、国际金融交流中心等项目建设，建设富有活力和国际竞争力的国际化城市新中心。推进深港现代服务业合作发展，在CEPA框架下争取国家支持放宽港澳投资者在深圳设立银行、证券、保险等机构的准入门槛、业务开展等方面的限制。建立与大湾区开放创新相适应的账户管理体系。依托香港交易所前海联合交易中心，推动国际航运、大宗商品、产权、碳排放权等交易平台发展。建设跨境经贸合作网络服务平台，深化拓展前海湾保税港区功能，探索建设新型国际贸易中心和国际高端航运服务中心。积极发展离岸贸易等国际贸易新兴业态，打造货权交割地。支持科技企业区内注册、国际经营，鼓励引进国际创新创业团队在前海建设离岸创新创业平台。支持在有条件的海关特殊监管区域开展保税研发业务。依托经济特区立法权，加快构建适应开放型经济发展的制度规则体系，探索治理模式、财政体制等领域创新，打造法治建设先行区。加强深港司法合作交流，完善港籍陪审员和港籍调解员制度，深化涉外涉港澳审判机制改革。深化粤港澳合伙联营律师事务所试点，支持前海律师事务所在境外设立分支机构。建设集国际商事调解、域外法律查明于一体的国际商事调解中心，争取国家支持探索推动香港国际仲裁机构在前海设立分支机构，联动香港打造国际法律服务中心和国际商事争议解决中心。

（五十）打造广州南沙粤港澳全面合作示范区。充分发挥国家级新区和自贸试验区优势，加快建设大湾区国际航运、金融和科技创新功能承载区，高标准推进广州南沙城市规划建设，携手港澳建成高水平对外开放门户。加快重大港航基础设施项目建设，集聚粤港澳现代航运服务资源，发展航运服务业和邮轮游艇产业。强化国际贸易功能集成，推进保税物流、出口集拼、大宗商品交易等平台建设。推动各类外事资源和国际组织落户南沙，携手港澳建设中国企业走出去综合服务基地。以发展人工智能产业为重点，加快南沙庆盛科技创新产业基地建设，打造大湾区人工智能产业引领示范区。依托华南技术转移中心、香港科技大学霍英东研究院等重大平台，为香港纳米技术及先进材料、资讯及通信技术、物流及供应链管理应用技术等研发中心提供更大发展空间，建成一批港澳科技成果对接转化平台。规划建设粤港产业深度合作园，加快基础设施建设和产业导入。推动葡语系国家商品展示销售综合平台提质升级，探索建设粤澳合作葡语国家产业园。探索建设南沙（粤港澳）数据服务试验区。推进金融服务创新试验示范，高标准建设南沙国际金融岛，逐步引入国际金融论坛运营总部、各国常设金融机构驻广州总部等重点平台。着力发展航运金融、科技金融、融资租赁等服务实体经济的特色金融。加快推动设立粤港澳大湾区国际商业银行。加快建设广州航运交易结算中心，支持南沙争取国际航运保险业务免征增值税政策。合理统筹解决新增建设用地规模。推进与周边地区在城市规划、综合交通、公共服务设施等方面的一体化衔接，构建“半小时交通圈”。深化全国人才改革试验，规划建设大湾区国际人才创新创业基地和海外华人华侨交流基地，精准引进高、精、尖紧缺人才，打造南沙国际化人才特区。加强生态环境建设，传承和弘扬岭南文化、水乡文化和海洋文化。

（五十一）推进珠海横琴粤港澳深度合作示范。推动建立“澳门资源 + 全球技术 + 创新人才 + 横琴载体”产业合作新模式，提升横琴发展创新活力，支持澳门更好融入国家发展大局。充分发挥澳门和横琴旅游资源综合优势，主动协同澳门高水平建设珠海横琴国际休闲旅游岛。加快横琴科学城建设，支持横琴与澳门共同发展特色芯片设计、测试和检测，推动建设高新技术产业园。加快推进横琴澳门青年创业谷和粤澳合作产业园等重大合作项目建设，研究建设粤澳信息港。支持横琴与澳门携手建设和运营大数据交换中心、离岸数据中心，打造下一代互联网产业集群。支持粤澳合作中医药科技产业园发展，探索加强与国家中医药现代化科技产业创新联盟合作。支持横琴与珠海保税区、洪湾片区联动发展，依托港珠澳大桥建设粤港澳物流园，承接香港物流、供应链服务等现代服务业西拓，打造“大桥经济区”。争取国家支持横琴在医疗健康领域先行先试，在国际诊疗合作、前沿医疗技术研究运用、境外药品和医疗器械注册审批等方面实施更加开放的创新政策，探索符合条件的港澳和外籍医务人员直接在横琴执业。争取国家支持优化拓展横琴“分线管理”政策，推动实现全岛服务、货物贸易“一线基本放开、二线高效管住”。探索实行澳门的规划及工程监管机制，由澳门专业人士和企业参与民生项目开发和管理。支持申建国家级海外人才离岸创新创业基地。研究将外国人签证居留证件签发权限下放至横琴。深化民生合作，支持珠海和澳门在横琴合作建设集居住、教育、医疗、社区服务等功能于一体的综合民生项目，探索澳门医疗体系及社会保险直接适用并延伸覆盖至该项目。研究在横琴设立澳门子弟学校。推进全面对外开放合作，做实做强做优中拉经贸合作平台，搭建内地与“一带一路”相关国家和地区的国际贸易通道，推动跨境交付、境外消费、自然人移动、商业存在等服务贸易模式创新。开展跨境贸易电子商务网购保税进口业务，推动葡语国家产品经澳门更加便捷进入内地市场。

（五十二）支持深港科技创新合作区建设。全面加强深港科技合作，探索实施“境内关外”的科技创新管理制度和国际科技合作机制，深入开展科技创新要素自由流动等体制改革，建立有利于科技产业创新的国际化营商环境，推动基础设施互联、科技资源共享、协同创新提升、新兴产业培育、国际创新拓展、创新服务优化等，打造深港跨境深度合作新支点、粤港澳大湾区创新发展新引擎。重点发展人工智能、机器人、生命健康及微电子等产业创新集群。争取国家支持合作区建设离岸创新基地。支持合作区参与国家南方科学中心建设，组建国际微电子创新中心。加快口岸智慧化改造和福田保税区转型升级。推动建设跨境通信试验区。

（五十三）支持中新广州知识城建设。高质量推进广东省营商环境改革创新实验区建设和知识产权综合改革试点，加快自贸试验区创新制度在知识城复制推广，打造与港澳营商环境对接、经济发展协同的合作体系，创建粤港澳大湾区制度创新先行区。强化与新加坡全面合作，推动知识城先进制造业与新加坡工业 4.0 技术深度融合，大力发展战略性新兴产业，规划建设价值创新园区集群，打造知识经济发展新高地和中新两国创新合作新标杆。支持建设新一代信息技术、数字经济、生物医药、新能源、新材料及智能芯片和粤港澳大湾区科技创新综合孵化园等价值创新园。支持开展粤港澳知识产权保险、交易、贸易活动，加快建设广州知识产权交易中心。

（五十四）支持珠海西部生态新区建设。发挥新区海港、空港、海洋及江河水系等资源优势，在先进装备制造业、临港工业和现代服务业等领域深化与港澳合作，形成生态优先、陆海联动、产城融合的珠港澳新型合作模式。建立与港澳高校、企业交流的机制，共建面向粤港澳的企业孵化基地和青年创新创业中心。联手港澳打造具有国际影响力的大湾区主题会展和旅游品牌。

深化万山海洋开发试验区功能，协同香港、澳门发展面向国际的邮轮市场。

（五十五）支持佛山粤港澳合作高端服务示范区建设。依托制造业发展基础，为港澳产业金融、工业设计、科技服务、离岸贸易、信息服务、专业服务等高端生产性服务企业到佛山发展提供更好服务，建设“香港+佛山”深度合作支撑区。对接香港科创研发技术团队，加快季华实验室等项目建设。大力发展智能制造、人工智能、数字经济，建设智慧城市，打造生态宜居创新发展示范区。

（五十六）支持惠州潼湖生态智慧区建设。深化与香港企业、科研机构产学研合作，共建广东省科技体制改革创新示范区，打造粤港澳大湾区国际化创新创业活力区、科技成果转化高地。重点在半导体、物联网、智能制造、科研服务、文化创意等方面与港澳开展全方位合作，建设高端电子信息产业集群。携手港澳打造绿色生态城市示范区，建立绿色低碳的基础设施体系，加快培育绿色、循环、低碳产业链，提升产业科技含量和资源利用效率。

（五十七）支持东莞滨海湾新区建设。探索粤港澳协同发展先导区政策创新，打造具有国际水平的滨海湾创新链走廊，集聚高端制造业总部，发展现代服务业，建设战略性新兴产业研发基地。构建高端电子信息发展轴、现代服务业发展轴和战略性新兴产业发展轴“三轴”联动核心产业空间。打造法治化、国际化营商环境新高地，带动商贸物流等传统产业转型升级。

（五十八）支持中山翠亨新区建设。深化与香港、澳门、深圳等城市以及国际先进地区在生物医药、高端装备制造业、新一代电子信息、高端服务业、青年创新创业等领域合作，高水平建设翠亨科学城，加快打造国际化现代化城市新中心、珠江口东西两岸融合发展示范区、粤澳全面合作示范区。深度挖掘和弘扬孙中山文化，搭建文化交流平台。

（五十九）支持江门大广海湾经济区建设。深化与港澳在金融、旅游、文化创意、电子商务、海洋经济、职业教育、生命健康等领域合作，建设粤港澳合作用海示范区，打造粤港澳深度合作发展试验区。加快江门银湖湾滨海地区开发，推动江澳绿色经济合作，探索粤澳合作发展的新模式，打造绿色智慧海滨新城、粤港澳大湾区产业服务平台。

（六十）支持肇庆新区建设。主动承接港澳和广州、深圳溢出产业，加快建设粤港澳大湾区生态科技产业园。高标准推进交通基础设施建设，建设大湾区辐射大西南的大型物流集散基地，打造供港供澳重要农产品物流基地。促进跨境电商产业集聚，支持大西南地区企业在肇庆新区建立大湾区总部。依托丰富的自然旅游资源，建设大湾区健康产业发展和养生旅游度假胜地。

十一、保障措施

（六十一）加强组织协调。省推进粤港澳大湾区建设领导小组负责我省推进粤港澳大湾区建设工作的统一领导、统一指挥、统一协调。省领导小组办公室负责落实领导小组决策部署、加强统筹协调、督促任务实施。在省领导小组的框架下，分领域成立若干专项工作小组，负责推进专门领域工作。珠三角九市参照省的模式成立领导小组和办公室，党委主要负责同志是推进《规划纲要》实施第一责任人。粤东粤西粤北地区各市要主动加强与省有关部门的对接，积极融入大湾区发展。主动协同港澳做好谋划落实工作，推动建立粤港澳三地推进大湾区建设协调机制，衔接落实粤港、粤澳合作框架协议，共同协商解决大湾区合作发展中的重大问题。

（六十二）加强政策支持。建立用地、用林、用海规模和指标统筹机制，对纳入大湾区战略部署的重大平台、重点项目用地需求予以优先保障。完善产业用地供需保障机制，设定产业保护区，建立产业用地供需平台。创新重大公共基础设施工程用地审批机制。探索建立基于保护的生态用地退耕还林、征转分离、规划调整、指标规模核算等生态用地保护政策。建立实施海岸线使用占补制度和异地有偿补充制度。发挥财政政策导向作用，实施大湾区重大专项激励，争取中央专项资金、新增地方政府债券、政府投资基金支持，发挥开发性和政策性金融机构专项贷款引导作用，强化对大湾区建设的支持。推动粤港澳合作开展法制创新，涉及调整地方性法规、政府规章的，按法定程序报立法机关作出调整；涉及调整法律和行政法规的，省有关部门先行与国家有关部委沟通协调后，报省政府统一向国家争取作出调整。

（六十三）构建推进规划实施体系。构建科学规划体系，联合香港、澳门特区政府，共同编制实施科技创新、基础设施、产业发展、生态环境保护等领域专项规划。统筹开展大湾区建设其他领域专项规划的编制工作。分解落实各项重点工作任务，制定实施大湾区建设三年行动计划和年度工作要点，建立并动态更新大湾区建设重点项目库和创新政策库，明确分阶段进展目标和责任分工。

（六十四）防范化解重大风险。做好金融、政府债务、房地产等领域风险防范工作。探索建立大湾区金融监管协作机制，共同做好跨境金融风险的监管和处置。坚决打击违法违规金融活动。有效规范政府举债融资，坚决遏制新增各种形式的隐性债务。加大财政约束力度，有效抑制不具有还款能力的项目建设。加大督促问责力度，坚决制止违法违规融资担保行为。提升口岸监管水平，在促进跨境进出便利化的同时，坚守安全底线，维护国门安全。

（六十五）构建科学考核评估导向机制。探索建立符合我省实际的大湾区建设指标体系、统计体系和绩效评价体系。省推进粤港澳大湾区建设领导小组对《规划纲要》实施情况组织综合督查或专项督查，组织有关机构对实施《规划纲要》的工作情况适时进行评估。省市县各级建立向党委报告《规划纲要》贯彻落实情况工作的制度，将《规划纲要》贯彻落实情况列为领导班子和领导干部政绩考核和党政机关绩效考核事项。

（六十六）鼓励社会参与。配合国家建立粤港澳大湾区发展研究院、粤港澳大湾区发展咨询委员会。联合港澳推动建立联合投资开发机构和发展基金。鼓励省工商企业界、专业服务界、学术界等与港澳建立联系机制，加强交流合作。配合国家建设粤港澳大湾区门户网站，搭建项目、信息和人才需求发布平台，建立粤港澳大湾区信息数据中心。建立粤港澳大湾区联合海外推介机制，携手港澳走出去推介大湾区。加强对粤港澳大湾区的宣传引导，开展形式多样的宣传推介活动，畅通公众意见反馈渠道，营造全社会共同参与大湾区建设的良好氛围。

广东省推进粤港澳大湾区建设三年行动计划（2018—2020年）

（广东省推进粤港澳大湾区建设领导小组2019年7月5日发布）

为深入学习贯彻习近平总书记关于粤港澳大湾区建设重要论述，深入推进《粤港澳大湾区发展规划纲要》和《中共广东省委 广东省人民政府关于贯彻落实〈粤港澳大湾区发展规划纲要〉的实施意见》贯彻实施，进一步明确我省今后三年粤港澳大湾区建设重点任务和责任分工，确保到2020年粤港澳大湾区建设打下坚实基础，制定本计划（列在任务分工首位的为牵头单位，其他为主要参加单位）。

一、优化提升空间发展格局

1. 构建极点带动、轴带支撑的网络化空间格局。以香港、澳门、广州、深圳四大中心城市作为区域发展的核心引擎引领粤港澳大湾区建设，发挥香港—深圳、广州—佛山、澳门—珠海强强联合的带动作用。充分发挥广深港高铁重要作用，促进粤港人员往来更加高效、便捷，支持在高铁沿线和高铁站周边建设合作平台载体，为深化粤港合作提供支撑。加快珠江口东西两岸融合互动发展，推进跨珠江口通道建设，充分发挥港珠澳大桥等既有通道作用，科学谋划新的过江通道，构建区域经济发展新轴带。拓展完善珠江西岸地区交通网络，加快快速通道建设，布局建设江珠高端产业集聚发展区等一批新的重大发展平台，增强珠江西岸发展动能。（省发展改革委，省工业和信息化厅、省交通运输厅，大湾区内地各市）

2. 促进城乡区域融合发展。实施乡村振兴战略，推进农业供给侧结构性改革、农村人居环境整治、精准脱贫和农业产业园区建设。以都市现代农业为方向，大力发展现代高科技农业、绿色农业、休闲农业、乡村旅游等，打造一批集生态、教育、文化、休闲、观光功能于一体的现代农业公园、休闲农业、田园综合体等农业功能区，建设一批农村一、二、三产业融合发展的现代农业产业园和先导区。加快新型城镇化建设，大力发展特色城镇，培育一批具有特色优势的魅力城镇。进一步优化“三旧”改造和城市更新政策，加快盘活利用各类低效城镇建设用地。（省农业农村厅，省发展改革委、省自然资源厅、省住房城乡建设厅）

3. 发挥大湾区在区域发展新格局中的引领和支撑作用。加快建设大湾区连通东西两翼沿海地区和北部生态发展区以及贯通沿海经济带的快速大通道，推动珠三角地区世界级机场群建设，带动揭阳、湛江、梅县、韶关机场协同发展，推动形成以大湾区世界级港口群为主体、粤东和粤西港口群为两翼的港口发展格局。支持大湾区优势企业参与东西两翼沿海地区和北部生态发展区重大产业项目建设，深化产业协同共建。推动大湾区与东西两翼沿海地区和北部生态发展区加强生态环境保护合作，建立市场化、多元化生态保护补偿机制。积极构建开放互通的政策环境和相互衔接的公共服务体系，改善区域整体营商环境。以广清一体化为示范，推动环珠三角地区与大湾区一体化融合发展。深化深汕特别合作区、广清产业园、广梅产业园等区域合作平台建设。带动珠江—西江经济带创新绿色发展，推进粤桂黔高铁经济带、琼州海峡经济带建设，推进粤桂合作试验区等跨省区合作平台建设取得新进展。加强与京津冀协同发展、长江三角洲区域一体化发展、长江经济带发展、海南自由贸易试验区和自由贸易港建设的协调对接。（省发展改革委，省工业和信息化厅、省财政厅、省自然资源厅、省生态环境厅、省交通运输厅、省商务厅）

二、建设国际科技创新中心

4. 配合国家实施粤港澳大湾区国际科技创新中心建设方案。（省发展改革委，省教育厅、省科技厅、省工业和信息化厅）

5. 加强基础研究能力。创建综合性国家科学中心。推进散裂中子源、江门中微子实验站、强流重离子加速器装置、加速器驱动嬗变研究装置等国家重大科技基础设施建设。加快推进再生医学与健康、材料科学与技术、网络空间科学与技术、先进制造科学与技术等领域省实验室建设，启动化工、海洋、能源、环境、农业等领域省实验室建设，争取国家在大湾区布局国家实验室。布局建设重点领域粤港澳联合实验室。争取国家支持自然科学基金委与粤港澳三地开展联合资助，支持更多粤港澳有关机构积极参与国家科技计划（专项、基金等）。支持相关高校参与国家空间探测与空间科学等重大航天工程项目。到2020年，大湾区内地新型研发机构力争达到200家。（省发展改革委，省教育厅、省科技厅，大湾区内地各市）

6. 打造高水平科技创新载体和平台。推进"广州—深圳—香港—澳门"科技创新走廊建设。加快中新广州知识城、深圳光明科学城、东莞中子科学城、佛山三龙湾高端创新集聚区等重点创新平台建设。创建国家（广东）军民融合创新示范区。推动国家高新区扩容，支持专业性园区、产业转移工业园区转型升级为省级高新区，探索高新区"一区多园"管理模式。到2020年，力争大湾区内地实现R&D占GDP比重达到2.8%。（省科技厅，省委军民融合办，省发展改革委、省工业和信息化厅，大湾区内地各市）

7. 打造三大科技创新合作区。深港科技创新合作区及深港双方毗邻区域重点开展要素流动、财税政策、创业、产业监管、科技法制等创新试点；南沙粤港深度合作区及庆盛科技创新产业基地重点开展财税政策、合作办学、职业资格互认、生物医药和人工智能监管等创新试点；珠海横琴粤澳合作中医药科技产业园及周边适宜开发区域主要开展财税政策、中医医疗职业人员资格准入、中医药价格形成机制、中医药标准和国际化等创新试点。（省发展改革委，省教育厅、省科技厅、省工业和信息化厅、省财政厅、省人力资源社会保障厅、省卫生健康委、省市场监管局，省税务局，广州、深圳、珠海市）

8. 建设区域专业技术平台。建设国家药品器械评审中心粤港澳分支机构、国际大数据交易中心、中医药转化医学中心、中国科学院药物创新研究院华南分院等平台。（省科技厅，省发展改革委、省工业和信息化厅、省卫生健康委、省市场监管局）

9. 强化科技创新资金支持。出台支持港澳高等院校、科研机构参与广东省财政科技计划的政策措施。争取国家支持大湾区内地财政科技经费过境港澳使用。设立省基础与应用基础研究基金，向粤港澳大湾区企业开放申报渠道。推动设立粤港澳联合创新专项资金。（省财政厅，省发展改革委、省教育厅、省科技厅）

10. 实施关键核心技术攻关行动。在新一代信息技术、高端装备制造、绿色低碳、生物医药、数字经济、新材料、海洋经济、现代种业与精准农业、现代工程技术等重点领域实施关键核心技术攻关。实施高新技术企业树标提质行动、新型研发机构高质量发展计划。到2020年，大湾区内地每万人发明专利拥有量达到2.6件。（省科技厅，省发展改革委、省工业和信息化厅、省知识产权局）

11. 加快集聚国际创新资源。积极参与中外科技伙伴计划。推动设立全球领先的科学实验室和研发中心，共建粤港澳大湾区大数据中心和国际化创新平台。依托深圳国家基因库发起设立"一带一路"生命科技促进联盟。（省科技厅，省发展改革委，深圳市）

12. 打造科技成果对接转化平台。争取国家支持开展科研成果转化创新特别合作区试点。推进成立名校—名企联合实验室。加快建设珠三角国家科技成果对接转化示范区，培育建设华南技术转移中心、国家技术转移南方中心等。支持设立粤港澳产学研界创新联盟。（省科技厅，省发展改革委、省教育厅、省知识产权局）

13. 建设科技创新金融支持平台。鼓励符合条件的创新创业企业在银行间市场发行超短期融资券、中期票据、项目收益债等进行直接融资。支持港澳在大湾区设立创投风投机构，推动设立粤港澳大湾区科研成果转化联合母基金。依托区域股权市场，建设科技创新金融支持平台。（省地方金融监管局，省科技厅，广东银保监局、广东证监局）

14. 突破创新体制障碍。制定向港澳有序开放国家在广东建设布局的重大科研基础设施和大型科研仪器的相关措施。建立面向港澳开放的散裂中子源谱仪。推动实施香港、澳门在广东设立的研发机构按照与内地研发机构同等享受国家和广东省各项支持创新的政策。开展外籍创新人才创办科技型企业享受国民待遇试点。（省科技厅，省发展改革委、省财政厅、省港澳办）

15. 创新科研用品与数据流动的体制机制。争取国家允许粤港澳科研合作项目需要的医疗数据和血液等生物样品，在大湾区内限定的高校、科研机构和实验室跨境使用。研究允许科研、医疗仪器设备及药品在港澳和大湾区内地异地购置使用政策。创新通关模式，简化研发设备、样本样品进出口手续。（省科技厅，省教育厅、省财政厅、省卫生健康委，海关总署广东分署）

16. 强化知识产权行政执法和司法保护。更好发挥广州知识产权法院、深圳知识产权法庭等机构作用，探索制定商业模式等新形态创新成果的知识产权保护办法，推进电子商务领域知识产权保护地方立法。开展知识产权保护规范化市场培育和“正版正货”承诺活动。推动通过非诉讼争议解决方式处理知识产权纠纷。建立大湾区知识产权信息交换机制和信息共享平台。（省知识产权局，省司法厅、省商务厅，省法院）

17. 加强知识产权应用。加快推进中国（广东）知识产权保护中心、中国（佛山）知识产权保护中心的建设与运营，支持中新广州知识城开展国家知识产权运用和保护综合改革试验。研究建立粤港澳大湾区知识产权交易平台。完善知识产权评估机制、质押融资机制，探索开展知识产权融资租赁服务、知识产权投贷联动融资服务和知识产权证券化试点。（省知识产权局，省商务厅、省地方金融监管局，广东银保监局、广东证监局，广州、佛山市）

三、构建现代化基础设施体系

18. 配合国家编制实施粤港澳大湾区基础设施互联互通专项规划。加快广州—深圳国际性综合交通枢纽建设。（省发展改革委，省交通运输厅、省水利厅，省通信管理局，广州、深圳市）

19. 推进大湾区世界级机场群建设。实施广州、深圳、珠海、惠州等机场改扩建，新建珠三角枢纽（广州新）机场。在广州、深圳、佛山、东莞、江门、肇庆等市规划建设若干通用机场。深化扩大低空空域管理改革并加快通用航空发展，稳步发展大湾区跨境直升机服务。进一步扩大大湾区的境内外航空网络，开展多式联运代码共享，建设多式联运接驳设施。加快推进广州等临空经济示范区和深圳、珠海通用航空产业综合示范区建设。到 2020 年，大湾区内地实现机场旅客年吞吐量达 1.4 亿人次。（省发展改革委，省工业和信息化厅，民航中南空管局，大湾区内地各市）

20. 加快大湾区快速轨道交通建设。配合国家编制实施粤港澳大湾区城际（铁路）建设规划。加快推进广州经湛江至海口、深茂铁路深圳至江门段、广州经汕尾至汕头、赣州至深圳、岑溪至罗定等铁路项目建设。加快建设广佛环线、佛莞、穗莞深等城际轨道项目，规划建设广清城际广州至广州北等项目。研究谋划广州至清远（研究延伸至永州）、深圳经江门至南宁、广中珠澳、广深第二高铁等高铁项目。与香港合作推动深港西部快速轨道的论证和规划建设，支持澳门轻轨延伸至横琴与内地轨道交通便捷衔接。加密广州、深圳中心城区城市轨道交通网络，积极推进佛山、东莞城市轨道交通建设。到 2020 年，大湾区内地实现轨道交通通车里程 2400 公里。（省发展改革委，省交通运输厅，大湾区内地各市）

21. 完善大湾区高速公路网。做好港珠澳大桥通车后各项运营管理工作，完善便利港澳机动车入出内地的政策措施。建设深（圳）中（山）通道、虎门二桥、莲花山通道等跨珠江口通道，规划建设黄茅海通道、沿江高速前海段与南坪快速衔接工程，启动狮子洋通道（南沙至虎门）、伶仃洋通道的前期研究工作。推动汕头至湛江、武汉至深圳等高速公路建设。加快沈海高速（G15）和京港澳高速（G4）、长深高速（G25）等国家高速公路交通繁忙路段扩容改造。到 2020 年，大湾区内地实现高速公路通车里程 5000 公里。（省交通运输厅，省发展改革委、省公安厅，大湾区内地各市）

22. 加强口岸基础设施建设。启用莲塘 / 香园围口岸，加快建设粤澳新通道（青茂口岸）、横琴口岸（探索澳门莲花口岸搬迁）等新口岸项目，提升文锦渡、沙头角等口岸功能，推动罗湖口岸及深圳火车站整体改造。（省商务厅，海关总署广东分署，深圳、珠海、东莞市）

23. 建设世界级港口群。增强广州、深圳国际航运综合服务功能，进一步提升港口、航道等基础设施服务能力。推进广州南沙港铁路等疏港铁路改造建设，加快西江干线、北江干线至珠江口高等级航运主通道建设。到2020年，大湾区内地港口集装箱年吞吐量达到6200万标准箱。（省交通运输厅，省发展改革委、省水利厅，大湾区内地各市）

24. 提升客货运输服务水平。科学规划设计城市综合客运枢纽，推进轨道交通引入机场。强化港口、铁路、公路、机场等货运枢纽的集疏运功能，推动发展货运多式联运服务。推进大湾区城际客运公交化运营，推广“一卡通”服务。鼓励第三方服务平台发展“一票式”联程客运服务。制定实施运输结构调整行动计划，加快发展铁水、公铁、空铁、江河海联运和“一单制”联运服务。推进物联网、云计算、大数据等信息技术在交通运输领域的创新集成应用。（省交通运输厅，省发展改革委，省通信管理局，大湾区内地各市）

25. 建设新一代信息基础设施。推进粤港澳网间互联宽带扩容，全面布局基于互联网协议第六版（IPv6）的下一代互联网。加快互联网国际出入口带宽扩容。推动大湾区内地无线宽带城市群建设，实现免费高速无线局域网在大湾区热点区域和重点交通线路全覆盖，实现城市固定互联网宽带全部光纤接入。建设超高清互动数字家庭网络。（省工业和信息化厅，省委网信办，省发展改革委、省广电局，省通信管理局）

26. 推动信息基础设施互联互通。建设珠三角国家大数据综合试验区。建设物联网与智慧城市应用示范区。全面推进新型智慧城市试点建设。推进粤港、粤澳电子签名互认。推动大湾区移动支付便利使用。建立健全网络与信息安全信息通报预警机制。（省工业和信息化厅，省委网信办，省通信管理局、人民银行广州分行）

27. 推动在港澳与大湾区内地间取消或降低通信漫游和长途资费。（省工业和信息化厅，省港澳办，省通信管理局）

28. 优化大湾区能源结构。研究编制大湾区能源结构调整优化专项规划。加快天然气和可再生能源利用，有序开发风能资源，因地制宜发展太阳能光伏发电、生物质能，安全高效发展核电，大力推进煤炭清洁高效利用或减量替代，严格控制煤炭消费总量，新建耗煤项目实施等量或减量替代。推进广州、深圳、珠海等建设世界一流配电网。推动在粤设立区域性天然气交易机构，推进珠海直湾岛LNG接收站建设。加快建设珠海桂山、金湾，惠州惠东港口等海上风电场。有序开展台山核电二期、岭澳核电三期等工程前期工作。研究完善大湾区内地对香港、澳门输电网络、供气管道，确保港澳能源供应安全和稳定。（省发展改革委，省生态环境厅，大湾区内地各市）

29. 完善水资源保障体系。配合国家制定珠江水量调度条例。加快推进珠江三角洲水资源配置工程、对澳门第四供水管道工程、广州北江引水工程等建设。加强西江、北江、东江等核心水源保护，科学实施江河湖库水系连通工程。推进雨洪资源利用等节约水、涵养水的工程建设。（省水利厅，省发展改革委、省生态环境厅）

30. 完善水利防灾减灾体系。建设和完善粤港澳大湾区城市群防洪（潮）排涝体系。加强海堤达标加固、珠江干支流河道崩岸治理等重点工程建设。推进大湾区内地河湖系统治理。建设水文灾害监测预警、联防联控和应急调度系统。（省水利厅，省生态环境厅、省应急管理厅，大湾区内地各市）

31. 建立气象防灾减灾协同机制。编制实施《粤港澳大湾区气象发展规划》。联合建设粤港澳大湾区气象监测预警预报中心。（省气象局，省应急管理厅）

四、协同构建具有国际竞争力的现代产业体系

32. 配合国家编制实施粤港澳大湾区构建现代产业体系专项规划。（省发展改革委，省科技厅、省工业和信息化厅）

33. 培育壮大战略性新兴产业。重点支持新一代信息技术、高端装备制造、绿色低碳、生物医药、数字经济、新材料、海洋经济等战略性新兴产业发展。围绕信息消费、新型健康技术、海洋工程装备、电子专用设备、高技术服务业、高性能集成电路等重点领域及其关键环节，实施一批战略性新兴产业重大工程。以芯片设计为基础，拓展建立完整的集成电路产业链，加快建设5G试验网、“芯火”双创基地、超高清视频产业基地，推进打造新型显示“材料—面板—模组—整机”纵向产业链。（省发展改革委，省科技厅、省工业和信息化厅，大湾区内地各市）

34. 打造先进制造业产业集群。加快建设电子信息、汽车、智能家电、机器人、绿色石化五个世界级产业集群。以新型显示、新一代通信技术、5G和移动互联网、智能网联汽车、蛋白类等生物医药、高端医学诊疗设备、基因检测、现代中药、智能机器人、3D打印、北斗卫星应用等领域为重点，培育壮大一批新兴产业集群。（省工业和信息化厅，省发展改革委、省科技厅，大湾区内地各市）

35. 加快传统产业转型升级。推动实施新一轮技术改造。大力发展智能制造，培育一批智能制造骨干企业和智能制造系统集成公共技术支撑平台。大力发展服务型制造，培育一批服务型制造示范企业和项目。大力发展绿色制造，创建一批绿色工厂和绿色园区。支持佛山深入开展制造业转型升级综合改革试点。（省工业和信息化厅，省发展改革委、省科技厅、省财政厅，大湾区内地各市）

36. 携手港澳建设国际金融枢纽。支持广州建设区域性私募股权交易市场和产权、大宗商品区域交易中心，加快建设广州国际金融城。推动深圳依规发展以深圳证券交易所为核心的资本市场，推进深圳科技金融中心建设。推进澳门—珠海跨境金融深度合作，研究探索建设澳门—珠海跨境金融合作示范区。支持佛山依托广东金融高新技术服务区，打造现代金融后援服务基地。（省地方金融监管局，人民银行广州分行、广东证监局、广东银保监局、深圳证监局，广州、深圳、珠海、佛山市）

37. 大力发展特色金融业。在广州建设绿色金融改革创新试验区，研究设立以碳排放为首个交易品种的创新型期货交易所。加快推进深圳保险创新发展试验区建设，支持在前海开展再保险产品和制度创新，研究推出巨灾债券，创新发展航运保险、物流保险、融资租赁保险、邮轮游艇保险、跨境电商保险等业务。（省地方金融监管局，人民银行广州分行、广东银保监局、广东证监局、深圳银保监局，大湾区内地各市）

38. 有序推进金融市场互联互通。推进跨境电子支票联合结算、跨境电子账单直接缴费、支付工具跨境使用等金融服务创新。推动建立大湾区金融监管信息共享机制，完善创新领域金融监管规则，建立大湾区金融监管协调沟通机制。推动出台扩大大湾区内人民币跨境使用规模和范围的具体措施。依托全省金融资产交易平台，构建服务大湾区资源要素市场化配置和流转的金融基础设施平台。（省地方金融监管局，人民银行广州分行、广东银保监局、广东证监局、深圳银保监局、深圳证监局）

39. 推进大湾区保险合作。探索粤港澳大湾区保险服务中心建设。支持大湾区保险机构开展跨境人民币再保险业务。推动粤港澳保险机构合作开发创新型跨境机动车保险和跨境医疗保险产品，落实港珠澳大桥机动车辆保险安排，支持粤港澳保险业协同为跨境出险的客户提供查勘、救援、理赔等后续服务。（省地方金融监管局，人民银行广州分行、广东银保监局、深圳银保监局）

40. 构建现代服务业体系。加快发展数字创意、智慧物流、现代供应链、人力资源等高端生产性服务业。建设珠三角工业设计走廊、广东工业设计城、军民融合创新设计服务中心。积极发展数字经济和共享经济，促进粤港澳动漫游戏、网络文化、数字文化装备、数字艺术展示、数字印刷等数字创意产业合作。依托港澳会展资源优势，联合引进国际知名展览品牌和配套服务企业，做强做大会展经济。推动电子商务和快递物流协同发展，大力发展第三方物流和冷链物流，携手港澳建设国际物流枢纽。引进港澳发达成熟生活性服务业，促进生活性服务业向精细化和高品质转变。到 2020 年，大湾区内地现代服务业占比为 60%以上。（省发展改革委，省工业和信息化厅、省商务厅、省文化和旅游厅）

41. 大力发展海洋经济。推动海洋电子信息、海上风电、海洋高端智能装备、海洋生物医药、天然气水合物、海洋公共服务等海洋产业发展。加快省海洋实验室建设。打造集海工装备和海洋资源开发与应用于一体的海洋产业集群。支持深圳建设全球海洋中心城市。加强海洋科技创新平台建设。（省自然资源厅，省发展改革委、省工业和信息化厅、省科技厅，广州、深圳市）

五、推进生态文明建设

42. 配合国家编制并实施粤港澳大湾区生态环境保护专项规划。（省生态环境厅）

43. 强化区域大气污染联防联控。制定挥发性有机物总量控制指标审核及管理办法。全面完成工业涂装、印刷、制鞋等重点工业企业低挥发性原料改造。大力推进燃煤锅炉和窑炉清洁能源替代，推进重点行业“煤改气”。加强“车、油、路”统筹，加快推进机动车污染综合防治，提前实施机动车国 VI 排放标准。优化大湾区空气监测网络，联合开展 VOCs（挥发性有机物）在线监测。到 2020 年，大湾区内地空气质量优良天数比例达到 90%，PM2.5 浓度年平均值不超过 34 微克 / 立方米。（省生态环境厅，省发展改革委、省工业和信息化厅、省公安厅，大湾区内地各市）

44. 统筹陆海水环境综合整治。实施重要江河水质提升工程，实施东江、西江及珠三角河网区污染物排放总量控制，推进深圳河、广佛跨界河流、茅洲河、淡水河、石马河、东莞运河等流域综合整治，到 2020 年，基本消除大湾区内地城市建成区黑臭水体。推进珠江口近岸海域综合整治，大力整治不达标入海河流。到 2020 年，大湾区内地城市污水处理率达 95%。（省生态环境厅，省发展改革委、省自然资源厅、省住房城乡建设厅、省水利厅，大湾区内地各市）

45. 加强固体废物和土壤污染防治。将建设用地土壤环境管理要求纳入城市规划和供地管理。开展受污染土壤的治理与修复示范，实施化肥、农药零增长行动。严厉打击非法转移倾倒固体废物行为。加快建设一批水泥窑协同处置工业固体废物项目。加快大湾区内地的固定污染源排放许可制全覆盖，全面落实排污单位主体责任，强化证后监管和处罚，实现“一证式”管理。推进大湾区共同研究探索垃圾焚烧处理。（省生态环境厅，省自然资源厅、省住房城乡建设厅、省农业农村厅，大湾区内地各市）

46. 打造生态防护屏障。加快建成珠三角国家森林城市群，推进珠三角绿色生态水网建设，建设一批国家级、省级湿地公园和森林公园。强化与港澳水生态环境领域合作。建立健全海岸线动态监测机制。加强现代化海洋牧场建设。推进“蓝色海湾”整治行动。开展滨海湿地跨境联合保护活动。建立入海污染物总量控制制度。到 2020 年，大湾区内地森林覆盖率达到 52%。（省自然资源厅，省生态环境厅、省水利厅，大湾区内地各市）

47. 完善区域环境保护合作和污染源管理制度。建立大湾区环保交流合作机制与平台。实施环保信用评价和环境违法企业“黑名单”制度。推行能源消费强度和总量双控行动。（省生态环境厅，省发展改革委，大湾区内地各市）

48. 建设绿色发展示范区。建立大湾区绿色低碳发展指标体系。推广碳普惠制试点，推动粤港澳碳标签互认机制研究与应用示范。推进低碳试点示范，实施近零碳排放区示范工程试点项目。推广绿色消费，倡导绿色居住、出行。加强城市绿道、森林湿地步道等公共慢行系统建设。（省生态环境厅，省发展改革委、省住房城乡建设厅、省交通运输厅，大湾区内地各市）

49. 推动湾区经济绿色转型。完善主体功能区产业政策，对涉及落后产能、设备、工艺的项目一律实施禁入。开展造纸、印染、制革等高污染行业清洁化改造。推进粤港清洁生产伙伴计划，推动节能环保产业基地建设。实行生产者责任延伸制度，推动生产企业落实废弃产品回收责任。（省发展改革委，省工业和信息化厅、省自然资源厅、省生态环境厅，大湾区内地各市）

六、建设宜居宜业宜游的优质生活圈

50. 推动大湾区高等教育合作。支持香港科技大学、香港城市大学、香港大学（医学院）、香港中文大学（医学院）、澳门科技大学落户广东。鼓励粤港澳高校开展相互承认特定课程学分、实施更灵活的交换生安排、科研成果分享转化等方面的合作交流。建设国际教育示范区。建设高水平民办应用型本科高校，推动高起点创建大湾区大学，创新办学机制。扩大广东高校对港澳招生规模。（省教育厅，省发展改革委，大湾区内地各市）

51. 鼓励港澳青少年到内地学校就读。支持建设港澳子弟学校或设立港澳儿童班并提供寄宿服务。制定在粤就读持港澳居民往来内地通行证学生与内地学生享受同等的交通、旅游门票等方面优惠政策。完善跨区域就业人员随迁子女就学政策，推动实施平等接受学前教育、义务教育和高中阶段教育，确保符合条件的随迁子女顺利在流入地参加高考。（省教育厅，省发展改革委、省交通运输厅、省文化和旅游厅、省港澳办）

52. 推进大湾区学校互动交流。鼓励三地幼儿园、中小学、中等职业学校参与姊妹校（园）缔结计划。争取国家支持与港澳共同制定粤港澳大专（副学位）学历分批实施互认方案。落实港澳居民到广东考取教师资格并任教政策规定。（省教育厅，省发展改革委、省人力资源社会保障厅）

53. 建设粤港澳人才合作示范区。率先实施更优人才居留政策，在大湾区内地先行先试技术移民制度，缩短外籍人才申请永久居留的审批期限。完善外籍高层次人才认定标准。建设粤港澳大湾区（广东）人才港。推进建设广州、深圳等国家级人力资源服务产业园。加快江门人才岛、全国博士后创新（江门）示范中心建设。（省委组织部，省发展改革委、省科技厅、省公安厅、省人力资源社会保障厅，江门市）

54. 推动解决个人所得税差额问题。对在大湾区内地工作、符合一定条件的境外（含港澳台）高端人才和紧缺人才，配合国家制定个人所得税税负差额补贴政策措施。（省财政厅，省税务局，大湾区内地各市）

55. 推进文化遗产弘扬和保护合作。加快建设一批文化遗产保护项目。推进粤港澳等地海上丝绸之路重点史迹申报世界文化遗产工作。加强粤港澳在弘扬岭南文化独特魅力方面的合作，挖掘保护富有岭南特色的建筑物。推动岐澳古道与世界文化遗产澳门历史城区步行系统的连接，构建大湾区文化遗产游径系统。（省文化和旅游厅，省住房城乡建设厅，大湾区内地各市）

56. 推动文化产业发展。完善大湾区内地公共文化服务体系和文化创意产业体系。支持做强做大广州文化产业交易会。推动建设影视文化和音乐产业基地，探索中外合作摄制电影片相关审批绿色通道。推进大湾区内地新闻出版、广播影视及创意设计等产业发展。（省委宣传部，省发展改革委、省文化和旅游厅、省广电局，大湾区内地各市）

57. 推动文化交流。加强与港澳在广播影视生产、演艺人才交流等方面的合作。支持建立大湾区演艺联盟。便利艺术院团在大湾区内跨境演出。支持广州岭南文化中心和对外文化交流门户、江门华侨华人文化交流合作平台建设，支持中山保护好传承好利用好孙中山文化资源。支持广州、佛山、中山共建世界美食之都，加快推进“粤菜师傅”工程。（省委宣传部，省发展改革委、省人力资源社会保障厅、省文化和旅游厅、省广电局，大湾区内地各市）

58. 推进体育合作。联合港澳打造一批国际性、区域性体育品牌赛事。加强香港与广州从化无规定马属动物疫病区在进出境检验检疫通关等领域合作，推进马匹运动与相关产业发展。（省

体育局，省发展改革委、省港澳办，海关总署广东分署，广州市）

59. 加强粤港澳青少年交流。支持“粤港澳青年文化之旅”、香港“青年内地交流资助计划”和澳门“千人计划”在大湾区内地实施。共同组织开展粤港澳大湾区香港/澳门青年实习计划、青年同心圆计划、澳门青年到深圳实习及就业项目等活动。开展粤港澳青少年研学旅游合作，举办“港澳青少年国学夏令营”“粤港澳青年文化之旅”“粤港澳大学生岭南文化研修班”“香港青少年国防体验营”等活动。举办大湾区青年高峰论坛、粤港澳台暨海外华裔青少年文化交流等活动。（省港澳办，省教育厅、省人力资源社会保障厅、省文化和旅游厅、省体育局，团省委）

60. 发展邮轮游艇旅游。支持利用大湾区海岸线资源发展帆船、冲浪、海钓、潜水等滨海体育休闲项目。推动广州、深圳建设中国邮轮旅游发展实验区，进一步增加国际班轮航线，探索研究简化邮轮、游艇及旅客出入境手续。争取逐步简化及放宽大湾区内地邮轮旅客的证件安排，研究探索大湾区内地邮轮旅客以过境方式赴港参与全部邮轮航程。推动粤港澳游艇自由行有效实施，探索在合适区域建设国际游艇旅游自由港。（省文化和旅游厅，省发展改革委、省公安厅、省交通运输厅、省商务厅、省体育局、省港澳办，海关总署广东分署，大湾区内地各市）

61. 发展滨海和乡村旅游。建设贯通潮州到湛江并连接港澳的滨海旅游公路，建设一批滨海旅游度假区、滨海特色风情小镇。联合开发粤港澳“一程多站”旅游精品线路。探索以旅游等服务业为主体功能的无居民海岛整岛开发方式。探索开通香港—深圳—惠州—汕尾海上旅游航线。实施产区变景区、田园变公园、劳作变体验、农房变客房“四变工程”，拓展农业农村的休闲、康养、观赏等功能。（省文化和旅游厅，省发展改革委、省交通运输厅、省自然资源厅、省农业农村厅）

62. 便利港澳居民就业创业。完善取消港澳居民来粤就业许可制度配套政策措施。推动在粤就业的港澳居民同等享受各类就业创业补贴政策。推进完善港澳居民报考内地公务员的操作细则。制定港澳居民中的中国公民参加大湾区内地事业单位公开招聘实施办法。鼓励港澳高校毕业生参加“三支一扶”计划。（省人力资源社会保障厅，省委组织部，省港澳办）

63. 打造港澳青年创新创业基地。编制并实施加强港澳青年创新创业基地建设实施方案。在深圳前海、广州南沙、珠海横琴建立港澳创业就业试验区。鼓励社会资本探索设立港澳青年创新创业基金。推进粤港澳大湾区（广东）创新创业孵化基地、深港青年创新创业基地、前海深港青年梦工场、南沙粤港澳（国际）青年创新工场、横琴·澳门青年创业谷、佛山港澳青年创业孵化基地、中山粤港澳青年创新创业合作平台、中国（江门、增城）“侨梦苑”华侨华人创新产业聚集区、东莞松山湖（生态园）港澳青年创新创业基地、惠州仲恺港澳青年创业基地等建设。推动建设粤港澳大湾区青年家园。（省人力资源社会保障厅，省发展改革委、省财政厅、省港澳办、省地方金融监管局，团省委，大湾区内地各市）

64. 密切医疗卫生合作。支持推动港澳医疗卫生服务提供主体在珠三角九市按规定以独资、合资或合作等方式设置医疗机构，便利港澳医师注册执业。建立疾病预防和控制的联动机制。建立区域内重症传染病人会诊机制，完善紧急医疗救援联动机制。（省卫生健康委，省发展改革委、省公安厅、省人力资源社会保障厅）

65. 放宽使用港澳药品及医疗器械限制。推动放宽港澳医疗卫生服务提供主体使用境外药品及医疗器械等有关限制，并逐步在大湾区内地所有医疗机构和医师中推广。（省市场监管局，省卫生健康委）

66. 深化中医药领域合作。支持大湾区内地科研机构联合澳门中药质量研究国家重点实验室和香港特别行政区政府中药检测中心，共同建立国际认可的中医药产品质量标准。（省卫生健康委，省市场监管局）

67. 加强食品食用农产品安全合作。完善港澳与内地间的食品安全溯源体系，推进追溯平台对接。建立食品安全信息通报、案件查处、应急联动等机制。高水平打造惠州粤港澳绿色农产品生产供应基地、肇庆（怀集）绿色农副产品集散基地。（省市场监管局，省农业农村厅，惠州市、肇庆市）

68. 推进养老保险、医疗保险衔接。推动进一步完善在粤就业港澳人员参加社会保险有关政策，贯彻落实国家关于持有居住证的港澳居民参加城乡居民养老保险、医疗保险政策。推动港澳在我省实施异地就医费用结算，增加在粤试点医院数量，直接结算港澳居民在试点医院的医疗费用。研究建立粤港澳跨境社会救助信息系统。（省人力资源社会保障厅，省民政厅、省卫生健康委、省医疗保障局，大湾区内地各市）

69. 支持养老机构建设和养老产业发展。全面放开养老服务市场，港澳投资者在珠三角九市按规定以独资、合资或合作等方式兴办养老等社会服务机构。推进广州、深圳、佛山、东莞、江门等地开展国家级医养结合试点工作。（省民政厅，省发展改革委、省卫生健康委，大湾区内地各市）

70. 完善便利港澳居民在大湾区内地购房（租房）政策。（省住房城乡建设厅）

71. 深化社会治理合作。支持大湾区内地九市的区（县）与香港、澳门片区、堂区建立结对交流机制。在大湾区内地港澳居民比较集中的城乡社区，拓展社会综合服务功能。建立大湾区社会治安治理联动机制，加强粤港澳警务合作交流。建立粤港澳突发事件应急处置联动机制和应急协调平台。（省委政法委，省公安厅、省民政厅、省应急管理厅、省港澳办，大湾区内地各市）

七、加快形成全面开放新格局

72. 深化营商环境改革。支持广州、东莞等开展深化营商环境综合改革试点，支持深圳、广州开发区创建营商环境改革创新实验区。推广“证照分离”改革，推进“照后减证”。完善对外资实行准入前国民待遇加负面清单管理模式。建立开办企业“一网通办、并行办理”的工作机制。推动实现粤港澳投资跨境商事登记全程电子化。加快数字政府建设，建设在线智慧政府，建好“粤省事”综合服务平台。加快“多证合一”系统、“开办企业一窗受理”、中介服务超市等营商主题服务系统建设。到2020年，负面清单以外的外商投资备案办理时限压减至1个工作日以内，开办企业时限控制在4个工作日以内。（省发展改革委，省商务厅、省市场监管局、省政务服务数据管理局，广州、深圳、东莞市）

73. 高标准建设广东自由贸易试验区。争取自贸试验区扩区，建设粤港澳大湾区自由贸易通道。研究向片区下放新一批省级管理权限，赋予自贸试验区更大改革自主权。研究制定广东自贸试验区对外开放负面清单指引。在CEPA框架下，放宽对自贸试验区内港澳资建筑业企业工程承包范围的限制性规定。支持在自贸试验区内开展艺术品保税仓储及进出口交易，开展海关税款保证保险试点。推动全球报关服务系统、粤港澳自贸通等重点制度创新事项落地实施，加快发展离岸贸易、国际分拨、中转集拼等新型贸易模式。争取将合格境内投资者境外投资试点范围扩大到南沙、横琴片区。到2020年，广东自贸试验区累计新注册港资、澳资企业数量力争达到1.2万家。（省商务厅，省发展改革委、省文化和旅游厅、省地方金融监管局，海关总署广东分署、人民银行广州分行、广东银保监局、深圳银保监局）

74. 推进营商环境法治化建设。探索开展营商环境地方立法工作。加强粤港澳司法交流与协作，建设国际法律及争议解决服务中心，推动建立多元化纠纷解决机制。推动成立服务“一带一路”建设的法律类社会组织，加快推进“一带一路”法治地图建设。支持建立粤港澳律师联合会。推动建设大湾区国际仲裁中心。（省司法厅，省商务厅、省港澳办，省法院）

75. 加快社会信用体系和市场监管体系建设。研究制定广东省社会信用条例。探索依法对大湾

区内企业联动实施信用激励和失信惩戒。建成全省统一的市场监管信息平台。（省发展改革委，省市场监管局，人民银行广州分行）

76. 推进投资便利化。全面实施准入前国民待遇加负面清单管理制度，继续在自贸试验区进行开放试点。在CEPA框架下积极争取扩大港澳资金融机构业务范围，扩大教育、文化、医疗、法律、建筑、航运等专业服务业市场准入。推动共同编制粤港澳大湾区建筑服务技术标准规范。全面放开港澳居民个体工商户经营范围。（省商务厅，省住房城乡建设厅、省市场监管局）

77. 促进贸易自由化。推广应用“单一窗口”新上线的跨境电子商务、公路及空运舱单等功能模块。探索建立大湾区区域标准化合作机制，支持大湾区行业组织发起成立标准联盟，支持广州南沙建设全球进出口商品质量溯源中心。推进广州、深圳、珠海、东莞跨境电商综合试验区建设。加快推进现有市场采购贸易方式试点。支持香港与佛山开展离岸贸易合作，建立粤港澳离岸贸易试点。到2020年，大湾区内地力争实现一般贸易进出口占比达到50%。（省商务厅，省市场监管局，海关总署广东分署，广州、深圳、珠海、佛山、东莞市）

78. 推动扩大大湾区内专业资格资质互认范围。制定相关港澳专业人士执业管理办法（国家法律法规暂不允许的除外），探索在广东自贸试验区允许具有港澳执业资格的金融、建筑、规划、专利代理等领域专业人才，经相关部门或机构备案后，按规定范围为自贸试验区内企业提供专业服务，试点成熟后，在大湾区内地复制推广。（省人力资源社会保障厅，省商务厅）

79. 扩大港澳工程建设模式实施范围。支持广州南沙试点引入香港工程建设管理模式，落实粤港建筑服务合作的具体工程建设项目，推出更多对香港建筑及相关工程业界的开放措施。在珠海横琴探索实行澳门的规划及工程监管机制。（省住房城乡建设厅，省发展改革委，广州、珠海市）

80. 促进人员车辆往来便利化。研究为符合条件的大湾区内地各市人员赴港澳开展商务、科研、专业服务等提供更加便利的签注安排。推动将广东自贸试验区的有关出入境政策措施复制推广至大湾区内地各市，实施外国人144小时过境免签政策，并延长可过境免签的逗留时长。研究在主要陆路口岸增加旅客出入境自助查验通道。争取国家尽快将粤港澳直通车的行政许可事项明确授权广东省组织实施，研究制定推进全面放开香港澳门私家车经港珠澳大桥珠海公路口岸入出内地的政策。（省公安厅，省港澳办、省商务厅，海关总署广东分署）

81. 促进货物通关便利化。深化信息互换、监管互认、执法互助大通关改革，在大湾区具备条件的口岸全面推广实施“一站式”通关，推进口岸查验单位一次性联合检查。推动口岸经营服务单位规范各环节操作时限标准。探索实施更高标准的“一线放开、二线安全高效管住”贸易监管制度。（海关总署广东分署，省商务厅）

82. 推进“一带一路”重大项目建设。推进川贵广—港澳—南亚国际物流大通道、粤港澳物流合作园、广州大田、广东（石龙）铁路跨境国际物流基地建设，加大“中欧班列”政策扶持力度。办好广东21世纪海上丝绸之路国际博览会。到2020年，大湾区内地与“一带一路”沿线国家货物进出口比重力争达到14%。（省商务厅，省发展改革委、省交通运输厅）

83. 全面参与国际经济合作。强化对重点国别和地区的招商引资。打造中白工业园广东光电科技产业园、中国·越南（深圳—海防）经贸合作区、尼日利亚广东经贸合作区、肯尼亚珠江经济特区、华坚埃塞俄比亚轻工业城、中国（广东）—乌干达国际产能合作工业园等一批高水平国际产能合作园区。（省商务厅，省发展改革委）

八、共建粤港澳合作发展平台

84. 优化提升深圳前海深港现代服务业合作区功能。推动修编前海深港现代服务业合作区总体发展规划，扩展发展空间，并在新范围实施前海有关支持政策。探索放宽港澳投资者在深圳设立银行、证券、保险等机构准入门槛、业务开展等方面的限制。建立与前海开放创新相适应的账户管理体系。开展深港绿色金融合作。建设跨境经贸网络合作平台，深化拓展前海湾保税港区功能。推进前海法院全国综合性司法改革示范法院建设。深化粤港澳合作联营律师事务所试点。建设集国际商事调解、域外法律查明于一体的国际商事调解中心。（深圳市，省发展改革委、省司法厅、省商务厅、省地方金融监管局，人民银行深圳市中心支行、深圳银保监局、深圳证监局）

85. 打造广州南沙粤港澳全面合作示范区。加强与港澳全面合作，加快建设大湾区国际航运、金融和科技创新功能的承载区，携手港澳建设高水平对外开放门户。加快南沙庆盛科技创新产业基地建设，规划建设粤港产业深度合作园，打造创新发展示范区。高标准建设南沙国际金融岛。推动设立粤港澳大湾区国际商业银行。提升南沙区域综合交通枢纽地位，合理统筹解决新增建设用地规模，推进与周边城市在城市规划、综合交通、公共服务等方面的一体化衔接，加快创建国际化人才特区，高水平建设广州城市副中心。（广州市，省发展改革委、省工业和信息化厅、省人力资源社会保障厅、省自然资源厅、省住房城乡建设厅、省交通运输厅、省地方金融监管局）

86. 推进珠海横琴粤港澳深度合作示范。高水平建设珠海横琴国际休闲旅游岛。优化拓展横琴“分线管理”政策，实现全岛服务、货物贸易“一线基本放开、二线高效管住”。支持澳门将莲花口岸整体搬迁到横琴口岸，实施“一次查验、一次放行”通关新模式。支持横琴加强与港澳保险合作。加快横琴科学城建设。支持粤澳合作中医药科技产业园发展。推动在横琴探索设立中医药改革试验区，推进设立中药材大宗商品期货交易所。推动横琴总体发展规划续编，加快推进横琴、珠海保税区、洪湾片区一体化发展。推动与澳门合作建设集居住、教育、医疗等功能于一体的综合民生项目。（珠海市，省发展改革委、省商务厅、省文化和旅游厅、省卫生健康委，海关总署广东分署）

87. 支持深港科技创新合作区建设。构建深港共建共享的开放型科研体系，建设深港协同的开放创新综合配套改革试验区。加快口岸智慧化改造和福田保税区转型升级，积极参与国家南方科学中心建设，组建国际微电子创新中心。争取国家支持深港科技创新合作区建设离岸创新特区。（深圳市，省发展改革委、省科技厅、省商务厅，海关总署广东分署）

88. 支持中新广州知识城建设。推动建设新一代信息技术、数字经济、生物医药、新能源、新材料及智能芯片和粤港澳大湾区科技创新综合孵化园等价值创新园。支持高标准规划建设中新广州知识城知识产权服务园区，加快建设广东省知识产权服务业集聚中心。支持开展粤港澳知识产权保险、交易、贸易活动，加快建设广州知识产权交易中心，创新知识产权质押融资对接和运行模式。（广州市，省发展改革委、省科技厅、省地方金融监管局、省知识产权局，人民银行广州分行、广东银保监局）

89. 支持珠海西部生态新区建设。在先进装备制造业、临港工业和现代服务业等领域深化与港澳合作。共建面向粤港澳的企业孵化基地和青年创新创业中心。联手港澳打造具有国际影响力的大湾区主题会展和旅游品牌。深化万山海洋开发试验区功能，协同港澳发展面向国际的邮轮市场。（珠海市，省发展改革委、省工业和信息化厅、省人力资源社会保障厅、省商务厅、省文化和旅游厅）

90. 支持佛山粤港澳合作高端服务示范区建设。依托制造业发展基础，为港澳产业金融、工业设计、科技服务、离岸贸易等高端生产性服务企业到佛山发展提供更好服务，打造高端创新集聚区。建设“香港＋佛山”深度合作支撑区。加快季华实验室等重大项目建设。聚焦智能制造、人工智能、数字经济、智慧城市建设等领域，打造高质量发展的生态宜居创新发展示范区。（佛山市，省发展改革委、省科技厅、省工业和信息

化厅、省商务厅）

91. 支持惠州潼湖生态智慧区建设。为港澳参与潼湖生态智慧区建设提供更好服务，重点在半导体、物联网、智能制造、科研服务、文化创意等方面开展全方位合作，建设高端电子信息产业集群。联手港澳打造绿色生态城市示范区。（惠州市，省发展改革委、省科技厅、省工业和信息化厅、省生态环境厅）

92. 支持东莞滨海湾新区建设。打造具有国际水平的滨海湾创新链走廊，建设国家科技成果对接转化示范区，构建高端电子信息发展轴、现代服务产业发展轴和战略性新兴产业发展轴“三轴”联动核心产业空间。打造国际化、法治化营商环境新高地，带动商贸物流等传统产业转型升级。（东莞市，省发展改革委、省科技厅、省工业和信息化厅、省商务厅）

93. 支持中山翠亨新区建设。深化与香港、澳门、深圳等城市在生物医药、高端装备制造业、新一代电子信息、高端服务业、青年创新创业等领域合作，高水平合作建设翠亨科学城。传承和弘扬中山文化，搭建文化交流平台。（中山市，省发展改革委、省工业和信息化厅、省人力资源社会保障厅、省文化和旅游厅）

94. 支持江门大广海湾经济区建设。与港澳拓展在金融、旅游、海洋经济等领域合作，建设粤港澳合作用海示范区。加快江门银湖湾滨海地区开发，推动江澳绿色经济合作，探索粤澳合作发展的新模式。（江门市，省发展改革委、省自然资源厅、省生态环境厅、省文化和旅游厅、省地方金融监管局）

95. 支持肇庆新区建设。加快建设粤港澳大湾区生态科技产业园。建设大湾区辐射大西南的大型物流集散基地，打造供港供澳重要农产品物流基地。促进跨境电商产业聚集，发展大西南地区企业大湾区总部经济。打造大湾区健康产业和养生旅游度假胜地。打造岭南文化、广府文化的重要展示基地。（肇庆市，省发展改革委、省工业和信息化厅、省商务厅、省文化和旅游厅、省卫生健康委）

九、保障措施

96. 加强组织协调。推动建立粤港澳三地推进大湾区建设协调机制，衔接落实粤港、粤澳合作框架协议。大湾区内地各市实行市委、市政府负责制，市委书记是第一责任人，参照省的模式成立推进粤港澳大湾区建设领导小组和办公室。在省领导小组的框架下，分领域成立若干专项工作小组，负责推进专门领域工作。（省大湾区办，省港澳办，大湾区内地各市）

97. 加强政策支持。建立用地、用林、用海规模和指标统筹机制，对纳入大湾区战略部署的重大平台、重点项目用地需求予以优先保障。发挥财政政策导向作用，实施大湾区重大专项激励，统筹有关专项资金，对纳入大湾区战略部署的重大发展平台、重点项目、体制机制创新任务予以重点支持。优先任用在大湾区建设关键领域、重点岗位表现突出、实绩明显的干部。推动粤港澳合作开展法制创新。（省大湾区办，省委组织部，省司法厅、省财政厅、省自然资源厅，省法院）

98. 构建推进实施体系。制定大湾区建设三年行动计划和年度工作要点，建立并动态更新粤港澳大湾区建设重点项目库和创新政策库。省领导小组对各市、各部门实施《规划纲要》情况组织综合督查或专项督查。省市县各级建立向党委报告《规划纲要》贯彻落实情况工作的制度，将《规划纲要》贯彻落实情况列为领导干部政绩考核和党政机关绩效考核事项。（省大湾区办，省委组织部，省人力资源社会保障厅，大湾区内地各市）

99. 防范化解风险。强化落实属地金融风险管理责任，做好重点领域风险防范和处置，守住不发生系统性金融风险的底线。强化地方政府债务限额管理，有效规范政府举债融资，有效抑制不具有还款能力的项目建设，坚决制止违法违规融资担保行为。（省地方金融监管局、省发展改革委、省财政厅，广东银保监局、广东证监局、深圳银保监局、深圳证监局）

100. 鼓励社会参与。研究编制粤港澳大湾区发展研究院建设方案，成立大湾区智库机构，为大湾区发展提供智力支持。建立行政咨询体系，邀请粤港澳专业人士为大湾区发展提供意见建议。支持粤港澳工商企业界、专业服务界、学术界等与港澳建立联系机制。加强对粤港澳大湾区的宣传引导，建立粤港澳大湾区联合海外推介机制，携手港澳“走出去”推介大湾区。（省大湾区办，省委宣传部，省商务厅、省港澳办）

财政部　税务总局关于粤港澳大湾区个人所得税优惠政策的通知

（2019 年 3 月 14 日发布）

广东省、深圳市财政厅（局），国家税务总局广东省、深圳市税务局：

为支持粤港澳大湾区建设，现就大湾区有关个人所得税优惠政策通知如下：

一、广东省、深圳市按内地与香港个人所得税税负差额，对在大湾区工作的境外（含港澳台，下同）高端人才和紧缺人才给予补贴，该补贴免征个人所得税。

二、在大湾区工作的境外高端人才和紧缺人才的认定和补贴办法，按照广东省、深圳市的有关规定执行。

三、本通知适用范围包括广东省广州市、深圳市、珠海市、佛山市、惠州市、东莞市、中山市、江门市和肇庆市等大湾区珠三角九市。

四、本通知自 2019 年 1 月 1 日起至 2023 年 12 月 31 日止执行。《财政部　国家税务总局关于广东横琴新区个人所得税优惠政策的通知》（财税〔2014〕23 号）、《财政部　国家税务总局关于深圳前海深港现代服务业合作区个人所得税优惠政策的通知》（财税〔2014〕25 号）自 2019 年 1 月 1 日起废止。

财政部　税务总局

2019 年 3 月 14 日

关于贯彻落实粤港澳大湾区个人所得税优惠政策的通知

（2019年6月17日发布）

广州市、深圳市、珠海市、佛山市、惠州市、东莞市、中山市、江门市、肇庆市人民政府：

根据《财政部　税务总局关于粤港澳大湾区个人所得税优惠政策的通知》（财税〔2019〕31号），经省人民政府同意，现将有关贯彻落实事项通知如下：

一、对在大湾区工作的境外高端人才和紧缺人才，其在珠三角九市缴纳的个人所得税已缴税额超过其按应纳税所得额的15%计算的税额部分，由珠三角九市人民政府给予财政补贴，该补贴免征个人所得税。

二、本通知所称的已缴税额，是指下列所得按照《中华人民共和国个人所得税法》规定缴纳的个人所得税额：

（一）工资、薪金所得；

（二）劳务报酬所得；

（三）稿酬所得；

（四）特许权使用费所得；

（五）经营所得；

（六）入选人才工程或人才项目获得的补贴性所得。

三、补贴根据个人所得项目，按照分项计算（综合所得进行综合计算）、合并补贴的方式进行，每年补贴一次。从两处以上取得第二条所得的人才，补贴按照属地原则进行合理分担。

四、对在大湾区工作的境外高端人才和紧缺人才，按照自愿申报、科学客观的原则进行认定。

（一）申报人应当具备以下基本条件：

1. 香港、澳门永久性居民，取得香港入境计划（优才、专业人士及企业家）的香港居民，台湾地区居民，外国国籍人士，或取得国外长期居留权的回国留学人员和海外华侨；

2. 在珠三角九市工作，且在此依法纳税；

3. 遵守法律法规、科研伦理和科研诚信。

（二）同时，申报人应当符合下列条件之一：

1. 国家、省、市重大人才工程入选者，取得广东省"人才优粤卡"、外国人工作许可证（A类）或外国高端人才确认函的人才，以及国家、省、市认定的其他境外高层次人才；

2. 国家、省、市重大创新平台的科研团队成员，高等院校、科研机构、医院等相关机构中的科研技术团队成员，在我省重点发展产业、重点领域就业创业的技术技能骨干和优秀管理人才，以及珠三角九市认定的其他具有特殊专长的紧缺急需人才。

高端人才和紧缺人才的具体认定标准和操作办法，由各市根据当地实际制定。

五、各市科技（外专）部门是高端人才的认定机构，人力资源社会保障部门是紧缺人才的认定机构，财政部门是补贴受理、审核和发放的机构，财政部门牵头组织科技（外专）、人力资源社会保障、税务部门开展审核工作。申请可以由申报人本人或用人单位向当地财政部门提出，鼓励用人单位申请。

珠三角九市按本通知要求，结合当地实际制定人才认定和补贴发放办法，于7月底前将补贴和人才认定办法报省财政厅、省科技厅（省外专局）、省人力资源和社会保障厅备案后实施。省财政厅会同省科技厅（省外专局）、省人力资源社会保障厅、省税务局指导各市做到人才认定标准和补贴发放工作流程相对统一。

六、如发现申报人有违法违规、虚假申报等行为，经查实后，取消享受优惠政策的资格，并收回已发放的财政补贴资金。涉嫌犯罪的，移交司法机关依法追究刑事责任。

七、本通知自2019年1月1日起执行，试行一年。《关于印发〈广东省财政厅关于在珠海市横琴新区工作的香港 澳门居民个人所得税税负差额补贴的暂行管理办法〉的通知》（粤财法〔2012〕93号）自2019年1月1日起废止。

广东省财政厅　国家税务总局广东省税务局

2019年6月17日

广东省人民政府关于印发广东省优化口岸营商环境促进跨境贸易便利化措施的通知

（2019年2月3日发布）

为落实《国务院关于印发优化口岸营商环境促进跨境贸易便利化工作方案的通知》（国发〔2018〕37号）要求，持续深入推进“放管服”改革，进一步优化我省口岸营商环境，实施更高水平跨境贸易便利化措施，促进我省外贸稳定健康发展，制定如下措施。

一、规范和降低口岸收费

（一）完善规范口岸收费目录清单。充分发挥省市清理口岸收费工作小组职责作用，协同推进落实全省清理口岸收费工作方案，持续完善规范口岸收费目录清单，并在国际贸易“单一窗口”网站动态更新公布。（省商务厅、财政厅、发展改革委、交通运输厅、市场监管局，海关总署广东分署，广东、深圳海事局及各地级以上市人民政府负责）

（二）开展口岸收费检查。加强对各地公示口岸收费目录清单的指导检查，引导督促经营单位在经营现场显著位置及企业门户网站公示口岸收费目录清单，及时查处违规自立收费项目、超标准收费、滥用市场支配地位乱收费等行为。（省市场监管局、发展改革委、财政厅、交通运输厅、商务厅，海关总署广东分署，广东海事局及各地级以上市人民政府负责）

（三）加强新增收费项目监管。督促企业做好新增的口岸收费项目公示，新增收费项目须完成公示且无异议后方可实施收费，严肃查处价格违法违规行为。（省市场监管局、发展改革委、财政厅、交通运输厅、商务厅及各地级以上市人民政府负责）

（四）鼓励扩大免除查验未发现问题外贸企业吊装、移位、仓储费用适用范围。鼓励有条件的地区借鉴广州市南沙区先行先试做法，依法依规适当扩大免除查验未发现问题外贸企业吊装、移位、仓储费用适用范围。（省财政厅、商务厅，海关总署广东分署及各地级以上市人民政府负责）

（五）停收来往港澳小型船舶公共信息平台相关服务费。建立政府购买来往港澳小型船舶公共信息平台（以下简称“小船平台”）相关服务机制，停止“小船平台”收取文件传输及网络维护费和航次信息服务费。2019年6月底前，推动“小船平台”申报功能并入国际贸易“单一窗口”标准版，实现企业通过国际贸易“单一窗

口”免费申报。（省商务厅、发展改革委、财政厅，海关总署广东分署负责）

（六）推动降低货物港务费、港口设施保安费、引航费。支持有条件的地区依法依规推动免除货物港务费地方政府留存部分、港口设施保安费公共统筹部分等项目收费；推动降低集装箱班轮引航费；争取国家相关部委支持，推动降低港口建设费、货物港务费、港口设施保安费等的收费标准或合并、取消收费项目。（省交通运输厅、发展改革委，广东、深圳海事局及各地级以上市人民政府负责）

（七）推动降低经营服务性收费。推动航空口岸货站运营单位分步实施降低货站处理费、货物保管费等经营服务性收费。推动降低货代、船代、物流、仓储、港口服务等环节经营服务性收费。（省商务厅、发展改革委、交通运输厅、市场监管局及各地级以上市人民政府负责）

（八）推动降低报关报检服务和检疫处理收费。在深化关检业务融合、推进货物报关报检实现一次申报的基础上，推动整合降低报关报检服务费用。落实检疫处理降费政策，推动开放检疫处理业务市场，充分实现公平竞争；推动停止邮政、快件检验检疫业务咨询服务收费。（海关总署广东分署，省市场监管局、商务厅负责）

（九）推动降费政策措施红利惠及外贸企业。建立行业主管部门与船公司及船代货代公司的协调沟通机制，推动相关环节降费政策措施红利惠及外贸企业。加强降费政策措施的宣传推广，使外贸企业了解并用好相关政策措施。（省商务厅、财政厅、发展改革委、交通运输厅、市场监管局，海关总署广东分署，广东、深圳海事局及各地级以上市人民政府负责）

二、提高口岸通关服务水平

（十）公开口岸经营服务作业时限。督促广州港、深圳港、珠海港等重要港口口岸经营服务企业率先制定并公开场内转运、吊箱移位、掏箱和货方提箱等作业时限标准，2019 年底前实现全省外贸集装箱港口口岸经营服务企业全面公开时限标准。（省交通运输厅、商务厅，海关总署广东分署及各地级以上市人民政府负责）

（十一）公示口岸通关流程。支持口岸查验单位在口岸现场、口岸办事大厅、国际贸易“单一窗口”和各单位门户网站等公示通关作业流程、环节、时限、所需单证。（省商务厅，海关总署广东分署，广东、深圳海事局及各地级以上市人民政府负责）

（十二）公开口岸通关服务热线。推动国际贸易“单一窗口”95198 服务热线在全省范围内实现“电信、移动、联通”三网全覆盖；在口岸现场、口岸办事大厅和国际贸易“单一窗口”公布海关 12360、国际贸易“单一窗口”95198 等服务热线，及时受理企业咨询、投诉并做好后续服务工作。（省商务厅，海关总署广东分署，省通信管理局，广东、深圳海事局及各地级以上市人民政府负责）

（十三）推广海运口岸智能通关模式。支持黄埔海关实行“厂港联动”“场港一体”监管模式并在全省相关口岸推广，通过实行“智能卡口”“智能地磅”“智能审图”“智能装卸”和“智能选查”等智能化监管手段，提升口岸通关服务水平，实现企业 7×24 小时报关、口岸 7×24 小时通关、船舶 7×24 小时通航，企业跨境货物全天候通关。（海关总署广东分署，省商务厅及各地级以上市人民政府负责）

（十四）提升国际会展业贸易通关便利化水平。推动中国进出口商品交易会、中国国际高新技术成果交易会等大型国际会展贸易通关流程进一步简化，精简申报项目，合并随附单证，实现会展监管“一次申报、一单通关”。依托国际贸易“单一窗口”平台，推动实现进境展品通关全程无纸化、电子化、网络化；对展品实行“分阶段交单”监管模式，为参展企业办理通关手续提供便利。（海关总署广东分署及各地级以上市人民政府负责）

（十五）加快发展多式联运。推进完善粤港跨境货栈模式，实现香港机场与广州南沙保税港区一站式“空陆联运”（须在入境口岸实施检疫的货物除外）。支持有条件的地级以上市加快发展多式联运，建设和申报国家多式联运示范工程。支持相关部门及口岸查验单位探索研究制定多式联运服务规则，促进不同运输方式监管服务无缝连接。（省交通运输厅、发展改革委、商务厅，海关总署广东分署及各地级以上市人民政府负责）

（十六）建立口岸营商环境评估机制。委托第三方机构按照世界银行营商环境相关评价指标，对标国际先进，对我省口岸营商环境总体情况进行评估，推动建立常态化跟踪监测机制。（省商务厅负责）

三、加强国际贸易“单一窗口”建设

（十七）完善广东电子口岸平台建设。统筹推进广东电子口岸平台总体规划和建设，推进深圳“单一窗口”数据汇聚到广东电子口岸平台。加强“单一窗口”数据安全管理，发挥“单一窗口”数据效能。（省商务厅、发展改革委、财政厅、政务服务数据管理局，海关总署广东分署及深圳市人民政府负责）

（十八）全面推广国际贸易“单一窗口”标准版应用功能。全面推广国际贸易“单一窗口”标准版各项应用功能在我省应用上线，2020年底前主要业务（货物、舱单、运输工具申报）应用率达到100%。（省商务厅，海关总署广东分署，广东、深圳海事局及各地级以上市人民政府负责）

（十九）推进口岸通关时效评估系统建设。依托国际贸易“单一窗口”，在全省具备条件的水运口岸（码头）推广口岸通关时效评估系统，力争在2019年底前推广到航空、陆路口岸。加强对全省口岸通关时效的统计分析，每月定期通报全省各地口岸整体通关时间。（省商务厅，海关总署广东分署及各地级以上市人民政府负责）

（二十）推进口岸物流信息电子化。加大科技投入，推进口岸设施设备建设升级和物流信息电子化，提升口岸管理智能化水平，加快实现口岸各作业环节无纸化和电子化。依托国际贸易“单一窗口”，支持广州、汕头、江门市在2019年底前先行试点建设口岸物流协同平台，推动实现口岸物流信息电子化流转，进出口企业“一站式”在线办理换单、押箱、提箱等手续，减少单证流转环节和时间。（省商务厅、交通运输厅，海关总署广东分署，广东、深圳海事局及各地级以上市人民政府负责）

四、推动粤港澳大湾区口岸通关管理模式改革创新

（二十一）推动粤港澳大湾区口岸基础设施更紧密互联互通。推进深圳莲塘、珠海青茂等新口岸建设，加快深圳皇岗、沙头角和珠海拱北、横琴、九洲港等老口岸改造，协同港澳推进优化粤港澳大湾区口岸功能定位，促进口岸基础设施更紧密互联互通，提升口岸通关能力。（深圳、珠海市人民政府，省商务厅，海关总署广东分署，广东海事局，深圳、珠海边检总站负责）

（二十二）推广“合作查验、一次放行”和“一站式”新型通关模式。2019年底前，总结完善港珠澳大桥珠海公路口岸查验机制改革创新成果，在珠海青茂口岸旅检通道实行“合作查验、一次放行”通关模式，在深圳莲塘口岸车辆通道实行客、货车辆“一站式”通关模式，推进澳门莲花口岸搬迁至珠海横琴并在旅检通道实行“合作查验、一次放行”通关模式。支持推进边检与海关共享旅客通关信息，提升监管效能和旅客通关效率。（省商务厅，海关总署广东分署，深圳、珠海边检总站及深圳、珠海市人民政府负责）

（二十三）推广水运口岸货物“水上巴士”通关模式。支持黄埔海关创新实行粤港澳大湾区水运口岸货物“水上巴士”通关模式并在全省相关口岸推广，采取提前预配舱单，共享舱位信息，实现船舶多港停靠、随时装卸，为粤港澳大湾区进出口企业提供内外贸、进出口同船运输，驳船水运中转，内贸跨境运输等多种水路运输模式便利通关服务。（海关总署广东分署，省商务厅及广州、深圳、珠海、中山、江门市人民政府负责）

（二十四）推进粤港澳大湾区车辆便利通关。2019年底前，进一步完善澳门单牌机动车便利进出横琴政策措施，制定相关配套措施，便利粤港、粤澳两地牌机动车从多个口岸出入境。（省商务厅、公安厅，海关总署广东分署，深圳、珠海边检总站及深圳、珠海市人民政府负责）

（二十五）推进粤港澳大湾区跨界车辆信息管理综合服务平台建设。2019年底前，依托国际贸易"单一窗口"标准版公路运输工具申报系统，建设"粤港澳大湾区跨界车辆信息管理综合服务平台"，简化粤港澳跨界车辆审批和备案流程，实现粤港澳车辆通行粤港澳大湾区"网上办""协同办"。（省商务厅、公安厅，海关总署广东分署，深圳、珠海边检总站及深圳、珠海市人民政府负责）

（二十六）推动粤港、粤澳"单一窗口"交流合作。依托国际贸易"单一窗口"标准版，加强与香港、澳门"单一窗口"对接交流，务实推进合作。探讨推进粤港澳大湾区"单一窗口"建设。（省商务厅，海关总署广东分署，深圳、珠海边检总站，广东、深圳海事局负责）

（二十七）建立供港澳鲜活产品"绿色通道"。对供港澳鲜活产品推行预约候检、优先查验、优先检测、快速验放。对供港澳食品农产品推行直通放行制度（负面清单产品除外）。（海关总署广东分署负责）

（二十八）推动实施口岸物流便利通关措施。2019年底前，推动广州、深圳港口岸开展海运进出境货物中转集拼业务。推动在广州港口岸南沙港区试行周日和法定节假日外贸货物正常通关业务。推动在深圳湾口岸设立深圳、香港机场中转旅客车辆通关专用通道并提供行李直挂服务。（广州、深圳市人民政府，省商务厅、海关总署广东分署，广州、深圳边检总站，广东海事局负责）

（二十九）推动香港赛马会从化马场马匹便利通关和有效监管。联合开展疫病监测和风险评估，实现马匹"监管互助、结果互认、信息互通、联合监测"的通关检疫监管模式。在落实有效监管的基础上，推进实现运输马匹车辆和马会进口自用饲料、马用药品等货物在粤港口岸便利通关。（省商务厅，海关总署广东分署，深圳边检总站及广州、深圳市人民政府负责）

（三十）推进粤港澳游艇自由行。研究完善港澳游艇出入境管理机制和操作规范。推进建立完善港澳游艇出入境担保方式。研究探索创新游艇监管模式，进一步简化游艇通关手续。支持各地进一步推进完善配套设施建设，推进游艇码头对外开放、划定游艇活动水域。（省文化和旅游厅、商务厅，海关总署广东分署，广东、深圳海事局，广州、深圳、珠海边检总站及广州、深圳、珠海、惠州、中山、江门市人民政府负责）

五、加强组织实施

（三十一）强化工作责任。各地、各有关部门要切实落实责任，加强协同配合，形成工作合力，推动各项措施扎实有序落地实施、取得实效；要全力支持配合国家有关部门、中央驻粤口岸管理单位落实有关改革任务。各地级以上市人民政府要强化对本地区优化口岸营商环境工作的组织领导和统筹协调，研究制定配套措施，加大宣传推广力度，指导企业用足用好相关政策措施。省商务厅要加强统筹推进，及时协调解决工作过程中的问题。

（三十二）建立健全督导考核机制。省商务厅要牵头会同有关部门加强对各地、各有关单位优化口岸营商环境工作的督导考核，结合工作实际科学设立考核指标，及时开展督促检查和跟踪评估，每半年对各地、各有关单位工作情况进行综合通报或专项通报，每年将有关工作情况报告省政府。各地级以上市人民政府、中央驻粤口岸管理单位要相应建立健全督导考核机制，确保各项措施落到实处。优化口岸营商环境工作情况纳入省政府督查范围。

关于加强港澳青年创新创业基地建设的实施方案

（广东省人民政府2019年5月8日发布）

为贯彻落实《粤港澳大湾区发展规划纲要》，加快港澳青年创新创业基地建设，切实拓展港澳青年就业创业空间，优化港澳青年来粤创新创业环境，制定本实施方案。

一、总体要求

（一）指导思想。

以习近平新时代中国特色社会主义思想为指导，全面贯彻党的十九大和十九届二中、三中全会精神，以习近平总书记关于粤港澳大湾区建设重要论述精神为根本遵循，深入贯彻习近平总书记对广东重要讲话和重要指示批示精神，积极服务粤港澳大湾区建设重大战略，以支持港澳深度融入国家发展大局为主线，以港澳青年创新创业基地建设为抓手，形成功能完善、特色明显、成效突出的港澳青年创新创业支撑体系，为港澳青年在内地学习、就业、创业、生活提供更加便利的条件，吸引更多港澳青年到粤港澳大湾区内地城市创新创业、安居乐业，为粤港澳大湾区发展提供新动能。

（二）基本原则。

——政府推动，社会参与。切实发挥省推进粤港澳大湾区建设领导小组的牵头作用，统筹协调省市有关部门形成共建合力。充分调动社会各方力量参与，实现粤港澳创新创业资源全面对接。

——深化改革，创新突破。将改革创新和扩大开放作为基地的核心特征和基本依托，在深化体制机制改革上着力谋求重大突破，在扩大经济社会开放上主动对标国际一流。

——健全链条，完善生态。准确把握港澳青年创新创业的痛点、堵点、难点，支持各类双创载体平台建设发展，健全创意培育、项目孵化、成果转化的全过程服务链条，形成融人才、资源和服务于一体的创新创业生态。

——深度合作，共建共享。强化粤港澳合作，共同谋划、协同建设，形成长效对接交流机制，营造真正适合港澳青年创新创业的公共服务和人文环境，实现融合发展、合作共赢。

（三）主要目标。

聚焦粤港澳大湾区建设，分两个阶段将基地打造成为粤港澳青年创新创业活力区、融合发展示范区、安居乐业试验田。

到2020年，在广州南沙、深圳前海、珠海横琴三个自贸片区打造南沙港澳青年创新创业基地、前海港澳青年创新创业基地和横琴港澳青年创新创业基地，充分发挥三个基地的引领示范作用，实现港澳青年进入基地创新创业的政策障碍基本消除，资金、信息、技术、服务等瓶颈问题得到解决，政策衔接和服务协同初步实现，粤港澳创新创业交流合作进一步深化，港澳青年入驻基地创新创业成为常态。

到2025年，广州南沙、深圳前海、珠海横琴港澳青年创新创业示范基地辐射带动效应进一步发挥，珠三角9市各建设至少一个港澳青年创新创业基地，以粤港澳大湾区（广东）创新创业孵化基地为龙头的“1+12+N”孵化平台载体布局基本建成，港澳青年创新创业的基础设施、制度保障、公共服务供给到位，粤港澳共同参与基地建设运营的体制机制基本建立，创新创业生态链进一步完善，港澳青年的国家认同感、文化归属感、生活幸福感得到全面提升。

二、主要任务和措施

（一）构建全方位多层次政策支撑体系。

1. 推进创新创业政策协同。来粤创业的港澳青年可与本省青年同等享受创业培训补贴、一次性创业资助、创业带动就业补贴、租金补贴、创业孵化补贴、初创企业经营者素质提升培训等各项就业创业扶持政策。加强遴选港澳青年优秀创业项目，给予优秀创业项目资助。积极与港澳沟通，将港澳科技创新基金、青年发展基金等优惠政策措施覆盖至在粤创业的港澳青年。（省人力资源社会保障厅、省发展改革委、省科技厅、省港澳办负责）

2. 打造港澳青年人才服务体系。深化人才体制机制改革，探索建立与国际接轨、更加积极开放有效的人才政策体系。在 CEPA 框架下推进粤港澳职业资格互认，探索进一步拓展港澳专业人士在基地的执业空间。在基地设立“港澳青年人才一站式服务窗口”，为港澳青年人才提供个性化、定制化、精细化专业服务。（省人力资源社会保障厅、省教育厅、省商务厅负责）

3. 建立多层次融资支持体系。落实鼓励创业投资发展的各项优惠政策，建立完善天使投资风险补偿制度，发挥广东省创新创业基金等政府性基金的引导作用，引入优质社会资本，设立支持港澳青年创业并覆盖创业全阶段的母基金和配套子基金，使更多资金专项投资于港澳青年初创期、早中期项目。落实创业担保贷款及贴息政策，为符合条件的港澳青年在基地创业提供贷款和贴息支持。积极发挥“中国青创板”融资平台作用。与港澳探索创新科技金融产品和专项机制，为港澳青年创业提供多元化综合金融服务。（省地方金融监管局、省发展改革委、省科技厅、省人力资源社会保障厅、广东银保监局、团省委负责）

（二）打造一批创新创业孵化平台载体。

4. 优化平台载体规划布局。力争在 2025 年前实现港澳青年创新创业孵化平台“1 + 12 + N”的空间布局，即：以粤港澳大湾区（广东）创新创业孵化基地为龙头，围绕服务港澳青年创新创业，精心谋划、科学设计，完善配套设施，有效串联三地资源，打造集交流、培育、实训、孵化、展示、对接等功能于一体的示范性平台。培育建设南沙粤港澳（国际）青年创新工场、中国（江门、增城）“侨梦苑”华侨华人创新产业集聚区、广州科学城粤港澳青年创新创业基地、深港青年创新创业基地、前海深港青年梦工场、中国横琴澳门青年创业谷、佛山港澳青年创业孵化基地、惠州仲恺港澳青年创业基地、东莞松山湖（生态园）港澳青年创新创业基地、中山粤港澳青年创新创业合作平台、中山翠亨新区“澳中青年创新创业园”、肇庆新区港澳青年创新创业基地等 12 家基地，带动各地建成一批社会化港澳青年创新创业孵化载体。（珠三角九市政府，省人力资源社会保障厅、省发展改革委、省港澳办负责）

5. 加大平台载体建设资源投入。珠三角 9 市通过新安排土地、盘活闲置厂房物业、改造现有孵化场地等方式支持创新创业孵化平台载体建设。鼓励粤港澳三地骨干企业、高校、科研院所和社会力量整合各类资源建设港澳青年创新创业孵化基地。鼓励现有的各类创业孵化基地、小型微型企业创业创新基地、区域性博士和博士后创新创业孵化基地、科技企业孵化器、众创空间等开辟拓展专门面向港澳青年的创新创业空间。（珠三角九市政府，省人力资源社会保障厅、省教育厅、省科技厅、省工业和信息化厅、省自然资源厅、团省委负责）

6. 构建平台载体全链条服务体系。为入孵项目提供低成本、便捷化的经营办公空间、孵化器、加速器、公共实验室和研发、中试生产、产品检测中心等共享设施。配备专业运营管理团队，健全服务管理制度，整合创业导师团队、专业化服务机构、创业投（融）资机构等各类创业资源，为入孵项目提供政策、管理、法律、财务、融资、市场推广和培训等方面的服务，搭建“孵化—投资—加速—辅导上市”全过程服务体系，有效降低企业的创业风险和创业成本。（珠

三角九市政府，省发展改革委、省科技厅、省地方金融监管局、团省委负责）

7. 促进产学研一体化。完善基地创新创业成果转移转化激励政策。推进高校、科研院所与基地创新创业资源共享，吸引粤港澳青年共同参与粤港澳大湾区核心技术基础研究攻关，开展重大基础研究、应用基础研究和关键技术协同攻关。完善基地技术转移服务体系，培育市场化专业化技术转移机构和人才队伍。鼓励粤港澳联合共建国家级科技成果孵化基地等成果转化平台，加快建设华南技术转移中心，支持港澳创新创业项目在基地内实现成果转化。（省发展改革委、省教育厅、省科技厅负责）

（三）营造宜居宜业的工作生活环境。

8. 满足港澳青年多层次住房需求。支持符合条件的港澳青年租住人才住房、入住人才驿站；有条件的地区可提供租房补贴。探索多种方式，对具备购房能力及符合购房条件的港澳青年，支持其购买商品住房。将入驻创新创业基地中符合条件的港澳青年纳入当地公租房保障范畴。探索发展共有产权住房，对符合相应条件的港澳青年，支持其购买共有产权住房。（省自然资源厅、省住房城乡建设厅，珠三角九市政府负责）

9. 提升公共服务便利化水平。在 CEPA 框架下探索在基地放宽部分领域港澳企业投资准入门槛，实现“证照分离”改革，推广应用电子营业执照，推行商事登记银政直通车服务，实施办税便利化措施，压缩开办企业环节和时间。加强 12355 港澳青年热线建设，为港澳青年提供法律维权、心理辅导、就业指导、创业帮扶、出入境事宜、生活信息等咨询服务。建立港澳青年综合服务平台，实行双创政策信息集中发布和政务服务通办制度。推行“互联网 + 公共服务”，探索引入人脸识别等技术实行网上认证，打造家门口、指尖上、一体化的便捷高效服务。（珠三角九市政府，省市场监管局、省工业和信息化厅、省商务厅、省税务局、团省委、人民银行广州分行负责）

10. 加强生活配套服务。便利港澳创业青年交通往来，支持有条件的深港口岸、珠澳口岸开通无缝快速接驳创新创业基地的交通运输渠道，向往返粤港、粤澳公共交通开支超出规定水平的港澳创业青年定期提供交通费用补贴。探索与港澳通讯运营商合作发行专属用卡，实现三地通讯资费“同城化”。引进港澳的教育、医疗和社区服务机构，打造集生活居住、教育医疗、文化娱乐于一体的综合性社区。（珠三角九市政府，省教育厅、省工业和信息化厅、省卫生健康委负责）

（四）建立粤港澳青年深度交流融合机制。

11. 开展粤港澳三地青年交流行动。积极对接港澳社会团体，组织实施“粤港暑期实习计划”“粤澳暑期实习计划”“澳门青年湾区实习计划”“青年同心圆计划”等粤港澳台青少年交流合作项目，定期举办粤港澳青年交流周、粤港澳青年人才交流会、港澳青年职业训练营、粤港澳青年创新创业交流营、粤港澳大湾区青年创新创业交流分享会等各种活动，支持澳门建设中国与葡语国家青年创新创业交流中心，促进粤港澳三地青年合作创业、互利共赢，融入湾区发展。（省人力资源社会保障厅、省教育厅、省港澳办、团省委，珠三角九市政府负责）

12. 建设粤港澳三地双创资源对接平台。积极发挥创业大赛引导作用，在广东“众创杯”创业创新大赛、“互联网 +”大学生创业创新大赛、“创客广东”创新创业大赛、“创青春”广东青年创新创业大赛等品牌赛事中开设港澳赛区，举办中国创新创业大赛港澳台赛、粤港澳大湾区青年创新创业大赛，邀请港澳青年参加“中国创翼”、中国“互联网 + 交通运输”等创新创业大赛，配套举办创业沙龙、创业大讲堂、创业训练营等活动，以赛事为纽带有机连接创新创业基地、项目、人才、资本，吸引更多港澳青年携项目来粤参赛和交流发展。鼓励基地与港澳高校、科研院所、社会团体合作，形成长效机制遴选优质项目来粤培育孵化。（省人力资源社会保障厅、省发展改革委、省教育厅、省科技厅、省工业和信息化厅、省交通运输厅、省港澳办、团

省委负责）

13. 加大基地建设宣传力度。充分利用各类宣传平台和港澳有关渠道，广泛宣传基地建设创新政策举措和基地的新进展、新成效，吸引粤港澳三地优秀青年集聚创新创业。加强与港澳高校和各类港澳青年团体的沟通联系，促进港澳有关创业就业信息平台与各基地对接，使各基地成为港澳青年在内地创业就业的首选地。（省推进粤港澳大湾区建设领导小组港澳青年创新创业基地建设专项小组成员单位负责）

三、保障机制

（一）加强统筹协调。省推进粤港澳大湾区建设领导小组下设港澳青年创新创业基地建设专项小组，统筹推进方案实施。建立专项小组与港澳协同推进基地建设的工作机制，定期会商研究重要事项。各地各部门要积极支持创新创业基地建设，鼓励引导社会资源投入，形成上下联动、部门协同和社会共同参与的工作格局。（省推进粤港澳大湾区建设领导小组港澳青年创新创业基地建设专项小组成员单位负责）

（二）强化组织保障。制定工作台账，将目标、任务分解到各地各部门，明确具体措施和时间表，推动目标任务落实。积极争取中央基建投资对符合条件的青年创新创业基地给予支持，已纳入中央财政支持范围的有关创新创业基地，由相关部门统筹安排。各地要落实港澳青年创新创业基地建设财政投入，为基地建设提供必要的经费保障。（省推进粤港澳大湾区建设领导小组港澳青年创新创业基地建设专项小组成员单位，省财政厅负责）

（三）加强检查评估。总结推广基地建设经验成果，适时开展督促检查，必要时委托专业机构对基地建设相关情况开展跟踪评估，确保各项目标顺利实现。（省推进粤港澳大湾区建设领导小组港澳青年创新创业基地建设专项小组成员单位负责）

珠三角9市根据本实施方案制定具体工作方案，于本方案印发之日起30日内报省推进粤港澳大湾区建设领导小组港澳青年创新创业基地建设专项小组备案。

广东省科学技术厅 广东省财政厅关于香港特别行政区、澳门特别行政区高等院校和科研机构参与广东省财政科技计划（专项、基金等）组织实施的若干规定（试行）

（2019年1月16日发布）

第一条 为深入实施创新驱动发展战略，推动粤港澳科技创新协同发展，加快建设粤港澳大湾区国际科技创新中心，助力港澳融入国家创新体系，就香港特别行政区、澳门特别行政区（以下简称港澳特区）高等院校和科研机构参与广东省财政科技计划（专项、基金等）（以下简称省财政科技计划）组织实施的相关事项，制定本规定。

第二条 港澳特区的高等院校和科研机构（以下简称港澳机构）可承担省财政科技计划项目，并获得项目经费资助。

第三条 省财政科技计划资助港澳机构的科

研活动，一般应当公开发布项目指南，明确提出资助方式及鼓励港澳机构参与申报的领域和方向。

第四条 优先支持港澳机构联合广东单位，按照指南要求牵头或参与申报省财政科技计划的相关项目。

鼓励港澳机构牵头联合国际机构、国际科研团队申报省财政科技计划的相关项目。

港澳机构可牵头联合在港澳特区注册的企业申报省财政科技计划的相关项目。

第五条 港澳特区申报省财政科技计划项目的具体机构，通过粤港、粤澳科技创新合作机制协商确定。港澳机构申报项目应按照省财政科技计划的有关要求提交申报材料，根据港澳特区科研活动的实际支出情况提出项目经费需求，参加省财政科技计划的项目评审，通过公平竞争获得资助。

第六条 经评审立项的港澳机构牵头申报的项目，应当由省财政科技计划主管部门与港澳机构签订项目合同书，明确项目目标、研究内容、知识产权和成果归属、经费资助额度和支出内容等，根据合同书组织项目实施、开展项目管理；由广东单位牵头、港澳机构参与的项目，广东单位也应与港澳机构签订合作协议书，作为项目合同书的组成部分。

第七条 省财政科技计划资助港澳机构的项目经费，应按照国库集中支付的有关规定和向境外支付的有关要求，由省科技厅及时组织办理资金支付手续。其中，由港澳机构与广东单位联合承担的项目，项目经费可分别支付至港澳机构和广东单位。

第八条 港澳机构承担项目的过程管理、验收评估、相关服务等工作，可由广东项目管理机构组织开展，也可以委托港澳特区机构实施。委托实施的，应签订委托协议，确保管理和服务工作及时到位。

第九条 省财政科技计划与港澳特区的科技计划可通过联合资助项目等方式，支持广东与港澳机构加强科技合作与交流。联合资助与共同管理项目的具体方式通过粤港、粤澳科技创新合作机制协商确定。

第十条 省财政科技计划主管部门可根据科技计划管理制度、本规定和港澳特区的实际情况，对港澳机构申报、承担项目的具体要求事项做出专门规定，并积极邀请港澳科学家参与省财政科技计划战略咨询、项目管理和验收评估等工作。

第十一条 现行省财政科技计划相关管理制度限定项目承担单位为广东省内注册法人机构的，按本规定拓展至符合条件的港澳机构。

本规定未尽事宜，执行省财政科技计划管理办法的相关规定。

第十二条 广东省各地市财政科技计划可参照执行。

第十三条 本规定 2019 年 1 月 1 日起实施，有效期 3 年。

自由贸易试验区外商投资准入特别管理措施（负面清单）（2019年版）

序号	特别管理措施
一、农、林、牧、渔业	
1	小麦、玉米新品种选育和种子生产的中方股比不低于34%
2	禁止投资中国稀有和特有的珍贵优良品种的研发、养殖、种植以及相关繁殖材料的生产（包括种植业、畜牧业、水产业的优良基因）
3	禁止投资农作物、种畜禽、水产苗种转基因品种选育及其转基因种子（苗）生产
二、采矿业	
4	禁止投资稀土、放射性矿产、钨勘查、开采及选矿（未经允许，禁止进入稀土矿区或取得矿山地质资料、矿石样品及生产工艺技术）
三、制造业	
5	禁止投资中药饮片的蒸、炒、炙、煅等炮制技术的应用及中成药保密处方产品的生产
6	除专用车、新能源汽车外，汽车整车制造的中方股比不低于50%，同一家外商可在国内建立两家及两家以下生产同类整车产品的合资企业（2020年取消商用车制造外资股比限制。2022年取消乘用车制造外资股比限制以及同一家外商可在国内建立两家及两家以下生产同类整车产品的合资企业的限制）
7	卫星电视广播地面接收设施及关键件生产
四、电力、热力、燃气及水生产和供应业	
8	核电站的建设、经营须由中方控股
9	城市人口50万以上的城市供排水管网的建设、经营须由中方控股
五、批发和零售业	
10	禁止投资烟叶、卷烟、复烤烟叶及其他烟草制品的批发、零售
六、交通运输、仓储和邮政业	
11	国内水上运输公司须由中方控股（且不得经营或租用中国籍船舶或者舱位等方式变相经营国内水路运输业务及其辅助业务；水路运输经营者不得使用外国籍船舶经营国内水路运输业务，但经中国政府批准，在国内没有能够满足所申请运输要求的中国籍船舶，并且船舶停靠的港口或者水域为对外开放的港口或者水域的情况下，水路运输经营者可以在中国政府规定的期限或者航次内，临时使用外国籍船舶经营中国港口之间的海上运输和拖航）
12	公共航空运输公司须由中方控股，且一家外商及其关联企业投资比例不得超过25%，法定代表人须由中国籍公民担任（只有中国公共航空运输企业才能经营国内航空服务，并作为中国指定承运人提供定期和不定期国际航空服务）
13	通用航空公司的法定代表人须由中国籍公民担任，其中农、林、渔业通用航空公司限于合资，其他通用航空公司限于中方控股

（续表）

序号	特别管理措施
14	民用机场的建设、经营须由中方相对控股
15	禁止投资空中交通管制
16	禁止投资邮政公司（和经营邮政服务）、信件的国内快递业务
七、信息传输、软件和信息技术服务业	
17	电信公司：限于中国入世承诺开放的电信业务，增值电信业务的外资股比不超过50%（电子商务、国内多方通信、存储转发类、呼叫中心除外），基础电信业务须由中方控股（且经营者须为依法设立的专门从事基础电信业务的公司）。上海自贸试验区原有区域〔28.8平方公里〕试点政策推广至所有自贸试验区执行
18	禁止投资互联网新闻信息服务、网络出版服务、网络视听节目服务、互联网文化经营（音乐除外）、互联网公众发布信息服务（上述服务中，中国入世承诺中已开放的内容除外）
八、金融业	
19	证券公司的外资股比不超过51%，证券投资基金管理公司的外资股比不超过51%（2021年取消外资股比限制）
20	期货公司的外资股比不超过51%（2021年取消外资股比限制）
21	寿险公司的外资股比不超过51%（2021年取消外资股比限制）
九、租赁和商务服务业	
22	禁止投资中国法律事务（提供有关中国法律环境影响的信息除外），不得成为国内律师事务所合伙人（外国律师事务所只能以代表机构的方式进入中国，且不得聘用中国执业律师，聘用的辅助人员不得为当事人提供法律服务；如在华设立代表机构、派驻代表，须经中国司法行政部门许可）
23	市场调查限于合资、合作，其中广播电视收听、收视调查须由中方控股
24	禁止投资社会调查
十、科学研究和技术服务业	
25	禁止投资人体干细胞、基因诊断与治疗技术开发和应用
26	禁止投资人文社会科学研究机构
27	禁止投资大地测量、海洋测绘、测绘航空摄影、地面移动测量、行政区域界线测绘，地形图、世界政区地图、全国政区地图、省级及以下政区地图、全国性教学地图、地方性教学地图、真三维地图和导航电子地图编制，区域性的地质填图、矿产地质、地球物理、地球化学、水文地质、环境地质、地质灾害、遥感地质等调查
十一、教育	
28	学前、普通高中和高等教育机构限于中外合作办学，须由中方主导（校长或者主要行政负责人应当具有中国国籍（且在中国境内定居），理事会、董事会或者联合管理委员会的中方组成人员不得少于1/2）（外国教育机构、其他组织或者个人不得单独设立以中国公民为主要招生对象的学校及其他教育机构（不包括非学制类职业技能培训），但是外国教育机构可以同中国教育机构合作举办以中国公民为主要招生对象的教育机构）

（续表）

序号	特别管理措施
29	禁止投资义务教育机构、宗教教育机构
十二、卫生和社会工作	
30	医疗机构限于合资、合作
十三、文化、体育和娱乐业	
31	禁止投资新闻机构（包括但不限于通讯社）（外国新闻机构在中国境内设立常驻新闻机构、向中国派遣常驻记者，须经中国政府批准。外国通讯社在中国境内提供新闻的服务业务须由中国政府审批。中外新闻机构业务合作，须中方主导，且须经中国政府批准）
32	禁止投资图书、报纸、期刊、音像制品和电子出版物的编辑、出版、制作业务（但经中国政府批准，在确保合作中方的经营主导权和内容终审权并遵守中国政府批复的其他条件下，中外出版单位可进行新闻出版中外合作出版项目。未经中国政府批准，禁止在中国境内提供金融信息服务）
33	禁止投资各级广播电台（站）、电视台（站）、广播电视频道（率）、广播电视传输覆盖网（发射台、转播台、广播电视卫星、卫星上行站、卫星收转站、微波站、监测台及有线广播电视传输覆盖网等），禁止从事广播电视视频点播业务和卫星电视广播地面接收设施安装服务（对境外卫星频道落地实行审批制度）
34	禁止投资广播电视节目制作经营（含引进业务）公司（引进境外影视剧和以卫星传送方式引进其他境外电视节目由广电总局指定的单位申报。对中外合作制作电视剧（含电视动画片）实行许可制度）
35	禁止投资电影制作公司、发行公司、院线公司以及电影引进业务（但经批准，允许中外企业合作摄制电影）
36	禁止投资文物拍卖的拍卖公司、文物商店和国有文物博物馆（禁止不可移动文物及国家禁止出境的文物转让、抵押、出租给外国人。禁止设立与经营非物质文化遗产调查机构；境外组织或个人在中国境内进行非物质文化遗产调查和考古调查、勘探、发掘，应采取与中国合作的形式并经专门审批许可）
37	文艺表演团体须由中方控股

说明：

1.《自由贸易试验区外商投资准入特别管理措施（负面清单）》（以下简称《自贸试验区负面清单》）统一列出股权要求、高管要求等外商投资准入方面的特别管理措施，适用于自由贸易试验区。《自贸试验区负面清单》之外的领域，按照内外资一致原则实施管理

2.《自贸试验区负面清单》对部分领域列出了取消或放宽准入限制的过渡期，过渡期满后将按时取消或放宽其准入限制

3. 境外投资者不得作为个体工商户、个人独资企业投资人、农民专业合作社成员，从事投资经营活动

4. 境外投资者不得投资《自贸试验区负面清单》中禁止外商投资的领域；投资《自贸试验区负面清单》之内的非禁止投资领域，须进行外资准入许可；投资有股比要求的领域，不得设立外商投资合伙企业

5. 境内公司、企业或自然人以其在境外合法设立或控制的公司并购与其有关联关系的境内公司，涉及外商投资项目和企业设立及变更事项的，按照现行规定办理

6.《自贸试验区负面清单》中未列出的文化、金融等领域与行政审批、资质条件、国家安全等相关措施，按照现行规定执行

7.《内地与香港关于建立更紧密经贸关系的安排》及其后续协议、《内地与澳门关于建立更紧密经贸关系的安排》及其后续协议、《海峡两岸经济合作框架协议》及其后续协议、我国与有关国家签订的自由贸易区协议和投资协定、我国参加的国际条约对符合条件的投资者有更优惠开放措施的，按照相关协议或协定的规定执行

8.《自贸试验区负面清单》由发展改革委、商务部会同有关部门负责解释

关于港澳台居民在内地（大陆）申请中小学教师资格有关问题的通知

（2019年1月7日发布）

各省、自治区、直辖市教育厅（教委）、台办、外办（港澳办），新疆生产建设兵团教育局、台办、外办（港澳办）：

为深入贯彻习近平新时代中国特色社会主义思想和党的十九大精神，根据《中共中央　国务院关于全面深化新时代教师队伍建设改革的意见》和《国务院办公厅关于印发〈港澳台居民居住证申领发放办法〉的通知》有关要求，为港澳台居民在内地（大陆）学习、工作和生活提供与内地（大陆）居民同等待遇，根据《中华人民共和国教师法》《教师资格条例》规定，经研究，现就港澳台居民在内地（大陆）申请中小学教师资格有关政策问题通知如下：

一、在内地（大陆）学习、工作和生活的港澳台居民，凡遵守《中华人民共和国宪法》和法律，拥护中国共产党领导，坚持社会主义办学方向，贯彻党的教育方针，根据自愿原则，可申请参加中小学教师资格考试，认定中小学教师资格。

二、港澳台居民申请参加中小学教师资格考试、认定中小学教师资格的有效证件为港澳台居民居住证、港澳居民来往内地通行证、五年有效期台湾居民来往大陆通行证。

三、港澳台居民可申请幼儿园、小学、初中、高中、中等职业学校教师资格和中等职业学校实习指导教师资格。

四、港澳台居民申请教师资格需符合《中华人民共和国教师法》规定的学历要求。

五、港澳台居民申请认定教师资格需提交的无犯罪记录证明由香港特别行政区、澳门特别行政区和台湾地区有关部门开具。如有需要，各省级教育行政部门要为港澳台居民申请无犯罪记录证明提供函件等便利。

六、港澳台居民申请教师资格，应达到国家语言文字工作委员会颁布的相应普通话水平等级标准。

七、港澳台居民持港澳台居民居住证可在内地（大陆）居住所在地申请参加中小学教师资格考试和认定中小学教师资格；港澳居民持港澳居民来往内地通行证、台湾居民持五年有效期台湾居民来往大陆通行证可在内地（大陆）申请参加中小学教师资格考试，在考试所在地认定中小学教师资格。

八、申请中小学教师资格的其他条件、程序和提交材料与内地（大陆）申请人相同。在内地（大陆）就读师范专业的港澳台居民执行就读省份相应师范生政策。

九、《教育部办公厅　中共中央台湾工作办公室秘书局　国务院港澳事务办公室秘书行政司关于港澳人士和台湾同胞在内地（大陆）高校申请教师资格证有关问题的通知》（教师厅〔2012〕5号）规定的有效证件与本文不一致的，参照本文执行。

请各省（区、市）和新疆生产建设兵团相关部门认真做好政策解释和落实工作，为完善教师资格准入、确保教师资格制度平稳有序实施提供有力的制度保障。

教育部办公厅

中共中央台湾工作办公室秘书局

国务院港澳事务办公室秘书行政司

2019年1月7日

主题索引

说　　明

一、索引采用主题分析方法，按主题词汉语拼音字母（同音字按声调）顺序排列。

二、书中的类目题、分目题、次分目题用黑体字标示，其余用宋体字排印。

三、索引款目后的数字表示内容所在的页码，数字后的拉丁字母（a、b）表示栏别（即版面的左、右栏）。

四、同一主题的内容在文中多处出现的，在其款目后用不同的页码标明。

五、索引对“年度关注”“大事记”“统计资料”“文献选录”等类目未作内容主题分析。

条目索引

数字、字母

A

B

C

D

F

G

R

S

T

W

X

随文图片索引

数字

A

B

C

D

F

G

H

J

K

L

M

N

Q

S

W

X

Y

Z